中华传世藏书

【图文珍藏版】

中国通史

刘宇庚⊙主编

线装书局

图书在版编目（CIP）数据

中国通史：全6册 / 刘宇庚主编. -- 北京：线装书局，2014.6
ISBN 978-7-5120-1406-0

Ⅰ.①中… Ⅱ.①刘… Ⅲ.①中国历史－通俗读物
Ⅳ.①K209

中国版本图书馆CIP数据核字(2014)第087902号

中国通史

主　　编：刘宇庚
责任编辑：高晓彬
装帧设计：博雅圣轩藏書馆 Boyashengxuan Cangshuguan
出版发行：线装書局
地　址：北京市西城区鼓楼西大街41号（100009）
电　话：010-64045283 64041012
网　址：www.xzhbc.com
经　　销：新华书店
印　　制：北京德富泰印务有限公司
开　　本：787mm × 1092mm 1/16
印　　张：168
彩　　插：8
字　　数：2040千字
版　　次：2014年6月第1版第1次印刷
印　　数：0001－3000套

定　　价：1580.00元（全六册）

女娲炼石补天

神农勇尝百草

秦始皇焚书坑儒

司马迁奋笔著《史记》

诸葛亮七擒孟获

秦晋淝水之战

隋炀帝下江都

文成公主进藏

宋太祖杯酒释兵权

成吉思汗率军西征

明成祖五征漠北

郑和七下江南

闯王李自成起义

郑成功收复台湾

康熙平定三藩

乾隆六下江南

八国联军侵华战争

孙中山发动护法运动

黄埔军校旧址

“九·一八”事变爆发

南京大屠杀万人坑旧址

汪精卫叛国投日

日本无条件投降

开国大典纪实

前言

读史，是与古人的对话与交流，是我们思维方式保持活跃的精神养料，也是我们感受生命律动的独特方式。毛主席很喜欢读史，老人家说过：太阳底下无新事。历史纵有千万种版本，但是作为过去存在的历史只有一个答案，而每个人的一生也只能是一个版本。时间是永恒的，历史是一条时间的大河，拥有大量史籍的中国人可以从中得到更多历史的启迪，抛开人为的阴霾，去掉时空的面纱，对历史我们需要的是虔诚和对于真实不断的探索！

中华数千年的文明史，留下了林林总总的古迹遗存，众多丰富的文物，浩如烟海的史籍史料，从祖先留下的宝贵遗产中，我们梳理出中国历史的脉络。一个个朝代的兴亡更替，一位位帝王、将相、文人纷纷登场，一个个生动的故事叙述历史上的辉煌、衰败、变革、权争、战役、叛乱。

盘古开天辟地，女娲炼石补天，仓颉造字，尧舜禅让，大禹治水……传说时代的中华大地，已是一片生机勃勃的热闹景象。大禹的儿子启破坏了禅让制方式，自立为王，建立了第一个世袭王朝——夏朝；四百多年后，夏朝的最后一个君主桀荒淫无道，被商汤推翻，商朝建立了；在商王朝的都城遗址中，中国最古老的成熟文字——甲骨文，记录下这个王朝的信息，中国早期文明中，历史就已经开始显露出它爱重复的特性，商朝的最后一个君主商纣荒淫残暴，约公元前 1046 年，周武王伐纣，商朝灭亡；公元前 841 年，西周国人暴动，开始了中国的信史时代，公元前 770 年，由于遭到北方游牧部落犬戎的侵袭，周平王东迁雒邑（今河南洛阳），东周开始，此后，周王朝的影响力逐渐减弱。春秋争霸，列国争雄，古老的中华大地陷入一片刀光剑影。

公元前 221 年，秦国吞并其他六国，结束了七国争雄的纷乱状态，统一了中国主体部分，成为中国历史上第一个统一的中央集权君主统治国家，秦朝的统治虽没能延续多久，但它为随后而至的大汉王朝的兴盛奠定了基础；文景之治，汉武雄风，光武中兴，强盛的汉朝统治中国四百余年，到末期，汉朝统治者实权已失，中国进入大分裂时代；三国纷争、两晋相续、南北相峙，直到公元 589 年，新建的隋朝灭南陈，分裂时代才告终结，短暂的隋朝之后，是一个新的盛世的开启；贞观之治，开元盛世，伟大的唐朝创造了中国历史上又一个辉煌时代；随着安史之乱骤起，狼烟遍地，唐朝开始逐渐衰落；公元 907 年，朱温篡唐，建立后梁，地方藩镇势力也纷纷自行割据，形成五代十国的混乱局面，经过五十多年的纷争后，公元 960 年，宋朝建立，控制了中国大部分地区；北宋、南宋在与北方民族相持三百多年后，最终被蒙古族建立的元朝取代，蒙古族统治者经过七十多年的对内对外征服战争，完成了多民族国家的空前统一，也开辟了中国历史上最为广阔的疆域；1368 年，农民起义军领袖朱元璋推翻元朝，建立了明朝；1644 年，起义军首领李自成攻克北京，明思宗自缢，不久后，清军入关，驱逐李自成，建立起清朝对全国的统治。清王朝是中国历史上最后一个封建王朝，也是中国历史上第二个由少数民族（满族）建立并统治全国的封建王朝，在经历了康雍乾三代盛世之后，清朝开始走向衰落，1840 年，鸦片战争爆发后，中国逐渐沦为半殖民地半封建社会，1911 年，辛亥革命爆发，次年，“中华民国”宣告成立，清帝退位，中国两千多年来的君主制正式结束。

经历了大革命时期、土地革命时期、抗日战争时期、解放战争时期后，中国人民终于在中国共产党的领导下，推倒了压在头上的三座大山，1949 年 10 月 1 日，新中国成立，古老的中国翻开了崭新的篇章，经过六十年的艰苦奋斗，一个日益强大中国正以崭新的面貌屹立在世界的东方。

我们所编撰的这套《中国通史》丛书还是描绘了一幅五千年的烽烟迭变的历史长卷，它记述了中国的史前史、夏朝、商朝、西周、春秋、战国、秦朝、西汉、东汉、三国、西晋、东晋十六国、南北朝、隋朝、唐朝、五代十国、宋辽夏金、元朝、明朝、清朝、民国，一直到新中国成立后整个中华民族的历史发展过程，可谓波澜壮阔，精彩纷呈。真可谓“千古风流人物奔来眼底，万代传奇往事涌上心头。”

目　录

史前史

夏朝

商朝

西周

春秋

战国

秦朝

汉朝

三国

晋朝

南北朝

隋朝

唐朝

五代十国

宋朝

辽、西夏、金

元朝

明朝

清朝

民国

·中国通史·

史前史

刘宇庚⊙主编

导读

中国史学界将夏代以前的历史，称为史前史（公元前 170 万年～公元前 2070 年）。包括原始社会及尧、舜、禹所处的传说时期。史前史的研究主要依据考古发现的人类遗存的实物资料，以及神话传说。人类在这一时期产生，并在劳动中逐渐进化成现代人。社会形态由原始群过渡到血缘家族，进入氏族社会。其间经历了母系氏族和父系氏族两个阶段，最后随着氏族内部私有观念的产生，贫富分化，导致对立，而进入阶级社会。史前时期人类已掌握了制作工具的技术，工具材料主要为石质。制作方法从打制发展为磨制。早期劳动方式为采集和狩猎，随着工具制作技术的进步，劳动所获出现剩余，遂逐渐产生原始种植业（农业）和家畜饲养业，人类亦从迁徙无常进入定居生活。血亲观念产生后，同一血缘的人们聚居在一起，形成氏族部落，并开始建造房屋，成为聚落。其间人类发明了人工取火和制陶技术。人类自定居后，生产不断发展。部落间常因土地及财富发生冲突，为壮大力量，由相近血缘或出于利益关系，部落间多结成联盟。在私有制产生后，部落联盟内部逐渐形成对立的两个阶级，最终导致邦国的建立。

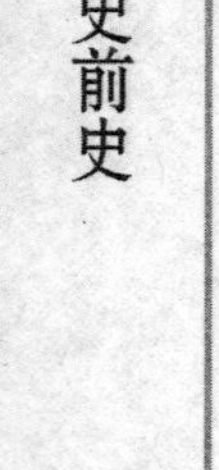

第一章 文明起源

中华文明的背景

中国文明产生于中国的土地上。它由生活在这块土地上的中国人培育、发展，经历了数千年辉煌而又曲折的历程，凝聚了历代中国人的心血，成为人类文明的一个主要组成部分，对人类文明的发展起着不可缺少的作用。

中国文明是与创造它的中国人民紧密联系在一起的。中国文明是中国人的文明，不管它融汇了多少外来成分，它始终是中国人民创造的，是中国人民生命活动的结晶。而生活在中国土地上的人们，在漫长的史前时代经过长期的探索、创造和生命活动，成为一支独立的人群也就在于他们创造的文化，中国文明是中国人民区别于世界其他民族的标志，是他们生存的一个根本组成部分。

中国人和中国文明相互依存，产生于中国的土地上，中国大地哺育了它们，也对它们的性格和发展历程产生了深刻的影响。

黄河，中华文明的摇篮。

美丽的广袤土地

中华文明的形成和发展，很大程度上得益于它特殊的地理环境。这片美丽的广袤土地，位于亚欧大陆东部的温暖地带，幅员辽阔又具多样性。众多的山脉与河流，为最早的人类聚落的建立，提供了天然屏障。如此辽阔的土地，如此多样的环境，让古老的中国人认为，这里就是世界的中心，是“天下”，所以这片土地应该叫作“中国”。而这片土地这么美丽，仅用“中国”这个词还不能表达出人们心中对它的爱恋，所以又叫它“中华”。“华”，就是美丽可爱的意思。

河流与湖泊

在对中国的疆域有了一个整体印象后，让我们分门别类地介绍一下它的具体形态，正是这些丰富多彩的形态构成了中国全部的地貌，它们是中华文明发展的重要基础。

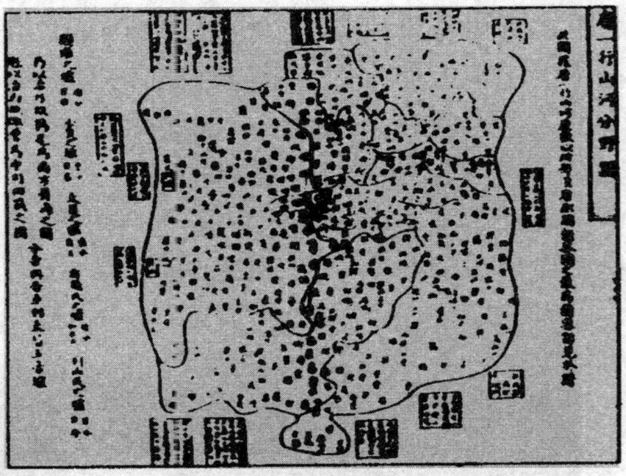

山河分野图

首先让我们将视线投放到江河湖泊上来。千万不要小看这些大大小小的江河，就是它们，冲开了天地玄黄、宇宙洪荒，冲出了人类文明的新时代。从人类诞生的那一天起，就与江河息息相关。江河是哺育人类的母亲，是生命之源、文明之源。从一定意义上说，人类发展的历史，就是一部认识江河、顺应江河和治理开发江河，从而推进文明进步的历史。

黄河

黄河被中国人称为母亲河，正是这条世界上含沙量最多的河流，孕育出灿烂的古中国文明。在国人心中，它不仅仅是一条河。黄河、黄土地、黄皮肤以及传说中的龙，这一切黄色表征，把这条流经中华心脏地区的浊流升华为了圣河。

黄河次于长江，是中国的第二大河流，全长5400多公里，流域面积75万平方公里，发源于青海的巴颜喀拉山，呈一个“几”字形，向东流入渤海。

凡是河流，基本都具备航行、渔业、灌溉等利益，黄河也不例外，它的鱼类品种非常丰富，其中以鲤鱼闻名全国。不过，黄河也是一条喜怒无常的巨龙，经常泛滥、改道。主要的原因是，黄河流经西北地区的黄土高原时，携带的泥沙在河水东流的过程中慢慢沉积。由于泥沙使河床增高，为了不让洪水肆虐，中国的“治河”工程几千年来从未停止过。

长江

长江是中国的第一大河，世界第三长河，全长6300公里，流域总面积达180万平方公里，与黄河一样，都是中华民族的摇篮。

长江源于唐古拉山脉，从江源向东到入海口，可分为三大段。四川宜宾以上为上游，宜宾至湖北宜昌为中游，宜昌以下为下游。一般来讲，自宜宾以下这一段才称长江。

由于流程长，流域广，土地肥沃，灌溉便利，长江中游素有“天府之国”的美誉，下游则多“鱼米之乡”，物产丰富。

黑龙江

黑龙江是中国北部的一条重要河流，总长度约4400多公里（以海拉尔河为源头计算），流域面积达162万平方公里。

这条河水量充沛，只是降水量分配不均。因为每年有六个月的时间，黑龙江都处于结冰期，只有等到春季气温回升后，积雪才能融化补给河流。黑龙江流域内，森林以及金、煤等矿产资源丰富，鱼类中尤以大马哈鱼和鳇鱼最为著名。

晏子

淮河

淮河发源于河南省南部的桐柏山，全长1000公里，介于长江和黄河两流域之间，向东流入黄海。

由于黄河多次“夺淮”，使得淮河的水系紊乱，河沟淤阻，“大雨大灾，小雨小灾，无雨旱灾”，称得上是中国灾害最多、治理最难的一条河流。

如果说长江从地域上将中国分成了南北两部分，那么淮河就从气候上划分了中国，淮河以南是亚热带季风气候，而淮河以北则是温带季风气候。在淮河以北，主要的粮食作物是小麦，淮河以南，稻米就成为主食了。淮河南岸普遍种植橘树，橘子甘甜多汁，移植到北岸后，结出的果实就变成苦涩的枳子了，这就是气候和土壤的差异造成的。

关于这个橘子变枳子的故事，《晏子春秋》中是这样记述的：晏子将要出使楚国，楚王听说这消息以后，对身边的人说：“晏婴是齐国善于辞令的人，现在他要来，我想羞辱他，该用什么办法呢?”身边的人回答说:“等他到来的时候,请让我捆绑一个人在您面前经过,您就说:‘这是什么人?’我回答说:‘是齐国人。’您问:‘犯了什么罪?’我回答说:‘犯了偷盗罪。’”不久晏子到了楚国,楚王赐给晏子酒喝,喝酒喝得正畅快的时候,两个官吏捆着一个人来到楚王跟前,楚王问:“捆着的人是干什么的?”官吏回答说:“是齐国人,犯了偷盗的罪。”楚王看着晏子说:“齐国人本来就善于偷盗吗?”晏子离开座位,严肃地回答说:“我听说过,橘树生长在淮河以南就是橘树,生长在淮河以北就变成枳树,只是叶子相似,它们的果实味道不一样。为什么会这样呢?是因为水土不一样。现在人生长在齐国不偷盗,进入楚国就偷盗,该不会是楚国的水土使人变得善于偷盗吧?”楚王笑着说:“圣人是不能跟他开玩笑的。我反而遭到羞辱了。”

渭河与泾河

渭河是黄河最大的支流,源出甘肃省渭源县西北的乌鼠山,全长 800 余公里,流域面积 13 万平方公里。中国最辉煌的四个王朝——周、秦、西汉和唐,都建都在渭河河畔。

渭河的支流泾河,含沙量几乎高达百分之五十。泾河与渭河在西安的东北合流,合流后产生了一种奇异的现象,即河水中分,变得清浊分明起来,这也是成语“泾渭分明”的来源。

汾河

汾河是山西最大的河流,全长 710 公里,是黄河的第二大支流,流域面积 39000 余平方公里。

尧和舜的国都,就曾建立在汾河之畔。汾河的水资源曾经十分丰富,战国时有秦穆公“泛舟之役”;汉武帝乘坐楼船溯汾河而行;从隋到唐、宋、辽、金,山西的粮食和木材都是经汾河入黄河、渭河,经漕运到长安的,史称“万木下汾河”。

金末元初,著名才子元好问在汾河岸边遇到了一位张网捕雁的农夫。农夫告诉他,自己早晨在河滩上网到两只大雁,杀掉其中的一只后,另一只脱网逃走的大雁在空中悲鸣哀叫,始终不愿离去,最后竟然一头撞向地面殉情而死。元好问听后唏嘘长叹,向农夫买下了这两只大雁,将它们埋葬在汾河岸边,用石块垒起一座坟丘,称之为“雁丘”,并写下了流传千古的《雁丘辞》:“问人间、情是何物,直教生死相许。天南地北双飞客,老翅几回寒暑。欢乐趣,离别苦,就中更有痴儿女。君应有语。渺万里层云,千山暮景,只影为谁去。横汾路。寂寞当年箫鼓。荒台依旧平楚。招魂楚些嗟何及,山鬼暗啼风雨。天也妒。未信与,莺儿燕子俱黄土。千秋万古。为留待骚人,狂歌痛恨,来访雁丘处。”

钱塘江

钱塘江全长 400 多公里,流域面积 4 万多平方公里,河道曲折,入海处呈喇叭口形状,因“钱塘潮”而闻名于世。

钱塘潮是一种非常壮观的海潮景象,它的成因除月、日引力影响外,还跟钱塘江口状似喇叭形有关。当江水和因潮汐倒灌入江口的海水互相搏击，会使浪头层层相叠，形成后浪赶前浪，一浪叠一浪，一浪高一浪的涌潮，并发出天崩地裂的巨响。

每年的农历八月十八前后，是观潮的最佳时节。早在汉、魏、六朝时，观赏钱塘潮就已蔚然成风，至唐、宋时，此风更盛。北宋诗人潘阆有诗写道："长忆观潮，满郭人争江上望。来疑沧海尽成空，万面鼓声中。弄潮儿向涛头立，手把红旗旗不湿。别来几向梦中看，梦觉尚心寒。"

珠江

珠江是中国南方最大的河系，旧称粤江，是中国境内第三长河流，全长2400公里。原指广州到入海口的一段河道，后来逐渐成为西江、北江、东江和珠江三角洲诸河的总称。其干流西江发源于云南省东北部沾益县的马雄山，在广东三水与北江汇合，向东流入南海。

珠江水系各河径流汇集于三角洲后，是通过八条水道注入南海的，各水道的出口称之为"门"，即虎门、蕉门、洪奇门、横门、磨刀门、鸡啼门、虎跳门和崖门。

珠江在中国历史上一直默默无闻，直到19世纪鸦片战争爆发，林则徐虎门销烟的一把大火，珠江的重要性才开始显现。

青海湖

青海湖是中国第一大咸水湖，也是中国最大的内陆湖，蒙语称它"库库诺尔"，即"青色的海"的意思。汉代时，中国人称它为"仙海"，直到北魏才更名为"青海"。

今天的青海湖

青海湖地处青藏高原东北部，湖的四周被巍巍高山环抱，湖周围则是茫茫草原，宛如一盏巨大的翡翠玉盘平嵌在高山、草原之间。

在距今20~200万年前，青海湖本是一个极大的淡水湖泊，与黄河水系相通，那时气候温和多雨，湖水通过东南部的倒淌河泄入黄河。至13万年前，由于新构造运动，周围山地强烈隆起，使原来注入黄河的倒淌河被堵塞。加上气候逐渐变干，青海湖这才由淡水湖逐渐变成咸水湖。

青海湖岸边有辽阔的天然牧场，有肥沃的大片良田，有丰富的矿产资源。这里冬季多雪，夏秋多雨，水源充足，雨量充沛，对发展畜牧业和农业有着良好的条件。早在遥远的古代，这里就是马、牛、羊等牲畜的重要产地。青海湖一带所产的马在春秋战国时代就很出名，当时被称为"秦马"，《诗经》就曾描写过"秦马"的雄壮和善驰。隋唐时代，这里产的马经过与"乌孙马""汗血马"交配改良，发展成为独具特色的良马。它不仅神骏、善驰，更以能征惯战而著称。

洞庭湖

洞庭湖是中国五大淡水湖之一，也是长江中游重要的吞吐湖泊。历史上，洞庭湖曾是中国第一大淡水湖。随着围湖造田面积的扩大，以及自然的泥沙淤积，洞庭湖面积不断缩小，被鄱阳湖超过，成了第二大淡水湖。

洞庭湖中最著名的君山风景秀丽，虽然只是洞庭湖上的一个孤岛，但岛上有72个大小山峰，原名洞庭山，是神仙洞府的意思。

在科学落后的古代，古人对浩瀚的湖泊充满了敬畏与崇拜，他们幻想每个湖泊中都会有一个超自然的力量——水神在主宰、操纵着湖泊的一切。至于洞庭湖的水神，就是书生柳毅。

柳毅传书

传说书生柳毅，风雪中赶路赴京应试，途经泾阳河畔，遇洞庭龙君之女三娘“牧羊”雪野。原来龙女的丈夫泾河王子，凶残任性，常使附近百姓遭遇水旱之灾，龙女曾加劝谏，反触王子及翁姑之怒，被翁姑欺凌，带负责降雨降雪的羊群到江边放牧。周遭水族禽鸟慑于龙王声威，都不敢为三公主传书回家求救。柳毅慨然代她传书洞庭求救。洞庭龙君的弟弟钱塘君得知后，立即发兵杀了泾河王子，救回龙女。柳毅得到龙女爱慕，并与龙女结为夫妻。洞庭龙君年老后，就把王位传给了柳毅。由于柳毅长着一张白净的脸，文质彬彬，洞庭湖中的众水族都不服他管。老龙王无奈，只好送他一副黑面具，让他巡夜时戴上，并特地吩咐他，在鸡叫之前一定要摘下来，否则就会长在脸上。柳毅戴上面具之后，果然众水族都服了他。时间一长，柳毅对老龙王的吩咐就不大在意了。有一次因公务繁忙，凌晨竟忘了摘面具，鸡一叫才忽然想起，连忙去抓面具，可为时已晚，面具已长在脸上。从此，柳毅便成了黑脸。所以，洞庭湖边的水神庙里供奉的柳毅都是黑脸膛。

鄱阳湖

鄱阳湖地处江西省的北部，长江中下游南岸，以松门山为界，分为南北两部分，北面为入江水道，南面为主湖体，是一个季节性、吞吐型的湖泊。

在古代，鄱阳湖有过彭泽、彭湖、官亭湖等多种称谓。传说中的黄帝时期，“彭泽”向南扩展，湖水进抵今日的鄱阳湖。在“彭泽”大举南侵之前，低洼的鄱阳盆地上原本是人烟稠密的城镇，随着湖水的不断南侵，鄱阳湖盆地内的鄱阳县城和海昏县治先后被淹入湖中，而位于海昏县邻近较高处的吴城却日趋繁荣，成为江西四大古镇之一，因此，历史上曾有“淹了海昏县，出了吴城镇”之说。

鄱阳湖上的大孤山，六朝时称“独石”，因其形如鞋，俗名“鞋山”。相传古时有一年轻渔郎胡春，在鄱阳湖中网到一盒，内贮明珠一颗，便欣然回家。路中有一绿衣少女啼哭悲切，问其故，说是丢失明珠，胡春当即奉还，少女拜谢而去。他日，胡春捕鱼时忽逢狂风暴雨，正在危险之时，一绿衣少女手执明珠为他导航，转危为安。此女是瑶池玉女，名叫大姑，因触犯天规，被贬于鄱阳湖，独居碧波之间，两人因此结成佳偶。村中渔霸盛泰见大姑美貌，心存歹念，只是苦于无法得手。另一方面，玉帝知大姑与胡春结为夫妇，便派天兵天将前来捉拿大姑，渔霸盛泰也趁机加害胡春。当大姑被劫持于空中时，盛泰将胡春击伤，且欲置之死地。大姑无奈，即将所穿之鞋踢下，化作峭壁，将盛泰镇压于湖底。此鞋即成为山，所以，大孤山实为大姑山。此山三面绝壁，屹立中流，仅西北角有一石穴，可泊舟船。登山远眺，只见四周碧水，白帆片片映着无边无际的蓝天。

太湖

我国名列第三的淡水湖是太湖，位于长江下游肥沃的三角洲中心，湖面宛如一轮向西突出的新月，南岸为典型的圆弧形岸线，东北岸曲折多湾，湖岬、湖荡相间分布，湖中有四十八岛、七十二峰，湖光山色相映生辉。

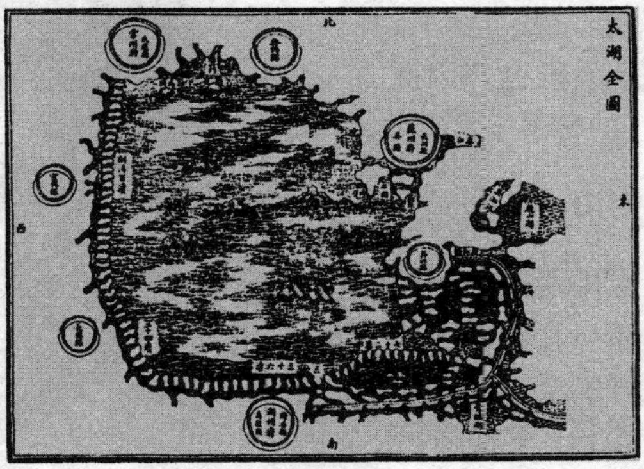

太湖全图

太湖古称“震泽”“具区”，又名“五湖”“笠泽”。大约在100万年前，太湖是一个大海湾，后来逐渐与海隔绝，转入湖水淡化的过程，变成了内陆湖泊。

这里气候温和湿润，物产丰饶，土壤肥沃，自古以来就是闻名遐迩的鱼米之乡，素有“太湖八百里，鱼虾捉不尽”的说法。

名山

山峰和山岳构成山岭，山岭相连形成山脉，山脉就是沿某一方向延伸的山岭系统，一般都由几条或多条山岭组成。它们排列有序，脉络分明，犹如大地的骨架。几条走向大致相同的山脉排列在一起，又可构成一个更为巨大的带状山地，叫作山系。

世界上著名的山脉主要有亚洲的喜马拉雅山脉、欧洲的阿尔卑斯山脉、北美洲的科迪勒拉山脉、南美洲的安第斯山脉等。喜马拉雅山脉的主干就在我国境内，这条世界上最大的山脉，它的主峰珠穆朗玛峰被称为世界屋脊，是世界上海拔最高的山峰。

而中国历史上出现最早的应该是太行山脉，它位于黄土高原与华北平原之间，大致呈东北—西南走向，北起拒马河谷，南至晋豫边境的黄河沿岸。太行山是中国重要的地理分界，山以西为黄土高原，以东为黄淮平原。由黄土高原上奔流而下的暴流性河川众多，太行山在此处被它们截开形成峡谷，形势险要，自古以来有“太行八陉”之称，可谓“一夫当关，万夫莫开”。

秦岭

秦岭有广义狭义之分，广义是指横亘于中国中部的东西走向的巨大山脉，西起甘肃省临潭县北部的白石山，向东经天水南部的麦积山进入陕西，在陕西与河南交界处分为三支，北支为崤山，余脉沿黄河南岸向东延伸，通称邙山；中支为熊耳山；南支为伏牛山。秦岭山脉全长1600公里，蔚为壮观。

狭义的秦岭指的是秦岭山脉中段，位于陕西省中部的一部分。这一段山脉在汉代即有“秦岭”之名，山体雄伟，势如屏壁。《史记》中说：“秦岭天下之大阻也。”因此有“九州之险”的称号。

秦岭

祁连山

祁连山脉位于中国青海省东北部与甘肃省西部边境，西端与阿尔金山脉相接，东端至黄河谷地，与秦岭、六盘山相连，山势由西向东降低。

在中国早期的历史上，祁连山担负着隔绝匈奴的重要任务。纪元前，匈奴聚居在河西走廊一带，那里水草茂盛，是可从事农业生产的富裕地区。而祁连山的群峰之一胭脂山，还出产化妆品胭脂。当西汉的铁骑越过祁连山，向北驱赶匈奴部族后，河西走廊正式纳入了汉朝的版图。匈奴人从此衰落，悲歌道：“夺我祁连山，使我六畜不蕃息；夺我胭脂山，使我妇女无颜色。”

阴山

在抗击北方游牧民族上，与祁连山有同样作用的还有阴山。阴山山脉位于河套地区北面，是黄河流域的北部界线，其蒙古语名字为“达兰喀喇”，意思为“七十个黑山头”。它东起河北东部的桦山，西止于内蒙古巴彦倬尔盟中部的狼山，最大的特点是南北不对称，南坡山势陡峭，北坡则较为平缓，仿佛一座巨大的天然屏障，同时阻挡了南下的寒流与北上的湿气，因此，阴山南麓的雨水较为充沛，适宜发展农业，山脚下是大片美丽的牧场；而北部则是瀚海沙漠，气候环境的差距非常大。

昆仑山

昆仑山可能是中国文学史上出现频率最多的山了，它西起帕米尔高原，山脉全长2500公里，平均海拔5500~6000米，最高峰布格达板峰海拔6860米。

虽然昆仑山直到18世纪才被纳入中国版图，但关于它的传说却出现在中国纪年以前的各种神话传说中。相传昆仑山的主人西王母，她的居所是昆仑山中美丽的“瑶池”，一个生长着结有珍珠和美玉的仙树的地方，正是她将不死药赐给了后羿。后来，周王朝的第五任国王穆王姬满爱上了她，亲自驾着会飞的马车，从都城镐京（今陕西西安附近）出发，一夜奔驰了3000公里，来到昆仑山与这位美丽的女神相会。

喜马拉雅山

喜马拉雅山是世界上最高大最雄伟的山脉，它耸立在青藏高原南缘，分布在我国西藏和巴基斯坦、印度、尼泊尔、锡金和不丹等国境内，其主要部分在我国和尼泊尔交接处。西起帕米尔高原的南迦帕尔巴特峰，东至雅鲁藏布江急转弯处的南迦巴瓦峰，全长约2500公里，山峰终年为冰雪覆盖，藏语“喜马拉雅”即“冰雪之乡”的意思。最高峰“珠穆朗玛”是藏语“雪山女神”的意思，海拔8844.43米。

喜马拉雅山一景

喜马拉雅山脉在地势结构上并不对称，北坡平缓，南坡陡峻。北坡山麓地带是青藏高原湖盆带，湖滨牧草丰美，是良好的牧场。流向印度洋的大河，几乎都发源于北坡。喜马拉雅山连绵成群的高峰挡住了从印度洋上吹来的湿润气流，因此南坡雨量充沛，植被茂盛。

五岳

除了上面所讲的这些主要的山脉，中国还有五座重要的山，称为五岳。“岳”意即高峻的山，中国古代认为高山“峻极于天”，把位于中原地区的东、南、西、北方和中央的五座高山定为“五岳”。它们分别是：东岳泰山、西岳华山、南岳衡山、北岳恒山和中岳嵩山。

东岳泰山为五岳之首，位于山东省泰安市，高1524米，山峰挺拔峻秀，雄伟壮丽，有“登泰山而小天下”的气势。中国历代曾有72位皇帝到泰山封禅。同时，这里也是佛、道两教的兴盛之地，庙宇观堂满山遍布，历代文人雅士吟咏题刻和碑记无数。

西岳华山位于陕西省华阴市境内，高 1997 米，其险峻居五岳之首，有“自古华山一条路”的说法，也有“奇险天下第一山”之誉。唐代的韩愈游览华山时，一鼓作气攀上了苍龙岭。向下俯瞰，只见万丈深渊，白云绕路。韩愈只觉头晕目眩，再没有胆量下山，绝望的他痛哭之后，写下一封遗书投在崖下诀别。当地官员得知韩愈被困山上后，派人把他灌醉，然后用绳子从绝壁上把他救了下来。

南岳衡山位于湖南省衡阳市，高 1290 米，山势绵延，丛林茂密，庙宇众多，是中国唯一一座佛道两教并存的名山，宗教文化源远流长。衡山多的是茂林修竹，终年翠绿，景色十分秀丽，因而有“南岳独秀”的美称。清人魏源《衡岳吟》中说：“恒山如行，岱山如坐，华山如立，嵩山如卧，唯有南岳独如飞。”衡山有七十二峰，最南的一峰名叫回雁峰，据说北雁南飞，这里就是终点。

北岳恒山位于山西省大同市浑源县境内，主峰天峰岭海拔 2017 米，绵延五百里，气势壮观。恒山上庙宇林立，而最著名的，当属悬空寺。悬空寺建造在峭壁上，靠西面东，俨若精巧、别致、玲珑剔透的玉雕悬于一幅巨大的屏风上，庙宇间飞架栈道相连，高低错落，迂回曲折。整个寺庙似虚而实，似危而安，构思布局妙不可言。

中岳嵩山位于河南省登封市，海拔 1512 米。嵩山主要由太室、少室二山组成，山体从东至西横卧，蜿蜒 70 公里，站在峰顶远眺，北可望黄河之雄，南可及山川之秀。嵩山历史悠久，从黄帝到大禹，都生活在嵩山一带，他们常游于嵩山之巅。据说当年的尧寻访贤人，发现了许由，决定把天下让给他。许由认为自己的德才不如舜，便隐居在嵩山。尧听说后，又派人来请许由出山做官。来人传达尧的旨意后，苦口婆心劝他立即上任。许由认为自己可为良民，而不可任高官，决定不去就任，便到山下河里洗耳朵，表示不愿听，这条河就是现在清澈明丽、水质甘冽的洗耳河。后来舜成为首领，曾命禹主祭嵩山。舜禅位给禹后，“禹居阳城”，就在今嵩山附近。

历史小常识：华山趣谈

位于陕西华阴的华山是五岳中的西岳，而华山的雄险更是居于五岳之首。“自古华山一条路”，在华山的“千尺幢”下有一处叫作“回心石”的地方，一般没有勇气的人到此便会回心转意，不敢前进，心虚而归。除此之外，在华山西峰上，至今还留有巨大的“斧劈石”，和沉香劈山救母的神话有关。

五台山

五台山位于山西省的东北部，属太行山系的北端，它与浙江普陀山、四川峨眉山、安徽九华山并称为中国四大佛教名山。单从山这个角度来看，五台山是地球上最早露出水面的陆地之一。它的孕育，可以追溯到太古代的 26 亿年以前。到震旦纪时期，经历了著名的“五台隆起”运动，形成了华北地区最雄浑壮伟的山地。第四纪时期，冰川覆盖了五台山，至今留下了弥足珍贵的冰缘地貌，且地层非常完整丰富。

除了是风景名胜之外，五台山同时也是与佛教结缘的名山。五台山是文殊菩萨的道场，文殊菩萨是无上智慧的代表。《首楞严三昧经》中说：文殊菩萨，过去成佛，名龙种上尊王佛。《华严经》中则说：文殊菩萨，是十方诸佛母，一切菩萨师。今为辅助释尊教化众生，于公元前六世纪，示现出生于印度舍卫国，多罗聚落一婆罗门家，父名梵德，从母右肋生，身紫金色，出生即能言，具三十二相，八十种好，与佛同等。

五台山图(局部)

峨眉山

另一座佛教名山峨眉山位于中国四川省峨眉山市，在四川盆地西南部，地处长江上游，主峰万佛顶海拔 3079 米，山势巍峨俊秀，树木葱茏。

据史料记载，东汉明帝永平六年(63)，“有蒲公者，采药于云窝，见一鹿欹迹如莲花，异之，追之绝顶无踪”。因回头问在山上结茅修行的宝掌和尚，和尚说是普贤菩萨“依本愿而现象于峨眉山”。蒲公归家后即舍宅为寺。后来峨眉山就发展成普贤菩萨的道场。

庐山

庐山位于江西省九江市以南，最高峰 1474 米，下临碧波荡漾的鄱阳湖，以雄、奇、险、秀而闻名，有“匡庐奇秀甲天下”的美誉。

庐山不仅因秀美为人喜爱，更因它积淀了太多的文化内涵，可以说，是中国的历史造就了这座山，是中国的文化孕育了它。从司马迁“南登庐山”开始，陶渊明、李白、白居易、苏轼、王安石、黄庭坚、陆游、朱熹、康有为、胡适、郭沫若等一千五百余位文坛巨匠都曾登临庐山，留下四千余首诗词歌赋。从慧远始建东林寺，开创“净土法门”，到集佛、道、天主、基督、伊斯兰教于一身的宗教圣地的形成；从朱熹重建白鹿洞书院弘扬“理学”，到教育丰碑的构建；从“借得名山避世哗”的隐居之庐，到上世纪初世界 25 个国家风格的庐山别墅群的兴建；从胡先骕创建中国第一个亚热带山地植物园，到李四光“第四纪冰川”学说的创立；从上世纪中叶庐山成为国民政府的“夏都”，到庐山作为政治名山地位的确立……可以说，庐山处处闪烁着中华民族历史文化的光华。

黄山

黄山山脉东起安徽绩溪县的大嶂山，西接黟县的羊栈岭，北起太平湖，南临徽州山区。南北长约40公里,东西宽约30公里,面积约1200平方公里。黄山在秦朝时被称为黟山,相传轩辕黄帝率手下大臣容成子、浮丘公来此炼丹,并最终得道升天。唐天宝六年(747),唐玄宗依此传说,改黟山为黄山。

黄山云海图(局部)

黄山以生长在花岗岩石上的奇松和浮现在云海中的怪石著称,峰峦叠翠,雄姿灵秀,有"黄山归来不看岳"之誉。而奇松、怪石、云海、温泉,被称作黄山四绝。

草原

我国的草原主要分布在内蒙古、新疆、藏北、川西等,包括呼伦贝尔草原、锡林郭勒草原、乌兰察布草原、伊犁草原、川北草原、川西草原等。草原是游牧文化的摇篮。很多民族的历史都和草原息息相关,如匈奴、鲜卑、契丹、女真、蒙古等。

呼伦贝尔草原

内蒙古的呼伦贝尔是游牧民族的历史摇篮。这里曾是匈奴、鲜卑人、契丹人、女真人、蒙古人生活的地方。呼伦贝尔草原自然条件优越,古代游牧民族在这里繁殖自己的民族,发展军队,以草原为基地,征服内蒙古中部和西部诸部落或者中原。

两汉时期,匈奴就游牧于呼伦贝尔西草原。东汉末年以后,匈奴势力衰弱,鲜卑人占领了这个草原,代替匈奴人成为蒙古地区的主要游牧民族,以后,鲜卑人进入黄河流域建立了北魏王朝。鲜卑人在前进的路上留下了很多遗迹,内蒙古和林格尔县的土城子古城,可能是北魏盛乐城的遗址。10世纪前后,契丹族发展壮大,他们在北方建立了辽政权,与北宋对峙。在呼伦贝尔发现过契丹人的古城遗址,说明契丹人在呼伦贝尔草原东部游牧过。12世纪,势力逐渐强大的蒙古部与金王朝之间开始了连年不断的战争。为防御蒙古骑兵袭击,金兀术下令修筑了全长700多公里的战壕。掘壕取土在内侧筑墙,每隔10多公里修建边堡一座,以便屯兵驻守。这就是被称为我国最北的规模宏大的长城。

伊犁草原

伊犁草原三面环山，西面有湿润的气流，草原上分布着高寒草甸、山地草甸、山地草原、山地荒漠草原、平原荒漠、河谷草甸，有丰富的多样性。据说伊犁那拉提草原的得名和成吉思汗有关。成吉思汗西征时，有一支蒙古军队由天山深处向伊犁进发，当时山中风雪弥漫，士兵们被饥饿和寒冷包围，没想到翻过山岭，仿佛进入了另一片天地，眼前一望无际的大草原，到处都有泉水，云开日出映照着草原，人们欣喜得大叫"那拉提(有太阳)，那拉提"，于是就有了这个地名。

伊犁草原上分布着众多的土墩墓，土墩墓也叫乌孙土墩墓，是曾在伊犁河谷生活过的古代民族的遗存。这里还有粗犷风趣的草原石雕人像，有的石人雕凿了全身像，能清楚地看到头部、脸型、身躯，还有衣服和佩饰。有的石人只有粗略的脸部轮廓。这些石人在草原上屹立了千百年，显得非常神秘。据史籍记载，突厥人曾长期活动于伊犁河谷。他们的习俗是这样的，人死后，墓前往往竖立死者石像。那些在伊犁草原上的石雕人像，应该是古代突厥人的遗物。

松赞干布

川西草原

川西草原位于四川甘孜州中部，包括理塘、甘孜、新龙、巴塘等草原。草地海拔在3000到4000米左右，而且平坦宽阔。这里夏季有印度洋的暖湿气流，其高山草甸和高寒草甸在青藏高寒草原中特别突出。在古代这里就是草原牧区，盛产牦牛和一些珍贵药材。川西草原犹如一片绿色海洋，很少有裸露的黄土，有效地防止了长江上流的水土流失。

川西草原的主体民族有汉族和藏族。藏族很早就生活在青藏高原一带，松赞干布统一青藏高原，藏族开始有了共同的文字和信仰。他们在雪域高原上创造了辉煌独特的藏族文化。

沙漠

中国的沙漠虽然只分布在内陆的西部，但却覆盖了中国百分之十三的领土，除了风沙肆虐，便是一片死寂。这些大面积的沙漠主要集中于下列四个地区：准噶尔盆地的古尔班通古特沙漠、塔里木盆地的塔克拉玛干沙漠、河套地区的鄂尔多斯沙漠区、蒙古地区的瀚海沙漠群。

古尔班通古特沙漠

准噶尔盆地位于中国西北边陲新疆的北部,在阿尔泰山跟天山之间,在中国历史上一直默默无闻,因为无论是张骞通西域还是班超经营西域,都只限于天山以南的塔里木盆地。18 世纪时,在此地立国数百年之久的准噶尔汗国遭受到清王朝的不断攻击,从此灭亡。晚清时,清将左宗棠曾在此屯垦戍边,遗留至今的历史遗迹,便是当年狼烟翻滚的古战场的见证。

古尔班通古特沙漠位于准噶尔盆地中央,是中国境内第二大沙漠,占地面积 45000 平方公里,仅次于塔克拉玛干沙漠,是世界第三大沙漠。

塔克拉玛干沙漠

塔里木盆地位于新疆南部天山与昆仑山之间,面积约 53 万平方公里,百分之八十都是沙漠。这是一个标准的闭锁形的内陆盆地,四周全是高山,仅东北有一条狭窄的道路跟河西走廊相通。传说很久以前,人们渴望能引来天山和昆仑山上的雪水,浇灌干旱的塔里木盆地。一位慈善的神仙有两件宝贝,一件是金斧子,一件是金钥匙,神仙被百姓的真诚所感动,把金斧子交给了哈萨克族人,用来劈开阿尔泰山,引来清清的雪水,他想把金钥匙交给维吾尔族人,让他们打开塔里木盆地中央的宝库。不幸金钥匙被神仙的小女儿玛格萨丢失了,从此盆地中央的宝库就无法打开,变成了塔克拉玛干沙漠。

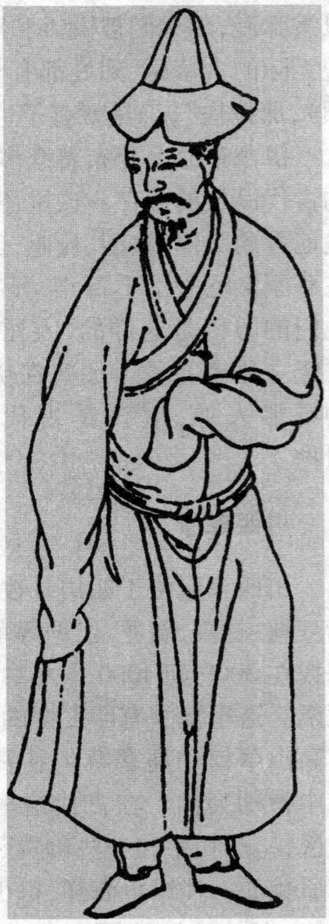
古哈萨克民

在维吾尔语中,“塔克拉玛干”就是“进去出不来”之意,而西方探险家则称它作“死亡之海”,由此可以想象出沙漠环境的恶劣。坚强的中国人不甘心被沙漠阻挡,沿着这两大沙漠的南北两侧,终于开辟出两条艰险的道路,通过它跟西方世界往来贸易,这两条道路就是美丽的丝绸之路。

鄂尔多斯沙漠区

河套地区的鄂尔多斯沙漠是黄河以南唯一的沙漠,其间分布有不少下湿滩地、河谷和柳湾林地。当中国古代最北的疆域以阴山山脉为界时,这块沙漠曾阻挡着北方游牧民族的南下。

在这块巨大的沙漠上,最有名的是乌兰布和沙漠和库布齐沙漠。库布齐沙漠位于鄂尔多斯高原脊线的北部，意思是“弓上的弦”，沙漠的西部和北部因地靠黄河，地下水位较高，水质好，有草木生长，植物种类多样，植被差异较大。东部为草原植被，西部为荒漠草原植被，西北部有泥沙淤积成土壤.粮食产量较高，向来有“米粮川”之称。

鉴于库布齐沙漠的沙丘几乎全部是覆盖在第四纪河流淤积物上，因此，沙源来自古代黄河冲积物的可能更大些。自商代后期至战国，气候变得干冷多风，使沙源裸露，并提供了动力条件。因此，库布齐沙漠可能是在此期间形成的。

乌兰布和沙漠为蒙古语，意为“红色公牛”，总面积约一万平方公里，沙漠南部多流沙，中部多垄岗形沙丘，北部多固定和半固定沙丘。

区域地理

了解完中国的地理，我们再来说一下区域。每个国家对自己的国土，都有历史累积下来的识别，也就是习惯上的称谓。原则上依据自然山川和人文状况，但主要还是依据历史发展的轨迹。

河西走廊

河西走廊位于中国的中西部，甘肃省西北部祁连山和北山之间，为西北—东南走向的狭长平地，形如走廊，也叫甘肃走廊，因为位置在黄河以西，所以习惯上称之为“河西走廊”。

这里历代均为中国东部通往西域的咽喉要道。西汉初期，河西走廊是匈奴人游牧的地方，张骞第一次西去，就在这里被匈奴截住，软禁了十年。壮志未酬誓不休的张骞终于逃离西去，完成了使命，但在归中原途中，又在这一带被匈奴截留，一年多后才回到长安。可见，通西域必须经过河西走廊。张骞第二次去西域行走得比较顺利，因为西汉大将军霍去病两次鏖战河西走廊，将匈奴驱赶出去，咽喉之道得以畅通无阻。

自汉至唐，河西走廊成为“丝绸之路”的一部分，是中西文化交流史上的一条黄金通道。除此之外，这里还始终是西北的边防重地、昔日的古战场，以及甘肃著名的粮仓。

西域

广义的西域指可以包括亚洲中西部，乃至印度半岛的广大地区，而我们习惯上说的西域，是指玉门关、阳关以西，葱岭以东，即今巴尔喀什湖东、南及新疆的广大地区。

西域一带在可考历史中于公元前5世纪左右就形成国家了，《汉书·西域传》记载当时已有三十余国分布在西域地区，

历史小常识：西域都护

西汉神爵二年（前60）置，治所在乌垒城（今新疆轮台东野云沟附近）。管辖西域三十六国。王莽天凤三年间后都护府废止。东汉时曾两废重置西域都护（74~76，91~107），移治所到龟兹（今新疆库车）。后凉吕光也曾在公元394年置西域大都护，治所在高昌（今新疆吐鲁番东南）。

故有“西域三十六国”之说。在张骞打通西域之前，匈奴一直是支配西域各国的势力。至汉代，行政机构西域都护府所管辖范围则已不只三十六国。到南北朝时期，新兴的高昌国相继击败西域诸小国，建立了一个地跨新疆大部的强国，为中亚地区带来了繁荣的文化。

河套

河套指贺兰山东面的黄河沿岸地区，也就是黄河“几”字地区，尽管河套一词所出很晚，但是河套对中华民族的贡献却不容忽视。

因农业灌溉发达，又称河套灌区，汉代便开始在这里进行大规模的屯垦筑城，并把归附的匈奴部落安置在此。这里土壤肥沃，地势平坦，日照时间充足，昼夜温差大，历代都是主要的农作物产区，有“天下黄河富河套，富了前套富后套”一说。

陇西

在古代，“陇”与“垄”相通，指的是田埂。《史记·项羽本纪》中记载：“乘势起于陇亩之中。”这里的陇就是田埂的意思。古人看到横亘于关中平原西部的山脉如同田埂一样，就把它们称为陇山。《辞海》中说，陇山是六盘山南段的别称，又称陇坂，在陕西省陇县西，南北走向，延绵约一百二十公里，是渭汉平原和陇西高原的分界。

这个陇山在甘肃的古代地理中有着非常重要的意义。人们将陇东、陇南、陇西称为三陇之地，到了后来，人们将黄河以东、陇山以西的地区又统称为“陇右”。秦昭王二十七年（前 280），陇西郡正式设置，并开始修筑长城。这里是关中的屏障，一旦被西方的游牧民族攻陷，关中便会“一夕数惊”。

历山往田图

河东

河东，指的是太行山脉与黄河之间的地带，因在黄河之东，所以称为河东。到了唐代以后，就泛指山西一带。

河东地区是中华民族的发源地，传说中的“尧都平阳，舜都蒲坂，禹都安邑”，都在这块土地上。上古时代女娲氏炼石补天、神农氏尝百草、愚公移山、精卫填海、舜耕历山等据说也均发生于此。中国的很多王朝都建都在此地，或在此崛起。

塞北与东北

塞北指的是长城以北地区，寒冷，缺雨而多风沙，中国的游牧民族一直在这里生活。长城起点山海关之北，人们称之为关外，称山海关以南的地区为关内。

关外的东北是中国最寒冷的地区，但土壤肥沃，这里曾经出现过小的部落，后来女真人在此建国，逐步发展壮大，最后问鼎中原。不过东北是近代的称呼，古称辽东、关东、关外、满洲，是中国东北方向国土的统称，包括今辽宁省、吉林省、黑龙江省和内蒙古东部（即“东四盟”，呼伦贝尔市、兴安盟、通辽市、赤峰市）。

云贵高原

云贵高原位于中国的西南部，包括云南省东部，贵州全省，广西西北部和四川、湖北、湖南等省的边境。这里山多湖多，在连绵起伏的山岭间，分布着许多小盆地，盆地内土层深厚而肥沃，农业发达。这里也是中国少数民族分布最广的地区，傣族、水族、侗族、布依族、土家族、仡佬族等，都生活在这里，以至中国古代的汉人对这里讳莫如深，认为此地多是蛮族，不谙风化，是神秘且落后的地方。

云贵高原地形上有一个显著特色，就是具有典型的喀斯特现象的发育。在石灰岩分布地区，到处可以看到奇异的石林，深邃的洞穴，以及忽隐忽现的地下暗河和横跨峡谷的“天生桥”等。

青藏高原

青藏高原在古代一直是吐蕃王国的故地，这个世界屋脊海拔高，空气稀薄，山上终年覆盖着千年以上的积雪。吐蕃王国强大的时候，曾经征服西域，打败过阿拉伯帝国。

青藏高原上的居民多是藏民，信奉藏传佛教，风俗与内地也有很大的差别。例如西藏的丧俗，被称作天葬或是鸟葬，虽然在藏族人眼中这是最普通的葬法，但在大多数习惯“入土为安”的人看来，天葬无疑是一种非常独特的葬俗。天葬的习俗是：人死后，将尸体用白布裹好，放在屋内一角的土坯上，然后请喇嘛来念经超度，使死者的灵魂能早日离开肉体，然后选择吉日出殡。停尸至出殡的

喜金刚（上图）宗喀巴（下图）

这段时间，死者的家人不得喧哗、谈笑和洗脸、梳头，并且必须在家门口挂一个围有白色哈达的红色陶罐，罐内放有食物，供死者的灵魂食用。出殡当天，家人将尸体的衣物脱掉，用白色氆氇裹起来，然后背起尸体沿地上画着的白线走到大门，交给天葬业者。家人为死者送行只能送到村口，不得跟到天葬台。在至天葬台的途中，背尸体的人不得回头看。到达天葬场后，天葬师将尸体放到葬台上，然后烧起火堆，冒起浓烟，远处的“神鹰”（鹫鹰）见到浓烟便立刻飞拢过来。黎明前进行肢解，天葬师以利刃将尸体切成一块块，接着将骨头砸烂，和上糍粑喂鹫鹰，喂完骨头喂肉块。若有吃剩的尸体，必须烧成灰撒在山坡上，方能使死者“升天”。天葬的过程虽然残酷，但藏人相信它合乎菩萨舍身布施苍生的意义，能使死者的灵魂升天。

中原

中原，有广义与狭义之分。广义的“中原”是指包括河南省大部分地区以及河南周围的河北省南部、山西省南部，陕西省东部及山东省西部各一部分在内的黄河中下游地区。这里是中华文明的发源地，是华夏民族的摇篮。狭义的“中原”专指河南，因为河南不仅是绝大部分中国人的祖居之地，而且中国历史上绝大部分时间的政治、经济和文化中心都在河南。这片一望无际的肥沃平野是中华民族的发源地，所以也是中国历史的心脏地带。

神龟图

中原不仅地理位置重要，在古人心中，这里就是一块风水宝地，所谓“得中原者得天下”。上古时代，把天分为东西南北四宫，分别以青龙、白虎、朱雀、玄武为名。青龙为东方之神，白虎为西方之神，朱雀为南方之神，玄武为北方之神。实际上是把天空分为四部，以每部分中的七个主要星宿连线成形，以其形状命名。青龙白虎掌四方，朱雀玄武顺阴阳。青龙，亦作“苍龙”，古代神话中的东方之神。传说中，青龙身似长蛇、麒麟首、鲤鱼尾、面有长须、犄角似鹿、有五爪、相貌威武。白虎形体似虎，白色，凶猛无比，象征着威武和军队，所以古代很多以白虎冠名的地方都与兵家之事有关，如古代军队里的白虎旗和兵符上的白虎像。朱雀，亦称“朱鸟”，形体似凤凰，是天之灵兽，比凤凰更稀有尊贵。玄武，也叫"真武"，相传是北海一只六龟，曾经被当作柱子支撑整个蓬莱仙山，因其灵性深觉，历经多年的听道闻道，终于修得正果。所以帝王陵寝多有驮碑之龟，正是以此暗寓玄武。"四神"代表东西南北四个方位，为划分天区，制定历法，提供了比较科学的参照。到了后来，随着阴阳五行学说的流行，被赋予了更高的神性。

古人认为，最理想的风水宝地是要背依绵延的群山，因这山是龙脉，也就是"玄武"；面临开阔的平原，称"明堂"，明堂前还要有像屏风一样的"暗山"，这就是"朱雀"；河水蜿蜒曲折在前面环绕流过，两侧有重重山脉遮掩拱卫，这两侧的山就是"青龙"和"白虎"。

朱雀图

中原大地完全符合这个"左青龙右白虎，前朱雀后玄武"的宝地要求：洛阳、郑州位于龙尾位置的吉祥地，"左青龙"是太行山，"右白虎"是大别山，泰山如同前方的"暗山"，远方的朝鲜半岛与中原隔海相望；身后的龙脉就是中国最大、最宏伟的山脉：秦岭和昆仑山。

洛阳在西周时期就是王都，它地处"九州之中"，是重要的交通枢纽，因为与关中平原相接，也成了历代兵家的必争之地，让这座美丽的城市因战火被多次焚毁。

洛阳因地处古洛水之阳而得名，是九朝古都，以牡丹花闻名天下。

洛阳牡丹根植河洛大地，始于隋，盛于唐，甲天下于宋。相传，唐武则天寒冬设宴赏花，令百花绽放，唯牡丹不从，因而贬之洛阳。岂知牡丹到了洛阳后便吐蕊怒放。武后闻知，命火烧牡丹。牡丹枝干烧焦，次年依旧叶荣华发，且花更大，色更艳。洛阳牡丹遂驰名天下成为花魁。

燕赵

燕赵区域的划分应当以今黄河为它的南界，以太行山和燕山山脉为它的西界和北界。春秋战国时期，这里就活跃着燕、赵、中山等国，燕赵文化就是在战国后期形成的。元代以前的北京，今河南、山东两省的黄河以北部分包括在燕赵区域内。

在战国时期燕赵形成了慷慨悲歌文化的特征，隋唐、明清时期其余音遗响不绝如缕，形成了悠久而稳定的传统。燕赵区域在文化上的慷慨悲歌、好气任侠，既不同于中原、关陇，又不同于齐鲁和江南。司马迁在论述燕赵风气时说，燕赵经常受到胡人的侵扰，师旅屡兴，因此那里的人慷慨、好气任侠。燕赵之地名将、英雄辈出，春秋战国时有燕昭王、燕太子丹、荆轲、率弱燕连攻下强齐七十二城的名将乐毅等。燕赵地区的人们习于战斗而不怯懦，擅长骑射，惯见刀兵。北魏时广平大族李波的小妹擅长骑射，能够“褰裙逐马如卷蓬，左射右射必叠双”。

北京建城有两千多年的历史，最初见于记载的名字为“蓟”，是燕国的都城。自15世纪明成祖朱棣定都北京，直到今天，北京依然是中国的首都，拥有众多的帝王宫殿、园林、庙坛和陵墓。北京故宫又称紫禁城，原为明清两代的皇宫，住过二十四个皇帝，建筑宏伟壮观，完美地体现了中国传统的古典风格和东方格调，是中国乃至全世界现存最大的宫殿，更是中华民族宝贵的文化遗产。

齐鲁

春秋时期的齐国和鲁国绝大部分都在山东境内。西周初年，姜太公被封于齐，以治理夷人；周公被封于鲁，以拱卫周室。齐鲁之称由此发端。

姜太公到了封地以后，“因其俗，简其理”，促成了齐文化的形成。

商纣王无道，吕尚无人知遇，暮年之际就在渭水之滨垂钓，恰巧被文王周西伯遇到，从此效忠于文王和武王，为周朝出谋划策。大约在公元前373年，齐国被田氏所取代，公元前221年，秦始皇灭齐国。

在其发展过程中，齐国比较注重经济、军事的发展，也就是物质文明的发展。尤其在齐桓公时期，在管仲辅佐下，齐国的综合实力位居各诸侯国之首。齐国的社会风尚崇功利，轻伦理，注重实用。

周公旦是武王的兄弟，辅佐武王巩固周朝政权，征讨不臣和蛮夷之国，被封于曲阜。武王病逝后，成王年幼，由姬旦摄政，由其子伯禽代封。周公之子伯禽到鲁地后，变其俗，革其礼，推行重农抑商的周文化。鲁文化更多地表现出农业社会的特征，风气保守，因循周礼。大约在公元前257年，鲁国被楚国灭掉。

磻溪垂钓

鲁都曲阜是孔子的诞生地，也是儒家甚至中国传统文化的发源地。儒学产生于春秋时期的鲁国，由孔子开创，在周边的齐、卫、燕、赵、魏等国都有不同程度的传播发展。秦始皇统一天下后，客观上为儒学进一步走出山东创造了条件。但是,儒学复古和崇尚仁义的思想观点并不被秦始皇所重视,反而遭受了"焚书坑儒"的劫难。直至西汉,汉武帝在位时采纳儒生董仲舒的建议,"罢黜百家,独尊儒术",最终奠定了儒学的正统地位。

关中

关中指中国陕西秦岭北麓的渭河冲积平原,其北部为陕北黄土高原,向南则是陕南山地、秦巴山脉,自古便是富庶之地,号称"八百里秦川"。

不过,古人习惯上将函谷关以西的地区称为关中,范围比今天的关中要小。那时,关中因西有大散关,东有函谷关,北有峭关,南有武关,为四塞之国,故称关中。在冷兵器时代,这四关堪称一夫当关,万夫莫开,固若金汤。更令古人看重的是,这里气候温和湿润,河流纵横,土壤肥沃。

地处关中的西安古称长安,在西周时称为"丰镐",这是周文王和周武王分别修建的丰京和镐京的合称。

西汉初年,刘邦定都关中,取当地长安乡之含义,立名"长安",意即"长治久安"。丝绸之路开通后,长安成为东方文明的中心,史称"西有罗马,东有长安"。到了唐朝,长安成为世界闻名的国际大都市。

这个地处八百里秦川上的古都,在繁荣的顶峰到来不久,就因安史之乱而衰败,此后兵祸不断。明洪武二年(1369),明政府改奉元路为西安府,取义"安定西北",西安之名由此而来。作为古都,西安当仁不让应该居于首位。它是十三个王朝的都城,建都时间累计长达一千年。

阿房宫图(局部)

位于八百里秦川腹地的咸阳,渭水穿南,宗山亘北,山水俱阳,故称咸阳,是中原地区通往西北的要冲,也是第一个统一中国的王朝——秦王朝的建都之地。周、秦、汉、唐的许多帝王陵寝和陪葬墓都建在这里,绵延百里。

咸阳城在秦代曾拥有一座非常宏伟的建筑——阿房宫，相传是仿集了天下建筑之精华建造出来的。杜牧在他的《阿房宫赋》中曾这样描绘："覆压三百余里，隔离天日。骊山北构而西折，直走咸阳。二川溶溶，流入宫墙。五步一楼，十步一阁；廊腰缦回，檐牙高啄；各抱地势，钩心斗角。"今天的咸阳没有留下任何能让我们想象这座宫殿的遗址，据说是西楚霸王项羽入关后放了一把大火，将阿房宫及所有附属建筑都焚烧成灰烬了。据《史记·项羽本纪》记载，"烧秦宫室，火三月不灭"。

江南

如果单从字面上来解释，江南就是指长江以南的地区。事实上，江南的含义远不止于此。在古代，江南往往代表着繁荣发达的文化教育和美丽富庶的水乡景象，区域大致为长江中下游南岸的地区。

从地区名上来讲，江南泛指长江以南，但各时代的含义有所不同。春秋、战国、秦、汉时指今湖北的长江以南部分和湖南、江西一带；近代专指今苏南和浙江一带。

唐贞观年间有十道，江南专指其中一道，辖今浙江、福建、江西、湖南等省及江苏、安徽的长江以南部分，湖北、四川、重庆江南一部分和贵州东北部地区。开元二十一年（733）又分为东、西两道：东道治苏州（今江苏苏州），辖今江苏南部和浙江、福建两省；西道治洪州（今江西南昌），辖今湖南洞庭湖、资水流域以东和东道以西地域，其沅江流域以西则分置黔中道。清朝时，江南又成了省名，治江宁府（今江苏南京），辖江苏、安徽，此后习惯上便合称这两省为江南。

地处江南的名城有杭州、苏州和南京等。

杭州曾是五代吴越国和南宋王朝两代建都地，被 13 世纪意大利旅行家马可·波罗赞叹为"世界上最美丽的华贵之城"。

苏州建城于公元前 514 年，吴王夫差的父亲阖闾命楚国叛将伍子胥建阖闾城。在春秋时期，这里是吴国的都城。至今，依然能在这里寻觅到西施的遗迹。隋朝时，苏州之名确立。而唐朝诗人张继的一首《枫桥夜泊》，令古今游客争相来访枫桥，闻听寒山寺的钟声。苏州的园林也的确是美，又有山水之胜，自然、人文景观交相辉映，因此有谚语赞道："上有天堂，下有苏杭"。

与西安、洛阳、北京并称为四大古都的南京在长江下游南岸，早在春秋战国时期，吴国的治所就建在此地。三国时期，诸葛亮出使江东，观察了南京的山川形势后，做出"钟阜龙蟠，石头虎踞"的著名评语。孙权称帝后定都建业，是南京作为国都之始。随后的东晋、宋、齐、梁、陈也都将南京作为都城，因此南京被称为六朝古都。

巧合的是，南京作为国都，几乎全是中国处于分裂的时期。即便是后来的朱元璋定都南京，也因为朱棣的夺权而北迁。因此，南京的历史多是令人痛惜的悲剧。

荆楚

公元前 1043 年，周成王封熊绎为楚君，荆楚成为周朝的诸侯国之一。

西湖十景

到了春秋战国时期，周王室衰落，中原地区诸侯割据，楚国逐步强盛起来，先后成为“春秋五霸”和“战国七雄”之一。与此同时，中原文化逐渐向荆楚地区浸润渗透。

春秋时，楚庄王励精图治，终成霸业。庄王曾率领楚军开赴伊水与洛水之间，对周天子耀武扬威。庄王还选拔孙叔敖实行文治，楚国出现了经济繁荣、文化灿烂的鼎盛局面。战国时期，楚悼王任用吴起开始变法，并取得了成效，楚国兵强马壮，初露称雄之势。楚威王后期，楚国成了七雄中唯一能与秦国抗衡的大国，疆土西起大巴山、巫山、武陵山，东至大海，南起南岭，北至今安徽北部，幅员空前广阔。

巴蜀

巴蜀主要在今四川境内，东部为巴，西部为蜀，在秦朝时便被正式纳入版图。

巴蜀地区四面都是高山，中间是一块广达 20 万平方公里的巨大盆地，只有长江一线跟东方相连。被秦帝国纳为郡后，蜀郡郡守李冰跟他的儿子便在这里修筑河渠，筑坝引水，修建了著名的都江堰，使巴蜀地区两千年来都没发生过大的水患，成为沃野千里的“天府之国”。都江堰建于公元前 256 年，是全世界至今为止，年代最久，唯一留存，以无坝引水为特征的宏大水利工程，至今仍发挥巨大效益。《史记》载：“都江堰建成，使成都平原‘水旱从人，不知饥馑，时无荒年，天下谓之天府也。’”李冰父子也因这一壮举而被世人崇敬、感激，二王庙从古至今不但香火鼎盛，而且历史上一直都有官方以及民间的祭祀活动。

巴蜀盆地中的历史名城成都，是中国历史上一些分裂政权青睐的建都之地。虽然短命王朝一个又一个消失在历史的浩瀚烟尘中，但成都却保留下非常多的古迹，是中国城址未变、延续至今、最古老的城市之一。五代十国时，因为后蜀皇帝孟昶偏爱芙蓉花，命百姓在城墙上种植芙蓉树，花开时节，成都“四十里为锦绣”，故成都又被称为芙蓉城，简称“蓉城”。

成都不仅美丽，还拥有许多项发明，都位居世界第一。

如始建于公元前256年，历时两千多年的都江堰水利工程，至今依然发挥着作用；

公元前61年，这里开采出深井天然气，用于制盐、煮饭和照明；

成都的蜀锦，又称“锦绣缎”，是世界上最早发明的锦缎丝织品。东汉年间的足踏织锦机是当时世界上最先进的织机；

唐代，成都在世界上最早发明和使用雕版印刷术；

北宋年间，成都的商人联合发行了世界最早的纸币“交子”，官府随即在这里设立了世界最早的管理储蓄银行“交子务”。

自古巴蜀先民就兼容了各地文化，与中原、楚、秦文化相互渗透影响，使四川盆地成为荟萃农耕、游牧文化的聚宝盆。巴蜀文化又具有很强的辐射能力，对滇、黔、夜郎和昆明夷、南诏甚至东南亚大陆地区都有影响。

岭南

岭南指五岭以南的广东，它东接福建，西连广西。这里依山傍海，主要河流珠江流入南海。

该地原为百越之地，生活在这里的是古百越族先民。这里地处湿热的南方，作物以水稻为主，先民过着火耕水耨、渔猎捕捞的生活，发展了早期的渔猎文明、稻作文明。这里的人习水性，善用舟，断发文身，信巫鬼。

夏代，中原的影响已达岭南。安阳殷墟遗址中发现的龟甲、海蚌，证明为当时岭南贡物。西周、春秋的青铜器在广东也发现过。秦始皇时统一岭南，大量移民，秦汉以后，岭南统一于中华，修灵渠、开庾岭，岭南与中原的交流日益密切；先是屯军贬官，更有几次战乱的大量移民。

秦末楚汉相争之际，时任南海郡尉的赵佗建立南越国，定都番禺，自号南越王。在统治岭南期间，推行郡县制，推广铁器和农耕，发展海上交通贸易，促进岭南地区的发展，是岭南开发史上的重要时期。中原文化与当地文化得到很好融合，加上北方移民影响，使岭南“流风遗韵，衣冠气习熏陶渐染，故习渐变而俗几中州”，形成具有自身特色的岭南文化。公元前111年，汉武帝派十万将士灭南越国，分岭南地为七郡。

岭南的广州是一座历史悠久的文化名城，早在公元前9世纪的周代，这里的百越人和长江中游的楚国人已有来往，建有“楚庭”，这也是广州最早的名称。秦始皇统一岭南

芙蓉图

后建南海郡，郡治设在“番禺”，即今天的广州。秦汉时期，广州逐渐发展起来，唐朝时，这里成为海上“丝绸之路”的始发港。海上丝绸之路开通，岭南作为始发地甚至是唯一通商大港，一直是中外文化交流的平台，东西方的文化在这里登陆引进，外来文化给岭南文化注入新活力。清朝时，广州是中国唯一对外开放的港口，也是中国最早对外的通商口岸。

沿海与岛屿

中华民族的栖息地位于欧亚大陆的东侧，太平洋的西岸，西部和北部深居大陆中心地带，是一个左高原、右大海的“大陆海洋型”国家。虽然中华文明是偏重于内陆发展的农业文明，但是中华民族却一刻也没有停止向大海的探索。

早在旧石器时代，中国沿海地区的先民主要是在海滩上拣小型水产动物为生。周时，对海洋的渔盐开发有相当的水平。姜太公被封在齐地，“通鱼盐之利，而人物辐凑”（《汉书·地理志下》）。此外，中国的航海历史极为悠久。据史料记载，商王在东海钓大鱼，在海上“六月不归”。公元 15 世纪郑和下西洋，说明当时中国的航海业和航海技术处于世界领先水平。

中华民族的栖息生存地有漫长的海岸线，有 6500 多个沿海岛屿，具有向海洋发展的得天独厚条件。

中国最大的岛屿是台湾岛。三国时期台湾被称为夷洲，吴国将军卫温就曾率船队抵达那里。吴人沈莹在《临海水土志》一书中，记载了当时台湾的生产和生活形态。到了 6 世纪末、7 世纪初的隋代，大陆和台湾的接触增多。据载隋炀帝曾三次派人到台湾，“访察

异俗”,“慰抚”当地居民。隋唐以后台湾都被称为“流求”。元朝设立“澎湖巡检司”管辖台湾。明成祖时郑和率领庞大的船队下西洋时,曾到过台湾停留,给当地居民带去工艺品和农产品。清朝曾设台湾府,隶属于福建省,后又在台湾设行省。

海南岛是我国第二大岛,自古以来有“天涯海角”之称,是黎族人的故乡。海南不但物产富饶,历史也极为悠久,苏东坡和黄道婆都是到过海南的历史名人。苏东坡曾屡次被贬,后来被贬到海南儋州,他在这里传播中原文化,留有东坡书院。他离开海南时写下了“他年谁作舆地志,海南万古真吾乡”的诗句,抒发了对海南的眷念之情。

中国人的民族特征

当代中国人属蒙古人种的东亚类型和南亚类型,历史上的中国人民也以蒙古人种(又称黄种人等)为主体。蒙古人种起源于中亚和东亚,逐渐向南北、东南亚扩散,蒙古人种一般体形肤色中等,头发直而硬,体毛和须发较少,鼻宽度中等,鼻梁较低,脸平扁,唇厚中等,眼睑大多有内眦褶且眼角有角度(俗称蒙古眼),高眼眶,颧骨突出,多铲形门齿,面骨平扁,少体味。蒙古人种在亚洲、美洲有很多分支和亲缘。

各种人种属同一物种,有共同的起源,其主干在3.5万年前可能已经开始出现,中亚、东亚的晚期智人头骨显示出蒙古人种的发展,新石器时代的中国人更是明显以蒙古人种为主体。新石器时代黄河上游居民在体质上接近蒙古人种的华北类型,而中游地区的仰韶文化居民则有更多的南亚类型特征。但是中国文明的体质构成不是单一的,山顶洞人中有标准的蒙古人种,也有无可置疑的北欧人种头骨,黄河下游的大汶口文化居民可能有波利尼西亚的因素,河姆渡文化和广东一些人骨有明显的澳大利亚—尼格罗的成分,商代殷墟人头骨也包含了几种不同种族的人。

石器时代以前的人类处于长期和大幅度的迁徙中,人类进入有史时代和形成地域性民族后则相对稳定,因而在中国人民形成一个独立整体和中国文明形成的过程中,融汇了众多的要素,在中华民族形成之后,也不断吸收新的成分。

中国文明产生于旧石器晚期到新石器时代的中国土地上,由以蒙古人种的东亚和南亚类型为主体的众多人等创造,这些不同的人在中国土地上哺育了中国文明,并融汇为中华民族。

中国人民的体质特征在很大程度上是适应东亚中纬度的地理环境的,中等身材、中等肤色与中纬度的日照、温度相应,蒙古眼、平鼻可能起源于中亚寒冷的多风沙气候。人民的体质在多大程度上决定了文化的特质还没有统一的结论,但蒙古人种平和、安稳的性格在中国文明上打下了烙印。

中国史前文明的世界意义

中国文明是人类文明的一部分,中国文明不但有它自身的价值,也有着世界的意义。没有中国文明的人类文明是不完全的。但这不只是缺少某个部分的问题,因为中国文明的存在是人类文明存在的一个基石,中国文明直接影响、推动了人类文明的其他部分。另一方面,脱离人类文明的中国文明也是虚假的,中国文明的产生和发展都受人类文明统一进程的制约,它时刻都在接受人类大文明的影响。

中国人民来源于统一的人类,中国文明产生于人类远古文明产生的大浪潮中。

370 万到 100 万年前的南方古猿已经开始了从猿到人的过渡,猿人开始使用人造工具,体质逐渐变化,到 170 万年(或 150 万年)前,直立人出现于地球,并广泛出现于亚、非、欧大陆上,在中国出现了北京人、蓝田人、元谋人。早期智人(尼安德特人)开始接近现代人,而 4 万年前的晚期智人(新人)则已经基本与现代人没有差别,人种开始出现,旧石器时代接近结束,最后完成了从原始人向现代人的转化,人类的生活生产能力不断提高,社会组织更加复杂,在长期、广泛的迁徙中把早期文明传遍世界。

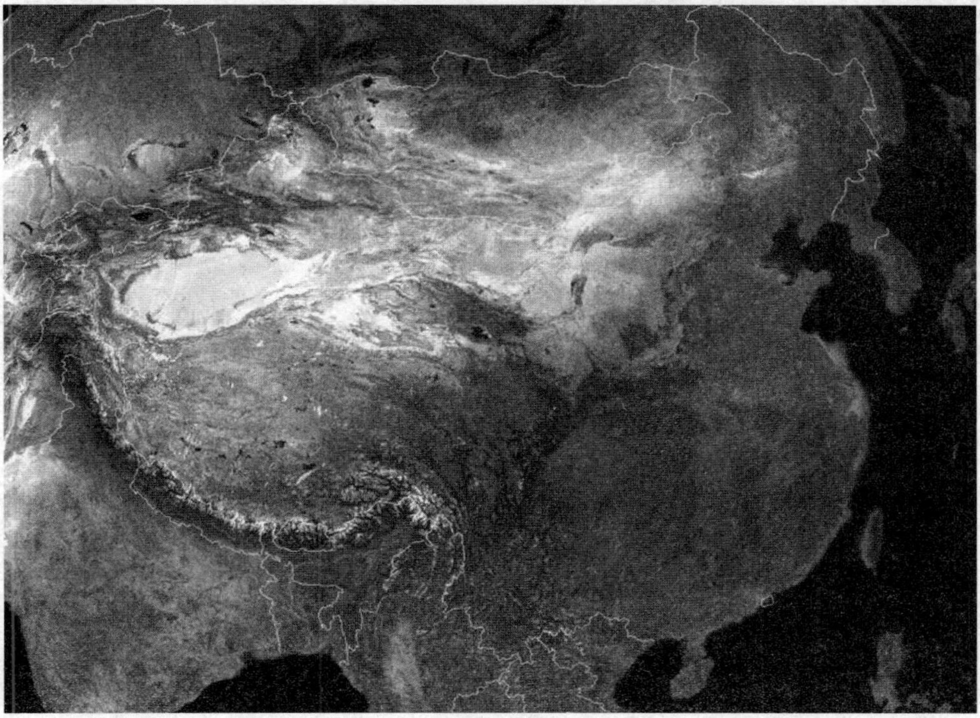

中国自然地理卫星影像图

约一万年前左右,人类进入新石器时代,出现了原始农耕和畜牧,人类由食物采集者变为食物的生产者，人类完成了一次历史性飞跃。农业使人类有可能转入相对定居的生活，并使人口增长，世界出现了几个农业中心，并向各地扩散，亚欧大陆上以黄河长江流域、印度河恒河流域、两河流域、欧洲为中心形成了一个农耕中心地带，在此基础上，社会组织不断发展，由原始公社发展出国家，生产技术不断提高，出现了早期科学哲学思想，人类文明进入一个新的时代，孕育出中国、印度、埃及、美索不达米亚这些古代文明。中国文明产生于这一历史大潮中。

埃及在公元前6000世纪进入铜石并用时代，公元前3000世纪出现第一个王朝，在其后的五六百年间全面发展，达到第一个伟大高潮。苏美尔人于公元前5000世纪定居于两河流域，影响了众多王国，创造出辉煌文化。公元前3000世纪在克里特，公元前2000世纪在印度流域也出现了繁荣的青铜文明。这些文明中心是人类文明的主要发源地，它们是古典文明和现代文明的起源和基础。

中国的新石器时代和铜器时代文明产生于这一时代，创造出灿烂的夏商文化，成为人类文明的远东中心。新石器时代是人类文明产生的关键时代，人类在这一时代中发展出了真正意义上的人类文明，也发展出了真正意义的个体文明，人类文明是由各个相对独立的个体文明组成的，人类文明的历史也就是个体文明发展和融汇的历史。在人类文明历史上，中国文明的产生是一种具有深远意义的事件，它顺应人类文明发展的脉搏而发生，决定了中国人的文化行为和生活方式，也决定了人类文明的发展方式。

第二章　古迹考略

元谋猿人

公元 1965 年中国冰川学家进行考察时，在云南元谋县上那蚌村发现了“元谋猿人”。主要发现有猿人的左、右上内侧门齿两颗，用古地磁测定法检测，这两枚牙齿化石属同一青年男性个体。后来在元谋猿人化石所在的褐色黏土层里，发现用石英岩打制的刮削器四件，在这个地区还采集到其他的石制品十几件。在厚约 3 米的三个地层中零星散布着炭屑，还并存有烧骨，是否人工用火的遗迹，现在尚不能断定。和元谋猿人化石并存的有多种哺乳类动物化石。这些动物有许多是食草类动物。经鉴定，元谋人距今大约为 170 万年左右，是在我国已发现的最早的人类。它确证了中国人的历史起源和存在。

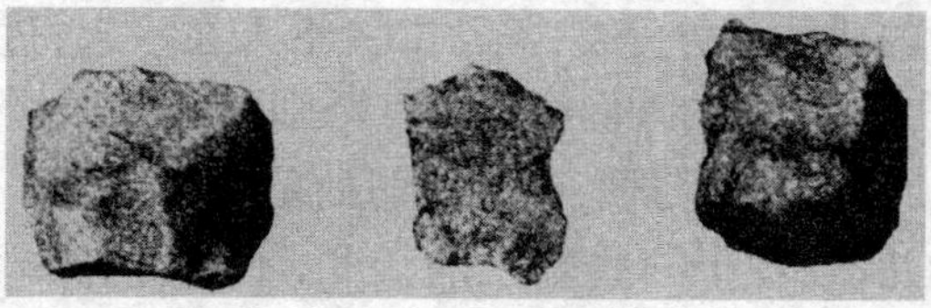
元谋人使用的刮削器

根据化石，我们可以推测出：170 万年以前，云南元谋一带，榛莽丛生，森森郁郁，是一片亚热带的草原和森林，原始麕、爪蹄兽、最后枝角鹿等第三纪残存动物在这里出没。再晚一些，则是桑氏鬣狗、云南马、山西轴鹿等早更新世的动物。它们大多数都是食草类野兽。元谋人使用原始的石器捕猎它们，以获得自己的生存。元谋人制造和使用这些石器，后来中国人的文明就这样开始萌动。

蓝田猿人

1963 年，考古学家在陕西蓝田县发现了中更新世时代的猿人化石，被称为蓝田人，距今约有 80 万~60 万年了。所发现的化石有头盖骨一具、上颌骨和下颌骨各一具，还有牙齿十余枚。头盖骨骨壁极厚，额骨很宽，向后倾斜，眉脊粗壮，脑容量小，估计约为 780 毫升。此外，还发现有打制石器和一些动物化石。

但更重要的是他们已经是完全的直立人，而且是亚洲北部最早的直立人。

直立起来，这是成为人的重要标志。

北京猿人

北京人的发现是本世纪考古学和古人类学的重大收获。

1923年，有人偶然在北京周口店附近龙骨山上的一个天然山洞里发现两颗古人类牙齿化石。这洞东西长140余米，南北最宽达40余米，最狭处仅2米，高40余米。后来，考古工作者从这里发掘出六个完整的头盖骨、153颗牙齿等代表着40余位男女老幼个体的骨化石及1万多件石器工具。根据第十一号头骨化石复原的北京人头像，是人类学头像复原的首例。据研究测定，周口店北京人的脑容量为1059毫升，比现代人的平均脑容量1400毫升还有较大距离，但从脑膜上语言区部位隆起的现象分析，他们已经有了简单的思想和语言。

那时，周口店一带三面有青山环绕，北京人为了在极为艰难的环境中生存，为了对付各种凶残的禽兽侵袭，经常二三十人在一起，过着群居生活。一个山洞就是一个群体的“家”，“家”内的人们过着没有婚姻禁约的血缘群婚生活。他们之间也没有明显的劳动分工，只是按照习惯，年迈体弱的留在家中照顾幼儿，或者干一些轻松的活儿，不过，他们还有一项十分重要而神圣的任务——看护火种。因为那时的北京人尚未学会人工取火，只能将雷击引起的天然火种引到洞内，安排在一个固定的地方看护，使之不致熄灭。当需要烧烤食物、取暖或照明时，就添加柴火，使火旺盛起来。

北京人背鹿像（复原雕塑）

在希腊神话里，普罗米修斯为人类从天神宙斯那里偷火，而中国的古史传说则是燧人氏“钻木取火，炮生为熟”，火是人自己发明创造的；从地下的史料发掘看，欧洲人是在四万年前旧石器时代的摩斯特里安期，才有人使用火的确凿证据，而周口店北京人的遗址里，有成堆的灰烬，紫、红、白、黑、黄，五色缤纷，却是50万年以前人使用火的实在遗迹。

人掌握了火，不仅能驱寒取暖，还能用作与野兽搏斗的武器，更重要的是，火使人从生食到熟食，体力和脑力都得到大幅度提高改善。可以看出在火光中，人的生活方式变得更积极，走向文明的步伐也大大加快了。

北京猿人有较多的原始性状，头骨低矮，其最宽大的位置在颅骨基部，前额低平并且明显向后倾斜，眉脊骨粗壮并向前突出，颅骨很厚，平均厚度几乎为现代人的一倍，面骨粗大，眼眶深而宽阔，鼻骨很宽，鼻梁较平扁，颧骨高而向前，上颌明显突出，下颌宽大并向下后方倾斜。牙齿的齿冠和齿根都比较粗大，咬合面有复杂的纹理。北京猿人的肢骨仍然带有一些原始性质，如股骨稍稍向前弯曲、因管壁厚而使髓腔较小、股骨主干上部平扁等，但是其总体特征则与现代人相近。北京猿人遗址所发现的各种石器有1.7万多件，此外还有大量石片和石器。据研究，北京猿人采用砸击、锤击、碰钻等方法制造石核。据考证，北京猿人生活在距今约50余万年到40余万年之间。

丁村人

从元谋猿人到北京猿人的这一段历史时期，在远古史上被称旧石器时代前期。这一时期人类的文化成就很多，最突出的恐怕要算用火了。人类在尚不知用火以前，在大自然面前还只能是奴仆，只有到这时，人类才第一次取得了支配一种自然力的能力，开始了人类改造世界的历史。北京猿人已知用火，这是他们在历史上建立的殊勋。可是，从人类取得物质生活资料的主要手段看，元谋猿人与北京猿人都还不过是一群群采集者。平时主要靠采集野果，挖掘植物的块根填充饥肠，偶然猎获些小的或温驯的动物，吃顿烧烤野味，那就是难得的美餐了。因此，他们也就未能跨越原始人群的历史阶段。

又过了几十万年，到了旧石器时代的时期，一批批的采集者先后成长为勇敢的猎人了。这在考古发掘方面得到了充分的证实。

"丁村人"是上世纪五十年代初期在山西襄汾丁村一带发现的。这里有旧石器时代早期直至晚期的丰富文化遗存，其晚期文化距今约7万年左右。这里发现了属于一个十二三岁儿童的两颗门齿和一颗臼齿化石，其臼齿咬合面结构形态在猿人和现代人之间，齿冠舌面中部低陷呈铲形，与现代黄种人较为接近。另外一个大约两岁小孩的右顶骨化石，它比北京猿人小孩的顶骨薄，显示了人类体质的进步。发现的石制品有两千多件，石片和石器一般都比较粗大，类型有单边或多边砍砸器、石球、三棱大尖状器、鹤嘴形厚尖状器、刮削器等，其中以三棱大尖状器最具特色。从石器类型的多样性和制造技术看，丁村人的石器已经有了较明显的专业分工。

丁村人用角页岩、燧石和石灰岩制造砍器、斫器、手斧、石球、厚尖状器、小尖状器和多边形石器。最具特色的是大三棱尖状器——三面棱角使其威力大增。

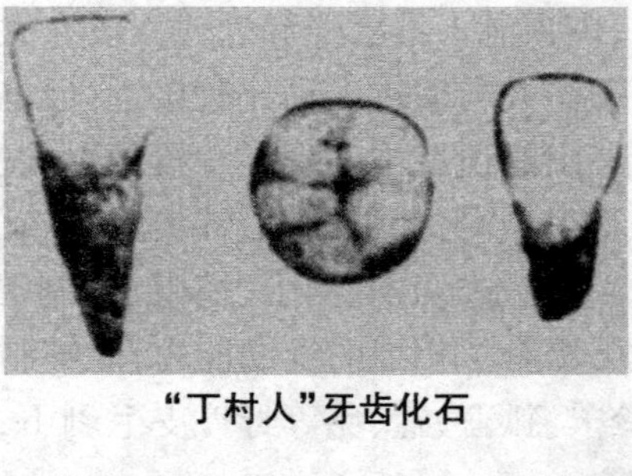
"丁村人"牙齿化石

丁村文化与西侯渡文化、蓝田文化有密切关系，在类型上更接近于山西省芮城县风陵渡

60万年前的匿河文化，是华北旧石器文化的典型代表。

马坝人

马坝人遗址

"马坝人"是上世纪50年代末期在广东曲江马坝狮头峰的岩洞中发现的。其中有额骨、顶骨、眼眶和鼻骨，这些化石属于一个中年男性，仍有相当的原始性质，如眉脊粗壮，鼻骨较宽等，但是马坝人的头骨比北京猿人高，眉脊上方不再深陷，而是与额骨相续，脑容量估计有1225毫升，这说明它比北京猿人已经有了不少进步。这是一种比直立猿人更接近于现代人的古人。和马坝人一起被发现的哺乳类动物化石有熊、熊猫、犀牛、鹿、剑齿象等多种。马坝人的时代属于更新世中、晚期。

山顶洞人

山顶洞人是母系氏族公社的早期阶段。

他们是接近现代人的"北京人"。这些公元前19000~公元前10000年的化石发现于北京周口店北京人遗址的山顶洞。这是一个洞穴堆积，洞口朝北，里面分上室、下室和地窖。东南部是上室，东西长16米，南北宽8米，是山顶洞人起居坐卧的地方。洞西北部是下室，深达8米，保存着三具完整的人骨化石，可能是葬地。地窖里则有大量的动物化石，看来是贮藏食物等生活用品的仓库。

山顶洞发现的人类化石，属于8个不同的个体，男女老少都有。检测表明，男性身高1.74米，女性身高1.59米，平均脑容量已经有1,300到1,500毫升。无论身体外形还是智力，山顶洞人都已经和现代人没有太大的差别。对头骨、面骨等作考古测量和分析，发现山顶洞人与蒙古人种比较接近，但也有个别其他人种的特征。

在山洞遗址中发现了一枚骨针，这枚骨针长82毫米，只有火柴棍那样粗，针身微弯，刮磨得很光滑，针眼细小，针尖锐利。山顶洞人要制作这样一枚精致的骨针，是很不简单的。必须经过切割、刮削、挖眼、磨制等一整套复杂技术。这枚骨针的发明，意味着山顶洞人已经有了相当的缝纫能力，能够制作原始的服装了。他们将猎取到的赤鹿、斑鹿、野牛、羚羊、狐狸、獾、兔等野兽皮毛剥下，然后用鹿的韧带作线，拼合缝制成色彩斑斓的衣服，以防御风霜寒流的侵袭。

山顶洞人还使用打制石器，但是已经开始采取磨制和钻孔技术来制造石器、骨器。他们把砾石、兽骨、鱼骨和海蚶壳串起来，并且赤铁矿粉染在小孔中，作为佩戴在脖子上的装饰品。可见当时人们已经有爱美的观念，生活也丰富起来了。更引人注目的是，山顶洞人在死者的身体上撒上含赤铁矿的红色粉末。红色的赤铁矿粉末象征鲜红的血液，他们显然认为血液就是生命的来源。死者被头朝东、脚朝西放置，可能认为灵魂在东方产生而归于西方。撒铁粉大概也伴随一些简单的仪式，祈祷死者的亡灵在另一个世界永生或再度投胎复活。

山顶洞人复原像

有了葬礼，也就有了审美观念和灵魂观念。原始的宗教萌芽了。

山顶洞人的种种文化成就，反映着当时的社会组织已有长足的进步。就说山顶洞人那充满对死者怀念之情的埋葬习俗，就显然是在氏族制度的长期生活中逐渐形成的。这种人和人的关系表明，那时的氏族制度经过几万年的发展已逐步形成。

仰韶文化

公元 1920 年，在河南省西北部的渑池县仰韶村发现了一种原始文化。其中最引人注目的是画有花纹的彩色陶器。依照考古学上的惯例，往往是以最先发现的遗址所在地来命名，这种文化就被称作“仰韶文化”。

仰韶文化是目前所知黄河流域新石器时代较早的一种文化。它的年代约是公元前 5000 年到公元前 3000 年。仰韶文化主要分布于黄河中游一带，包括陕西的关中、山西南部和河南大部分地区。它西面可到达甘肃洮河流域，东面到河北中部，北面到内蒙古南端，南面到汉水上游。遗址一般都在靠近河流的黄土台地上。

仰韶文化是母系氏族公社兴盛繁荣的时代，已经有发达的定居农耕文化。在各遗址的发掘中就发现了粟、黍、高粱和芥菜、白菜籽等。氏族中人聚族而居，有公共的墓地，村落里的居室大小、内部陈设，墓地的安葬仪式和随葬品，各遗址都大致相同。

仰韶文化内涵丰富，有大量磨制的石器工具发掘出来，在临潼姜寨遗址还发现了黄铜片，是已发现的中国最早的铜质用品。但最能集中表现仰韶文化特征的是彩色陶器，发掘出的主要的陶器类型是手工制作的泥质红陶和夹砂红陶。泥质陶上有绘彩，一般是在陶器外壁上部用黑彩绘出几何图案或者植物和动物花纹。夹砂陶器上则大都拍印着粗的或细的绳纹。陶器的形制也多种多样，有盆、钵、斜沿罐、细颈瓶、深腹瓮、平底碗、小口尖底瓶等，还有少量的釜、鼎和灶。以彩陶为特征，仰韶文化又叫彩陶文化，陶器上的纹彩颜色标志着人的生命愈来愈色彩缤纷了。

半坡遗址

约公元前5000年到公元前4500年间的陕西省西安半坡遗址，是仰韶文化的早期代表。遗址出土了丰富的陶器，形状多姿多彩：直口弧形平底或圆底钵、卷唇斜弧腹或折腹圜底盆、平唇浅腹平底盆、直口尖底瓶、蒜头细颈壶、侈口鼓腹平底罐、短唇钦口直腰或鼓腹小平底瓮等等。这些陶器上绘画着简单朴素而颇有意趣的纹饰，有本色的绳纹、弦纹、线纹、指甲纹、锥刺纹等，也有彩陶上的红底黑彩和红彩的动物纹、植物枝叶纹以及几何图案纹。鱼、羊、鹿、蛙、人的脸，栩栩如生；三角、圆点、折波……耐人寻味。特别是双人鱼面纹，更是优美奇特，已经富有抽象和象征的倾向。是半坡文化中独特的审美特征。

半坡出土的陶器中有一种陶甑，分上下两层，中间有气孔相通，下边起釜的作用，上边起蒸屉的作用。这说明半坡人已懂得利用蒸气了。半坡人制作的尖底瓶，小口、大腹、尖底、打水时可自行歪倒灌满，巧妙地利用了重心的原理。陶器上的纹饰告诉人们，半坡人已懂得计数，并有了等边三角形和平行四边形的知识，人类向文明又前进了一大步。

鱼纹彩陶盆

半坡遗址中出土了许多磨制的石斧、石镰，以及蚌蠊和陶镰，还发现有窑藏的粟（即谷子），在一个小陶罐中还存放着一些菜籽。这些东西是在一个可以居住四、五百人的村庄遗址上发现的。这座居住区的中心有一座大型房子，大房子四周分布有几十座中小型房子，小房屋之外有一条深宽五、六米的壕沟围绕着，形成一个完整的氏族村落。村庄遗址中除屋室外还有窖穴和栅栏，屋中还放置有许多盆盆罐罐。这种种迹象表明，半坡的原始居民们已在这里长期定居了，人口已比较兴旺了，有计划的种植经济早已成为他们生活的主要来源。这种状况还可以用考古学家的一个统计数字来表明：经历了一百六七十万年的旧石器时代的原始人类遗址，目前被发现的只有60多处；而只经历了几千年的新石器时代的先民遗址，目前被发现的多达六千多处。不言而喻，新石器时代氏族公社已进入繁荣发展的时期了。

半坡遗址的房屋窑穴等，也都很有特点。半坡的房屋，居住面和墙壁都是用草泥抹成，有一个方形门槛，两侧围起小墙，横在门道和屋室间，屋中有一到六根柱子，屋当中则有一个灶坑。在房子中间，则夹杂分布着窖穴，窖穴的直径一般在 1 米左右。

河姆渡文化

公元 1976 年，考古学家在浙江省余姚市河姆发现了一种新的原始文化——河姆渡文化。它是中国长江流域下游地区古老而灿烂的新石器文化，因首先发现于浙江余姚河姆渡而命名，主要分布在杭州湾南岸的宁绍平原及舟山岛，其年代为公元前 5000 年~公元前 3300 年。河姆渡文化遗址共分四层：第三、四层和一、二层分别代表其发展的早、晚期。早期：约公元前 5000 年~公元前 4000 年，陶器以夹炭黑陶为主，器形有敛口或敞口肩脊釜、直口筒式釜、颈部双耳大口罐、宽沿浅盘等等。晚期：约公元前 4000 年~公元前 3300 年，夹砂红陶和红灰陶占绝对优势，器形有鼎、落地式两足异形规、垂囊式等。

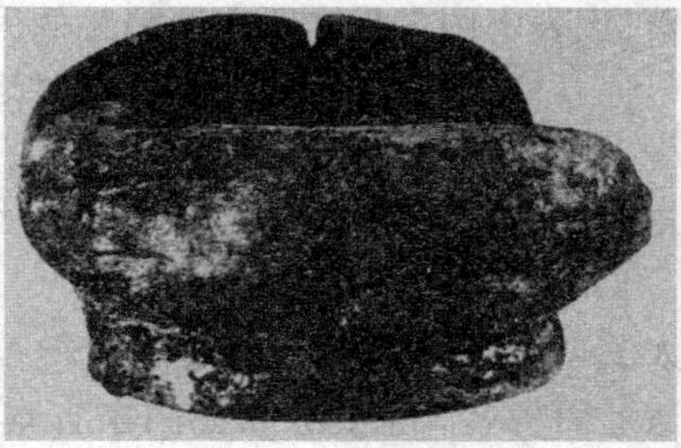
漆木碗

河姆渡文化的农业以种植水稻为主。在其遗址第四层较大范围内，普遍发现稻谷遗存，有的地方堆积着 0.2 米~0.5 米厚交互混杂的稻谷、稻壳、稻秆和稻叶，稻类遗存数量之多，保存之完整，是中国新石器时代考古史上绝无仅有的，经过科学鉴定，主要属于稻籼亚种晚稻型水稻，它与马家浜文化桐乡罗家角遗址出土的稻谷，年代均在公元前 5000 年，是迄今中国最早的稻谷实物，也是世界上目前最古老的人工栽培水稻，河姆渡文化的农具除石斧等石质工具外，最有特色的是大量使用骨耜。骨耜是一种翻土工具，它们用水牛等大型哺乳动物的肩胛骨制成。此外，遗址中出土成堆的橡子、菱角、酸枣、菌类、藻类、葫芦等植物遗存，反映了当时采集业较发达。

河姆渡文化的骨器制作比较发达，有耜、镞、鱼镖、哨、锥、匕、锯形器等器物，磨制精细，一些有柄骨匕、骨笄上雕刻图案花纹或双头连体鸟纹，堪称精美绝伦的实用工艺品。发达的木作工艺是河姆渡文化手工业的又一特色，已出土的许多建筑木构件上凿卯带榫，尤其是发明了较先进的燕尾榫、带销钉孔的榫和企口板。在第三层出土的一件木质漆碗，瓜菱形圈足，外表涂有红色涂料，微显光泽，经鉴定与马王堆汉墓出土漆皮相似，为生漆，这是迄今中国最早的漆器。

河姆渡出土大量野生动物遗骨，有哺乳类、爬行类、鸟类、鱼类和软体动物共四十多件，其中鹿科动物最多，仅鹿角即有四百多件，其他像淡水鱼在遗址中到处可见，生活在沼泽地的鸟、鱼等动物骸骨亦较常见，这些东西是当时主要的猎狩、捕捞对象，使用的渔猎工具有骨镞、木矛、骨哨、石丸、陶球等。

河姆渡文化的主要建筑形式是栽桩架板高于地面的干栏式建筑。在遗址各层都发现了与这种建筑有关的圆桩、方桩、板桩、梁、柱、木板等木构件，共达数千件。干栏式建筑是中国长江以南新石器时代以来的重要建筑形式之一，目前以河姆渡发现的为最早，与北方地区同时期的半地穴式房屋有着明显区别。

河姆渡文化的早期遗存与马家浜文化罗家角类型，年代相当，陶器中的六角形口沿的盘盆类和弧敛口双耳钵等制形相接近，表明两者之间存在一定的联系。而河姆渡文化晚期则分别与马家浜文化马家浜类型和崧泽文化大体同时，马家浜类型的素面腰沿釜，在河姆渡文化晚期偶有所见，而河姆渡文化晚期富有特征的垂囊式，在马家浜类型中也有个别发现。河姆渡文化晚期可能受到马家浜文化、崧泽文化的强烈影响。以河姆渡文化为代表的长江下游发达的新石器文化，比同时期的黄河流域毫不逊色，其中某些文化因素，如夹炭黑陶中的鼎、豆、壶为代表的礼器组合，水稻的栽培，为以后的商、周文化所吸收，成为当时最具代表性的特征。因此长江下游地区的新石器文化也是中华文明的重要渊薮，代表中国古代文明发展趋势的另一条主线，与中原地区的仰韶文化截然不同。

大汶口文化

大汶口文化是黄河下游地区的新石器时代文化，因 1959 年发掘的山东省泰安县大汶口遗址而得名。主要分布在山东省泰山周围地区，延及山东中南部和江苏淮北一带。年代约始自公元前 4300 年，到公元前 2500 年，发展成山东龙山文化。大汶口文化分为三个发展阶段。早期约在公元前 4300 年~公元前 3500 年之间，以刘林、王因遗址为代表。中期约在公元前 3500 年~公元前 2800 年之间，以大汶口墓地早、中期墓为代表。晚期约在公元前 2800 年~公元前 2500 年之间，以大汶口晚期墓为代表。

大汶口文化以农业经济为主，种植适合黄河流域的耐旱作物粟。农业生产工具有石铲、鹿角锄等，木质农具如耒、耜等已经出现。三里河遗址中发现了贮藏的窖穴，表明当时已有较多的剩余粮食，农业经济达到较高水平。

大汶口文化彩陶器座

大汶口文化的饲养业比较发达，饲养猪、狗、牛、羊、鸡等动物，渔猎经济仍然占有一定的比重，骨镞、角质鱼镖、网坠等遗物表明当时居民在进行狩猎和捕鱼。当时还出现了一种大汶口文化特有的獐牙刃钩状器，鹿角为柄，可用来捕鱼和切割，为多用途复合工具，是大汶口文化的代表之一。

大汶口文化的陶器制作工艺在不断发展。早期以红陶为主，形状简单，还有火候不足造成的一器多色的现象。中斯盛行灰陶，陶制品的种类明显增加。晚期则以黑皮陶为主，陶胎为棕红色，少量为纯黑陶。轮制技术的广泛使用使陶器制作获得长足的进展。晚期出现了快轮制陶工艺，用一种新的制陶原料，产生了一种质地坚硬、胎薄而均匀、色泽明快的白色、黄色、粉红色陶器，统称为“白陶”。大汶口文化制陶工艺最高水平的代表为薄胎高柄杯，造型优美，色泽鲜亮，集实用性和观赏性为一体，成为龙山时代蛋壳黑陶的祖先。制石、制玉、制骨等手工业在大汶口文化中也已经比较发达。

大汶口文化石陶双层口婌

大汶口文化的房屋有圆形半地穴式，屋顶为木质的原始梁架结构，屋顶呈圆锥形。还有方形平地起建式，墙基挖沟槽，沟内填黄土立木柱砌建而成。当时的房屋大多结构简单，面积不大，小家庭式住屋。

大汶口文化早期已是母系氏族制度的尾声，而中期和晚期，则已是父系氏族社会了。这时私有制已在氏族公社经济中萌芽，出现了富有家族与贫困家族。这种社会状况可以从大汶口的葬仪中得到证实。

在大汶口墓葬中，明显地分成大墓和小墓群。大墓中，死者往往使用几十根原木横竖咬合，叠成“井”字形棺椁，随葬有大批财物，其他大汶口文化墓葬中也是这样。有的随葬陶器多达 120 多件，远远超过了死者生前的实际生活需要。有的还随葬有镂花象牙筒、鳄鱼鳞板、玉铲、宝贝、龟甲等珍奇物品，以显示其生前的富有。可是其他许多小墓却只挖有才容得下尸体的小坑，除一具白骨之外，别无他物。这表明，大汶口文化晚期已经出现了严重的贫富分化，原始社会已经逐渐走向解体。

龙山文化

山东龙山文化是在大汶口文化的基础上发展而来的。主要分布在山东省中部、东部和江苏省的淮北地区，时间在公元前 2500 年到公元前 2000 年之间。

黑陶是山东龙山文化的典型象征。这些陶器采用轮制技术，造型中规中矩，壁很薄，同时很均匀，陶器表面多素面磨光，有各种花纹和附饰，最常见的有画纹、弦纹、竹节纹、镂孔、盲鼻和乳钉等。器型则以袋足器、三足器和圈足器等最发达。最珍贵的陶器是蛋壳黑陶和灰陶制品，器壁仅仅厚 0.5 厘米，还有镂孔和纤细画纹的美丽装饰。这种陶器达到了中国古代制陶史的峰巅。

最典型的山东龙山文化遗址是章丘龙山镇城子崖遗址。在这里出土的陶器有碗、杯、豆、罐、瓮、三足盘等，都是精良的黑陶和灰陶制品。其中的蛋壳陶，是用摄氏 1000 度左右的高温烧成，像上了一层黑漆，又光又亮，是稀世珍品。

而河南陕县三里桥遗址则是河南龙山文化的重要类型，也是仰韶文化王湾三期类型中的一个重要类型。该遗址出土的陶器表现了不同类型文化的彼此过渡和互相影响。王湾遗址从下到上，地层分为三期：王湾一期是仰韶文化，王湾二期是仰韶文化和龙山文化的过渡时期，王湾三期是河南龙山文化王湾三期类型。

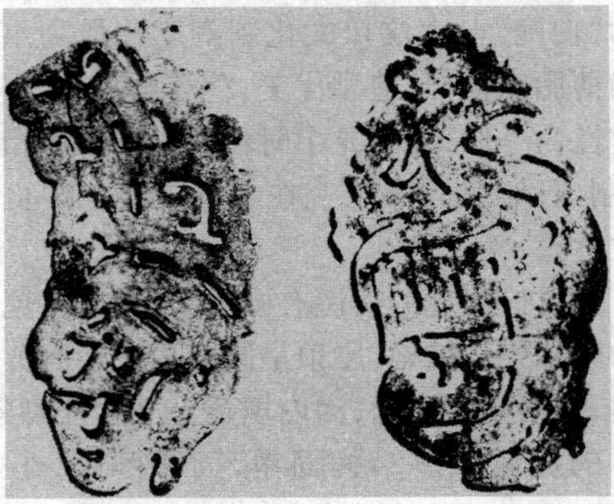

龙山文化 · 透雕龙形玉佩、凤形玉佩

河南龙山文化的白营遗址中有早、中、晚三期的房基。早期是九座半地穴房基，中期是八座房基，分半地穴和地面建筑两种，晚期四十六座地面建筑房基，已经是中国早期的土坯房屋。从出土的各种工具看，那时人们已经对房屋涂抹和打磨白灰。遗址上还发现了一口深达 11 米的水井，口大底小，圆角方形，井壁上有四十六层用木棍凿榫交叉扣合成的井字型木架。这是迄今为止中原地区发现的年代最早、结构最复杂的水井。白营遗址出土的陶器，早、中、晚三期都有，其中晚期的一件高圈足盘，上面刻着两个裸体人像，圆圆的脸盘，伸着臂，露着乳，是原始线刻的珍贵艺术品，体现着原始先民的丰富智慧。

能够取代仰韶文化的是在大约公元前 2600 年以后，晋陕一带龙山文化，山西龙山文化以约公元前 2500 年～公元前 1900 年的陶寺遗址为代表，陕西龙山文化则以约公元前 2300 年～公元前 2000 年的客省庄遗址为代表。

陶寺遗址位于山西省襄汾陶寺林南，于 1978 年至 1983 年由中国社会科学院考古所进行发掘。遗址面积有 6000 平方米，发现了小型地面、半地穴式和窑洞三种形式的住房和 1000 多座氏族墓葬，出土了大量陶器、玉器、木器和生产工具。生产工具有很发达的磨制石器，如三象犁形器、石铲、石斧、石刀、石镰等，此外还有骨铲、双齿木耒等工具，说明当时的农业生产较为发达。陶器多数是黑陶，器表多有彩绘，纹饰有龙纹、变纹、动物纹、圆点纹、涡纹等。陶器中以彩绘蟠龙图形盘最具特色，是目前中原地区发现最早的蟠龙图案。彩绘陶器和彩绘木器构成了陶寺龙山文化的两大特色。出土的一件小铜铃，这是迄今所知中国最早的金属乐器，也是最早一件用复合范铸造的金属器，标志着生产领域中冶炼金属业的重大进步。

陶寺墓地说明了陶寺龙山文化时期社会已经分化。在陶寺墓地发掘的 1000 多座墓葬中，大型墓仅有九座，墓主都是男性，使用木棺，内撒朱砂，随葬品多达 100～200 件，有彩绘陶器、彩绘木（漆）器、成套玉器和石器等，还有整只猪骨架。中型墓较多，也使用木棺，随葬品有成组陶器、玉器和少量彩绘木器，或者有几付至几十副不等的猪下颌骨。小型墓最多，墓坑窄小，除少数有骨笄等小件随葬品外，绝大多数没有任何器物。由此可见，极少数首领人物执掌大权，独占龙盘、石磬、鼍鼓等重要礼器，私有财产十分丰富，此外，陶寺人已经使用了木器和玉器，具有较高的工艺水平和审美意识。在陶寺遗址上发掘的龙山文化的1000多座墓葬中，出土了大量的朽木和成套玉器。根据朽木的痕迹复原了数十件木器标本，主要有家具和饮厨用具，其中一件仓形器高24厘米，底径15厘米，上面有蘑菇形盖，下部为圆柱体。制造木器的方法多种多样，如枋木挖凿、榫卯插合、板材拼接等。木器上面多数施彩绘或喷漆，以红色为主，也辅有其他颜色，图案有条带纹、几何形纹、回纹、云纹等。彩纹木器和彩绘陶器一样，都是陶寺型龙山文化的一大特色。

根据古史传说，晋西南有“夏墟”之称。从遗址显示出的年代、生产力水平以及龙盘提供的族属信息诸方面，有人认为，陶寺遗址很可能就是夏人遗存，不过，由于没有文字材料可资佐证，这还只是一种推测。但陶寺遗址所代表的这支具有鲜明特色的文化遗存，无疑是探索“夏文化”的重要研究对象之一。

在陕西省西安市客省庄发现的龙山文化遗址，它的时间可以追溯到公元前2300年到公元前2000年间。客省庄遗址上发现了十座房屋遗址，都是半地穴式的建筑。建筑的典型结构是一间内室和一间外屋，内外室之间是过道，外室挖有一个龛形壁炉，内室中部有一个炊爨取暖的灶面，有的房屋还在外室挖一个窖，并修一节台阶式的门道或斜坡，一直通到室外。

这里出土的陶器主要是泥质灰陶，黑陶很少。陶器表面的花纹以篮纹和绳纹最为普遍。有一种折肩小平底瓮，是陕西龙山文化独有的陶器。用内模制造陶器袋足的制陶工艺，也是其他地方没有发现，龙山文化为陕西龙山文化所独具的山东寿光市边线王村北于上世纪80年代中期发现有龙山文化时期的城堡遗址，面积达5.7万平方米，为迄今所见龙山文化城堡之最大者。山东龙山文化的房屋建筑普遍采用挖槽筑墙和原始夯筑的技术，多有长方形土台式建筑，居室地面往往分层筑成。农业已经成为龙山文化氏族公社的主要经济部门，渔猎经济的比重比仰韶文化已经显著地下降了。更重要的是，在龙山文化遗址里，还发现了一些为仰韶文化所没有的新型农具。例如，半月形的双孔石刀，有柄的石镰、蚌镰和双齿木耒等等。这些新型农具的发现，充分说明了龙山文化的农业生产技术已达到了很高的水平。

良渚文化

分布在太湖流域的良渚文化，得名于杭州附近的良渚遗址，其时代在距今5000~4000年之间。是承继崧泽文化发展形成的。良渚文化的稻作农业、竹木制作、养蚕、丝织、麻织等都有重要发展。尤为令人瞩目的是发现了以琮、璧、钺为主的大量玉器。浙江余杭的反山和瑶山、江苏武进的寺墩等地都出土有良渚文化的精美玉器，不仅说明制玉工艺精湛，而且其器形和纹饰多反映了社会上层建筑的深刻变化。陶器形制繁多，泥质灰胎黑皮陶居多数。良渚文化的墓葬遗址也很有特色，一些大型墓葬的墓主可能属于当时的显贵阶层，随葬品异常丰富。

公元前2790年间的寺墩遗址，就属于良渚文化的一支，在江苏省武进区三皇庙村被发现。一共有三座墓，属于掩土埋葬，没有墓坑和葬具。最典型的东边三号墓，埋葬着一个20岁左右的男性青年，仰身直肢地躺着。有趣的是这名男子的肢骨和随葬的石斧头及玉琮、玉璧等都有火烧过的痕迹，这证明埋葬时实行过火烧殓埋的仪式。这种葬埋祭礼的出现，标志着人类文明的重大发展。

良渚文化·山形玉饰

随葬品数量很多，共有124件，有陶器，有石器，而33件玉琮和24件玉璧更是光辉耀眼。死者的头部、胸部和脚部都安放着玉璧，而放在腹部的那一件则最为华贵，直径达26.3公分，厚度1公分。围绕着人骨架四周，摆设着玉琮，是高矮不同的方柱体形。其中最高的一件，高达36.1公分，有13节。这些情况说明，葬主的身份是一位豪贵之家的子弟，因为玉璧和玉琮是非常贵重的礼器，上面刻着兽面纹饰，威武雄壮，是权威的象征。

氏族在解体，阶级在分化，社会的进步总有其残酷无情的一面。

第三章　文学艺术

中国音乐的产生

新石器时代，中国音乐从先民的原始乐舞中脱身出来，发展为高水平的、有中国特色的音乐体系。

在人脱离猿人演变为现代人的漫长历程中，产生了人类的原始乐舞活动，人们在原始简单打击器的节奏和乐声中尽情歌舞，产生了歌舞一体的原始乐舞，它往往以模仿狩猎活动的化妆舞蹈为主体，也伴随以祈求丰收、愉悦神灵等巫术内容。在一些现存原始民族中，这样的乐舞活动仍有存在，《吕氏春秋》也记载了葛天氏氏族的大型乐舞。青海大通县上孙家寨新石器时代的彩陶乐舞图（5800～5000 年前）描绘了一个队列、服饰、动作都一致、整齐的乐舞场面，表现了乐舞的高级形式。

仰韶文化彩陶乐舞图纹饰陶钵

但是在新石器时代，中国音乐已从乐舞中发展成为高度发达的音乐体系，人们对音乐的乐律性质已有了理性认识，随着笛、埙类有明确音高的旋律乐器的出现，人们开始认识音之间的关系，音阶开始产生，并有了将音高纳入模式的乐律知识。山西万全县荆村和半坡的陶埙已不按绝对音高制作，而具有调式性质，其中一音孔陶埙均能发 4 个音，并且相邻音阶各埙也大致相同。

早于仰韶文化的河南省舞阳县贾湖新石器遗址出土有十几件骨笛，大多为七孔，能奏出七声音阶，结构完整准确，音质较好。有些骨笛在音孔旁还有调音用小孔，可见制作者已有明确的乐律意识和调音水平。中国乐律知识产生于新石器时代，表明中国音乐已完全脱离原始乐舞时代，对于音乐的认识有了一个飞跃，真正的音乐开始产生。在这一点上，中国远远走在其他各文明之前。舞阳骨笛解决了先秦有无七声音阶、春秋战国的六声音阶是否由国外传入的争论，它的发现是世界史前音乐遗物中最早、最可靠、最杰出的。

中国乐器体系在新石器时代的发源也是中国音乐体系产生的重要标志。在江苏吴江梅堰和浙江河姆渡遗址中都发现新石器时代人所使用的骨哨，已具有原始乐器的性质，并说明管、箫之类易腐难存的器物的出现是可能的。具有音程的埙在中国广泛使用，陶钟、陶铃也出现于陕西龙山文化和甘肃临洮县寺洼山，预示了青铜时代中国钟乐的辉煌。鼓、缶这样的节奏乐器，特别是笛、埙这样的旋律乐器显示了乐器的专门化水平，是中国音乐乐器体系的雏形。

专职乐人和完整作品在这一时代可能已大量出现，中国古代乐人伶伦，作品《韶》《云门》《咸池》等虽然是传说，但也体现出前商时代中国音乐成果对于后代的影响。

新石器时代中国音乐的产生，就是人类音乐在东亚的首先突破，为中国音乐文化的发展奠定了基础，也深深影响了商周的生活方式。

羲氏、和氏

历法不清

尧担任部落联盟的首领后，决心改变过去的混乱局面，把天下治理好。他所遇到的第一个问题就是历法含糊不清：人民不知道什么时候是夏至，白天最长；什么时候是冬至，白天最短；什么时候是春分和秋分，白天和黑夜时间一样，什么时候是一年的开始，什么时候应该置闰月，甚至不知道一年四季有多少天。大家糊里糊涂地过日子，农业生产受到损害，各方工作拖拉无序。尧看到这种情况，便命令羲氏、和氏观察天象的变化、日月星辰的运行位置，制定一年四季的历法，以教导人民按时令节气从事农业生产和各项工作。羲氏、和氏是颛顼时代执行“绝地通天”命令的重、黎的后代。“重”后代中的一支成为羲氏，“黎”后代中的一支成为和氏。他们世代掌天地之官，负责祭祀天地之神、观测天地变化的工作。羲氏、和氏接到帝尧的命令，便认真地遵照去办。

实地测量

在观测天象变化的过程中，尧命羲仲住在东方海滨一个叫“畅谷”的地方，每天恭敬地等待着日出，观测太阳逐渐移动的位置，以训导人们农田耕作之事。他以白天和黑夜时间相等的那天为春分，并以鸟星见于南方正中之时作为考定的依据。这时，人民分散在田野里劳作，鸟兽也顺时生育繁殖。尧又命令羲叔住在南边一个叫“明都”的地方，他也在那里每天恭敬地观察日出，注意太阳移动的位置。他以白昼最长的那天为夏至，并以火星见于南方正中之时作为考定的依据。这时，人民依附着出来劳作，鸟兽的毛也因天热而逐渐稀疏。尧又命和仲居住在西边一个叫“昧谷”的地方，他在那里每天恭敬地观察太阳的入山及其移动的位置。他以由热转冷，白昼和黑夜相等的那天作为秋分，并以虚星见于南方正中之时作为考定的依据。这时，人民在田野里奔忙，鸟兽的毛逐渐更生。尧又命和叔居住在北方一个叫“幽都”的地方，观察太阳由北向南运行的情况。他把白昼最短的那天定为冬至，并以昴星见于南方正中之时作为考定的依据。这时，人民都进入室内取暖，鸟兽为了御寒也都长出细软的长毛。

四季节气

经过羲氏、和氏几个兄弟这样紧张细致的工作，一部尧时的历法终于制订出来了。他们确定一年为366天，以月亮圆缺的一个周期作为一月，一年12个月如不足上述天数，则每隔一二年置闰月一次。他们还测定各种节气的日子，以指导农业生产。虽然这部历法是极粗浅的，测定一年的时间也不准确，但他们毕竟有了历法的规定。这部历法制定后，人民都明确了四季的时间，生产和工作有了遵循的法度，天下阴阳谐和，风雨节制，万物有序。百官都按照历法来办事，各方呈现出欣欣向荣的景象。

燧人氏钻木取火

偶然发现

有一次，森林里由于雷击闪电，发生了大火。火势十分猛烈，一些小动物来不及躲避，被火烧死了很多。人们来到大火烧过的森林中，发现被烧死的兔子、野鸡等动物，吃起来味道特别香，而且吃下去很舒服，不会拉肚子。于是，人们悟出了一个道理：食物最好烧熟了吃，特别是那些在水中和地上生长的各类动物，一定要熟食才不会得病。但是，森林中的大火熄灭了，到哪里再去找火呢？当时，人们想办法在某处着火后，就一直把火种保留下来，让它不断燃烧，到需要煮食物时，就可以用火来烧。然而保留火种，需要很多可以燃烧的东西，而且要有人看管：火苗太大，烧到其他物体，就会发生火灾；火苗太小，容易熄灭，再生火就十分困难。人们是否能不靠天火而自己制造出火来，什么时候需要就什么时候生火呢？大家都在思考着这个问题。

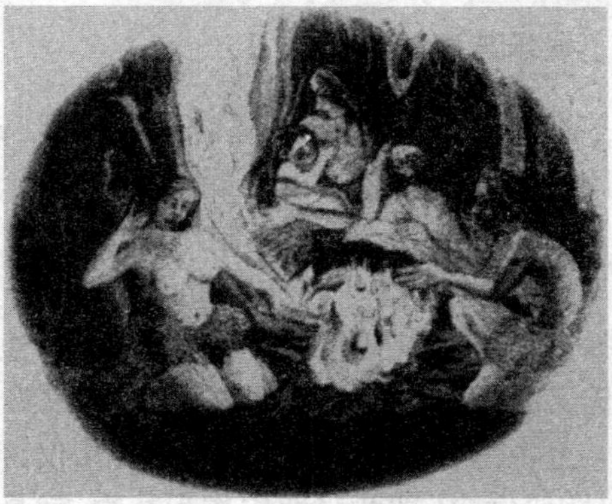

用火图

试验成功

当时有一个人发现，用一块石头不断地在硬木头中钻，就会产生火星，如果在底下再放些易燃的干草，不就可以自己生火了吗？这个人不断试验这种偶然发现的取火方法，有一次在经过长时间的钻动后，火星果然引燃了下面的干草，钻木取火的试验终于成功了。这个消息不胫而走，传遍了各个氏族部落，大家都来学习人工取火的经验。从此以后，人们再也不用为找不到火而发愁，进食野生动物的时候都可以烧熟了再吃。人们吃着香喷喷的熟食，自然忘不了钻木取火的发明者，一种尊敬、感激之情油然而生。于是，人们把那位发明取火的人称为“燧人氏”，意思是教会人们取火的人。当时大家都服从燧人氏的领导，请他来做天下的王。燧人氏试验成功了人工取火的方法，使人们的饮食习惯发生了根本的变化。他是原始社会时期一位了不起的发明家。

伏羲氏画八卦

捕兽捉鱼

伏羲氏有着各种各样的本领。首先他教人结网：在陆地上结网可捕捉野兽，在水中张网可捕捉鱼类，从此，人们在田猎、捕鱼方面取得了很大的进步。在捕捉到野兽后，伏羲氏又教人们把野兽养起来，变成家畜，从而畜牧业又大大发展起来。人们可以不去打猎而依靠放牧，就能获得大量的动物产品。

伏羲像（中）

上古的人们没有文字，为记住事情不要忘掉，就在一根长绳上打个结。这种方法太含糊，时间久了，人们不知道那绳上的结究竟是指什么。伏羲氏“造书契”以代替结绳，就是在木头或石头上刻画许多符号，这比结绳的意思清楚多了。伏羲氏是中国古代最早的文字学家。

娱乐与烹调

当时的人们生活单调，没有娱乐活动，伏羲氏又教人制作琴瑟。他砍伐桐树做琴身，用丝线拉起来做弦。他制作的瑟长七尺二寸，上有 27 根弦。伏羲氏制作琴瑟，丰富了人们的文化生活。

伏羲氏还能养供祭祀用的牲口，以充庖厨，据说他有一手烹调的好手艺，能改变腥臊之味。他之所以又叫“庖牺”，就是因为他能在庖橱里把牺牲烹调成美味佳肴的缘故。伏羲氏又是中国最早的烹调大师，这对改善人们的生活意义也很重大。

上古的人比较粗鲁，不懂什么礼仪，伏羲氏又为他们制订一些礼仪规范。据说在嫁娶时以“俪皮”即两张鹿皮作为礼物，就是伏羲氏制订的。从此，野蛮的掠夺婚姻减少了，人们开始以文明的赠送礼品的方式进行嫁娶活动。

奇妙创造

伏羲氏最著名的创造发明，是画八卦。当时他仰观天文，俯察地理，旁观鸟兽身上的花纹以及土地的特性，近取身上的器官，远取天下的万物，用一条长画代表阳，用两条短画代表阴，阴阳搭配，画成八种不同的图案，称作“八卦”，象征天、地、雷、风、水、火、山、泽八种自然现象。伏羲氏不愧是中国最早的天文学家、地理学家。据说，在祭祀天神、告示民众、表达万物之情时，都可以用“八卦”来进行。这又是一个奇妙的创造！

伏羲氏在打猎、捕鱼、畜牧、文化、娱乐、烹调、礼仪、祭天、治民等各方面都有许多突出的创造，他的形象又是那么奇怪。这个故事代表了原始社会的人们对当时能发展生产、推动文明进步的杰出人物的崇拜。

神农氏尝百草

教民耕种

当时的人们，肚子饿了采摘野果子或野生植物充饥。捕捉到野兽后，伏羲氏教给人民把野兽加以畜养和繁殖的方法，畜牧业开始发展起来。但是，人们还不知道在土地上耕种，可以获得丰富的粮食和新鲜的蔬菜、瓜果。神农氏治理天下后，第一件大事就是教人们制作耕田农具，在田野里播种五谷。他把坚硬的树枝头削尖成叉形，用以翻土；又在耜上装一根揉曲的长柄，称为“耒”，用以提高翻土的效率。他视察各地土壤的干湿、肥瘠和性质，教人播种不同品种的谷物。从此，人们在春季播种谷物，秋季便可收获庄稼，把粮食积聚起来，以供一年食用。人们再也不愁找不到食物充饥，生活开始富足起来。

神农尝药图

忍痛寻药

然而还有一件事困扰着人们，就是当时的人经常生病。晚间着了凉，或者吃了不清洁的食物，就要发高烧、拉肚子、呕吐、头晕眼花，无法参加生产劳动。时间拖得久了，病情愈来愈严重，甚至危及生命。被蛇、虫咬了，或者不小心擦破了皮，被毒菌感染，四肢就肿起来，如不采取治疗措施，肿的地方就会化脓，严重的也有生命危险。由于各种疾病的侵袭，当时人的寿命比较短。神农氏看在眼里，急在心中。他奔走各地，尝百草的滋味，水泉的甘苦，研究其治病的效果。由于不知道一些草的性能，神农氏经常误食毒草而使身体受到损害。据有的书上记载，神农氏“一日而遇七十毒”，可见他尝百草的用功之勤和受害之多。功夫不负有心人，在神农氏日夜辛劳的试验下，用草药治病终于有了成果。他总结了许多用什么药可以治什么病的经验，中国从此有了医药，神农氏乃是中医学的鼻祖。

太平时光

神农氏还是一个非常乐观的人。他在辛勤工作之余还制作琴瑟。他用琴瑟弹奏乐曲，一方面自娱自乐，一方面也为了丰富人民的文娱生活。据说神农氏的琴长三尺六寸6分，上有5根弦，其弦的名称依次是宫、商、角、徵、羽。神农氏造的五弦之琴，在乐理上又有了新的认识和发展，弹奏的乐曲逐渐动听悦耳。

神农氏治天下的时候，男耕女织，衣食丰足。大家没有相害之心，不用刑罚而天下大治。神农氏又教人民在中午时分，拿出多余的东西去交易需要的物品，进行物物交换，互通有无。可见当时已经有了集市贸易。当时法宽刑缓，天下无争，其化如神，是历史上理想的太平时光。

仓颉造字

苦心孤诣

黄帝时代有个人名叫仓颉，他生而神灵，十分聪明，小时候就能刻画许多符号来表示各种事情。后来，他被选为黄帝的史官。为了要把黄帝时代的许多人和事记载下来，留给后人作为纪念和借鉴，他决心要创造一套能够表达各种具体事物和思想的文字。

于是，仓颉上爬高山，下俯沼泽，观察各种野兽的足迹、飞鸟的姿态、昆虫的爬行、鱼虾的游动，还有高山的走向、水流的弯曲、太阳的升落、月亮的圆缺，同时他还深入到人群中去，注意他们喜怒哀乐感情的变化，起早贪黑从事各项劳动的辛苦，人群中男女老少各种人物的特征，还有房屋的建造、生产的工具、集市的贸易、家畜家禽的饲养、一日三餐和拉屎撒尿、男女结合和生育孩子，如此等等，凡是生活中发生的事情，他都细心地观察、描摹。经过苦心孤诣地探索和夜以继日地描绘，一套既有象形、又能会意，能够表达世界上各种事物和思想感情的文字，终于被仓颉创造出来了。

仓颉创造出了这套文字，史官可以用它来记录历史事实、人物言行，把这些记录保存下来，集合成典册，就成为富有教育意义的历史资料。在上的领导人物可以用文字发布告示，传达命令，治理下属的百官、平民；在下的平民百姓也可以用文字来记载往事，使之不忘，还可与远处的朋友交流思想，传递信息。

伟大力量

在仓颉造字成功后，天上和地上都出现了奇异的现象：天上下起了谷子，地上有鬼在夜间哭泣。于是，人们议论开了：有人说文字的创造，使得一部分人脱离生产劳动而专门去舞文弄墨，用书写文字来欺骗百姓，使奸伪萌生而田地荒废，粮食短缺，故而天落下些谷子来使人民免遭饥饿；也有人说由于有了文字，人们可以用文字来揭露邪恶，弹劾丑行，鬼感到有被揭露的危险，故在夜间哭泣起来。这些说法当然都是没有根据的，上面所讲的两件事也不可能有，或者是牵强附会上去的。当时正遇龙卷风把甲地的谷子卷上天，又在乙地落下来，人们就说"天雨粟"；正有人因为冤屈而在晚上哭泣、喊叫，人们就说是"鬼夜哭"。然而从史书上有这方面的记载来看，仓颉创造文字成功对人们生活带来的震动的确是不小的。

仓颉

根据考古学的发现，在距今六千年的新石器时代遗址中，出土过不少上面划有许多符号的彩陶。这些符号笔画各异，很明显具有象形和会意的性质，是我国最早的文字雏形。公元前四千年，正当传说中的黄帝时代，说不定这些符号就是黄帝的史官仓颉所造的。仓颉是中国历史上第一位文字学家。他辛辛苦苦创造出第一批文字的功绩，是永远值得纪念的。

龙凤文化的形成

龙凤文化是中华民族文化中一种十分古老而奇特的文化现象，它几乎与中华文明同时诞生并经历了漫长的演进历程，到中世纪变成了高度艺术化的龙凤形象，在其演化过程中，不断融入了人类文明不同历史发展阶段的社会生活内容和文化含义，思想意蕴极为丰富，从而成为中华文明乃至华夏民族精神的崇高象征。

龙、凤虽具动物形态，但非现实世界中实际存在的动物。因此，长期以来，无数的学者企图探索其神圣外表所掩盖的实质内容。在众多的解释中，学者们寻根探源，旁征博引，但迄今也没有得出使人完全信服的结论。

关于龙的原型，已有多达 10 余种说法，如图腾说，龙卷风说，雷电说，鳄鱼说，恐龙说等。本世纪 30 年代闻一多先生提出的"图腾合并"说影响很大。近年来，研究者对此提出了一些新的见解，认为在旧石器时代，狩猎是人类赖以生存的最重要经济活动，动物在人们心目中占据着十分重要的地位,一些外表威猛的食肉动物如鳄、虎、蛇、鹰等对先民的生命构成威胁,而一些生态奇特的动物如鸟、鲵、蝉等,使人类感到惊奇,这种畏惧和奇异最终发展到崇敬,与原始宗教和巫发生碰撞以后,形成了先民的动物崇拜,其造型的神秘色彩也不断增强。

以鳄鱼为原型的龙和以鸟为原型的凤就历经了这样的演变历程。首先是发祥于江淮的太昊族长期受到水患的威胁,以当时的能力他们无力抗争,生活于长江中下游的貌似凶猛的扬子鳄成了人们心目中兴风作浪的罪魁祸首,因畏惧而对其加以崇拜。古代文献中被称为蛟龙,直至新中国建立前,在水患严重的地区龙王庙都比比皆是,由于降雨与水旱灾害有直接的关系,因而龙又被幻化为可以升腾飞翔之物。总之,龙文化的形成完整地体现了中国的农业文化特色。

殷墟玉凤

凤起源于青鸟,它之所以成为人类心目中的崇拜,当与农业生产和生殖有密切的关系,“玄鸟生商”的传说,表明它与商民族的生产活动关系重大。众所周知,燕子是一种候鸟,冬去春归,它的到来标志着春暖花开和一年的生产活动的开始,同时鸟类普遍具有较强的繁衍能力,在那渴求人丁兴旺的时代,生机盎然和生殖力强盛是人们的企盼。它十分自然地演变成了人类的崇拜物。甚至对于龙,有人认为与生殖崇拜也有直接关系。

总之,龙凤文化是以农业文化为特色的中华民族的典型象征。中世纪以后,成为皇权的象征和专用物,又溶入了人民渴求和平和统一的愿望。作为民族凝聚力的象征,它伴随着中华民族历经了无数灾难深重时代和多次亡国灭种的关键时刻。

陶器文化的产生

陶器是新石器时代文化的主要标志之一,陶器形制的变化往往反映了文化的不同和发展,中国陶器文化在新石器中晚期达到顶峰。

这一时期,中国制陶工艺技术相当纯熟,已由手工制陶发展到快轮制陶,这是新石器时代制陶术的一项重要成就。快轮制陶工艺出现后,可以制作出壁薄而均匀的器物。山东龙山文化出土的漆黑光亮、壁薄如蛋壳的高柄杯,反映了史前制陶术的最高水平。

此时,人们对制陶材料的性能已有一定认识,有意识地选择不同的陶土来制作用途不同的器物，泥质陶主要用来制作致密度较高的一些器物，如碗、瓶、甑等，仰韶文化彩陶、龙山文化黑陶则多是细泥质的。尤其是，黄河流域发明了高铝质白陶，长江流域发明了高铝质和高镁质两种类型的白陶，这对我国陶瓷技术的发展，以及由陶向瓷的转变都具有十分重要的意义，我国也因此成为世界上最早发明白陶的国家。

陶器表面修整和装饰工艺更趋成熟。主要有陶纹、表面磨光、涂施色衣（又叫陶衣）、彩绘等方式。

此期陶窑的构造都是地穴式的，即穴地为窑（东周之后才建到地面上）。并分为横穴式和竖穴式两种，能较好地控制温度。

制陶术的发展，在物理化学知识、高温技术上，为制瓷术、冶金术的产生打下了良好的基础。

在新石器时代，陶器几乎是当时物质与精神文化的总和。彩陶的出现，意味着人类的审美能力又登上了历史的一个新阶梯。彩陶艺术的光芒已辉映了新石器时代中期的历史环境，并敲响了高级文明来临的晨钟。从仰韶文化以及马家窑文化等彩陶的纹饰来看，那些流畅而又挺健的线条，长达周圈，没有能够蓄色的工具来进行那种描绘，几乎是不可能的。由此可以推见，当时必定有陶工和画工的相对专业化。

陶器本身是我国造型艺术的先驱，到目前为止，我国还没有发现比陶器年代更早、更完美、更典型的造型艺术作品。我国最早的人物画，是马家窑文化彩陶舞蹈盆，最早的动物画，是河姆渡文化的夹炭黑陶猪纹钵上刻画的猪纹，以相当写实的手法，活现出一头肥猪呆拙粗壮的特征。红山文化遗址"女神庙"中，不但发现了孕妇神像，还发现了一尊相当于真人原大的完整女性头像。女性头像各部位塑造得十分准确而又加以夸张，嘴唇外咧、微笑欲语，面颊有肌肉起伏感。这一尊极富生命力而又高度神化了的女神头像，是我国第一次发现的 5000 年前的祖先陶塑像。"女神庙"中还有一些大小不等的塑像，从一些残迹可知，最大的塑像三倍于真人。体内有木制的支架，内外层泥质不同，其塑制方法与现代大型雕塑的做法很相似。预示着中国雕塑艺术的辉煌。

新石器时代晚期的陶器文化，为青铜时代的来临准备好了造型的场所，使它们在火光的焙烧中迎接冶炼的铸造艺术形体的降临。

第五章　历史谜团

远古食具之谜

中国最早最具特色的食具是什么？答案应该是毋庸置疑的：筷子。

筷子是一种民间的俗称，讲得文气一点，那就是箸。箸，也可写成“筯”，望文生义，就是助食之具。在中国人的助食之具中，当推筷子为首。在世界上，用筷子助食的民族并不多，而且那些西方民族用起筷子来总是别扭，只有中国人，小孩只要能自己进食了，用不了多少训练，就能用筷子。这是不是说明中国人的手指特别的灵巧呢？这个问题留待人体生物学家和遗传学家去考定吧。

仰韶文化·白衣彩陶钵

中国人用筷子的历史有多长？恐怕是难以具体考证了。但是，我们敢于说，筷子的历史可以延伸到原始社会。《韩非子·喻老》有言：“昔者纣为像箸而箕子怖。”《史记·宋微子世家》中亦有类似说法。可见，在夏商时代，用竹做的筷子助食已经是十分平常的事了，而且还可能已经普及到了民间。那个商纣王突然要“为像箸”，实在太奢侈了，使忠臣箕子大为恐怖。从夏商再往上推，可知在新石器时代人们已经用筷子那是不会有什么问题的。

那么，为什么我们至今没有发现地下发掘的远古筷子呢？那也是容易理解的，筷子一般用竹、木制成，不像石、骨器具那样能保存久远，过不了几十年就腐朽得无影无踪了。远古时代离我们至少五六千年，我们怎么能一睹当年原始人使用过的筷子的真迹呢？

除了筷子之外，对中国人来说，最具特色、最久远的食具应为餐匙了。

在黄河上游地区发现的齐家文化遗址中，发掘出了大量的骨质餐匙。这些餐匙一式的长条形，柄端无一例外地都有穿孔。十分有趣的是，在这里的墓葬中，这些带孔的餐匙一般都置于死者的腰部。据此，我们可以做出这样的推测，我们的先民当时还没有置办餐厨之类的家具来放置餐匙及其他助食用具，他们就别出心裁地把餐匙别在腰间，那样不只不会遗失，还可每到一处便可解下来使用了。还有一层，既把餐匙别在腰间，也就专属于他个人的东西，这种专人专用的餐具，恐怕也可列入文明习惯中的吧。

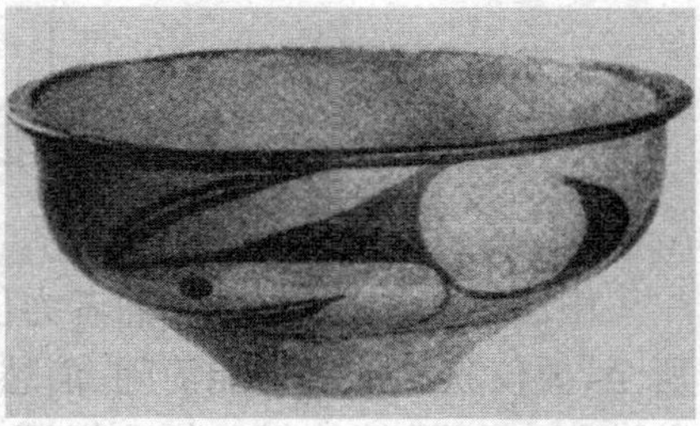

庙底沟·钩羽圆点纹彩陶盆

餐匙的出土遍及黄河两岸，大江南北。在黄河下游的大汶口文化遗址，他们的餐匙制作得十分的精致，十分的小巧，使用起来一定十分方便。那些骨制的勺形匙，造型十分的美观。可见，当时的人们不只讲究美食，还追求着助食器具的美观了。更为富于深意的是，大汶口文化的许多精美餐匙都是作为随葬品放在死者的手中的。“匙不离手”正好说明了餐匙在中国人的生活中的非同寻常的重要性和地位。

在长江流域也发现了为数可观的新石器时代的骨质餐匙。河姆渡文化遗址有最精美的鸟形刻花象牙餐匙和标准的勺形餐匙，年代大致与黄河流域最早的餐匙相当。

在我国华南，在东北地区，也都发现了各式的新石器时代的餐匙。

用餐匙作为助食工具，这与中国南北都食用稻、黍类食物有关。稻、黍及其他五谷煮成饭或烧成粥以后，是难以用其他餐具进食的，用匙一匙一匙地喂进嘴里既方便，又有利于细嚼慢咽。比起抓食来要卫生得多，也容不得你狼吞虎咽。再说，自从中国先民发明了各种各样的陶器以后，为烧煮汤食打开了方便之门。食汤如果端起食具喝，那是很不方便的，如果用餐匙去食汤，那是最舒服和省事的。

远古时代的骨质餐匙，发展到商周时代变成了青铜餐匙，秦汉时代又出现了漆木餐匙，到了隋唐时代，金银餐匙也问世了。不管怎样变，餐匙这个进食常用具是被永远地保留下来了。

也许难以置信，中国最古老的进食具中还有餐叉这玩意儿。

有人会问：餐叉不是西餐的进食必用餐具吗？怎么能说是中国最古老的进食餐具呢？不，不是这样的，可以听听知原先生在《人之初》中的一段话：“有的研究者认为，西人广泛使用餐叉进食，是从公元 10 世纪的拜占庭帝国开始的，也有人说是始于公元 16 世纪，最多不过是 1000 年的历史。中国人用餐叉的历史可以追溯到 5000 年以前，不过我们没有将餐叉作为首选的进食器具，它实际上后来是基本上被淘汰出了餐桌，这显然是因为我们更适合于使用筷子的缘故。”

在考古发掘中，在黄河上游的甘青地区，曾发现有属于新石器时代的餐叉。在甘肃武威皇娘娘台齐家文化遗址，出土过一枚骨质餐叉，为扁平形的三齿叉，样子相当接近于我们现代餐桌上的餐叉。在青海同德县的宗日马家窑文化遗址，发掘到一枚骨质三齿餐叉，餐叉长 25.7 厘米，齿长 9 厘米。在黄河流域的其他新石器时代遗址中，还发掘到一些残断的骨质餐叉。

这种使用餐叉的传统至少坚持了二三千年，一直到商代、春秋、战国时代，地下都有不少餐叉发现。不知什么缘故，也许国人觉得使用餐叉实在太费劲，而中国人又习惯于将肉食切碎后煮烧，与西方的整块肉进食大异，于是，餐叉就自然而然地被淘汰了。

酿造美酒之谜

中国古代传说中，始作酒者为仪狄。据传，仪狄是大禹的近臣。一天，大禹忽然兴之所至，要仪狄制作一种能消闲、消愁的饮料。仪狄领命而去，便与一些人一起研制出了一种被称为“酒”的饮料。仪狄把酒进献给大禹，大禹喝后，感到十分的甘甜，但过后又使人昏昏然。大禹是一个十分勤劳俭朴的人，喝酒后突发一念：酒这个东西并不好，还是不要酿造吧！《战国策·魏策一》有这样的记载：“进之禹，禹饮而甘之，遂疏仪狄，绝旨酒。曰：后世必有以酒亡其国者。”传说究竟是传说，不可大信的，英明如大禹，在酒的问题上的看法是不会那样绝对的。事实上，酒的发明也如其他历史上的重大发明一样，不可能由某一“能人”“伟人”创造出来的。

大汶口文化的陶质酒具

怎样来验证历史上酒的存在呢？不少人以为当然要看有无饮酒器了。《中国通史》依据大汶口文化和屈家岭文化中有饮酒用的高柄杯这一史实，认定那时已有酒了。到铜石并用时期酒器做得更精致，龙山文化的薄如蛋壳的黑陶杯，良渚文化中那些精致而质优的黑陶杯和漆觯、漆杯，都证明饮酒之风已有大的发展了。

有人不同意这种观点，知原先生的《人之初》认为：“要证明何时发明了酿造技术，是否有专用的饮器不是主要的，因为一般的食具都可以借用来作为酒器。考古发现的专用酒器都是礼器化了的器具，不可能是初酿阶段所能出现的事物。”

那么，如何确切证明酿酒工艺的是否存在呢？知原先生以为，应是看“有没有制成合适的酿具”。

考古工作者在新石器时代遗址中发现了一些带孔的大瓮，经考证，认定那就是具有酿造特别功能的器具。这种带孔的大瓮，在陕西临潼的白家村文化中发现过，在甘肃天水西山坪文化中也发现过，在大汶口文化、仰韶文化的一些文化遗址中更是屡有发现。这证明了大约早在7000年前，酿酒技术已在祖国大地上遍地开花了。

从中国看，最早酿造的是谷物酒呢，还是果子酒？这似乎也是一个难解的谜。

大多数的专家认为首先出现的当然是谷物酒。《淮南子》中有“清醠之美，始于耒耜”的说法，这里“耒耜”实际上是谷物的代称，作者是认定以谷物造酒是酿造之始的。一些学者还用这样的故事来证明酿造谷物酒的肇始。知原先生在《人之初》中写道：

历史上常常有这样的巧事，一些无可挽回的错误与失败，反而铸成了意外的巨大成功，中国远古的初酿成功，可能起医于谷物的保管不善而发芽变质，这种谷物煮熟后食之不尽，存放一段时间后就会自然酒化，这便是谷芽酒。许多次的失败，让人们反复尝到了另一种难得的味道，启发了人们新的欲望，于是有意识有目的的酿酒活动便开始了。从这个角度来说，古代视酒为“天之美禄”，也可以说是恰如其分的了。

这样看来，似乎谷物酒在果品酒之前了。但是，另外一些专家坚持认为果品酒产生在谷物酒之前，而且言之凿凿。宋兆麟等先生在《中国原始社会史》一书中说得很干净利落：

饮酒是很流行的。最早的酒是用植物的根块或果实酿制的，如以甘蔗、麻根、都柿等酿酒。农业兴起以后，才出现谷物酿酒。《旧唐书》卷一九七载：“俗以椰树花为酒，其树生花，长三尺余，大如人膊，割之取汁以成酒，味甘，饮之亦醉。”游牧民族则以牛、马的乳类酿酒，鄂伦春族和蒙古族的马奶酒是相当闻名的。

这样看来，果品酒的出现可能还是很早的，根据《中国原始社会史》的看法，它在谷物酒之前。其实，平心而论，不管在中国，还是在外国，果品酒和谷物酒的出现是难分先后的，还可能是同时出现的。

至于酒器，开初可能是取自自然物，有用竹筒，也有用兽角的。《礼记·礼器》中说：“宗庙之祭，尊者举觯，卑者举角。”觯和角，都指的是兽角。羌族至今“饮酒，共一坛，每人一只空心竹，轮流而饮”。这里说的空心竹并不是天生的，而是为了喝酒，把竹节打通后，称“空心竹”。陶器的酒器，铜器的酒器，那是后来发明的了。

“北京猿人”之谜

北京猿人遗址的发现，震惊海内外。它对研究人类的起源问题，具有不可估量的巨大作用，是考古界的重大发现。因此北京猿人化石成为各国竞相争夺的目标。

1926年10月的北京协和医院礼堂里，由于瑞典皇太子的驾临而显得热闹非凡，在热烈的欢迎会上，一个名叫安特生的瑞典籍古人类学家健步走上讲台，以不容置疑和热情洋溢的语气说：经过长达8年的考古发掘，在中国北京周口店龙骨山，已经发现了古老的人牙化石，这个化石代表了新的种属，即“北京人”。他还预言，周口店的山洞是中国猿人的故乡，地下肯定还会有更多的新发现。

安特生的发言使人们把众多的目光投向了“北京猿人”，人们纷纷在问：北京猿人是怎么回事，它是谁发现的，发掘进程怎样，现在有什么收获？当回过头来，再看北京猿人的发掘历程时，人们才惊奇地发现，北京猿人的发掘竟然充满着如此离奇的故事。

一百多年前的中国人还不懂古人类学，欧洲人经常提到的人类化石，当时中国人仅称其为“龙骨”。当时北京周口店的农民经常在地下挖到“龙骨”，他们把它当成药物使用，以为具有神奇的特殊功效，能治好一些疑难杂症。到了20世纪20年代，以瑞典古人

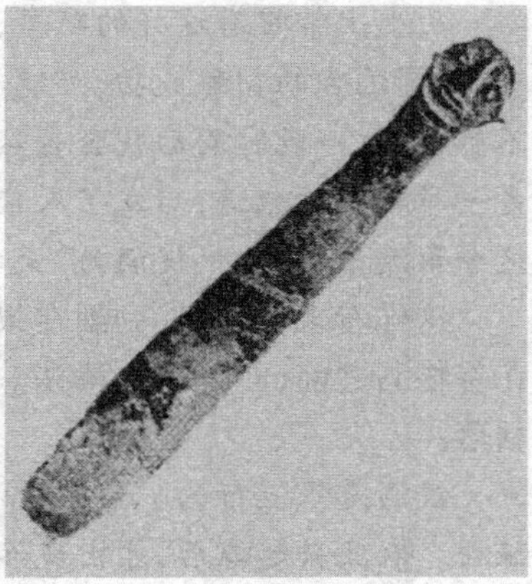
中国早期的人头形柄铜匕

类学家安特生为首的科学考察小组，对这些“龙骨”发生了浓厚的兴趣，并进行了发掘。安特生在协和医院的发言鼓舞了中国的考古工作者。1928年，刚大学毕业的裴文中也满怀希望来到了周口店参加发掘工作。1929年12月2日下午，奇迹终于出现了，一个完整的猿人头盖骨化石出现在工作人员的面前，一切似乎都在预料之中，又好像突然地让人无法接受。这就是我们的祖先吗？那粗壮的眉骨，高突的颧骨，前伸的嘴部，轮廓不甚明显的下颌，都和我们人类有很大的差别，但这正是人类自己的童年，“北京猿人”化石成了中国的国宝。这种让人惊喜地发现纷至沓来，一直延续到1937年，中国的考古学者在周口店地区又先后发现了代表40多个个体的人骨化石，其中有5具较完整的头盖骨、15具下颌骨、150枚牙齿以及部分肢骨残物和7万余件石器。这里所发现的人类化石的特点是颅盖低平，前额后倾，头骨最宽处位置偏低，眶上圆枕两侧端稍向后弯曲，眶上圆枕与额鳞之间出现明显的宽沟。头骨有矢状脊，鼻骨较宽，属阔鼻型并接近特阔鼻型，颧骨很高，颧面前突且较垂直，嘴部略向前突出而没有下颏，下颌骨具有下颌圆枕。牙齿粗壮，门齿呈铲形。平均脑容量约1075毫升，显然比蓝田直立人进步许多，但仍属直立人范畴，并被命名为北京直立人。

北京直立人的肢骨部分呈现着与头骨不完全相应的特性，上肢骨已短于下肢骨，肱骨除骨壁较厚、髓腔较小外，已与现代人相似，锁骨和肱骨也与现代人相近。股骨也接近于现代人，有股骨脊。但股骨干上半内侧缘显著隆起，这一特点和黑猩猩相似；股骨干最向前弯的部位在中部以下最细处，也和现代类人猿相近。根据肢骨计算身长的方法，推知男性平均身高1.62米，女性1.52米，比现代中国人稍矮。

北京人遗址中发现有许多破碎的兽骨，其中有一些颇像有意制造的骨器，但绝大部分应是敲骨吸髓时砸碎的。

北京人居住的洞穴中有许多用火的痕迹，包括成堆的灰烬，烧过的骨头、石块和土块等。灰烬堆中还有烧过的朴树子和紫荆木炭块。这说明北京人已会控制用火。虽然元谋人和西侯度文化的主人也可能已会用火，但不像北京人遗址中那种成堆灰烬等所表明的会控制火并保存火种。有了火不但可以熟食，还可御寒和抵御猛兽侵害，对于人类社会的发展具有重要的意义。不过当时北京人的生活还是十分艰苦的，据对40多个个体的年龄分析，大约有三分之一的人不到14岁就死了，其余的年龄也不很大。

可以说北京猿人化石不仅是中国人的财富，也是全人类的财富，然而，它的下落至今仍是一个谜——1937年7月，日本发动了全面的侵华战争，噩运降临中国，也同样威胁到了“北京猿人”。1937年7月9日，即抗日战争爆发的第3天，周口店北京猿人遗址的考古发掘工作停止，日本人对北京猿人化石垂涎欲滴，但因其未进行投资，无缘身列参观研究之列。为了预防北京猿人化石落入日本人之手，珍珠港事件前夕，在瑞典人类学家魏敦瑞的提议下，中国政府同意把北京猿人化石运到美国暂时保存。1941 年 11 月 20 日下午，协和医院负责文物库房管理的技师胡承志得到指示将化石秘密装箱。北京猿人的 4 件头骨、10 余件下颌骨、10 余件面骨、100 余件牙齿及少量肢骨等化石，全部装进了大木箱，并贴上封条，运到美国大使馆，准备随美国海军陆战队运往美国。正当享受美国海军陆战队专门押运待遇的北京猿人化石“旅行”到秦皇岛时，日本挑起了珍珠港事件。负责运输北京猿人化石的美国海军陆战队也受到日本人的跟踪，匆忙之中撞上了暗礁，不久沉没。一支直接受命于日本天皇指挥的特种部队很快找到了美国海军陆战队的专列、存放北京猿人化石的码头，但当木箱打开时，所有在场的人都惊呆了，箱子里面空空如也，北京猿人化石不翼而飞！

北京猿人化石究竟到哪里去了呢？“二战”后人们一直在搜寻，但迄今仍渺无踪影，成为历史上一宗大谜案。概括起来，目前有五种说法，即私人得到说、美国得到说、日本得到说、中国藏起来说和海沉说。

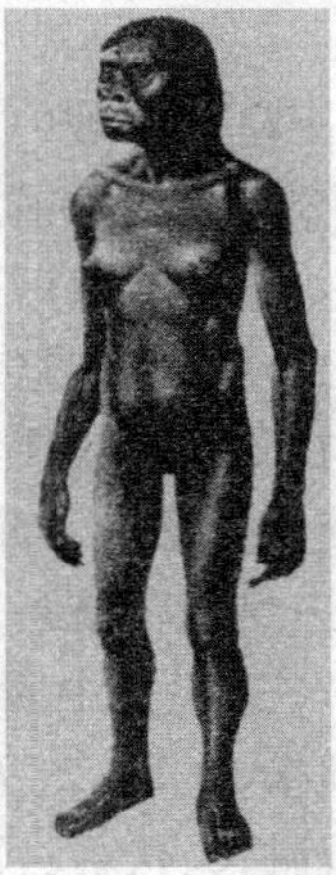
“露西少女”复原图

私人得到说的人认为，协和医院文物库房保管技师胡承志是最后一个见到和接触北京猿人化石的人，而在他交出木箱后就逃离了协和医院地质研究所，胡承志在木箱中到底装了些什么？有人怀疑：胡承志根本就没有给北京猿人化石打包装箱，他只是将两只空箱交给了瑞典古人类学家魏敦瑞的秘书息式白，自己将北京猿人化石藏了起来。另一个受到怀疑的就是这位息式白女士了，从接到木箱到交出木箱，中间约有两个小时，有人怀疑，在此期间，息式白有充足的时间，转移真箱，换上假箱，来个偷梁换柱。当然受到怀疑的人还很多，但都缺乏充足的证据。

主张北京猿人化石在美国的人认为：早在珍珠港事件爆发以前，美国已经预感到日本将把注意力对准协和医院的地质研究所，于是便背着中国人，暗地里偷梁换柱，以复制品代替真品继续放在地质研究所的保险柜里，而将真品偷偷地运往美国。还有人认为，北京猿人化石并未装上哈里逊号邮船，美国早把化石利用其他途径转手运走了。

坚持北京猿人化石在日本的人认为：北京猿人化石撤离协和医院以后，按原计划同装上哈里逊总统号运往美国，但哈里逊总统号却被日军缴获了，化石也被截留，所以很可能至今还藏在日本。“二战”后，美国曾在日本进行了广泛的搜寻，但毫无收获，我国考古学家李济先生也曾先后五次到日本搜寻北京猿人化石，同样是徒手而归。

海沉说的人认为：北京猿人化石装箱后运到秦皇岛港，并在此港运上了哈里逊号邮船，在赴美途中，因船遭难而一起沉没在海底了。还有人进一步推测，这次沉没海底后，被锭者找到，锭者也被日本人杀人灭口了，北京猿人化石由一艘日本驳船装载直接开往横滨。但驳船驶离秦皇岛不远，就遭遇了美国空军的袭击，化石随驳船沉没到了渤海湾附近海域。如果事实如此，则北京猿人从山洞中现身，又隐没在了深不可测的海里了。

中国人类学家周国兴提出了一个令中国人欣慰的推测:北京猿人化石仍埋藏在北京城的某一地下,仍未离开中国大地。据传说,珍珠港事件爆发前夕,一个美国大使馆把门的卫兵看到两个人抬着一箱东西埋到了大使馆的后院里,这一箱东西很可能就是北京猿人化石。执着的周先生还亲自找到了这个地方,只是上面盖有房屋,未能发掘,如果确实如此,那么若干年后北京猿人在此地重现,其轰动效应绝不亚于山顶洞中的发现。

我们也期待着这个谜底的揭开,因为北京猿人代表着我们人类的童年时代,我们也只有认识了自己的童年,才会脚踏实地地走向成熟。

“三皇五帝”之谜

三皇五帝被中国人视为是人类的祖先,自古以来人们对其顶礼膜拜。他们的传奇故事更令人津津乐道。“自从盘古开天地,三皇五帝到如今”,人们认为盘古是开天辟地的英雄。地形成以后,人类是怎么起源的?人类的生产与生活能力又是如何提高并一步步发展到现在的?这对今人来说是个永恒的谜。

在我国古代传说中曾记载着一些了不起的人物,他们把生产与生活技能传授给人们,使人类摆脱了茹毛饮血的原始生活,进入了文明发展的时期。

三皇五帝就是这类相当了不起的人物。

“三皇”是中国古代传说中的远古帝王,三皇说法自古不一。一般有7种说法:1、天皇、地皇、人皇;2、天皇、地皇、泰皇;3、伏羲、女娲、神农;4、伏羲、神农、共工;5、伏羲、神农、祝融;6、伏羲、神农、黄帝;7、燧人、伏羲、神农。

“五帝”是中国古代传说中的上古帝王,实为原始社会末期的部族首领。也有5种不同的说法:1、伏羲、神农、黄帝、唐尧、虞舜;2、黄帝、颛顼、帝喾、唐尧、虞舜;3、太皋、炎帝、黄帝、少皋、颛顼;4、少昊(皋)、颛顼、高辛、唐尧、虞舜;5、黄帝、少皋、帝喾、帝挚、帝尧。

中国古书上,习惯把伏羲、女娲、神农称为“三皇”,把太皋、炎帝、黄帝、少皋、颛项称为“五帝”,那么,“三皇五帝”仅仅是传说中的人物,还是实有其人呢?很多学者认为他们是中国古人想象中的氏族部落或部落联盟的领袖。关于“三皇五帝”的记载,虽然像是传奇的神话,却也能反映中国古代原始社会氏族和部落的历史。

传说伏羲、女娲、神农是远古时代的大圣人,各有一些了不起的功绩。

伏羲,又作“宓羲”“伏戏”“包(庖)栖”,又称“栖皇”或“皇羲”,是中国古代传说中的人类始祖。据传他与其妹女娲氏婚配而孕生人类。又传说他教民结网、进行渔猎和畜牧,“作结绳而为网罟”。这是两件伟大的发明创造,但伏羲功绩远不止此。《易·系辞传》说:“古者包栖氏(伏羲氏)之王天下,仰则观象于天,俯则观法于地,观鸟兽之文,与地之宜,近取诸身,远取诸物,于是始作八卦,以通神明之德,以类万物之情。”看来伏羲既有极高的智慧,又爱民如子。

女娲氏也是中国古代传说中的人类始祖。传说她用黄土造人,炼石补天,治平洪水,杀死猛兽，使人民得以安居。另有传说她与其兄伏羲氏婚配而产生人类，似乎是给人类如何繁衍生息做出了典范。

神农在传说中是个主掌稼穑的土神。传说，神农看到人们吃生肉、喝兽血、穿兽皮、多病而短寿，非常难过。神农认为人们这样生活下去，是难以维持生存的。于是，他“尝百草之实，察酸苦之味，教民食五谷”。后来学者们推测，神农氏的事迹大致反映了相当于母系氏族制繁荣时期的社会情况。神农氏是传说中发明农业和医药的人。据传他用木制的耒耜教人们进行农业生产，反映了中国原始时代由采集、渔猎进步到农业生产的情况。

有巢氏在传说中是巢居的发明者。据说他教人们构木为巢，居住树上，以避野兽侵袭。这个传说反映了中国原始时代巢居的生活情况。

燧人氏是传说中第一个人工取火者。相传远古时代的先民“茹毛饮血”，燧人氏教民钻木取火，教人们熟食，从而减少了疾病发生。这个传说反映了中国原始时代人们从利用自然火发展到人工取火的情况。

黄帝姓姬，号轩辕氏，又号有熊氏。传说黄帝族原先居住在西北方，过着不定居的游牧生活，打败蚩尤后又与炎帝族在阪泉发生三次大战。黄帝统率以熊、罴、貔、貅、虎等野兽为图腾的氏族参加战斗，打败了炎帝部落，进入黄河流域。从此，黄帝部落定居中原，并很快发展起来。史书记载“黄帝之子二十五宗，其得姓者十四人，为十二姓”，说明这些部落形成了巨大的部落联盟。黄帝后代与其他部落共同融合，形成中华民族，黄帝轩辕氏被看成是华夏族的始祖。后来，中国人自称是“黄帝子孙”。

后人把许多发明创造都归功于黄帝，传说他有许多发明创造，如养蚕、舟车、文字、音律、医学、算术等，都始于黄帝时期。说他用玉手兵器，造舟车弓箭，染五色衣裳。他让妻子嫘祖教人们养蚕。他任命大臣仓颉造文字，大挠造干支，伶伦制作乐器等等。

炎帝，传说是上古姜姓部落首领。号魁连氏、连山氏，或曰列（烈）山氏、厉山氏。一说炎帝即神农氏。原居姜水（即岐水）流域，后向东发展到中原地区。相传炎帝牛头人身，可能是以牛为图腾的氏族首领。他们与九黎族发生了长时期的冲突。九黎族的首领叫蚩尤，兽身人头，铜头铁脖子，头上有角，耳上有毛，硬如剑戟，能吃砂石。他有兄弟81人。蚩尤把炎帝驱逐到涿鹿（今河北西北桑干河流域）。炎帝向黄帝求援，双方在涿鹿大战一场。蚩尤请风伯雨师兴风作雨，造了大雾使黄帝的士兵迷失方向。黄帝请旱神女魃，令天气放晴，造了“指南车”辨别方向。这场激烈战争的结果是蚩尤失败，被杀死了。黄帝取得胜利后，被推举为“天子”。炎帝曾与黄帝战于阪泉（今河北涿鹿东南）之野，被打败，遂与其部落结为联盟。后世将炎、黄并称，作为中华民族的共同祖先。

颛顼，号高阳氏，生于若水，居于帝丘（今河南濮阳东南）。曾命重任南正，掌祭祀；命黎任北正（一作火正），掌民事。一说他为黄帝子昌意的后裔，曾逼令被黄帝征服的九黎族禁绝巫教，顺从黄帝族的教化。古书记载：“高阳氏有子八人”，可能这是八个氏族。后来，有个部落的首领共工对颛顼非常不满，愤怒地用头撞倒了不周山，顿时，撑着天空的柱子折了，拴着大地的绳子断了。于是向西北倾斜，日月星辰移动；地在东南洼陷，江河随之东流。女娲炼五色石补天，断鳌足立四极，救民于水火。

尧是传说中父系氏族社会后期的部落联盟首领。又称陶唐氏，名放勋，史称唐尧。原居今河北唐县，后徙居今太原。任部落联盟首领后再迁至今山西临汾。相传曾设天文官，观察日月星辰变化以制定历法、区分时令，用鲧治水。晚年将君位禅让给舜。也有说他晚年为舜所囚，并夺其位。

太皋，也称为太昊，姓风，相传他人头蛇身，或人头龙身，可能是以蛇或龙为图腾的氏族首领，居住在陈地（即现在河南淮阳县）。他应该是淮河流域氏族部落想象中的祖先。

少皋，也叫少昊，姓已，名挚，号穷桑帝，传说是黄帝的后代，居住在山阜一带。这个部落以鸟为图腾，可能是由 24 个氏族合成的一个大的部落。少皋族是黄帝族向东发展的一支。

尽管“三皇五帝”仅见于古书传说，但这些古代神话传说却形象地反映了我们中华民族勤劳、勇敢和智慧的光荣传统，深刻地说明人类社会的最初文明是经过艰苦卓绝的劳动和中国人的斗争创造出来的。

中华图腾之谜

古往今来，有一种神异的动物形象深深地扎根于海内外亿万炎黄子孙的心中。这就是无处不在、无所不能的“龙”。

人们将中华文化称为“龙的文化”，将中华儿女称为“龙的传人”。

在辽阔的神州大地上，处处都是龙的崇拜。以龙为名的山川村镇不计其数：龙岗、龙城、龙泉……；以龙为名的中式建筑不胜枚举：龙门、龙壁、龙亭……；以龙为名的民俗比比皆是：龙舟、龙灯、龙笛……；以龙为名的商家、以龙为名的人就更是数也数不清。古代皇帝自称“真龙天子”，金碧辉煌的宫殿里描绘着龙，雕刻着龙，简直是“龙的世界”。人们生活中以龙为图案的服饰、器物、玩具随处可见。甚至言谈话语之间也离不开龙：“龙凤呈祥”“龙马精神”“藏龙卧虎”……神话中的龙更是千变万化，呼风唤雨，上天入海……人们喜爱它、赞颂它、崇敬它。龙成了吉祥的象征，成为中华民族权威和神灵的象征。

龙是什么样子呢？真正的龙谁也没见过，当然也概括不出它的具体形象。它集九种动物的特征于一身：头似驼、角似鹿、眼似兔、耳似牛、项似蛇、腹似锂、爪似鹰、掌似虎。这给它的存在更蒙上了一层神秘的色彩。

专家和学者们经过多年的研究和考证，初步揭于了中华民族龙的崇拜之谜：龙是古老的炎黄子孙的“图腾”。

“图腾”是印第安语 toten 的音译，意为“他的亲族”。原始人认为，每个氏族都与某种动物、植物有着亲族关系。这种动物或植物被该氏族视作象征或保护者，这就是图腾。如：身如鹰、头似鸽的“津巴布韦鸟”，就是非洲国家津巴布韦的图腾。

玉连体双龙佩·汉

考古工作者在出土的文物中，找到了龙作为我国古代先民图腾的佐证：

西安半坡仰韶文化遗址中，有陶壶龙纹；

江苏吴县良渚文化出土的器物上，有似蛇非蛇的色连花纹；

内蒙古红山文化遗址中出土了墨绿色的工艺品玉龙……

大量实例证明，龙的崇拜在我国至少有5000年以上的历史。

那么，龙到底是真实的存在，还是虚无的神灵呢？

那么，它又是根据何种动物想象出来的呢？

有的专家学者持这样一种看法，龙是由鱼或蛇演化而来的。

最原始的龙的形象是西安半坡仰韶文化遗址中出土的陶壶龙纹。它的造型与后世的龙雏形相似，是蛇身鱼形，是仰韶文化居民的图腾形象。在山西襄汾夏墟遗址也曾发现与半坡相似的龙纹。

据此，有的学者指出，后世的龙的形象，基本由半坡长鱼纹演化来的，从半坡到夏墟的原始的龙纹来看，最早的龙应该是生活在水中的一种蛇状的长鱼。夏人和仰韶文化古人为什么把它作为图腾族徽呢？可能是他们常常面临洪水灾害，企望人类能像龙鱼那样在水中自由自在地生活，于是就把龙鱼当成民族的保护神来崇拜。

最近，更有学者认为，"龙"在古代确实存在，只不过它不叫龙，并不像人们说的那样神奇罢了。它就是一种巨型鳄——蛟鳄。这种鳄的外形，如头、眼、项、腹、鳞、爪、掌等都与"龙"相似。它的寿命很长，可以达到数万年以上，有些鳄类动物天生就有一些奇异的功能，如能敏锐地感受到大自然气压的变化而预知晴雨。每当下雨前，常常引吭怒吼，其声如雷。古代先民无法解释此种现象，视其为神兽，拜它为雷神、雨神或者鼓神。还有种可能是，远古人类过着狩猎和游牧生活，和种种野兽打交道，但从没见过蛟鳄这种最神秘、最具威胁性的动物，因而恐惧它，崇拜它，把它看作是地神、水神和战神。再由此逐渐演化为"龙"，使其更为神奇，更为怪异。

据说，以蛟鳄为图腾的，还有古代巴比伦、印度和玛雅文化的先民。

进入封建社会，中国龙的形象更是变得千姿百态，品种繁多。如：

螭吻：喜欢登高望远，能喷浪降雨，因而它常被装饰在建筑物的屋脊上，用以防火。

蒲牢：爱吼叫，喜爱音乐，因而它常被用来装饰大钟，做钟顶的钟纽。

赑屃：样子像龟，善于背负重物，还喜欢文字，爱扬名，因此，让它驮石碑。

狴犴：像老虎，有威力，因此把它装饰在监狱的大门上，用来威吓罪犯。

饕餮：平生贪吃，所以人们把它装饰在盛装食物的器皿上。

金猊：样子像狮子，喜欢烟火，一般被装饰在香炉上。

椒图：样子像螺蚌，善于封闭和保护自己，因此人们把它装饰在大门上，用来守门。

睚眦：传说中它性情凶残，爱争斗厮杀，所以它被装饰在刀剑的柄上。

蚣蝮：平时最喜欢水，所以它大都被装饰在桥头柱、桥洞和桥栏等处。

上述九龙，就是中国自古传说的“一龙生九子，九子各不同”。正因为它们的性格和爱好各不相同，所以它们也就以各种不同姿态出现在具有古代风格的建筑和器物之上了。

中国古人“穴居”之谜

居室是人类生存的重要因素。旧石器时代的人类没有建造居室的能力，只有选择自然的洞穴居住。进入新石器时代后，农业的产生为人类的定居创造了条件，生产工具的进步也使人类具备了营造房屋的可能，于是人类结束了“穴居而野处”的时代，开始在固定的地方修建居室，形成了氏族村落。我国幅员辽阔，南方和北方的自然条件存在着较大的差异，如南方炎热多雨，地面潮湿；北方则寒冷干旱，地面干燥。生活在这些地区的人们便因地制宜，建造了适合各自居住的房屋。

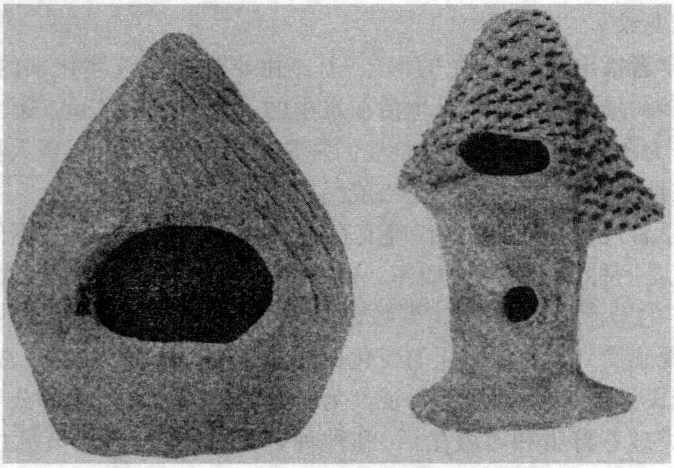

在母系氏族村落中最普遍的圆形尖顶房屋模型

人类刚刚开始定居生活时，由于生产工具还很落后，也缺乏营建居室的经验，只能用石器、棍棒挖坑作为栖身之地，以躲避风雨和严寒的袭击，这就是最原始的住宅——穴居。这种穴居比旧石器时代的山洞可进步多了，是人类社会发展的重要表现。

当时穴居的形式有两种，一种穴居为竖穴居室，是在平原或较宽广的台地建造的，这种居室在许多地区都有发现。河北磁山遗址和河南裴李岗遗址中有一些口小底大的袋状窖穴，其口径都在0.6~1.94米之间，深0.5~1.28米，其中常放置有石器、骨器和陶器，地面有红烧土的痕迹。河南偃师汤泉沟也发现过这样的袋形窖穴，穴底也有烧炊的红烧土面。这些窑穴很可能是当时人们的住室。这种居屋的顶部可能是圆锥形的，古史记载东夷原始居民有穴居为“屋形似冢”，其时间虽晚，但作为居室的一个发展阶段，中原一带在新石器时代很可能也存在过。

除竖穴居室外，另一种穴居就是产生于黄土高原的横穴居室，也就是我们所说的窑洞。当地的人们选择高原的向阳坡，在沟坎断崖上向里掘洞，利用黄土的松软和粘性结构，掏成拱形的房子。横穴居室的特点是易挖，防暑防寒性能好，冬暖夏凉。横穴的最早实例是在山西石楼岔沟发现的一处仰韶文化时期的遗存。这处遗存平面呈方形，入口处小，室中央有灶。后来又在内蒙古凉城圆子沟发现了一处晚于仰韶文化的龙山文化时期的大型人类村落遗址，其中有横穴式的房址28座，每3间为1组，按山坡台地的自然起伏分成五六排，在山坡上错落有致地排列着。颇为讲究的是，房内进面和墙壁都涂抹有平整的白灰面。

穴居虽然能避风寒，易营造，但空间面积太小，上下出入不便，且又易被雨水冲灌。随着个体家庭成员的增多，穴居显然已经不能适应人们的需要，于是在平原等许多地方出现了半地穴式的建筑。这种半地穴房屋的中间，有几根大的木柱支撑屋顶，周围有小木柱，小木柱间草索相连，再在外部抹泥，称为“木骨墙”。以后这种半地穴式的房屋逐渐发展成为真正的地面建筑。但是在黄土高原，那种横穴居室也就是窑洞式建筑在商周时期依然存在，在二里头文化的山西东下冯遗址中和陕西西周丰镐遗址中均有发现。东下冯遗址为公元前1900年到公元前1500年的文化遗存。该遗址中的窑洞多就断崖沟壁构成，面积在5平方米左右。居室已有圆形、椭圆形和方形多种，内有壁龛和火膛。丰镐的窑洞则是在地面挖一口径5至9米，深约5米、平面为椭圆形的深坑，再从一壁掏出穴洞。坑底有一条供出入的土坡道，将主室分为两半。

商周以后，窑洞仍然是当地居民主要的居住形式，只不过随着生产工具的进步，它不再是面积狭小的穴洞，已经变成了真正的居住处所了。

“女神庙”之谜

人类自古以来就对神灵极其崇拜。人们把神灵看作是无所不能、智慧超人、造福天下的圣人的化身。女娲在中国古代神话中，是一位备受敬仰的女神，在她死后，人们仍念念不忘她给予的恩惠，以各种形式来纪念她。据古书记载，每年春月，神庙盛会，青年男女自四面八方来此会合，举行祭神、祈神等活动，并踏歌起舞，欢娱作乐，庙前山野不时响起“新庙奕奕”“万舞洋洋”的乐曲。如此盛大的祭祀女神的活动，在中国远古是否存在？这是一个一直是困扰在人们心中的疑问。让人们感到意外的是：这神话般的历史场面，竟会在辽西大地一条神秘的山谷里，被考古工作者一一揭露出来。

女神像

女神庙遗址距今5000~6000年，位于辽宁牛河梁一带。它坐落在牛河梁主梁顶向阳山坡的松林丛中，北部紧靠一人工砌筑的大型山台，向南遥对一座形似猪首的山峰，显然是刻意选择的位置，庙的上部早已塌落，下部因数千年没有人为或自然扰动，揭开地表就全部露出，女神庙有一个多室和一个单室两组建筑，约在同一中轴线上。女神庙的建筑技术已有相当高的水平，顶盖墙体采用木架草筋，内外敷泥，具有承重合理、稳定性强的特点。墙面压光后再施彩绘，表明当时的建筑已有内外装修。从建筑结构看，主体建筑既有中心主室，又向外分出多室，以中轴线左右对称，另建置附属建筑，形成一个有中心、多单元对称而又富于变化的殿堂雏形。

女神庙之所以叫作女神圣庙，是因为庙内出土的泥塑人物群像皆为女性。已发现的人像残块有头部、肩臂、乳房、手部等，分属六个人体，一般与真人大小接近，有的是真人的三倍。特别是这里出土的一尊与真人大小相当的头像，面部轮廓为方圆形，额部宽平，眉弓不显，眼窝浅而平，双目长而尖圆，鼻梁低平渐宽，嘴部较长，嘴角圆而上翘，颧骨隆起，下颌圆而尖——这是比较典型的蒙古人种。女神的脸形同今天的中国妇女没有多少差别，平凡而朴实。圆而上翘的嘴角露出亲切温和的微笑，唯一使人觉得神秘而不可捉摸的是镶嵌在眼睛内的又圆又大的眼珠，居然是珍贵的天蓝色宝石！此尊女神头像虽然精美完整，但她仅相当于真人大小，位置也在主室偏西一隅。而在主室中心部位出土的大鼻、大耳残块，竟为真人耳鼻的两三倍大，如果按人体正常比例的立像推测，大约有5公尺高，真是让人感叹，如此巨大的女神像，才应是此庙主室中心的主神。居住在牛河梁的远古居民对庙中大小有别的女神群像的奉祀，原是对主次有序的女性祖先的崇拜。除了人像之外，还出土有神化了的大型动物塑像，可辨认的有：做蹲状的猪龙、彩绘猪龙的下颌、大鸟的双爪残块等等。由此不难推想此乃一座主神居中、众神围绕的多室布局的神殿。殿中并以各类动物塑像为陪衬，神像前还陈设着精心刻镂、造型考究的彩绘祭器。

更让人吃惊的还是女神庙的附属建筑，那就是用石头砌成的祭坛和积石冢。祭坛的平面图类似北京的天坛，前圆后方。冢的结构与后世的帝王陵墓相似。而女神庙则位于中心最显著的地方，积石冢环绕女神庙四周，形成一个统一的整体，一个巨大的祭祀中心。

人们面对在中国大地上从未出现过的遗址和文物，震惊之后便陷入对文明源头的长久沉思和遐想。比起中原地区所发现的原始文化遗址，大多是原始人的居民点，温馨、实际、祥和，没有多少浪漫的情调，也反映不出原始人心灵的狂热，而地处中国东北部的红山文化遗址，其主要的大型遗址，都同原始宗教密切相关。中华文明的源头是单一的还是多元的？文明的源头在黄河流域？长江流域？东北地区？那尊神形兼备的女神头像又代表什么呢？有人称她是牛河梁、红山人的女祖，也就是中华民族的共祖。也有学者大胆地猜测，把牛河梁的发现与古史传说联系起来。有人认为女神塑像群就是传说中的女娲氏；有人认为发达的宗教祭祀应与颛顼相联系；有人认为出土了那么精致的龙纹题材的文物，应该是蚩尤族的遗迹；更有的人认为应与黄帝一族联系，黄帝是中华人文始祖，又是中国文明的鼻祖。牛河梁红山文化晚期的年代为5000年前，与五帝时代的前期相近。黄帝战蚩尤于涿鹿之野，在今河北省北部桑乾河流域以至辽西一带。故以女神庙为中心的牛河梁大型礼仪性遗迹群址的发现，增加了五帝时期有关代表人物在北方地区活动的可信性。

人类对伟大的至高无上的女神的崇拜，在中原文化中，仅仅于神话里还残留着一丝史影，而在红山文化中，我们却能亲眼目睹六千年前引得这里的人们如痴如狂的伟大女神的尊容和玉体。

祭坛上出土有引人注目的陶塑人像，其中两件小型孕妇裸体立像，头及右臂均已残缺，腹部凸起，臀部肥大，并有表现阴部的记号。

不过，由于女神庙的地下埋藏绝大部分迄今未发掘出来，因此其真相仍迷离扑朔，神秘莫测。

“开颅手术”之谜

你相信在中国远古时期曾经有过“开颅手术”的成功案例吗？历史给予了我们肯定的回答。

2001年6月26日，山东省传来一个惊人的消息：在山东省广饶傅家一处距今5000年前的大汶口文化遗址中，发现了一个实施过开颅手术的人头骨标本。众所周知，在医学技术高度发达的今天，开颅手术也是一项难度大、风险高的手术。而生活在5000多年前的石器时代的人们，竟然能成功地实施开颅手术，确实让人难以置信。

最早的发现者是中国社会科学院考古所的韩康信研究员，他受山东省文物考古所的邀请，对大汶口出土的人骨标本进行鉴定和研究，在整理这些人骨时，韩先生对其中编号为392号墓的墓主的头骨产生了好奇，因为在这个头骨的后侧顶骨靠后部发现了一个3.1×2.5厘米的椭圆形穿孔，周围有明显的乔削痕迹和骨组织修复后的痕迹。因此他推测这一椭圆形孔是墓主生前实施头颅手术后留下来的，这是迄今为止中国发现的最早的开颅手术成功的实例。

5000多年以前的这位墓主人为何要做开颅手术？因为缺乏更为具体的资料还无法确定，人们只能做出各种各样的推测。居住在偏远地区的一些少数民族，他们的生活方式还保留着原有的风格，被学者们称为"活化石"，从这些活化石中我们或许能得到一些启示。20世纪初期，居住在太平洋各岛屿的人仍然采用石器工具为人们实施开颅手术，这些岛民和史前时期的钻脑师一样，对于人脑的功能一无所知，因而做起危险的手术来毫无顾忌。他们看见有人因头部受伤而陷入昏迷，便想清理伤口和取出嵌入里面的颅骨碎片，切割开头颅是他们必然想到的措施。他们还相信痉挛、长期头痛、昏睡病和抑郁症都是因头脑内藏有某种有害东西而引起的，必须把这些东西清理出来才能使病人痊愈。当然还有一种更为残酷的目的，那就是从死人或活人头上取下圆盘状骨片作为活人的避邪物。当然石器时代的开颅手术主要还是为了医治那些头部受伤的人。

石器时代的人们以石器为主要生产工具，5000多年以前的山东大汶口文化的居民没有金属器具，是怎样实施这么复杂的手术呢？专家们认为，当时手术时使用的器具可能还是石器，极有可能是燧石片，因为在新石器时代，用边缘锋利的燧石片割肉和割骨都是没有问题的。新石器时代的人们打猎为生，他们在吃掉捕获的动物肉外，还剥下动物皮，用燧石片把这些动物皮切割成片状，再用骨头做的针缝起来，就是一件简单、实用的御寒的衣服。在山东一带还曾发现用石器制成的骨雕文物，其中有一把骨制梳子，梳齿很均匀，梳背刻雕出弯曲的S形。同一地区还曾发现带有针孔的骨针、线。这些都说明5000多年以前生活在山东一带的原始居民，完全有能力用燧石片切割头颅，他们使用的方法似乎并不是锯开，而是沿着要切开的直线或弧线，多次用压力加以刮削。手术费时一定很长，因为薄薄的石刀片如果受力过度，刃口就容易崩裂，可能在伤口里面留下碎屑。取出病理部分，然后再用骨针缝合上。在5000年前生产力水平低下，工具简陋的情况下能够实施开颅手术，实在是一项了不起的医学成就。

在医学并不发达的古代，开颅手术的死亡率非常高，而5000多年以前这位墓主的开颅手术却是非常成功的，患者在手术后仍存活了一段时间。因为如果患者在刚做完开颅手术就立即死亡，那么无论是用石器、金属器具做的手术，在颅骨上刮、刻的痕迹会比较清楚，边缘锐利，手术部位显著。如果患者在开颅手术之后仍存活一段时间，那么手术时在颅骨上打的洞就会因为再生而变得钝化，不锐利。而这位墓主的颅骨手术部位有明显的康复痕迹，说明这例手术是相当成功的。手术要取得成功，止血、防止感染和减轻病人痛苦都是必要的。史前人类似乎比现代人在忍痛和抗菌方面的能力要高得多。事实上，史前人类必须能够耐劳苦、强壮，才可长大成人。不过，石器时代的开颅手术填塞敷裹伤口，一定极为谨慎小心，因为从世界范围来看，石器时代的开颅手术感染的迹象甚为罕见。古代秘鲁曾发现一个石器时代的头骨，上面竟然有不止7个圆形切口，而且所有这些切口毫无疑问都重长了健康的新骨。人类学家发现原始民族用植物制成的止痛剂和各类草药，有很好的镇痛效能。石器时代的秘鲁人就拥有一种功效很好的药物古柯硷，做颅骨手术时就服食这种药。至于5000多年以前，山东汶口文化的开颅手术是使用什么来为病人止血和减轻痛苦的，我们还无从知道。

我国古代实施开颅手术在文献中也有记载：《三国演义》中记载曹操经常为自己的偏头痛而苦恼，华歆把神医华佗推荐给他，华佗提出的医疗方法是用利斧砍开曹操的头骨，取出病变的部位，才可除掉病根。曹操害怕自己受到谋害，没有让华佗为自己医治，由此可以看出华佗当时已经掌握了开颅技术。史书上也记载了宋元时期的许多开颅手术，研究中国科技史的李约瑟教授推测当时的开颅技术是由阿拉伯人传入中国的。中国古代的开颅技术是否由国外传来，目前还是一个谜。

总之，5000年以前的开颅实例，让我们对原始居民的医疗水平感到惊叹，古代的人们总是在极其艰苦的环境下，创造出让我们现代人叹服的事，那其中的奥秘也总是困扰着我们。

“头盖杯”之谜

西藏解放之前，当地的农奴主常常使用“头盖杯”饮酒，“头盖杯”就是将人的头颅砍下，用头颅骨制成饮器。

这种残忍的生活方式，曾经在中国的远古时代颇为流行。

在公元前2600年至公元前2000年左右，中国进入龙山时代。这时期铜器的使用开始明显增多。在河北邯郸的涧沟曾发现了这个时期的遗址。在遗址的两座半地穴式房址中，各放置三个人头盖骨，位置在房屋中央。

所有头盖骨都是从眉弓经颞骨到枕后砍下来的，目的是为了获得一个完整的头盖。从头盖上的斧痕来判断，砍头的方法当是将被砍者打倒在地并捆绑起来，甚至被他人踩在脚下。先砍后部，因为那里斧痕最多，且有砍偏了的痕迹，表明被砍者尚在挣扎，然后顺次把脑盖揭下来。

两座房子中的头盖骨都是两整一残，可能是有意识的安排。其中三个骨壁特厚而粗糙，可能是属于中青年男性的；另外三个骨壁甚薄，额部较高而平光，有的骨缝还没有完全密合，可能是属于青年女性的。值得注意的是后三个头骨上都有割头皮的刀痕；一个从额部经头顶直至枕部有一条笔直的刀痕；一个顶骨中央有从前到后来回搓动的刀痕，其中有两条向前一直延伸到额部，向后隔了一段，到枕骨上又有同方向的刀痕，显然是刀子不快，割了多次才割下来的痕迹；另一个残头盖骨上也有类似的刀痕。由此可见，同出在这座半地穴房子的、可能属于三个年轻女子的头盖，都被从正中切开头皮而剥下来。另外的三个可能属中青年男性的头盖骨上没有这种痕迹，他们或者不剥头皮，或者是剥头皮的方法不同，即揪着头皮整个剥下来，这样就不会留下刀痕。

用头盖做杯碗的风俗曾经广泛地流行于欧亚大陆的北方草原地区，以斯基太人为最甚。我国中原地区也很盛行。例如郑州商城东北宫殿区的一条濠沟中就堆集着近百个人的头盖骨，其中有八十多个层层叠压成两大堆。这些头盖多是从眉弓和耳际的上端截锯开的，不少标本上保留着明显的锯切痕迹，因而断口比涧沟那种用斧子砍的整齐一些。涧沟的头盖杯与西伯利亚托木斯克出土的头盖杯几乎完全相同，后者也是齐眉弓经耳际到枕砍下来的，断口不大整齐，由此认为它是古代北方游牧民族所使用的头盖杯，可见涧沟的头盖骨也是作为饮器的头盖杯，战士或首领用它喝酒或喝敌人的血以显示自己的勇武和战功。至于商代头盖杯的发展，除承袭龙山时代的风俗外，还应掺进了阶级压迫和民族斗争的内容。

商代晚期曾有不少人头骨片上刻着文字。由此看来，到商代晚期用人头或头盖作祭祀可能还较普遍，而所用人头往往为敌方部族者。《战国策·赵策一》记载："及三晋分智氏，赵襄子最怨智伯而将其头以为饮器"。所谓将其头者自然是将其头盖骨，否则无法作为饮器。如果战国时代根本没有用头盖杯做饮器的遗风，赵襄子是很难想出这个办法来的，可见用人头盖做饮器的风俗，在素称文明礼仪之邦的华夏民族中是有传统的。

剥头皮的风俗也曾广泛地流行于古代北方游牧民族和美洲印第安人。但有这种风俗的民族并不一定做头盖杯。两者兼而有之的仅见于斯基太人，涧沟也是两种风俗并行。其发生的原因也与部落或部族间战争的加剧有关。当时，龙山时代生产力的发展已有可能创造剩余产品，从而提供了人剥削人的可能。这时的确已出现明显的贫富分化，甚至已出现了初步的阶级分化。氏族贵族为了掠夺到更多的财富不断地发动战争。这便是为什么在龙山时代武器特别改善并出现城堡的原因，也是为什么在这个时代到处出现乱葬坑的原因。在这个社会背景下，必然会出现一些为社会所敬重的战争英雄，他们以猎取敌人的头盖和头皮为荣耀是不足为奇的。

"十二生肖"的由来之谜

十二生肖又称为十二属相，是用十二种动物为名称的纪时方法。那么，十二生肖的纪年法究竟是从何时开始，又是如何创立的呢?

相传在很久很久以前，天上的玉皇大帝为了让人们适时耕作、起息，便想教人们学会纪时。玉皇大帝准备选十二种动物作为十二生肖，每过一年便递换一种动物，十二年后再重新轮回。消息传出后，天下所有的动物都想成为十二生肖中的一位，都希望让人类记住自己，于是动物们纷纷赶往天庭，接受玉皇大帝的挑选。玉皇大帝见动物们如此踊跃，很是高兴，为了尽量做到公正，玉皇大帝命动物们进行比赛，胜者即可入选。当老鼠跟巨大的大象搏斗时，因其机敏灵活，钻进了大象的鼻子而打败大象，赢得了所有动物的掌声，并被排在了选中的十二种动物的第一位。十二生肖就这样产生了。

上面所言，只是一个生动的神话而已，真实的情况并非如此，早在六千年前，我国古代人民就通过对天象的观察而发现太阳月亮一年要会合十二次，每次会合的位置不同，所以古人将太阳运行一圈的轨道分为十二等分，即十二宫，以"子丑寅卯"等代表一年的十二个月，周而复始，并以"甲乙丙丁"等与"子丑寅卯"等相配使用，用以纪年、纪日。这便是“天干地支”的由来。“天干地支”纪时的方法非常方便实用，为什么还要用十二生肖与之配合呢？

一些史学家认为，以十二生肖纪时的原因是因为古代人民非常崇敬动物，对大自然中的动物有一种图腾情结。比如我国少数民族像蒙、维、藏族等，均有自己民族的十二兽法用以纪年。在漫长的历史过程中，这种图腾情结就与天干地支联系了起来，并用于纪时了。

今天，我们虽然仍在使用这种纪时方法，但还是无法确切地破译十二生肖之谜。

稻谷起源之谜

有一种传统的观念，认为稻米有两种基本亚种，一种是籼稻，被称为印度稻；另一种是粳稻，被称为日本稻。另有一种非洲稻，那是籼、粳齐全的。一提到水稻，人们就会想到这三地是其发源地。

是这样吗？历史是无情的，也是最雄辩的，多多少少的地下发掘资料证明了，水稻发源于中国，至少中国是水稻的发源地之一。

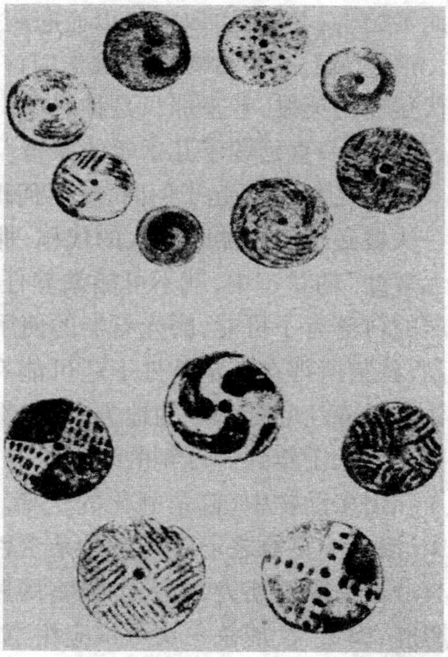
彩陶纺轮

较早时，人们认为华南地区是我国稻谷的发祥地。在广东省曲江区著名的石峡遗址中，发现了为数相当可观的稻作农业遗存。石峡下文化层中有些火烧过的草拌泥（墙壁涂料）中，或灶坑边烧过的硬土块中，都有许多稻壳和稻草碎屑。有的灰坑中还发现有零星的炭化稻米。有九座墓葬中随葬品中有稻谷或稻米，发现时已与泥土凝结在一起成为团块。根据鉴定，这些稻谷和稻米均属于栽培稻，包括籼稻和粳稻两种亚种，而两种中又以籼稻为主。鉴于许多籽粒不够充实饱满，且大小不一，反映当时品种不纯，种植技术也还比较原始。

据此，相当一段时期，人们普遍认为岭南的两广地区是水稻发源地，长江流域的水稻品种和水稻种植技术是从岭南传播过去的。

华南大部分地区处于北回归线以南，气候炎热，几乎全年无冬，雨量充足，天然食物资料十分丰富。当时野生的稻类植物可能到处都有，人们完全可能通过采集走向种植，事实上也已经走向种植。但令人疑惑不解的是，在那里，其他可口的食物，包括水果，漫山遍野都是，华南人为什么偏偏会偏爱于水稻？要知道，培植水稻比起采撷果品和种植果树来，要困难得多。就是说，作为远古时代的华南人来说，没有迫切必要发展稻作农业。偶尔或少量种植一些，是可能的。石峡遗址的先民就可能是在这样的情况下试着种植的。

这当然只是一种揣测，但这种揣测被后来大量的长江流域的地下发掘证实了。

浙江余姚的河姆渡文化遗址发掘使人惊讶，在其第四层4000余平方米的范围内，普遍存在着稻谷、稻壳、稻草的堆积，最厚处有1米以上，经过换算，稻谷总量高达120吨以上。稻谷经鉴定，属于栽培稻籼亚型种中晚稻型水稻。这证明，在公元前五六千年，在这块土地上的先民已经学会了大量种植水稻。

人类驯养家畜之谜

神话中的伏羲是充分神化了的。他的形象就很特殊，有的说他“龙身而人头，鼓其腹”，是雷神的化身。有的说他是雷神之子，“蛇身人首，有圣德”。据说，他是人间很多物事的肇始者，尤其是“取牺牲以充庖厨”，说明他是人工饲养动物的始祖。

这位人工饲养动物的始祖是何许人？一直是个谜。有些画家把他画成骑在虎背上降伏猛虎的英雄，看来那只是种想象。实际上，伏羲“伏”的并不是猛虎之类的巨兽，而是猪、鸡之类一直延续了几千年的家畜。

人类之“伏羲”起于何时，成于何地？远古时代的考古发现作了绝妙的回答。

伏羲必是新石器时代人的代称，那是毫无异议的。在旧石器时代，人们处于“迁徙往来无常处”的状态中，就不可能豢养任何家畜，进入新石器时代以后，生产的发展使建立定居的村落有了可能，磨光石器的使用，陶器的发明，使远古人类的狩猎能力有了不小的提高，狩猎所得在一定条件下还可能有所盈余，于是把这些暂时不吃的捕得的动物豢养在住宅里或住宅旁特定的地方，久而久之，便有了驯育家畜的习惯。人类驯育家畜大概已有了六七千年到一万年的时间。

在诸多动物中，首先驯化的是猪。家猪的前身是野猪。野猪烈性甚强，生长于森林之中，出入于草原之上。野猪是杂食性哺乳动物，体肥而腿短，大嘴前长有两根大獠牙，极具冲击力和杀伤力，对人也很有威胁力。但是，猪在各类动物中有它的优势：其一，体态肥胖，肉量大，捕杀一头可供应相当多的肉量，这在原始社会时期是极重要的；其二，猪是杂食性哺乳动物，营养价值高，这一点原始人在吃猪肉过程中一定是体会到了的；其三，猪繁殖快，一次可繁殖十数头，这对人类来说是很重要的。正是这些利益上的原因，人类冒着野猪野性发作上的危险培育起家性猪来了。《简明大不列颠百科全书》认为：“野猪和家猪无大分别，只是家猪的獠牙不若野猪发达。”獠牙退化的过程，就是猪驯化成功的过程。

早在公元前6000年的山东滕县北辛遗址中，发现有很多椭圆形或不规则形状的坑，在这些坑中不止一次地发现了成堆的猪头骨。在一个深约1.2米、底部凸凹不平的坑中，接近坑底处集中堆放着六个猪下颌骨，其上还用石板覆盖了起来，可见是十分珍视的。在磁山遗址，在裴李岗遗址，都发现了家养猪的踪迹。

北方的伏羲们注重于养猪，南方呢？南方的伏羲同样十分重视养猪。在河姆渡遗址，普遍发现了猪的骨骼化石。在遗址中，我们还发现了形态毕肖的陶塑小猪呢，这进一步证明了猪与人们生活的紧密关系。

除猪之外，狗是较早被驯化的动物了。《简明大不列颠百科全书》认为："狗是最早的家养动物，至少在一万年以前就成了人类的伙伴。"

从生物学上讲，狗的近期祖先是狼。但是，早在人驯化狗之前，家狗的前身野狗早已从狼中分化出来，野狗是狼中最温顺的一支。人为什么最早选择狗来驯化呢？其一，狗比其他动物易于驯化。如果猎得小狗，在6~8周之内它的行为和生理尚未充分发育，这时极适宜于驯养和建立感情，这在其他动物简直是难以想象的。其二，狗有丰富的感情——亲热、友好、高兴、兴奋、悲伤、痛苦、愤怒、恐惧，都能较好地表达出来，因此狗最能讨人欢喜。其三，狗能干，它的能干程度也是其他动物难以企及的。狗可以打猎、可以看守、可以警戒、可以牧羊、可以玩赏、可以表演、可以导向，还可以拉橇耕田，人与狗结成伙伴，这一点看来是做对了。

在磁山遗址中，有许多狗骨化石。当时，狗除了可以用来助猎外，也供人们食用。那些相当破碎的狗骨，看来正是人们食用狗肉以后又将狗骨敲碎，吸食其中的骨髓的明证。

除猪、狗外，人们早期驯养的还有鸡。

在原始社会时期，在浓密的森林里，在开阔的草地上，以至于在灌木丛中，栖息着野生的鸡形目动物。它们在夜间利用自己短而圆的翅膀飞上树头去休息，白天则在地面上取食、交配。鸡的驯养一方面来自对鲜美的鸡肉的向往，同时又因为大而营养丰富的鸡蛋也是一种可口的食品。人们养家鸡，最后倾向于把鸡类作为卵用鸡，人们对蛋的兴趣会比鸡还大。

在磁山遗址发现了明显已经脱离原鸡状态的鸡的标本，其双翅和双脚的进一步退化也十分明显。这是我国最早饲养家鸡的明证。如果没有什么新的发现，这也证明人类驯养家鸡已有了8000多年的历史了。

看来伏羲氏真正是一个群体。南方的伏羲氏和北方的伏羲氏们一种动物一种动物地驯化着，经过千百年的驯化，人类驯养的动物越来越多，人类庖厨中的美味也越来越丰富了。

"七日纪日法"之谜

七日纪日法起于何时？何地？这历来是个众说纷纭的议题。有的说，它起源于古罗马，后来才渐次传入中国的。有的说，七日纪日法与《圣经》有关，那上面不是明明写着七日为一礼"拜吗"？有的说，中国正式定七日为一"星期"一直要到清末民初，之前一直是十进位的。是这样吗？看来，对"星期"一词的发明权的所属问题，是大可讨论一番的。

"星期"一词的字面解释应该说是很清楚的。它指的是"星"的运行"周期"。我们的先民要干的事很多，但总括起来也就不外乎两件事：一是在地上无休无止的劳作，与大地打交道，还与人打交道；二是与老天爷打交道，而老天爷又具体化为每个人头顶上的那片苍穹。太史公司马迁说过，"自初生民以来"，人们就是"仰则观象于天，俯则法类于地"，一面是观察，一面又是思考，力求"绍而明之"——也就是把其中的道理搞明白。

也许，对初民来说，初始的"仰则观象于天"是随意的，无所用心的。一到晚上，初民们少有娱乐活动，于是一大"功课"就是仰观于天。看月亮，看星星，看个没完没了。起先是不会有什么心得的，后来观察久了，就心领神会了。在他们的想象之中，天上与地上是一体的。地上有官，有民，那天上也该有官，有民的吧！于是，从中国的远古时代起，就有了"天官"之说，司马迁根据远古的传说和一部分史料，写下了《天官书》一卷，"官者，星官也。星座有尊卑，若人之官曹列位，故曰天官"（《史记索隐》）。

半坡遗址记号陶文

我们的古人分出了官与民以后，又想：地上的官有大有小，天上的官也应该是有大有小的吧。当时"仰观"的能力不强，只能挑大的。挑来挑去，最后挑中了"动者七"，也就是用七个大星作为示吉凶、计时日的工具。张衡说得明白："文曜丽乎天，其动者有七，日月五星是也。日者，阳精之宗；月者，阴精之宗；五星，五行之精。众星列布，体生于地，精成于天，列君错峙，各有所属。在野象物，在朝像官，在人像事。"将七星来"象事"，这本身就说明"七"在中国人生活中的重要性。

有人以为，七日纪日法起于罗马。张文彬在《寻根探源》一书中说："一星期七天的记日法来自罗马，它是根据月相变化而定的。从朔日到上弦、望、下弦，正好是七天。……公元四世纪，七天纪日法传入我国。"这话显然是不正确的。从观念上讲，西方有七日纪日法，不等于说全世界的七日纪日法都得归源于西方。其实，罗马的七日纪日的依据是"月相"，而我国的七日纪日的依据是"动者有七"，就是按七星之运动规律定下的，按理说，我们的七日纪日更精确、更科学些。说到公元四世纪传入中国更是说不过去的。张衡是汉人，他早就说过以"动者有七"以"象事"，说明以七日纪日是古已有之的，而况张衡所说不仅是当时的情况，而是指他那个时代的"古代"。可见，"星期"不是"舶来品"几乎是肯定的。

至于西方的"礼拜"，更是与中国的"星期"风马牛不相及的。《旧约》的"创世记"中说，神第一天将白天与黑夜分开，第二天创造了水、空气，第三天创造了大地、万物和大海，第四天创造了太阳、月亮、群星，第五天创造了飞鸟、走兽以及水中的生物，第六天创造了人，“神说，我们要按照我们的形象造人”，造男造女。到第七天，“天地万物都造齐了”，“歇了一切创造的工，就安息了”。这七天纪日是建筑在神学的基础上的，与中国的“星期”只是形似而已。

有人以为，中国的七天纪日在相当长时间内只是停在观念形态上，与实际生活没多少联系。不是的。可以说，七天纪日是融入了我们民族的生活之中的。阴阳说是我国传统文化的基础，它又与以七计数紧紧地糅合在一起的。《易·复》：“反复其道，七日来复，天行也。”这不正是七天纪日的明证吗？中国民俗中的“做七”，就其传统来说，也是很古老的。《魏书》中就有人死后每隔七天祭奠一次的记载，而这一做法是传之于远古的。

当然，“星期”的制度化规范化那是近世的事。光绪二十一年（1895 年），清廷宣布废除延续一千多年的科举制，成立“学部”，袁嘉谷筹建编译图书局，任首任局长，局下设编书课、译书课，统一编写全国各种教材，并统一教科书中的名词术语。把七日一周定为中国传统的“星期”，以“星期日、星期一、星期二……星期六”依次，周而复始。

“星期”的提法既是中国传统文化的反映，又与国际的“七日一周”制相接轨，因此，受到人们普遍的赞同。

黄铜冶炼之谜

在姜寨半坡型遗址的一间房子里，非同寻常地发现了一块残黄铜片。这可以说是“中华第一铜”，可以看成是人们认识金属的肇始，而它的时间是在距今五六千年前。

当然，这只是一种肇始，它并没有真正进入原始人的生活领域。只有当人们用铜制作某种器具，尤其是制作某种生产用具时，人类才真正跨入了所谓的“铜石并用时代”。

铜和许多其他金属一样，一开始就以美丽的光泽吸引了我们的祖先。而铜的特有延展性、耐用性和不易破碎的特性，又在我们的祖先面前展现出一个崭新的世界。因此，人们总是把铜的发明权奉献给了历史上的伟人、圣人。中国的古文献中有“黄帝采首山之铜，铸鼎于荆山之下。”（《史记·封禅书》）和“蚩尤作冶”（《尸子》）、“蚩尤以金作兵器”（《世本》）的传说，正是这样一种民族心理的反映。

其实，最初始的铜的发现也许只是一种偶然，发现和发明冶铜的也不是什么伟人、圣人，也许只是普普通通的百姓。姜寨铜片就是一个明证。姜寨的残黄铜片是在一家普通的房子的遗址中发现的。也许，房子的主人只是原始公社的一个普通社员，他在采集植物或狩猎过程中，发现了含铜量相当高的一块铜锌矿石，于是带回家去，利用炉火加以重熔，就成了中华大地上第一块人工加工过的黄铜片。北京钢铁学院冶金史组的专家经过反复实验，取得了共识，他们认为：“早期黄铜的出现是可能的，只要有铜锌矿存在的地方，原始冶炼（可能通过重熔）可以得到黄铜器物。”（北京钢铁学院冶金史组：《中国早期铜器的初步研究》）

如果说姜寨发现的那块残黄铜片具有某种偶然性质的话，那么，一二千年以后龙山文化遗址中展示的铜器和铜炼渣，则具有某种必然性了。

在龙山文化时期，生产力有了相当的发展，犁耕的出现提高了劳动生产率，也提高了翻地质量，还为畜力的利用提供了某种可能性。石制工具和用具的水平已经达到了极致。石制过程中的切割法和管钻法技术广泛应用，磨制成为制作石器的必然步骤。但是，石制物品的天然缺陷——笨重，不够锐利，无法通过广延改变自己的形态——限制了生产的进一步发展。可以说，石制制造技术和应用范围已经到了它的顶峰，易言之，也到了它的末路，人类在跨入文明社会之前，需要有另一种性能比石器更好的物品属类来辅助石器。这样，铜石并用时代的到来具有某种必然性了。

到了龙山文化时期，铜器被相互之间没多少联系的原始人普遍地发现和发明了。可以说，那时黄铜已是满天星斗了：

在山东胶县三里河发现了两段残铜锥。两段残铜锥发现于两地，而且先后两次发掘时发现的，但其形状和粗细程度相像，粗口大致能对接，成分也相似，可见其为同一物件的断残物。

山东诸城呈子的残铜片。

山东栖霞杨家圈的一段残铜锥。杨家圈的矿石主要是孔雀石，即碱式碳酸铜。在杨家圈还发现了一些炼渣和矿石碎末。

山东日照尧王城发现有铜炼渣。

山东长岛店子发现有残铜片。

河南登封王城岗发现的一件残铜器片。

河南临汝煤山发现的炼铜坩埚残片。这些坩埚残片分别发现于两个灰坑中，内壁保留有一层固化铜液，有的有好几层，最多的有六层。可以想见，这些坩埚是多次使用的。

山西襄汾陶寺的铜铃。这是墓葬随葬物。铃高 2.65 厘米，横剖面呈菱形，长 6.3 厘米，宽 2.7 厘米。系合范铸成，顶部钻有一孔。在铃外还包有布，可见对此铃是十分珍视的。

河北唐山大城山发现有两块穿孔铜片，穿孔方法系两面对钻，与石器钻孔方法一致。

内蒙古鄂尔多斯市朱开沟遗址发现有铜锥、铜手镯。

湖北天门石家河遗址，发现有不少铜块。

在黄河上游的齐家文化，多处发现远古铜器，种类有刀、锥、匕、指环、斧、镜等。

铜，作为一种全新的、经过人工加工的物品，进入了人类的生活领域。

上述来自远古的遗物告诉我们，早在原始社会末期，我国的原始先民已经掌握了最原始的冶炼技术，坩埚的发现证明当时人已经为冶炼发明了特殊的冶炼工具。从现在看到的原始黄铜是铜、锌合金，专家们一致认为，它不可能是原始人有意掺锌制成的合金黄铜，而应是利用铜、锌氧化共生矿矿石在木炭燃烧下冶炼出的产品。

这些来自远古的铜器遗物还告诉我们，这时铜已经渐渐进入人们的生活领域，尤其是生产领域，但范围很有限，而且只是一些小件手工器具，挑起大梁的还是石器。在原始铜器中发现了不少铜锥。《管子·海天》将锥与斤（斧）、锯、凿并列为古代人的四大工具，锥的进入生产领域应该看成是一件大事。此外，铜器还有以斧、刀、匕等形态出现的，这也应该受到充分重视。

值得注意的是，黄铜也被远古的人类用来作为日常用品的，如镯、指环、镜等，也有制成乐器的。这证明，铜正越来越受到人们的青睐和重视。不过，由于当时的冶炼技术还十分低劣，黄铜的坚韧度、硬度都还比不上石质器具和骨质器具。这种种弱势，决定了它在相当长一段时间内还唱不了主角。

在翦伯赞先生主编的《中国史纲要》中，在范文澜著和郭沫若著的《中国通史》中，以及在周一良、邓广铭、唐长孺、李学勤编著的《中国历史通览》中，都没有提到铜石并用时期，只有在白寿彝主编的《中国通史》中，专列"铜石并用时代"，并标出时间概念为公元前3500年至公元前2000年，这是从石器时代走向青铜时代的一个过程时代。至于这种划分是否妥当，有待于更深入的研究。

中华织造之谜

嫘祖教民养蚕织丝的故事，是充分神话化了的。据传，有一次黄帝打了大胜仗，为了庆祝胜利，特地举行了盛大宴会。宴会上，黄帝妻子嫘祖捧出两绞蚕丝献给黄帝。那两绞蚕丝一绞黄得像金子，一绞白得像银子，黄帝十分喜爱，便让人织成绢，再制成衣服。从此，"嫘祖始蚕"。嫘祖又要养蚕丝织，又要陪黄帝出巡，十分的辛苦，"帝周游行时，元妃嫘祖死于道，帝祭之以为祖神"。这当然只是一则神话传说故事，在历史上，嫘祖怕未必实有其人，它只是先民发明织造艰难历程的一个人格化缩影而已。

其实，人类的织造并不从养蚕丝织始，最早的织造当是麻织。考古发现告诉我们，早在仰韶时代就已经有了麻布。根据一些陶器上的印痕知道，当时都用平纹织法，其密度一般为每平方厘米6×9至12×15根。麻线粗细均匀，线径只有0.5~0.8毫米。麻织品的织法和线径的粗细，可以与现代农家平纹布比美，可见在这之前，麻织业已有了一段相当长的发展时期。麻织业少说在我国也已经有了七八千年的历史。

丝织业比麻织业在难度上要高一些，它的发展也要晚一些。

蚕丝作为纺织丝绸的原料，属于动物性纤维，它不但纤长、强韧、能耐酸蚀，且光滑而柔软，具有一定的弹性。最早的蚕是野生的，原始先民在采集过程中发现了蚕，为的是吃蚕蛹，在剥蚕茧过程中发现了蚕丝，并一点点地学得了利用蚕丝来纺织。至于将野蚕养成为家蚕，即一些书籍中说的"嫘祖始劝蚕"，那当是后来的事。

黄帝是我国北方地区尤其是黄河流域传说中的始祖，那"始劝蚕"的嫘祖也该是北方人了。但是，大量的地下发掘表明，"始劝蚕"的现象是发生在南方的长江流域一带的。因此，如果一定要将"始劝蚕"的现象人格化为一个人的话，那么，嫘祖当是南方人了。

至晚到龙山时代的良渚文化中，已经有了丝织物了。再往前推，从河姆渡出土的一件象牙小杯上雕有的确凿蚕纹看，早在六七千年前长江下游一带的先民已经认识了蚕，并可能懂得利用蚕丝。

在浙江吴兴钱山漾文化遗址中，曾发现有丝带、丝线、绢片。丝带分 10 股，每股单纱 3 根，织成两排平行的人字形纹，宽约 0.5 厘米。绢片系平纹织法，经纬粗细相仿，织物密度为每平方厘米 47×47 根。这就是现在看来，也是相当精致的丝织物了。

考古发现表明，良渚人已经懂得了养蚕、缫丝、合股、纺织等技术。

把野生的蚕培育成家养的蚕，其中要经历上千年的历程。而饲养家蚕的重要一环就是桑叶喂蚕。科学家在良渚文化区所做的植物孢粉分析中表明，良渚文化时期已有大片的桑林存在（这可能也是人工栽培的），而钱山漾绢片的原料经鉴定正是桑蚕丝，两者结合起来看，可以推知良渚时期人已经学会饲养家蚕并利用家蚕丝织绢。

应该承认，缫丝对古人来说也是个很不简单的过程，蚕丝的主要成分是丝素和丝胶。丝素透明而不溶于水，是蚕丝的本体；丝胶包裹在丝素之外，有黏性而又易溶于有一定温度的热水中，缫就是为了脱除丝胶。从考古发掘看，当时的先民已经懂得用热水缫丝了，不然即使有了蚕茧也是织不出绢来的。

谁是历史上真正的嫘祖？答案可能是：他们是离现今五六千年的良渚人，确切地说，应当是良渚妇女。

奇异的远古岩画之谜

在我国广袤而神秘的土地上，到处都有古老先民留下的岩画。古人在其生活过的地方，用简单而粗糙的线条描绘着飞禽走兽，描绘着狩猎、舞蹈，描绘着宗教仪式……，反映了他们的生产和生活，充满了他们对未来的向往。

按形形色色的岩画内容，可分为动物岩画、生产岩画、娱乐岩画、人物岩画、战争岩画和宗教岩画等。在北方的岩画区，绝大多数是动物岩画。如在阴山、贺兰山、黑山、阿勒泰、昆仑山等山区的崖壁上，反映动物形象的岩画，不仅数量多，种类也很可观。如阴山岩画，可以确定的动物种属就有 40 种之多。在南方的岩画区，人物画约占半数以上，这些人物都生动形象，有狩猎、放牧、舞蹈、作战、杂技、踢毽、钓鱼等等。人物的形体和服饰都有其民族和地域特征。如西南地区的人物，四肢很细，身躯呈倒三角形，仅作示意表现。云南沧源的岩画人物，身着羽毛装饰的舞装。四川珙县麻塘坝人物岩画则穿裤穿裙。战争岩画则出现在内蒙古、宁夏、云南、新疆等地，画面都以互相厮杀、执弓对射等为主，如青海省天然县卢山，有一幅交战图，两人面对面，弓箭交接在一起，两人的生殖器挺举，以示具有充沛的生命力和男子汉所独具的阳刚之气。

娱乐岩画，主要是舞蹈。有狩猎舞蹈、战争舞蹈、操练舞蹈、集体舞蹈、仿生舞蹈、爱情舞蹈和宗教舞蹈等。这些舞蹈岩画几乎遍布所有的岩画地区。看到这些舞姿优美的画面，就像见到一个个或一群群精灵天使，把人们带到了遥远的历史时代。

生产岩画则主要反映当时人们的狩猎和放牧为主的生活。富有生活情趣的狩猎岩画,用简单的图画描绘了终日驰骋于深山幽谷的猎人们行猎的场景。牧畜岩画则展现了古代饲养家畜、牧羊放马、役使牲畜的场面。这类岩画以北方地区居多。

这里撒哈拉沙漠的岩石水彩画,表现的是正在放牛的早期牧人。

最为奇特的是宗教岩画。它的题材以各种崇拜为主。有动物崇拜、神像崇拜、天体崇拜、祖先崇拜、印迹崇拜等等。尤其以动物崇拜最为普遍。崇拜的动物有野兽也有家畜。还有一种生殖崇拜,完全是赤裸裸的男女交媾的图像,反映了远古居民希求人丁兴旺的愿望。

以四川南部的都掌蛮人的岩画为例,可以看出在那怪异的图画上面,还蒙着一层神秘的面纱。

都掌蛮人的岩画中,有大量的马、骑马的人物和野兽的形象,还有怪人、怪兽,以及铜鼓和太阳的图案,内容十分丰富,形象栩栩如生。

岩画中的马,有的在奔驰,有的在嘶鸣,有的在缓步行进。骑马的人则挥舞手中的战刀,跃马奔驰,潇洒自如。还有的人高傲地骑在马背上,有人在前面牵马开路。这些都显示了都掌蛮人崇尚骑马和善战。把他们的形象画在崖壁上,可能是再现他们生前的荣光,供后人瞻仰,也可能希望他们在另一个世界里也能这样勇武雄壮令人敬仰。

岩画中还有虎、豹、犀牛、鹰、鹤等飞禽走兽,还有各种各样的狗。这些狗,肯定是他们狩猎时的有力工具和帮手。除此之外,还有形态各异的鱼,有的鱼单独出现,有的鱼已经上钩而鱼线还在口中,有的鱼则已被捕鱼者钓起……

铜鼓的形象出现得也相当多。据说,铜鼓是被都掌蛮人视为具有神奇力量的宝物。一面好的铜鼓可以换回 1000 头牛。谁拥有二、三面铜鼓,谁就可以称王了。铜鼓的号召力特别强,只要在山上敲起铜鼓,四面八方的都掌蛮人就全都自动聚集到铜鼓周围。正因为如此,如果在战场上铜鼓被对方缴获,都掌蛮人就会失声痛哭。认为自己的命运终结了。据说,明王朝在剿灭了都掌蛮人的武装之后,缴获的铜鼓就有 93 面。当时,他们的首领阿大悲痛欲绝,说:"鼓失,则荁运终矣!"

都掌蛮人崇拜太阳。他们用红色画的圆形图案，象征太阳给他们带来了温暖和生机。

他们崇拜的生命之神则非常特殊，这个神奇的人物只有一张网状的脸，没有口、眼、耳、鼻，有四只胳膊两只手。特别是男性的生殖器很长、很大。可能是希望死去的人们早日再生吧。

还有一些怪人怪兽至今无人能够破解。如在麻塘坝有个长有四个胳膊没有身体的人；在猪圈门有一个长有双角的人；在狮子岩有一个鱼身上长着四腿的怪兽……

再以新疆的呼图壁县康家石门子的岩画为例，可以看出古老先民生殖崇拜的神秘色彩。

这里山势突兀，石壁豁开，山色赭红，岗峦重叠，宛如一座荒凉的古堡。在一片红色的砂砾岩上，大大小小的男女形象占据了长 14 米、高 9 米、面积 120 平方米的平整的岩面。

岩面上的人物大的有真人大小，小的仅 12 厘米，分布密集，错落有致。有群女裸舞、群男裸舞、生育祈祷等图画。图中的裸体男子面部大嘴高鼻、威武有力，尤其特意刻画了男性生殖器的勃起和硕大。裸体女子则眼大鼻高嘴小，肩宽腰细，臀部肥硕。这一切都表明了男性为主体的社会里，人们祈求人口繁盛的愿望。其中一些身体被涂成红色的人像，可能是巫师一类的人物，在他的引导下，人们载歌载舞，沉浸在神秘而圣洁的仪式之中。

这些千姿百态的、历经千年风雨侵蚀的岩画给后人留下了许多难解之谜：他们为什么把画刻在岩壁上？许多画的具体内容是什么？画面中神奇的人物和动物是神话还是真实的再现？画画的人早已消逝，画谜的答案又在哪里呢？

古人取水之谜

水是人类繁衍生息不可缺少的物质财富之一，而古人是怎样取水的呢？

根据考古发掘，中原地区已知最早的井，是在河南汤阴白营龙山文化早期地层中发现的。此井用 46 层木框垒叠成井筒，木框四角交叉扣接，平面呈井字形。从此，井水成为重要的饮用和农业灌溉用水。水位高的浅井可以从井中舀水，但从水面较深的井中大量提水则须用机具。中国在春秋时期就已经发明了桔槔。所谓桔槔，就是在井旁树上挂一杠杆，一端系水桶，一端坠大石头，一起一落，汲水可以省力。只是桔槔的汲绠比较短，遇到特别深的井，汲水就相当不便了。因此在战国时期，古人又发明了另一种提水机具——辘轳。辘轳实际上是一种滑轮，它的长轴架在井上，轴上套一圆筒，筒上绕长绳，绳端挂水桶。圆筒上装有曲柄，绳在圆筒上缠绕或解开，使绳端装满水的水桶吊上或者空桶垂下，这比直接用双手从井中提水省力，这种用辘轳提水的方式，一直沿用了几千年，至今仍然在很多地区发挥着重要的作用。

不要以为古代中国人一直倚靠着辘轳这种简单的提水工具而生活，东汉末年他们又发明了翻车、渴乌这样新的提水工具。据《后汉书·张让传》所载，汉灵帝时，张让为中常侍，曾让掖庭令毕岚作翻车、渴乌，安置在桥西侧，来提取桥下的河水，喷洒南北路面，避免路面起尘土。翻车又称龙骨水车，多月于南方水池陂塘稻田灌溉；渴乌又称曲筒，是利用虹吸原理将低处水引到高处。三国时，曹魏的马均对翻车进行了改造，并把它广泛应用到农业生产上。马均的翻车儿童即可转动，说明其省工省力。据研究，马均所改造的这种翻车主体是一个木制的长水槽，槽中架一块和槽的宽度相等的行道理板。槽的上下分别装有大、小轮轴，一条由若干个板叶连接而成的长链称龙骨板叶，它环绕在行道板的上下两面。上轮轴装有曲柄，当人们将长水槽即翻车的一头架子低处的水中，用手摇动曲柄以转动轮轴时，便带动龙骨板叶向上刮水，这种翻车虽然还只能用于上下水位落差不大的地方，但却小巧轻便，便于推广。

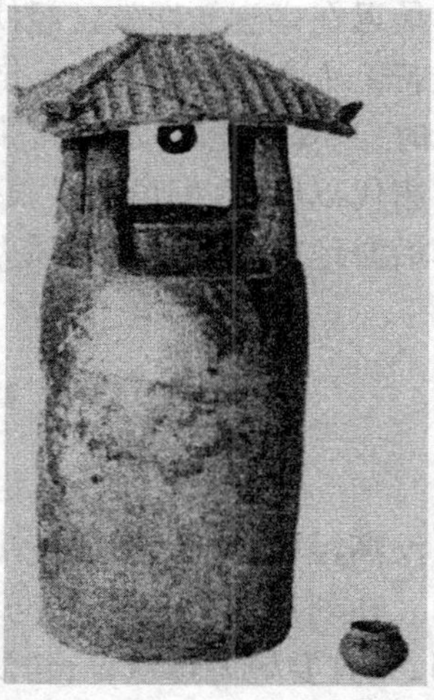

青瓷农用水井　古代

到了唐代，水车的使用已经相当普遍。当时人们对前代的水车进行了改造，并根据地区或地形的差异，发明了高转水车、筒车和立井水车，使中国古代提水工具发展到一个新的阶段。

高转水车主要见于唐代大诗人刘禹锡所写的《机汲记》。根据他的描述可知，这种水车主要是安装在上下落差较大的水边。其构造是，在岸上与水中各设一木轮，两轮之间以索连接，索上缚有汲具，当人力或畜力转动岸上的木轮时，索便行走，并带动水中的轮转动，汲具则转入水中，汲满后又沿轮上引，到岸边自动倒出。它实际上是和翻车相类似的提水工具，只不过解决了翻车只能施用于落差较小水边的弊端。关于筒车的记载，主要见于大诗人杜甫《春水池》诗中的“连筒灌小园”一句。后来，《杜诗镜铨》的作者为该句写注时又引用了李实的这样一段文字：“川中水车如纺车，以细竹为之，车首之末缚以竹筒，旋转时，低则舀水，高则泻水。”此外唐人陈廷章的《水轮赋》也主要是描述这种筒车的。从这些记载中可以看出，这种筒车形状如同大纺轮，直立于河边水中，轮周系有小筒。当小轮转动时，没入水中的小筒便自动盛水，然后又随轮转至上方，将水泻入槽中。其动力可以是水力，也可以是畜力。水力一般都是用流动的江河水直接冲击立轮而使之转动。以畜力为动力的，则需要在立轮横轴的一端装一立齿轮，立齿轮旁再竖一大立轴，轴上装卧齿轮，并使立卧二齿轮相衔接。当牲口拉动转轴时，经卧、立二齿轮传动，大立轮便也随之转动。

立井水车最早见于《太平广记》卷250邓玄挺中所引的《启颜录》一书。书中讲到唐代的邓玄挺到寺庙进香，与众僧人到后园，观看植蔬，看见水车用木筒相连，从井中提水。据《新唐书·邓玄挺传》的记载，邓玄挺是唐高宗和武则天年间的人，也就是说，这种立井水车最迟在盛唐初期就已经使用了。该水车主要设置于井旁，是由一条首尾相连的长链上挂若干个水斗所组成。长链装在一个大立轮上，大立齿轮的一端和一个大卧轮相接。提水时，只要卧轮转动，即可带动立轮，并将井中灌满了水的水斗提出。

唐代以后，人们虽然又根据各自的需要，对水车进行了一定程度的改造，如明代后期江苏沿海地区农民发明了风力翻车，但水车的总体结构基本没有脱离过去的窠臼。

中国人的姓氏之谜

汉高祖刘邦与西楚霸王项羽楚汉战争时期，娄敬能言善辩，心思缜密，为刘邦出了不少力。在刘邦夺得江山后，与朝臣们商议建都大事，大臣们多是东方人，都建议刘邦建都洛阳，只有娄敬力排众议，建议刘邦要以江山为重，应建都长安，以扼天下形势之咽喉，刘邦知道娄敬所言正确，便采纳了娄敬的建议，决定建都长安，而且还要赏赐一片忠心的娄敬。当刘邦笑着问娄敬想要什么赐物时，娄敬曰："巨欲刘姓。"刘邦龙颜大悦，特赐娄敬改姓刘，改名刘敬，刘敬亦大喜。

姓氏是人的血统渊源的标志，中国漫长的封建宗法制传统，决定了中国人对自己的血统特别看重，上边的故事中娄敬宁可不要千金赐物，也要一个皇室姓氏。也说明了娄敬把姓氏看得比什么都重要。中国人的姓氏繁多，仅《百家姓》已不足包容所有了。那么，这么多的姓氏，是从何而来呢？

在我国古代的一些书籍中，自黄帝时期便有了姓氏的记载。而研究姓氏学问的著作也很多，宁代郑樵在《通志·氏族略》中，将姓氏的来源归纳了三十二类之众。

姓名由两部分组成，姓在前，名在后。姓有单姓、复姓之分，名则为一字或两字即可。姓一般随父，名则可任意取。人一出生就取名，然后将其姓名注册在户籍上。

然而，在古代的中国，这个简单的姓名就复杂多了，严肃多了，蕴含了深厚的文化内涵。它与社会的等级结构紧密相关，突出地表现着门第观念、宗法观念。姓不能随意姓，名也不能随便取。甚至出现了"有姓有名"，"有氏有名"，"有名无氏"，"无姓有名"，"有姓无名"，"数字为名"的奇怪现象。

孔子

古代，姓是一种族号。它是血统的标志，家族的徽章。有姓的人，都是贵族。

它是怎样产生的呢？

这与古代的图腾崇拜有关。古代的氏族部落都是以血缘关系组成的，这些氏族认为自己起源于某种动物或植物，于是就崇拜它，这就是"图腾"。图腾，就是这个氏族的姓。如：熊、马、牛、龙、梅、林等等。因此说，姓是全族共有的符号标志，也是全家族的族号。如周代初期分封诸侯时，那些诸侯国君，大部分都姓姬。不是姬姓家族的人，根本不许姓姬。

周礼还规定，“同姓不通婚”。

因此说，当时的“姓”用于“别婚姻”。

氏是姓的分支。氏和姓有着严格区别。

氏是怎样产生的呢？

随着同姓贵族后世子孙的不断繁衍，居住地区也日益分散，同姓的氏族便出现了不同的分支，于是每个分支又各有称号作标志，这个分支的称号就是“氏”。如，姬是周代祖先的姓，后来姬姓下面又分为孟氏、季氏、孙氏、游氏等。

这个“氏”用于“别贵贱”。

贵者，有氏有名。

贱者，有名无氏。

因为贵贱之势变幻无定，所以，“氏”是可变的，而且变化很大。如春秋时楚国的伍子胥，原来以“伍”为氏，但他在吴国袚杀之后，他的儿子逃到了齐国，由贵到贱，改为“王孙”氏了。

氏因变化频繁，其来源也就复杂了。

以官名为氏：史、司马、司空、司徒……

以先人别号为氏：唐、夏、殷……

以封地为氏：庄、武、穆、宣……

以居住地名为氏：郭、池……

以从事职业为氏：陶、屠、巫、卜……

这许许多多的“氏”，发展到后来，实际上也就成了今天我们所说的“姓”了。

先秦时期，男子称氏者居多。以商鞅为例，曾称其为“公孙鞅”“卫鞅”“商鞅”。

“公孙鞅”：因其祖有公爵，以“公孙”为氏。

“卫鞅”：他原为卫国人，入秦之后以国名为氏。

“商鞅”：他因助秦孝公变法，袚封于商邑，又以商为氏。

周代女子多称姓，不称氏。以晋公子重耳娶三个妻子为例：

娶齐女，称“姜”氏，娶秦女，称“怀嬴”，娶狄女，称“季隗”。这里的“姜”“嬴”“隗”都是姓。之所以不称氏，是因“同姓不通婚”。男子的姓不辨自明，而娶妇必辨其姓。

孙武

到了汉代，姓氏逐渐合一，任何人都可以有姓，姓也就没有了高低贵贱之分。

古代不论按分封、按宗法、按贵贱，有姓的人，都有名，有氏的人，也有名。而普通平民是“有名无姓”的。例如，称秦的“庖丁”“鲁班”“优孟”等人都是平民百姓，因此，他们只有名。如：

“庖丁”，“庖”是他的职业，厨师；名“丁”，即“叫作‘丁’的厨师”。

“鲁班”，“鲁”是所在国名，名“班”，即“名为‘班’的鲁国人”。

“优孟”，“优”是演员，“孟”是名字，即“名为孟的演员”。

除姓名之外，古人还常常有“字”和“号”。先秦时期，名与字连着称呼时，通常是先称字，后称名。如孔子的父亲，人称叔梁纥，其实他既不姓叔，也不姓梁。他实姓孔，名纥，字叔梁。

此外，名与字在称呼时，还能体现出尊卑、长幼的区别。“称人以字，自称以名”是谦称的规范。即，称长者、尊者只能称字，不能称名；称卑者、幼者或自称可称名。

中国历史上，取名还有一个特例：元朝规定，庶民无职者不许取名！这样一来，许多平民，特别是穷苦百姓只好以数字作为自己存在的符号了。如：明太祖朱元璋出身贫苦，他就原名为“重八”，其父为“五四”；名将汤和的曾祖叫“五一”，祖父叫“方一”，父亲叫“七一”。

在名字上的等级何其森严！

然而，当元朝衰败，各地起义军揭竿而起的时候，那些成千上万没有名字的“无名氏”，则成了元朝统治者的掘墓人！

中国人的姓名，变迁到今天的样子，无疑是历史的进步！

女娲的性别之谜

据说盘古开天辟地后，天地间仅他一人，空荡寂寞。盘古死后，不知多少年，人类始祖女娲氏诞生了。女娲孤独地生活在空旷的天地间，非常寂寞，她决心造出一些人，跟她一起生活。

女娲用黄泥和水，按自己的模样捏成泥人。她对着泥人吹气，泥人竟活啦！女娲兴奋之余，捏出许多泥人。他们得到始祖的气息，全都欢跳在女娲的周围。一个一个地造人太累了，于是女娲抓起一条绳子，对准剩余的黄泥，一顿抽打。泥水四溅，落到地下，全成了活人！他们围着女娲喊祖宗，女娲疲惫不堪，挥手让他们离去。这些人男女组合，生产劳动，繁衍子孙，快乐地生活。

女娲昏睡中，被猛烈的大雨浇醒。她睁眼一看，天空摇摇欲坠，露出可怕的黑洞。狂虐的暴雨倾泻下来，大地一片汪洋。她的子孙们，有的被洪水吞噬，有的被猛禽走兽咬毙。一时间，死亡不计其数。女娲大吼一声，她绝不容忍自己的子孙受此荼毒！

女娲察看天空，发现支撑天空的四根天柱，日久糟朽了，所以天似乎要塌陷。她冲入海中，擒来巨龟，斩下四腿，撑住天空。她拣来石块，烧制五色石，修补天空。女娲又杀死泛滥洪水的黑龙，堵住冒水的地缝。大地恢复了鸟语花香，人类又开始了平安的生活。

现在看来，天又不是石头做的，以石补天，人力不及，似乎有些荒唐。东汉的王充《论衡·谈天篇》评述说：天非玉石，岂石能补？女娲高不及天，如何补天？龟体巨大，天地难容，肤坚似钢，女娲难以擒杀，砍龟足做天柱之事不可能。那么，后人又是怎样理解和解释女娲炼石补天这事儿呢？

明清学者解释为：上古时，人茹毛饮血，不知用火。

女娲炼石取火，使原始人能吃上熟食，夜里能照明，取暖，实际上弥补了天力的不足，谓之补天。但这与燧人氏钻木取火有异曲同工之效，为何不说燧人氏补天呢？有学者认为，五色石指青黄赤白黑五色，应该含有金属矿物质。女娲识别了它们，并用火锻造，制成坚硬的原始器物，开创了原始冶金业先河。这是了不起的功绩，以人力补天力。因此，可以说“女娲补天”。

实际上，女娲这一人物本身就具有非常神秘的色彩。她是男是女，就引起过争论。大多数人认为她是女性。《太平御览》引言：女娲氏，风姓。会制作牺牲祭品，有厨艺。蛇身人首，也叫女希，是女皇。而南宋郑樵《通志·三皇纪》也记载：伏羲死后，女娲继位，成为女皇。《春秋世谱》说，女娲是伏羲的妹妹。唐代人又说女娲是伏羲的妻子。这些意见，总体认为女娲是女性。

而清代学者赵翼考证，女娲竟是男性。他认为女娲本来是风姓，号女希氏，是上古时代贤明的帝王，位列三皇之中。当时没有文字记载，后人因音成字。女娲是姓氏，而不是性别。这种看法虽然新奇，但也有其道理。只是令后人更加困惑。

既有女娲其人，就应有陵墓。后人一考证，结果竟发现了五处。第一处是山西永济市风陵渡。因为史书记载女娲是风姓，故女娲陵称风陵，也称风陂或风陵堆。《山西通志》记此是风后之夫，风后即指女娲。第二处在陕西潼关县。《陕西通志》记述说，上古风陵，就是女娲陵，在潼关卫城北黄河中。第三处在河南阌乡。《河南通志》记述道：女娲陵，位于阌乡县黄河之滨。四处为山西赵城县。《平阳府志》说：娲皇陵，在赵城县侯村里。有东西两座，高大威严。五处为山东济宁。《兖州府志》讲：女娲陵位于济宁州东南三十九里。竟有五个地方，有根有据地指出女娲葬处，也分不清谁是谁非，也让我们更加困惑了。

随着人类社会的不断发展和全人类的共同努力，希望女娲之谜会最终破解。

伏羲女娲兄妹通婚之谜

史传伏羲是“三皇”之一，他曾经画过八卦，用各种符号来代表天、地、水、火、山、雷、风、泽。当时的古人就用这些符号来记载生活里发生的各种事情。传说人工取火、用渔网打鱼都是伏羲发明的。

在中国的古代传说中，女娲也是人类的始祖，是伏羲的妹妹。

民间还流传着伏羲女娲兄妹通婚的故事。故事中说，伏羲和女娲是兄妹，天降洪水，兄妹俩爬进一个大葫芦里，躲过了劫难，然后兄妹结婚，繁衍了人类。在唐末李元的《独异志》中记载最祥："昔宇宙初开之时，只有娲兄妹二人在昆仑山，咒曰：'天若遣我兄妹二人为夫妻，而烟悉合，若不，使烟散。'于烟即合，其妹即来就兄。"

在河南唐河出土的汉画石上，有一幅伏羲女娲图，其前均有两朵烟，象征着夫妻可以结合。

还有的汉墓画像石上的伏羲女娲像，多作交尾状。将伏羲画成鳞身，将女娲画成蛇躯。把他们比喻成人格化的蛇神和女神。有的汉画石上的伏羲和女娲分别手捧着太阳和月亮，意为伏羲是太阳神，是阳精；女娲是月亮神，是阴精；取阳光雨露滋育着万物生长。

如今，在陕西省临潼骊山有一座人祖庙，庙里面仍供奉着女娲。这里每年要举行两次祭祀，一次在农历三月初三，一次在农历六月十五。当地的人们又把这两次庙会称为"单子会"。很多不育的妇女往往趁庙会之时，夹着床单，怀里藏着布娃娃，先到骊山的人祖庙给女娲烧香许愿，然后再偷偷地夜宿附近的树林中。附近各村的青壮年男子，在晚饭后也多上山，遇到这些不育的妇女，便可就地同居。次日清晨，这些妇女回村时，只能低头走路，不可回顾，否则会"冲喜"。

伏羲女娲图

这种奇异的"野合"风俗，恐怕也是从远古伏羲女娲兄妹通婚的传说中遗传下来的。

为什么在中国远古时兄妹可以通婚呢？这就要从人类最原始的婚姻状态说起。人类最初是没有婚姻和家庭观念的。最初人类的两性关系是杂乱的，随着古人采集、狩猎经济的发展，古人们在劳动中开始按照男女、年龄进行分工，他们的思维也发生了进步。父母开始不愿与自己的子女发生两性关系，最后人类终于排斥了杂乱的两性关系，发展成比较固定的血缘群团，又称血缘家庭或血缘公社。它既是一个生产生活单位，又是一个内部通婚的集团。在这里面开始不许祖辈与少辈之间、双亲与子女之间发生两性关系，而却允许兄弟姐妹之间互相通婚。这种血缘群婚在人类发展史上经历了以百万年计的漫长岁月。据人类学家考证，在我国发现的云南元谋人、陕西蓝日人均属于分类学上的直立人阶段，他们大致都处于血缘公社时期。

在我国的少数民族中，如纳西族、傣族、苗族、侗族、壮族、黎族、高山族等，现在还都流传着兄妹通婚的神话。此外，在一些少数民族地区，现在还或多或少地保留着血缘婚的残余。

伏羲和女娲的年代距今有多长时间，现代的历史学家还给不出一个确切的答案。但是有一点可以认定，他们一定是生活在原始社会的血缘公社时期，而这一时期的时间跨度，要有百万年以上。因此，伏羲和女娲兄妹通婚也就不足为奇了。

《山海经》谜外之谜

距今两千多年前，中国有一部集天下山川、民俗风物及神话传说于一身的奇书，叫《山海经》。这部书共18卷，分《山经》和《海经》两部分。《山经》以五方山川为纲，记叙了古史、草木、鸟兽、神话、宗教等资料，包罗万象。《海经》记叙地理方位，外国异人的状貌和风格，怪诞离奇。在中国，千百年来一直有专家学者在考证它。如今，在全世界，日、美、俄、韩都有它的专门研究者。

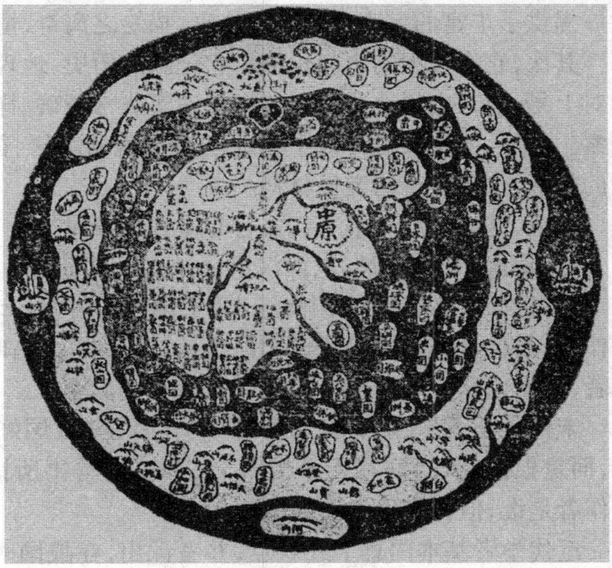

神话传奇式地图《山海经图》

《山海经》为什么这样令人关注？它到底是一部什么性质的书？众说纷纭。

有人说它是“地理书”，因为它以古代中国为中心，记载了东达太平洋，南至南海诸岛，西抵西南亚，北到西伯利亚的550座山、300道水和40多个古代国家，提供了极为丰富的地理资料。

有人说它是“方伎书”，把它归于阴阳五行类。指它根据实物的外形、方位，能判别贵贱吉凶。

有人说它是“小说神话书”，根据是该书的内容都是街谈巷议，道听途说，轶闻琐事。著名作家茅盾先生赞它为“神话总集”。

大多数人认为它是一部巫书，是一本“巫”这种行业的教科书。著名文学家鲁迅先生，在《中国小说史略》中说：“《山海经》记载的内外山川神祇异物及祭祀所宜……所载祠神之物多用糈（精米），与巫术合，盖古之巫书也。”在中国古代（外国亦是）巫的地位很高，极受尊敬。巫被认为是介于人和神、鬼之间最有知识、最有文化的。说《山海经》是巫书，有三点能作为确凿的证据：

其一，《山海经》收集的山川资料极为丰富，是巫必须熟知的常识。因为古代帝王极为重视对山川的祭祀。祭祀的仪式由专门的巫师承担。那么，对山川的名称、特产、主司神祇等等都能在《山海经》中找到答案。

其二，《山海经》中记载了天上的神，如玉皇大帝、王母娘娘。也有地上的神，如山神、土地，还有君王的历史、谱系等等。因为古代巫史不分家，这些史实也必须是巫师烂熟于胸的。

其三，《山海经》中记载了祈祷天地，驱除鬼神的手段和治病疗疾的一些方法。因为古代巫医不分家，掌握这些知识也是必需的。

如此看来，称《山海经》为巫书，还是有道理的。但是，它绝不是一般意义上的巫书，它的价值是极为巨大的。

首先，它有极大的文学、美学价值。《山海经》中有大量的神话传说，如“夸父追日”“嫦娥奔月”“精卫填海”“女娲补天”等等优美的文学形象，世世代代流传，为后世文学的发展提供了丰富的宝库。想象之丰富，描绘之离奇，情节之生动曲折，令人赞叹不绝。

其次，它有极大的史料价值。它记叙的历史、地理等资料，虽然与实际的人和事未准确对上号，但对山川地质物产的记叙确实非常精确、详尽，为后代的科学研究提供了大量线索。另外，使今人对古代中原地区诸部落的杂居、征战、互相吞并的大致情况，有个清晰的轮廓，也是难得的宝贵材料。

那么，这样一部奇书、宝书，它的作者是谁呢？

《山海经》作者之谜，从西汉至今一直众说纷纭。

西汉刘秀（歆）在《上山海经表》中说：“《山海经》者，出于唐虞之际……禹别九州，任土作贡，而益等类物善恶，著《山海经》。”认为是大禹时代，伯益所作，肯定该书有明确的作者，时间也非常之明确。

宋代大学者朱熹认为《山海经》的作者是“战国好奇之士”，说《山海经》并非独自创作，而是根据《天问》《穆天子传》《竹书纪年》等书所记的事物加以夸张描写的。不能肯定作者是谁，但肯定了大致成书年代。

近代学者基本同意上述观点，并考证出，在战国时期的《鲁语》《晋语》《庄子》《周书王会》《楚辞》《吕氏春秋》等书中，都引用过《山海经》的内容。

更多的学者持与上述不同的观点。认为《山海经》是由民间口头文学流传而来，从荒蛮的远古，人们口耳相传，一代一代在流传的过程中不断演变增益，最后才见之于文字。成书约在战国之前，成书后仍有后人修订。因此，说它是某一时代某一个人所著都是不科学的。

由于《山海经》描绘了一些异国情调的海外风物，又引起了海外学者的遐想。

有人认为，《山海经》中有长耳、奇股、三足等怪人形象，与希腊神话中的怪物相似，因此，它有可能来源于希腊。

有人认为，它的怪物图像与印度婆罗门教的怪神图像相似。据此推断，《山海经》的作者是墨子的学生印度人的作品，他们把由印度到中国的沿途风物与婆罗门教神话糅合所作。

这真是谜外有谜，这让这本奇书更加神奇了。

附：史前大事年表

时间	事件
约前170万年	元谋人生活在云南元谋一带，这是迄今为止我国境内已知的最早的人类。
约前80万年	蓝田人生活在陕西蓝田一带，在那里出土了一些打制石器。
约前20~70万年	北京人生活在北京周口店一带，他们已经开始使用火。
约前18000年	山顶洞人开始氏族公社的生活。
约前7950年	裴李岗文化出现，遗址大约在今河南新郑裴李岗，集中分布于河南省大部分地区。
约前7950~前7350年	磁山文化，遗址大约在今河北武安磁山，分布范围不大。
约公元前6950~前4950年	仰韶文化得名于河南渑池仰韶遗址，是北方最为著名的文化遗址。后衍生出的仰韶文化时期包含范围极广，时间跨度也较大。大约包含新石器时代中期和晚期两个时期四个阶段的遗址。
约公元前6800~前6300年	半坡文化，得名于陕西西安半坡遗址。此文化也分为四期，主要分布在关中地区和甘肃东部。
约公元前6950~前5330年	河姆渡文化，遗址位于今浙江余姚河姆渡。主要分布于杭州湾南岸的宁绍平原。
约公元前6250~前5150年	马家窑文化，遗址位于甘肃临洮马家窑一带，主要分布于甘肃境内。
约公元前6000~前5000年	红山文化，遗址位于内蒙古赤峰红山，主要分布于内蒙古、辽宁、河北境内。
约公元前6250~前4350年	大汶口文化，遗址位于山东泰安大汶口，主要分布于山东、江苏局部地区。

时间	事件
约公元前 5900～前 4780 年	庙底沟二期文化，遗址位于河南陕县庙底沟。其分二期。
约公元前 5250～前 4150 年	良渚文化，遗址位于浙江余杭良渚镇，主要分布于长江下游太湖流域。
约公元前 4950～前 4550 年	屈家岭文化，遗址位于湖北京山屈家岭，主要分布于江汉平原地区。
约公元前 5000～前 4000 年	大汶口文化中晚期，正处于父系氏族公社。
约公元前 4500 年左右	黄河流域的黄帝部落打败了炎帝和蚩尤部落，黄帝成为中原部落联盟的首领。华夏民族渐渐形成。黄帝成为中华民族的人文初祖。
约公元前 4500 年左右	仓颉造文字。
约公元前 3500～前 2600 年	石器制作精细，青铜器已经出现，但数量很少，中国进入金石并用时期。陶器制作工艺显著进步。
约公元前 2598～前 2515 年	少昊金天氏，又称“朱帝”“白帝”“西皇”“穷桑氏”“空桑氏”，在位 84 年。
约公元前 2514～前 2437 年	颛顼高阳氏，远古传说中的帝王，三皇五帝中五帝之一，居于帝丘（今河南濮阳附近），号高阳氏。
约公元前 2436～前 2367 年	帝喾高辛氏，是上古时期“三皇五帝”中的第三位帝王，前承炎黄，后启尧舜，奠定华夏根基，是华夏民族的共同人文始祖之一。
约公元前 2366～前 2358 年	帝挚高辛氏姓姜，名匡二，又名鸷。他是帝喾的长子，尧之兄。中国氏族联盟时代帝挚青阳氏政权的十七任帝。
约公元前 2357～前 2258 年	唐尧，帝喾次子，初封于陶，又封于唐，故号为陶唐氏。他的号为尧，史称唐尧。在位百年，有德政，征求四岳的意见，设立谤木，任用贤人，后让位于舜。
约公元前 2257～前 2208 年	帝舜（虞舜）姓姚，名重华。尧帝的女婿，因建国于虞，故称为虞舜或有虞氏。尧禅位给他为天子，都于蒲阪。在位四十八年，舜每五年巡天下一次，后确定继任者为禹。

时间	事件
约公元前2070年	舜遵行旧制，将中原的部落联盟首领的职位禅让给了治水有功的禹。
约公元前2070~前2030年	南方发生三苗叛乱，大禹出兵征伐，取得胜利。
约公元前2070~前2030年	禹在涂山举行诸侯大会，大批诸侯带礼物前来朝贺。

·中国通史·

夏朝

刘宇庚⊙主编

导读

夏朝（约公元前2070～约公元前1600）是中国史书中记载的第一个世袭制朝代。一般认为夏朝是多个部落联盟或复杂酋邦形式的国家。夏时期的文物中有一定数量的青铜和玉制的礼器，年代约在新石器时代晚期、青铜时代初期。夏朝历史上惯称为“夏”。根据史书记载，禹传位于子启，改变了原始部落的禅让制，开创中国近四千年世袭王位之先河。夏族的十一支姒姓部落与夏后氏中央王室在血缘上有宗法关系，政治上有分封关系，经济上有贡赋关系，大致构成夏王朝的核心领土范围。夏西起河南省西部、山西省南部，东至河南省、山东省和河北省三省交界处，南达湖北省北部，北及河北省南部。这个区域的地理中心是今偃师、登封、新密、禹州一带。夏朝都斟鄩（今洛阳）共传十四代，十七后（夏朝统治者在位时称“后”，去世后称“帝”），延续约471年，为商朝所灭。后人常以“华夏”自称，使之成为中国的代名词。

第一章 夏朝史话

夏族起源

我国历史上最早相继的三个王朝——夏、商、周，目前关于这三个朝代的存在，被史学界和考古学界所公认。而三代之首的夏代，人们只能从保存在先秦典籍中极少的、零散的甚至相互矛盾的关于夏代历史的记载中对夏代有一个大体的认识。夏代，对人们来说始终是一个解不开的谜。关于先夏族的起源，就是一个聚讼千年的历史疑案。春秋战国时的人在回顾历史的时候，对夏族就觉得茫然。自汉代以来，今古文学派之争大盛，各家从自己的学术立场出发，各抒己见，形成了诸多不同的说法，一直影响到今天。迄今为止，关于先夏族的起源意见仍然不一，主要有以下三种意见：

大禹

中原说

有学者认为先夏族居住河南嵩山为中心的黄河中游地区，主要是伊洛汝颖流域。《国语·周语上》曰："昔夏之兴，融降于崇"。史书常把夏的始祖称为"崇伯鲧""崇禹"，在古代崇、嵩通假，崇即嵩。又因为夏人"禘黄帝而祖颛项，效鲧而宗禹"，就是说夏人与黄帝、颛项有着直接的血缘关系。据《帝王世纪》和《吕氏春秋》载黄帝世居"河南新郑"，颛项生自汝水，所以先夏族亦不出这个范围。也有人提出禹因封在夏地而称夏国。至于夏地的地望虽有不同说法，如有认为夏是指"夏水"，有认为是指山西的夏墟，也有人考证是古代的雅山、阳翟，但这些地方都在今河南的嵩山附近。另有人提出了"发展"的中原说，他们认为夏后氏这一部落联盟的活动区域首先在较西的陕、晋一带，逐渐向东发展最后到达河南。在洛阳西南的甘泽与有扈氏部落发生战争，得胜以后便在今郑州西南登封市定居下来，都阳城。

西羌说

持西羌说的本身也有两种意见：一种认为先夏族与西羌有密切的关系。相传禹出在于西羌的茂州汶川县石纽乡。《史记·六国年表》说"禹兴于西羌"。《集解》和《正义》都说"伯禹夏后氏，姒姓、生于石纽、长于西羌，西羌夷人也"。另一种意见则以为夏族本身就是羌人的一支。鲧与西方羌人集团有莘氏妇女修已结婚，生禹于羌地，文献中常见"戎禹""戎夏"并称。有人考证夏人与羌人都奉"白石"作为本族的崇拜对象。从周族与夏族的关系来看，周族祖先弃为西羌人姜嫄所生，故周人常称"我有夏"。据近人考究，周与夏可能是西羌族下的两派分支。

东夷说

东夷说源于《山海经》《竹书记年》等上古文献的记载，据说夏后氏与东方夷人部族密切关系，提出了夏为东夷说。据史载，鲧、禹曾"教乎九夷"，鲧因治水而无功，被流放到东方的羽山，"以变东夷"。在先夏历史上一些重大事件都发生在东部地区。如大禹治水在今山东境内，禹在会稽山即今浙江省境内会诸侯，"执玉者万国"，而且与夏族有交往的部落涂山氏、有扈氏、有羿等都属于东夷族，所以夏应起源于东方。至于夏人为西羌说，依据的材料都是晚出的，不可靠。

麟趾贻休：商朝衰亡、周旋兴起

"家天下"的建立

夏朝的第一任君主是启，正是他结束了延续百年的"民主禅让制"，建立了中国历史上第一个世袭制的王国。然而，这种"家天下"局面的开创，却是启的父亲大禹完成的。这位传说时代的最后一位伟人，完成了中国社会从部落到国家的过渡。

大禹诛杀防风氏

苗山之会

相传禹南行巡守，乘船顺长江而下。因人多船多，惊起了江中的各种鱼类。惊起的鱼群跳出水面，有的就直接跳到禹乘的船上，其中有两条很大的金色大鱼，一直跟随着禹的船。众人非常惊恐，认为是龙来翻船，但是禹镇定自若地说：“我应该做的事，就应尽力地去做，生死都不怕，还怕龙？”禹的镇定给了随从们很大的鼓励，大家这才镇定下来，而那两条大鱼也没能翻了禹的船。

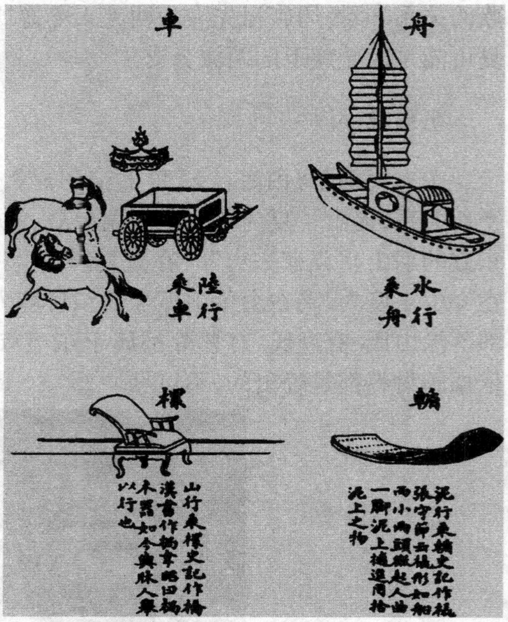

禹乘四载图

江淮流域的东南地区此时分布着古夷人的许多氏族、部落，史称“九夷”。当年征伐三苗时，“九夷”中的东夷没有参加。虽然后来在涂山大会上也来朝贺，并进献了玉帛，但禹还是不放心。

到了越地（今浙江境内）的苗山（在今浙江绍兴境内）后，禹便住了下来，并下令各地诸侯、方伯于第二年的春天来苗山相会，自己要根据他们每年的贡献大小论功行赏。

到了约定的时间，各地诸侯、方伯都如期到达。禹接受了他们的朝见，祭祀了天地山川和祖先，并封赏了大家。就在这次大会结束的时候，一个叫防风氏的诸侯姗姗来迟，令禹十分不满。

防风氏的居地就在距苗山不远的地方，而这位首领更是生得高大健壮，是个很有势力的部落酋长。防风氏早有建国称王之意，当初，在得知三苗是一个比他还大得多的部落都被禹率军打败后，才到涂山参加的大会。如今禹巡守到苗山，防风氏本应先去朝见，可他不但没有先去，反倒在苗山会期之后才到，而且见禹时不但认为自己迟到无罪，态度还十分傲慢。

为了警告各地诸侯、方伯，禹毅然命令将防风氏杀了，并且暴尸三日。诛杀防风氏是禹行使王权的开始，也是第一次以天子的威力诛杀诸侯。

防风氏的传说

防风氏又名“汪芒氏”或“汪罔氏”，是天下汪姓的始祖。古防风国在今浙江湖州德清的三合乡封山和禺山之间，即下渚湖一带，深受良渚文化影响。

防风氏族一直在太湖流域开垦荒莽，造水田，种水稻，生活很是富足。因此吴越一带靠狩猎、采集为生的氏族都十分羡慕，不少氏族首领还带领部下来向防风氏讨教。防风氏对这些前来学习种植水稻的其他部落先民都热情接待，毫不保留地将开辟水田、防治洪涝、种植水稻的经验告诉他们。

禹陵

这个消息一传十、十传百，知道的人越来越多。一些远方的氏族也想到防风氏的部落请教，他们到处打听如何才能找到防风部落。去过的人回答他们说："一直向东走，看到一片汪芒耀眼的地方，就到了防风氏的部落！"

从此，汪芒地方就成了防风部落的代名字，传来传去，汪芒氏也成了防风氏的别称了。防风部落的先民自己觉得汪芒这称呼也不错，便认可了。后来，防风氏的首领被大禹杀害，防风氏族的人偷偷将首领的尸身运回，葬在太湖南岸。为了防止夏禹追究，不敢称"防风氏坟"，只作"汪芒氏坟"。

甘之战杀伯益

大禹年老后，按照禅让的惯例，应该选举一个有能力的继承人来接替他的位置。许多人推荐掌管刑法的皋陶，可是不久皋陶病死了。于是大家又推举当年同大禹一起治水的伯益。

伯益在部落中威望很高，大禹也就确定了他的地位。可是，这时在氏族中实际掌管权力的人却不是伯益，而是大禹的儿子启。

传说大禹治水时，要在介于太室山和少室山之间的轩辕山打出一条疏洪泄流的通道。他与妻子涂山氏约定，以击鼓为号，把饭送到山上。为了加快挖山的速度，大禹化为一头神力无比的大黑熊，连推带扒，很快就把山挖掉了大半。正干得起劲时，一块劈山崩裂的石头误触皮鼓，禹妻闻听鼓声，连忙烧火做饭。当她拖着已怀孕的笨身子送饭到山上时，东张西望却不见丈夫踪影。只有一头威猛的大黑熊在跳跃奔忙，吓得扭头就跑。大禹见此情景，顾不得变回原形就冲妻子追去，妻子受到惊吓，顷刻间化作一块巨石。大禹大声呼唤着妻子和将要出生的孩子，只听一声巨响，巨石突然开裂，从中蹦出一个婴儿，这就是禹的儿子启。于是后人便称这块裂开的巨石为“启母石”。

神话毕竟是神话，但启出生后不久母亲便死了，这却是千真万确的。因此启从小便很独立，跟随父亲处理氏族中的政事，是一个很有能力的人。

不久大禹死了，伯益为他举行了葬礼。当年大禹为舜举行葬礼后，曾将继承人的位置让给舜的儿子，但没被接受。这次，伯益也效仿大禹的样子避居起来，假意将王位让给禹的儿子启。没想到弄假成真，启并没有客气，居然堂而皇之地登上了王位。启在氏族中的威望本来就不亚于伯益。各部落首领看见启登上了王位，纷纷来都城表示祝贺。

伯益见此情况，不禁恼羞成怒，率领自己的部族攻打启。启对于此早有预料，他召集军队，对大家说道：“啊！六军的将士们，我告诫你们：有扈氏轻慢洪范大法，废弃正德、利用、厚生三大政事，因此，上天要断绝他的国运。现在我只有奉行上天对他的惩罚。车左的兵士不善于射箭，你们就是不奉行我的命令；车右的兵士不善于用戈矛刺杀，你们也是不奉行我的命令；驾车的兵士违反驭马的规则，你们也是不奉行我的命令。服从命令的，我会在先祖的神位面前赏赐你们；不服从命令的，我会在社神的神位面前惩罚你们，我就会把你们降为奴隶，或者杀掉你们。”

誓师后，夏启率军队从容应战。两军在甘亭（今陕西鄠邑区）大战，史称“甘之战”，伯益战死。伯益死后，他的氏族有扈氏十分愤怒，又联合了其他部落攻打启，可同样遭到失败，战败后的有扈氏部族都沦为奴隶。

伯益和有扈氏的失败，使启的地位得到进一步巩固，并将禅让制彻底改变为世袭制。中国历史上第一个王朝——夏朝建立了。从此以后，帝王把国家当成了他一家的天下，他死后，王位不再选举有能力的人来继承，而是由他的儿子继承，并且希望世世代代这样继续下去。

皋陶的传说

皋陶

皋陶是东夷族少昊之后，偃姓。传说舜时被任为掌管刑法的官。大禹继位后按禅让制举荐皋陶为他的继承人，但皋陶先于大禹亡故了。

皋陶大概是中国历史上第一位公正的法官，据说他长了一张青绿色的脸，嘴像鸟喙，还养了一只独角羊，名叫獬豸。审理案件时，每遇到疑难，就牵来獬豸，獬豸便会用它的角去顶有罪的人。然后皋陶“画地为牢”，把罪人囚禁起来，这就是最早的监狱，皋陶则被尊为狱神。

我国的第一部《狱典》，据说也是由皋陶制定的。他把《狱典》刻在树皮上，呈给大禹，大禹看后觉得很好，就让皋陶实施。《狱典》归纳了偷窃、抢劫、奸淫、杀人等多项犯罪的轻重，给予不同的量刑。在皋陶执法的那些年，天下无虐刑、无冤狱，卑鄙的小人非常畏惧，纷纷逃离，天下因此太平。

据说，尧在位的时候，皋陶想制定两部法律，一部是惩治犯罪之法，一部是保护民权之法。尧敲定了第一个，却否定了第二个，他说：“可定刑法，但不要创民法。刑律定了，人民畏敬，天下就能安宁；你要定民法，凡事不侵民权，以民为重，那么王者之威放在哪里呢？”皋陶听了，很是失望。后来尧死了，皋陶再提创民法一事，问舜，舜说：“圣人不改变现状就能教育他的子民，智者不改变法统就能治理天下。如今天下太平，如果无缘无故地变法，恐怕人心会混乱，民众会倚恃新法来闹事。”从此，皋陶再也不提此事了。大禹上台后，奉行严刑峻法，令皋陶修改，皋陶不愿意，二人产生了摩擦，大禹于是让儿子启修订刑法，参与政事，渐渐在氏族中确立了地位。

在过去人们的眼中，监狱是个阴阳分界的地方，死囚的最后一段路程就是在监狱中度过的，因此，谁都不愿让以前死囚身上的“晦气”沾染到自己。拜狱神，就是请求他的保佑，只是不同人参拜的目的不同。狱官参拜狱神表示自己是替天行道，管教犯人，让狱神保佑自己一切平安；囚犯参拜则是为了求狱神保佑自己能够健康地活着出去；死囚朝拜则是求狱神保佑自己早日投胎做个好人，不再受血光之灾。因此，皋陶是以前监狱中最受尊敬的神灵。

伯益的传说

伯益姓偃，名益，伯是他的爵位。

伯益最突出的贡献就是辅佐大禹平治水土，而且在治水过程中还立下了其他功劳。

在遭受洪水侵袭的地方，伯益根据当地地势低洼的特点，教给民众种植稻谷，促进了农业的发展。因此当禹平定洪水后，帝舜赏赐伯益以皂游（一种黑色旗帜），还将自己家族的女子许配给伯益。此后，伯益就在舜的手下担任虞官，掌管山泽，繁育鸟兽。

传说伯益还发明了凿井技术，这个井包括陷阱和水井。伯益因为是负责狩猎的头领，总是带领先民狩猎。慢慢地，伯益认为狩猎不光要靠体力，更靠智力。最能展示伯益才智的，当属陷阱的发明：挖个深坑，上覆枯枝败叶，野兽只要从上面走过，就会跌落下去，成了大家的美食。伯益的这种始创，让大家对他充满了钦敬。

至于水井可就没这么简单了。一开始，由于不懂如何处理水窖内的渗水技术，虽然挖了水窖，但每盛满窖水，很快就全渗完了。等到需要用水时，个个成了干窖。所以，打成的水窖等于无用。一天，伯益一个人去深沟底担水，看见绿汪汪的泉水，突然想到，如果从高原上挖一个深洞，一直挖到沟底，通到有水的地方。人们用水时，再用绳子往上吊，需用多少吊多少，不就再也不愁无水可用了吗？

> **历史小常识：狱神祭祀**
>
> 过去的狱官上任，第一件事就是要参拜狱神皋陶。刚刚被关进来的犯人也要参拜，出狱时，被释放的囚犯再次朝拜狱神，即使死刑犯在临刑前，也要朝拜狱神一次，然后才被正法。

说干就干，井很快就挖成了，水也出来了，可就是吊不上来。原来，伯益挖井时只顾往下挖土，没注意井身的端正，几十丈深的井洞歪歪扭扭。当人们用绳子系着尖底瓶从井口放下去，还没放到井底，就被歪扭的井洞把陶制尖底瓶碰破打碎了。后来，有人用木桶吊水，木桶虽然一下子碰不破，但盛满的水被歪扭的井洞一碰，全洒了。

总结了教训，挖井重新开始，终于很顺利地把水吊了上来。井水不仅清凉，又特别干净，人们食用后，疾病也大大减少，伯益因此受到了嘉许。

当代考古发掘证明，水井的出现是在与舜时期相差不远的龙山时代晚期，可知传说有其根据。凿井技术的发明有重大的意义，在此之前，人们不得不靠近河流定居，忍受河水泛滥的威胁。凿井技术发明后，古代北方的广大平原地区逐渐为各氏族开发。

除了水利和凿井，伯益在政治上也很有建树。他曾告诫大禹，凡事要有前瞻性，要虑事周全，不要违背法则和制度，不要过度游乐享受，不要违背规律去追求百姓的称誉，不要违反民意而满足自己的欲望。治国不能懈怠，政事不能荒废，谦虚会受到益处，自满能导致失败，要选贤任能、除奸去邪。

在辅佐大禹攻打三苗时，伯益认为只有以美德才能使人顺服。大禹接受了伯益的建议，撤退军队，实行文教德治，三苗族受到感化，终于归顺。

对母族的剿杀

对于夏启杀伯益，虽然后世认为这是世袭制代替民主禅让制的必然，但还是多少对夏启的行径表示不满。究其原因，是伯益原本出身于涂山氏，是夏启母亲的氏族，因此这一场战争也被称作“剿母族之战”。

涂山女娇

涂山的地望，诸说纷纭，或曰安徽，或曰巴蜀，或曰江南，但更可信的是浙江绍兴，因为涂山氏是皋陶氏族的一支，最早居住于山东，后迁至南方各地。其中迁至浙江绍兴的，就形成了百越的一支。

夏朝的建立，涂山氏可以说功不可没。当时，涂山氏拥有强大的军事力量，在中原各方国中势力很强。大禹的父亲因治水无功而被杀，大禹也是一个没有根基的人，正因为娶了涂山氏的女儿，才得到了妻族这支强大的后援力量。

屈原在他的《天问》中，曾这样描述大禹和涂山氏女娇的结合：“焉得彼涂山女，而通之于台桑。”翻译过来，就是大禹和女娇一见钟情，在桑林里野合。

当时，大禹已经三十岁了，和女娇好了以后，他才知道女娇的本家，原来是东夷强大的涂山氏。如果能联姻涂山氏，则整个东夷都会为己所用，朝内的重臣皋陶也会支持自己。况且与女娇两情相悦，岂不是天作之合？

当然，世界上没有这么好的事。因为涂山氏当时尚处于母系氏族后期，所以禹只能做上门女婿，“夫从妇居”。据《吕氏春秋》记载：“禹娶涂山氏女，不以私害公，自辛至甲四日，复往治水。”也就是说，大禹每次只在女娇家里住上四天，然后又加入治水的大军中去了。对大禹来说，治水的业绩决定着前途；但是对女娇来说，爱情才是唯一的。于是，她唱出了“候人兮，猗”的歌声，这是有记载的第一首女子吟唱的情歌，意思是：“我在苦苦等待心爱的人呀，唉……”

女娇在生下儿子启后不久就死了，没有母亲的启生活在母族，父亲大禹又不在身边，我们可以猜想他的童年不会很幸福，也许常受到族中人的欺侮，所以才会对母亲的氏族没有好感吧。

统一天下的夏启

夏启征西河

启灭了有扈氏后，也效法父亲当年“涂山大会”的办法，下令各地诸侯、方伯前来钧台（在今河南禹县南）相会。启本来的个人威望就不小，加上各地诸侯、方伯感戴禹的功德，又看到有扈氏的悲惨下场，都一致拥护新建的夏王朝。大家沿袭了涂山大会之例，根据各地所出的土特产，备办了朝贡物品，到钧台来朝见。

> **历史小常识：大禹的禁酒令**
>
> 相传，酒是一个叫仪狄的人发明的，他用米糙出醇香甘美的酒，进献给了禹。禹喝后觉得香甜可口，但却没有因此奖赏仪狄。禹说，饮酒后四肢无力，昏而亡国。因此，禹下了“禁酒令”。但因酒既可以助兴，也能显示出粮食的充足，所以启成为天子后，解除了这个禁令。

启为了显示天子的威仪和夏王朝的富有，一改禹生前节俭朴实的作风，特设“享礼”招待大家。所谓“享礼”，就是在接受诸侯、方伯们的朝见和进献的礼物时举行祭祀，然后设酒食大宴群臣。酒宴上不仅吃的都是当时能办到的山珍海味，还有美酒供大家品尝。据考证，有三百多人参加了这次盛会，启在每位诸侯席前摆了五个筐、五个高脚盆和五个大铜鼎，里面盛满了美味佳肴。宴席上使用的都是青铜酒甑、玉雕盏、角制觞、琢有龙纹的勺等贵重酒器。大典进行过程中，乐队还奏起《九辩》，诸侯和唱《九歌》，夏民随曲起舞，气氛十分热烈。

让启万万没想到的是，祸乱没发生在诸侯处，而是起于自己家中。禹的幼子武观被封在观地（今河南浚县一带），看到哥哥启做了天子，威风无比，十分羡慕。在钧台大会上，武观因为也是诸侯，当然要对着启朝拜。但武观心中不服，认为亲兄弟之间不必讲求那些礼节，口出怨言。这让启很生气，便将武观流放到了西河（今河南滑县一带）。武观因此憎恨哥哥，暗中蓄积力量，三年后发动了反对启的叛乱。

启命令诸侯讨伐武观，西河一战，武观兵败投降。虽然俯首认罪，但启对这个弟弟总是不放心，最后还是把他杀了。

启经过甘之战灭了有扈氏，经过征西河诛杀了武观，统治地位就此得以巩固。

夏朝初期的军队

夏王朝以前，各部落、部落联盟之间的征战，是由部落内部的青壮年男子负担的。夏朝建立后，中原形成了统一的部落共同体。因此，专职战斗的队伍建立起来了，这就是军队。禹征三苗时，称他所统领的军队为“济济有众”；启征有扈氏时，严厉告诫所属的军队要严格听从他的指挥，足见当时军队的规模已十分壮大。

失国与复国

夏朝建国不久就遭到一次重创。中国历史上第一个王朝夏朝毕竟还保留着很多部落氏族时代的特征，周边各部族实力也比较强大。第二代夏帝太康误国导致有穷氏的后羿趁机夺位，致使夏朝的统治中断了几十年。少康励精图治而复国，这才使夏朝步入正轨。

太康失国

夏启建都安邑（今山西夏县西），稳定了政权，开始还励精图治，可慢慢就腐化起来，传说他创作了名为《九韶》的大型乐舞，天天饮酒唱歌，打猎游玩。不久夏启死了，他的儿子太康继位。

太康最大的爱好也是打猎，对治理国家却没有兴趣。有一次，他带着随从外出，从都城阳城（今山西）出发去打猎，越打越起劲，一直打到黄河以南的有穷部落（今河南洛阳南）。

有穷部落的酋长后羿，看到太康只带了少数随从出来打猎，觉得是个机会，就带兵悄悄截住了太康回去的路。等到太康带着一大批猎得的野兽，兴高采烈回来的时候，却看到洛水对岸全是后羿的军队。太康慌忙向部落首领们求救，可各部落的首领都不满意太康的荒唐，又惧怕后羿的实力，谁也不来。太康后悔不及，没办法，只好在洛水南面过起了流亡生活。

太康失国

仲康杀羲和

由于世袭制已然确立,后羿的势力也没达到独立为王的地步,因此不敢自立,便立了太康的兄弟仲康为王。

仲康是很想有一番作为的,一上台就对朝廷内外进行了整顿,任命胤侯执掌兵权,希望能抑制后羿的势力。

可就在这时,一件惊天动地的事发生了。某一个朔日,原本高悬天上光芒万丈的太阳开始一点点消失,天色很快由亮变灰,由灰变暗,由暗转黑,几步之内都难辨人影。路上的行人惊恐万分,争相夺路而逃。我们现在知道这是发生了日食,但在当时,日食代表着灾难,只有国王亲自祭祀上天,才能将太阳重新召回,免除灾害,这个过程被称作“救日”。

此时,夏王宫中也是一片混乱,官员们忙着准备祭祀用具,仲康也匆匆赶往祭台,准备举行“救日”之礼。就在朝廷上下一片惊恐混乱,忙得不可开交的时候,仲康突然意识到少了一个重要人物:负责天象工作的羲和。仲康本来就对羲和没能提前预报日食感到恼火,现在又不见他来行“救日”大礼,心中愤恨不已。情急之中,仲康忙叫人去找羲和,结果手下回禀道:“羲和喝多了,正躺在家中睡大觉呢!”仲康大怒,咬牙切齿地说了三个字:“杀无赦!”

就这样,仲康以羲和失职为名,不但杀了羲和,连他的部族也一并治罪。一般来说,天子对一个部族进行征伐,都是因为这个部族发生了叛乱行为,可此次却是因羲和未能尽职,可见夏王为了显示王权的力量,已不惜兵戎相见了。

后羿的悲哀

仲康剿杀羲和氏的行为惹恼了后羿,毕竟国家的实际权力还操控在后羿手中。很快仲康死了,后羿不再甘心躲在幕后,于是把仲康的儿子相撵走,正式夺了夏朝的王位。仗着自己射箭的本领高超，他也开始作威作福起来。和太康一样，经常四处打猎，把国家政事交给亲信寒浞打理。

相传寒浞原为寒国（今山东潍县东北）的一个奸诈子弟，被国君驱逐出来后流浪到有穷国，为后羿收养。寒浞有一手吹拍的本领，给后羿出了不少吃喝玩乐的主意，并在暗中培植自己的势力。后羿对寒浞的行为虽然有所耳闻，但他自恃勇猛，毫不在意。

经过几年的准备，后羿身边的亲信随从都被寒浞收买。在一次出行打猎途中，后羿的家将乘机谋反，杀死了后羿。据说这个家将名叫逢蒙，拜后羿为师学习射法，后羿见逢蒙聪明好学，不但把射法倾囊相授，还把逢蒙视为亲信。

后羿被杀后，家将们将他的肉煮了，强迫后羿的儿子吃。后羿的儿子不肯吃，也被杀死在城门口。

寒浞不但抢了后羿的王位，也继承了他的家室。后羿的妻妾相继为寒浞生了两个儿子，一个名浇，一个名豷。浇生来身强力壮，天性好战。二斟是夏王室的庇护地，且离寒国不远，所以浇长大后，寒浞就命他率兵攻灭二斟，以绝后患。二斟抵挡不住浇的凶猛进攻，血战后大部被杀，少数四散逃亡。避难偷安的仲康之子相在这次战争中被杀。寒浞灭了二斟后，分封两个儿子立国，把浇封在过（今山东莱州西北），把豷封在戈（今河南东部，古宋、郑之间）。

后羿之辨

除了这个夏朝有穷部落的首领后羿，在神话时代，还有一位后羿，他生活在尧帝的年代。这两个后羿生活的年代虽然不同，但都是著名的弓箭手。

后羿射日

在神话时代，据说天上曾经有十个太阳同时出现，把土地烤焦了，庄稼都枯干了，人们热得喘不过气来，倒在地上昏迷不醒。因为天气酷热的缘故，一些怪禽猛兽，也都从干涸的江湖和火焰似的森林里跑出来残害生灵。是后羿射下了九个太阳，才让人们得以正常地生活。

解除了十日并出的灾难，后羿又去捕猎肆虐人间的六大怪兽。

中原地区，以窫窳、封稀为害最烈。窫窳本是黄帝辖下的一国诸侯，不幸被杀。黄帝怜悯他无辜丧命，用不死神药使他复生。窫窳的命是捡回来了，却完全迷失了本性，刚一醒来，就连滚带爬地窜下山，一头扎进弱水，变成了一条龙首虎爪、号声如婴儿啼哭的吃人怪兽。后羿深入窫窳巢穴，仅一箭，就令它死了第二回。封稀是一头獠牙如戟、力胜百牛、铁骨铜皮的大野猪，他拱毁庄稼、村落，所经之地顿成废墟。羿左右施射，刺瞎了野猪的双眼，将它生擒活捉。

从中原来到南方，那里的凿齿人身兽脸，杀人利器是突出嘴外的两根五六尺长、形似凿子的牙齿。后羿没有手软，一箭射进了它的心窝。

怪兽修蛇盘踞在洞庭湖，兴风作浪，覆舟无数，吃人无数。它风闻神射手后羿到了南方，便潜伏湖底，销声匿迹了。后羿毅然舍弓持剑，跃入深不可测的大湖，历千险万难，终于在滔天白浪中剑断长蛇。据说洞庭湖水竟给蛇血染红了一半。

此时的北方，还有九头怪九婴喷火吐水，淹乡焚城；东方的巨型鸟大风仍在青丘之泽掀起狂风，毁屋拔树。后羿用青丝绳系于箭尾，一箭射中闪电式飞掠的大风。那大风力大善飞，尚欲带伤逃生，无奈箭上系绳，只能像一只风筝一样被后羿收回。九头怪九婴自恃有九颗脑袋，九口齐张，喷吐出一道道毒焰、浊流，交织成一张凶险的水火网，企图将后羿困住。后羿使出连环箭法，九支箭几乎同一时刻插到了九婴的九颗头上，至此结束了它罪恶的生命。

少康中兴

少康复兴故国

相死的时候，他的妻子正怀着孕，从一个墙洞里爬出，才捡回一条命，逃到了娘家有仍氏部落，生下儿子，取名少康。

少康长大后，以放牧为生。寒浞听说相的儿子还活着，又派人追捕。最后，少康逃到了舜的后代有虞氏的部族。部落首领虞思让少康担任管理畜牧的官，学习本领，还把两个女儿嫁给了他，赐予田地和奴隶。少康从小在艰难的环境中长大，练就了一身本领，在有虞氏部族立足之后，开始招收人马，逐渐有了自己的队伍。

有了根据地和军队，少康体察百姓疾苦，宣传祖先禹的功德，努力争取人们支持他复兴故国，并召集夏朝的旧臣前来会合。当时有个名叫靡的人，原是相的臣下，寒浞夺取王位后，他逃到名为有鬲氏的部落（今山东境内），招集流亡，积蓄实力，等待时机复兴夏朝。他首先应少康之召，倾有鬲氏之兵，会合斟寻、斟灌两地的复仇之师，和少康会合，拥戴少康为夏王。不久后，少康又得到许多忠于夏朝的大臣和部落的帮助，率兵打败寒浞和他的两个儿子，终于把王位夺了回来。

夏朝从太康到少康，中间经过大约一百年的混战，如今终于恢复过来，历史上称作“少康中兴”，由此进入了由“治”到“盛”的局面。

少康与杜康之辨

据东汉许慎的《说文解字》记载：“古者少康作箕帚，秫酒。少康，杜康也。葬长垣。”由此说，夏朝的中兴之主少康即是酒圣杜康。据说少康在有仍氏居住时，为联络夏后氏族人，经常带着秫米饭来往于有仍与空桑（即穷桑，今山东曲阜东）之间，在空桑将吃剩下的秫米饭留存起来，因饭自然发酵，等少康再回来时，往往感觉到醇甘美味，四处飘香。于是他便潜心研制出了用秫米发酵的醇纯甘美、柔润芳香、饮之欲醉、回味悠长的美酒，被后世尊为“酒圣”。

因为酒在大禹的时候就有了，所以这个传说并不可信。因此也有人说，杜康不是少康，他本是黄帝手下一位管理生产粮食的大臣。那时候由于没有仓库，更没有科学保管的方法，杜康把丰收的粮食堆在山洞里，时间一长，因山洞里潮湿，粮食全霉坏了。黄帝知道后很生气，下令把杜康撤职。

杜康心里十分难过，想到嫘祖、仓颉等臣都有所发明创造，立下大功，唯独自己不但没立功，反而犯了罪，很是沮丧，希望找到储存粮食的好办法。一天，杜康在森林里发现了一片开阔地，周围有几棵大树枯死了，只剩下粗大的树干，树干里边也已空了。杜康灵机一动，把树林里凡是枯死的大树，都一一掏空，然后把粮食装了进去。

两年后，装在树洞里的粮食，经过风吹、日晒、雨淋，慢慢地发酵了。一天，杜康上山查看粮食，突然发现一棵装有粮食的枯树周围躺着几只山羊、野猪和兔子。开始他以为这些野兽都是死的，走近一看，发现它们还活着，似乎都在睡大觉。杜康很是纳闷，就在他发呆的时候，这些动物慢慢醒了，一见有人，马上窜进树林去了。

杜康向四周看了看，发现两只山羊在装着粮食的树洞跟前低头用舌头舔着什么，舔了一会儿，两只羊都摇摇晃晃起来，走不远都躺倒在地上了。杜康飞快地跑过去，把两只山羊捆起来，仔细查看。原来，装粮食的树洞裂开一条缝子，里面的水正不断往外渗出，还散发出清香的气味。杜康自己忍不住也尝了一口，虽然有些辛辣，却特别醇美。越尝越想尝，最后一连喝了几口，这一喝不要紧，霎时，杜康只觉得天旋地转，身不由己地倒在地上睡着了。

醒来后，杜康急忙下山，把看到的情况报告了黄帝。黄帝命百官品尝，大家都交口称赞，最后由仓颉创造了一个酒字，为其定名。

兴盛的王朝

少康算得上是一位有为的君王，他从小经历过一段时间的流离生活，亲自管理过畜牧和膳食的上作，了解平民和奴隶们的疾苦，深知要保住祖业，巩固地位，就必须得到人民的拥护。而要使人民拥护夏王朝，就要关心人们的生产和生活，不能象祖父太康一样“盘游无度”。

农业的发展

少康复国后的第一件事，就是恢复了稷官来管理农业生产。“稷”在夏朝是管理农业生产的官职，督导人们按时播种五谷。太康时，因为打猎游玩胜于一切，一度把稷官废弃了。

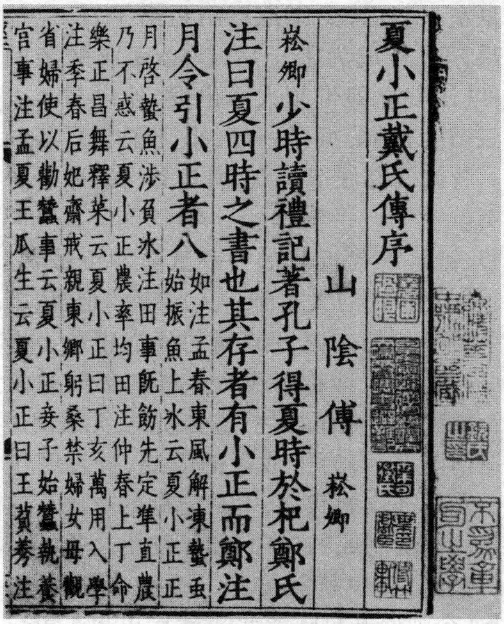

夏小正戴氏傳序

山陰傅 崧卿

崧卿少時讀禮記著孔子得夏時於杞鄭氏

注曰夏四時之書也其存者有小正而鄭注

月令引小正者八如注孟春東風解凍蟄虫始振魚上氷云夏小正正

月啓蟄魚涉負氷注田事旣飭先定準直農

乃不惑云夏小正農率均田注仲春上丁命

樂正昌舞釋菜云夏小正曰丁亥萬用入學

注季春后妃齋戒親東鄉躬桑禁婦女毋觀

省婦使以勸蠶事云夏小正妾子始蠶執養

宮事注孟夏王瓜生云夏小正曰王萯秀注

《夏小正》书影

农业生产的命脉是水利，虽然自禹平治水土以后，黄河中下游地区不再是“洪水横流、泛滥于天下”，但是每年到了雨季，河水上涨，近河两岸的农田仍然要受河水之患。尤其是后羿夺权后河道失治，水患又成为发展农业生产的一大阻碍。少康即位后恢复了管理水利工程的水官——水正，任命商侯冥为水正。冥自从做了水正，勤勤恳恳地从事治水，再次消除了水患，使农业生产有了较大的发展。据考古发现，在夏代已经有谷、稻、麦、菽、瓜等多种农产品。

《夏小正》对于气候、农业、动植物的观察是非常细致且准确的，夏人的生活也是井井有条，符合自然的规律。应该说，夏历对农业生产有着相当准确的指导作用，再加上木制农具的使用，让当时的农业生产有了很大发展，粮食出现大量剩余。

剩余的粮食大多被用来酿酒。在夏朝遗址——二里头遗址中，出土最多的就是酒器，饮酒用的青铜爵更是精美。据文献记载，夏朝人很喜欢喝酒，一度酗酒成风。不光是大禹的子孙们，普通人也经常痛饮，喝醉了就彼此搀扶着大声唱歌。

农业的发展也带动了畜牧业的发展。夏朝不但有一大批奴隶专门从事畜牧工作，还有一些专门从事畜牧业的氏族部落。此外，制陶业在夏代可能已经成为一个独立的极为重要的行业。至于青铜器，形式非常接近陶器，比较原始，没有更多的花纹，多是小圆点的装饰，刻画简单的线条。

讨伐东夷

国家安定富足了，少康的注意力转向了东边。东夷的诸多部落和方国时服时叛，如今国家实力强大了，少康便想对东夷进行征伐。就在准备力量时，在位二十一年的少康病死了，其子杼继位为夏王。

杼幼年时跟着少康东躲西藏，过着流亡生活。夏室匡复后，少康把涂山封给了杼，让他去镇守禹陵。杼成为天子后，决心完成父亲的遗愿，一继任就立即带领大军出发，他以当年大禹讨伐三苗为榜样，振臂一呼，得到了华夏各族的响应。各族属都派遣兵众，肩负斧、钺，跟着杼去打东夷。

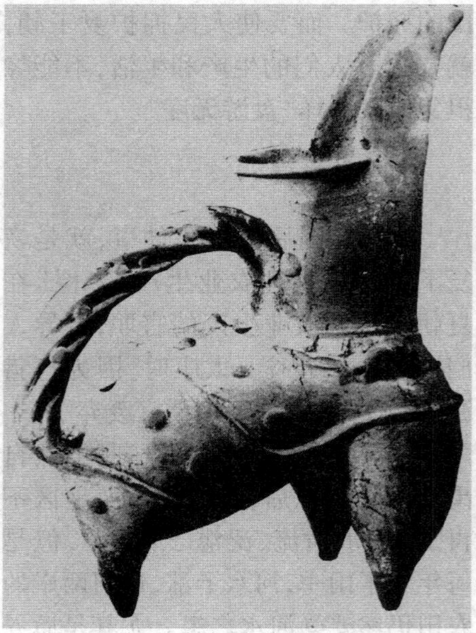
龙山白陶鬶

斧、钺是古代近战的锐利武器。负钺者，即称为越。不想杼的大军刚进入东夷的地盘，就碰上了手持弓矢的东夷各族属的顽强抵抗。夷就是大弓，荷弓者，即称为夷人。杼的部队被东夷的长距离武器弓矢抵挡住，遭受损失，无法前进。

退回国都后，为了战争的需要，杼发明了矛和甲。矛是进攻的武器，甲是防御的衣服。这时的甲是用兽皮制成的皮甲，如犀皮甲之类。东夷人善射，有了皮甲就能防身。随后，杼将王都迁到老丘（今河南开封陈留北），然后出兵东夷。这次出征得到沿途各地诸侯、方国的支持，新武器更是确保了杼的部队顺利前进。

这一次，夏朝的大军一直打到东海边，东夷大败，不得不退守到沿海的荒蛮之地，重新剪除杂草，开辟土地。除了东夷，杼还消灭了海边三寿，打败了以狐为图腾的九支胞族，擒获了他们的首领。随着东征的节节胜利，夏人大规模涌入，建立起以夏王族亲族为主体的封国，密集林立的封国与东夷各方国犬牙交错，东夷各族也进一步融入华夏各族。

取得了这场大胜利后不久，年轻的杼就死了，王位传给了他的儿子芬（有的史书中又作槐）。因为征东夷的胜利，夏王朝的威望在各地诸侯、方国中又大大增高，一些原来叛离的部落又重新臣服于夏。芬在位约44年，国力更加强大。

初定刑法

此时的夏朝疆域，西起河南省西部和山西省南部，东至河南省、山东省和河北省三省交界处，南起湖北省，北至河北省。势力延伸到黄河南北，甚至长江流域。

为了有效控制这广大疆域内的民众，夏王朝颁布了《禹刑》，这也是中国历史上第一部奴隶制法典。一般认为，禹刑是夏朝法律的名称，是后人为纪念夏的先祖禹而命名的，是后人追述的。《禹刑》的性质相当于现代的刑法典，其具体内容已经无法考订，文献中只有零星记载，即“昏、墨、贼、杀，皋陶之刑也，请从之”。

“昏、墨、贼、杀”的规定最早是皋陶所创，后为夏代的法律沿袭。“昏”指自己做坏事而窃取他人的美名；“墨”指贪得无厌、败坏官纪；“贼”指肆无忌惮地杀人，这三种罪都要处以死刑。

《左传》中，有关于这几个刑罚的具体记载，即春秋时期的"刑侯与雍子争田案"。原来，晋氏族的刑侯和雍子争夺土地，调解了很久却一直没有成功，于是就交由叔鱼处理。叔鱼认为罪在雍子。雍子为了贿赂叔鱼，就把女儿嫁给他，叔鱼于是宣判刑侯有罪。刑侯发怒，在法庭上将叔鱼和雍子杀死了。接手此案的叔向说："这三人罪状相同，杀了活着的，三个人全暴尸。雍子明知自己有罪，还要用女儿贿赂叔鱼以换得胜诉，叔鱼出卖法律，刑侯擅自杀人，他们的罪状相同。自己有了罪而掠取别人的美名是昏，贪婪而败坏职责是墨，杀人而没有顾忌是贼，犯此三罪者，都要处以死刑。"可见当时人们还在沿用夏代的一些定刑标准。

除了死刑，据说夏朝的刑罚有三千条之多。是否有这么多条文，需要进一步考证，我们理解也不必过于拘泥，三千条不过是言其多而已。

最初的城市

随着疆域的扩大，夏朝人的地理知识也随之迅速积累，并在城市、治水、青铜器和原始地图等许多方面得到了体现。

中国早在父系氏族公社，也就是龙山文化晚期就出现了防御性的设施——城堡，如河南登封王城岗及淮阳平粮台城堡，这就是初期的城市。传说夏朝以前已经开始筑城，如"夏鲧作城"，即禹的父亲鲧建筑了城池。那时候的城市还不可能是砖头或石头修筑的，从目前的考古发掘来看，城墙是用夯土筑成的。至于城市地址的选择，一般来说以平坦、干燥为好，要靠近河川大海，但又不能过于低洼，交通要方便等等。毕竟，城市的最大功能是促进物资、信息的交换，所谓"日中为市，致天下之民，聚天下之货，交易而退，各得其所"。这一点，夏朝的先民是很懂得的。

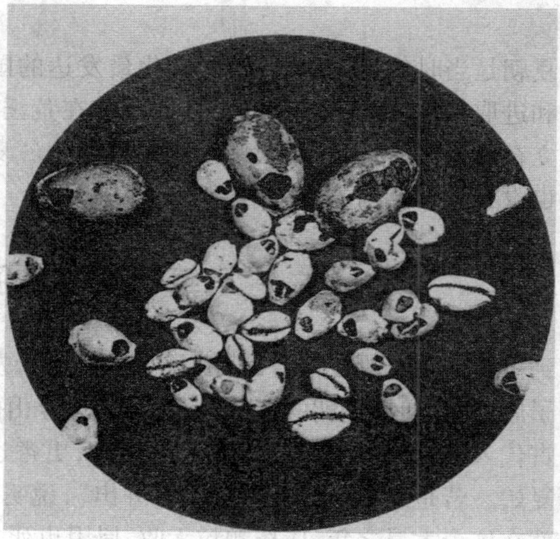
夏朝贝币

相传夏禹曾用青铜铸九鼎，代表九州，每一个鼎上都铸有那一州的山川、道路、鸟兽和草木图案，这种图案就是古代的原始地图。这九鼎在秦代时被销毁，不过鼎上的图被摹绘下来，叫作"山海图"，流传于世。

虔诚的祭祀

据说芬在位的四十多年间，夏王朝没有发生过内忧外患，因此当芬的儿子芒（有的古书又作荒）继位为夏王后，第一件事就是举行隆重的祭神仪式，祭祀黄河之神。

经过长时期的治理，黄河在六十年间都没泛滥过，两岸的农业生产有了较大发展，可以说是五谷丰登、六畜兴旺。对于夏朝人来说，这一切不是自己的功劳，全靠河的赐福。

国君芒为了这次祭祀，亲自选定良辰吉日，率领朝中的臣僚、官吏以及一些前来参加祭扫的诸侯、方伯们，来到黄河下游的岸边，举行了隆重的祭祝仪式。除了有鼓乐、祈祷的祭文外，芒还将猪、牛、羊等做了牺牲沉于河中。最后，将象征着先祖大禹当年治水成功后舜所赐的玄圭沉入黄河，以此表示自己的虔诚。

这就是后世史书中所说的“沉祭”，这种仪式一直延续了数千年。祭河之后，芒又率领大家打猎，捕捉到一条很大的鱼，诸侯们认为这是河神所赐，可永保太平。

夏朝的覆灭

夏朝是当时华夏大地最强大、文化最发达的国家，但大禹的后裔早已没有了祖先的奋斗和进取精神，逐渐安于享乐，日益沉醉在荒淫腐朽的生活之中。贵族的奢侈生活完全建立在对人民的残酷压榨上，致使民不聊生。夏朝再次因周边部族的进攻而覆灭，但是再也没有重现复国的传奇。

笃信鬼神的孔甲

到了芒的儿子泄在位时，他为了与东夷保持友好和平，将东方六夷都封为诸侯。泄的侄子胤甲在位时，夏朝的王都迁至了西河（今山西西南部），没过几年，就遭遇了大旱。

古代人缺乏天象知识，认为“天有十日，更番运照”。即每天出一个太阳，普照大地，周而复始。若是天旱，则一定是“十日并出”，说明天上有妖怪作祟了。

就在这个大旱之年，庄稼颗粒无收，胤甲也死去了。

王位就这样传到了孔甲身上。孔甲的父亲不降，当初让位给了弟弟，也就是胤甲的父亲扃，孔甲因没能继承王位，后来企图谋夺王位，但没能成功。从此以后，孔甲寄希望于鬼神，几近疯狂。当自己果然继承了王位后，孔甲大喜过望，认为这都是求助于鬼神的结果，从此愈加沉迷。

孔甲做东音

一天，孔甲出外打猎，途中突然起了大风，孔甲迷了路，走进一个山民家中。这家只有女主人和一个正在吃奶的小男孩，孔甲见这小婴儿十分可爱，逼着主人将婴儿送与了自己。

两年后，这孩子自己玩耍时，不小心碰倒了一把很锋利的大斧，结果被斧砍死。孔甲却并不在意，却命人作《破斧之歌》，要身边的人学唱取乐，叫作“东音”。

这事传扬出来以后，引起诸侯们的痛恨，骂他是一个胡作非为而又残忍的昏君。

孔甲好龙

这位胡作非为的君主不但喜欢占卜，与鬼神交流，还有一个怪癖：爱吃龙肉，专门叫人在王宫中养龙供他食用。

传说有一天，有四条龙从天而降，孔甲视为天赐神物，欣悦不已，准备用这四条龙来给自己驾车，但他自己却不会饲养。相传尧舜时代的有豢龙氏擅长饲养龙，孔甲便命人找来他们的后人刘累，赐他姓御龙氏，为自己饲养这四条龙。据文献记载，刘累是帝尧陶唐氏的后裔，他一生下来，两手手掌中就各有一个特殊的纹饰，看上去分别是“刘”“累”二字。刘累的家人认为这种胎记是上天的某种预兆，是神的暗示，因此就以“刘累”给初生的孩子命名。

嵌绿松石饕餮纹牌饰

刘累所出生的氏族，是原始时期一支崇拜斧、善于使用斧钺的部族。当时，对人类最大的威胁莫过于那些巨大的猛兽。人们认为，在所有的动物中，龙是最神秘莫测、最难征服的动物。那么，除了作为上天之子的帝王，只有那些具有非凡本领的特殊氏族或人物，才具有征服龙的专门本领。作为远古时期最优秀的狩猎部族，刘累的氏族自然很希望能成为征服龙的部族。刘累诞生时手掌中有“刘累”二字，氏族的人便认为这正是神的暗示，即刘姓将要成为征服龙的氏族。因为，“刘”字是一柄巨斧，引为征服和杀的意思；而“累”字本义是一种绳索，引申为拘系、捆绑的意思。这两个字合起来，就是一手执刘，一手执绳，要去征服、驯服龙的意思。

最初，刘累把龙饲养得很好，孔甲对他的工作非常满意。过了几年，刘累负责驯养的四条神龙中，突然死了一条雌龙。刘累害怕事情被发现，干脆将龙肉煮熟，做成一道菜，派人送给孔甲。不料这龙肉的味道异常鲜美，孔甲不知实情，吃后大加赞赏，并派人向刘累再次索求龙肉。刘累无法拒绝，又不能说出实情，一不做，二不休，又宰了一条龙做菜。孔甲一吃不可收拾，愈发上瘾，不断向刘累索要龙肉。可是，龙是罕见之物，怎么可能要多少有多少呢。在三条龙都被孔甲吃了之后，刘累的恐惧也到达了极限，害怕事情败露后会族灭家亡，于是带着他的一部分族人偷偷逃离夏朝都城，迁到鲁县（今河南平顶山鲁山）一带隐居起来。孔甲无奈，只得再次四处寻觅养龙的高手。

师门使火

不久，孔甲又觅到一个名叫师门的养龙高手。师门可不像刘累那样徒有虚名，据说他能够经受烈火的焚烧，而且只靠吃桃花就能生存。师门进宫成为御龙师后，将那条雄龙养得精神抖擞，神采焕发。但是，师门生性耿直，常常批驳孔甲对养龙不懂装懂，终于招来了杀身之祸，暴尸荒野。

晏龙

师门死后天降大雨，继而狂风大作。好容易风停雨止了，城外的山林又燃烧起来。孔甲认定这是师门的鬼魂作祟，急忙赶到郊外去祈祷，结果无缘无故死在了马车里。

孔甲死后，他的儿子皋（又作昊）继位三年就死了。皋的儿子发（有的古书中又作敬或发惠）也只是继王位七年就死去了。按夏王朝的制度，凡是新王继位，各诸侯、方伯们都要前来进贡朝贺，即使是本人不能来，也要派代表来。但是自孔甲以来，“夏后氏德衰，诸侯叛之”。这两位短命的王继位，前来进贡朝贺的诸侯、方伯屈指可数。

残暴君王的灭亡

夏朝的王位传了十四代，最后一代王名叫姒履癸，后世习惯用他的谥号来称呼他：桀，意为“凶暴的君主，贼人多杀”。

频繁的征伐

桀算得上文武全才，相传他力大无穷，赤手空拳可以搏斗虎豹，一个人就能擒住野牛。

夏桀登上王位没几年，就率军大败了畎夷。畎夷即后世的犬戎，一个生命力顽强的游牧民族，几乎人人都是天生的弓骑兵。诸侯们对畎夷都是又恨又忌，只苦于打不过。如今看到夏桀打了一场漂亮的硬仗，无不对这位新君王心生忌惮，想要一探究竟。

最先来打探情报的是豕韦部落。豕韦以猪为图腾，是一个擅长养猪的部落。豕韦侯带着大批礼物亲自前来，表现得很是恭敬，一时倒让夏桀不知所措了。这时一个大臣对夏桀说：“现在诸侯都不来朝拜，我们是肯定要教训他们。但是，如果仅靠我们自己的军队，想一个个对付所有的诸侯，恐怕很难，我们必须要借助别人的力量。如果我们自己开口请人帮忙，有损王朝的权威。现在豕韦侯来朝，对于我们来说，这是个契机。只要我们厚待他，那么肯定会有越来越多的诸侯跟着来朝。到时我们再率领来朝的诸侯去讨伐那些不来朝的诸侯，就一定可以收服他们的。”

夏桀大喜，用高规格接待豕韦侯，并正式赐封豕韦侯为“方伯长”，具有征伐现在山西一带的所有诸侯的权力。

这招恩威并重相当漂亮，入朝的诸侯越来越多。六年后，夏桀大宴诸侯，宣布要讨伐不来入朝的彤城氏和党高氏。为了在诸侯面前表现自己的神勇，夏桀自己拥着大旗，手持长钩，一车当先杀入敌阵，一击辄毙十数人，势如破竹般，亲手将彤城氏国君斩杀了。党高氏当然也没逃脱灭国的厄运，他们的财宝、妻妾、子女被夏桀运回了都城，土地和奴隶则分给了诸侯。

暴虐的刑罚

本来，桀可以成为一位英明的君主，可他却把所有的聪明才智都用到了暴虐和享乐上。

夏桀自己动手做了一辆人力车，让人拉着优哉游哉地到处跑。当时虽有牛、马拉车，却还没有用人拉的。何况一个君主，居然自己动手制造车，而不是把主要精力用在治国安邦上，这本身已是大逆不道了。

不仅如此，夏桀还倾全国之力，“筑倾宫，饰瑶台，作琼室，立玉门”，然后和妻子妺喜在这寝宫瑶台里整日玩乐。

妺喜的罪名

说到夏桀的残暴荒唐，就一定要说到他的妻子施妺喜，这是中国历史上第一个“红颜祸水”。从此以后，每当亡国的君主宠爱某一个女子，那个女子便被说成“祸水”，不管亡国跟她到底有没有关系。

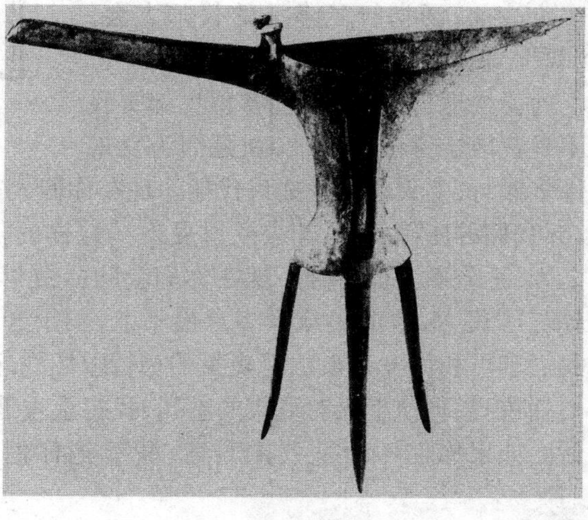

乳钉纹爵

据记载，妺喜“女子行丈夫心，佩剑带冠”，就是比较中性，或说美貌中带着几分英气。这位英气美人有一个怪癖：喜欢听绸缎撕裂时发出的声音。于是，宠爱她的夏桀就命宫女在她身旁日夜撕裂绸缎。

除此之外，妺喜似乎也没再干什么不利于国家的事。至于夏桀喜欢将妺喜抱在膝盖上听她说话，纯属夫妻间的正常交往。

不过，后世的儒学家们不这么看，因为夏桀的第一位妻子非常讲求礼仪。据说有一次，夏桀和妻子在花园散步，看到蝴蝶成双成对翩翩起舞，心神激荡，便也伸手去搂抱妻子。不想妻子推开了夏桀的手，说道："你是一国之君，要注意影响！"夏桀很无奈，说："这是后园，无人看到。"可妻子却说："作为国君，就算没人看到，你也要行为端正，这样才是真正的发自内心的品行端正！一个好的君王，都是很注意细节的，在自己家里也对自己要求严格，这样才能严格要求别人！"

一番话说得夏桀哑口无言，不久就换了妻子，专宠妹喜。抛弃讲求礼仪的妻子，宠爱那个会坐在自己大腿上撒娇的妹喜，就冲这一点，后世对夏桀的无道和妹喜的淫荡就有盖棺定论了。

夏桀的灭亡

桀的酷刑让人们感到十分恐惧，日益增加的赋税更让生活苦不堪言。有莘部落（今山东曹县西北）的酋长于是来劝告桀："你再不接受规劝，恐怕会亡国。"桀大怒，说："你又妖言惑众，人民有君主，犹如天空有太阳。太阳亡，我才亡。"于是国民们都喊叫说："太阳，你快亡吧，我情愿与你一起灭亡！"

汤殛妹喜

夏朝在桀的统治下危机四伏，四方诸侯纷纷背叛而去。于是，商族首领汤决定兴兵伐夏。决战前，汤举行了隆重的誓师大会，作"汤誓"，即向士兵们发表了征伐夏桀的誓师辞。商汤说道："来吧，你们各位！都听我说。不是我敢于贸然发难，实在是因为夏王犯了许多罪行，上天命令我去讨伐他。现在你们大家会问：'为什么我们的国君不体贴我们，放弃我们种庄稼的事，却去征讨夏王？'这样的言论我早已听说过，但是夏桀有罪，我敬畏上天，不敢不去征讨呀。现在你们会问：'夏桀的罪行到底怎么样呢？'我告诉你们，夏桀耗尽了民力，他的民众大多怠慢不恭，不予合作，并说：'这个太阳什么时候才能消失？我们宁可和你一起灭亡。'夏桀的德行败坏到这种程度，现在我一定要去讨伐他。你们只要辅佐我，行使上天对夏桀的惩罚，我将重重地赏赐你们！你们不要不相信，我不会说假话。如果你们不听从我的誓言，我就把你们降成奴隶，或者杀死你们，不会得到赦免。"

誓师后，商汤精选战车七十乘，组成了一支六千人的敢死队，又联合了其他"方国"，采取战略大迂回，绕道至夏都以西发动突袭。桀仓促应战，双方在鸣条（今山西安邑）展开战略决战。桀战败出逃，后来死于南巢（今安徽寿县东南），历时四百余年的夏朝自此灭。

鸣条之战

鸣条之战，一度曾让军事学家和历史学家赞叹不已，称它是中国军事历史上一篇辉煌的杰作。因为它是中国古代通过“伐谋”“伐交”“伐兵”“用间”的全面运用，最终达到战争速胜的最早的成功战例，对于后世战争的发展，军事理论的构筑，都产生过相当深远的影响。

商汤虽然是通过鸣条这一个战役打败夏桀的，但他为这场决定性战役所做的准备，可不是一朝一夕的努力能达成的。

首先，商汤在政治上采取了争取民众和方国的政策，开展了揭露夏桀暴政罪行的政治攻势，为战争的胜利奠定了政治基础。在军事战略上，他在伊尹等人的辅佐下，巧妙谋划，逐一剪除夏桀的羽翼，孤立夏王族，最后一举攻克夏邑。

具体地说，他实施了以下几个主要步骤。

第一，创造性开展“用间”活动。为了彻底察明夏桀的内部情况，商汤派遣右相伊尹数次打入夏桀内部，充当间谍，掌握了夏王朝“上下相疾，民心积怨”的混乱状况。做到知彼知己，然后有针对性实施自己的战略方针。

第二，先弱后强，由近及远，剪除夏桀羽翼，完成对其战略包围。当时夏王朝总体力量仍然大于商部族。在这种情况下，商汤不马上正面进攻夏王朝，而采取先弱后强、绝其羽翼的正确方针，为最后决战创造条件。

第三，正确选择和把握决战时机。在完成对夏桀的战略包围后，商汤对最后决战仍持十分慎重的态度。几经试探和权衡方才做出决定。俗话道，“百足之虫，死而不僵”。立国四百年的夏王朝，即便已面临灭亡之时，但仍具有相当的实力。当商汤停止向夏桀纳贡以试探其反应时，夏桀即调动九夷之师，准备讨伐商汤。商汤马上“谢罪请服，复入职贡”，稳住夏桀，继续积蓄力量，等待时机。不久传来了夏桀诛杀重臣、众叛亲离的消息。商汤乃再行停止向夏桀的贡奉。这次，夏桀的指挥棒完全失灵了，九夷之师不起，商汤方才认为伐桀的时机完全成熟，果断下令起兵。

第二章 人物春秋

禹娶涂山女

夏朝的第一位君王是禹。因为禹的包庇，导致其子启的篡位，使帝位的禅让制变成了世袭制，建成了中国历史上第一个奴隶制王朝。从此，元首与大臣共同治理的天下，变成了一个家族统治的天下。禹原来要把天下禅让给益，其子启篡夺帝位后，就尊父亲禹为夏朝的创立者。夏朝建立的刑法制度，就称为“禹刑”。因此，夏代的故事应该从禹讲起。

禹的身世与迁徙

禹的父亲叫“鲧”，是黄帝和帝颛顼的后代。鲧娶了有莘氏之女，叫“女志”，又说叫“女嬉”“女狄”或“修己”。女志年岁已大，却未有生育。一次，她在砥山玩耍，采食了薏苡。薏苡是一种有穗的植物，俗称“药玉米”。女志吃了薏苡后，觉得肚子有异样感，因而怀孕。也有的传说说她是吃了神珠而怀孕的。过了几个月，女志难产，剖腹而生下禹，取名“文命”，又字“高密”。高密出生时，他们的家还在西羌，即今陕西西部、甘肃东部和四川北部一带。后来，禹随鲧向东迁居到今河南中部的嵩山附近。

路经涂山遇知音

禹青年时期就跟着父亲鲧治理洪水，来往奔波于东西南北各地。有一次，禹来到涂山，即今安徽怀远县东南淮河南岸的一座小山。禹看见一位女子，心中很有好感。那位涂山姑娘，见禹虎鼻大口，身材魁梧，英俊潇洒，也动了心。禹因任务紧急，没有留下来与那姑娘细谈，就继续往南勘测水土。涂山之女思禹心切，便命她的妹妹守候在涂山南面禹回来必经的路上，并作歌唱道：“等候我心中的人啊！”这歌声被当时搜集民歌的“采风”人员记录下来，作为“南音”而编入《诗经》中的《周南》一组诗歌中。过了一段时日，禹回来又经过涂山，看见涂山女的妹妹还守候在那里，知道自己与涂山女情有缘分，便决定娶她。禹和涂山女那天晚上来到古代男女私约的“台桑”，又叫“桑中”之地幽会，两人情投意合。禹便带着涂山女北上，回到家乡，结成夫妻。

九尾狐光临必有好兆

还有一种传说，说禹治水来到涂山，见天色已晚，决定在涂山住一宿。禹心想自己年龄已大，应该是娶妻室的时候了，便在房中自言自语道："我要娶媳妇了，一定会有合适的人来相会。"当时，便有一只九条尾巴的白狐狸来到禹的住处。禹见后高兴地说："白色，是我衣服的颜色；九条尾巴，是我将来要当王的证明。涂山有首民歌唱道：'美丽光洁的白色狐狸，九条尾巴摔摔打打；我的家庭有吉祥好兆，九尾白狐来做宾客而成为君王；有了妻室而成立家庭，我将达到昌盛的彼岸；天人之际事情微妙莫测，应该抓住这个时机赶快进行。'有这首涂山民歌为证，事情就十分明白了啊！"于是，就娶了个涂山女，名叫"女娇"。

后来，禹登上帝位，建都阳城，即在今河南登封市东南。涂山女因为思念故乡，就在阳城南筑台遥望故乡，人称"涂山台"或"青台"，台基至今犹存。禹因治水奔波娶了个远方之妻，可以说是一种姻缘和巧合。

巫山神瑶姬

大禹在全国广大的区域内治理洪水，当时的生产力十分低下，挖土和交通工具都很原始，要完成如此艰巨的任务，确实是难以想象的。在一些人看来，禹治洪水能取得这样伟大的成绩，一定是有天神相助。于是，在科学水平还相当落后的情况下，人民就编出了许多神仙助禹治水的故事，这自然也表达了人民的愿望。

河精授图

诉求丰产的红陶鬶

据说在禹初接到帝舜任命他继续主持治理洪水时，他精神恍惚，一筹莫展，不知怎么办才好。禹独自一人在黄河边观看、徘徊，希望能思索出一个治水的良策来。忽然，有一个长人在河面上冒出，他的捡像人，面孔雪白，而身子却像鱼。他对禹说："我是河精。"又告诉禹："文命治水。"所谓"文命"，就是禹的名字。说罢，授给禹一张《河图》，又沉入河底不见影踪。禹打开那张图，图中画的都是治水的规划、方案。禹茅塞顿开，心中忽然一亮，对治水立刻有了信心。那张图成了禹治水成功的法宝。

山神宝书

还有一则神话故事，说禹因治水在外一连奔波了七年，闻音乐不听，过家门不入，帽子歪了顾不得扶正，鞋子掉了顾不得穿上。一心就想治好洪水，苦于无人指点，功效甚微。有一天，他忽然发现一本书，名《黄帝中经历》，上面写着：“在九山东南，有一天柱，号叫‘宛委’，赤帝在此宫中。这座山岩之顶，有一宝书，下垫纹玉，上覆磐石，书是金简，青玉为字，镶以白银，文皆突起。”禹见此记载，便向东巡察，登上南岳衡山。他杀了白马，以白马的血祭祀，希望得见宝书。禹在山上仰天大叫，见到一位穿着红绣衣的男子，自称“玄夷苍水使者”。听说天帝使文命在此，故来等候，将告诉禹一个重要的日期。他要禹务必谨慎对待，切勿当作儿戏，然后就对禹说：“欲得我山神书者，祭祀于黄帝岩岳之下，需穿整洁衣服，戒除嗜欲。到三月庚子那天，登山揭石，金简之书就在里面。”禹听后拜退，虔诚斋戒。到三月庚子，登上宛委山，果然得到金简之书。禹读金简玉字，领悟得治水的道理，自此，效率倍增，很快就大功告成。

瑶姬显灵

禹治洪水，据说又曾得到巫山神瑶姬的帮助。瑶姬原是炎帝的小女儿，她在巫山游玩，不幸身亡，葬于巫山之阳。她的精魂化为灵芝草，成为巫山之神。巫山峰岩挺拔，林壑幽丽，巨石如坛，风景奇特，瑶姬常出来游玩。当时大禹治水，驻在山下，大风突然刮起，崖谷振荡，不可遏制。禹在避风时与瑶姬相遇，便拜而求助。瑶姬即命令侍女授禹“策召鬼神之书”，又命其神狂章、虞余、黄魔、大翳、庚辰、童律等，助禹凿石疏波，开挖堵塞之处，以导其流。禹受此帮助，叩拜道谢，却不见了瑶姬踪影。禹想寻找瑶姬，登上高山之巅，仿佛瑶姬身化为石；再转身一看，又倏然飞腾，散为轻云；忽而又油然而上，聚为夕雨；有时化为游龙，有时化为翔鹤，千态万状，捉摸不定。禹疑其狡狯怪诞，不是真的仙人，便问童律。童律答道：“瑶姬现在叫‘云华夫人’，为王母之女。她不是胎生之形，而是西华少阴之气，故变化无穷，岂止于云、雨、龙、鹤。飞鸿、腾凤啊！”听了此言，禹方信以为真。

禹始终不死心，一心想找到这位云华夫人。他登上山去，但见云楼玉台，瑶宫琼阙，如入仙境。周围有狮子站立，天马行空，毒龙吐焰，电兽放光，八威皆备。在云雾深处，只见夫人坐于瑶台之上，旁边有灵官侍卫，不可名识。禹赶忙上前拜见，述说来此治水之事。瑶姬便命侍女容华拿出丹玉之书授给禹，上有治水宝文。禹得到治水宝书，又得到庚辰、虞余诸神相助，劈山导水，大见功效。

有的史书记载，巫山有十二峰，峰峦直上云天，山脚直插长江之中，甚为壮观。在这十二峰中，要算神女峰最为纤丽奇峭，有真仙人托居其上。每年八月十五日夜月明时，便有丝竹音乐之声在峰顶缭绕，山猿齐鸣，到天亮才逐渐停止。夏禹曾来此峰见过神女，得到所授的“符书”，因而治水得以大功告成。所谓“神女”，就是炎帝之女瑶姬所化。

“伯成子高”弃官务农

禹运用军队、刑法、监狱做工具，对企图叛乱的氏族部落和诸侯国，进行残酷的镇压。

攻逐三苗、制订“禹刑”和杀防风氏就是其中最突出的几个事件。但从此时开始，夏王朝中央政权与周边部族、各诸侯国的矛盾也越来越激烈。

夏王朝与共工部族的残酷斗争

这种矛盾还有一个突出的例子，就是夏王朝政权与共工部族的斗争。共工部族是炎帝的后裔，其首领经常跟黄帝后裔建立的政权发生冲突。据说共工曾与颛顼争帝位，因恼羞成怒而触撞作为天柱的不周之山，使地东南低而天西北高。在尧舜时期，共工又造成水害，并在部落联盟内部挑拨离间，制造矛盾，因而被舜流放到北方的幽州。到禹执政时期，共工部族又出来危害作乱，最终也被禹攻灭。其部族人员或被诛杀，或逃往四方。传说共工有个大臣叫“相柳”，此人有九个头，都有人的面孔，而身体像一条青蛇。禹诛杀共工后又杀相柳。相柳的身上有血腥的恶臭，其血腥流到之处，庄稼不能生长，于是禹在这块土地上筑了个“众帝之台”，以作祭祀之用。由这个传说可以知道，禹在与共工部族斗争中杀人之多与施用手段之残酷。

因社会矛盾激烈而弃官务农

社会上激烈的为争权夺利而互相残杀，必然会影响人们的思想。传说有一位贤人叫“伯成子高”，在尧时因为他的贤德而被立为诸侯。后来，尧传位给舜，舜又传位给禹。当禹之时，伯成子高辞掉了诸侯之位到农村去耕田。禹不解其意，便想亲自问问他这样做的原因。当禹来到伯成子高的住地时，他正在田野里耕作。禹就立在伯成子高的旁边，诚心诚意地请教说：“过去尧治天下，先生立为诸侯，能够欣然接受，高高兴兴地去治理。尧把帝位让给舜，舜又把帝位让给我，而先生却不想再当诸侯，辞去其位，宁愿到农村耕田。敢问这是什么缘故呢?”子高答道：“过去尧治理天下，人民纯朴无邪，不赏而百姓劝功乐业，不罚而百姓畏惧谨慎。现在，君赏罚严明，百姓反而不仁不义；刑法立得越多，盗贼反而更加猖獗。可见道德的衰落，人心的变坏。后世必有大乱，故我早些躲避开啊！君请回吧，不要妨碍我的农事。”说罢，就自顾自地耕田，对禹看也不看一眼。

由于看不惯当时社会矛盾的恶化，斗争的激烈，伯成子高成为夏王朝初期一位弃官务农的隐士。

禹葬会稽山麓

夏禹一生，勤劳奔波，艰苦卓绝。他早年主持治理洪水，走遍了黄河上下，大江南北。中年建国以后，他又教九夷、攻三苗，举行了涂山和茅山两次诸侯大会。特别是后一次大会，他对诸侯计功行赏，改茅山为会稽山，杀戮了态度傲慢的防风氏，使夏王朝的声威大震。禹对诸侯和百姓，德教与兵刑并重，采用文与武两手结合的策略，为巩固政权，他忙忙碌碌地奔走于城市乡村和边疆各地。

记名山大泽，成宝贵古籍

禹还做了一件有意义的事，就是他在治理洪水时，曾经与益共同谋划，每到一处名山大泽，就召集当地的人士询问山川地理、金玉矿藏、鸟兽昆虫、殊国异民、奇闻轶事，让益整理而记述下来，这样就成了《山海经》这部宝贵古籍。据专家学者的研究，《尚书》中的《禹贡》篇不是夏禹时的实录，而是经过战国时代的人加工过的；《山海经》也是战国时代的人所编撰。但是历史上有禹和益记录治水见闻而成《山海经》的传说，它不会是凭空捏造。《山海经》的雏形可能就是在禹和益治水的过程中形成的。

安息于会稽山麓

禹对今浙江绍兴东南的会稽山情有独钟。“会稽山”的山名也是他在一次诸侯大会，对诸侯考核功绩、论功行赏之后取的。禹的晚年又来到东南巡守，对东夷、越民教以礼仪和耕种之法，再一次举行诸侯大会，对诸侯中的有德有功者给予封爵和奖赏。由于年事已高和过度劳累，禹竟病死在那里。他的遗体就安葬于会稽山麓。

禹的葬礼十分简单。他的棺材是桐木制的，棺厚三寸。他下葬时穿着裘皮三条，这是当时的习俗。他的墓穴深七尺，上面不会有水漏进去，下面也不会有积水。他的墓坛高三尺，上去有三级台阶，整个墓占地一亩。就像舜葬于苍梧之野，那里经常有象在为民耕田一样，禹的葬地会稽山麓，经常有鸟在那里耕田。据说这是禹为了催促人民春耕生产，故使鸟耕以教育民众。会稽山上还有禹井、禹祠，都是为了纪念禹而建立和取名的。大禹的墓和祭庙在会稽山下，至今保存完好。

《五子之歌》的由来

夏后帝太康不理朝政，终日游猎玩耍，最后弄得国破家亡，在这痛心的时刻，太康的五个弟弟搀扶着他们的母亲来到洛水边上，望着滚滚而流的洛水，发出哀怨的感叹。他们想起祖父大禹的告诫，再看看自己哥哥的所作所为，不禁仰天作歌，以抒发自己的哀怨和惆怅的胸怀。

祖宗教训，怎能遗忘？

第一曲，他们唱道：“我们的祖父大禹早有训诫，人民可以亲近而不可戏谑。人民是国家的根本，根本稳固了国家才会安宁。我视天下百姓，愚夫愚妇也能胜我，怎能不敬畏小民？一个人有多种过失而为人所怨，岂有明白显著的征兆？小过不见而酿成大过，所以应该防微杜渐，从长计谋。我治理亿万民众，小心翼翼，像用腐朽的绳索去驾驭六马。当人君、做帝王的，怎么能够不毕恭毕敬！”

过了一会，他们又唱第二曲：“祖父大禹还有这样的教训；在宫廷内部为女色所迷乱，到了野外为捕捉飞禽走兽而忘乎所以，沉湎于饮酒，热恋于歌舞，好造高大的宫殿，雕花的墙柱。以上六者中只要有一，没有不遭亡国之祸！”

酒祖杜康遗址

如今荒废，国破家亡

接着，他们又唱第三曲：“我们的祖先陶唐氏帝尧，建都于冀州而统治天下四方。今天失其秩序，乱其制度，因而导致国家的灭亡！”第四曲又反复唱道：“光明正大我们的祖父大禹，曾经做过天下万邦的君主。有治国的法典和为君的原则，留给后世子孙，使遵照执行。统一度量衡之器而正确使用，百姓和王府都有足够的积蓄。如今太康荒废而坠失其事业，这样就覆灭宗族，断绝祭祀！”

最后，五兄弟唱起了第五曲：“啊！太康远去不返，我们将以何处为归宿？我以此故，思念而悲！太康为恶，万姓都仇恨我们，我们将依靠谁？抑郁的心啊充满着哀思，我们的外貌强作厚颜，而内心则忸怩羞愧！我们的大哥不慎其德，以致国都被占，返回无门，虽欲改悔，怎么能够追及？”

歌声哀怨，荡气回肠

太康的五个兄弟陪着他们的母亲，在洛水边上一唱三叹，歌声在洛水两岸回荡。后来人们把太康五兄弟所唱的歌记载下来，称为《五子之歌》。它告诉人们许多治国的道理，充满着哀怨和教训。

九夷来御

征服东夷的夙愿

少康重建夏王朝后，除了恢复稷官管理农业生产，恢复水官治理黄河水患，分封小儿子去越国世代祭祀祖先禹的陵墓这样三件大事外，还有一件常使他心中不安的事，那就是东夷诸部落、方国的时叛时服，威胁着夏王朝的安全。即位初年，东方九夷中只有“方夷来宾”向夏王朝称臣纳贡，表示顺服，与其他八夷的关系仍处在紧张状态。太康失国，就是由于东夷有穷国的入侵。为了杜绝这样的祸患再次发生，少康决定发动一场对东夷的征伐战争，以显示夏王朝的实力和威风，粉碎东夷各族想要入主中原的野心。可惜少康过早地病逝。他死后，只能由继承王位的儿子杼去完成他生前的未竟之业了。

夏帝杼的名字，有许多种写法，有的写作“伃”，有的写作“予”或“宁”，因为古字常常同音通假。杼即位后，继承少康遗志，积极准备征伐东夷。传说杼为战争的需要而制造了许多矛和甲，矛是进攻武器，甲是防御衣服。这些矛和甲制作精良，进攻和防御的性能都很好。为了指挥战争的便利，他先把都城迁到黄河北岸的原，即今河南济源市西北，后又向东迁到老丘，即今河南开封市东。

太平盛世的祥瑞

制造众多武器，扩充军队编制，训练杀敌本领，国都也迁到合适的位置，然后，帝杼便亲自率军东征了。这次征伐，由于准备充分，又做了大量的宣传工作，因此比较顺利地征服了分布在今河南东部、江苏北部和山东各地的夷人部落，一直打到东海之滨。军队所到之处，夷人部落的首领都来朝贺，纳贡称臣。一路上几乎没有遇到什么阻力，夏王朝的声威大震。特别是打到大海边上，有一个叫“三寿”的，也有的说叫“王寿”的东夷部落，其酋长立刻表示臣服，并向帝杼献上一条“九尾狐”。这种九尾狐颜色雪白，尾巴有许多分叉，是一种罕见的珍稀动物。传说九尾狐的出现是一种祥瑞，预兆着天下将出现一个太平盛世。过去夏禹在涂山见到过一次，现在帝杼征东夷，又见到了。帝杼高兴异常，东征不但平服了广大地区的东夷部落，而且还意外地获得了一只可爱的“瑞兽”。然而不幸的是，不久，他因不治之症，竟过早地去世了。杼在位的时间虽然不长，但在夏族人看来，他是能继承夏禹事业的一位杰出的帝王。

关系密切的佳话

杼死后，他的儿子芬即位。因为杼征东夷胜利，声威远扬，原来一些叛离的方国、部落，又纷纷来朝，臣服于夏。史载帝芬三年“九夷来御”，即在东方的九种夷人都来称臣纳贡了。这九种夷人，包括畎夷、于夷、方夷、黄夷、白夷、赤夷、玄夷、风夷、阳夷。九夷都来朝贡，夏王朝与东方诸夷人的关系有了显著的改善。到芬的孙子泄继帝位后，又对九夷中的畎夷、白夷、玄夷、风夷、赤夷、黄夷这六种夷人加封诸侯，更加密切了夏王朝与东方夷人的关系。

以三寿部落所进献的九尾狐为祥瑞，夏王朝与东夷各方国部落的亲密关系日益增进，成了夏王朝历史上的一段佳话。

忠臣关龙逄

民众诅咒太阳骂夏桀

夏桀除了贪恋女色，荒淫无道，整日过着花天酒地的放荡生活，不理朝政外，他还无休止地搜刮人民，进行残酷地剥削、压迫，把他们的血汗都榨光了，就征发他们来服劳役。

被征发来服劳役的民众，敢怒不敢言，就用消极怠工的方式进行对抗，不执行监督官吏的命令。因为夏桀经常把自己比作天上的太阳，所以服劳役的民众对着天上的太阳诅咒道：“你这个太阳啊，什么时候才能命丧，我与你一起灭亡！”民众表面上诅咒的是太阳，但实际上是指桑骂槐，痛骂的是夏桀。

关龙逄

佞臣花言巧语当丞相

在国家局势的危难关头，君主的身边总有两种大臣：即佞臣和忠臣。佞臣用花言巧语向君主献媚，说天下局势稳定，政权巩固，百姓们感恩戴德，你君王永保天命。这样可以得到君主的恩宠，容易升官发财。但佞臣这样的吹牛拍马，阿谀奉承，掩盖矛盾，粉饰太平，会使君主越来越胡作非为，最后导致国家灭亡。夏桀时有两个著名的佞臣，一个名叫干辛，一个名叫侯侈，他们都当了夏桀的丞相。干辛对夏桀百般谄媚，说尽好话，而对诸侯和百姓，耀武扬威，进行凌辱和苛刻剥削。侯侈，又叫“推侈”“推哆”或“推移”。他能说会道，颠倒是非，内心险恶，手段狠毒。他投君主之所好，善于掌握君主的心理而操纵君主的行为。这些佞臣，成事不足，败事有余，把桀一步步推向深渊。

忠臣直言劝谏遭杀戮

在桀的身边，也有一些忠臣。当时最著名的忠臣叫关龙逄。他看见桀大肆搜刮民脂民膏，终日过着荒淫无耻的生活，诸侯叛离，人民怨愤，一旦边境有外族入侵，国家命运就危在旦夕，因而他手捧“皇图”，来到倾宫求见桀。皇图是古代王朝绘制的宣扬帝王祖先功绩的大幅图画，它的作用是留给后代帝王们看，使他们弘扬祖先的功德，效法祖先们治理国家的业绩，把王朝一代代继续下去。关龙逄捧去的皇图绘有大禹治水、涂山诸侯大会等宏伟的图景和壮阔的场面。他的目的是要桀效法先王，像夏王朝的始祖大禹那样节俭爱民。因为只有这样，才能得到诸侯和人民的拥戴，使国家长治久安。关龙逄一边手捧皇图给桀看，进行规劝和诱导；一边严肃地进谏道：“古代的人君，身行礼义，爱民节财，故国家安定而身自长寿。现在你作为君主，用财大肆挥霍，好像有无穷无尽的来源；杀人唯恐不多，好像割草一样。长此下去，如果不改，天灾一定会降临，而诛杀一定会轮到君的头上。我的君王，你一定要改变啊！”说罢，立在倾宫中不出去，希望夏桀醒悟。桀见他话中有不祥之意，并且态度激昂，行动傲慢，不禁大怒，便令边上的卫士把关龙逄拉出去斩了，把皇图也一起焚毁。关龙逄被桀处以极刑，先斩其四肢，然后再杀头，让其慢慢死去，惨状目不忍睹。

在朝的大臣们听说关龙逢忠言谏桀，得到如此的下场，不禁心寒胆栗，纷纷有离夏朝远去之意。而桀对逆耳忠言更加反感，态度更加骄横暴虐。这样一来，桀边上的忠臣越来越少，佞臣越来越多，离大难临头的日子已为期不远了。

终古离夏奔商

天壤之别的两个世界

历史上每当一个王朝或政权将要灭亡的时候，总有一些大臣或贤士弃暗投明，跑到敌对的国家去。古今中外，概莫能外。夏王朝传到桀，君主享乐腐化，不问国家的政事和人民的生活，专制暴虐，滥杀无辜。当时在夏桀周围的，都是些阿谀奉承的佞臣，投合君主的意思，沆瀣一气，互相串通，道德沦丧，世风日下。由于贪官污吏残酷的剥削和压迫，人民无法正常地进行农业生产，因此田地荒芜，野草丛生，害虫遮天蔽日，呈现出一片衰败景象。

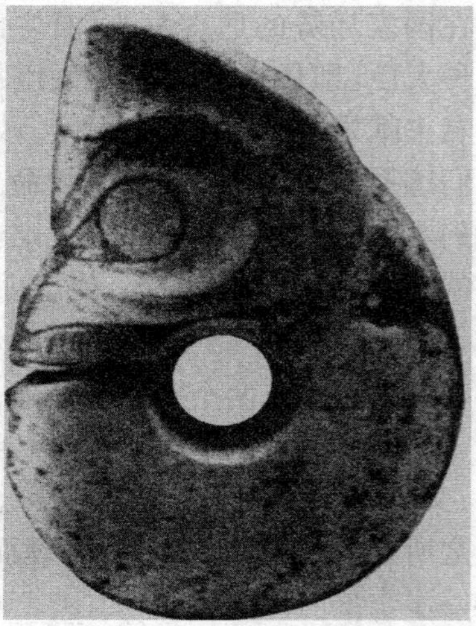
地位与权力的象征：玉猪龙

在夏王朝的东面，有一个叫“亳”的地方，就在现今的河南商丘市东南，那里是诸侯国商的所在地。商国的首领叫汤，他待民宽厚，附近的人民都来归附于他。汤又虚心纳谏，礼贤下士，重用能人，所以商国政治清明，君臣和睦。人民都安居乐业，农田里庄稼茂盛，谷穗壮实，年年丰收。夏王朝和商国相隔只有几百里地，然而两地的政治、经济状况却有天壤之别，看上去简直是两个世界。官吏和人民纷纷离夏投商，是很自然的事。

伊尹劝诫不成由桀归汤

当时伊尹正在夏王朝担任一个小官职。伊尹姓尹名挚，因为他后来当了“尹”的官职，所以人们都称他为“伊尹”。伊尹在夏王朝宫廷中听见群臣唱这样的歌：“河水滔滔啊，船和桨都败坏了！我的帝王荒废政事啊，快快归向东方的亳，亳正在一天天壮大啊！”也有人这样唱：“快乐啊，快乐啊，四匹公马矫健拉车啊，六根缰绳粗壮有力啊，离开不善而到善的地方去，怎么不快乐啊！”伊尹听了这些唱词，知道夏王朝的气数将尽，就举着“觞”跑到桀所在的地方。“觞”就是酒杯，和伤亡的“殇”同音，举觞就象征着国家将要伤亡，用以提醒桀警惕。伊尹对桀大声劝诫道：“君王终日不理朝政，不听群臣忠告，大命将要逝去，灭亡就在眼前啊！”桀看了看伊尹，忽然大笑起来，不屑一顾地说：“你又在制造妖言了。我有天下，就好像天上有太阳。太阳有伤亡的日子吗？太阳灭亡，我才会灭亡呢！”伊尹见夏桀已经无药可救，便急忙打点行装，朝商国奔去。汤见伊尹明白事理，才能出众，立刻任他为丞相。

终古顺应大势离夏奔商

夏王朝有一个太史令叫“终古”。太史令是记录政事的长官，兼管天象、历法。终古多次向桀进言，规劝他要爱惜民力，关心人民的疾苦，夏桀都置若罔闻。眼看夏朝将要灭亡，他将无处容身，便拿出多年记录的史事、绘制的天文图及计算的历法，暗自哭泣。他得不到夏桀的重视，夏朝灭亡后，这些东西也将成为旧物，再也不能发挥作用了。他思前想后，最后也像其他官吏一样，带着自己的记事本和图法，奔往商汤之国。商汤见夏朝的太史令也奔来了，喜出望外，遍告四方诸侯说：“夏王无道，暴虐百姓，他使父兄穷困，使功臣受辱。他轻视贤良的人，抛弃德义，听信谗言。广大民众，怨声载道。守法之臣，都自动归于商国。”商汤利用夏朝官员的纷纷来归发布告示，他这是为推翻夏王朝的统治大造舆论。

伊尹归汤和终古奔商，表现了当时的大势所趋，人心所向。

拘禁阴谋破灭

出了一个馊主意

夏桀听说东邻的商国政治清明，官吏廉洁，人民都能安居乐业，农田庄稼一片兴旺，特别是夏王朝的官员，如伊尹、终古等，一个个投奔商国。夏桀意识到这不是一个好兆头。他还听说，商国的国君汤，年轻有为，办事精明，有远见卓识。商国还在制造武器，训练军队，莫不是要来进攻夏王朝？想到这里，夏桀全身不寒而栗。他和旁边的佞臣商量，出了一个馊主意：借故召商汤来夏都有要事面谈，等他来了之后，便把他逮捕，关进监狱，这样夏朝就不会有商国的威胁了。如果商汤不来，说明他心中有鬼，便可以发兵去攻他。

明知凶多，还要前往

于是，一道传令到商国，要汤马上来见夏王。汤知道夏桀旁边有一帮奸臣，诡计多端，此去凶多吉少。但是，商国现在的国力还不能和夏朝对抗，如果对传令置之不理，很可能引起夏朝军队来攻，后果将不堪设想。在衡量了去还是不去的利弊之后，商汤决定还是去走一趟，看夏桀能把自己怎么样。果然不出所料，商汤一进入夏都，就被拘禁起来，夏桀把他关押在“夏台”。这是夏朝的中央监狱，专门囚禁重要的犯人。

凭机智设计脱险

商汤早就在夏桀周围买通了间谍。夏桀最喜欢的琬和琰两名女子，商汤曾托人给以

“千金”的代价，使她们为商国服务。琬和琰也知道商国欣欣向荣，必定大有希望；而夏桀专制暴虐，总有一天会走向灭亡。为自己的前途考虑，琬和琰接受了聘金，愿与商汤合作。自从商汤被拘禁后，两个女子每天在夏桀面前讲好话，说商汤是忠于夏桀的，是夏王朝的忠实卫士，他不会有叛逆之心，他制造武器和练兵是为了保卫夏王朝。商汤在监狱中也不断向夏桀陈词，表示自己的忠心，永远向夏王朝称臣纳贡，做夏桀的马前卒。由于两位得宠女子的说情，商汤自己又不断表白对夏桀的忠诚，夏桀觉得商汤确实没有违抗自己的行为，拘禁的时间长了，对各地诸侯的影响不好，因而便把他释放归国。

夏桀拘禁商汤、欲把他置于死地的阴谋，因为夏桀的昏庸和商汤的机智终于没有能够得逞。

夏桀自寻短见

获情报，攻夏时机成熟

商汤归国后，一方面加强与各诸侯国的联系，一方面加紧军队的建设，同时派伊尹为间谍至夏侦察。怕桀不信，汤故意用箭射伤伊尹。伊尹带着箭伤到夏桀面前哭诉商汤如何暴虐，请求夏桀再收留他。这样，伊尹又在夏潜伏下来。过了三年，伊尹悄悄跑到亳向汤报告：“桀迷惑于妹喜，钟爱琬和琰，不顾恤其民众。民众不堪剥削，怨气郁积，都说：上天不会照顾他，夏朝之命快完蛋了。”汤听了伊尹的报告，觉得出兵攻夏的时机已经成熟，便与伊尹歃血为盟。他们杀了牲口，把血涂在嘴唇上对神起誓，表示一定要消灭夏朝，不达目的，誓不罢休。

折腹黑陶壶

桀被擒，政策宽大区别对待

商汤的军队向西挺进，直逼夏都斟寻。夏桀此时已是众叛亲离，自知无法与商汤对抗，便带领一部分军队向西逃到鸣条，其地在今山西运城市东北。商汤引兵追至鸣条，夏桀觉得再无路可退，便在鸣条的野外摆开决战的架势。夏桀的兵都不愿为桀战斗，纷纷逃离战场，溃不成军。夏桀见大势已去，亡命奔逃，终为商汤军队擒获。

商汤没有杀死夏桀，为表示宽大为怀的政策，决定对夏桀加以流放。为了使夏桀与夏朝的人民不再发生关系，断绝其死灰复燃的可能，商汤把夏桀流放到南巢，其地在今安徽巢湖市西南的巢湖边上。妹喜虽然曾经与伊尹结交，愿当商汤的间谍，但她是因为妒忌琬和琰，并非出于真心拥护商，而且后来又有反悔，故商汤将妹喜和夏桀一起流放。同时流放的还有夏桀的一些嬖妾，但不包括琬和琰。因为琬和琰在汤被夏桀拘禁时，曾经为汤说了许多好话，救了汤的命。因此，琬和琰在夏朝灭亡后就恢复了自由。

自寻短见，摔死南巢山下

夏桀流放到南巢，过着囚徒般的生活，再也不能像往常那样奢侈腐化，为所欲为。他也没有面目去见他的臣僚和乡亲，心情十分懊丧。他告诉别人说："我懊悔没有在夏台杀了汤，才落到这个下场。"他觉得这样窝窝囊囊地活着还不如一死了之。一天，夏桀和妹喜以及嬖妾同坐一条船在巢湖里漫游，然后就登上湖边的南巢之山。夏桀自寻短见，在高处纵身一跳，摔死在南巢山下，结束了他荒淫无耻的一生。

夏桀

夏朝自禹建国，共传了 14 代，有 17 个帝王即位，历时 471 年。桀是夏朝的最后一个帝王，他的所作所为在历史上遗臭万年。战国时代的吴起曾经指出：夏桀统治的地方，东边到达黄河下游和济水流域，即今河北东南部和山东中部；西面到达华山，即今陕西东南部；南面到"伊阙"，即今河南西部的伊河及其附近的山脉，北面到"羊肠"，即今山西南部的丘陵地带。地域广阔，形势险要，但是由于夏桀暴虐无道，不施德政，终于被商放逐。这是个深刻的教训。

第三章　文学艺术

二里头文化

二里头文化是在河南龙山文化煤山类型的基础上继承和发展起来的一种新型考古学文化,文化遗址现已发现200余处,其分布范围大致是以河南嵩山周围的伊河、洛河、颍河、汝河谷平原为中心,西起陕东,东至豫东,北到晋南,南达汉水北岸,包括了今河南省的大部以及今陕西东部、山西南部的地区。由于该文化分布地域较广,表现在文化面貌上有所不同,不少学者据此将其划分为若干不同的类型,这里将该文化分为二里头类型和东下冯类型两个类型。关于二里头类型文化存在年代,根据碳十四的测定,大约存在于公元前1900~前1500年之间,经历了400年左右的时间。在这数百年的时间内,二里头类型文化有所发展变化,学术界根据这个变化,将其分为四个不同的发展阶段。自20世纪70年代四期说形成以来,郑光又将二、三、四期细分为早、晚两段,形成四期七段说;赵芝荃在一期之前又增加一个"新砦期",形成五期说;董琦又提出了三期五组说。以上诸说大都是在四期的基础上加以重新分离组合而成,没有太多的新意,在新的资料没有系统地公布之前,仍以四期说比较稳妥,这里仍采用四期说。但是考虑到二里头一期文化是在河南龙山文化的基础上形成发展起来的,其间确实存在一个过渡阶段,这个过渡阶段就是赵先生所称作的"新砦期",该期的文化特点在于既具有浓重的河南龙山文化遗风,又含有二里头文化的因素,除此之外,没有自己系统的独具的内容,因此不能形成一个单独的期别,而宜于将其置于一期的早段,原来的二里头一期文化可称作晚段,这样二里头一期文化就存在着早段和晚段,二、三、四期则暂时维持着原来的分期意见。

现已发现的二里头文化一期早段遗存,主要有登封王城岗二里头文化一期、汝州李楼二期、煤山二期、禹州连接、冀寨、下毋、龙池、瓦店、枣王、吴湾、崔庄、王山、潭陈、郾城郝家台五期、西华陆城、新密新砦、黄砦、郑州北二七路第六层、荥阳竖河二里头文化一期1段和洛阳东干沟等,它们大多分布于颍河、汝河流域地区。该段遗存最早发现于煤山遗址二期,发掘报告指出:煤山二期文化,"较多地承袭了河南龙山文化的若干特点,如鼎类器中,都是敛口、折沿、鼓腹,器足附在底部。而大口罐都是深腹,小平底,但也出现了一些带有过渡性的变化。如鼎、罐、甑、澄滤器、圈足盘等器的口沿较龙山文化为侈,折沿而近平,腹部瘦削呈桶形,小平底而近圜。在甑类器的底部,不见早期那样排列密集的圆形镂孔，而出现了周围四个半圆孔、中间一个圆孔的排列形式，在腹部有两个鸡冠形鋬。罐类器由鼓腹变成瘦深腹罐。圈足盘由圜底变成平底等等，这些器形特点与二里头遗址的早期文化相同”，该报告将其归入二里头一期文化遗存，基本上是正确的。同类型的遗存也发现于新密新砦遗址，发掘者赵芝荃后来称此为“新砦期”，指出该期的陶器“陶质以夹砂灰陶和泥质灰陶为主，棕色陶占一定的比例，多施黑衣，磨光陶不及河南龙山文化盛行。器壁较厚，一般器物个体较小，器型不及后者工整轻巧。平底器居多，其次是三足器和圈足器，圜底器少见。器类有深腹罐、罐形鼎、盆形鼎、甑、甗、盆、刻槽盆、平底盘、钵、大口罐、高领罐、圈足盘、三足盘、豆、单耳杯、壶、觚、瓮、缸和器盖。器物口沿以平折沿为主，基本不见卷沿器。一般口部内敛，侈口较少，口沿内侧有明显折棱。器腹两侧有鸡冠耳。纹饰以篮纹、方格纹为主。其他还有绳纹、弦纹、阴线纹和指甲纹。方格纹与篮纹拍印较浅，边棱较圆。绳纹纹理清晰。本期具有浓厚的河南龙山文化风格，同时也出现了一些类似于二里头遗址一期的因素”。这个论述比较完整地揭示出二里头一期早段文化的特点。二里头文化一期晚段的遗存。现已发现有偃师二里头遗址一期、高崖、程氏沟、夏后寺、巩义稍柴一期、花地嘴、石灰务、新密程庄、登封玉村、伊川白元二期、洛阳皂角树、东立射、矬李四期、渑池郑窑一期、荥阳竖河二里头文化一期 2 段、淅川下王岗二里头文化一期、驻马店杨庄二期以及太康方城和商水朱集等，它们大多分布于伊河和洛河流域，而且分布范围已扩大到豫南和豫东地区。该段遗存较多地发现于二里头遗址一期，其陶器群的特点是河南龙山文化的因素继续减少，器物的口沿多为平折沿，口沿内侧已无明显的折棱，陶胎较前增厚，多黑褐色。篮纹和方格纹宽浅而散乱，呈现出进一步衰退的状态。龙山文化时期的斝、双腹盆、钵、碗、乳状足罐形鼎和带有密集圆孔的甑已经消失；新组成的陶器群主要器类有平底或凹圜底的深腹罐、圆腹罐、花边口沿罐、三角足罐形鼎、半圆孔甑、刻槽盆、鸡冠状扳的深腹盆、三足盘、瓮、尊、豆、觚、爵等。绳纹纹饰逐渐增多，并出现了云雷纹、回纹等新的压印纹饰。所有这些都为二里头文化陶器群的形成奠定了基础。

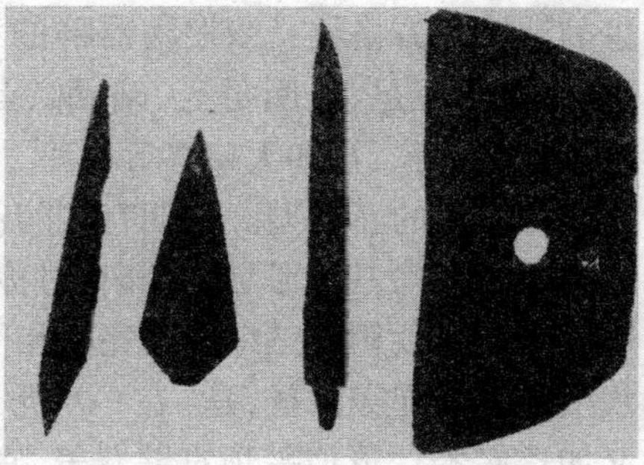

石镞　单孔石刀

二里头二期文化是该文化的发展阶段，现已发现的该期遗存主要有偃师二里头二期、灰嘴、倪家庄、巩义稍柴二期、花地嘴、康沟、新密黄寨、曲梁一期、登封王城岗二里头文化二期、汝州煤山二里头文化二期、伊川白元三期、洛阳东阳村三期、矬李五期、黑王、皂角树、东立射、霍村、潘庄、夏庄、东干沟中期、东马沟、渑池郑窑、陕县西崖村、邓州穰东、驻马店杨庄三期、党楼、上蔡十里铺、郾城郝家台六期、杞县牛角岗一期、郑州商城 CET7、CNT4、洛达庙一期、荥阳竖河二里头文化二期 3 段、禹州董庄、崔庄以及陕西省华阴横阵、商县紫荆和蓝田泄湖等，它们大多分布于伊河、洛河流域，向西扩展到陕东地区。该期文化内涵以二里头遗址二期比较典型，其陶器群的特点是河南龙山文化因素趋于消失，陶器群在一期的基础上质量显著提高，陶胎较前坚硬，以轮制为主，厚薄匀称，多灰和褐色，黑陶大为减少，有微量的用高岭土制作的白陶和红陶。器形工整精致，器口卷沿增多，鼓腹器减少，长腹圜底罐比较流行；陶器纹饰以绳纹为主，压印纹也较前增加，只有很少的篮纹和方格纹。该期陶器群的种类主要有罐、鼎、甑、大口盆、刻槽盆、深腹盆、敛口尊、瓮、豆、三足盘、圈足盘、碗、觚、盉、爵、角、四足方杯、单耳杯和器盖等，并且新出现了鬲、甗、蛋形瓮、簋和大口尊等器型。簋可能是圈足盘的变形，大口尊则可能是高领罐或瓮演化而来的新器型。该期有些陶器的形制比较特殊，如敛口罐形鼎，“短颈、宽斜肩、扁圆腹、圜底、扁三角形足，肩部有对称的鸡冠耳。此鼎纹饰奇特，通体饰绳纹，又饰粗细适度的附加堆纹构成三组图案完全相同的瓔珞状花纹，构图严谨，纹样新颖”，器形较大，呈浅灰色。又如壶式盉，是“在一尊形壶上安一象鼻式管状流，造型与制作皆非常精美”。又如透底器，“形似平顶直壁器盖，底中部有一或大或小的圆孔，柄部皆残。此器壁皆厚，泥质磨光，较精致。在一个灰坑下部出一对较大型者，外壁分别塑三和六条盘蛇（龙），甚精。龙身刻画菱形纹，其底一为素面，一为刻画雷纹为地纹”。

综观这个时期的陶器群，虽然是在继承一期的基础上发展起来的，但其文化面貌有着自己显著的特点，特别是绳纹陶的流行，卷沿和圜底器的增多，鬲、甗与蛋形瓮等新型器类的出现，都表明二期的陶器群较之一期有了重大变化。形成这个重大变化的原因，当前学术界主要有两种不同的看法：一种意见认为一期属于夏文化，二期属于商文化，一、二期文化面貌的不同，反映着夏商两种文化之间的族属区别。第二种意见认为二期文化发生的变化是一期文化发展过程中的自然延续，只是由于时代的不同，才演变出一些新的特点。我们认为上述二说均有可商之处。首先是二里头四期文化内涵之间，延续性居于主导地位，它是一个完整的具有发展阶段性的文化共同体。它主要分布于嵩山周围的伊河、洛河、颍河、汝河谷平原地区，这里也正是文献所记夏人活动的中心区。它往往叠压于二里岗商文化层次之下，绝未发现相反的层次关系。因此，仅从以上三点而论，二里头文化至少是它的一、二期，应当就是夏文化，这在当前的学术界已经基本上达成了共识。但是，二里头一、二期之间的文化面貌确实区别较大，很难用该文化本身发展的自然延续性解释清楚，它应当是受到外来文化强烈影响的结果，具体地说，应是受到西方东下冯类型文化或这里龙山文化强烈影响的结果。如前面所述，河南龙山文化是一个内涵复杂的文化共同体，它由于分布地域的不同，而形成几个不同文化面貌的地区类型。其中分布于豫中嵩山地区的晚期河南龙山文化，学术界称之为“煤山类型”文化，它孕育并产生了二里头一期文化；分布于豫西地区的晚期河南龙山文化，学术界称之为“三里桥类型”文化，该类型与陕西客省庄二期文化、山西龙山文化面貌相近，应是属于一个大的文化类型。山西地区龙山文化孕育并产生了东下冯类型文化，而不论三里桥类型文化或东下冯类型文化，其陶器群都是以绳纹陶为其显著特征，二里头二期陶器群新出现的鬲、甗和蛋形瓮也是这里的常见器型。由此可见，二里头文化二期文化陶器群出现的新的因素应与西方三里桥类型和东下冯类型文化有着密切的关系，它应是二里头一期文化和这两个类型文化互相融合的产物。

二里头三期文化是该文化的繁荣阶段，现已发现的该期遗存主要有偃师二里头遗址三期、高崖、程氏沟、夏后寺、灰嘴、倪家庄、巩义稍柴三期、花地嘴、登封王城岗二里头文化三期、新密曲梁二期、汝州二里头文化三期、洛阳东阳村四期、皂角树、东立射、霍村、潘庄、夏庄、东干沟、渑池郑窑三期、陕县七里铺、淅川下王岗二里头文化三期、邓州陈营、信阳北丘、郾城郝家台七期、杞县牛角岗三期、段岗三期、朱岗、郑州洛达庙二期、岔河一期、荥阳西史村三期、竖河二里头文化三期4段、禹州董庄、余王以及陕西华县元君庙等，它们大多分布于嵩山周围的伊河、洛河、颍河、汝河流域、黄河南岸，向北则扩展到豫北地区。该期的文化内涵以二里头遗址三期最为典型。其陶器群质量在二期文化的基础上进一步提高，陶质以泥质陶最多，用作盛器、食器，经过淘洗的陶土多制作精致的酒器和小件器皿；夹砂陶多用作炊器，含砂量不多，器表不显痕迹。陶器的制法仍以轮制为主，大件的缸和瓮等则用泥条盘筑法制成，个别的器皿为手制，复杂的器皿分制部件结合而成。陶窑的烧成温度高，故陶质坚硬，陶色纯净，多呈浅灰色；纹饰中粗绳纹占绝对优势，压印纹较前增多，新出现了刻有鱼、蛇、羊首、龙爪等刻划纹饰和众多的刻画符号。有些器物的内壁多有麻点，二期的花边口沿罐近于绝迹。陶器群的器类主要有罐、鼎、甑、甗、斝、鬲、敞口盆、刻槽盆、罍、背壶、四系壶、敛口尊、大口尊、瓮、缸、三足盘、圈足盘、簋、豆、碗、钵、盂、碟、盉、觚、爵、杯、壶、甗、盅和器盖等，炊器仍以深腹和圆鼓腹罐为主，鬲的数量增多，出现了盆形鼎，瓦形三足盘消失，舌形高三足盘流行，簋和大口尊等器的形制已经定型。综观这时期陶器群的特点是制作工整，浑圆厚重，表现出庄重的作风。

二里头四期文化是三期文化的延续和蜕变阶段，现已发现的该期遗存主要有二里头遗址四期、巩义稍柴四期、登封王城岗二里头文化四期、洛阳皂角树、东立射、霍村、夏庄、西高崖、渑池鹿寺、陕县七里铺、邓州陈营、方城八里桥、信阳北丘、郾城郝家台八期、杞县牛角岗四期、郑州洛达庙三期、上街、岔河、陈庄、荥阳西史村、武陟赵庄以及陕西华县南沙村等，它们大多分布于伊河、洛河流域及其周围地区。该期文化内涵以二里头遗址四期为代表，陶器群的质料、制法与种类与二里头三期的陶器群大致相同，但是鬲的数量增多，圈足簋的数量和形式增多；三足盘的数量锐减，花边口沿罐，扁三角形足鼎也很少见。平底器有所增加，圜底器相对减少，粗绳纹进一步增多。中口长腹平底罐和侈口鼓腹平底盆则是这个时期新出现的器型。考古资料证明，这些重要的变化，大都是受周围其他文化影响下的产物，表明这个时期的二里头文化正在迅速蜕变，最后被二里岗文化所取代。总之，二里头类型四期文化反映的是该文化自身发展的不同阶段，四期之间互相衔接，说明二里头类型文化是一个完整而独立的文化实体。

日神羽人画像

二里头文化在河南龙山文化煤山类型的基础上形成起来之后，不仅由于自身的发展变化而呈现不同阶段的文化面貌，而且在向外扩展的过程中，也受到当地文化的影响而出现一些地域性的变化，形成一些地域性的特点。例如豫东地区的二里头类型文化，由于地处古黄河故道的淤沙地区，其陶器群的质料绝多为自然夹砂陶，在泥质陶中也多含细砂，这在其他地区是少见的；嵩山周围的二里头文化二期以后的陶器，篮纹、方格纹已近于绝迹，而在这里却仍有较多的出现；前者所流行的带耳罐、刻槽盆（又称擂钵）、簋、罍、瓦形三足皿、甑、豆、器盖、斝、爵、觚、蚕等陶器在这里却不多见，这里在下七垣文化影响下出有薄胎翻缘分裆鬲和橄榄形罐，在岳石文化的影响下出有夹粗砂红褐色素面罐、碗形豆、盘形豆等，这些都构成豫东二里头文化的地域特点。豫南地区的二里头类型文化分布于淮河和汉水流域地区，根据李维明的研究，两个地区也各有特点，分布于淮河上游地区者，褐色和黄色陶较多，砂质陶中多掺较粗的砂粒，因此陶质显得比较粗糙；个别器类如垂腹罐形鼎、钹型器盖都为其他地区二里头文化所少见。这大致是由于"除受当地龙山文化影响外，还受到来自豫东、皖西北和鄂东北地区诸文化影响"的结果。分布于汉水流域者，"黑皮红胎陶较为显著，素面陶比例较大。器耳流行，堆纹及陶塑较发达，贴小泥饼和口沿内折叠工艺独特。器类中尚保留有龙山文化的特点，如篮纹延续使用时间较长，盆形甑底部布满小圆器孔"等，这应是由于"除受当地龙山文化影响外，还受到来自商洛地区同时期其他文化的影响"的结果。这些都构成豫南二里头类型文化的地域特点。豫西地区的二里头类型文化，陶器群中所出小口束颈罐、小口瘦腹瓮、小口溜肩瓮、甗、钵、直口缸等，具有明显的地方特色；所出卵腹三足瓮、横矮足鼎等，则是受"东下冯类型"影响下的产物。陕东地区的二里头类型文化，陶器"以夹砂粗灰陶为最具特色，纹饰则以粗而杂乱的绳纹和修刮器表而形成的'水丝纹'为主"。陶器群以各类夹砂圆腹罐为大宗，泥质罐也有一定数量，这些都是继承了当地龙山文化的遗风；出土的甗，类似"东下冯类型"陶罍的风格。这些都构成西部二里头文化的特点。豫北地区的二里头类型文化与嵩山周围的该类型文化基本相同，但出土有少量的蛋形瓮和敛口瓮等，含有"东下冯类型"的因素。以上所述各个地区的二里头类型文化，虽然具有自己的地域特点，但是与嵩山周围的二里头类型文化的共性仍然居于主导的地位，因而不宜于将其划分为相对独立的地方类型。

三犬盖彩陶方鼎

与上述各地二里头文化有所不同的是，分布于晋南地区的二里头文化具有鲜明的地方特征。这个地区的二里头文化遗存现已发现了70余处，其中以山西夏县东下冯遗址为代表，因此被学术界称之为"东下冯类型"。《夏县东下冯》考古报告现将该类型文化分作为四期，一期以东下冯遗址一期为代表，还有永济的东马铺头等，该期陶器陶胎厚且不匀，火候低而易碎，陶色以夹砂褐陶为最多，其次是泥质灰陶和夹砂灰陶，颜色多不纯正；纹饰以绳纹为主，其次是附加堆纹，另有少量的压印"S"和反"S"纹。有些细密而清晰的绳纹，正是继承了东下冯龙山文化的遗风。该期出土的陶器约有18种，“计有鼎、鬲、甗、豆、簋、小口尊、单耳罐、折肩罐、双鋬罐、小口罐、盆、甑、罍、瓮、敛口瓮、蛋形瓮、器盖和杯。其中，主要炊器是甗和单耳罐。敛口瓮、罍、蛋形瓮、折肩罐等均为储藏器，器形均较大，出土数量也较多”。这里出土的鼎足、甗、单耳罐、蛋形瓮，有的与龙山文化形制相同，这里出土的豆与陶寺晚期出土的豆形制相同。而这里出土的2式罐形鼎与二里头遗址二期出土的4式罐形鼎形制相同，出土的豆、簋、尊、罐、盆与二里头出土的相近或相同，出土陶器上的圆圈纹和“S”纹与二里头二期陶器上的圆圈纹、“S”纹相同。由此可见，东下冯类型文化应是在当地龙山文化基础上，接受二里头文化影响而形成起来的文化类型，二里头文化二期文化中发现的蛋形瓮、敛口瓮、鬲、甗等也是受东下冯类型影响下的产物。东下冯类型文化二期，以东下冯遗址二期为代表，还有侯马的东阳呈和翼城的苇沟等遗址，该期是在一期文化的基础上继承和发展起来的。该期陶器的制作仍以泥条盘筑法的手制为主，陶胎厚薄仍然不甚均匀；陶色以夹砂灰陶为主，其次是泥质灰陶，褐陶比例有所下降；纹饰仍以绲纹为主，纹痕紧密、清晰，绳索状附加堆纹也较多，另有少量的压印纹等。该期陶器群的器类计发现有23种，其中全部继承了一期的器类，并且增加了大口罐、深腹罐、大口尊、斝、碗和四足方杯等新的器型，而不见一期的簋。与一期相比，鬲的数量有所增加。蛋形瓮、敛口瓮和甗继续使用，这些都是当地龙山文化中常见器型。该期深腹罐类似于漳河类型的深腹罐，大口尊、四足方杯、甑和器盖等都与二里头类型三期的形制相同，陶器上的绳纹和压印纹饰圆圈纹、“人”字纹、方格纹和反“S”纹等在二里头类型三期中也比较流行；所出盆形鼎则接近于二里头类型四期盆形鼎的作风。总的来看，东下冯类型二期不少陶器的形制接近于二里头类型三期，二者的相对年代也当大致相同。东下冯类型文化三期，以东下冯遗址三期为代表，还有襄汾的大柴和垣曲古城西关遗址等。该期陶器仍以泥条盘筑法的手制为主，轮制已较前有了大幅度增加，陶胎厚薄均匀，制作也较前工整；陶色仍以夹砂灰陶为最多，其次是泥质灰陶，多深灰色，火候甚高，陶色也比较纯净；陶器纹饰仍以绳纹为主，出现了少量特粗的绳纹。陶器群的器类计发现有32种，其中继续沿用着二期的器类，并且增加了缸、爵、盉、壶、折腹罐、双耳罐和器座等新的器型。本期主要的炊器仍然是单耳罐和甗，鬲的数量有较多的增加，鼎的数量不多；盛储器中的深腹盆、大口尊、敛口瓮、折肩罐、蛋形瓮、小口罐以及器盖等，都是当时常见的器型。该期出土的鼎、鬲、爵、盉、瓮、壶、罐、缸等与二里头出土的形制相近，出土的大口尊，其形制在二里头三、四期之间。据此可知，东下冯类型三期的相对年代，大致当在二里头三期偏晚、四期偏早阶段之间。东下冯类型文化四期以东下冯遗址四期为代表，同类的遗址还有翼城感军和襄汾大柴等遗址，该期的陶器以轮制为主，陶胎厚薄均匀，火候高，陶色多呈浅灰色；纹饰多细而密的绳纹，也有少量的压印纹饰。陶器群的器类计发现有约30种，继续沿用着三期的陶器品种。其中，出土最多的是鬲、甗、单耳罐、小口罐和蛋形瓮，它们都是该类型中传统的器物；另外也出土有众多的大口尊和深腹盆等，这些则是二里头类型中常见的器型。这里所出较多的长颈鬲在二里头四期中并不多见，后者所出则多是侈口、短颈、深鼓腹的鬲；这里出土的盆形鼎、豆、甑、尊、缸、罐、盆的形制与二里头出土的相同或相近，出土的浅腹盆又与二里岗下层墓葬出土的1式侈口盆形制相同，出土的敛口瓮与二里头四期的2式矮领瓮形制相近，却与二里岗下层的矮领瓮形制相同。据此可知，东下冯类型四期的相对年代，大约应在二里头类型文化四期和二里岗文化下层早段之间。参考碳十四所测定的绝对年代，东下冯类型文化"一般在年代上比河南二里头相同类型稍偏晚".这个测定和考古学上揭示的这两个文化类型的内涵基本一致。

综上所述，二里头类型和东下冯类型是二里头文化内部两个既有密切联系而又相对独立的文化类型，二者有许多的共同点，但也有明显的区别。以陶器群而论，正如《夏县东下冯》考古报告所说："就器物的种类而言，两者基本上是相同的，确切地说：二里头陶器群种类包括了整个东下冯陶器群，而二里头的某些器类却不见于东下冯。关于炊器的情况，两个类型也基本上是相同的，都是以单耳罐、双耳罐、双鋬罐、深腹罐等夹砂罐为主，鬲、鼎、甗、甑居于次要地位。但是，东下冯的单耳罐很多，而二里头的单耳罐很少。东下冯鬲多于鼎，二里头鼎多于鬲。鬲，东下冯各期都有，二里头二期始见。东下冯常见甗和敛口斝，二里头甗少见，敛口斝不见。蛋形瓮是东下冯常见的一种储器，而二里头文化遗存中很少见到。三足盘、刻槽盆、觚、盉是二里头类型常见和比较常见的器物，而东下冯类型却始终不见。"由此可见，二里头文化二期虽然融合了东下冯类型文化，但是后者并未全部甚至在一些重要方面并未吸收前者的文化因素，而且始终保留着自己的许多地方特征，特别是当时人们所常用的炊器方面尤其如此。因此，从这个意义上说，东下冯类型虽然可以作为二里头文化的一个地方类型，但是作为一个独立的文化实体而称之为"东下冯文化"也未尝不可。

在二里头文化的周围，也分布着其他不同种类的文化。分布在二里头文化北部的是"辉卫型文化"，该文化最早发现于河南辉县琉璃阁和新乡潞王坟等遗址，因其主要分布于卫水上游一带，80年代初，邹衡将其命名为先商文化的"辉卫型"。其后赵芝荃因该文化有较多的二里头文化因素，又以该文化的河北磁县下七垣遗址为代表，将其命名为二里头文化的"下七垣类型"，李伯谦则称之为下七垣文化的"辉卫型"，张立东认为它是一个独立的考古学文化，因而称之为"辉卫文化"（以下所引张文皆出此注），本文这里仍称之为"辉卫型文化"。

辉卫型文化的具体分布范围，邹衡最早指出："北至淇河，南至黄河，包括沁河下游、卫河上游一带，大约都是辉卫型的分布范围。"其后通过对河南修武李固、武陟赵庄和温县北平皋等遗址的调查和试掘，邹氏遂论定沁河一带是辉卫型文化南与二里头文化的交接之处，张立东又进一步认为该文化向北可能到达洹河，西抵太行山东麓，东南可能到达今黄河一带。关于该文化的陶器群，据张立东统计，"已经发现的器类有：深腹罐、鬲、鼎、甑、甗、斝、圆腹罐、深腹盆、豆、簋、盘、钵、小盆、杯、爵、盉、壶、罍、小口瓮、平口瓮、蛋形瓮、敛口瓮、小瓮、缸、大口尊、花边罐、捏缘罐、刻槽盆、坩埚、器盖"等，共分为两期三段五组，即5个发展阶段。张立东根据这些陶器群的分析，认为辉卫型文化因与周围文化互相影响而含有A、B、C、D、E、F、G七组文化因素，其中A组数量较多，是辉卫型文化固有的文化因素;B组数量很少,属南方的二里头文化因素;C组数量较少,属北方的漳河型文化因素;D组数量不多,来自西方东下冯文化;E组源于西方光社文化;F组数量也不多,源于东方岳石文化;G组为二里岗文化因素,辉卫型文化由是逐渐发展为二里岗文化。但是若做进一步的分析,我认为辉卫型文化实与东下冯类型文化有着更为密切的关系。这两个文化陶器群之间的共同点,以往刘绪和张立东等已有了较多的论述,这里再略加补充如下。例如辉卫型文化的陶器如张文所说:"陶质以夹砂灰陶为主,陶色多不纯正,而且大多表里不一。以绳纹为主要纹饰",颈部绳纹往往被抹去;早期细绳纹居于多数,另有少量压印的反"S"纹、卷云纹和同心圆等纹饰;"烧制火候较高,质地坚硬"。陶器群中"凹圜底器数量最多,凹平底器和三足器次之,平底器、圜底器、圈足器和假圈足器较少"。而东下冯四期的陶器也是"夹砂灰陶占总陶片的52%,灰陶表面的深浅颜色颇不一致,火候高的陶器占了明显的优势"。"纹饰以拍着绳纹为大宗,印痕一般较前期细密规整"。有些颈部绳纹也被抹去,另有少量的"S"纹、卷云纹和同心圆等纹饰。陶器群中也是"凹底器数量颇多,三足器比前期有所增加,圈足器为数甚少",圜底器也为数甚少(以下所引东下冯文化资料皆出此注)。二者陶器的器类也基本相同,只是前者比后者多出土有刻槽盆,而后者比前者多出土有四足方杯等极少的器类。在各类陶器中,根据对"李固探沟一第五层、潞王坟下层和琉璃阁H1"的统计,出土的陶器"鬲,数量最多;甗,数量多;罐,数量不多;鼎,数量较少;盆,数量多;大口尊,数量多;捏缘罐,数量少;斝,数量很少;爵,数量很少;直口缸,数量少;小口瓮,数量较少;敛口瓮,数量较少;蛋形瓮,数量多;器盖,数量较少"。宋窑遗址出土的陶器则是以罐类器最多,其次是鬲、鼎、甑、甗、斝、盆和瓮等。东下冯四期出土陶器也是"数量最多的是鬲、甗、单耳罐、大口尊、深腹盆、小口罐和蛋形瓮,其次是深腹罐、敛口瓮和器盖,其余皆较少见"。二者出土陶器器类的比例也大致相同。在部分陶器形制方面,辉县琉璃阁出土的鬲与东下冯四期出土的4式鬲形制相同;修武李固出土的深腹罐与东下冯四期出土的2式深腹罐形制相近;新乡潞王坟出土的捏口罐与东下冯三期出土的2式小口鼓腹罐形制相近;淇县宋窑出土的2式鼎与东下冯二期出土的1式鼎形制相同。辉卫型文化各遗址中多出土有敞口敛颈折肩盆,仅宋窑遗址就出土有105件(称之为C型深腹盆),"束颈,有肩,腹壁外曲,大多下腹与底部饰绳纹",是辉卫型文化的典型器物。它和东下冯四期出土的盂形制相同,《夏县东下冯》考古报告云:"凡腹部有折棱的盆形器,皆定名为盂,是四期新出现的典型器物,皆泥质灰陶,腹的上段有折棱,下段呈弧形急收。"这种盆在周围其他文化中皆很少见,却是辉卫型文化和东下冯文化中的常见器物。敛口斝也是这两个文化中共出的器物,辉卫型文化中以宋窑遗址出土的A型斝比较完整,皆为夹砂灰陶,"敛口、浅腹、束

后羿射日图

腰，腰下为三个肥大的袋足。周身附加各种走向的堆纹”，口沿下通体饰绳纹。东下冯遗址三期出土的斝是“夹砂褐陶，宽沿内折成敛口，方唇，束腰，袋足肥硕，沿以下饰绳纹，沿下和腰部还各有索状堆纹一周，其间并加饰波浪形索状堆纹”。辉卫型文化的敛口斝出现于较晚的三、四组，东下冯类型的敛口斝开始出现于二期，盛行于三期，四期逐渐减少。它不见于周围其他文化，而是辉卫型文化和东下冯文化中独有的器物。蛋形瓮也是二者文化中常见的器物，而为周围其他文化不见或少见。平底蛋形瓮开始出现于东下冯类型一期和辉卫型文化早期，前者三期出现乳状足、圈足和假圈足，后者晚期出现圈足和假圈足。

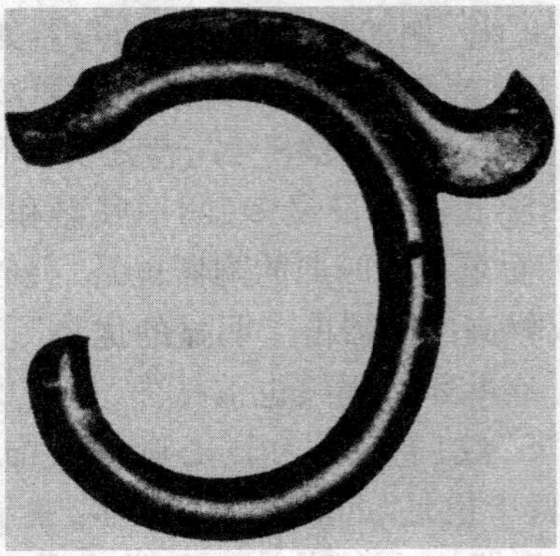

碧玉龙

由上所述，可知就陶器群而论，辉卫型文化与东下冯文化之间，比较周围其他文化有着更多的共同性，这种更多的共性，说明二者之间应当有着密切的渊源关系。就总体而言，东下冯文化约略早于辉卫型文化，因此后者可能就是前者向东发展的一个分支。近年来考古工作者在山西垣曲地区发现一些东下冯文化的遗址，其中垣曲商城之下所叠压的二里头文化晚期遗存，就含有众多的东下冯文化的因素。如《垣曲商城》考古报告所说：该遗存陶器以夹砂灰陶为最多，绳纹为主，“花边口沿、舌形鋬手和鸡冠耳在这一期陶器中极为流行”，各种陶器中以罐类器为大宗，其次是甗、甑、鬲、盆和大口尊等。东下冯遗址的陶器自二期以后也是以夹砂灰陶为最多，“占全部陶片的34.5%”，“纹饰，绳纹占总数的74%”，花边口沿罐、双鋬罐和带鸡冠耳的盆，更是东下冯文化陶器群中显著的特征，陶器中主要炊器也是“单耳罐和觑。折肩罐、盆、敛口瓮、罍、小口罐和器盖，是日常生活中的多用器”，“大口尊数量也不算太少”。另外，该遗存的带鋬圆腹罐与东下冯文化三期的双鋬罐形制相同；前者的深腹罐、缸、大口尊分别与后者四期的形制相近或相同；前者的1式小口罐、2式小口罐与后者三期的1式小口罐、2式小口罐形制相同；前者的鬲与后者四期的5式鬲、6式鬲形制相近，同时又与辉卫型文化宋窑遗址的C型鬲形制相近；前者的1式甗与后者三期的2式颜形制相近；前者的1式侈口盆、3式侈口盆、2式折腹盆与后者三期的2式深腹盆、四期的2式深腹盆、四期的1式盂形制相同，如上所述，这种折腹盆也常见于辉卫型文化之中。前者的折腹盆形甑又与辉卫型文化宋窑遗址的Al式甑形制相同；前者的罐形鼎又与辉县琉璃阁遗址的陶鼎形制相同。上述现象表明，东下冯文化可能沿着黄河北岸向东发展到辉卫地区。另外在山西的长治小神村遗址也发现有东下冯文化的遗存，这表明东下冯文化可能又沿着古漳水穿过太行山分别进入辉卫地区，总之，辉卫型文化应当是在东下冯文化的基础上，吸收当地文化因素，在周围文化特别是二里头文化强烈影响下而形成起来的一种新型文化。

在二里头文化的东方，分布着岳石文化，该文化因发现于山东平度市岳石遗址而命名，其分布范围大致是以今山东省区为中心，北至辽南，南达苏北，向西则扩展到今河南省的豫东地区。由于分布地域较广,因而形成一些地域差别,严文明根据这些地域差别,将其分为5个地区类型,即分布于胶东地区的岳石文化以牟平照格庄遗址为代表,称之为“照格庄类型”;分布于潍淄流域的以青州郝家庄遗址为代表,称之为“郝家庄类型”;分布于沂沭流域的以临沂土城子遗址为代表,称之为“土城类型”;分布于汶泗流域的以尹家城遗址为代表,称之为“尹家城类型”;分布于鲁西南地区的以安邱堌堆遗址为代表,称之为“安邱类型”;分布于豫东地区的岳石文化与此同类,即属于“安邱类型”。岳石文化的“安邱类型”与二里头文化的交接地带,根据宋豫秦的研究,大致在豫东地区的杞县、柘城、鹿邑、郸城、沈丘以及安徽太和一线和杞县、太康、淮阳、项城、新蔡一线之间。安邱堌堆的岳石文化遗存叠压在龙山文化层次之上,被压在二里岗上层文化之下,其相对年代,上限大致与二里头文化和辉卫型文化同时,下限可延续到二里岗文化上层偏早阶段,或者更晚。该类型文化可分为三期,其早期以灰陶为主,多素面陶,晚期以褐陶为主,绳纹逐渐增多。陶器中以夹砂中口罐和甗为主要炊器,其次为鬲和鼎等,盛储器有侈口折肩盆,卷沿鼓腹盆,盘形和碗形豆,榫口尊、榫口罐、箍形堆纹罐和花边口沿罐、蛋形瓮以及器盖等。由于该类型与二里头文化、辉卫型文化所处时代相同;分布地域相近,因此,也进行着文化交流和互相影响。以豫东鹿台岗岳石文化遗存为例,该遗存出土的“鸡冠耳盆、箍状堆纹缸、束腰平底爵、花边コ沿罐和细泥卷领鼓腹盆等,都具有二里头文化或先商文化的文化因素”;而“安邱堌堆岳石文化的覆钵形器盖、小口瓮、有肩深腹盆、花边口沿等与辉卫文化者相近,其中有的因素可能来自辉卫文化”。

在二里头文化周围的南方和西方,目前还没有发现有与之同时代的独立的考古学文化,这里讨论暂付缺如。不过该文化对外围诸考古学文化的影响是相当广泛的,例如在西方的齐家文化中,北方的光社文化和夏家店下层文化中,东南的斗鸡台文化中,南方的湖北、川东长江沿岸以及四川广汉地区的早期青铜器文化中,都或多或少地发现有二里头文化的因素,可见其影响是相当遥远的。

文化遗产《夏小正》

夏朝的历法和生活情况

夏朝文化中有一件宝贵的遗产,就是《夏小正》。这是一篇按月份记载物候、气象、天文、农事、田猎等活动的文献。现保存在西汉戴德编的《大戴礼记》中。夏朝的文字,在考古发掘中,只是在出土的陶器上发现过一些刻画符号。但在先秦典籍中,有很多地方引用过《夏书》,还有“禹刑”,在《尚书》中也有几篇“夏书”。从夏代有书籍和刑法来看,它不可能只是在口头流传,而应该有最早的文字把这些内容记载下来。传说“仓颉造字”,仓颉是黄帝的臣下,那么到夏代也有了一段较长时间的造字过程。现存的《夏小正》,分经文和传文两部分,经文记载的内容,据现代学者考证,就是夏朝的历法和生活情况;传文就是注文，其注释部分，则是战国至秦汉间的学者加上去的。

《夏小正》中记载的物候和人的活动情况非常有趣

正月：蛰虫开始出土，大雁飞向北方，野鸡振翼鸣叫，鱼从结冰的水底上浮，田鼠出洞了，水獭捕鱼陈列水边，园中见有韭菜长出来，柳树长出新芽，梅、李、山桃开花了，农夫开始治理田亩。

二月：到田中去种黍，羊开始生羔，捕鱼的时候到了，堇菜长出来可以采摘，昆虫蠕动了，燕子来到家中作巢，黄鹂开始鸣叫，芸豆结实可以收获。

鸭形陶器

三月：桑树萌发，杨树抽枝，蝼蛄鸣叫，桐树开花，斑鸠鸣叫，开始养蚕。

四月：蜻虫和蛤蟆开始鸣叫了，园中的杏树结果了，开始执小驹使其驾车。

五月：浮游的小虫大量产生，伯劳鸟开始鸣叫了，蝉也鸣叫了，煮梅子、蓄兰草以为香料，开始吃瓜。

六月：煮山桃储藏起来作为食品，鹰开始搏击捕杀小动物。

七月：芦苇开花，小狸长大了，池水中长出浮萍，扫帚草长成了，寒蝉开始鸣叫，雨也下得多起来。

八月：瓜成熟了开始采摘，枣也开始剥取，栗裂皮而自动脱落，鹿交配成功而生养，田鼠损害庄稼。

九月：大雁迁往南方，燕子升空飞去，各种野兽入穴，菊花盛开，此时开始种麦。

十月：捕捉野兽的时节来到了，乌鸦忽高忽低地飞翔，夜变得长起来。

十一月：国王进行狩猎活动，陈列精良的弓箭，麋鹿坠落其角，商旅不行，万物不通。

十二月：鸷鸟高飞鸣叫，昆虫潜入地下，掌管水泽的虞人设网捕鱼。

最符合人们活动规律的历法

上面所记的物候和人的活动情况，是当时长期经验的积累。值得注意的是，这里所用的历法是夏历。古代人们把十二个地支，即子丑寅卯辰巳午未申酉戌亥，和一年的十二个月互相配合。以通常有冬至的那一月配子，第二月配丑，第三月配寅，直至第十二月配亥。如果以有冬至的那一月作为一年的正月，这样的历法叫作“建子”；以冬至后第二月作为一年的正月，这样的历法叫作“建丑”；以冬至后第三月作为一年的正月，这样的历法叫作“建寅”。传说古代夏、商、周三朝的历法都不同：“夏正建寅，殷正建丑，周正建子”，即夏代把一年的正月放在冬至后的第三月，殷代即商代把一年的正月放在冬至后的第二月，周代把一年的正月放在有冬至的那一月。在这三种历法中，只有夏历最符合人们的活动规律。因为冬至后的第三个月，正是春天的开始，万物复苏，大地更新，农民们开始下地劳动。把这个月作为新年的正月，最受农民的欢迎，也最便于管理农业。

夏历在中国的深远影响

自《夏小正》用夏历记录了一年十二个月的物候和农事活动的规律后，受到人们的普遍重视。春秋时代的孔子说："我欲观察夏朝兴亡的道理，所以到夏王后代所在的杞国，但那里找不到这方面的文献，却得到了夏时。"所谓"夏时"，就是按月记载物候和农事活动的《夏小正》。孔子认为这个文献非常好，所以他主张"行夏之时"。汉代司马迁写《史记》时还说："学者多传《夏小正》。"汉初的历法仍然用夏正"建寅"。直到现在我们所用的农历，也叫阴历，冬至一般在十一月，而冬至后的第三个月才是新年的开始，正是采用的夏历。可见《夏小正》记载的夏历，在中国历史上的深远影响。

第四章　历史谜团

盘古王表的奥秘

据四川省盐亭县天垣地区远古传说，这里不但是古西陵氏的发祥地，出了黄帝元妃嫘祖，而且还是盘古王的故乡。约公元前2090年，大禹受帝尧之命领导治水。来到北川的梓潼县，指挥民工砍伐西陵氏第一代国君文昌封地内梓潼山上的高大樟梓林，准备造舟，借便运送治水需要的天然类水泥“息壤”。

这是一件利国利民的紧急任务，但伐木部队遭到文昌后人中的梓潼顽主的百般阻拦，在万般无奈之下，大禹只得下令诛杀了梓潼顽主。治水成功之后，约公元前2070年，大禹接替舜帝登上中华帝王之位，但他十分思念家乡西陵氏人民曾经做出过的巨大牺牲和贡献。约公元前2045年，大禹亲自来到盘古王的诞生之地天垣盘垭村，在盘母石旁立下一方经他多年考证的王表龟碑，记下了从盘古到他大禹四千多年间中华帝王的更代情况，即后人称的“盘古王表”。

时间又过去近四千年，天垣举溪河畔出了一位穷读书人，他叫何拔儒，对大禹立盘古王表的传说深信不疑，并多方寻求解答的钥匙。1902年他被清廷颁布的新政选派到日本留学，于是他悄悄地携带着早已临摹在手的天垣龟碑上的“盘古王表”文字出国，在异国他乡向众多国际友人讨论和寻求破译盘古王表的智慧。

1906年何拔儒从国外学成归乡，继续通过实地对四川5000多年前的山寨城邦文明和海洋文明遗址的考察，终于破译了在天垣盘垭村发现的盘古王表，并且补上了夏代大禹后的列朝君王。今天这个天垣“盘古王表”也不是孤证。如浙江学人钟毓龙的《中国上古史神话演义》巨著，公布的尧年王表也与此多有相似。

现从天垣流传的盘古王表能整理出：

（一）五方区系时期，约公元前8000~6390年：东、南、西、北、中，五方都有分布的原始社会。

（二）法天法地时期，约公元前6390~6210年：

1.盘古，2.天皇，3.地皇，4.人皇，5.五龙纪，6.摄提纪，7.合雒纪，8.连通纪，9.叙命纪。

（三）叩向自身时期，约公元前6210~5770年：

1.巨灵氏，2.句疆氏，3.谯明氏，4.涿光氏，5.钩陈氏，6.黄神氏，7.巨神氏，8.犁灵氏，9.

大隗氏，10.鬼隗氏，11.掩兹氏，12.泰逢氏，13.冉相氏，14.盖盈氏，15.大敦氏，16.云阳氏，17.巫常氏，18.泰壹氏，19.空桑氏，20.神民氏，21.倚帝氏，22.次民氏。

（四）重铸烟火时期，约公元前5770~4070年：

1.辰放氏，（共4代），2.蜀山氏（共6代），3.虺傀氏（共6代），4.儿遽氏，5.希韦氏（共4代），6.有巢氏（共2代），7.燧人氏（共4代），8.庸成氏（共8代）。

（五）立足山海时期，约公元前5070~4170年：

1.浑沌氏（共7代），2.葛天氏（共4代），3.女娲氏，4.伏羲氏，5.赫胥氏，6.东户氏（共17代），7.皇覃氏（共7代），8.启统氏（共3代），9.吉夷氏（共4代）。

（六）城邦之美时期，约公元前4170~3150年：

1.仓帝史皇氏，2.柏皇氏（共20代），3.中皇氏（共4代），4.大庭炎帝氏（共5代），5.粟陆氏（共5代），6.昆仑氏（共11代），7.西陵氏（共5代：文昌、夸父、岐伯、金二伯、嫘祖）。

（七）跃起中原时期，约公元前3150~2230年：

1.轩辕氏（共3代），2.祝融氏（共2代），3.昊英氏（共9代），4.古皇有巢氏（共7代），5.朱襄氏（共3代），6.阴康氏（共3代），7.无怀氏（共6代），8.神农氏（共8代）。

（八）大同王土时期，约公元前2230~2070年：

1.黄帝有熊氏（共3代），2.颛顼，3.帝喾，4.尧，5.舜。

（九）夏朝时期，公元前2070~1600年：

1.禹，2.启，3.太康，4.仲康，5.相，6.少康，7.予，8.槐，9.芒，10.泄，11.不降，12.扃，13.廑，14.孔甲，15.皋，16.发，17.癸。

根据盘古王表，参照国际上对古埃及古王朝历史的分期，古埃及与古中华文明的对应是：

①前王朝时期对应五方区系时期。

②早王朝时期对应法天法地时期。

③古王朝时期对应叩向自身时期。

④第一中间期对应重铸烟火时期。

⑤中王国时期对应立足山海时期。

⑥第二中间期对应城邦之美时期。

⑦新王国时期对应跃起中原时期。

⑧第三中间期对应大同王土时期。

⑨后埃及时期对应夏朝时期。

“盘古王表”的许多奥秘至今仍然难以破解，人们只有通过不懈地探索和考证，才能解开一个个谜团。

夏墟之谜

对夏文化的认识，一直是历史学界和考古学界所研究的重大课题，多年来一直是一个未解的悬案。

解决夏墟问题必须要先解决夏文化问题，在解决夏文化问题之前，首先还要了解清楚夏文化人民活动的范围。

根据文献记载推测，夏人活动的大体范围，西起河南西部和山西西南部，东至今河南、河北、山东三省交界的地方，南接湖北，北入河北，夏朝的统治中心在今河南西部、山西南部地区，看来夏文化在中原历史舞台上无疑十分显赫。

玉面人

文献中有较多的记载着“禹居阳城”的说法。《孟子·万章上》：“禹居阳城。”《世本·居篇》：“禹都阳城。”(《汉书·地理志注》颍川郡阳翟县下引)“夏禹都阳城，避商均也。”(《史记·封禅书·正义》引《世本》)《史记·夏本纪》：“禹辞避腕之子商均于阳城。”

另外，文献中也较多的记载着“禹居阳翟”的说法。《史记·周本记·集解》引徐广曰：“夏居河南，初在阳城，后居阳翟。”《史记·夏本纪·正义》引《帝王世纪》云：“禹受封为夏伯，在豫州外方之南，今河南阳翟是也。”《元和郡县图志》卷五河南府阳翟县条：“阳翟县本夏禹之所都，春秋时郑之栎邑，韩自宜阳移都于此。”《史记·孙子吴起列传》：“夏桀之居，左河济，右泰华，伊阙在其南羊肠在其北，修政不仁，汤放之。”

看来，夏禹之都大体上不会超出以上范围，但是史书上所载地名与现实地名出入甚大，后人说法纷纭。例如阳城，一说在颍川郡阳翟县(今河南禹县)；一说在嵩山南(今河南登封市)；一说阳城就是唐城(今山西翼城县西)；一说阳城在泽州(今山西晋城)；另外还有阳城在大梁(今河南开封)的说法等等。《国语·周语》，清代洪颐煊《筠轩文钞》有(禹居阳城考)，论述甚详。近年来在属于阳城地望的河南登封境内，发现了我国目前最早的城堡之一——王城岗城堡遗址。但是，要确定一处京都，首先要解决的是夏文化问题，只有确定了夏文化，才能集中到探索夏都的范围二来。

早在上世纪四十年代，有人认为仰韶文化是夏文化，也有人认为龙山文化是夏文化。只因当时积累的考古资料有限，研究者只能做一般的推测。自1959年进行的“夏墟”调查，才正式展开了对夏文化的探讨工作，进一步把夏王朝的疆域集中到河南境内的豫中、豫西，山西境内的汾河中下游，特别是汾、浍、涑以及沁、丹水流域。近年来，随着考古资料的不断积累，学者们也做了大胆的探讨，提出河南龙山文化晚期和二里头文化一二期为夏文化遗存；有人单独把二里头文化一二期列为夏文化遗存；还有人把二里头文化一至四期列为夏文化遗存。

河南登封王城岗遗址的发掘，不少人认为所谓“禹居阳城”与今日王城岗有一定的关系，并为王城岗遗址的发掘是夏文化的探索的重要收获。文献记载中禹与阳城的关系是密切的，而王城岗遗址所在地理位置与文献记载中的夏都阳城基本吻合，但是，一个文化的确立，特别是一处奴隶制王国都城的确立，都应具有令人信服的材料。夏鼐先生认为，关于夏都问题，“一般的探讨过程中，是先确定遗址属于某一王朝，然后再确定它是该王朝的京都”。又说，“如果这遗址属于是夏文化，也仍有是否有都城的问题”，“所以，这里首先要解决的是夏文化问题”，一旦夏文化解决了，夏墟之谜也就不难而破了。

根据文献记载来看，夏朝的都城与商朝一样，曾多次迁徙，但可以看出，夏朝的都城始终围绕着以河南西北部和山西西南部这两个中心。《左传》定公四年杜预注：“夏墟，大夏，今太原晋阳也。”定公四年，“命以《唐诰》，而封于夏墟。”由此而产生了夏墟位“晋中太原”说和“晋西南”说。由于史书中对夏地望的记载比较分散，传说较多，而且夏文化遗址的分布也较普遍，故缺乏足够的材料加以论定。应该提及的是，夏王朝活动的中心和夏王朝统治的区域应该轻重分开，在探索夏墟问题上，应该从大范围集中到中心方面来。不管禹居阳城，或阳翟，或安邑，或晋阳，当然都是有可能的，但是，被禹所居过的地方，不一定就是夏朝的都城。另外，夏王朝是否在此建都，还应与有无大型或典型夏文化遗址的材料相印证。所以，如果用更加开阔的目光来探寻这个问题的答案，也许，夏人的文化源头应该到具有游牧民族特点的北方细石器文化中去寻找，这样可能会得到意想不到的结论。

在中国北方，主要是长城以北，从东北沿内蒙古草原到西北的宁夏、甘肃、新疆以至藏北高原，以细小打制石器为特征的细石器文化，是北方新石器时代的主流文化，它们的特征一致，地域相连，统一构成了我国北方草原、沙漠、高原地带从事农牧和狩猎的古代民族的大文化。考古学上称它为“北方细石器文化系统”。

所谓细石器，指采用天然石髓、玛瑙和燧石制成的细小石器，常见种类有石核、石叶、石钻、石镞等，具有轻便、适合携带的特点，可以适应迁徙不定的游牧生活。所谓细石器文化，也并不是只有细石器，也包括大型打制和磨制石器，只是所占比重较少，故用细石器概言之。细石器文化也使用陶器皆手制，质粗形简，器面多“之”字形纹。骨器有骨刀、鱼镖、骨锥等。

北方细石器文化主要遗址有：

昂昂溪。在黑龙江齐齐哈尔附近。

林西。在内蒙古赤峰市林西县锅撑子山。

富河沟门。在内蒙古赤峰市林东镇北七十公里，乌尔吉木伦河东岸。

以上遗址地域相近，据张博泉推测，这类细石器属于东胡族文化，与鲜卑、乌桓、山戎先民有关。

小南山。位于黑龙江东部饶河县。

新开流。位于黑龙江东部密山市。

万里霍通。位于黑龙江东部桦川县。

以上遗址地域相近，据张博泉推测，这些属于肃慎族文化，与女真族、满族先世有关。

新乐（下层）。位于沈阳市北郊。

红山。位于内蒙古赤峰市。

小珠山。位于辽东半岛以南的广鹿岛。

大口（元峁圪旦）。在内蒙古准格尔旗。其一期遗存的陶器主要是泥质和夹砂灰陶，纹饰主要是篮纹和绳纹，也有少量附加堆纹和划纹。器形有罐、瓮、豆，也有细石器。年代相当于龙山文化，至于二期遗存，其年代要晚于夏商时期。

转龙藏。位于包头附近。其陶器与大口一期遗存相似，如蓝纹的盆、罐，纹饰有篦点纹，有数量较多的细石器。在年代上应与大口一期遗存相近。

阿斯塔那。位于新疆吐鲁番市。打制石器中有刮削器、尖状器、吹砸器及磨盘、石球等。细石器有条形石片、刮削器、镞、石核，条形石片长一至三厘米，刮削器一般经精细加工，镞有柳叶形、桂叶形、三角形和菱形的。陶片全为砂质陶，器形有小口罐、瓮、钵等，纹饰有附加堆纹，压印的篦点纹、划纹。

萨拉乌苏。位于河套南部萨拉乌苏河（即红柳河）沿岸。石器多偏细小，缺乏大型的打击石器。年代应为距今三万七千年至五万年左右。当时，此地气候温和，淡水湖沼星罗棋布，草木丛茂，活动着成群的鬣狗、披毛犀、诺氏驼、河套大角鹿、王氏水牛、原始牛、蒙古野马、赤鹿、普氏小羚羊等。

峙峪。位于山西省朔县。其特征是细小石器和小石片为主要成分。明确地发现了石箭头，说明当时已使用弓箭。哺乳动物化石以野马、野驴为多。峙峪动物群与萨拉乌苏比较，其时代大体同时或稍晚。

虎头梁。位于河北省阳原县。石器原料以石英岩为主，在各种形式的石核中，楔形石核占绝对优势。其中台面平而呈角形的，与萨拉乌苏文化中的相同；另一种是台面向石核隆起的一面倾斜，为虎头梁所特有。这两种石核，对于研究中国华北以至东亚、西北美的旧石器文化，以及说明这一广大地区细石器类型文化的起源问题，都具有一定意义。

许家窑。位于山西省阳高县。石器类型以刮削器为最多，其中一种短身圆头刮削器，小圆弧形的刃经过精细加工，与后来细石器遗存中“拇指盖刮削器”有着继承发展的关系；一种原始棱柱状石核，从打制的台面周围边缘剥落石片，是后来细石器中常见的典型棱柱状石核的母型。遗址中所存的哺乳动物化石有诺氏古象、野马、披毛犀、河套大角鹿、普氏羚羊、原始牛等。采用铀子系法测定许家窑遗址动物牙齿化石，年代为距今十万年左右。研究者认为，许家窑—峙峪虎头梁，地域上互相邻近，制作技术同属华北以小石器为显著特征的文化系统，是代表了这一支具有连续性发展序列的文化上的几个重要环节。

细石器的存在和发展是与狩猎业密切相关的。许家窑人主要以狩猎野马、野驴为主，在其遗址中，仅野马一类骨骸就发现了三百多匹。猎物的增加，促使相应的小石器大发展。“因为日渐增多的猎物要求人们必须改进剥皮工具，一方面是对石器的刃部精细加工,使其更加锋利,以提高剥皮速度;另一方面则要增加器物的种类,以适应各部位剥皮的需要。"细石器中最多的工具是刮削器,就是专门用于割剥兽皮的。许家窑人还发明了石镞,尖端周正、锋利,并带有短程,可以绑在木杆上组成箭。许家窑人的后裔峙峪人也使用弓箭,在峙峪遗址中发现的动物化石野马达一百二十匹,野驴为八十八匹。峙峪人和许家窑人一样,都是善于猎马的氏族,因而被人们称为"猎马人"。

以上地区皆属殷商时代鬼方、土方、舌方的活动范围。直到春秋时期,山西和河北北部仍是戎狄之地,由此我们推断,这一地区的细石器文化都是北狄人或夏人的文化。在所有这些细石器文化中,以山西省北部的许家窑文化最为古老。若要寻求夏文化的源头,晋北的许家窑可能是最恰当的选择。

近年来,在蒙古和西伯利亚地区,曾出土为数众多的青铜短剑和铜刀,其中呈曲柄或曲刃的一种最具民族特色,柄端呈龙蛇状。这种装饰花纹,与中国河北、内蒙古地区出土的式样极其相似。其中鄂尔多斯发现的龙首匕,龙首张嘴、圆眼、蘑菇柱状角。其角与晚商金文中的"龙"字的造型相同。龙身,以长方点状纹表示,属于蛇纹的写实状态。古代传说中的龙,是一种类似蛇和鳄鱼的爬行动物,以上出土的龙首形青铜短剑和铜刀,正是表现了龙的虚幻形象,是原始宗教动物崇拜的产物。夏人"己"姓,"己"正是蛇的象形,所以考古学家称这龙首青铜兵器是夏族的文化遗存。西周以后,这种蛇纹青铜器发生变化,龙首简化,蛇纹变成了叶脉纹或网状纹,但仍然是蛇身的花纹和蛇脊骨的模拟。后来发达的鄂尔多斯式动物纹,主要的纹饰变为羊、鹿、虎和马等形式,就是在夏文化的蛇纹等动物的基础上发展起来的。尽管它在一定程度上受到夏、商文化的影响,但它绝不是夏文化,也不是商文化,显然自有来源。

史载夏的发祥地在崇山。《国语·周语》称:"昔夏之兴也,融降于崇山。"又说:"其在有虞,有崇伯鲧。"崇山位于何处?考古工作者在山西汾水下游及浍水流域之间,发现了龙山文化遗址多处,其中陶寺遗址被认为与夏文化有关。因为几座早期大墓中都出现了彩绘蟠龙盘,显然是夏族部落崇奉龙为神物的原始标志。陶寺位于崇山西麓。《读史方舆纪要》:"崇山在(襄汾)县东南四十里,一名卧龙山,俗名大尖山,南北连亘长二十余里。"《史记·司马相如传》正义引张揖云:"崇山,狄山也。"陶寺遗址正在古崇山下,是目前发现的晋南的一个大型龙山文化遗址,出土物品丰富而别有特色,不是中原他处同时期的文化遗址所能比拟的,在地望上,正与汾浍间的夏墟地理位置相吻合。崇山又称狄山,正指明了戎狄夏族人居此地。

《左传·定公四年》(前506年)说到周初封建的情形时称:"分唐叔以大路、密须之鼓、阙巩、沽洗、怀姓九宗,职官五正;命以《唐诰》而封于夏墟。启以夏政,疆以戎索。"杜预注:"索,法也。太原(指夏墟)近戎而寒,不与中国同,故自以戎法。"这表明,直到周初,晋地仍保存着戎狄的生活习惯,不得不根据其旧有风俗,以戎法治之。直到春秋时代,太原地区仍使用戎狄语言。这些证据说明,山西很可能是夏文化的发源地。

河南和山西,到底哪个更有可能是夏文化的遗址?相信随着考古事业的迅速发展和考古资料的不断积累,破译夏墟之谜,一定为期不远。

中国古代“九鼎”之谜

中国古代的青铜工艺已发展到很高的水平，青铜制作的器皿成了后世人珍视的国宝级文物。鼎就是其中之一。

据说，鼎在原始社会是炊具，或是盛食物的器皿，多用陶土制成。后来，商周时代冶金技术发展起来，鼎就用青铜浇铸了。这时的鼎成为贵族权力的象征和等级的标志，平民百姓已无权使用了。

现如今陈列在中国历史博物馆里的司母戊方鼎，是迄今为止世界上最大的青铜器，距今3000多年，鼎高1.33米，重876公斤，是商王文丁为祭礼他的母亲制的。

本文所述的九鼎，是九只大鼎，比司母戊方鼎制成年代更早，铸造更精美。相传，这九鼎是大禹的儿子启铸造的。

据《春秋左氏传》说，夏朝初年，夏王划天下为九州，州设州牧。夏王令九州州牧贡献青铜，铸造九鼎。为了使一鼎象征一州，各鼎所刻图形能反映该州的山川名胜，他事先派人把全国各州的名山大川、形胜之地、奇异之物画成图册，然后派工匠按图仿刻于九鼎之上。这样，人们一看九鼎，便知当地风俗，鬼怪，以避凶就吉。据说，这件事受到了天帝的赞美，夏朝也因此得到了上天的保佑。

纹鼎·西周

后人常用“问鼎”表示觊觎政权，用“定鼎”表示建立政权，这里还有一个历史典故。

传说，公元前11世纪，武王伐纣取胜，建立了周朝。当时，他把国土分封给自己的亲属和有功之臣，形成了许多诸侯国。到了春秋时期，诸侯势力兴起，互相争夺霸权，周天子已控制不住天下了。

楚国的楚庄王即位后，灭了庸国，打败了宁国，还带兵攻打陆浑的戎族。当他途经周的都城时，有名无实的周天子吓坏了，派大夫王孙满到城郊去慰劳楚军。

当时已经称霸的楚庄王咄咄逼人地问王孙满：“我听说大禹铸有九鼎，五代相传，为传世之宝，现在陈列在洛邑，不知鼎的形状怎样？大小与轻重如何？”

王孙满听出了弦外之音，不卑不亢地答道：“夏、商、周三代是靠德来维持的，哪里是靠鼎呢？以前大禹统治天下的时候九个州都送来了州产的青铜，铸了九鼎。夏桀无道，鼎为商所有；商纣暴虐，鼎又传到了周。如果有道德，鼎虽小也重，若没有道德，鼎虽大也是很轻的。从成王把鼎定在郏鄏算起，已经传了三十代，七百年，现在周天子的地位虽然衰弱了，但还不到被人取代的时候，鼎的轻重，你还是不要打听了吧。”

听了王孙满义正词严的一席话，楚庄王打消了非分之想。他也自知没有取代周室的实力，只好偃旗息鼓，告辞而去。

鼎是如此重要，政治内涵如此深刻，九鼎不但是无价之宝，更是镇国之宝了。

但是，周代以后，九鼎竟下落不明。

历代史籍关于九鼎的下落，材料很多，但不是自相矛盾，就是没有可靠的依据。猜测虽多，归纳起来大致有两种说法：

一说九鼎失于东周灭亡之前。

司马迁《史记·封禅书》中说："周德衰，宋之亡社，鼎乃沦没，伏而不见。"也就是说，九鼎早在东周末年就已遗失了。

班固在《汉书》中补充司马迁的说法，说周显王四十二年，九鼎沉没在彭城泗水之下。后来秦始皇出巡，经过彭城，曾驱使几千人到泗水中打捞，结果一无所获。

西汉有一个叫辛垣平的说：周鼎没于泗水，现黄河改道，连通了泗水。臣望见东北汾阴有金光宝气，可能是周鼎重新出现。汉文帝听信了，在汾阴建了一座庙，恭请宝鼎降临。可是直到他去世，也没有见到宝鼎的影子。

清代学者王先谦则说：周王室为了防止大国觊觎，加上财政困难，入不敷出，于是毁九鼎以铸铜钱，对外则谎称九鼎不知去向，免得诸侯国兴兵前来问鼎。这种说法也不能令人信服。九鼎铸于夏初，器形不会太大，东周帝王能为了少量的铜而毁鼎铸钱吗？九鼎是周的镇国之宝，天命之所在，它只能与社稷共存亡，岂有自行销毁之理？

上述种种说法，一致认为九鼎确实在东周灭亡之前就失去了，那么，它被埋没的地方可能在关东。

另一说，九鼎失于秦末。

司马迁的《史记》中，在周、秦二《本纪》中，又说秦昭王 52 年，周赧王死后，秦从洛邑掠九鼎入秦。这个说法与他的前一个说法自相矛盾，一说与秦有关，一说与秦无关，令人费解。倘若真失于秦末，则埋没的地点有两种可能：一是关中；二是泗水彭城。因为如果是项羽破城后将九鼎载归彭城的话，史书上并没有记载这么重大的事，只能是猜测了。

不知九鼎何时能重见天日。

天干地支的发明者之谜

在中国古代的历法中，甲、乙、丙、丁、戊、己、庚、辛、壬、癸被称为"十天干"，子、丑、寅、卯、辰、巳、午、未、申、酉、戌、亥叫作"十二地支"。两者按固定的顺序互相配合，组成了干支纪法。从殷墟出土的甲骨文来看，天干地支在我国古代主要用于纪日，此外还曾用来纪月、纪年、纪时等。那么，干支纪法的发明者究竟是谁？

大约在战国末年，依据各国史官长期积累下来的材料编成的史书《世本》说："容成作历，大桡作甲子。"梁启超在《国文语原解》中认为，天干地支这二十二个字，颇为"奇异复杂而不可思议"。他主张干支应与罗马、腓尼西亚（腓尼基）和希腊文的字母等同起来看待。并在《饮冰室合集》中，从字形和读音上揭示彼此间的联系，以为中西自古以来的字形与读音，屡经变迁，“若从两方面尽搜罗其异形异音而校合之，安此二十二文，非即腓尼西亚之二十二母乎”？按梁氏的观点，中国古代干支纪法的发明，似乎与腓尼基的二十二字母有关联。然而，郭沫若在《甲骨文字研究·释干支》中，提出不同的观点。他认为以往人们对干支的解释，都是望文生义的臆测，“十天干’纯属十进位记数法的自然发生，其中多半是殷人所创制。至于“十二地支”，起源于古巴比伦，在比较中国古代的十二辰和古巴比伦的十二宫后，指出中国古代的十二辰和十二地支，都是从古巴比伦的黄道十二宫演变而来。其传入中国的途径，可作大胆推测，也许商民族“本自西北远来，来时即挟有由巴比伦所传授之星历知识，入中土后而沿用之”，或许“商室本发源于东方，其星历知识乃由西来之商贾或牧民所输入”。尽管郭、梁的说法影响较大，但是问题并没有解决。一些学者从我国上古的夏代帝王世系和商代汤王以下所有帝王的名字中，探究十天干中的字已被用于名号这一特有现象。为驳干支外来说，陈遵妫在《中国天文学史》中指出，“在四千多年前的夏代，可能已有干支产生了”。郑文光在所著《中国天文学源流》一书中认为，十天干起源于我国古代伏羲和“生十日”的神话传说，是十进位法概念在纪时中的反映，应当产生于渔猎时代的原始社会；“十二地支”则由常羲“生月十有二”的神话传说演变而来，产生于殷商之前，后逐渐演变为十二辰。所以，郑文光推断：“十二支宜乎是夏人的创作。”杜石然等则在编著的《中国科学技术史稿》一书中，主张夏代已有十天干纪日法，商代在夏代天干纪日的基础上，进一步使用干支纪法，从而把十天干和十二地支配合在一起形成六十日循环的纪日法。

中国古代的干支纪法，究竟是谁发明的？最早出现于何时？看来这个谜并没有完全解开。

附：夏朝大事年表

时间	事件
约公元前 2070～前 2030 年	涂山大会后，禹把各方诸侯进献的青铜铸成了九个大鼎。
约公元前 2070～前 2030 年	禹先选举皋陶为继承人，皋陶早死，又推举伯益为继承人。
约公元前 2070～前 2030 年	禹在查访会稽山时逝世，死后葬于会稽山麓。
约公元前 2030 年	禹死后，启继位建立夏朝，开始了“家天下”的王位继承制。
约公元前 2030～前 2000 年	有扈氏不服夏启，双方大战于甘，有扈氏战败。
约公元前 2030～前 2000 年	启于钧台大会诸侯，后征西河、讨伐武观。
约公元前 2000～前 1970 年	启长子太康继位后，终日游猎，不恤民事。被有穷氏的后羿所逐。
约公元前 1970 年	太康被逐后，后羿立其弟仲康做了夏王。
约公元前 1970～前 1940 年	仲康讨伐没有准确预报日食的羲和氏，但不久后便死了。
约公元前 1940～前 1910 年	仲康死后其子相继任夏王，后被后羿驱逐后逃到帝丘，建立政权。
约公元前 1940～前 1910 年	后羿称王改国号“有穷”，不久被寒浞杀死。
约公元前 1940～前 1910 年	寒浞称王，派兵攻打偏安的夏政权，杀死了相。
约公元前 1900～前 1860 年	相的妻子逃奔娘家有仍氏，生下了少康。少康长大后在夏旧臣帮助下杀死寒浞，重振夏王朝，史称“少康中兴”。
约公元前 1860～前 1830 年	太康之子杼，出征东夷，得胜不久后死去。

时间	事件
约公元前 1830~前 1800 年	杼之子芬在位时,东方的"九夷"来朝,国力强盛。
约公元前 1800 年	芬之子芒亲到黄河祭祀,祈求河神赐福。
约公元前 1770~前 1730 年	芒之子泄将东方九夷中的六夷封为诸侯,密切了夏与东夷之间的关系。
约公元前 1730~前 1700 年	泄长子不降因年老,将王位让给弟弟扃。
约公元前 1700 —前 1680 年	扃之子胤甲期间逢大旱,胤甲以为是上天惩罚他,天天祭祀,最后在恐慌中死去。
约公元前 1700~前 1660 年	不降之子孔甲继位,迷信鬼神,据说养龙,好吃龙肉。
约公元前 1640~前 1600 年	发之子桀攻有施氏,得到妹喜,于是筑倾宫、瑶台,大敛百姓之财,整日享乐不问政事。
约公元前 1640~前 1600 年	夏忠臣关逢龙对夏桀诤谏,激怒夏桀被杀。
约公元前 1640~前 1600 年	商汤举兵讨桀,双方战于鸣条,夏桀败逃,被商汤流放而死。

·中国通史·

商朝

刘宇庚⊙主编

导读

商朝(约公元前 1600 年~公元前 1046 年)因最后首都固定于殷,又称殷商。是中国历史上继夏朝之后的一个王朝,相对于夏朝具有更丰富的考古发现。原夏朝之诸侯国商部落首领商汤率诸侯国于鸣条之战灭夏后建立商朝。经历 17 代 31 王后,末代君王商纣王于牧野之战被周武王击败而亡。据夏商周断代工程认为商朝取代夏朝的时间约公元前 1556 年,至公元前 1046 年 1 月 20 日被周武王所灭,共 510 年。该时间被中华人民共和国史学界采用。按民国初年史学家董作宾依历法推算,商代的时间应为公元前 1766 年至公元前 1111 年,共 655 年。宜臼建立,定都洛邑。其中东周时期又称“春秋战国”,具体划分为“春秋”及“战国”两部分。

第一章　商朝史话

商族兴起

商族是黄河下游一个古老的部落，在灭夏以前，已经经历了很长时间的发展。关于商族的起源，有数种说法，一说认为在北方辽河流域，一说认为在东方黄河下游的齐鲁地区，一说认为在中原今冀南、豫北地区的漳水流域。

契是商部族的始祖。契的母亲是简狄氏，又作简易，因是有娀氏（今在山西永济西）之女，又称娀简。相传她随本氏族的两个姊妹偶出行浴于玄丘水，有玄鸟（即燕子）飞来，生下一只鸟卵，简狄误取鸟卵吞食，因有身孕而生下了契。这就是所谓"天命玄鸟，降而生商"的神话。契长大后，因帮助大禹治水有功，被舜帝任为司徒，掌管教化，封于商地，赐姓子氏。

商的始祖契

以神话传说来叙述本民族起源的，乃是一种常见的现象。中国及世界上其他国家均有这种情况。简狄误吞了玄鸟（燕子）卵，因此降生了商的始祖契，虽属神话传说，但也说明两种事实。

首先，商族原是东夷旁支，氏族的图腾是玄鸟。所谓"天命玄鸟，降而生商"，是由夷族鸟图腾推衍而来。图腾崇拜是产生于原始氏族社会的一种古老的宗教形式，这种宗教迷信是将本氏族的产生，同某一种动物或植物联系起来，认为自己的氏族与它之间存在着血缘关系，进而将它当作自己氏族的祖先、保护神或标记。由商代甲骨文中可以找到鸟图腾的证据，卜辞上记载了商王对高祖王亥的询问、祷告或是祭祀，甲骨文写王亥之"亥"字，上面均加一鸟形。王亥是商人的"高祖"，固将氏族图腾符号"玄鸟"加其名字之上。除加鸟形之外，更有的旁加手形者，由《山海经·大荒东经》"有人曰王亥，两手操鸟方食其头。"进一步印证王亥——商的高祖与鸟有密切关系，说明商族确以玄鸟作为氏族的图腾。在东方夷族中不少氏族即以鸟作图腾，如少昊氏"以鸟名官"之传说，可见商族也是起源于东方的夷人氏族。

铜卣

其次，商人的始祖是契，契母简狄是有娀氏之女，为商喾次妃，帝喾应是契的父亲。帝喾为传说中的“五帝”之一，他生下来之后，能自言其名曰嫄，所以帝喾又叫帝嫄。帝喾有四个妃，元妃有邰氏女曰姜嫄生后稷，次妃有娀氏女曰简狄生契，次妃陈丰氏女曰庆都，生放勋（尧），次妃娶訾氏女曰常仪，生帝挚。若依此说，各族始祖的母亲都是商喾之妃，帝喾也就不仅是帝族的祖先，而是古代几个族的共同祖先。而帝喾与颛顼——夏族、秦族及舜的远祖又有较近的亲缘关系，均为黄帝之后。司马迁作《史记》载，黄帝正妃是嫘祖，嫘祖生二子，一曰玄嚣，一曰昌意，昌意之子便是颛顼，玄嚣之子是娇极，娇极之子便是帝喾。颛顼和帝喾又都是几个族的祖先，依此排列，则尧、舜、夏、商、周、秦乃至南方的楚，统统由黄帝与嫘祖繁衍下来，各族均是“黄帝之子孙”，黄帝也就成为始祖了。我们今天所说的“炎黄子孙”，就是从这里来的。

相土作乘马

大约在夏禹建国前，契死了，他的儿子昭明成为首领。

商族是一个畜牧业部落，氏族一直“逐水草而迁徙”。昭明听说北方有平坦的大草原，于是就带着族人一直向北迁徙。他们跨过黄河，一直走到了一个叫砥石的地方（今河北石家庄南，邢台以北）。这里的大草原一望无际，水草丰美，昭明和他的族人便在这里停下了迁徙的脚步。

此时的商族势力还不大，虽然茂密的水草养肥了牛羊，但周围氏族的劫掠让商人苦不堪言。昭明死后，他的儿子相土率领氏族又返回了老家。

相传相土身材高大，十分强壮，善于制服各种野兽。在长期与野兽争斗的过程中，相土发现野马是与人类最亲近的动物。因为野马不吃肉，一旦驯服，就能帮助人做许多粗重的工作。

历尽千辛万苦，野马终于被相土驯服了。相土又加以训练，让马来驮运东西、拉车子，并开始实行圈养，不再散放。不仅如此，相土还明确了驯服和饲养牲畜的目标：马主要用于作战、狩猎和运输；牛除了食用外，还用于运输和祭祀；猪、羊、鸡除食用外，主要在祭祀活动中做祭品；狗则用于防卫与狩猎。

据《吕氏春秋·古乐》记载，“商人服象，虐于东夷”。说明相土不但驯养马、牛，还驯养了大象，并且把驯服的大象用于征讨东夷人的战争之中，取得了胜利。商族自此走向强大。相土驯养动物、征伐东夷的英雄事迹，不仅被居住在黄河中下游一带的商族人熟知，还被中原之外的人们所传颂，他们在歌中赞叹道：“玄王商契威武刚毅，接受小国认真治理，成为大国政令通利。遵循礼法没有失误，巡视民情处置适宜。先祖相土武功烈烈，四海之外顺服齐一。”

象尊

相土与骑兵的传说

马这种野生动物，最早叫“火畜”。传说有一次，相土捕获了一匹野马，把它圈了起来。过了一段时间，栏杆外又来了几匹野马，对着栏杆内的那匹野马叫个不停，不肯离开。相土把木栏门打开，不料外边的好几匹野马一下子冲进木栏，和圈在栏内的野马混在一起，互相嘶叫了一阵，然后又都卧下。相土于是把栏杆门关住，用割来的草喂它们。过了不长时间，其中的一匹马突然生下了一只小马驹。

相土高兴极了，决心要驯服更多的野马。这一天，相土喂过马后，牵出一匹性格温顺的马，纵身跳上马背。马一受惊，猛地四蹄腾空飞奔起来，把毫无精神准备的相土一下子抛下来，跌了个仰面朝天。相土费了半天劲才爬起来，望着越跑越远的马，心里十分着急，以为它再也不会回来了。正要往回走，不料这跑掉的马又扭头跑回来了。相土忙把马引进栏杆内圈好，然后灵机一动，用桑树皮拧成一条绳子，把马头绑好，再一次慢慢牵了出来。然后，相土又跳上马背。马仍像头一次一样，四蹄腾空飞奔起来。这回相土吸取了上次的教训，一只手紧紧抓住绑在马头上的绳子，另一只手抓紧马鬃，任凭马怎么飞跑，就是不松手。跑了一阵后，马的速度减慢下来，直到马不再跑时，相土这才勒过马头，缓缓地骑着回去。

相土骑马成功后，就开始教族人一同骑马。一次，众人在森林中骑马，猛然间看见一只猛虎，相土一箭射中了老虎。负伤的老虎朝密林深处逃去，相土和族人骑着马向老虎逃走的方向追去，终于猎到了老虎。

在族人欢呼雀跃的时候，相土脑子一动，对大家说：“既然骑在马上能追老虎，能射杀野兽，那么，打仗时能不能也骑在马上，追杀敌人呢？”大家一听，都认为相土说得有道理。从此以后，商族人更加努力地驯服野马，族中精干的小伙子们都成为勇敢的骑手，这大概就是中华民族最早的一支骑兵了。

相土之城

相土驯服了野马后，商氏族的势力随之壮大，在东扩中，相土选中了相城（今安徽）作为他的别都之一，后人为纪念相土来此，便把此地命名为相城、相山。

据说，相土在途经相山这个地方时，发现这里山川优美、森林茂盛、动物繁多，河里、沼泽里鱼虾游来游去。相土很是高兴，手舞足蹈蹦跳起来，唱道："好地方、好地方，北是山来，西是水，东、南两面是平原。山有柴，水有鱼，一片平原好种田。"于是，他决定将部落从商丘迁到相山。

迁居的路走得很辛苦，纵然有马匹，人们也还是要自己背一部分东西。机智的相土想了个办法，他叫人砍些树枝绑成人字架，又砍了一棵很粗的大树，锯成一段一段的，从树心处钻个眼，再用木棒穿在锯成的树心眼里，然后将木棒绑在人字架的小头处，叫两个人推拉着走。大家一试，果然轱轮转动向前，觉得省劲多了，东西也都能放上。后人称这种东西为原始的独轮土车，后来就发展成了马拉车。因为相土在相城居住了很长时间，本来的荒芜之地也得到了很好的发展。

素爵

勤于职守的冥

到了相土的曾孙冥做首领时，正值夏朝"少康中兴"时期，冥被夏王朝任命为水正，即管理治水工程的长官。

冥上任后勤勤恳恳，忠于职守，一心治理黄河水患。相传他发动黄河两岸患区的人民一齐动工治理，疏河道、开沟渠，还贡献出自己氏族的许多马匹，为治水工程做驮运工具。夏王少康死后，儿子杼继位，仍然任命冥领导治河工程。在杼即位后的第十三年，冥率领一支治河的人马在黄河岸边疏导被泥沙淤塞的河道，因年纪老了又长期劳累过度，在查看黄河水势时，不慎跌落水中淹死。

冥的以身殉职得到了人们的爱戴，被后世人们奉为水神。因古人把黑色称为玄，在五行中属水，所以水神就被叫作“玄冥”。

商部落的强大

冥死后，他的长子亥继承了侯位，没有再做夏王朝的水正，而是一心经营畜牧业。当时，马主要产在北方，中原地区还是比较少的，所以商部落虽然有了很长的驯马历史，马队却并不发达。亥把注意力转向了牛，将牛驯服饲养，用来驾车和驮运东西。虽然牛的行动不如马快，但繁殖和驯养起来比马快，因此没用多长时间，亥就驯服了大批牛群，并用它们驮运货物进行贸易，商部落因此迅速富足起来。

三千多年前的中国大地上，被人类开发的土地还很少，各氏族间相隔的土地多是野兽出没的荒野，互相往来很不容易。自从亥驯服了牛作驮运工具后，荒寂的平原上，经常能看到一队人赶着牛羊，穿梭行进在各个方国、部落之间，进行贸易。随着亥和各方国、部落间贸易的频繁，大家又都知道他是商族的首领，便都称呼他为商人。直到现在，人们依然把做生意的人叫作“商人”，就是来源于商族亥用牛驮着货物往来贸易的缘故。

甲骨卜辞

因为亥的这个伟大贡献，他也因此成为商族中“祭祀之最隆重者”。据统计，甲骨文中祭祀亥的卜辞，仅《殷墟卜辞综述》所收就达九十六条之多，祭祀时用牲五牛、三十牛、四十牛乃至三百牛不等。而且，在卜辞中多提到“高祖亥”“高祖王亥”，在甲骨文中被称高祖的共有三人，其一为高祖夔，即高辛氏帝喾；其二为高祖王亥；其三为高祖乙，即商汤。帝喾为五帝之一，商汤则为灭夏后商代的第一位君王，能与此二人并列为高祖，足见亥在商人心目中的地位。

失检点商王丧命

一年，亥带着弟弟恒，率领着商队又开始了远行。他们赶着大批牛羊，驮着货物跨过黄河，长途跋涉来到了旅居在易水流域一个叫有易的部落（在今河北易县、徐水一带），打算换一些粮食和当地的特产。

有易部落的首领名叫棉臣，见商人带了这么多货物远道而来，非常高兴，以上宾之礼相待，还举行了一个很隆重的宴会，招待商王兄弟。宴饮中，有易部落的女子们表演了时新的歌舞，亥一时高兴，不免多喝了几杯，对美貌的有易氏女子调戏起来。

棉臣将亥的行为尽收眼底，认为这是商部落在侮辱自己的氏族。宴会结束后，他派人乘夜把亥杀死，并把商人带来的牛羊、货物全部扣下，将恒和商族人赶了出去。

恒灰头土脸地逃回，将棉臣杀兄、夺财、驱人的事添油加醋，向亥的儿子上甲微哭诉。上甲微大怒，决心为父报仇。

石人

上甲微的复仇

此时的商族和有易部落一样，都是夏王朝的一个诸侯国。虽然富足，但因为一直专心致力于农牧业生产，武装力量并不强大。当上甲微决心为父亲报仇时，才认识到这一点。

然而父仇不能不报，此时再练兵也来不及了，上甲微决定求助于河伯——黄河岸边一个方国的方伯。河伯也是夏王朝的一个方国，在少康受命让冥治河后，河伯所属的地方正在黄河附近，也是水患较多的地区。因为得到了冥的治理，水患消除，河伯对冥很是感激和敬重，因此一直和商族保持着友好的关系。

一开始，当上甲微找到河伯时，河伯没有同意。因为他与有易的棉臣一直很友善，相互之间常有往来。不料夏王听说此事后，亲自册封了上甲微为商王。上甲微又亲自拜访，向河伯申诉了父亲被杀的经过。河伯考虑到夏王对商族的信任，同时也觉得棉臣不该杀了人还抢夺财物，是个不义之人，这才答应出师相助。

经过一段时间的准备，上甲微也组织起一支武装队伍，又派人给河伯送去一些牛羊犒军，两军会合后便去讨伐有易氏。

棉臣很瞧不起牧牛放羊的商人拿起武器的样子，无奈有河伯相助，他也只好召集了大小头目，组织兵力抵抗。两军于是在易水岸边展开厮杀，商族军队要为先王报仇，河伯要为商侯伸张正义，军士们个个勇敢，拼力厮杀。有易部落的军队出师无名，节节败退，最后完全溃败，棉臣也在混战中被商族军士杀死。上甲微慷慨地把有易氏的财产与河伯平分，俘虏统统罚为奴隶。

为了告慰父亲的在天之灵，上甲微创建了“杨五祀”之礼。五祀，指有五种祭祀对象：门、窗、井、灶、中霤（屋檐或堂屋）。杨的意思是在道路上祭祀。当时上甲微要将父亲亥的尸体从有易国运回，当然会有一个“道上祭”的过程。这个“杨五祀”还不是一般的“道上祭”，而是一个完整的仪典。因为王亥死得冤，化作厉鬼肯定特别不安分，所以杨礼要将门、窗、井、灶、屋檐都搜索驱赶一遍，以免有强死鬼被遗漏。

上甲微创建“杨五祀”之礼是有特别的深意的，不仅仅是告慰老父的亡灵，还有是为增强实力。上甲微在古书中又称作微，上甲是商族的后人在祖庙中给立的号，叫作庙号。微是上甲的名。商族自上甲微以后，都是甲、乙、丙、丁、戊、己、庚、辛、壬、癸十个天干作为庙号。商人祭祀上甲的卜辞很多，祭典也很隆重。“甲”字是天干之始，殷人也从此将天干应用于天文、历法、农业生产、宗族谱系和宗教信仰等多方面，使商族在科学、文化方面逐渐发达，乃至超过夏王朝的实力，这都是在上甲微手上加速发展起来的。

有易氏就这样被上甲微给灭了，夏王朝的诸侯、方国仿佛经历了一场地震，都对上甲微另眼相看，对商族的人也不敢轻易冒犯了。而上甲微并没有以自己的势力去侵犯其他诸侯，对夏王朝仍然朝贺、纳贡称臣。因为从有易部落那里获得了不少的俘虏，商族农业、畜牧业和军事力量大为加强。商族人认为上甲微是一个伟大的王，后世用隆重的礼仪来祭祀他。

提到祭祀要说说商族的祭祀神官。商代的神官，就是原始社会的巫师，他们在政治上也是一种重要的力量。巫总管一切“神事”，所有的“民事”又都要涂上“神事”的色彩，所以巫对一切军国政事都能起着直接或间接的支配作用。商代以巫为首，有祝、宗、卜、史等专职人员，组成相当庞大的巫职机构。有关祭祀的极为繁杂的事务，都由巫职机构管理。另外，事无大小，都要通过占卜，以预测吉凶，决定行止。商代有很多的卜人、贞人，专管占卜事务。殷墟出土的大量卜辞，就是商代后期王室的占卜记录。

成汤革命

商部落自上甲微以后发展很快，到了夏朝末年，商汤成为首领的时候，已经发展成了一个强大的部落。在看到夏桀的腐败后，商汤就决心消灭夏朝。虽然表面上对夏朝臣服，暗地里却在不断扩大自己的势力。

剿灭葛国

商汤又名履，古书中说“汤有七名”。见于记载的有：汤、成汤、武汤、商汤、天乙、天乙汤等。甲骨文中称作唐、成、太乙、大乙。

那时候，部落把祭祀天地、祖宗看作最要紧的事。商部落附近有一个部落叫葛，首领葛伯不按时祭祀。商汤派人去责问葛伯。葛伯回答说：“我们这儿穷，没有牲口作祭品。”商汤就送了一批牛羊给葛伯作祭品，可葛伯却把牛羊杀掉吃了。商汤又派人去责问，葛伯说：“我没有粮食，拿什么来祭祀呢？”商汤派人帮助葛伯耕田，还派人给耕作的人送酒送饭。不料在半路上，葛伯把那些酒饭都抢走了，还杀了一个送饭的孩子。这件事激起了大家的公愤，商汤借此出兵把葛族消灭了，并攻取了附近几个部落。

商汤灭葛的行动，在诸侯中不但没有人反对，人们还纷纷指责葛伯的不仁，说他被杀是咎由自取。一些诸侯、方国还自愿归顺商汤，以脱离夏王朝的统治。

剿灭葛国

征服了葛之后，商汤的眼光继续向前看，落到了有洛氏的身上。有洛氏具有在当时堪称首屈一指的建筑技术，史称“宫室无常，池囿广大”，但是过于追求技术，忽略了农业生产和粮食储备。这一年恰逢天灾，有洛氏出现了大饥荒，商汤趁机出兵，很快就攻克了有洛氏。

征伐进行得如此顺利，商汤的目光又盯上了荆国。荆国位于今安徽一带，势力范围和九夷互相交错，很是富足强大。商汤不敢贸然进攻，他把军队拉到了荆伯的面前，搞了场大规模演习，然后再派使者带着贵重的礼物跟荆伯谈判，双方很快达成协议：永不互相侵犯，一方有难，另一方则给予帮助。

就这样，商汤开始逐步剪除夏王朝的羽翼，削弱夏朝的势力。

仲虺投商

在商汤灭夏的过程中，有两个人功不可没，他们就是左相仲虺和右相伊尹。

相传仲虺的祖先叫奚仲，是夏禹时的车正，就是管理、制造车子的长官，历代子孙也都在夏王朝做官，监制车子。据说奚仲的父亲发明了舟，奚仲本人发明了马车，奚仲的儿子吉光发明了木马车，堪称造车世家。到了仲虺时，他看见夏桀暴虐，诸侯叛离，就带了族人来投奔商汤。商汤早就听说仲虺是个有才干的人，只是顾虑他的祖辈们都是夏王朝的臣子，恐怕仲虺不愿归商。没料到仲虺竟然主动来归附，商汤很是高兴，任命他为左相。

仲虺可是一个了不起的人，他姓任，又名莱朱，据说出生时雷声虺虺，闪电如蛇，大雨倾盆，解了家乡多年不遇的旱灾。古时形容雷鸣声为“虺虺”，同时“虺”也是蛇的代称，因为下雨时的闪电就像一条条长蛇飞舞，于是他的父亲给儿子起名叫“虺”，并给他以赤蛇文身。因为排行老二，所以叫任仲虺。仲虺自己不仅掌握了精湛的造车技艺，还有着高明的巫术，长大后显示出非凡的治国才能，把家乡治理得风调雨顺，五谷丰登。

仲虺来到商族后，给了商汤八个字：兼弱攻昧，取乱侮亡。也就是说，将弱小的、开始衰败的国家收为附庸国，它不愿意就打到它愿意，再慢慢让它消亡成为本国的领地；衰败到了极点、快要灭亡的国家，就不要客气，逐一灭了它。

伊尹传奇

商汤的右相名叫伊尹，他以前的地位不如仲虺，只是商汤妻子带来的陪嫁奴隶。

关于伊尹的身世，还有一个神奇的传说。相传从前有个小国叫有莘氏，一天，一个姑娘去桑林采桑叶，忽然听到婴儿的哭声，她就顺着哭声找去，发现在一个空心的桑树洞里有个胖胖的男婴在啼哭。姑娘可怜这孩子，便抱了回去，献给有莘氏国王。国王觉得这孩子来历蹊跷，便派人去探察孩子的来历。不久，探察的人回来说：孩子的母亲住在伊水岸边，身怀有孕。一天夜里，她梦见一个神仙对她说，如果舂米臼出了水，就赶紧向东走，千万不要回头，切记！切记！第二天，她舂米果然出水了，就赶紧告诉众乡邻一起往东走。有的人相信她的话，跟着她走；有些人不太相信她的话，破家难舍就留在村子里。大家结队走了十几里路后，她心中惦念留在村中的人，就忍不住回头看了一眼。可了不得了！原来伊水暴涨，洪水已淹没了村子。她吓得大喊，但已喊不出声来，变成了一株空心的老桑树。洪水逐渐退去后，过了几天那位采桑姑娘就在这株空心树的树洞里发现了孩子。因孩子的母亲居住在伊水边，国王就让他以“伊”为姓，后来他官拜为“尹”，后人称其为伊尹。

伊尹

伊尹就这样在有莘氏长大成人，他聪明好学，不但学会了一手烧菜的好手艺，还勤奋读书，掌握了治国安邦的谋略。

商汤到东方巡视时，听说有莘氏国王有个美丽贤惠的女儿，就来求婚。有莘氏国王也早就听说汤是一个贤明的君主，爽快地答应了。伊尹不甘心当一辈子厨子，就向国王请求让他去做公主陪嫁的媵臣，如此这般才来到了商部族。

为了引起商汤的注意，伊尹故意将饭菜做得时咸时淡，惹商汤生气。一天，商汤实在忍耐不住，就将伊尹叫来责问。伊尹心平气和地对他说：“佐料放得适中，饭菜才能做得正好。治国安邦也是同样的，既不能急于求成，也不可懈怠松弛。只有弄清主次先后，掌握好分寸，才能够政通人和。”这一番议论令商汤吃惊不小，他发现其貌不扬、身份低微的伊尹竟然是个不可多得的人才，于是解除了伊尹的奴隶身份，拜为右相。

关于伊尹是否做过厨师、是否以厨师的身份游说过商汤，在战国末期形成了三种版本的不同说法。《吕氏春秋·本味》认为,伊尹曾以烹饪的道理劝说商汤而得重用;《韩非子·难言》认为伊尹屡次陈政见于商汤之前,仍不获赏识,无奈之余只好屈身以为厨师,进献各种美味讨好商汤,最后才以商汤亲信的身份得以重用;《孟子·万章上》明确否认伊尹曾经干过厨师这种为士人所不齿的职业,在孟子的叙事中,伊尹被想象成一个躬耕于山野、笃信"尧舜之道",具有"先知先觉"的人。

网开三面

有了仲虺和伊尹的辅佐,商汤首先治理内部,鼓励人们安心农耕,饲养牲畜,同时结交与商族友善的诸侯。

成汤解网施仁

那时,商汤经常和仲虺、伊尹出外巡视,一次走到郊外山林中,看见一个农夫正在东南西北四面张挂捕捉鸟的网,一边挂还一边祈祷:"上天保佑,让天上飞下来的,地下跑出来的,从四方来的鸟兽都进入我的网中来!"商汤听后感叹道:"只有夏桀才能如此网尽!要是如此张网,就会完全捉尽啊! 太残忍了!"于是,商汤叫从人把张挂的网撤掉三面,只留一面,并对那个农夫说:"对待禽兽也要有仁德之心,不能捕尽捉绝,不听天命的,还是少数,我们要捕捉的就是那些不听天命的。"

商汤"网开三面"的事很快便在诸侯中传扬开了,人们都齐声称颂商汤的仁德,归附的诸侯越来越多。

被困夏台

为了观察夏王朝的情况,伊尹带着大批礼物,来到了夏王都拜见夏桀。但是夏桀不在王都理朝,而是在离宫寻欢作乐。伊尹在夏王都一住就是三年,夏桀只见了他一次,问了些不关痛痒的话。见夏桀果然是整天只知饮酒作乐,根本不理朝政,伊尹这才返回。

商汤很是高兴，便和伊尹商量讨伐夏朝的事。伊尹说：“夏桀虽然荒淫，但夏朝还有力量，我们先不去朝贡，试探一下，看它怎样。”商汤按照伊尹的计策，停止了对夏朝的进贡。夏桀果然大怒，命令九夷发兵攻打商族。伊尹一看还有许多氏族服从夏朝的指挥，便赶快请罪，恢复了朝贡。

商汤

九夷，是对居于今山东东部、淮河中下游江苏、安徽一带的诸多少数民族的泛称。据《后汉书·东夷传》记载：“夷有九种，曰畎夷、于夷、方夷、黄夷、白夷、赤夷、玄夷、风夷、阴夷。”“九”并非具体数目，只表示众多之义，所以“九夷之师”，就是东部地区的军队。

在忠于夏王朝的诸侯中，有三个势力强大的氏族，他们是彭姓的豕韦（今河南滑县东）；己姓的顾（今山东东北）和己姓的昆吾（今河南濮阳境内）。

这三个诸侯早就看出了商汤的意图，不断向夏桀进言，要他一举灭掉商族，以绝后患。夏桀听说商汤一直在笼络诸侯，扩大势力，便派使臣召商汤入朝，然后将他囚禁在了夏台（也叫钧台）。

商汤的手下庆辅得到消息，马上行动起来，赶在押送商汤的人之前到了夏台，把几个月的干粮藏到商汤的囚室中，然后关好囚室，恢复原样，再四处散布“商汤圣德，遭奸人陷害”的言论，暗中招募一些自愿服侍商汤的人，秘密送往夏台。庆辅，是共工之后，未来的商汤七佐之首。所谓商汤七佐，是辅助商汤打江山的七个能人。分别是：庆辅、伊尹、湟里且、东门虚、南门蝡、西门疪、北门侧。

庆辅的工作完成后不久，商汤就被押到了夏台。夏桀命令断了商汤的饮食，要好好折磨他一番。夏桀的人每天都来观察商汤，却发现商汤精神很好，行动如常，无不惊诧莫名。

更离奇的事还在后面呢！自从商汤被囚禁在夏台，夏台就开始下大雨，风雨越来越大，一些押解商汤的士兵受冻受饿，甚至死了人。再后来，可能是由于风雨的原因或者年久失修，夏台塌了一角，摔死砸死了不少士兵，可商汤却安然无恙。

有大臣建议释放商汤，可夏桀不以为然，于是有人说道：“初时不许商侯饮食，商侯忧闷，天就阴雨不止。如果给商侯少许饮食，商侯心情一开朗，没准天就放晴了。”夏桀哈哈大笑道：“天下怎么可能有这种怪物。如果给他饮食就能让雨停下来，就算是饱死他又何妨？何必给少许？”就这样，商汤在夏台的待遇好了一些。

伊尹和仲虺得到消息后，赶忙搜集了许多珍宝、玩器和美女献给夏桀，请求释放商汤。夏桀见到商族送来这么多的珍宝、美女，心中很是高兴，加上商汤表现得一味顺服，夏桀认为恐吓、警戒的目的已经达到，也就下令释放了。

征伐豕韦、顾

商汤重获自由后，第一件事就是征讨豕韦。当然，出兵需要理由，否则就是不义之师。至于理由，不管现实有没有，都要找出一个来！

商族派出了探子庆辅，不但成功搜集了不少对豕韦不利的证据——诸如滥杀、不按时祭祀之类，还策反了豕韦的权贵彭祖和彭宾。彭祖是中国著名的寿星，传说中的养生家。据古代典籍记载，彭祖精于养生，《楚辞·天问》还说他善于食疗，据说活了八百多岁。不过，一人享寿竟至八百余岁，显然是不可能的。彭祖实际上是以其命名的一氏族，对于彭祖善于养生的种种传说历代并无异议，可以推想，由于彭祖这个氏族精于养生，族中长寿之人辈出，并以此而闻名于世，于是逐渐产出彭祖享寿八百这类的传说并流布于后世。故彭祖这个氏族可以说是上古时代一个有代表性的著名长寿家族。彭宾后来成了商王朝的豕韦侯。

彭祖观井图

于是，商汤在景亳（今河南浚县大伾山附近）召开了伐夏联盟的大会，作“景亳之命”，来参加的诸侯一致通过了对豕韦的征伐决议。景亳之会一结束，商族的大军以迅雷不及掩耳之势杀奔豕韦，豕韦猝不及防，仓促迎战，家中又有内鬼，连求援都来不及就被灭掉了。豕韦的后裔有部分沦为平民，即后世韦姓；有部分照旧可以做他的豕韦侯；有部分逃到了北方。

商汤乘胜东进，又消灭了顾。夏朝的支持者，只剩下昆吾了。

剿灭昆吾

昆吾国在夏王朝的属国中算是一个较大的方国，见豕韦、顾二国被商汤所灭，立即整顿军队，同时派人向夏桀求援。夏桀大怒，准备出兵征商。商汤本想率军去灭昆吾，然后征东夷，进而灭夏。可伊尹权衡利弊，认为时机还未成熟，暂时收兵，还准备了礼物送给夏桀。夏桀见了贡物和商汤请罪的奏章，颜面上和蔼了许多。身边的大臣趁机恭维他说：“大王威震天下，谁也不敢反叛，不出兵就能安享太平。”

夏桀一听这话更乐了，下令罢兵，天天饮酒取乐。夏桀喝酒去了，昆吾却不愿放下武器，依然率军向商族进攻。见昆吾仍死心塌地效忠夏王朝，商汤决定与昆吾决一死战。

昆吾的力量不容小觑，对于此战的胜负，商汤也没有十足的把握。就在这时，费昌带着他的人马前来投奔，让胜利的天平向商汤这方倾斜了。

据说费昌的先祖是伯益，被夏启杀死后，族人便逃到了边远地区，慢慢融入夷狄之中。这一年，中国的天空上出现了两个太阳，一个太阳在东边冉冉升起，一个太阳在西边缓缓落下，发出轰隆隆像雷一样的声音。费昌看到这异常的天象后，就到河水边祭祀河伯，占卜吉凶。卦辞告诉他：西夏东殷。于是，费昌就带领着自己的氏族来投奔商汤了。商汤大喜过望，因为费昌的部族以善于驾车闻名，战车的多寡对胜负的决定力量实在是太大了。

此时的商族，军事力量大为加强，又有其他的诸侯、方国相助，只一战就大败昆吾军。商汤收了昆吾所有的土地、财物，战俘都成为商族人的奴隶。伊尹又出谋说："今年我们不要朝贡了，再看看夏朝的动静。"

夏桀本来对商汤灭昆吾就大为震惊，又见不到商族的贡品，不禁火冒三丈，再次下令"九夷之师"伐商。可惜，这一次夏桀的命令没起到任何作用，"九夷"中没有一支队伍响应，大家都看到了夏王朝的没落，不再愿意为他卖命了。商汤见状，知道讨伐夏桀的时候终于到了。

王归至亳图

定都西亳

在出征之前，商汤饶有兴致地对族人讲述了自己的一个梦。

商汤说，自己梦见乘船经过日月之旁，于是便去祭拜帝尧。商汤将三分厚的玉璧沉下洛水，退立片刻，只见一对黄鱼跃出水面，紧接着一只黑鸟飞了过来，变成块黑玉落到商汤的面前，黑玉上面刻着"玄精"二字。

这个梦可不是一般的梦，经过巫师分析，得出了这样的结论：鱼没有足翼，及夏桀孤立无党，可伐；黄色离水，意思是土归汤，有金德相助，而商正好是金德。黑鸟，是玄帝的使者，玄鸟也是商的图腾守护，玄精是水精的意思。这个梦表示商汤受到神的保佑，伐桀必克。

果然，鸣条一战，夏王朝全军覆没。夏桀被流放，三年后死去。商汤告祭于天，宣告建立商王朝。为了能够有效地控制四方诸侯，监视夏王朝的遗民，在伊尹的建议下，商汤将王都迁到了西亳（今河南商丘），把夏朝"尚黑"的风俗改成了"尚白"。

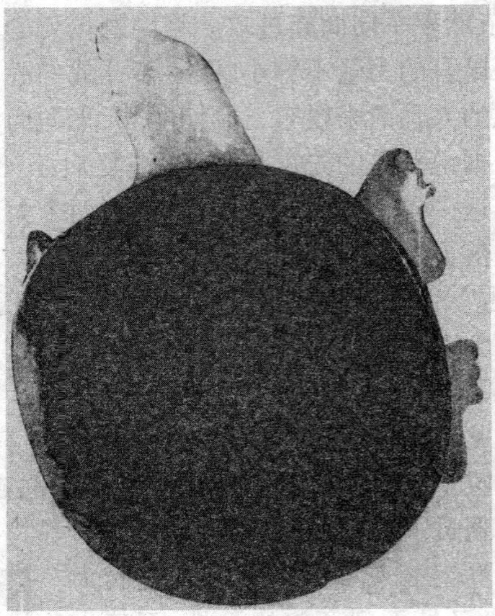
玉鳖

夏桀死后，商汤的心里总是忐忑不安，怀疑自己通过武力"革"了夏朝的"天命"，是不是会给后人留下"大逆不道"的口实？因为古时尧舜禹的"禅让制"最为人们推崇，禹虽然把江山传给了他的儿子，但那是和平政变，而且得到了大多数诸侯的首肯，被认为是天命所归。如今商汤通过暴力革命推翻夏朝，可是"亘古未有"的大事。于是，仲虺站了出来，作了一篇《仲虺之诰》，阐述了商汤革命的正确性。

所谓诰，在秦代以前，是帝王向臣下传达诸如任命或封赠等命令的文书，秦代废"诰"而改称"制""诏"。宋代用"诰"来追赠大臣、贬谪有罪、赠封其祖父妻室等等。总之，"诰"主要是上级对下级的，但仲虺对商汤说的话却被称为《仲虺之诰》，实在是很反常的事。然而商汤却认可了，因此后人把仲虺的这篇诰文提升到非常之高的地位，甚至称之为"革命理论"。

《仲虺之诰》这样说道："啊！上天生养人民，人人都有情欲，没有君主，人民就会乱，因此上天又生出聪明的人来治理他们。夏桀行为昏乱，人民陷于泥涂火炭一样的困境；上天于是赋予勇敢和智慧给大王，使您做万国的表率，继承大禹长久的事业。您现在要遵循大禹的常法，顺从上天的大命！

"夏王桀有罪，假托上天的意旨来施行教命。上天因此认为他不善，要我商家承受天命，使我们教导他的众庶。简慢贤明依从权势的，这种人徒众很多。从前我商家立国于夏世，像苗中有莠草，像粟中有秕谷一样。小百姓和大人物战栗恐惧，无不害怕陷入非罪；何况我商家的德和言都可听闻呢？

"大王不近声色，不聚货财；德盛的人用官职劝勉他，功大的人用奖赏劝勉他；用人之言像自己说的一样，改正过错毫不吝惜；能宽能仁，昭信于万民。从前葛伯跟馈食的人为仇，我们的征伐从葛国开始。大王东征则西夷怨恨，南征则北狄怨恨。他们说：怎么独独把我们百姓摆在后面？我军过往的人民，室家互相庆贺。他们说：等待我们的君主，君主来临，我们就会复活了！天下人民爱戴我们商家，已经很久了啊！

"佑助贤德的诸侯，显扬忠良的诸侯；兼并懦弱的，讨伐昏暗的，夺取荒乱的，轻慢走

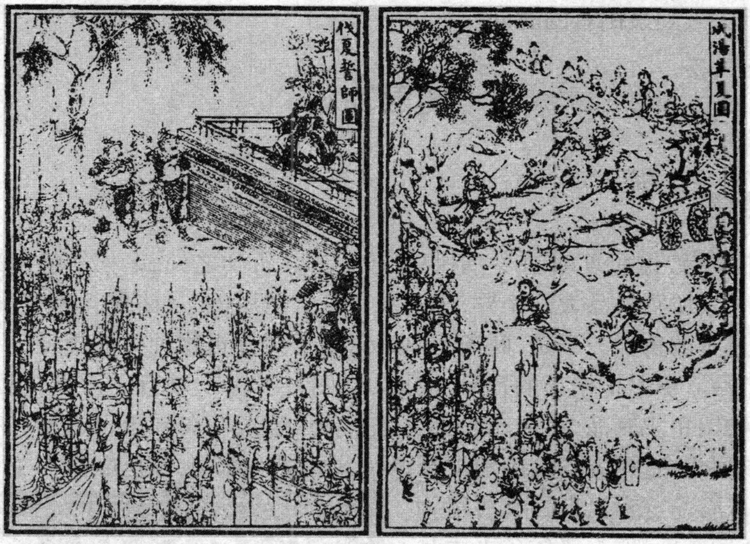

成汤革夏

向灭亡的。推求灭亡的道理，以巩固自己的生存，国家就将昌盛。

“德行日日革新，天下万国就会怀念；志气自满自大，亲近的九族也会离散。大王要努力显扬大德，对人民建立中道，用义裁决事务，用礼制约思想，把宽裕之道传给后人。我听说能够自己求得老师的人就会为王，以为别人不及自己的人就会灭亡。爱好问，知识就充裕；只凭自己，闻见就狭小。

“啊！慎重的办法，在于善谋它的开始。扶植有礼之邦，灭亡昏暴之国；敬重上天这种规律，就可以长久保持天命了。”

这篇洋洋洒洒的诰文，从三方面阐述了商汤革命的合理性。首先，讨伐夏桀是按照老天爷的意思干的，是为了拯救老百姓。这就是所谓的“顺乎天”。而老天爷是不会错的，他指定的“天子”一定是又聪明、又勇敢的。夏桀行为昏乱，违背了老天爷要他治理好百姓的初衷，因此要商汤替代他做天子。其次，仲虺称赞了商汤品德高尚，深受百姓爱戴，与夏桀形成鲜明对比，这就是所谓的“应乎人”。最后，仲虺宣布革命的目的是为了恢复大禹王创立的合理制度，而夏桀恰恰是破坏了他祖上的制度。

仲虺的诰文不仅消除了商汤的犹豫，也为第一次武力夺取天下以及日后所有的改朝换代找到了革命的理由。

盘庚迁殷

孔子说：“殷因夏礼。”商朝基本继承了夏朝的制度，同时这两个朝代也面临着很多相似的问题。商朝建立不久，险些遭遇夏朝的失国厄运。黄河的肆虐冲击着还不是很发达的农业文明，连年的王位争夺导致战乱频繁，从而引发商朝国都一次又一次的迁徙。商朝的统治似乎进入到最困难的时期。

明君商汤

商汤祷桑林

商汤即王位后,仿照夏朝制度,定期巡守天下。所到之处,诸侯纷纷前来朝拜、进贡宝物。商汤认为,所贡物品大同小异,于王室也未必适用,而且诸侯互相在贡物价值上攀比,势必造成过重的负担。于是,商汤命伊尹制定了四方贡物种类的规定,要求各地只进贡本土所出产品。伊尹根据汤的旨意,制订了“四方献令”,颁行于天下,规定:东方各国濒临大海,贡物以鱼皮制品、鱼酱、剑为主;南方各国盛产珍禽异兽,贡物以犀牛角、象牙、珠玑、玳瑁、翠羽为主;西方各国山地众多,贡物以龙角、神龟、各色颜料为主;北方各国草原广袤,贡物以骆驼、野马、良马和弓箭为主。四方献令颁布后,四方诸侯备办贡品不仅便宜,负担也大为减轻,工朝府藏应有尽有,受到各地诸侯欢迎。

正在商汤准备大展宏图的时候,商王国发生了一场大面积的旱灾。这场旱灾延续了七年,且越来越严重。尽管伊尹亲自带领人们打井抗旱,可旱情依然没得到缓解。

商人笃信鬼神,认为如此大旱肯定是上天降罪,商汤命官员们不断占卜、祈祷,希望上天赐福降雨。尽管商汤天天祭祀、苦苦哀求,可老天爷就是不肯下雨。无奈,商汤决定亲自求雨。

在一个叫桑林的地方,商汤设好祭坛,亲自率领伊尹等大臣举行祭扫求雨。但祭祀后还是没有下雨,负责占卜的官员后说,看来只用牛羊作牺牲不行了,一定要用最高等级的祭品:人。那时,用人做祭品求雨,就是将活人放在柴堆上焚烧。

桑林祷雨

商汤拒绝了,他说:“我祭祀求雨,本是要让人们幸福地生活下去,怎能用人去焚烧呢?如果真要烧死人才能感动上天,那就烧死我吧!”说完后,商汤不顾大家的反对,毅然爬上了柴堆。似乎老天这时终于听到了祷告声,倾盆大雨适时降下,阻止了商汤的自焚。

关于这戏剧性的一幕,也有史料说是焚烧了商汤的头发和指甲作为其替身,因此天降大雨。无论如何，七年的大旱终于过去了，商汤这种勇于牺牲的精神更是受到了人们的敬佩和颂扬。于是，人们用歌唱来颂扬商汤的德行，伊尹将这些歌词收集起来编了乐曲，取名为“桑林”，也叫“大修”，这就是后世所谓的“汤乐”。

商汤的礼让

商汤成为王，似乎一直是小心谨慎的。在他打算讨伐夏桀时，曾与名士卞随商量，卞随说：“这不是我该做的事。”商汤问：“谁可以呢？”卞随回答：“我不知道。”商汤又拿这件事跟瞀光商量，瞀光说：“这不是我该做的事。”商汤问：“谁可以呢？”瞀光回答：“我不知道。”商汤问：“伊尹怎么样？”瞀光说：“伊尹这个人毅力坚强，而且能够忍受耻辱，至于其他方面我便不知道了。”商汤于是跟伊尹商量讨伐夏桀的事。

打败夏桀后，商汤想把天下让给卞随。卞随推辞说：“你讨伐夏桀时跟我商量，必定是把我看作了凶残的人。如今战胜夏桀后想要禅让天下给我，必定是把我看作贪婪的人。我生活在天下大乱的年代，而且不明大道的人两次用他的丑行玷污我，我不能忍受这样的言谈。”说完自己跳入水中自杀了。

称祖训王图

商汤又打算禅让给瞀光，说：“智慧的人谋划夺取天下，勇武的人继而加以完成，仁德的人居于统治之位，这是自古以来的道理。先生怎么不居于其位呢？”瞀光是夏时有名的贤人，耳长七寸，弹得一手好琴，不吃饭不吃肉，只靠吃菖蒲过活。听了商汤的话，说道：“废除了自己的国君，不合于道义；征战杀伐，不合于仁爱；别人冒着危难，我却坐享其利，不合于廉洁。我听说这样的话：不合乎道义的人，不能接受他赐予的利禄；不合乎大道的社会，不能踏上那样的土地。何况是让我尊称为帝呢！我不忍长久地见到这种情况。”说完，背着石块沉水而死。

夏王朝的名士都死了，商汤再也没说过让位的事了。

九世的混乱

自太甲之后，商王朝进入了一个稳定发展的时期，天灾不多，也没有大的战争爆发，但却有两个很不稳定的因素困扰着商王族，那就是王位的频繁更迭和都城的不断迁移。

商王朝在建立之初，帝位是传给弟弟的，最后由最幼的弟弟再传给长兄的长子，依此类推。从第十世商王仲丁到第十八世商王阳甲期间，王位时常更迭，王室子孙为了争夺王位相互残杀。

为了结束这种混乱的局面，商朝逐步废除了“兄终弟及”，一律改为“父亡子继”，以保安宁。

太戊服诸侯

等到王位传到太戊的时候，不仅商王朝统治的地区十分繁荣，各地诸侯、方国中有的势力也强大起来。太戊的哥哥雍已为王的时候，一度加重了劳役，引起诸侯、方国和百姓的不满，有些诸侯甚至停止向王朝进贡和朝贺。

太戊做商王的第七年，在王宫的庭院中，生长了一棵桑树，而桑树下又长出了一棵谷树，在七天的时间里就长得很大。太戊非常恐惧，认为这是不祥之兆。大臣伊陟进言道：“臣听说过妖怪胜不过德，大概是大王在治理朝政上有什么不当之处，所以才会出现妖怪。如果善政修德，以德治民，自然就能免除祸害。”

德灭祥桑

太戊少年继位，确实一味追求享乐，不勤于国政。听伊陟这样说，联想自己以往的行为，认为很有道理，自此开始勤于政事，修德治国。过了一段时间，那棵疯长的树枯死了，太戊很是高兴。伊陟趁机大肆宣扬太戊的德政，说是得到了上天的福佑。为了报答天地山川的福佑，太戊还特地举行了一次隆重的祭祀山川的仪式。各地诸侯听说后，又纷纷前来朝拜。

据说首先来进贡朝贺的，是西方的西戎部落。太戊很高兴，也派了一个叫王孟的朝臣为使，率领从人，携带了中原地区的特产和青铜器，到西戎各部落去慰问。由于太戊和伊陟治国有方，不仅是西戎，连以前时常反叛的九夷也都纷纷入朝进贡。

太戊死后被后世称为商中宗，其陵位于河南省内黄县城西南15公里，是我国目前唯一的一处商王陵。汉代建陵，唐代续修，宋太祖开宝七年(974)复修，明、清多次修葺增建，规模宏大。陵内有宋开宝七年(974)所立《大宋新修商帝中宗庙碑》，高耸雄伟，碑文由翰林梁同翰撰写，碑有铭有序，雕刻精湛，字迹清晰，笔法变化多端，妙趣横生，刀工娴熟，骨刀坚凝，堪称一绝。

规劝太戊的伊陟，有人说他是伊尹的儿子。伊陟与伊尹是否有血统关系，并没有确凿证据，但是商代有世袭制度，想来伊陟和伊尹的关系也不会太远。太戊把国家治理得很好，每当有诸侯赞美太戊时，太戊都把功劳归于伊陟，说这是伊陟的教导，从不把伊陟做普通的臣子看待，而是尊崇他为师父。伊陟也没有自夸其功，而是十分谦让，不敢接受太戊的尊崇。

仲丁伐蓝夷

太戊之后的商王，是他的儿子仲丁。仲丁名庄，甲骨文中称作中丁。他上台后的第一件事，就是将王都由亳迁到了嚣（今河南荥阳东北）。至于仲丁为什么要迁都，后世分析可能是迫于形势。太戊是一个比较有才干的商王，在他统治的时期，商王朝的社会生产有了较快发展，王室和贵族们的生活日益奢侈、腐化。为了占有更多的奴隶和财富，为了获得豪华的宫室和更多的美人，王室内部就发生了很多次权力之争。那些富足起来的诸侯国，也无不希望扩展自己的势力，因此小规模的战争时常爆发。另外，此时的商朝，“父亡子继”还没完全代替“兄终弟及”。太戊是否有弟弟，史料上没有明确的记载，但仲丁确实是经过一番斗争才得以继位的。不难看出，仲丁一上台就采取迁都的办法，一方面是想尽快摆脱王室内部的威胁，另一方面也是为了找个更合适的地方加强对诸侯们的控制。

饕餮纹袋足斝

嚣地与蓝夷氏族相近，蓝夷见仲丁的城池没有修好，大量财物都暴露在外，就打算前去打劫。仲丁到嚣的那天，大臣伊陟、巫成就提醒他要提防不测，因此仲丁早就命士兵在四面屯扎，保护国库的财产。蓝夷哪里知道这些，趁夜前来劫掠，结果不但毫无收获，反而损失了不少人马。

第二天，巫咸对仲丁说：“这蓝夷敢来抢劫国库，真是无礼之极，我们应该乘胜追击，讨伐他们的不义之罪，这样也能让其他的部族更加敬畏大王。”于是，仲丁命巫咸亲自率兵讨伐蓝夷。一场大规模的战争由此爆发，仲丁花了好大力气才把蓝夷打败。自此，商王朝经历了一段太平时期。

关于仲丁信赖的大臣巫咸，据说擅长占星术，能以巫祝的方法治愈疾病，还发明了筮卜和鼓。巫是商王朝的一个官位名称，从事卜筮、祭祀、书史、星历、教育、医药等多方面的文化活动，担任上天与商王之间的媒介任务。巫的职位是世袭的，一直都是商王信赖、重任的臣子。

天灾和人祸

仲丁大概当了十三年的王，他死后，他的儿子及弟弟们互相争夺王位，连侄子也跳出来争王，朝廷一片混乱。最后，仲丁的弟弟外壬胜出，继承了王位。

为了安抚弟弟们，外壬许诺，自己死后王位不传给儿子，也将由弟弟继承，混乱这才稍稍平息。坐了十年王位，外壬便死了，王位传给了弟弟河亶甲。

河亶甲可不想把王位让给弟弟，加之为了控制曾经反叛的诸侯国，将王都由嚣迁到了相（今河南内黄东南）。

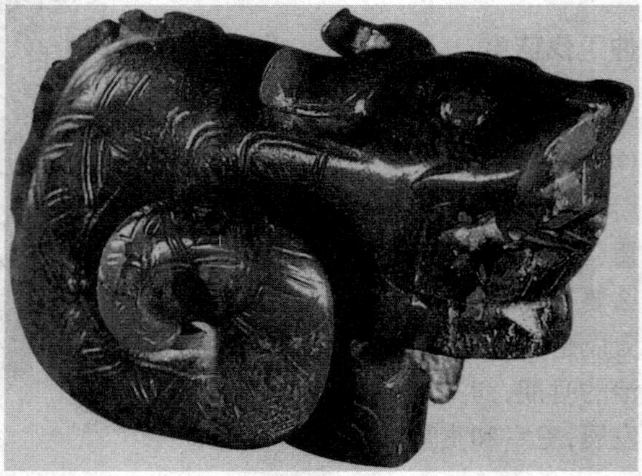

商代玉龙

虽然迁移了王都，但危机并没有消亡。河亶甲的有生之年，一直忙于对付各地诸侯国的反叛，率兵攻打了南方的班方等部族。好不容易天下太平了，河亶甲也走完了他短暂的人生。

河亶甲一死，王族内又产生了争权夺利的斗争，最后河亶甲的儿子祖乙胜出。祖乙上台后的第一件事也是迁都，以避开王室内部的重重矛盾。商朝的国都这一次迁至黄河北岸的邢（在今河南温县东）。之所以选在此地，源于这里发现了一条龙鱼。众臣报请祖乙，认为邢必将成为龙腾之地。祖乙还专门派人饲养那条龙鱼，朝夕礼拜。巫师占卜后说："龙在则兴，龙亡则水淹。"据说后来龙鱼死了，祖乙于是再次迁都，邢则被水淹没。

传说终归是传说，事实是：王都还没建成，邢这个地方就被黄河泛滥的大水给冲毁了。在大臣巫咸的建议下，王都又迁到了庇（今山东鱼台附近）。祖乙又花了五年的时间，终于在这里建成了宫殿、宗庙。

天气的无常变化令祖乙很烦恼，这时一个叫阿衡的大臣站了出来，声称只要设天台敬祭天神，就能风调雨顺。祖乙认为有理，便带领百官去祭天，结果无济于事。万年知道后，带着日晷和漏壶去见祖乙，讲了一番日月运行的道理。祖乙恍然，对万年说："希望你能测准日月规律，推算出准确的晨夕时间，创建历法，为天下的黎民百姓造福。"

不久，阿衡看到了万年的研究成果："日出日落三百六，周而复始从头来。草木枯荣分四时，一岁月有十二圆。"心知万年的历法已研究成功，心中忐忑，惧怕万年因创建历法而得宠。于是，他阴谋策划，派了一个刺客准备除掉万年。不料行刺失败，祖乙惩处了阿衡，亲自去看望万年。万年指着天，对祖乙说："现在正是十二个月满，旧岁已完，新春复始，祈请国君定个节吧。”祖乙说：“春为岁首，就叫春节吧。”后来，万年经过长期观察，精心推算，终于制定出了准确的太阳历。祖乙深为感动，为纪念万年的功绩，便将太阳历命名为“万年历”，封万年为日月寿星。以后，人们在过年时挂上寿星图，据说就是为了纪念德高望重的万年。

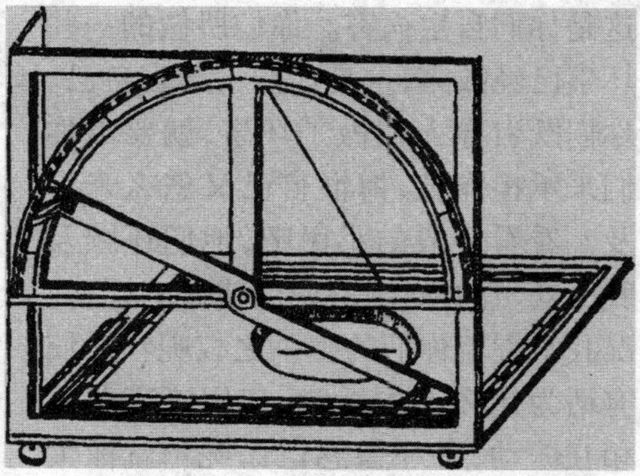
御制地平半圆日晷仪

万年发明“春节”和“万年历”，是一种民间传说，因为在商朝时，中国的春节和太阳历已有清晰记载。民间传说万年还发明了“日晷仪”和“漏壶”，用以计时。这一点是没有根据的。因为我国关于“日晷仪”的文献记载最早见于《隋书·天文志》，其中提到袁充于隋开皇十四年(595)发明的短影平仪，即地平日晷。而“漏壶”的使用据《周礼》记载，夏朝时就有了。

祖乙在位时勤于国政，商朝的经济再次得到一定程度的增长。不想祖乙死后，王室成员为了争夺王位，又开始了无休止的自相残杀和迁都避祸。王朝内部的政治局面如此混乱，诸侯、方国也就乘机各自发展势力，不再向中央王朝进贡朝见。这种情形直到盘庚上台后才得到控制。

盘庚迁殷

商王朝有记载的迁都达六次之多，到了第二十代王盘庚时，国都始终没有最终安定下来。

盘庚是个能干的君主，为了改变当时社会不安定的状况，决心再一次迁都。大多数贵族贪图安逸，都不愿意搬迁，甚至煽动平民起来反对，闹得很厉害。盘庚面对强大的反对势力，把反对迁都的贵族集合到一起，耐心地进行了一场迁都总动员。

盘庚说道：“来吧，你们各位！我要告诫你们，教训你们，为的是要去掉你们的私心，使你们不要傲慢放肆并追求安逸。从前我们的先王，也只考虑任用世家旧臣共同管理政事。先王向群臣发布政令，群臣都不隐瞒先王的旨意，先王因此对他们非常看重。大臣们没有错误的言论，因而臣民的行动大有变化。现在你们拒绝别人的好意而又自以为是，到处散布邪恶浮夸的言论，我真不知道你们争辩的是什么。

“并不是我自己放弃了任用世家旧臣的美德，只是你们欺瞒了我的好意，不能处处为我着想。我对这一切像看火一样地一清二楚，如果我不善于谋划，则是过错。就像只有把网结在树上，才会有条有理不紊乱；就像农民只有努力耕种，才会有秋天的好收成。你们能够去掉私心，给予臣民实实在在的好处，以至于你们的亲戚朋友，那么你们才敢说你们积有恩德。如果你们不怕自己的言论会大大毒害远近的臣民，就像懒惰的农民一样自求安逸，不努力操劳，不从事田间劳动，那就不会有黍稷收获。

夔纹钺

“你们不把我的善言向百姓宣布，这是你们自生祸害。你们所做的一些坏事已经败露，这是你们自己害自己。你们既引导人们做了坏事，就要由你们来承担痛苦，悔恨自己又怎么来得及？看看一般的小民吧，他们还顾及我所劝诫的话，担心说出错误的话，何况我掌握着你们的生杀之权呢？你们有话为什么不告诉我，却用流言蜚语相互煽动，恐吓蛊惑臣民呢？就像大火已在原野上燃烧起来，使人无法面对接近，还能够扑灭吗？这都是你们做了许多坏事造成的，不是我有过错。

“啊！现在我告诉你们：迁徙的计划不会改变！要永远提防大忧大患，不要互相疏远！你们要相互顾念依从，各人心里都要想到和衷共济。如果你们行为不善，不走正道，敢于违法越轨，欺诈奸邪，我就动用刑罚把你们灭绝，连子孙都不留下，不让你们的后代在新国都里继续繁衍。

“去吧！去寻求新的生活吧！现在我将率领你们迁徙，在新国都为你们建立永久的家园。”

王公贵族们虽然心里还有些不服气，但看盘庚态度坚决，也就不敢再提出异议了。于是，商朝迁都的计划终得以付诸实施。盘庚带着族人渡过黄河，搬迁到了殷（今河南安阳小屯村）。在那里整顿商朝的政治，使衰落的商朝出现复兴的局面。

之所以迁都到殷，这也是盘庚经过精心选择的。殷这个地方在黄河以北，洹水之滨，最适于控制四方，尤其是防御北方和西北地区的方国。从政治上来说，迁到殷，离旧都比较远，可以削弱王族中在旧都发展起来的势力，缓和内部矛盾。从经济上来说，避开水涝较多的泗水流域，更有利于农牧业的发展。事实证明盘庚是正确的，以后二百多年，商朝没有再迁过都城，因此被后世称作殷商。

巩固殷都

盘庚迁殷后，修建了非常简朴的宫殿，这一来又引起了王室贵族们的不满。这些人原本就反对迁都，现在看见新王都一切都很简陋，心里更加不舒服，一时间怨言四起。盘庚很是生气，这些散布谣言的人都是朝中大臣，如果因此招致百姓的恐慌，让前来朝贺的诸侯国产生异心，那后果将不堪设想。

在一次隆重的祭祀中，盘庚用龟甲进行占卜，结果显示是吉兆。借着这个机会，盘庚很严肃地告诫了王室贵族，重申迁都是神的旨意，是上天的命令。只有迁都在殷，才能远离水患，安邦免灾。

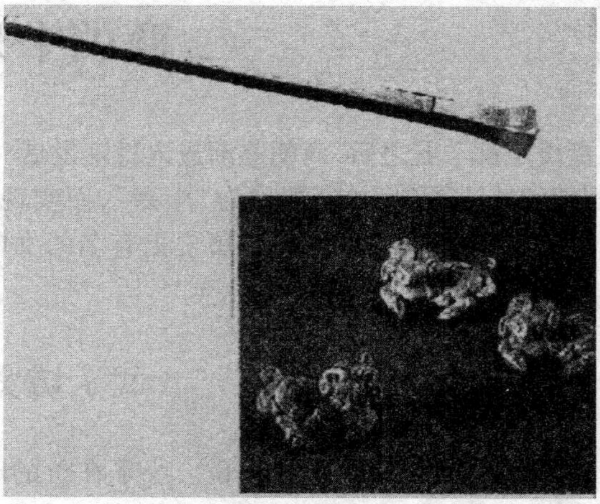

金笄和金异兽形饰件

盘庚说道："你们不要贪图享乐，不要懒惰，要努力完成重建家园的大业。现在我要开诚布公地把我的意见告诉你们各位官员。我没有惩罚你们，你们也不要心怀不满，彼此串通起来诽谤我。

"从前我们的先王成汤，他的功劳大大超过了前人，把臣民迁移到山地去。因此减少了我们的灾祸，为我们的国家立下了大功。现在我的臣民由于水灾而流离失所，没有固定的住处，你们责问我为什么要兴师动众地迁居？这是因为上帝将要复兴我们高祖成汤的美德，治理好我们的国家。我迫切而恭敬地遵从天意拯救臣民，在新国都永远居住下去。因此，我这个年轻人不敢放弃迁都的远大谋略，上帝的旨意通过使者传达了下来；我不敢违背占卜的结果，而要使占得的天意发扬光大。

"啊！各位诸侯，各位大臣，各位官员，希望你们各自考虑自己的责任！我将认真对你们进行考察，看你们是否体恤我的臣民。我不会任用那些贪恋财货的人，而要任用帮助臣民谋生的人。能够养育臣民并使他们安居乐业的人，我将论功行赏。现在我已经把我心里赞成什么和反对什么都告诉了你们，不要有不顺从！不要聚敛财富，要为民谋生以立功。要把恩德施予臣民，永远能与臣民同心同德。"

可过了一段时间，盘庚发现平民中也有人吵吵嚷嚷，闹着住不惯新都。盘庚让人暗中调查，发现还是有一些贵族在背后煽动。经过再三考虑，盘庚决定用法纪来整顿风气，否则不但新都城不保，自己这个商王也可能做不成。

再次命令各级官吏向百姓解答关于迁都的原因后，盘庚对王室贵族们发出了警告：如果再不维护王命，仍旧散布谣言，不但要受到刑法的制裁，还不允许参与任何祭祀活动。

在商朝，祭祀是比生命还重要的，盘庚的这个杀手锏果然见效，谣言很快就在殷都销声匿迹了。又经过二十多年的精心治理，商王朝再一次复兴了。

商朝中兴

盘庚定都于殷之后，商朝逐渐进入稳定发展时期。经小辛和小乙两代商王的短期过渡，商朝的统治达到顶峰，被称为“中兴”，而实现“中兴”功业的君王就是武丁。不但武丁本人贤能，他的妻子妇好也是历史上有名的女中豪杰。武丁以其丰功伟绩被奉为“高宗”。

武丁访贤

盘庚死后，他的弟弟小辛继位。小辛在位的时间不长，虽然很好维持了盘庚治国的各项措施，自己却没什么大建树。小辛后来也将王位传给了自己的弟弟——小乙，也就是武丁的父亲。

对于聪明好学的儿子武丁，小乙是狠下了一番功夫来培养的。小乙继位时，武丁已经二十出头了，因此马上就被小乙派到了王都以外去，希望他能够了解平民的生活，增长见识，日后成为一个有作为的国王。

据说武丁隐居在黄河岸边，不仅亲自种地，还喜欢拜访有学问的人，向他们请教。甘盘和傅说就是武丁在那时结交的。

遁于荒野

甘盘说古

甘盘是隐居在黄河岸边的贤者，善于讲史论今。武丁听说甘盘是一个学识渊博的隐者，就前去拜访。

甘盘起先并不知道武丁的王子身份，在和武丁交谈后，看出他不是个一般人，联想到商王小乙的儿子一直居住在民间，便问他是否就是当今的太子。武丁为了要向甘盘求教治国之道，就以实相告。

甘盘见武丁如此真诚，就毫无保留地讲述了商朝自商汤灭夏建国以来，经历了二十一王、三百余年的兴衰历史。武丁听了以后很受启发，就拜甘盘为老师，请求甘盘的教诲。甘盘见武丁非常聪明，又有远大的抱负，想到小乙一死，肯定是武丁继承王位，便答应了武丁的要求，愿意尽力辅佐这位未来的国王。

傅说拜相

傅说则是一个犯人，但对于政治有自己独到的见解。

小乙病死后，武丁继位，马上便将甘盘请至朝中，任命为辅政大臣。按照礼节，父亲死后儿子要守孝三年，国王也不例外。三年内，国王只能住在守丧的房子里，不能有任何娱乐，也不得过问朝中政事，国政大事都要委托执政大臣来处理。

饕餮纹扁足鼎

在守孝的三年里，武丁放心地将国事都交给了甘盘。不过，武丁也没闲着，一直考虑怎样复兴商王朝，还有怎样才能把傅说请到朝中为官。毕竟，任命一个犯人为大臣，可不是一件容易的事。

三年守孝期满后，武丁告祭天地、祖宗，接受百官以及各位诸侯的朝贺。武丁对大家说："我昨夜梦见上天显灵，说赐给我一个贤人，叫傅说。只要得到此人，我朝将会兴盛起来。"说完，武丁把傅说的画像拿了出来，据说是梦中见到的样子，然后在群臣百宫中挨个核对。看了一遍，当然找不出来了，武丁显出一副失望的神色。大臣们急忙解劝，命人四处张贴傅说的画像去寻找。

没过多久，傅说就被带到了王都。武丁听说贤人找到了，便召集群臣百官一同相见。当傅说走进朝廷后，武丁惊呼"天人"，以礼相待，宣布要任命傅说为相。群臣见此人果然和画像一模一样，也都同声相贺，哪里还想得起来问他的出身呢。

相传傅说还是犯人的时候，被罚在虞、虢两地的交界之处做苦役。那里两山高耸，涧水中流，每到夏季洪水暴涨。奴隶们就在这里以传统的方式用土石阻拦，但效果一直不好。后来傅说发明了版筑术，以此方式筑路和路堤，效率极高，且坚不可摧。版筑术就是先挖筑倒梯形的基槽，再在槽底平面上分段分层夯筑方块版。每块版的大小不同，一般在两米左右。而版筑的方法至少有三种：一种是以立柱固定夹板，四面板块同时夯筑。第二种是依次逐块夯筑，夯筑完一块就抽掉夹板，再夯筑另一块。第三种则是在板块内直接填土，经夯打而成，夯层较厚。后人从此延用这个方法筑路造房，甚至长城都是用这个方法修筑的。

武丁与傅说

傅说成为武丁的近臣后，武丁对他十分尊敬，说道："请你早晚进谏，以帮助我修德吧。比如铁器，要用你作磨石；比如渡大河，要用你作船和桨；比如年岁大旱，要用你作霖雨。敞开你的心泉来灌溉我的心吧！比如药物不猛烈，疾病就不会好；比如赤脚不看路，脚因此会受伤。希望你和其他臣子们，都同心匡正我，使我依从先王，追随成汤，来安定天下的人民。你一定要重视我的这个命令啊！"

梦赉良弼

傅说道："木依从绳墨砍削就会正直，君主依从谏言行事就会圣明。君主能够圣明受谏，臣下不待教命犹将诚意进谏，谁敢不恭敬顺从我王的美好教导呢？"

就这样，傅说接受王命总理百官，向武丁进言说："古代贤明的王承顺天道，建立邦国，设置都城，树侯王君公，以大夫众长辅佐他们，这不是为了逸乐，而是用来治理人民。上天聪明公正，圣主效法它，臣下敬顺它，人民就顺从治理了。号令轻出会引起羞辱；甲胄轻用会引起战争；丝绸放在箱子里不用来奖励，会损害自己；兵器藏在府库里不用来操练，会伤害自身。王应该警戒这些！这些真能明白，就没有不美好的了。

"王啊，您要记住，官职不可授予亲近的人，当授予那些有能力的人；爵位不可赐给坏人,应当赐给那些贤人。考虑妥善而后行动,行动当适合它的时机。夸自己美好,就会失掉其美好;夸自己能干,就会失去其功劳。做事情,就要有准备,有准备才没有后患。不要开宠幸的途径而受侮辱;不要以改过为耻而形成大错。这样思考所担任的事,政事就不会杂乱。还有,如果轻慢地对待祭祀,这叫不敬。礼神烦琐就会乱,这样,侍奉鬼神就难了。”

武丁很高兴,说道:“好呀!傅说。你的话应当实行。你如果不善于进言,我就不能勉力去做了。”

傅说跪拜叩头道:“不是知道它艰难,而是实行它艰难。王诚心不以实行为难,就真合于先王的盛德;我傅说如果不说,就有罪过了。”

傅说

武丁点头表示赞同,说道:“来呀!你傅说。我旧时候向甘盘学习过,不久就出巡到荒野,入居于河洲,又从河洲回到亳都,到后来学习没有显著进展。你当顺从我想学的志愿,比如做甜酒,你就作曲蘖;比如做羹汤,你就作盐。你要多方指正我,不要抛弃我;我当能够履行你的教导。”

傅说道:“王!人们要求增多知识,这是想建立事业。要学习古训,才会有德;建立事业不效法古训,而能长治久安的,这不是我傅说所知道的。学习要心志谦逊,务必时刻努力,所学才能增长。相信和记住这些,治道在自己身上将积累增多。教人是学习的一半,学习要贯彻始终,道德的增长就会不知不觉了。借鉴先王的成法,将永久没有失误,我傅说因此能够敬承你的旨意,广求贤俊,把他们安排在各种职位上。”

武丁又说:“啊!傅说。天下的人都敬仰我的德行,是你的教化所致。手足完备就是成人,良臣具备就是圣君。从前先正伊尹使我的先王兴起,他这样说:‘我不能使我的君王做尧舜,我心惭愧耻辱,好比在闹市受到鞭打一样。’一人不得其所,他就说:‘这是我的罪过。’他辅佐我的先祖成汤受到皇天的赞美,你也要勉力扶持我,让我继承先王的大业,让人民得到长久的安宁。”

傅说跪拜叩头,说道:“是!就请让我报答、宣扬天子的美好教导吧!”就这样,傅说极力辅佐武丁五十余年,遂使“殷国大治”,成为历史上著名的中兴名相。

武丁的征伐

武丁不愧是一位有政治才能的君王,雄才大略,有着远大的政治理想,这一点,从他破格提拔傅说就能略知一二。自此开始,武丁励精图治,对四周侵扰商王国的外邦进行了征讨，诸如羌方、土方、人方、鬼方、虎方、荆楚等等。四方诸侯在这一时期无不宾服于商朝，国家出现了繁盛的局面。

羌方和土方

武丁时期，方国中的不安定因素已不是南方的东夷了，而是西面的羌方、北面的土方和鬼方。这几个方国都是强有力的游牧部落，活动范围很大。

羌方从没臣服过商朝，只是在盘庚迁殷以前，商王朝无力顾及远在西北地区的这些方国、部落，因此羌方的势力逐渐发展壮大起来，而且逐渐向南游动。游牧部落本就没有固定的都城，一直是赶着畜群，逐水草迁徙。他们善于打猎，因此生性好战，即使是同一部落内部也经常发生争斗，为了争夺某些生活资料，到其他方国去抢劫更是家常便饭。

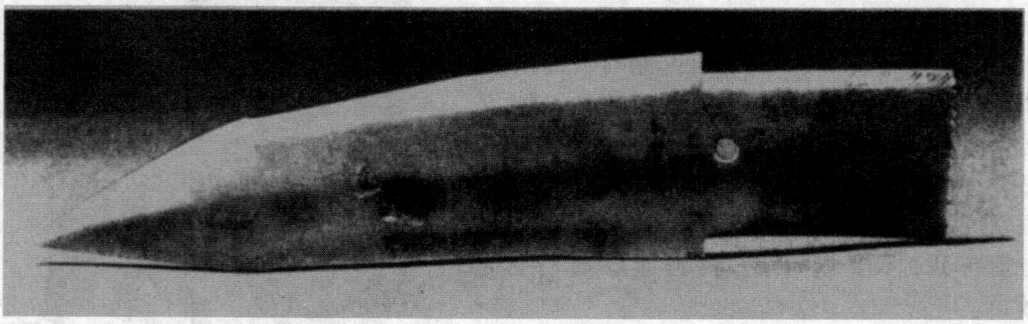

兽面纹刻铭玉戈

商朝将都城迁到殷后，离羌方的活动范围近了，常常受到骚扰和掠夺。武丁上台后一直致力于发展农业生产，粮食连年丰收，畜牧业也是一派兴旺。羌方见状更加眼红，抢劫更加频繁，有一次甚至来了一万多人，抢走了五十多头牛。

牛在商朝是祭祀用的高等级祭品，五十头这个数字堪称庞大。武丁愤怒了，决定对羌方进行讨伐。这次战争持续了很长时间，除了动用国家的常备军，武丁还多次征召兵力，或联合其他方国一同作战。羌方一打就跑，局势稍稍稳定又回来骚扰，因此时断时续打了十几年，武丁才把羌方彻底消灭，商朝的版图得以向西北扩大。

土方也是一个游牧部落，但人数少，势力也不如羌方那样大，可对商朝的骚扰却经常发生。他们不光抢牛羊、粮食，连人也一起抢。武丁一个也不放过，在征讨羌方的间隙，发动了两次大规模的集中歼灭战，自己亲自上阵，只用了二三年的时间，就把土方消灭了。土方首领被杀，大批土方人被俘，成为商王朝的奴隶。

西羌和东夷

西羌部落生活在哪里，如今我们已不得而知。他们是否对商朝进行过劫掠，史料上也没有记载。我们唯一知道的是，武丁似乎非常讨厌这个部落，经常对西羌发动战争，然后将掠夺来的西羌人当作牺牲用于祭祀祖先。

西羌应该是一个很顽强的部落，他们依然没对商朝进行报复性的抢夺，也没因害怕

战前的准备

而臣服，只是顽强地生活着。直到商朝末年，西羌人才举起了主动反抗的大旗，协助周氏族，参加了灭亡商朝的牧野之战。

东夷是族居在商王都东部地区古夷人的部落总称，大概分布在今山东东部和江苏东北部一带。

商王朝建立后，东夷在大部分时间里都表示臣服，因此没有发生大的征伐。武丁在国力强大后，主动出兵灭了东夷中的大彭和豕韦两个方国。原因是这两个诸侯国势力发展很快，而且在商王朝统治势力衰弱时期，曾经不服商王的统治，甚至不按时向武丁纳贡。

在武丁的征伐下，商朝成为西起甘肃，东到海滨，北及大漠，南逾江汉，包含众多部族的泱泱大国，实际上奠定了秦始皇之前华夏族大体上的疆域。

胜利的保障

只有国家强盛了，战争才能得到支持。粮食收成的好坏，关系着人们的衣食和商王朝的兴衰，武丁对这一点坚信不疑，因此他自上台开始，就一直非常重视农业生产。几十年的坚持不懈，才有了商王朝富足、强盛的局面。

为了获得好的收成，武丁不断地、虔诚地祭祀、占卜，还经常亲自视察农田，派大臣去王都以外视察农田。

由于武丁对农业、畜牧业的关心和重视，所以在商王朝所属各地方的畜牧业和农业也发达起来。商代从事农业和畜牧业生产的有两种人，一种是平民，另一种是奴隶。王室和贵族们的农田、牲畜都是由奴隶们来耕种和饲养。奴隶平时从事农牧生产，战时可征调去从军打仗。

虽然奴隶是耕作的主力军，但他们在商王眼中却连一条狗都不如。为了祈求好的年景，或是感谢祖先的保佑，商王一次祭祀就可以杀掉上百名奴隶，当作牺牲。

商代奴隶的名目繁多，被投入社会生产的各个领域。他们成批地被驱赶到田野。一般呼之为众、众庶或庶人。奴隶一般都有家室，他们世代充当奴隶，必须俯首帖耳地甘做“畜民”。如果稍有不恭，就将被斩尽杀绝。在称为“百工”的各种手工业作坊里，也以奴隶劳动为主。其中有各具专门技艺的工匠，地位可能稍高一些，但是他们也被用于赏赐、赠予和交易，没有独立的人格。大多数从事繁重杂役的奴隶，则被视为牛马。在畜牧中，有牧人、圉人等牧放和圈养牲畜的奴隶，即所谓的“皂隶”。

商王朝的强大，很大程度决定于青铜器的使用。武丁征伐的胜利，也在于他的近卫部队、商军主力和战车兵都是装备青铜兵器的，只有一些消耗量特别大的兵器，如箭镞，仍用骨石和蚌质兵器。

中兴的王朝

政治体制日趋完备

商朝在武丁时期达到鼎盛，社会繁荣，百姓生活安定。

这一时期，商朝的政治制度得到最终确定，职官有朝中任职的内服官和被封于王畿以外的外服官两种。内服官中，又分外廷政务官和内廷事务官。最高的政务官，是协助商王决策的“相”，又称“阿、保、尹”。王朝高级官吏统称卿士。三公，则是因人而设的一种尊贵职称，并不常设。另外有掌占卜、祭祀、记载的“史”，掌占卜的卜、掌祈祷鬼神的祝，掌记载和保管典籍的作册（又称守藏史、内史），武官之长的师长，乐工之长的太师、少师。内廷事务官是专为王室服务的官员，主要是总管的宰和亲信的臣。臣管理王室各项具体事务，有百工之长的司工，掌粮食收藏的啬，掌畜牧的牧正，掌狩猎的兽正，掌酒的酒正，掌王车的车正，为商王御车的服（又称仆、御），侍卫武官亚，卫士亚旅，掌教育贵族子弟的国老，掌外地籍田的畋。外服官主要有方国首领的侯、伯，有为王朝服役的男，有守卫边境的卫。

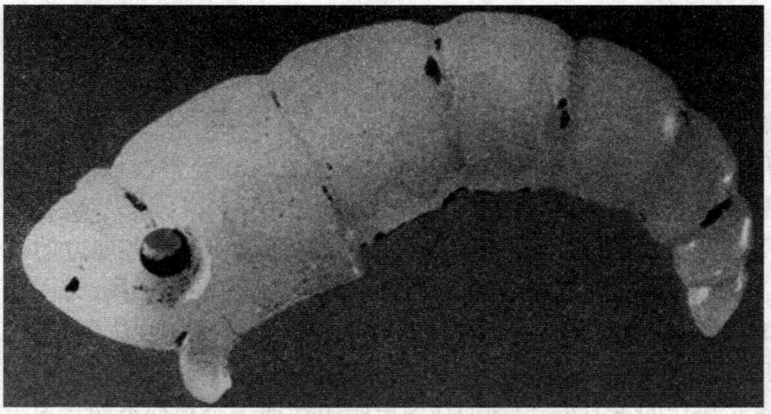

玉蚕

而主导商朝的政治理念，则是神权观念笼罩下的政治思想，商代统治者“尚鬼”“尊神”。所奉行的最高政治原则，就是依据上天鬼神的意志治理国家。

农业和手工业

商朝的农业、手工业在此时也都有了很大发展，商业也繁荣起来。

由于交换的发达，已经出现了早期的城市，是当时世界上文明发达的国家，由于商王朝商业的发达，与周边国家经济贸易往来很多，今天商人一词，源自当时周边国家对商朝国人的称谓。

农业是重要的生产部门，种植的作物种类已经很多；农业是商朝最重要的经济部门，农田有比较整齐的规划，农田作物种类有黍、稷、麦、稻、桑、麻等，发明了中耕。商代人使用的农具，目前考古学界一般认为仍以石、骨及蚌制铲、斧、镰、刀等为主，偶尔也发现有一些铜锸、铜铲等青铜工具，但不一定用于农业生产。

汤德日新

从文字方面考证，甲骨文的田字，表明在广平的原野上，有整治得整齐规则的大片相连的方块熟田。甲骨文的“疆”字，象征丈量和划出疆界的田地，“田畴”的“畴”字，像田间按行垄犁耕往返转折，这样的田畴当然不会耕作得很粗放。这些经过疆理整治规则耕作较好并配合有灌溉沟渠的方块田，就是后来的井田。一般来说，田地主要分布在都邑附近，由商王和诸侯国君直接占有，也有分配给近亲贵族。其他贵族在封邑内也同样经营这样的田地，不过规模要小一些。在国都以外，商王经常派臣民到比较边远的地方去开垦土地。

商朝的农副业也获得了一定的发展，蚕桑经营和纺织业有所发展，不仅在卜辞中有蚕、桑、丝、帛等字，而且在青铜器纹饰中有头圆而眼突出身屈曲作蠕动状的蚕纹，在玉饰中有雕琢得形态逼真的玉蚕。这都说明当时蚕桑事业获得了很大的发展。丝织物有平纹的纨、绞纱组织的纱罗、干纹绉纱的縠，已经掌握了提花技术。畜牧业相当发达，当时的马、牛、羊、鸡、犬、豕等“六畜”已大量地饲养，或供食用，或作牺牲，或用于耕驾。从考古发掘来看，商代墓葬中除了出土六畜的遗骸外，还有象骨，说明当时北方还有训象。资料显示，商朝人已经掌握了猪的阉割技术，还开始人工养殖淡水鱼。

商朝的手工业全部由官府管理，分工细，规模大，产量高，种类多，工艺水平高，尤以青铜器的铸造技术发展到高峰，成为商代文明的象征。由于商朝是一个极其重视祭祀的王朝，因此青铜礼器十分发达。商朝的青铜铸造作坊多集中在王都，供商王和贵族使用。从殷墟出土的青铜器来看，以礼器为主，礼器包括酒器、蒸煮器、盛食器、洗濯器，除礼器外，还有大量兵器以及一些生产工具。

高宗武丁

商朝人已经发明了原始的瓷器，洁白细腻的白陶颇具水平，造型逼真，刻工精细的玉石器表现了商代玉工的高超技艺。农业和手工业的进步促进了商品交换的发展，出现了铜制的海贝货币，用来进行贸易。

自商代起，中国音乐进入了信史时代。民间和宫廷的音乐都有长足进步。由于农、牧、手工业的发展，青铜冶铸达到了很高的水平，从而使乐器的制作水平飞跃，大量精美豪华的乐器出现了。乐舞是宫廷音乐的主要形式。可考证的有《桑林》《大护》，相传为商汤的乐舞，为大臣伊尹所作。从事音乐专业工作的，主要有巫、音乐奴隶和“瞽”三种人。有关商朝的民间音乐的材料很少，《周易·归妹上六》和《易·屯六二》就是商代的民歌。

武丁和妇好

英雄迟暮

武丁在位的五十九年间，社会平稳，经济繁荣。但这位英主的晚年却并不幸福。武丁的夫人妇好，英勇善战，在武丁征讨外邦时，不仅同他一起出征，还立下了赫赫战功，深得武丁的喜爱。妇好死后，武丁仍然思念妇好，郁郁寡欢。

后来武丁继立的王后，生下儿子祖甲。为了让祖甲继承武丁的王位，新王后不断在武丁面前中伤妇好的儿子孝己。武丁日渐疏远孝己，甚至禁止孝己拜祭自己的母亲，导致孝己在忧愤中了结束了自己的生命。

大约在孝己死后的第四年，武丁率领王族亲贵和大臣们祭祀祖先。就在武丁祭祀开国先祖商汤的时候，突然飞来了一只野鸡，在太庙里飞了一圈，然后落在一只大方鼎的鼎耳上，伸着脖子看了看，然后大声鸣叫起来。武丁大惊失色，认为这只野鸡是先祖不满意他而降来的妖孽，回宫就病倒了。

重病下的武丁想起自己死去的儿子孝己，更觉愧对妇好。无奈逝者不能复活，武丁便宣布祖甲做自己的继承人。谁料祖甲是个严守礼法之人，自觉对不起哥哥，更不想在众目睽睽之下靠母亲的帮助登上王位，于是在宣布他是继承人的当天夜里潜逃出宫。武丁大受打击，病势越来越重。

祖甲逃到了父亲武丁当年在民间生活过的地方，隐居起来。武丁得知后心里稍感安慰，于是传位给小儿子祖庚，然后撒手人寰了。

文武双全的妇好

据说商王武丁有六十多位妻子，而妇好则无疑是他最宠爱的一个。

妇好的名字应该是叫"好"，"妇"则是一种亲属称谓，她的另一个称号是"母辛"。

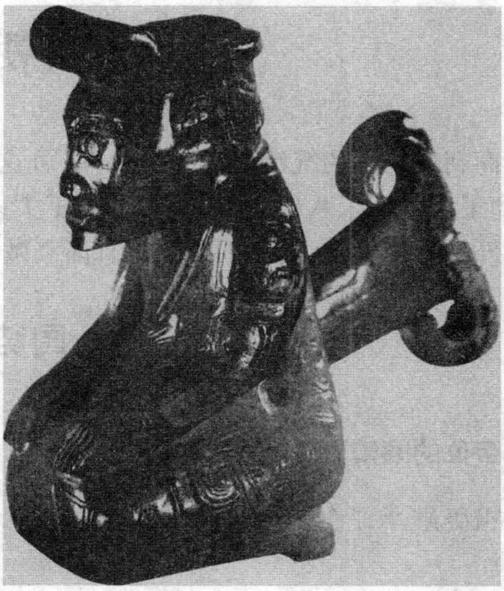

妇好墓玉人

据甲骨文记载，有一年夏天，北方边境发生战争，双方相持不下，妇好自告奋勇，要求率兵前往。武丁犹豫不决，占卜后才决定派妇好出兵，结果大胜。此后，武丁就让妇好担任统帅，从此，她东征西讨，打败了周围二十多个方国。武丁非常信任妇好，在攻打羌方的时候，差不多全国一半以上的军队都交给她了。妇好力大过人，在妇好墓出土的武器中，有一把龙纹大铜钺和一把虎纹铜钺，因为上面刻有"妇好"字样，所以能断定是其生前曾使用过的武器。这两件武器一件重17斤，另一件重18斤，可见其武艺超群。而在妇好之后的中国女将，就再也没有使用大斧的了。

妇好最精彩的战役，是和武丁一起征伐巴方。战前，妇好和武丁议定计谋，妇好在敌人西面埋伏军队，武丁则带领精锐部队在东面对敌军发起突然袭击。巴方在武丁军与妇好军的包围圈中顾此失彼，阵形大乱，最终被围歼，商朝南境从此平定。这大概也是中国最早有文字记载的"伏击战"了。

妇好不但能带兵打仗，而且还有自己独立的封地，并且是国家的一位主要祭司，经常受命主持祭天、祭先祖，并任占卜之官。妇好死后，武丁十分悲痛，每有军事行动，常通过祭祀祈祷妇好的在天之灵助战。

妇好死后葬于殷商国都的宫殿宗庙区。妇好墓是殷墟保存完好的一座墓葬，虽然墓室不大，但随葬品极为丰富，共出土不同质料的随葬品1928件，有青铜器、玉器、宝石器、象牙器、骨器、蚌器等，最能体现殷墟文化发展水平的是青铜器和玉器。在青铜器中，铸有“妇好”铭文的就有109件，且多大型重器和造型新颖别致的器物。武器中，两件铸“妇好”铭文的大铜钺最令人瞩目，一件纹饰作两虎捕捉人头，虎似小虎，形象生动，相传这正是妇好生前使用的兵器。随葬品中玉器类别很多，除了礼器，还有造型各异的装饰品，各种动物形玉饰有神话传说的龙、凤，有兽头鸟身的怪鸟兽，而大量的则是仿生的各种动物形象，以野兽、家畜和禽鸟类为多，如虎、熊、象、猴、鹿、马、牛、羊、兔、鹅、鹦鹉等，也有鱼、蛙和昆虫类。玉雕艺人善于抓住不同动物的生态特点和习性，雕琢的动物形象富有生活气息。

商朝灭亡

商朝在武丁的统治下走向了鼎盛，可这局面没能够维持下去，在武丁死后的一百年间，商王朝经历了八代商王，这八个商王大多没什么作为，而末世的几个君主更是昏庸、好战外加残暴，因此商王朝的国势日渐衰微，并在末帝商纣的统治下一步步走向灭亡。

国势日衰

帝位的频繁更替

祖庚继承了父亲武丁的王位，也继承了一个强盛的国家，坐享了十年清福后，病死了。

祖庚死后，祖甲回到王宫，登上王位，然后将自己还活着的兄弟都分封到了王都以外。在祖甲统治的时期，商王朝没有发生大的战争，人们的生活比较稳定。为了限制大大小小的贵族对奴隶过分盘剥，过多榨取方国的贡物，祖甲下令将先祖商汤所定的刑法——《汤刑》加以修订，使之更加完整。祖甲想借祖宗的威力，以严刑来限制王室的贪婪。不料这一举措激怒了王室，贵族们开始故意对他刁难，当朝不朝，应贡不贡，大有各自为政之势。

祖甲没有理会贵族的反对，依然我行我素地进行改革，并创造了“周祭”之法，使殷人的祭祀系统更为严密规范，因此盛行于商代后半期，并逐渐达到最高峰。

商民族虽然一直盛行祭祀，但所祭对象和顺序都很零乱，没有一定的规矩。祖甲创造的“周祭”之法，具体方法是：从每年第一旬甲日开始，按照商王及其法定配偶的世次、庙号的天干顺序，用三种主要祭法遍祀一周。周祭以旬为单位，每旬十日，都依王、妣庙号的天干为序，致祭之日的天干必须与庙号一致。如：第一旬甲日祭上甲、乙日祭报乙、丙日祭报丙，直至癸日祭祀癸；第二旬乙日祭太乙（汤）、丁日祭太丁；第三旬甲日祭太甲、丙日祭外丙。如此逐旬祭祀，一直祭到祖甲之兄祖庚。用一种祭祀法遍祭上甲到祖庚的先王，需要九旬。祭毕，再分别用另两种祭法遍祀，直到全部祭遍为止。周祭之法，使殷人的祭祀系统更为严密规范，是祖先崇拜和宗教制度的最好体现。

祖甲想通过这样的政治改革，建立历史上贤王们曾有过的功绩。他的改革涉及了国政的方方面面，其中包括：将历代先王分为亲疏不同的大宗和小宗，并把相应的祭祀之庙也分为大小两种，他还改革文字和历法，力图在历史上留下自己的痕迹，同时，对殷人最为看重的占卜之道也加上了种种限制。

武乙射天

商王朝的统治，在祖甲末年又被削弱了，好在没有引起大的混乱，仍然处在一个相对稳定的状态。不想祖甲死后，相继六代商王都是短命鬼，而且都是些贪图安逸，只知荒淫享乐的人。祖甲的那些改革措施，本来在当时就引起了守旧派的强烈反对。在他之后的六代商王期间，又出现了革新派与守旧派之间的不断争执和相互打击，直到把商王朝的政治资源耗尽，再无力重现武丁时的盛况。

被雷劈的商王

短命商王一个又一个死去后，终于来了一个活得久的——武乙，在位三十多年。这位商王最大的爱好就是打猎，所以他在位的三十多年时间里，大部分时间都用在了狩猎上。

在打猎的间歇，武乙倒是不忘对西部地区的反叛部落进行征伐。这其中最大的战斗要算对旨方的战争，一次就俘虏了旨方部落两千余人。由于武乙以重兵对付西部地区的方国，迫使西部地区除羌人外，不得不再次臣服于商朝。

西部众多的方国中，周部落是势力较为强大的。周的首领季历曾协助武乙讨伐过反叛的诸侯，而且亲自带着贡物去王都拜见武乙。武乙见周侯在西部地区虽然势力强大，但还是臣服于自己，非常高兴，给了季历很多赏赐。

因为得到季历的协助，武乙相继征服了西部地区的一些方国。本就崇尚武力的商王更加坚信，只有用武力才能长久统治，从而对商族传统的迷信上天、鬼神产生了怀疑。加之武乙身边的官员们时常规劝他不要过度游乐，还借助祭祀、占卜来干涉他的行为，武乙决定给他们一点颜色看看。

这天，武乙命令工匠用木头雕了一个天神像安置在王廷中，然后召集朝臣们前来，说自己要与天神下棋。一个不知死活的祭司立时站出来反对，说天神是不会下棋的。武乙很诧异，说道："天神不是无所不能的吗？你既然常能替天神言事，不如今日就替天神来下棋吧。”无奈,这个倒霉的祭司只得应付商王,步步退让,让武乙连赢了三局。武乙压抑住心中的畅快,故意皱眉道:“你既是替天神下棋的,为何还连连惨败,可见天神无灵!”说罢,命侍卫们将天神像痛打了一顿。在场的官员们吓得面色苍白,又不敢反驳,只得在背后骂他:无道,无道!

大于戈

武乙知道官员们私下的议论,又命工匠缝了一个特大号的皮口袋,里面灌满牛羊血,在郊外立了一根很高的木杆,然后将口袋挂在杆上。官员们很是诧异,不知武乙又要出什么新花样。只见武乙弯弓搭箭,高举过头顶后奋力射出,“嗖”的一声,正中皮口袋,瞬间血水喷流。大家惊得目瞪口呆,只听武乙哈哈大笑,道:“天也被我射得流血了。”

自此以后,官员们不敢再对商王说三道四,武乙自恃武艺高强,更加无所顾忌地外出打猎。就在一次狩猎途中,武乙走到一个山顶上,忽然天色阴沉下来,一个炸雷从天上直打下来,将武乙劈死了。关于武乙的死,被雷劈可能只是后世儒家的一种说法,因为武乙的不敬鬼神,他们认为这是暴君的所为,而暴君当然应该被上天惩罚了。从武乙晚年经常用兵于渭水流域的史料来分析,这位商王很可能死于征伐西方方国部落的战斗中。

风云暗涌

武乙死后,他的儿子文丁成为商王,周氏族的季历特地进贡表示庆贺。

第二年,族居在燕京山(今山西静乐东北)一带的燕京戎叛商,季历率兵前往征伐,结果大败而归。两年后,季历又率军征伐族居在余吾(今山西长治西北)的余吾戎,余吾戎战败,表示愿意向周氏族纳贡。

季历很高兴,特地到商王朝报捷,文丁于是任命季历统一掌管商王朝西部地区征伐的事。在接下来的几年间,季历又出兵征伐了三个西部的部落,全都大获全胜。见季历征伐了西部地区许多的部落,还将其土地、人口并入自己的氏族,把大量战俘变为了奴隶,文丁有些坐不住了。

一次,季历又征服了一个大方国,亲自到商王都献俘报捷。文丁表面装作很高兴的样子,不但把祭祀时使用的美酒赏赐给季历,还加封季历为西伯(统率西部地区最大的诸侯)。可当季历要辞朝回自己的部族时,文丁突然下令将季历囚禁起来,只将季历的随从放回。季历一气之下,死在了商都。

季历死后，他的儿子姬昌继位为周侯，决心为父报仇。不久文丁病死，他的儿子帝乙继承了王位。姬昌认为时机来了，发兵向商朝进攻。帝乙知道姬昌是要为父报仇，他也感到父亲文丁的做法实在过分，决定把自己的妹妹嫁给姬昌，采取和亲的办法来缓和一下与周氏族的矛盾。

麟趾贻休

当时，周氏族的势力虽然有所增加，但考虑到帝乙毕竟还是统率全国的天子，叛商者少，臣商者多，伐商没有十足的把握，姬昌便答应了和亲。为了拉拢周氏族，帝乙特意备办了十分丰厚的陪嫁财物，并派自己的亲军卫队护送妹妹至周成亲。姬昌也尽力把婚事办得隆重盛大。因周族人自称“小邦周”，称商为“大邑商”，而今能够与商王之妹联姻，觉得是“天作之合”。此事史称“帝乙归妹”，一时传为美谈。周氏族的人还为此歌唱道：“我们的王姬昌啊，恭敬谨慎又端庄。懂得如何敬上天，招来福禄无限量。品德纯正不邪僻，四方归附民敬仰。上天监察人间事，天命已经归周邦。上天为他找配偶，她的家乡是合阳，就在渭水另一方。姬昌赞美多称扬，莘国有女真贤良。莘国大姒多娇艳，好比天上女神仙。纳下聘礼定吉祥，姬昌迎亲渭水边。聚集船只做桥梁，大显光辉人人欢。”

就这样，商、周双方皆大欢喜，重归于好，双方恶化了的关系得到了暂时的缓和。

商纣王亡国

缓和了与周氏族的关系，帝乙的注意力转向了南边。此时，江淮之间的夷族又强盛起来，准备大举进攻商朝。帝乙在位的第九年，出兵征伐岛夷和淮夷，半路上受到盂方（今河南睢县附近）的截击。帝乙率领诸侯打败了盂方。第二年，帝乙继续南下征伐夷族，到达淮水流域的攸国，和攸侯合兵攻伐夷族，取得了胜利。帝乙在位的第十五年，再次率领诸侯南征夷族，经过几次大规模的战役，终于平定了东南方，迁都于沫（即朝歌，今河南淇县）。

帝乙在位二十六年病死，儿子帝辛继王位，他就是后世称为“纣”的亡国之君。

暴虐的纣王

“纣”是后世给帝辛的谥号，意为残义损善。

妲己害政

帝辛并不是帝乙的长子，但因为他见多识广，力大无穷，不用武器，仅凭双手就可以格杀猛兽，能把九头牛倒拉着走，而且颇有辩才，因此很得父亲的喜爱，不惜违背祖制立他为王。但是，帝辛骄傲、自负，以为他人“皆出已之下”。可以说，帝辛的聪明足够使他拒绝规劝，智慧也足够使他掩饰错误。

从帝辛登上王位开始，宫廷建筑就没有停止过。他花费七年时间修建了“瑶宫”，与宠妃苏妲己一同居住。皇宫中的肉像山林一样堆着，酒不是盛在瓶子里，而是盛在一个大池子里，酒波荡漾，可以在上面划船。帝辛和苏妲己就在这“酒池肉林”中举行宴会，男男女女都裸露着身子，嬉笑追逐，整夜狂欢，连续七天七夜大吃大喝，然后沉醉不醒。

帝辛与夏桀一样，对酷刑有着偏好，他创造的酷刑可谓五花八门。其中对人肉进行加工、烹煮尤为恐怖，包括肉醢、肉脯和肉羹。肉醢是将人剁成肉酱，肉脯是将人烤成肉干，肉羹是把人肉做成肉汤。这不仅使百姓受害，就是诸侯也难幸免。商纣还发明了一种酷刑，称为“炮烙”，就是在铜柱子上涂抹膏油，下面燃烧炭火，让犯人赤足在铜柱上走过。可想而知，那是一定要滑下去的，滑下去便跌到炭火上烧死，而纣则最喜欢看人受这种酷刑时挣扎悲号的惨状。

苏妲已与帝辛有着相同的爱好，看到有人赤脚走过结冰的小溪，他们就命人敲碎那人的腿骨，研究他为什么不怕冷。看到孕妇，他们又下令剖开她的肚子，看看未出生的胎儿是什么模样。

帝辛有两个忠心的大臣：九侯、鄂侯。九侯的女儿是帝辛的妃子之一，由于她不善于承仰颜色，帝辛就把她们父女剁成了肉酱。鄂侯据理力争，也被剁成肉酱。

周氏族的姬昌因为娶了帝乙的妹妹，也就是帝辛的姑母，一直与商朝保持着良好的关系。来到商的国都朝见，听到这个消息后，叹了一口气，结果被逮捕。

贤明的姬昌

姬昌被囚禁后，帝辛把姬昌的长子伯邑考处决。伯邑考，单名考，官职是邑，所以叫作伯邑考，伯是长子的意思。相传伯邑考生性敦厚仁爱，为了营救父亲，他带了七香车、醒酒毡与白色猿猴三样异宝，献给纣王。妲己见伯邑考长相俊美、琴艺绝伦，欲加亲近，遭到了伯邑考的羞辱，于是对纣王说伯邑考调戏自己。伯邑考因此被割去四肢，万仞剁尸做成了肉饼，送给他父亲吃。为了图谋日后报仇，姬昌只好忍痛吃掉。帝辛见此情形，得意地到处宣称说："谁说姬昌是圣人，连自己的儿子都吃。"因此解除了对姬昌的戒心。这时周部落献上大批名马、美女和珠宝，换回了姬昌。西伯侯姬昌在得以返回故土后，刚刚踏上周的土地，便觉得一阵恶心，张口吐出三只小白兔。他知道这是伯邑考的三魂所化，痛心地流下了眼泪。因为死去的伯邑考是伐纣之役的第一位牺牲者，他的魂魄到了南天门，太白金星就将他安在紫微星宫，命为尊贵之神，代表尊贵、权力、帝皇，此为紫微斗数以紫微星为首的来源。

姬昌回去后不久便逝世了，临终时告诉儿子姬发，一定要消灭商王帝辛。姬发于是开始积极备战。

看到形势日益严峻，商王朝的大臣祖伊向帝辛提出了警告。祖伊说："天子啊，上天恐怕要断绝我们的国运了！那善知天命的人用大龟来占卜，觉察不到一点吉兆。这不是先王不力助我们这些后人，而是因为大王淫荡嬉戏自绝于天。因此，上天抛弃了我们，不让我们安居饮食。现在我们的臣民没有谁不希望商国灭亡，他们说：'上天为什么还不降下威罚呢？'天命不再属于我们了，大王现在打算怎么办呢？"

帝辛瞥了他一眼，不屑地说："我的命运难道不是早就由上天决定了吗？"祖伊反问道："您的过错太多，上天已有所知，难道还能祈求上天的福佑吗？国家就要灭亡了，这一点从您的所作所为就看得出来！"不料帝辛不以为意，说道："我应天命而生，不同于普通人，怕什么？"

帝辛的哥哥微子见到这种情况，估计终有一天会亡国，想自杀，又想逃走，不能决定，便和太师、少师两官商议。太师说："死不是办法，不如逃走。"于是微子就逃到民间隐藏起来。帝辛的叔父箕子见微子逃走了，犹豫了很久，对身边也劝他逃走的人说："我还不忍心离开啊。"于是，箕子装成疯子混在奴隶中，希望躲过迫害，可还是被帝辛抓起来了。

帝辛的叔父比干见箕子被囚，心想，有过错不劝谏就是不忠，怕死不敢说真话就是不勇敢，即使劝谏不听被杀，也是尽到了忠臣的责任了，于是下决心冒死强谏。帝辛被比干责问得无言以答，就问比干："你为什么要这样坚持？"比干说："君有诤臣，父有诤子，士有诤友。下官身为大臣，进退自有尚尽之大义。我为的是叫你痛改前非，保住商朝的江山。"比干连续三天进谏，帝辛恼羞成怒，说："我听说圣人的心有七窍，现在我要拿你的心来验看一下！"于是就命人剖开了比干的胸膛，挖出心来观赏，并且用火焚毁比干的脸。为掩饰妄杀大臣的罪恶，帝辛还下令说："少师比干妖言惑众，赐死摘其心。"

比干

相传比干死后，天降大风，飞沙走石，卷土将比干的尸骨埋了起来，在牧野（今河南卫辉）形成了一座天然大墓，因此被称为天葬墓。后来天葬墓四周生出许多没心菜和空心柏树，象征比干为国尽忠，耗尽了心血。帝辛杀害比干后，还要将比干满门抄斩。比干的妻子当时怀有身孕，跑到一树林中躲了起来，生下一子，取名坚。帝辛派兵去寻找，要"斩草除根"，找到比干妻子藏身的地方，问她怀中之子姓什么，比干的妻子急中生智，说道："姓林。"因此躲过了灾难。从此，林姓人都以比干作为自己的祖先。

而在神话传说《封神榜》中，描述比干有一颗"七窍玲珑心"，也就是一颗天生有七个洞的珍奇心脏，因此被妲己要求剖出来供纣王观赏。比干因姜尚的法术保护，服食神符后可以保护五脏六腑，剖出心脏后仍然不死；但剖心后若在路上遇见人卖无心菜，比干必须问他"人若是无心如何"，若卖菜人回答"人无心还活"，则比干可保不死；若卖菜人回答"人无心即死"，比干就会立即毙命。结果比干剖心后遇见卖菜妇人，询问后妇人回答："人无心即死。"比干登时血流如注，大叫一声一命呜呼。后来周武王灭商成功，姜子牙追封比干为文曲星。由于比干没有"心脏"，后来玉皇大帝让他下凡做了灶王爷。因为他是没有心计、不斤斤计较，看待事情不偏颇的人。

事到如今，敢于进言的臣子都被杀光了，帝辛的日子也走到了尽头。

大规模的征伐

不过，要灭亡帝辛也不是那么容易的，毕竟，这位末代君王也有着不同常人的雄才。

帝辛为了制伏东南夷的骚扰，一改先君帝乙的征伐办法，注重用兵策略，命天下各路诸侯选派武功高强的勇士集合起来，进行大规模的演练，以此向东夷展示其攻防实力，致使东夷面对强大的殷商王朝，也不敢轻举妄动。

为了扩展疆土，帝辛也曾亲自率兵征东夷、伐八方，使疆土面积不断扩大，并将中原文化传至淮河、长江流域。民谚说："帝辛的江山，铁桶一般。"

在征战当中，殷王朝获得了大量的财物和俘虏，国力也增强了。为了巩固江山，帝辛在朝歌城外围扩建了三道城墙，城池规模庞大，坚不可摧，展现出"邦畿千里"的大国风貌。不但如此，帝辛还将王城向南扩展一倍以上，称为"二道城"，从而更显示出朝歌城的繁荣和坚固。

除此之外，帝辛还废除了杀戮奴隶和俘虏的旧制，让他们发展生产，并积极推广使用耕牛，开展集体生产，普及雍土施肥和灌溉排水等先进的耕作技术。

嗣王享乐

可是，也正由于大规模的征伐，使得国家财政紧张，太多的俘虏并没有真正臣服于商王朝，从而带来了隐患。

伐东夷牧野败亡

帝辛无休止的征战，让人们的生活很是痛苦，渐渐离心离德，加之这位君王的生活奢侈无度，国家财政很是紧张，始终得不到缓解。为了弥补费用的不足，帝辛下令在全国增加赋税，规定属国进贡的方物由每年一次增加到两次。此时，能够按时进贡的属国已逐渐减少，帝辛为了显示商族的王室威严，下令召集各诸侯前来黎地（今山西黎城）相会。

黎地距商都很近，各地诸侯到达后，发现会场上刀枪林立，戒备森严。原来，帝辛有意在诸侯面前示威，特地举行了一次极其壮观的大阅兵。武力震慑后，帝辛终于说出了自己的目的：各地要根据各地的特点加倍按期进贡赋税和特产。在强大的武力威逼下，各诸侯只好表示同意。

不想东夷的首领没等散会就逃跑了，然后宣告拒不纳贡。帝辛恼羞成怒，决定再次征伐东夷。打仗就要用钱，此时国库早就空了，除了压榨百姓，就是让诸侯国进贡了。帝辛索性来了个狮子大开口，从粮食、牛、羊、猪、鸡到珠宝、玉器，无所不要。

人面钺

东夷各部落当然经不起商的大军压境，经过几次战斗后，只好投降。正因为帝辛将军队大批调去征伐东夷和戍守在东南地区，放松了对西部周人的警惕，姬发趁机率兵车三百乘、虎贲三千人，甲士四万五千人，联合了庸、蜀、羌、茅、微、卢、彭、濮等邦国，举起了伐商的大旗。

此时，帝辛还沉浸在打败东夷的欢乐中，整日在鹿台喝酒、跳舞。等到得知姬发率兵前来征伐时，周国和诸侯的联军已经抵达孟津（黄河渡口以南）了。帝辛慌忙之下，将王都附近的奴隶、囚犯都组织起来，又调集了所有能调动的军队，七万大军就这样在匆忙中出征了。

商朝的军队数量虽多，但正规军不多，且士兵都无心打仗，反倒期望周王姬发胜利。双方军队在牧野布阵对战，战争刚刚开始，商朝军队便倒戈了，引领周朝军队进入了首都朝歌。

帝辛见大势已去，登上他收藏宝物的鹿台，对还守在他自己身边的一个封宫官朱升说道："我后悔啊！不该不听群臣的劝说，被馋奸迷惑，以至今日之祸。我身为天子，若是落在这些庶人的手上，肯定会遭到侮辱，你去取些柴草来，我要和这座台同焚。"朱升不忍行动，帝辛又说："去吧，这是天亡我啊！"于是，帝辛在鹿台自焚而死，商王朝从此灭亡。

第二章　社会万象

社会生活面面观

绚烂多姿的服饰

由于商代距今时间久远，而衣服又属于难于保存的物品，所以到目前为止，还没有发现商代的服装实物。现在研究商代人穿衣打扮，除了通过古代文献对商代服饰的零散记载外，主要靠考古发现的商代玉、石、铜、陶人像雕塑所显示的衣冠来推测。

尚处奴隶社会的商代是一个由奴隶主贵族统治的朝代，处处显示着等级的高低，在穿着上亦不例外。奴隶和平民的衣饰简陋，而奴隶主贵族则要考究得多。

商代贵族服饰

从衣料上看，商代平民和奴隶穿着的大多是植物草茎编织品，手工粗劣，色调单一。而奴隶主贵族们的则相当讲究，衣料大致分两种，即“衣”与“裘”。

“衣”是纺织品的统称，这些纺织品又可以细分为丝帛布和麻、葛布。比较起来，当时的贵族们更偏好前者，即那些柔软舒适的丝绸织物。商代的工匠们纺线主要使用纺轮，石制和陶制的都已经十分普遍。根据考古发现，那些几千年前的工匠们不但已经有了缫丝技术，而且还掌握了如何为麻葛、蚕丝纤维脱去表面胶质的方法，经过脱胶处理的纤维相当结实耐用。此外，他们还掌握了用羊、马、牛等动物的毛制作毛织物的技术。

“裘”是兽皮制成的衣服的统称。“裘”在商代属于比较贵重的服装，这个名字也一直沿用至今，含义几乎没有发生过变化。

在服饰上，商代人穿衣打扮最基本的模式就是“衣”与“裳”。“衣裳”这个词在现代泛指衣服,但在古时是有很大区别的,“衣”专指上衣和上装,而“裳”则是所有下装的统称。而且,当时的人下装是不包括裤子的,而只有裙子。商代人一般就是上衣下裳,然后在腰间束一条宽带。

同样,商代各个等级所穿的衣服也存在着明显差别。大多数奴隶们实际上是没有衣服穿的,只能赤身露体,或是在腰间束条布带。贵族们的服装样式则很精致讲究,而且不同等级的贵族们服饰也不尽相同,主要体现在上衣的长度和领口的形式上。

据专家考证,当时中原地区的高级权贵们,衣服一般都带有华丽的图案或花纹,上衣的长度到达臀部,袖口比较窄,袖子盖住手腕,无论男女,下身都系一条带褶的短裙。他们的衣领和衣襟与现代的西装相差不大,两边衣襟交叠在胸前,只不过商代人的右襟要压在左襟上,与现代正好相反。中小贵族们所穿的衣服样式和高级贵族们大致相同,只是上衣的长度稍长,前襟在膝盖以下,后襟要达到足部,而且衣服上一般没有花纹。下层平民和奴隶则更简陋,衣服一般是圆领,下摆一直拖到地面。

商代人已经开始逐渐摆脱了光脚走路的习惯,因此鞋子的质地和式样也显得尤为重要。平民和奴隶大多数仍是赤脚,但也有用树皮、草、麻等材料变成草鞋来穿的。这样的草鞋只有鞋底,用绳子穿起来系在脚面上,就勉强算是一双鞋了。高级贵族们的鞋子多是皮制的,鞋帮比较高,鞋尖向上翘,鞋底是平的。上层集团的统治者和妇女们的鞋子则多是丝织品,同样是平底高帮。中下层贵族们的鞋要简陋一些,多是用麻葛布制成的,式样大致相仿。

除了衣服和鞋子,商朝人也开始有了戴帽的习惯。不过当时的帽子式样很单调,戴的人也不多,他们更愿意注重发型和首饰方面的装扮。当时的人喜欢使用玉制或骨制的簪子来别住头发,已经能做出很多种别致的发型。他们还喜欢在衣襟上镶上漂亮的花边,在衣角、腰带上垂挂各种佩饰,并佩戴手镯、项链等饰物。制作这类饰物的材料也是多种多样,除了有玉制和骨制的之外,还有石头、蚌、贝壳等许多种材料,制作的工艺已经颇为精致。

中华饮食基础的奠定

民以食为天,据专家考证,商代时,中国的饮食就已经发展到了一定的水平。不仅有了主食和副食之分,还有了为王公贵族专门服务的厨师,而且在厨师中已经有了详细的分工,也基本上掌握了目前常用的煮、腌、蒸、烤等多种烹饪方法,为中国饮食名扬世界奠定了初步基础。

据考证,商代时的平民和奴隶通常是一日两餐,两次开饭时间大致相当于现代上午九点和下午五点。王公贵族们则是一日三餐的,除了上述两餐之外,还要在晚上加一顿“宵夜”。

根据对甲骨文资料和其他一些考古资料的研究,专家们认为商代种植的作物最普遍的是“粟稷”和“黍”。“粟稷”是当时占最主要地位的粮食作物,这个名称是当时的叫法,实际就是小米。它之所以能成为商代人最主要的粮食,是因为在当时的农业发展状况下，耐旱的特性使它成为所有农作物中最容易种植的，而且产量比其他粮食作物要高一些，又更易于保存，因此地位最为重要。“黍”就是黍子（去皮后就称为黄米），它的产量不如粟稷，却是酿酒所必需，因此种植也颇为广泛。除了粟稷和黍，商代人也种植麦、稻、菽（豆）等作物，但这些东西在当时都属于奢侈品，只有贵族们才可能享用到。

商代副食与现代相仿，肉食的种类与现代基本没有差别。瓜果、蔬菜等素食的种类虽然远不如现代的丰富，但在当时是属于贵族们的奢侈品，平民和奴隶几乎没什么机会尝到。

据考证，商代人的烹饪方法已经相当高明了。商代的名相伊尹就曾是一位高明的厨师，《史记·殷本纪》里说他曾“负鼎俎，以滋味说汤，至于王道”，以饮食滋味为商汤诠释治国之道。从他关于烹调的精彩讲解来猜测，商代的厨师们多半已经能烹调出各种精致的美味，否则这位宰相大概无法通过饮食来说明那般深刻的道理的。根据对磨盘、杵臼这些商代前就已出现的粮食加工器具的研究，有的专家认为商代人很可能已经懂得用麦子制作面食，而甑和甗这两种炊具的大量发现，证明商代人一定已经开始在蒸饭吃了。他们肉食的烹饪方法更是多样，炖和煮是最普遍的方法，此外还有烤、晒干等，并且能够制作腌肉和腊肉。而且当时的炊具也已经有了明显的分工，譬如鼎用来煮肉，鬲用来煮粥。

戴帽箍的商代男子

商代人喜欢喝酒在学术界早已成为共识。在《诗经》中就有很多反映商代人喜欢喝酒的文字，大批酒器的出土再次证明了这一事实。不仅有喝酒用的爵、斝、角，存酒用的壶、卣、罍；还有盛酒、调酒、温酒用的。商代还没有今天的白酒，当时的酒酒精度也较低，主要有用粮食酿造的米酒和用水果酿造的甜酒。

商代人在多数情况下，直接用手抓着吃饭。但那时已有了筷子，筷子只有吃蔬菜和肉食时才使用。另外还有一种被考古界称为“匕”的食具，和今天勺子的用途非常类似，但和如今的勺子在样式上却很不一样。匕大部分都是用骨头做成的，前端呈扁平状，被磨制得极其光滑。他们盛放饮食的器具也有了明确的分工，盛饭和盛菜的器具、盛放主食和盛放副食的器具都是有区别的。商代人盛饭用的器具主要是青铜制或是陶制的“簋”，商代的“簋”多为圆形，有两只耳；盛肉的器具主要是盘和豆，盛酒的器具则多为青铜器。当时还没有出现桌子和椅子，吃饭时就席地而坐，因此为了方便起见，当时的食具都带有高高的足。

行踪遍天下

“商人”的称呼该是商族人善经商的最好见证，这种买卖经营的传统使他们的足迹遍及天下，加之商代的上层统治者们为了方便对内统治和对外扩张，一向都很重视道路交通的发展状况，因此商代人活动范围之广、交通网络之发达，是令现代人都难以置信的。

当时的交通发达，不仅在王都内有很好的体现，更引人注目的是由王都通向全国各地的道路交通网络。当时一共有 6 条主要干道，第一条通往徐淮地区，第二条通往东北地区；第三条从河南安阳通往山东益都；第四条通往湖北、湖南、江西等南方各地区；第五条沿着渭水而建，直接通往陕西，可以直达西北各部落；第六条经过太行山向西北延伸。这 6 条主干道与无数大小道路相连通，形成了一个由王都辐射往整个统治区域及各小方国的庞大的交通网络。

商代的交通网络如此发达与其统治者对于道路建设的重视是分不开的，不过仍然存在其客观上的原因，那就是生产的需要。众所周知，商代以制造青铜器而闻名，其实在当时，作为统治中心的王都附近地区是不出产青铜制造业所必需的各种原料的，全都需要到很远的地方去运，这也使得人们不得不把解决交通问题摆在了显著的位置上。再加上当时重商的传统，使许多人都愿意到远方去，这在客观上也促使当时各种地理知识的积累和完善，这对于交通的发展实际是起了很大作用的。

铜象尊

在交通工具上，商代人也已经比前人更进了一步。他们已经学会了用牛和马来作为脚力。据考证，居住在中原地区的人们很早就已经开始养牛了，因为牛的负载力很强，又性情温和，容易驱使，因此到商代时已经成为非常普遍的家畜，尤其受到当时中下层民众的偏爱。不过牛虽然耐力强，却也有速度慢的缺点，只适合长途运输货物，或是拉一些比较笨重的货物，高层的奴隶主贵族们是不会对其青睐有加的。贵族们出行基本都是乘坐轻便、快捷的马车，牛车仅仅是他们用来运送笨重货物时的用具。

商代遗址中大量马车的发现，使人们确信商代人已经懂得驾驭马车了，不过据考证，马车的用途并不仅仅一种。作为交通工具是最重要的，其次就是作为战车，然后便是作为狩猎之用。河南安阳曾出土了数十件商代晚期的马车，车子的主体是木质结构，有两个轮子，多数是两匹马拉一辆车。

从历史文献和考古发现推测，当时的人们乘车时都是采取跪坐的姿势的，因为这样比较舒服，同时可以用手扶住车栏杆。乘车时，主人一般坐在右边，乘客在左，因为古人虽然以右为尊，但在乘车时正好相反，左边才是尊位。

据考证，商代时已经出现了水上交通，而当时最主要的交通工具是“舟”。但从当时的自然条件以及技术条件来看，要造船实际上是一件相当不容易的事，再加上受种种社会条件的限制，坐船绝对不是一般平民能享受的到的，只有贵族们才有条件乘船在水上漂游。各阶层的贵族官员都有自己相应等级的船，而商王更有自己专门使用的船，称为“王舟”。

即便如此，当时的水上交通的确已经有了相当的发展，舟船的作用并不仅仅局限于渡河之用。根据甲骨文的记载，在各地交通要道以及河道交叉的地方，已经出现了“津渡”，作用即类似于现代的码头。不过它们是由政府专门设来供贵族们来往之用的。而且有的专家认为，当时很可能已经出现了专为贵族们提供行船动力的“纤夫”，但他们并非像后来的纤夫们一样，以肩拉纤绳拽动船前行，而是在水中使力推动船前进。但具体情况是否真的如此，仍有争议而有待进一步考证的。

通过上面所有的考证和描述，我们可以看出，商代时的人们生产力已经发展到了相当的水平，在衣、食、住、行诸多方面都有着很明显的体现。他们已经能够充分利用自己已掌握的对自然界的认识以及各种科学技术知识，来丰富自己的生活，为生产和生活的各个方面创造便利条件。但与此同时也不难看出，在当时的社会条件下，无论优越的物质生活，或是先进的社会文化，都只有高高在上的贵族奴隶主才能享受得到，而作为社会下等阶层的平民和奴隶，仍过着悲惨的生活。客观地说，相较于原始社会，奴隶制社会的确是一个历史的进步，但当时等级制度的森严、社会的不平等、底层人民生活的悲苦，仍是不禁让人叹息的。

祭祀之法盛行

祭天祀祖在中国有着悠久的历史。在史前时期的考古中曾一再发现这类遗存。祖先崇拜又叫灵魂崇拜。它源自对先人的怀念，把梦中的情景理解为先人的灵魂作祟而产生。人们祭祀祖先，为的是求得先人的保佑。夏代开始的家天下局面，使原始宗教的内容发生了很大变化。由于帝王是世上最高的统治者，为了维护他的统治，就把祖先崇拜与自然崇拜结合起来，创造了天或上帝这样的至上神。从文献中可以知道商代有“天”这个神，甲骨文中则有“帝”或“上帝”。所以商汤伐夏桀时说，“有夏多罪，天命殛之”“夏氏有罪，子畏上帝，不敢不正”，打出“天命”的旗号，鼓动军士和同盟小国去执行上帝的意志，奋勇讨伐。但天上的上帝与地上的帝王（商王）是相对应的。为了执行上帝的意志，帝王通过巫师与上帝沟通。商王对于祖先的祭祀经历了一个逐渐发展的过程，到了祖甲创造周祭之法以后，才对上甲以后的祖先轮番地进行祭祀。

据说高宗武丁偏爱幼子祖甲，打算废太子祖庚而改立祖甲。祖甲认为这是违礼之举，不可强行废立，否则就可能重演“九世之乱”的局面，因此他效法武丁当年之举，离开王都，到平民中生活。武丁死后，由太子祖庚继承王位。祖庚即位 10 年左右病死，祖甲这才回到王都继承王位。祖甲即位后，见商人祭祀时，没有一定的规矩，便创造“周祭”之法，具体方法是：从每年第一旬甲日开始，按照商王及其法定配偶世次、庙号的天干顺序，用 3 种主要祭法遍祀一周。周祭以旬为单位，每旬十日，都依王、妣庙号的天干为序，致祭之日的天干必须与庙号一致。如：第一旬甲日祭上甲、乙日祭报乙、丙日祭报丙，直至癸日祭示癸；第二旬乙日祭大乙、丁日祭大丁；第三旬甲日祭大甲、丙日祭外丙。如此逐旬祭祀，一直祭到祖甲之兄祖庚。用一种祭祀法遍祭上甲到祖庚的先王，需要九旬。祭毕，再分别用另两种祭法遍祀，直到全部祭遍为止。周祭之法，使殷人的祭祀系统更为严密规范，因此盛行于商代后半期，并逐渐达到最高峰。祖甲创立的周祭之法是祖先崇拜和宗教制度的最好体现。在上古文明中，各大民族都有自己的祭祀体系，周祭之法和古巴比伦、古埃及的祭祀法各不相同，是中国古代特有的祭祀系统。

商代巫医一体

远古的人们把疾病产生的原因，直接归结于得罪了超自然力量的缘故。商代这种思想依然存在，所以商代人生病的时候，往往首先想到的是病人一定冒犯了冥冥中的某种力量，要让病人恢复健康，最好的办法就是请巫师为病人赎罪，消除病人的病痛。甲骨文献中这样的例子不在少数。而且巫师们本就是社会中的精英，他们多数通晓医理，在实施巫术的同时也配合其他治疗手段，从而达到了治病救人的目的。

记日食卜甲

考古人员曾发现了大批不能食用，但可药用的植物种子，这些就是商代人种植的药物。这些药物分门别类成批出土，正表明药物治病，是商代人治病救人的重要手段之一。中国古代文献《素问》中就有商朝开国大臣伊尹使用药物的记载，从一个侧面为我们说明商代使用药物治疗提供了佐证。

商代不仅有药物治疗，还已经掌握了针刺、灸、按摩等治疗方法。商代人一般用针刺的方法治疗身体上某个部位的肿胀。灸法治疗目前只能从甲骨文记载来研究，但是很多专家都对商代已经掌握灸法治疗持赞同看法。按摩作为一种古老的医疗手法，在商代就已经出现，甲骨卜辞中就有为商王按摩的记载。商代人对疾病的认识，已经达到了相当高的水平，当时的巫师不仅能识别疾病，还能对它们进行详细的划分。甲骨文献中记载有内科、外科和脑病、眼病、耳鼻喉病、牙病、泌尿病、小儿病、传染病等不同类型的病症。这些疾病诊断资料在中国医学发展史上很有意义，都是有关疾病的最早记录。因为当时的生产力低下，劳动力的多少直接影响着食物产量的多少，多一个人就能够多一份力，所以商人特别注重生育，而且商人注重“孝道”，注重“孝道”其中最重要的内容就是要多生孩子。这一切给当时的妇产科发展提供了很好的机会。商代人不仅掌握了预测产期的方法，而且甲骨文中还记载有治愈不育之症的实例。

贝币成为主要货币

原始社会末期,贝就开始作为交换的中介物,这是贝币作为货币形式的萌芽时期。到商和西周(前17世纪~前771年)时期,贝币已经成了流通中的主要货币形式。

贝壳成为中国的早期货币,并非偶然。贝壳是古代人们所喜爱的一种装饰品,它们色泽光彩美丽、坚固耐用,很容易成为日常交换的媒介。贝壳产生于海洋,夏商两代主要活动在我国东部近海但又与海岸有一定距离的地区,贝壳的供给量多少适中,既便于普及,又能在一段时间内保持价格的稳定。而且,贝壳比较容易加工成可以分合之物,易于计量。所以,贝壳成为中国历史上较早的广泛使用的货币,是很自然的事。

贝币

贝壳最初是作为贵重的装饰品传入北方的,到商代时才真正成为货币形式。这一点,已经得到考古资料的证明。在史前的仰韶文化和二里头夏代文化的遗址中都发现有贝,但数量很少,主要作装饰之用;在商代,用贝作为随葬品的现象已相当普遍,到商代晚期,墓中随葬的贝的数量明显增多,从数百枚到数千枚,最多达到六七千枚。同时在商代金文中也出现有商王将贝赏赐给臣下的记载。这说明贝已不仅仅作为装饰品,而是具有特殊价值的物品了。将单个的贝币用索穿连成串,每5个贝为一系,2个系为一朋,10贝1朋,为1个计量单位。在商代墓葬中,还出现了石贝、铜贝、玉贝、骨贝等仿制品,说明人工铸币也开始使用。从文字学上看,甲骨文中贝字和从贝的字很多,所有从贝的字都含有财富、珍宝、贮藏的意思,这也说明贝已具有普遍的货币作用。

到西周时期,仍然以贝币为主要货币,《诗》中有“赐我百朋”的诗句,全文中也常有关于贝和朋的记载。这一时期天然的海贝数量减少,随着铜器铸造业的发展,铜铸贝币的数量增多。在河南辉县玻璃阁周墓中一次出土的鎏金铜币就达1000多枚。贝币是我国最早的货币形式,中国货币由此衍化,发展到后世的金、银、布帛和纸币,构成了自史前时期至明清两代独具特色的独立货币体系和货币文化。

商中期原始青瓷的出现

商代中期,原始青瓷开始出现。在郑州、湖北、河北、江西等地都有原始青瓷的产地,其中又以长江下游为盛。

原始青瓷具有瓷器的基本特征，但又不具备真正瓷器的薄胎半透明性质。它以含铁量低于1.5%的高岭土为原料，坯体施青色石灰釉，经过1200℃左右窑温烧成，胎质较坚硬致密，胎色青中泛白，故名，亦常称为原始瓷。它的吸水率较低，初具瓷器的特质。

原始青瓷自从于商代中期出现，其产量就一直呈现上升的趋势。它的原料基本上是就地取材的，只有在选择和加工上比较讲究。中国南方的许多地方因为具有丰富的瓷石矿，所以原始青瓷首先在长江下游得到了较大发展。在成形技术上，原始青瓷在商、西周时多用泥条盘筑法，外表通常通过修理，所以很少留有泥条盘筑痕迹，部分产品在器表也留有拍印残痕，内表留有"抵凹"，唯有少数的生产工具，如瓷刀、瓷纺轮等，可能是模制或手捏的。

在原始瓷的产生和发展中，原始瓷釉也形成并不断发展。北方最迟在仰韶文化时，就发明了在陶器表面上涂刷白色涂料，即所谓"白衣""陶衣"的工艺；在南方，湖南澧县新石器时代早期陶器就采用了涂刷红色陶衣的技术。这便是釉的前身。釉实际上是人们经过了选择和配制，所含助熔剂更多的一种涂料。商、周的原始瓷釉叫石灰釉，它的主要优点是熔融温度较低，高温粘度较小，釉面光泽较好，硬度较大，透明度亦较高，坯体上刻画的花纹图案，浮雕人物，都可一一清晰透映出来。石灰釉在中国沿用了很长一个时期，对中国古代陶瓷技术的发展做出了重要贡献。春秋战国之后，施釉技术有了明显的提高，绍兴富盛区出土的原始青瓷虽釉薄至10~50微米，而胎釉结合却较前稍好。

商代青褐釉原始瓷尊

在影响原始青瓷产品质量的诸多工艺因素中，最为重要的有2个，一是原料的选择和加工，二是陶窑构筑、窑内气氛、温度的控制。以易熔粘土为原料时，就只能烧出普通的灰陶、红陶、黑陶来；以瓷石、高岭土为原料时，就可以烧出白陶，印纹硬陶，以及原始青瓷器来。白陶、印纹硬陶的发明和发展，陶衣、彩绘、泥釉技术的发明和发展，分别在胎质、釉质上为原始瓷的出现准备了条件；而升焰式窑的不断改进，半倒焰窑和平焰窑的出现，才使原始青瓷变成了现实。

中国是世界上最早发明瓷器的国家。原始瓷的发明和发展，说明当时在陶瓷原料的选择和加工。在窑的构筑和烧成技术上，都达到了一个较高的水平。

原始青瓷从原料选择、成形、施釉到烧成，都还比较原始，故不管胎还是釉，与真瓷都存在着相当的距离。但原始瓷毕竟是真瓷的前身，它的出现是个伟大的起点，预示着东汉时期真正瓷器的产生。

金银器工艺的产生

3000多年前，中国金银器工艺产生，在以后漫长的发展历史中，曾产生过无数优秀的作品。

所谓金银器，是以贵金属黄金和白银为基本原料加工而成的器皿、饰件等。在我国，黄金一般分山金和砂金，其中砂金较早被人类发现。银又称白金，与其他矿物夹生共存。在物理性能方面，金不怕氧化，不易生锈，不溶于酸碱，延展性较好，而银在这些方面都不及金。金银器的制作工艺主要有熔炼、范铸、锤锞、焊接、炸珠、镌镂、抽丝、掐丝和镶嵌等，这些技法有的来自青铜器工艺，有的则是金银器制作者的独创。

科学发掘的资料证明我国最早的金器产生于商代。在河南、河北、北京、山西等地的商代遗址和墓葬中均有金器出土。其中商殷中心区域出土了金片、金叶、金箔等饰件，而离这一区域较远的地方则出土了一些金质首饰。北京平谷商代中期墓葬中出土的金臂钏、金耳环等，经化验含金达85%，杂有较多的银和少量的铜。其中金臂钏用锤锞法制成，两端锤成扇形，再弯成环状；金耳环一端锤成喇叭口状，一端锤成尖状，整体弯成圆形。

商代晚期金器主要出土于山西石楼后兰家沟，这里可能就是商代的北方，这批金器应该是商文化与北方文化的结合体。这里出土了三件金珥形器，其中两件大小相同，另一件较小，都有一粒串珠。一端尖卷如涡纹，另一端较平，伸出一条细丝尾柄，串珠后又从中弯曲，尖部折上呈乙形，造型奇异，可能也是少数民族制品，在青海属辛店文化的大通县上孙家寨还出土了金耳环和金贝等。

这些情况表明，在商代我国金银器工艺已经发展到了相当水平，尤其是北方少数民族地区，更是具有自身特点，这一特点，在以后的发展过程中更为突出。

商代战车的兴盛

车战最早起源于夏代，约在夏末商初，已有小规模的车战。从商代晚期开始，车战逐渐代替步战。已出土的一批战车就是商代晚期的遗物。在商代晚期的甲骨文中，还出现了最早的“车”字，并出现了有关车战和召集战车射手（登射）的卜问，也证明了这一点。至西周时期，车战就基本上取代了步战，成为主要的、占支配地位的作战方式，从而实现了中国古代战争样式的第一次巨变。

据考古学家推测，商代可能拥有300辆战车。商代和西周时期军事角逐的中心区域是黄河中下游的关中和中原地区，战场都是广阔的平原，特别适合于战车驰骋。《诗经》中有关西周的篇什，凡写到命将出征，都要提备车备马。如《小雅·采薇》：“戎车既驾，四牡业业”，反映了车战的兴盛和威力。

商代的战车用木制作，一些部位装有青铜饰件或加固件。其形制是：独辕、两轮、长毂、车厢（舆）呈横宽纵短的长方形，车厢门开在后面，车辕后端压置在车厢与车轴之间，辕前端横置车衡，衡上缚两轭以供驾马。战车大多数驾2马，称为“骈”，也有驾3马的，称为“骖”。只有少数驾4马。车上载3名甲士，按左、中、右排列：左方甲士持弓主射，是一车之首，称“车左”“甲首”或“射”；右方甲士执长兵器（戈、矛等）主格斗，并负责为战车排除障碍，称“车右”“戎右”或“参乘”；居中的是控马驭车的御者，只随身佩带刀剑等短兵器。实际作战时，“车左”除弓箭外，也配备长兵器和短兵器；“车右”除长兵器外，也配备短兵器和弓箭，但责任有所侧重。指挥车则将帅居左，卫士居右，车上配备有旗和鼓，以供指挥和联络。每辆战车还附属有一定数量的步兵，战斗时随车跟进。周代为了提高战车的机动性能，将战车车辕逐渐缩短，而轮上辐条的数目则逐渐增多，并在一些关键部位增加了青铜加固件。周代战争普遍已用4匹马驾引，其中间的2匹马叫“服马”，用轭驾在辕两侧，左右的2匹马叫“骖马”，以皮条系在车前，合称曰“驷”。

一车四马战车

车战的一般过程是：两军相会，先扎营驻军；以单车犯敌营垒，进行挑战并炫耀武力；列阵作战，两军相合。交战的方式有三种：一是先敌发动进攻，追击敌阵；二是固守阵形，待敌来攻；三是双方同时发起攻击。与此相应，进攻的方式也有两种：一是快速进击，所谓“疾进师，车驰卒奔”（《左传·宣公十二年》）；二是保持阵形，徐缓推进，“虽交兵致刃，徒不驱，车不驰”（《司马法·天子之义》）。进攻的速度和节奏由将帅以鼓点控制。进入战斗，接近敌军时，车上甲士先以弓箭进行正面射击；继而当敌我双方的战车相交错时，才以长兵器进行格斗；最后直至车毁马毙，甲士们便弃车肉搏。战斗持续时间很短，一般几个时辰，最多一天结束。基本不进行夜战，少数白天未分胜负的战斗，则夜间休战，次日再战。

早期车战战术非常呆板，一般要待双方都列好阵形后，才以击鼓为号，发起攻占。所谓“成列而鼓，是以明其信也，”（《司马法·仁本》），体现了早期战争重信轻诈的显著特点。但商代车阵已出现右、中、左的配置。商代晚期军队建制中右师、中师、左师概念的出现，反映了当时已经具有中军和两翼相配合的意识，较之单一的方阵是很大的进步。

雕塑艺术和音乐

商朝的雕塑艺术已经发展到较高的水平，就其种类而言，有平面的浮雕或浅刻，有半立体的动物形雕像，也有立体的雕像与塑像。

浮雕或浅刻多半是器物上的花纹，最常见的有饕餮纹、夔龙纹和云雷纹，有强调王权神圣的意义。这些纹饰常常从动物形象借以取材，所以常见的有蝉纹、鹗纹、鸟纹、蚕纹、龟鱼纹、牛头纹、鹿头纹、虎头纹等等，构思巧妙，特色鲜明。安徽阜南的龙虎铜尊，上面的肩、腹浮雕龙虎纹都是一首双身，虎纹张口露齿欲食人，形象传神，制作精美。商朝的动物雕塑有半立体和立体的，半立体的动物形雕像一般小巧玲珑，通常见于奴隶主贵族的带钩等佩饰，所以质地通常是玉、石、蚌，有鸟、鱼、蝉、鹗、兔、虎以及其他不知名的兽面等造型。立体动物的塑像在商朝初期只有泥塑，到了商代后期，其他玉、石等等多种质料才多了起来，题材也更加广泛。有的遗址中还发现大批的动物形白石雕像，坐式立雕有的高约30多厘米，通常用作房柱旁的装饰，这些产生于3000多年前的作品今天看来依然是非常出色的艺术珍品。众所周知，商代的青铜技术十分发达，所以商代后期的铜器制造也取得了极高的成就。譬如湖南宁乡出土的四羊方尊，已经成为青铜器的精品，四只羊的造型和布局同方肩尊的器形特点巧妙地结合起来，将青铜的铸造技术与造型艺术推向了极致。此外还发现有其他鸟兽尊、觥、异形卣等都是仿效动物形象而造型，也都体现了很高的艺术价值。

以人像为题材的雕塑品，在商代前期只发现一件泥塑残品，但是到了商代后期，浮雕、半立体和立体人物雕塑品均有出土。在殷墟发现的雕塑遗物中，有十件玉石全身人像和人头像，姿态丰富，有的跪坐戴冠，腰束宽带；有的赤脚盘发，裸体文身；还有著名的三件戴枷男女的陶俑，形象都是免冠而着圆领衣，衣裙连在一起，雕塑作品都十分清楚地表现了不同的社会身份。

四羊方尊

商代各种雕塑品虽然都是为了满足奴隶主的需要，渗透着奴隶主的思想，但是这些精湛的艺术作品却都出自劳动人民的伟大创造，表现了他们极高的智慧和非凡的艺术才能。

商代音乐被认为属于巫文化的一部分。巫原本是原始社会之中拥有较多知识、能歌善舞的神秘人物，他们和史、卜、贞等一样，掌握着占卜的职务，传说能传达鬼神的话，交通神人。从字形上看，“巫”的上下两横是指天和地，中间的人沟通天地两界，这种人就是“巫”。巫在当时对国家的一切政治生活都发挥着很大的影响，因为占卜、祭祀的时候，巫都要唱歌跳舞来配合自己的行为，所以巫也是商朝精通音乐与舞蹈的人。

在盘庚迁殷之前，商还处于奴隶制的早期阶段，在郑州二里岗等早商遗址中出土了二音孔和三音孔的埙，说明当时的音乐文化并不特别发达。而在祭祀等重大场合，由巫所主持表演的本部族的传统乐舞《桑林》和赞颂汤代夏立商武功的乐舞《濩》等等，可以说是早商的音乐代表。《左传》记载着一则故事：商朝的后裔宋襄公在楚丘为晋侯举行盛大的宴会，晋侯提出想要看看宋国祖先的传统乐舞《桑林》，据说这个舞蹈是由用鸟羽化装成玄鸟的舞师与化装成简狄的女巫进行表演的。这段内容与《诗经·商颂》中“天命玄鸟，降而生商”的辞句正好相符。结果看了这个乐舞之后，晋候十分害怕，不得不躲到房中去，因为他十分讲究礼法，而这个乐舞看起来却荒诞不经，十分粗俗，这正说明早商的音乐带有浓厚的原始古风。

双鸟鼍鼓

在甲骨卜辞中有“乐”字，“乐”的繁体字偏旁为“木”，可见木质琴瑟之类的乐器当时也已存在。甲骨文又有“舞”字，像人身挂有饰物翩翩起舞的形态。当定都安阳以后，商朝的文明得到了进一步的发展。从出土于安阳殷墟的墓葬来看，包括有饕餮、夔龙等纹样的各类乐器，已经精细了很多，说明当时商朝已经有比较发达的音乐文化了。

到了商代的后期，乐器的品种就变得更加丰富多彩了，而且制作的工艺水平也更高，打击乐器有铙、铎、磬和鼓等等。其中的铙与铎，本来是象征氏族贵族权力的礼乐器，用陶土制作，而现在保存在陕西长安客省庄龙山文化的商代素面铎却是用青铜铸造的，或手持演奏，或放置在座位旁演奏。多枚商铙组合在一起就可以组成一套“编铙”。大型编铙则比较稀少，现存实物仅见于湖南宁乡一带。商代的磬有石制、玉制和青铜制等多种，也分为两种。一种是单磬，一般体积比较大。现在在安阳武官村殷代大墓中出土的遗物就有虎纹石磬，不仅外形有瑰丽的纹饰，演奏出的声音也极为悠扬。另一种是编磬，一般也是三枚一套。商代的乐器还有鼓。其实早在原始时代已经有了鼓，叫作“土鼓”，鼓框可能是用陶土制成的。还有一种大鼓，鼓腔用木制成，外施彩绘，鼓面蒙有鼍（鳄鱼）皮，又称鼍鼓。商代的鼓品种繁多，一般鼓身下面有鼓座，上面有羽毛作为装饰。有一种大鼓叫“丰”，卜辞记载“旧丰用”说的就是使用丰鼓来演奏。

最早的吹奏乐器在河姆渡遗址中就已经发现，是出土的骨哨和埙。到了商代，吹奏乐器的类型已经十分多了，包括埙、籥、和、言、竽等等。埙有大小两种形制，均有五个按音孔，一般大小三枚组为一套；籥则是一种编管的旋律乐器；和，据推测可能是一种小笙；言，很像一种单管的吹乐器，专家推测可能是后世箫的前身。根据甲骨文卜辞记载，当时为了要新制一支竽，还要在祖先面前占卜吉凶。从乐器的发展就可以看出，商朝的音乐还是比较发达的。

天文历法的出现

商代天文历法上比夏代进步，天象学上也有新的发现，人们发现了火星、彗星，此外还有关于数学和疾病的记载。

商代日历已经有大小月之分，规定366天为一个周期。在商代甲骨文中，有大致三万的数字，明确的十进制、奇数、偶数和倍数的概念。

最令人惊诧的是，光学知识在此时也得到了应用。商代出土的微凸面镜，能在较小的镜面上照出整个人面。

干支纪日法是商朝历法的最大成就，也是世界上延续时间最长的纪日方法。商朝甲骨文保留了我国最早的观测日食、月食和发现新星的记录。

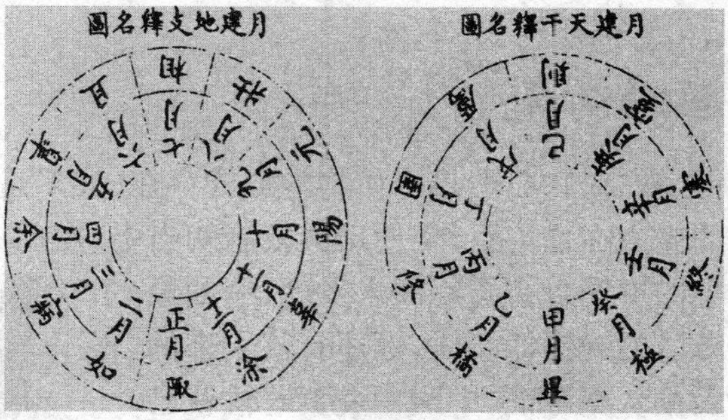

月建天干、地支释名图

虽然不知道商人是否使用到占星术，但他们已经懂得通过观察天象来制定历法。卜辞中关于日食的记载，目前已知的仅两条：一："癸丑贞，日夕[(有)]食……田(上甲)？癸酉贞，日夕又(有)食，佳若？"二："癸酉贞，日夕又(有)食，非若？"

甲骨卜辞中记载月食的比较多些，有的还记有月份，比如说："癸未卜，争贞，旬亡祸？三日乙酉，月食，闻，八月。""[癸]未卜，争贞，翌甲申，易日？之(兹)夕月食？甲(雾)，不雨？"

出于农业生产的需要，商代已经有了比较完备的历法，规定366天为一个周期，已经有大小月之分，并用年终置闰的方法来调整朔望月和回归年的长度。从甲骨卜辞的记录来看，当时大月30天，小月29天，一年是十二月，然后用闰月来调整一年的天数，使一年中的四季变化定在一定的时间内。这个闰月，在早期卜辞中是放在应当置闰那年最后的一个月即十二月之后，所以叫"十三月"。这种历法既不是根据太阳运动所测得的以一年为周期的阳历，也不是以月亮阴晴圆缺的朔望月为基础的纯阴历，而是一种阴阳合历，所谓"以闰(月)定四为成岁"。春夏秋冬四季的分法，起于春秋时代以后，在此之前，据推测只有春、秋两季。甲骨卜辞中所出现的"春"和"秋"两字，实际上都是一年的意思，"春秋"一词也有一年之意。另外商代的记日方法是用十个天干和十二个地支字相配合来表示，具体来说是从甲配子(甲子)到癸配亥(癸亥)，逢六十循环一次。

甲骨卜辞中的日和夕是相对的，日指白天，夕指天黑以后至天亮以前的黑夜。夕字在甲骨文中和月字的形状完全一样，只有在辞例中才能区别出哪个是夕，哪个是月。所以商代的一天内的时间分段，都是各有专名的。例如“明”和“旦”一样都是指天亮以后的时间。《说文》里面解释说：“旦，明也。”《淮南子·天文训》则分“明”为晨明、明、旦明三段时间。而旦、明以后的时间叫作大采、大食或朝。大采、大食、朝以后的时间叫作中日，也就是相当于我们现在所说的“正午”。中日以后的时间叫作昃，这个字的意思是太阳已经偏西，人们需要侧头去看太阳的形状。“小食”，则是下午吃饭的时间，大食、小食其实也就是当时人朝夕两餐的时候。小食以后的时间叫作小采或昏、莫（暮），就是傍晚和夜晚。

青铜文化的繁荣

走进青铜时代

铜、铁、锡在自然界以矿物的形式存在，大多是化合物，必须经过高温冶炼才能得到。我们的先人在加工石料、使用火及制陶当中，发现了这些金属，并开始利用它们。目前中国最早的青铜合金器物尚未发现，一如最原始阶段的纯铜器一样，也还有待未来的考古发掘。据考证，中国在炎黄时代就已经开始使用红铜。这一时间略晚于古巴比伦人和古埃及人开始炼铜的时间。但两河文明和尼罗河文明从纯铜炼制到青铜出现整整经历了两三千年，而中国古代却很快从红铜冶炼时代跨入了青铜器时代。在夏代时，已经开始出现少量青铜器，古史所记“夏铸九鼎”，大概是中华青铜文明开始的标记。但夏代的青铜文化仍在寻觅、探索当中。到了商、周时期，青铜器才普遍使用，使中华文明史向前推进了一大步。

司母戊方鼎

青铜是红铜、锡、铅等金属的合金，硬度高、熔点低，用青铜造的工具，更为耐用。据考古分析，商代的青铜器为铜锡合金，锡的比例大致为5%至20%（另外也有含铜量达92%至98%的纯铜器和含不同数量铅质的合金）。青铜合金的硬度较纯铜高，同时可以保持纯铜所具有的韧性，有明亮的光泽，而且青铜合金的熔点也较低，当加锡至20%时，熔点可低到摄氏900度左右（纯铜为摄氏1083度）。因为青铜兼具硬度与韧度，浇铸时气泡少，流动性好，所以可铸出锐利的锋刃和精细的花纹，适于制作坚实的兵器、工具及亮丽的容器。

青铜合金中，铜锡比例的不同，合金的性能也不同。我们现在还不能具体地说明古人如何利用这一科学事实。但是《周礼·考工记》中列出了六种不同的比例："六齐"（即六剂）——钟鼎之齐，铜六锡一；斧斤之齐，铜五锡一；戈戟之齐，铜四锡一；大刃之齐，铜三锡一；杀矢之齐，铜五锡二鉴燧之齐，铜锡各半。这六种不同的配方，还有待探讨，但可以说明，当时的商人已经知道冶炼不同的配方可以获得不同性能的合金。

商代青铜合金中，也有再加入一定比例铅的，甚至有完全用铅代替锡的。现在还不知道当时加入铅质的实际目的是为什么。不过现代科学证明，铜锡合金中加入极少量的铅，可以在铸造花纹时，收到花纹清晰，减少气孔的良好效果。这一技术到了战国时代才开始有意识地利用，到底商代是否已经掌握这一技术，仍有待考证。

神奇的铸造技术

青铜器的冶铸方法与青铜器的造型及装饰方法密切相关。我们都知道，青铜器是铸成的，不是敲击或剜凿而成的。在对河南安阳商代晚期铸铜工场遗址发掘的过程中，我们逐步了解了当时的青铜冶铸技术。

商代后期·青铜鼎

在商代晚期的铸铜工场遗址中我们发现，当时的铜矿原料是不含硫的孔雀石（氧化铜），矿砂中夹杂着赤铁矿。这些原料被放在一种当地农民称之为"将军盔"的红黄色陶质器中，加热到1000度左右方可熔化。这样高的温度，可能有鼓风设备，燃料主要是木炭。

制造青铜器的范是陶制的，由内范、外范多块拼成。铸造的基本过程大概是：用特制的泥做成待铸器的实心泥模，然后在泥模上分块翻制外范。外范做好之后，加以适当修整，并在外范上加刻精细的花纹，之后再将小块外范拼接成大块，在器范底部制作铭文范。内范的做法是在泥模上刮去一层，这层空隙就是待铸器的厚度。等制作好浇口和冒口后，用约600度左右的温度将之焙烧成陶质，对合成的整体范预热并灌注铜液。待铜液冷却后，打碎整范，取出青铜器。

从上述工序流程可以看出，铸造一件小型青铜器需要多么复杂的过程。如果铸造像司母戊方鼎这样的重器（长110厘米、高133厘米，重875公斤），可以想象一下，需要多少块陶范，需要多少人翻范、制模、液化铜汁、浇铸、拼接！没有数百人同时劳作，是根本无法完成的。

在安阳商代晚期的铸铜工场遗址中，我们看到，当时陶范的选料、配料、塑模、翻范、花纹刻制都极为考究；浑铸、分铸、铸接、叠铸技术也非常成熟，充分显示了我们先人的聪明才智。而直接用陶范翻铸青铜器只是古代青铜器铸造的一般方法。除此之外，商代已出现了其他多种铸造办法，例如：两次铸法创造了铜器上的提梁或链条，特别是链条的铸造，是金属熔冶技术上的重大发明。蜡模法——在翻铸结构较复杂或镂空的装饰时，范型的设计比较困难，往往内用蜡模，外加湿柔陶泥涂墁，干后自然成范。然后加烧使蜡熔解流出，遗留的空隙被浇铸时的铜液填充，即可成型。但蜡模法在战国以前是否已经使用，现在尚难以证实。

不断成熟的商代青铜器

商代的青铜器经历了一个漫长的发展过程，这个过程可以简单地分为早、中、晚三个时期。

商代早期的青铜器是与考古学的二里冈文化期相当的商代青铜器。这一时期的青铜礼器、兵器等都较二里头文化所代表的夏代青铜制品有了很大的进步，不仅种类和数量有所增加，在冶铸技术、装饰工艺方面也表现出较高的水平。这个时期相当于商汤立国之时，是中国青铜文化走向繁荣的重要时期。

商代后期·饕餮纹瓿

这一时期除了铸造青铜工具和兵器外，铸造的容器主要有鼎、鬲、甗、簋、爵、觚、斝、罍、瓿、壶、盘等。虽然器类较为简单，但已经普遍形成爵、觚、斝三者成套的酒器组合。商代青铜礼器的体制已初步形成。而且，这一时期的青铜器容器具有独特的造型。例如，鼎、鬲等食器一般有三个足与器身相连，而其中必有一足与一耳成垂直线，在视觉上有不平衡感。而当时铸造的大型器物，已采用了分体铸造的技术，其工艺已达到了一定高度。花纹较简单，仅有粗线和细线的变体兽面纹。

商代中晚期的青铜器大致属于殷墟时代。因为商代晚期的青铜器代表了高度繁荣的青铜文化，所以研究商代中晚期青铜器对于研究中国青铜时代从初期到鼎盛的历史具有重要意义。

商代中期青铜器的发现较为分散，以河北、北京、安徽等地出土的青铜器比较典型。其器形特征为：爵的流已放宽，并出现圆体爵；平底斝已较少见，表现出一定的工艺水平。其中，斝的底部多向下鼓出，在空锥状足的基础上，出现了截面为丁字形的足；大口有肩尊，有了较大的发展，出现了厚重雄伟的造型；罍的体型比例较早期有明显的降低而呈宽肩的样式；鼎、鬲等器物开始出现三足与两耳对称的样式；而且瓿开始出现。这一时期器物上的纹饰分为两类:一类是变形动物纹,构图简略,但线条细而密集,有别于早期纹饰线条粗犷的风格;另一类是用繁密的雷纹和排列整齐的羽状纹构成的兽面纹,双目突出,但头像与体子仍没有明显的区分。这一时期的青铜器一般不铸铭文,个别器物铸有氏族徽记。

商代晚期的青铜器指武丁至帝辛时的器物,可分为前、后两个阶段。新出的器形有方彝、高颈椭扁体壶。觥、盂、鼎、鬲、簋、甗等食器有较大的发展。爵已盛行圆体型式。觚的腹部细长趋势明显。斝在前段仍是与爵、觚相伴的酒器,后段似乎已退出酒器组合之列。方彝发展较快。鸟兽形象的器物也很盛行。青铜器上的铭文有所发展,尤其在殷墟文化后段,铭文加长,内容趋向记史,据此已能确定一批绝对年代可考的标准器。这一时期器物的纹饰趋于繁缛,形成地纹和主纹相重叠的多层花纹。主纹普遍采用浮雕形式,以动物和神怪为主题,地纹普遍采用雷纹,而且花纹往往布满全器。另外这一时期扉棱和牺首等装饰手法也有很大的发展。

非凡的器形和纹饰

商代青铜器的造型变化丰富,说明了青铜器的铸造要符合当时贵族生活繁杂的要求,也足以看出工匠们非凡的艺术创造。器形的创造利用了技术上的各种可能条件,加三足器、四足器、提梁、链条等都是主要的创造。这些器形的美学价值在于形象的创造满足了一定的情感要求。富于变化的各种造型给人以多样的印象,有挺拔、稳重、秀美等不同的感觉。

青铜器上的装饰纹样和造型一样,也体现了商代工艺家卓越的艺术匠思。商代青铜器上流行装饰饕餮、夔龙、夔凤等等幻想出的神话动物。相传的"饕餮纹",是宋代人根据《吕氏春秋》的记载而定的名称。饕餮是古代绘画形象中罕有的正面形象。夔龙、夔凤都是侧面形象,大多只表现一只脚,所以冠之以"夔"字。夔龙、夔凤时常和饕餮纹混合组织,例如相对称的一对夔龙,就共同组成了一个饕餮纹。饕餮纹一般布置在器物的主要装饰面上。夔龙、夔凤纹则在次要的装饰面上。

商代青铜器上的装饰纹样也有直接取材于现实动物的。最多的是蛇、牛、虎、象、鹿、蝉、蚕等。而在此基础上,龙纹大量出现,成为商周青铜器中常见的纹饰之一。从商代早期至春秋战国时期,龙纹的变化形式较多,大致可分为以下几种:

(1)爬行龙纹,即龙纹形象,和兽面纹一样,此种龙纹也有各种不同的类型,其盛行时代约在商代早期至西周早期。

(2)双体龙纹,即以一个龙头的正面形象为中心,躯体向两侧展开,常饰于青铜器颈部的狭长范围内,流行于商晚期至西周中期。

(3)卷龙纹,龙的躯体作卷曲状,其中一种是龙头的正面形象居中,躯体盘绕其外,形成一圆形,多饰于盘的中心,见于商末周初。

几何纹样也是商代青铜器多用的纹样。除了排成行列的四瓣纹及圆涡纹外,最多的是不规则的云雷纹,常装饰在空白处,作为底纹,或装饰在上面所说的幻想的或现实的动物纹样之上。

总的来说，商代青铜器大多装饰丰富，花纹布满全体，并有上下层次；也有少数青铜器装饰简单，甚至朴素无饰或仅有一道弦纹。除了平面纹饰之外，商代青铜器上也往往有凸起的立体装饰。如器物的耳上或鋬上的牺首，或某些器盖上的兽形钮。这些兽形具有商代雕塑的一般风格特点及商代雕塑处理形象的特殊手法。

变异的纹饰——金文

文字从来都被视为文明确立的标志之一。辉煌的商文明不仅留给我们举世瞩目的甲骨文，还开创了在青铜器上铸刻铭文的传统。这些青铜器铭文习称金文，不仅有重要的史料价值，而且由于铭文的字体、布局、内容随着时代发展而发生变化，所以铭文也是青铜器断代的重要标准之一。目前所见考古发掘出土的有铭青铜器，以商代晚期为最早，但有少数传世的二里冈上层期的青铜器也铸有铭文。我们现在还不能很好地解释为什么这些属于早商的青铜器竟然也铸有铭文。只能推测，其发现甚少的原因也许是由于那个时期在青铜器上铸铭尚未成为风气。

商代后期・青铜编铙

商代晚期的铭文最常见的有：氏族名号、本家族死去先人的名号、作器者名。由于商代晚期铭文多数属于这些内容，所以此时期铭文字数一般只有几个字。这种商代金文可谓言短意深。从其常见形式可以知道它们反映了当时商人的家族形态、家族制度与宗教观念等重要问题。

商代晚期由于青铜铸造技术的提高，在铜器上铸造铭文的开始增多，出现了铸有10多字，甚至几十个字的长篇铭文。这些较长的铭文内容多涉及商代晚期重要的战事、王室祭祀活动、王室与贵族关系等，有的还标出了作器时间。而且，这些金文有着鲜明的时代特色。那些表示人体、动物、植物、器物的字，在字形上有较浓的象形意味。取人体形象的文字，头部常作粗圆点，腿部做下跪形状。这种字形并不表明此时文字还处于原始阶段（这从同时的或较早的甲骨文字即可得知），而只是一种美化手段，是郑重的表示。绝大多数笔画浑厚，首尾出锋，转折处多有波折。字形大小也不统一，铭文布局亦不齐整，竖虽基本上成行，但横却不成排。

百业并举的青铜时代

商代青铜业的繁荣，带动了其他行业的发展。它使商代手工行业的分工越来越细，甚至出现了所谓的“百工”。奴隶工匠们在各行各业做出了许多发明、创造。如陶工们不仅烧制日常用器，还用高温烧制出精美的白陶和原始瓷。制作玉石和骨牙器的工匠，能镶嵌、雕琢出精美绝伦的玉器、石器、骨器和象牙器。纺织工匠已发明了有简单提花装置的织机，能织出暗花绸一类高级丝织品。此外，漆木制造、舟车制造、建筑业等也都得到了极大的发展。农业和手工业的发展，使得商代的货物交换日益频繁，出现了一批工商业者从事商业活动，并且已经开始使用早期的货币——贝币。

商代工匠们制作的各种陶器，是青铜文化的重要内容之一。当时人们的生活离不开陶器。当时的炊器用夹砂陶制作，有鼎、鬲、罐等。食器和水器则用泥质陶制作。除各地普遍生产的一般民用陶器之外，在王都和贵族都邑里，都有为他们特制各种精美陶器的专有作坊。商代中期已经制造出中国目前发现最早的原始瓷器和印纹硬陶，为中国瓷器的进一步发展奠定了基础。而商代晚期的陶瓷工业更是不断改进和提高，流行仿铜器造型，并大量烧造灰陶明器，这一时期白陶器表的图案雕刻艺术异常精细而绚丽，成为一大特色。

商·饕餮乳钉纹方鼎

商代的白陶是上层贵族使用的高级陶制品，器表和胎质都呈白色。殷墟出土的白陶器，胎质纯净洁白，器表装饰有兽面纹、夔龙纹和云雷纹等，制作极为精致。而原始瓷是商代工匠的又一大发明。郑州商城发现的原始瓷说明在公元前15世纪前后中国已经创造出了原始瓷器。它是以接近于瓷土的原料制胎，表面施石灰釉，经过1200度的高温烧成的瓷器。其制作多采用泥条盘筑法，辅以手捏和轮制。其胎骨细腻坚硬，叩之有金石之声。其釉色光亮，为青绿色，施在器表和口沿部分，釉底极薄。与白陶和印纹陶相比，原始瓷较为坚硬耐用，不易污染并且赏心悦目。其器表呈青色或青绿色，胎质烧结，吸水性很弱，这些特征与现代瓷器一致。但当时制胎的原料不够细洁，温度偏低，釉层较薄，胎与釉的结合较差，容易剥落，表现出明显的原始性状。

但原始瓷的出现，却是中国陶瓷业的一个转折点。经过一段长时间的改进，它渐渐代替了陶器，成为人们日常生活中最主要的用器。

商代的玉器是商代青铜文化的又一重要内容。商代许多都邑中都有制玉作坊。商代奴隶主贵族盛行佩玉、玩玉，所以有些西方学者称商代为青铜与白玉的时代。商代的玉器均为软玉制品，所用玉料有白玉、青玉、墨玉和绿玉等。如按功用分类，商代的玉器大致可分为礼器、实用器和装饰艺术品3类。目前我们所见到的商代玉器绝大多数都出自大、中型贵族墓中。其中尤以殷墟妇好墓和新干大洋洲商墓出土的玉器数量最多。经鉴定，玉料主要来自新疆和阗、辽宁岫岩、河南南阳等地。甲骨文中有取玉、征玉的记载，足以看出商王室贵族对玉器及其来源的重视。商代的玉石器多半是经过雕刻的，有深刻、浅刻，立体或半立体的雕刻，以及镂空雕刻等，技术非常复杂。其线条纹饰都比以前复杂丰富，同时由于在器物身上进行了多次的磨光，使器物的美感大大增强。因为玉石非常坚硬，而当时所使用的工具又很简陋，至今人们尚无法获知他们是通过什么技术雕刻出如此精美绝伦的艺术品的。

另外骨角器在商代的使用范围也很广。从生产工具到生活用具和装饰品，几乎都离不开骨角器。骨角器作坊在郑州商城和殷墟均有发现。其原料多为牛、马、羊、猪、狗等家畜的骨骼和鹿角等，但在郑州商城的某骨器作坊里还发现了有锯痕的部分人骨，很可能也是用来加工某些器皿的。骨角产品主要用来制作装饰品和生活用品，如骨笄、骨簪、骨梳、骨锥等，也有的做成兵器，如骨镞等。而贵重的象牙则往往被制成一些奢侈品。殷墟出土的象牙器有号鸟尊、盂形器、杯、方形器、梳、簪、筒等等。其中妇好墓出土的象牙杯最为精致，它的发现说明商代工匠对象牙器的设计和雕嵌，都达到一空前的水平。另外，有的象牙制品还镶嵌有绿松石，显示出高超的工艺水平。

商代的纺织品有麻织品和丝织品两种。麻织品主要是下层人民所穿，用纺轮纺织而成。河北藁城出土的商代麻布，据研究证实其纺织技术已和长沙马王堆一号汉墓出土的麻布非常接近。而商代的贵族特别喜爱丝织品，因而蚕丝纺织业也有较大发展。当时，商代的蚕桑生产已有了很大的发展。今天我们看到不仅蚕、桑、丝、帛等字常见于卜辞，而且在青铜器纹饰中有头圆而眼突出、身屈曲作蠕动状的蚕纹，在玉饰中也有雕琢得形态逼真的玉蚕，这些都反映了当时蚕桑事业十分发达。目前发现的商代的织品以平纹绢最多。有的平纹绢上还出现了朱砂涂染工艺。还有单经双纬的缣、双经双纬的织品和菱形花纹的回纹绮，这是用较高的纺织技术织成的有菱形花纹的暗花绸，有人称之为文绮。因为丝制品很难保存，所以我们仅能从墓葬中残存的痕迹加以研究。如殷墟发现的纱罗组织的大孔罗，这是目前所知年代最早的纠经机织罗；安阳后冈圆形祭祀坑中发现的成束放置的丝线，以及一段双股三缕缩成的丝绳；城台西商墓中出土的一件铜觚上残留的丝织物痕迹，据研究有纨、绡、纱、罗、绉五个类别。此外，还发现了绚丽的刺绣。从出土的商代玉人和石刻中，可以看到商代奴隶主贵族穿着丝绸衣服，服饰花纹

商代后期·饕餮纹大甗

以几何纹为主，要织造这样美丽的花纹，需要有提花设备。这些发现足以说明中国早在商代就已经知道了缫丝技术，并出现了有简单提花装置的织机。提花技术是中国古代织工在织造技术上的一大贡献。它丰富了中国古代纺织技术的内容，对世界纺织技术的发展也有很大影响。

商代的木工、漆器制造业也有很大的进步。因为竹木、漆器制品容易腐朽，所以不易发现实物。不过从湖北黄陂盘龙城和殷墟发现的雕花木郭板痕来看，上边雕刻的成组的饕餮纹、夔龙纹，充分显示了当时雕木业的发达。而在河北藁城台西村发现的一些商代盘、盒漆器残片，胎虽已腐朽，但仍可大体看出是在雕花木胎上髹漆，使漆器表面呈现出浮雕式的花纹，而且漆面乌黑发亮，很少杂质。这表明商代在晒漆、兑色、髹漆、镶嵌等方面已经掌握了一定的技术，漆器工艺已经达到相当发达的程度，甚至可能漆器制造已经脱离木工成为一门专门的行业。

商代手工业的发展同样表现在城市建筑方面。从目前所发现的郑州商城、洹北商城、殷墟来看，商代的都邑建筑，不仅规模宏伟，而且有较规则的布局结构。殷墟的宫殿遗址，大都建筑在夯土的台基上，有范围宽阔的版筑，边线笔直，角隅方正。或以卵石为基，或以铜作柱础，竖立木柱，然后安上梁架，覆盖草顶，装上门户。这种建筑方法，确定了中国传统建筑的基本格式。而在湖北盘龙城发现的商代中期城址，有城墙残基和一座完整的大型宫室遗迹。这座宫室的台基东西长 39.8 米，南北宽 12.3 米，四周有回廊，中为中室，顶为四坡重檐，全部木结构，顶盖茅草，为一座大寝殿。盘龙城商代城址这些遗迹，充分说明商代时并非只有王都才有合理的城市布局，当时的各方国同样注重都邑的建设，让人们看到了当时建筑技术水平之高。

商代手工业的发展，促进了其内部的分工，其门类之多，分工之细，让人们叹为观止。《左传》就记载了周灭商，俘虏了商一大批队职为氏的工商业者，其中有索氏（绳工）、长勺氏、尾勺氏（酒器工）、陶氏（陶工）、繁氏（马缨工）、施氏（旗工）、锜氏（锉刀工或釜工）、樊氏（篱笆工）、终葵氏（椎工）等等。而且在郑州商城和殷墟的考古发掘中也发现，即使同样种类的作坊，生产的产品也所侧重。比如郑州发现的两座青铜作坊，一处以生产刀、矛为主，另一处主要生产的则是镞。各专业内部的分工，充分表明商代手工业已发展到了较高的水平。

青铜提梁卣

在农业和手工业生产发展的基础上，以及各个生产部门内部分工日趋巩固和日益复杂的情况下，商代的商业也有一定程度的发展。在殷都和其他重要城邑的贵族们，他们在日常生活中所需用的一些比较珍贵的物品，如龟、贝、玉、珠宝，青铜、皮毛、齿革、丝帛等等，除在专有作坊役使奴隶自行生产之外，还有许多必须来自外地。其中有一部分由各地贡献,也有不少是通过交换的商品。

这些商品,主要由一些专业的商贾从事贩运,这样就促进了商业的发展。而商代已有的制造舟、车的手工业,也为长途贩运提供了便利的条件。商业的发展,需要通行的货币。中国最早使用的货币,在商代,除了真贝之外,还有骨贝和铸造的铜贝等。铜贝的出现,说明商代已经有了金属铸造的货币。贝在流通时,有一定的单位。当时以五贝连成一串,合两串为一朋,朋就是比较流行的货币使用单位。由于贝有交换价值,在社会上就逐渐形成以贝作为财富的象征。当然,在当时的历史条件下,商业的发展还是有限的,在整个的社会经济中所占的比重还不是很大。

各行各业的繁荣,使得商代创造了光辉灿烂的青铜文明,使中国古代的青铜文化进入了繁荣昌盛的时期。青铜器的应用几乎涉及社会生活的各个方面。由于青铜工具的锐利远胜于石器,加以当时的铸造技术可以制作出适合于不同用途的各种手工工具和农具,有力地推动了社会生产的发展。因此,拥有众多人口的都邑出现了。在这些都邑中,建造起巨大的宫殿;修造起大型王陵;构筑起城垣与壕沟之类的防御设施。在都邑与各地之间有马车与舟船等交通工具相联结;还出现了锲刻的甲骨文,用于记录社会生活中的事件;天文、历法、医学等科学也发展起来。而青铜工具用于采矿业,可以开采出更多的矿石。冶炼业发展的结果,反过来又促使青铜铸造业的发展。这种良性循环,使中国的青铜时代得到了充分的发展。它所创造的灿烂的青铜文化,成为世界文化遗产中的一枝奇葩。

第三章　古迹考略

三星堆遗址

古蜀重现

广汉，古称雒县，是古蜀文明曾经栖息的故地。古老的雁水从它的北面蜿蜒向东，沿河而上的不远处，就是今天蜚声于世的三星堆遗址。这里已探明的遗址面积现在已经达到12平方公里，从20世纪初发现第一块玉器至今，三星堆遗址已出土的金器、玉器、青铜器、石璧、陶器、象牙等文物数不胜数。它的出现，不仅使四川地区的历史向前推进了千余年，证明了商周时期的古蜀国已经具有强大的实力和灿烂的文明，而且为中国这个充满温文蕴藉的儒雅之美的国度，注入了不可思议的强烈力度与阳刚之气。更重要的是，它的出现，无疑为中华民族多元一体的起源提供了确凿的证据。几十年来，三星堆一直以其独特的艺术魅力和文化内涵，令整个世界为其赞叹不已。

三星堆遗址最早的发现始于20世纪20年代末。1929年春天，广汉月亮湾，当地乡绅燕道诚的儿子燕青宝在自己的宅子旁挖水沟时，不经意间发掘出了一窖精美的玉器，就此惊醒了沉睡几千年的古蜀王国，历史的大门悄然洞开。这次出土的器物总量达400余件，其浓厚的古蜀地域特色使得“广汉玉器”一时间声名鹊起，引起了文物界和考古界的广泛关注。

1934年，当时华西大学（今四川大学）的美籍教授葛维汉和他的助手林名均带领考古队进驻月亮湾，对遗址进行发掘。这是三星堆历史上的第一次正式考古发掘，取得了大量的资料和标本，他们的成果在当时就得到了郭沫若的高度评价。但三星堆到底是中原古文化的支系还是独立的古蜀文明，仍是一片模糊。建国以后，又有许多著名学者在这里考察，考古工作者也不断有新的发现。但是，直到1964年，冯汉骥教授才做出“这一带遗址如此密集，很可能是古代蜀国的一个中心都邑”的论断。此后，农民们也在掏粪坑、开自留地，甚至拾柴摘菜时，发现了不少玉器、古陶、铜虎等物。然而，这一切并没有让古蜀王国的面貌变得更加清晰。

1980年，四川省文物考古研究所、四川省博物馆、四川大学历史系联合对三星堆遗址进行大规模考古发掘，发掘出的大片房屋遗址等古代遗迹，使这里再度引起了海内外的热切关注。不过真正使三星堆名扬世界的，则是 1986 年 7 月至 9 月间两个大型祭祀坑的相继出土，上千件造型奇特、制作精美的国宝级文物重现天日，这次的发现震动了全国，也震惊了世界，“三星堆文化”被世界所认可，三星堆被惊讶的世人赞誉为“世界第九奇迹”。

然而这里带给学术界的一系列谜一般问题才刚刚拉开序幕。对于三星堆文化究竟来自何方，留下如此灿烂文化的先民们是何族属，文物学家和考古学家们至今没能找到一个明确的答案。多数学者们认为三星堆文化与岷江上游的石棺葬文化有着相当密切的联系，而对于这里的居民是羌氐、巴人、濮人、越人、东夷，抑或是其他部族，仍然没有一个统一的结论。而且，对于古蜀国究竟是一个附属于中原王朝的部落联盟，还是一个已经相对独立的早期国家，这里的宗教形态是原始的自然崇拜或是神灵崇拜，也仍然是一个难解的谜。不过学者们普遍取得共识的是，三星堆文化该是当地土著文化与外来文化交汇、融合的产物，是多种文化互相影响的结果。这对研究中国古代的民族与文化上当然具有不可忽视的、意义非凡的影响。

传奇故都

“蚕丛及鱼凫，开国何茫然。尔来四万八千岁，不与秦塞通人烟”，这是大诗人李白对于古老而神秘的蜀地发出的感叹，这自古以来就虚幻莫测的古蜀传说，却因为三星堆的发现而蓦然间真实地展现世人面前，将蜀地的历史由从前的春秋战国时期上溯到了千余年前的商周时期。

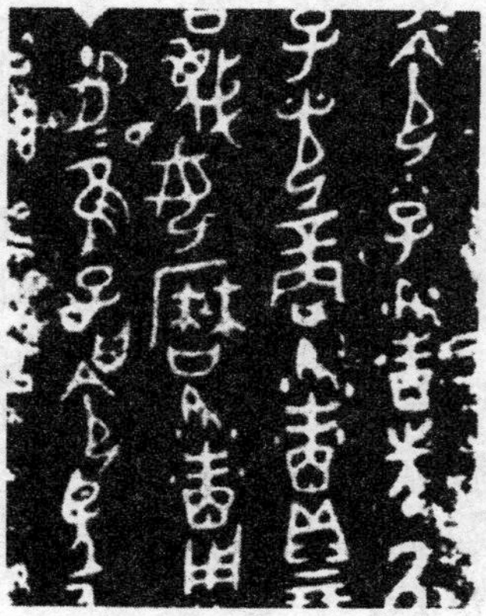

小子逢卣铭文

三星堆除了没有发现可识读的文字，只有陶器、玉璋和金杖上有些带争议的符号外，已经发现了大量的住宅和祭祀场所，以及陶器、玉器、铜器的作坊和大量的生活用品和作为祭祀用的艺术品，这些已足以证明当时已经产生了早期的国家。所以，多数学者认为三星堆遗址，是古蜀国的一座都城。但这座都城还有许多空白，有待考古工作者拿出更多的文物来证明，才能使人们真正地了解这座古城的风貌。

三星堆众多的祭祀用品都带有浓厚的原始宗教的性质。由于蜀人“其氏族无定，或以父名母姓为号”的习俗，所以蜀人没有详细的世系，但从蚕丛、柏灌、鱼凫、杜宇、开明几代王的名字，我们依稀能得到某些信息。可以看出，杜宇以前的王的称号带有明显的图腾意义。学者们已经证实，杜宇时已进入农业社会，所以，其名号只是一种图腾时代的孑遗。从三星堆出土的器物和图饰分析，在杜宇时，古蜀国已是奴隶制的国家，可能大立铜人是王者之像，金杖是王权象征。许多小型的无头武士铜像，可能是“职业军人”。那戴象冠的半身像，可能是一位高级官员。头戴平顶双角冠而跪坐的铜人，大概是小吏。头顶酒尊，赤膊而跪的，估计是奴隶。杜宇后期，由于疆域与势力范围的扩大，与周边王国和民族的接触，迅速地影响着社会内部结构。若说三星堆成为一座“城市”，也当在这个时期。尚属人们揣测的“象形文字”，也许是这时才出现。开明以后，世系变得较前四代清楚了些。“丛帝生卢帝，卢帝生保子帝”。从这两代看，卢，无论作为饭器，或作为兵器之一部（矛之柄），绝无图腾之意。保子即婴儿的意思，是说保子帝年幼即位。而九世“始立宗庙，以酒为醴，乐曰荆，人尚赤，帝称王”，这已是完全的“文明社会”了。所以，作为象征原始宗教的神像、神树已经消失，代之的是真正具有“礼器”性质的青铜器。从以上看，古蜀国是到杜宇时代才进入文明社会，到开明时才真正完成。而这种完成，既受到中原文化的影响，也受到其他外来文化的影响。所以，三星堆文化是多种文化复合的反映。

巴蜀神器

殷商时期，以三星堆为中心的古蜀王国，在进行祭祀活动中大量使用了青铜器，由此出现了一大批人和动物、植物的立体塑像和人兽形状的饰件，成为早期巴蜀青铜器的典范之作。在相对比较独立的发展过程中，巴蜀青铜器孕育出了与当时中原青铜器迥然不同的艺术风格，创造了一种令人耳目一新的新美学典范，在阴柔的古代东方艺术中开辟出一处鲜明活跃、别具一格的领域。

目前在三星堆遗址中发掘出的青铜器主要可以分为人像、神像、神树、神坛、灵兽、礼器、祭器等几大类。人像类包括数十件人头像、或立或跪坐的小型人像以及各种真人大小的青铜像，神像类主要是各种青铜面具和饰物，神树已发掘的共有 8 株，其中最大的一株高大 4 米；神坛通过塑造灵兽、祭师、神殿构成宏大场面，展现出当时人对于自然与人类的独到理解，以及他们这种思想在艺术上的表现；礼器类包括各种青铜礼器，其中主要是尊、罍等器具；祭器则主要是祭祀中需要使用的各种物品。这些青铜器皆造型古朴而夸张，又不失真实，无不表达出中国的先民对于“永恒”的祈求，即使在几千年后的今天，使人仍不禁要叹服于这种气势的磅礴与做工的精细间巨大跨度的完美结合。

戴冠饰簪人头像

在如此浩如烟海的青铜艺术品中，最令人叹为观止的则是那些造型各异的青铜人像。“青铜立人像”正是其中最卓越的代表。这尊雕像给人的突出印象，就是其垂直、尖锐的造型因素形成的强烈的视觉震撼力，其基座和人物的衣摆都是方直、尖锐的几何元素，与人像自身浑圆的躯体相映衬，使雕像展现出一种与自然相剥离的动态的意向。人像头部、眼睛、嘴部都极度夸张——阔大并极力向后刻画，使人从三个方向观看都能获得完整的视觉印象，感受到凝注在其间的沉重金属特有的精神震撼力。

整个雕像抽象的造型将蕴藏在其中无言的力量展现得淋漓尽致,同时又令人感到余味不尽,观之不厌。

三星堆的青铜雕塑不仅形式多样,种类上也绝不单调,包含了圆雕、高浮雕、浅浮雕、透雕、线刻等所有我们知道的雕刻技法和表现形式。其中的立人像、人头像、神树等都属于圆雕作品,另一件著名作品"铜面具"则是其高浮雕作品的代表作,它可以说是三星堆出土的神秘色彩最浓厚的青铜器。这件凸眼大耳的巨型人面具两眼宽大硕长,瞳孔为两个凸出的圆柱,呈桃形的耳尖竭力外伸,嘴阔及耳,颌下并蓄一部宽带状胡须,奇异的五官造型和巨大体积使其具有了一种厚重威严的宗教气息,同时又蒙上了一层莫测的神秘色彩,使面对它的人们得以深切地感受到当年制作者所传达的凝固在时间中的流动的生命和领悟。其他作品无论人像、兽像、礼器等也皆传达出了类似的精神,即一种鲜活的生命力,即使是静止地看,也给人风雷欲动、气象万千的感觉,质朴与狞厉的和谐复调,也是三星堆青铜器留给人们最难忘的印象。

玉垒浮云

从燕家院子第一次挖出三星堆文物开始,各种玉石器,就是除了陶器之外最多的物品。中国人崇玉之风,至今不衰。三星堆的玉石器,虽不及中原精美,却有自己的特色。

三星堆的玉器原料,大多来自玉垒山。今彭州市诸山均为玉垒山系。玉垒山龙神岗有玉石岩产玉,与灌县西山相同。至今,白水河一带,仍有蛇纹石矿。三星堆出土的玉器,以蛇纹石玉为主,它有深黑、深绿和淡绿等几种,玉璋多以此种石制成。玉戈、玉刀则多用蛇纹石化大理岩,也就是蛇纹石和大理岩的混合物,其颜色混杂,多现白色条纹,并有黄褐色或红色斑点。玉琮为透闪石玉所制,它的成分、硬度、密度基本上与新疆的和田石一致,是一种半透明、有光泽的软玉。而三星堆大型玉边璋、大璧则用的是汉白玉。这些玉料基本上都出自岷山和玉垒山。

石璧最大的外径达 70.5 厘米,重百斤以上。小者外径为 11 厘米,厚仅 1 毫米。璋的规格从十几厘米到百多厘米都有,大小长短不同,是由于玉料本身的大小使然,还是由于祭礼的需要造成大小不同的璋;其大小长短,有无规矩? 因未见介绍,也无法详做考查,只好存疑。因为璋为六瑞之一;其形制有明文记载。《周礼・玉人》讲道:"大璋、中璋九寸,边璋七寸。射四寸,厚寸。黄金勺,青金外,朱中。鼻寸,衡四寸。有缫。天子以巡守,宗祝以前马","牙璋、中璋七寸,射二寸,厚寸,以起军旅,以治兵守。"而三星堆出土的玉璋,都与此规格不合。看来,蜀人使用玉璧、玉璋,一定另有一套规矩,尚有待学者们进一步研究。

值得一提的是,三星堆玉器中有一柄青灰色的石边璋。其状顶端一为钝角,一为锐角,射部和柄部两面,均阴刻有两组图案。而每组又分为 5 幅,并以平形线相隔,图中有站立和跪状的人,有大山、太阳以及符号、"S"形勾连云雷纹、手纹和牙璋的形象等。这件珍品,通长达 54.4 厘米,其雕刻技术代表着三星堆所有玉器的最高水平。而这些图案的意义,学者们仁者见仁,智者见智,各有解说,尚待考证。

神的艺术

无论是被称为“天地间的祝颂”的青铜艺术，还是那些质朴浑厚的玉器作品，都让三星堆散发着诱人的艺术魅力，但这绝不仅仅是这块巴蜀文明精魄所在之地的全部。三星堆之所以具有其独到的动人心魄之处，不只是在于这里出土的文物本身，更重要的则在于透过那些艺术品所传达的来自远古时代的精神和文化内涵。据推断，三星堆的艺术品多是用于宗教祭祀活动之物，是人类奉献于神前的圣洁之物，传达着人们对于神的信仰和尊崇，也恰恰不经意地展现了他们对于世界的理解，寄托了他们某种对于宗教和神灵既敬且畏、却有无限好奇的祈求和灵感。

即使关于他们的宗教信仰究竟是神灵崇拜、祖先崇拜，抑或自然崇拜难以定论，但他们的宗教性已经通过具体的艺术形式表达了出来，这一点确凿无疑。遗址出土的神树、神坛、神殿无不体现出一种强烈的宗教气息，生动地表现了当时宗教祭祀活动的特点，成为研究当时蜀地社会文化最直接、最形象的资料。

可以说，以质朴、夸张而优美的形象塑造展现复杂、庞大而神秘的精神内蕴和文化体系，是三星堆文化最显著的一个特征。也正因如此，蕴藏在三星堆艺术品之间的那种古老凝重而又充满生命活力的理念才显得格外鲜明，格外强烈，使它那传奇的历史、奇异的文化、神秘的信仰，永远播撒出一种神话般的色彩，留给人的是经久的赞叹和无限的想象，在巴蜀大地上流传下一段不可磨灭的传奇。

甲骨文研究

出土挖掘

3000 年前，今天河南省安阳市小屯村一带正是晚商的都城。商王朝后期的诸王盘庚、小辛、小乙、武丁、祖庚、祖甲、廪辛、庚丁、武乙、文丁、帝乙、帝辛都曾居住在这里。那里曾到处是雄伟的宫殿和巍峨的宗庙，是全国政治、经济、文化的中心。大约在公元前 1046 年武王伐纣，商纣王牧野兵败，逃至鹿台自焚，商朝从此灭亡，那曾经繁华的都城也成了一片废墟。1899 年因洹河水患，冲出了大量的“龙骨”。这些“龙骨”经辗转售卖，被称为“甲骨文之父”的王懿荣购得。经过王懿荣的辨识，确认这些龙骨上的刻画是殷商时代的文字，才使这个被历史遗忘的地方名声大振。从此，“龙骨”身价倍增，小屯村民、古董商人、文人学士，竞相挖掘、收售、收藏甲骨文。

1920 年，因当时的北方五省遭受大旱，旱灾使小屯村民无以为生，遂相约发掘甲骨。这次发掘集中在小屯村北洹河畔。参加此次发掘的不仅有小屯村民，还有小屯村附近村庄的农民。1924 年，一小屯村民因筑墙取土时，发现一坑有字甲骨，其中的甲骨都售给了加拿大人明义士。1928 年，因北伐军北上，在安阳打仗，驻军于洹河南岸。小屯村民无法耕种,只得和地主商议,在田中发掘甲骨,挖出后对半分成。地主同意后,村民开始大肆挖掘村前、村后、路旁及麦场,其发掘所得的甲骨,多卖给上海、开封的商人。小屯村民和附近村庄村民在小屯村长期地私挖乱掘,除毁坏了不少古代遗物之外,对殷墟地层的破坏也相当严重,这给后来的考古挖掘带来了极大的困难。甲骨学者们为此痛心疾首,多次呼吁保护国宝文物,要求科学地发掘殷墟遗址。

在学者们的努力下,前中央研究院历史语言研究所 1928 年 10 月开始在河南安阳小屯村进行考古发掘。自此,闻名于世的“殷墟发掘”帷幕拉开了,这一发掘被当时有的学者称之为“科学发掘”,与私人乱挖乱掘有着天壤之别。这一发掘也标志着中国近代考古学的正式产生。

1928 年在小屯村开始的“试掘”共发掘出有字甲骨 854 片,其中字甲 555 片,字骨 299 片。同时出土的还有骨、蚌、石、陶和青铜碎片等物。发掘结束后,董作宾向史语所写出了《民国十七年试掘安阳小屯报告书》,中央研究院决定对安阳小屯再次进行考古发掘,于是 1929 年 3 月,由田野考古学者李济任考古组主任,主持第二次殷墟发掘。这次共发掘出土有字甲骨 740 片,其中字甲 55 片,字骨 685 片。

甲骨文

1929 年 10 月至 12 月史语所考古组在小屯进行第三次发掘时,河南省政府派河南博物馆馆长何日章组织一支发掘队,也去小屯发掘了 2 个月。次年 2 月 20 日至 3 月 9 日,4 月 12 日至月末,再进行挖掘。这两次挖掘出土有字龟甲 2673 片,有字牛骨 983 片,共出土甲骨文 3656 片。自 1928 年 10 月开始至 1937 年 6 月,史语所一共进行了 15 次发掘,总计出土甲骨文 24918 片。十年间,两个机构在殷墟的考古发掘中共出土甲骨文 28574 片,有字牛骨 3656 片。

1937 年 7 月 7 日抗日战争开始,史语所对殷墟的考古发掘被迫中断。1950 年 4 月,中国科学院(现中国社会科学院)考古研究所恢复了中断 13 年的殷墟发掘工作。这次发掘在武官村北发现了武官村大墓,发现了用人殉葬和祭祀的实例。又在四盘磨的发掘中出土了一片字骨,共 3 行 16 字殷商卦符,与一般常见的卜辞有所不同。此后对殷商的发掘主要是配合基本建设。在一般保护区和殷墟外围进行工作,在重点保护区发掘甚少。1966 年 6 月,“文化大革命”开始,殷墟发掘被迫第二次中断。

1969 年春,为配合安阳钢铁厂的基建,在殷墟西区进行钻探发掘,殷墟发掘又悄然开始。1973 年,又先后两次在小屯南地发掘,共开探方 21 个,发掘面积 430 平方米。在小屯南地共出土甲骨万余片,发掘后清理出有刻辞的 4569 片,经缀合、墨拓后,著录为《小屯南地甲骨》。

自1950年起对殷墟采取有力保护措施，配合基本建设，有计划有重点地发掘，至上世纪90年代初，总计出土有字甲骨6233片。尤其是小屯南地发掘，出土成批的甲骨和其他的遗物，为甲骨文的分期与殷墟文化的分期提供了新的研究资料。

保藏与研究

随着大量甲骨的出土和发现，对这些文字的研究工作也逐渐开展起来，甲骨学成为一门独立的显学。经过诸多学者的毕生研究，甲骨学取得了一系列辉煌的成就。

自1899年王懿荣发现甲骨文算起，甲骨学已有了上百年的历史。纵观这百年，甲骨学的发展大致可以分为以下4个时期：

1、草创时期

1899~1928年这段时间，学者取得的成就主要有：对甲骨文的出土地进行探寻：确定了小屯村为殷墟所在地以及甲骨文的时代，并对甲骨文进行了初步的识读、断句和考释。

在这一时期，除了王懿荣外，王襄、孟定生、刘鹗等人也投入甲骨文的收集和整理工作中。刘鹗共收藏甲骨文约5000余片，1903年他选录刊印《铁云藏龟》一书，这是甲骨文资料著录的第一部著作，一下子扩大了甲骨文资料的流传范围，使古文字学家获得了研究甲骨文的机会，标志着甲骨文从学者书斋中的“古董时期”进入了“金石时期”。

1904，年，学者孙诒让根据《铁云藏龟》写出了中国历史上第一部甲骨文研究著作《契文举例》。

另两位学者罗振玉、王国维在这一时期对甲骨文研究也做出了很大的贡献。罗振玉探明了甲骨出土地是安阳小屯村。1911年至1916年他先后出版了《殷墟书契》《殷墟书契精华》《殷墟书契后编》《殷墟古器物图录》等著作。在王国维的协助下，罗振玉在《殷墟书契考释》中考定了商代帝王22、先妣14、人名78、地名193、文字485。在甲骨学史上有着划时代的意义，标志着甲骨文研究进入了“文字时期”。

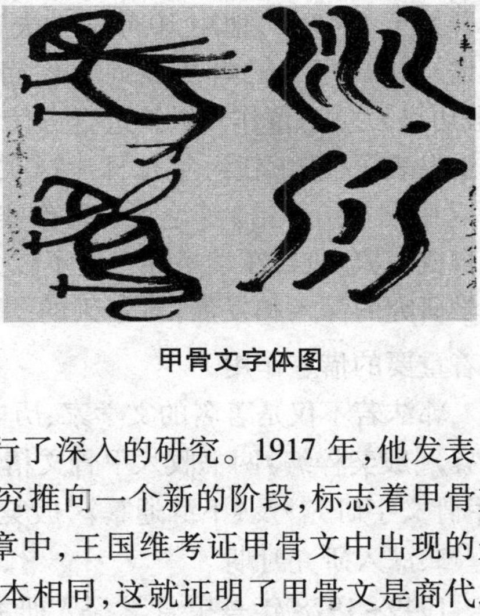

甲骨文字体图

在文字考释的基础上，王国维以甲骨文作为史料研究商史，对商周的礼制、都邑、地理等方面进行了深入的研究。1917年，他发表了《殷卜辞中所见先公先王考》及《续考》，把甲骨学研究推向一个新的阶段，标志着甲骨文已由“文字时期”进入了“史料时期”。在这两篇文章中，王国维考证甲骨文中出现的先公、先王和父、兄之名，和《史记·殷本纪》中记载基本相同，这就证明了甲骨文是商代之物，不仅大大提高了甲骨文的学术地位，也证明安阳小屯是湮没了3000多年的殷墟。

2、发展时期

1928~1949年是甲骨文的科学发掘和甲骨学的发展时期。1928年至1937年，史语所把西方现代考古学和中国传统的金石学结合起来，对殷墟进行了累计15次大规模发掘，取得了相当大的成果，对殷墟的挖掘，标志着中国现代考古学的形成。

这15次发掘，共得甲骨文24918片甲骨文，由于有明确的坑位和层位的记载，并伴有出土物，因此比传世的甲骨更具有史料价值。在发掘过程中，人们还发现并整理出了殷都的王宫区、平民居住区、手工业作坊区和殷王陵，并获得大量的青铜器、玉石器、陶瓷器、骨蚌器等珍贵文物，这为搞清殷墟的布局，研究殷商的历史提供了丰富的史料。

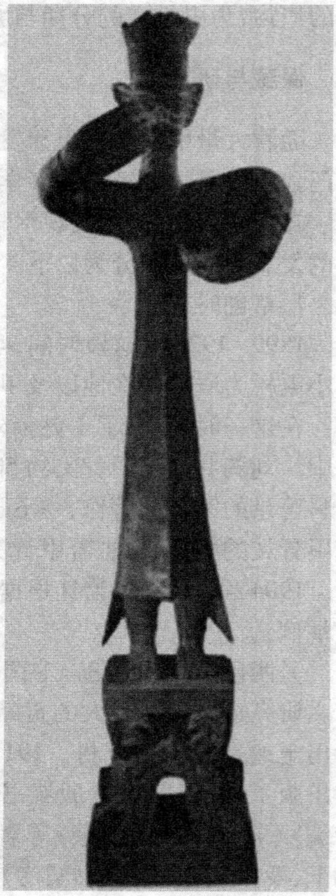
巫师立像

董作宾是殷墟科学发掘的开创人。他先后9次参加、主持或监察殷墟的发掘，为殷墟的科学发掘做出了贡献。董作宾将殷墟科学发掘所得甲骨文辑为《殷墟文字甲编》和《殷墟文字乙编》。《甲编》收录甲骨文3938片，《乙编》9105，片，总计13043片，囊括了发掘所得甲骨文的精华。董作宾1933年发表《甲骨文断代研究例》，提出了分期研究的十项标准，并把273年的甲骨文分作了5个时期。另外董作宾对甲骨学的自身规律和基本问题，诸如甲骨的整治与占卜、甲骨文例、缀合与复原、辨假识伪等方面，也都进行了深入细致地研究并取得卓越成果。另外，董作宾还进行了中国古代年代学的研究，从1934年开始至1945年，他用10年的功夫完成了鸿篇巨制《殷历谱》，提出了自己解决殷周年代问题的主张。在完成《殷历谱》之后，董作宾继续进行古代年代学的深入研究，相继发表了《武王伐纣年月日考》《关于古史年代学的问题》《中国年历总谱》等论著。董作宾的古代年代学的研究自成一家之言，在学术界产生了较大的影响，推动了年代学研究的深入和发展，对今天的"夏商周断代工程"也有着重要的借鉴作用。

郭沫若不仅是著名的文学家、历史学家，也是一个著名的甲骨学家。他出版的《卜辞通纂》《殷契粹编》两书收入甲骨文精品2500余片，为甲骨学商史提供了重要资料。他的《甲骨文字研究》及《卜辞通纂》《殷契粹编》，在文字考释方面有许多独到见解。

3、深入研究时期

1949～1978年是甲骨学深入研究时期。这一时期，甲骨文研究进入了一个新的阶段。这一时期在甲骨文研究方面的成就主要有4个方面：第一，甲骨文新材料的不断出土，在集中、整理、公布材料方面取得了更大成就；第二，在文字的考释、分期断代研究方面有了进一步的深入，第三，利用甲骨文资料的商史研究取得许多新的成果，第四，安阳殷墟以外的商代遗址的发现，西周甲骨文的发现和研究，扩大了甲骨学商史研究的领域。

这一时期的甲骨学家，具有吃苦耐劳，艰苦创业的精神和勤奋严谨的治学态度，自20世纪50年代已有作品问世，至今仍能不断见到他们的学术论著出版问世。他们“传道授业解惑”，大力培养接班人，在学术领域里起了重要的承前启后的作用。他们之中主要有李学勤，裘锡圭，林坛、高明、王宇信、张永山、杨升南、王贵民，孟世凯、吴浩坤、潘悠、齐文心、陈炜湛等。同时，港台地区有饶宗颐、严一萍、张秉权、李孝定，及日本、美国等国的学者贝冢茂树、岛邦男、白川静、池田末利、伊滕道治、松丸道雄、许进雄、吉德炜、尹乃铉、刘克甫等人，也都在甲骨学研究方面取得了很大的成就。

4、全面深入研究时期

1978年到现在，甲骨学商史研究得到迅速发展，一大批中青年学者成为研究的骨干和学科的带头人，许多新的成果不断地涌现，他们之中有谢济、袁邦炯、常玉芝、郑慧生、宋镇豪、范毓周、朱风瀚、彭裕商、沈建华、王蕴智、常跃华等人。

这段时期，甲骨学虽然取得许多辉煌成就，但“甲骨学的研究不是已经完成，而是刚刚开始，真正深入于甲骨研究的人会感到这片园地虽然经过很多人开辟，仍然是满目丛莽，有好多很基本、很重要的问题尚未解决”。这种形势为新一代的甲骨学商史研究者提供了充分发挥自己聪明才智的广阔天地。

甲骨文字表

殷墟甲骨被发现以来，对甲骨文的识读、释义一直是甲骨学研究的重点。许多学者对甲骨文字字表的整理与编辑做出了相当的努力。他们考释所能识读的甲骨文单字，并对尚未识读的甲骨文字进行深入的研究。到目前为止，一幅完整的甲骨文单字总表还未做出，这是甲骨学界一直在努力的方向。

妇好墓的发掘

发现与发掘

妇好墓位于河南省安阳市小屯村的西北地，那里原是一片高出周围农田的岗地，在“农业学大寨”的时代，因为要平整该地，考古队赶在平整之前，试探性地发掘，没想到竟然有惊人的发现。

该墓基口长5.6米、宽4米、深约8米。当时对这个面积仅有20多平方米的竖穴墓，并未抱有过高的希望，但出人意料的是在挖掘墓的填土中就不断发现各种遗物。最先在距地表深约3米处发现了一件残陶爵，紧接着在墓穴东北部又发现了一件大理岩的石臼，这些发现引起了考古队高度重视，于是继续深入发掘。很快，在距墓口深5.6米处，发现了叠压在一起的3件象牙杯和大量骨笄，在其南面则布满不同质料的随葬品，有石豆、成对的石鸟、精美的骨刻刀和一面铜镜，另有散放的骨笄多件。待取出上层遗物之后，露出压在下面的遗物，又有两面铜镜、小石壶、石垒、石罐、玉管、玛瑙珠等器物，均色泽鲜艳，工艺十分精美。考古队继续发掘，在接近水面时，仍不断发现遗物，其中最重要的是刻有“司辛”二字的石牛、靠着墓壁的殉人骨架和狗骨架。经抽水处理后，在墓葬北边一些大型铜器逐渐显露，大方鼎最先露出水面。从椁室中部向下发掘，很快进入棺室，棺内布满玉器，玉戈、玉人、铜器等也不断被发现。

该墓被发现之后，专家们根据出土青铜器上的铭文以及其他甲骨卜辞、传世文献等资料，确认其为武丁妻子妇好之墓。因为殷墟发现的商王墓，规模虽很大，但早已被盗掘一空，直到妇好墓被发掘，才使人们一睹商王室墓葬的奢华。该墓位于殷墟宫殿宗庙区丙组基址西南，是1928年以来殷墟宫殿宗庙区最重要的考古发现之一，是殷墟科学发掘以来发现的、唯一保存完整的商代王室成员墓葬，也是唯一能与甲骨文相印证而确定年代与墓主身份的商代王室成员墓，所以受到了学术界的广泛关注，其发现为揭开武丁时期许多重大历史事件提供了原始材料。

妇好其人

妇好是商王武丁的妻子，商代著名女将。其名好，“妇”为亲属称谓，铭文中又称其为“母辛”。

妇好的名字在甲骨文中频繁出现，不只因为她是商王的妻子，更重要的是，她曾是活跃在武丁时期的一名杰出的政治活动家和军事家。妇好武艺超群，力大过人。现在出土的大量甲骨卜辞表明，在武丁对周边方国、部族的一系列战争中，妇好多次受命代商王征集兵员，屡任军将征战沙场，协助武丁南征北战，建立丰功伟业，使武丁时期的商王朝处于极盛时代。她曾统兵1.3万人攻羌方，俘获大批羌人，成为武丁时一次征战率兵最多的将领，参加并指挥对土方、巴方、夷方等重大作战。在对巴方作战中，她率军布阵设伏，断巴方军退路，待武丁自东面击溃巴方军，将其驱入伏地，予以歼灭，这是中国战争史上记载的最早的伏击战。

妇好作为女统帅，每次出征，都带着成千上万的人马。有一卜辞写着：“登妇好三千，登旅万，呼伐羌”，意思就是商王征发妇好所属3000人和其他士兵1万人，命妇好率领他们去征伐羌国。1.3万人的队伍在当时来说，可谓规模巨大，而妇好不仅自己握有重兵、亲临战阵，在某些时候她还指挥其他军事将领，起到军事统筹的作用，可以说，当时妇女在军事方面有着至高无上的权威，这一点可以从她的墓室文物中得到佐证。妇好墓中曾出土了四把铜钺，两大两小，上面都刻有“妇好”二字的铭文。两把大铜钺，每把都重达八九千克。这两把巨大厚重的铜钺象征着商王朝极高的王权，而这样的象征物被当作殉葬品随同妇好下葬，妇女在当时的地位是不言自明的。

妇好的权威应该是在一次次成功的军事征伐中得以确立的，她的军事征伐也为商王朝政权的巩固做出了重要贡献。

在武丁之前，距商朝都城（今河南安阳小屯村附近）正北数百公里的土方部族常常侵扰商朝边境，这是个强悍的部族，他们一进入商朝所属的田猎区即肆无忌惮，随意掠虏人口财物。商王曾对土方部族进行过多次战争，都未能制服敌人，土方部族仍连年不断地南下侵扰，这种情况一直持续要武丁时期。武丁即位后，命妇好率兵讨伐土方，妇好率领军队彻底挫败了土方军队。土方从此老实起来，再也不敢侵扰商地，并且其势力也从此衰落下去。

当时位于商朝东南方的夷国虽然国力并不强盛，但是为了生存，他们也偶尔突发奇兵侵入商朝疆土杀人掠物。妇好受武丁之命再次带兵迎敌。但是她来到前线却按兵不动，而是暗中窥探敌军动态，等待出击时机。当时机成熟，妇好带军猛然全线出击，夷国军队一败涂地。只此一仗，就让夷国人领略到了妇好的厉害，夷国人此后再也不敢滋扰生事了。

商代武士复原图

上文提及的商朝对巴方的军事胜利也是妇好的战绩之一。巴方位于商朝的西南方，这个部族可以说是商朝的夙敌，与商朝时常发生战争。为了摧毁巴方，武丁曾亲自出兵杀敌。这次战斗打响前，武丁与妇好议定计谋：武丁带领精锐部队去偷袭巴军军营，而妇好则率兵在巴军退路方向预先埋伏，准备痛击巴方退兵。武丁带领的商兵的突然出现令巴军惊慌失措，巴军不及应战即纷纷溃逃，正好落入商军所设的埋伏圈内。妇好指挥伏兵迎头截杀，全歼了巴方的这支军队。

除了以上几次成功的征战，妇好还打退了西北方羌国的入侵。她的勇武善战和英才大略令商朝周围的那些少数民族部族不敢轻举妄动，她的威名甚至一直延续到她死后。

在“国之大事，在祀与戎”的商代，妇好还经常受命主持祭天、祭先祖、祭神泉等各类祭典，又任占卜之官，是武丁统治集团的重要成员，这一点从妇好墓中出土的文物中可以推测出来。妇好墓中大批用于祭祀的青铜器上都刻有“妇好”铭文，在那些巨型炊器上，这种铭文尤其多见。联系考古学家们以前在殷墟的考古发现——一些刻有“妇好”整治的龟甲——可以推测，妇好应是商王朝的一个卜官，她在生前经常受命主持祭祀盛典，这种祭祀盛典往往规模巨大，而妇好参加这种祭祀活动也十分频繁。

商人尤重占卜，占卜用的是甲骨（龟甲或兽骨）。甲骨在用于占卜之前需要经过“整治”处理，即将甲骨上残留的肉渣皮筋等剔去，洗净削平，待甲骨干燥后，用特制的青铜钻在上面钻出一定数目和一定间隔的小圆孔。整治工作在今天看来是一件简单而低下的活儿，但在当时却有着神圣的意义，能够胜任整治甲骨的只有卜官。龟甲和兽骨不经整治是烧炙不出裂纹的，因此这项工作十分重要。占卜工作也要由卜官来完成。占卜程序如下：卜官用火柱烧炙甲骨上的小圆孔，使甲骨表面呈现出一些裂纹。卜官再根据裂纹的纹理和纹理的走向判断凶吉，以决定某件事情能不能做。最后卜官将占卜的结果和以后将要发生的事情刻写在同一块甲骨上。

妇好能担任卜官，并能刻写甲骨文字，说明当时她不仅有着相当高的文化水平，而且在商王朝奴隶主统治集团中有着显赫的地位。

武丁对妇好可谓敬爱有加，在妇好生时就时常占卜她的起居、健康、生育等方面的情况；在妇好去世后，武丁为祭祀她，在其墓圹上修建了宗庙建筑，墓上建有享堂。在武丁之后的历代商王心目中，妇好一直享有崇高的地位。武丁死后，他的后人没有把妇好作为依附于武丁的妻子，将其尸体移人大墓与武丁合葬，而是单独保留了妇好的墓穴，祭祀祖先时也单独为妇好举行祭祀。这可以看说是母系氏族社会的一种遗风，处于奴隶社会阶段的商朝，宗法制度尚未健全，妇女在社会中占有一定地位，至于妇好这样的贵族妇女，则更能在一定程度上发挥她的聪明才智，甚至在沙场上立下显赫战功。

随葬品

由于武丁极其宠爱妇好，所以，在妇好去世后，武丁在其墓葬内放置了大量的随葬品，使妇好也能在死后享受她生前所享有的一切特权。在出土的1928件随葬品中，包括有铜器、玉石器、骨牙器等，还有近7000枚的海贝，其中60件的铜器中，带有“妇好”“好”字铭文的就有109件。这些铜器都是武丁时期青铜器中的精品，而妇好三联甗、妇好偶方彝、妇好鸮尊和司母辛四足觥更是其牛罕见的珍品。

妇好三联甗瓦是目前所见到的唯的一种复合炊具。甗本身便是由甗、鬲组成的复合炊具，但由若干个甗联为一体这样一种特殊的样式，他处都没有发现，妇好三联甗是独一无二的一件。这件三联甗是由并列的3个甑和1个长方形中空的案状的鬲组成的。3个甑为单独的个体，都为兽首双耳，口径为32.6厘米~33厘米，高为26.2厘米~26.6厘米。案上有3个鬲口，用来承接甑体。使用时，在鬲下烧火加热，这样鬲内的水产生水蒸气进入3个甑内，3个甑中分别放置不同的食品，以此来使甑内食物蒸熟。在甑与鬲之间有穿孔的“箅”，起到隔板的作用。在中间鬲口的内壁、甑的内壁及两耳下的外壁，都有“妇好”二字铭文。三联甗卓尔不凡的构思与造型固然令人称奇，其外表丰富而和谐的装饰也足以让人流连驻足。甑外壁口沿下各有两道扉棱，饰有夔龙纹和圆涡纹。方案形鬲的顶面上铸有3条缠身龙纹，四角为牛首纹，案四周侧面分别饰有垂三角纹和12条动态极强、面目狰狞的夔龙，中间用大圆涡纹相隔。此甑的形制、构思和纹饰都极为特殊和精巧，充分反映了商代青铜铸造技术和装饰艺术。

妇好偶方彝，通高60厘米，长88.2厘米，重71千克，主要用于盛载食物。此器物较为独特，为长方形，从外观上看像由两个方彝联合而成，每一侧面皆有一个像头形装饰物，器身都用兽面纹装饰。其盖似屋顶形，顶两端置钮。器内有铸铭“妇好”两字，其造型凝重雄伟，纹饰精美富丽，铸造工艺高超，形制独特，宛如一座殿堂，是殷墟青铜器中的珍品。

妇好鸮尊，通高 45.9 厘米，重 16.7 千克。整体作鹗形，头部微微向上昂起，宽大的尾部和粗壮有力的双足，共同支撑躯体。鸮的神态端庄，有王者之气，不是一般自然界中的猛禽可比。周身纹饰精细，背后靠颈处有鋬，鋬端饰兽头，面中部及胸前中部各有一道扉棱，冠面外侧有羽纹，内侧饰倒夔纹。在鸮的背部还铸有一只作飞翔状的鸟和一条小巧的夔龙，整个器形透视着雄健苍劲的气势。商代超绝的青铜工艺和工匠高雅的审美情趣及浪漫气质，在此得到了充分体现。

司母辛四足觥，高 36 厘米，重 8.5 千克，是一件样子很奇特的盛酒器。从整体形状看，应是四足奇兽。若再仔细观看，前部似牛呈立兽状，头上有卷曲的犄角，中脊至尾为卷龙纹，后部呈鸟状，足为两蹄两爪，究竟是何神兽，有待考古学家进一步考证。该器从嘴至尾为器盖，通体饰细腻精致的纹饰，盖内与器身内均有“司母辛”三字铭文。其丰富的想象力，巧夺天工的工艺让我们不得不叹服商代艺术家的巧思。

乳钉三耳簋

另外，妇好墓葬中出土的铜钺，是死者生前拥有军权的象征。而墓中的四面铜镜，表明至少在商王武丁时期中国已使用铜镜。随葬玉石器中，多为商代玉器中的精品。10 余件玉石人物雕像，是研究当时衣冠发式的珍贵资料。另有 3 件带把象牙杯，也是罕见的古代艺术瑰宝。而妇好墓中出土的玉龙，龙身短小，并出现单一的云雷纹、重环纹、菱形纹等装饰，龙尾似刃，薄而锋利，有一定的实用价值。

妇好墓的发现为我们研究商代武丁时期的历史、社会风貌提供了丰富的史料，从奢华的墓葬反观历史，妇好这位女中豪杰，同时又是一个残暴的奴隶主贵族，让人不得不感慨“一将功成万骨枯”，千秋功过又有谁能说得清楚。

嗜酒之风泛滥

美酒甘醴

中国造酒的历史，可以上溯到上古时期。《诗经》中“八月剥枣，十月获稻。为此春酒，以介眉寿”的诗句，表明中国酒的兴起，已有 5000 年的历史了。据考古学家证明，在近现代出土的新石器时代的陶器制品中，已有了专用的酒器，说明在原始社会，中国酿酒已很盛行。以后经过夏、商两代，饮酒的器具也越来越多。在出土的商代文物中，青铜酒器占相当大的比重，说明当时饮酒的风气确实很盛。

当时的酒精饮料有酒、醴和鬯。用蘖法酿醴，在远古时期也可能是中国的酿造技术之一。商代甲骨文中对醴和蘖都有记载。

除了“酒”“醴”之外，殷商的酒类中还有“鬯”。鬯是以黑黍为原料，加入郁金香草（也是一种中药）酿制而成的一种酒，它也是最早有文字记载的药酒，常被用于祭祀和占卜。《周礼》中记载：“王崩，大肆以柜鬯湃”。意思是说在帝王驾崩后，用鬯酒来洗浴其尸身，可长时间地保持不腐。目前还无法证明商代是否有类似的防腐术，不过“鬯”在商代作为一种酒类是被甲骨文所证实的。

在中国，谷物粮食酿造的酒一直处于优势地位，而果酒所占的份额很小。

1980 年，研究者在发掘一个河南商代后期的古墓时，发现了一个密封的铜卣。分析表明，铜卣中的残留液体为葡萄酒。这个发现说明中国在 3000 多年前的商代就有了葡萄酒。不过当时酿造葡萄酒是采用人工栽培的葡萄还是野生的葡萄，这一点尚没有资料可以证明。

另外，在商中期的一个酿酒作坊遗址中，研究者还在一个陶瓮中发现了枣、李子、桃等果物。这个发现可以作为上一个发现的佐证，它使人们有理由相信，在商代，除了用谷物原料酿造的酒外，用葡萄等果物酿造的酒也已经成为人们日常宴饮的美味。

中国古代的啤酒——醴

人们总以为啤酒是舶来品，不是中国人自己的东西，认为中国自古以来从没有啤酒，但是，根据古代的资料，早在远古时代，中国就有类似于啤酒的酒精饮料，古人称之为醴。大约在汉代后，醴被酒曲酿造的黄酒所淘汰，中国自产的啤酒——醴才退出了历史舞台，一直到西方人打开中国国门时，国人才再一次知道啤酒这种饮料。因此很多人认为啤酒是舶来品也就不足为奇了。

啤酒是以发芽的谷物为原料，经磨碎、糖化、发酵酿制而成的。与这种类似，在中国远古时期的醴是用谷芽酿造的，即所谓的蘖法酿醴。《周礼·天官·酒正》中也有“醴齐”，醴在远古时代应属于一类酒精含量非常低的饮料。在殷商的卜辞中出现了“蘖”（谷芽）和“醴”这两个字，而且出现的频率不低。综合卜辞中的有关条文，可以看出蘖和醴的生产过程。蘖法酿醴的过程与啤酒的生产过程基本相同。

云雷纹钺

第一是蘖的生产。殷商的卜辞中有大量关于蘖黍、蘖粟等方面的记载。这说明用于发芽的谷物种类是比较丰富的。第二是“作醴”。就是把发芽的谷物浸泡在水中，进行糖化、酒化，再接着是过滤。卜辞中还有“新醴”和“旧醴”之分，新醴是刚刚酿成的，旧醴是经过贮藏的。

后来的酒曲酿酒与糵法酿醴可谓一脉相承。用糵酿醴可能是用水浸渍糵后，让其自然发酵。酒曲酿酒开始也是用同样的方法浸泡，但由于原始的酒曲糖化发酵力不强，可能酒曲本身就是发酵原料，所以这种方法并没有得以广泛推广；后来由于提高了酒曲的糖化发酵能力，就可加入新鲜的米饭，酿成的酒酒度也就能提高。这样曲法酿酒就淘汰了糵法酿醴。

不过，糵法酿醴这种酿酒方式在中国的酿酒业中也曾经占据过不可替代的地位。其历史跨度可能远远超过了目前的酒曲酿酒法。

全民嗜酒

商人嗜好喝酒，以至于饮酒之风弥漫在整个社会的每一个角落。

商王祭祀先祖，一定用酒食美味作为享礼。关于商纣王的嗜酒，史料记载甚多。《史记·殷本纪》称其"以酒为池，悬肉为林，使男女裸相逐其间，为长夜之饮。"《史记正义》引《太公六韬》解释说："纣为酒池，迴船槽丘而牛饮者三千余人为辈。"《大戴礼记·少闲第七十六》称纣"荒耽于酒，淫、扶于乐，德昏政乱。"

《尚书·酒诰》中也专门谈到了商朝的统治者是如何因酒误国、因酒丧国的。其文曰："惟荒腼于酒，不惟自息乃逸，厥心疾很，不克畏死"，"诞唯民怨，庶群自酒，腥闻在上，故天降丧于殷。"可见酒食醉饱的生活，为商代整个贵族统治集团成员所崇尚，而且愈演愈烈，最终酿成了亡国之祸。作为周代初期的作品，《尚书·酒诰》的真实性无可置疑。但由于《尚书·酒诰》毕竟是周代统治者的训诫之辞，难免有失偏颇。因为它把商代的嗜酒现象仅仅局限于统治阶层。事实上商人嗜酒是一种当时社会的普遍现象，是一种社会风气。而且商人嗜酒所体现的是一种精神状态，这种风气不只在贵族统治阶层中恣意蔓延，还逐渐泛滥于一般平民阶层之中，从而影响着当时的整个社会风气。

这一点从商代平民墓中发掘情况就可以看出，根据 1969~1977 年在殷墟西区墓地发掘的成果，平民墓中最常见的随葬品是陶制酒器觚、爵，加上铜制或铅制的觚、爵，其数量约占随葬品总量的 60%左右。前期主要为觚、爵配食器豆或鬲，后期主要为觚、爵配盘、鬲、罐之类，没有觚、爵的墓极少。可见，饮酒之风在平民上中下阶层之中已非常盛行。还有一小部分中小型墓，即使随葬品的种类和数量都不多，墓主生前社会地位较为卑微，但也总要与酒发生一些瓜葛，这些发现足以反映商代寻常平民的饮酒嗜好。

殷商酒礼

在贵族统治者之间，崇尚饮酒始终贯穿商王朝的始终，这一点在贵族葬制方面有着非常明显的反应。曾有研究者对郑州商城、辉县、温县、殷墟等商朝中心统治区内 77 座不同时期贵族墓内出土的青铜礼器进行总体考察比较，发现以觚和爵为核心的酒器组合方式，几乎贯穿了整个商代。郑州商城个别贵族墓还以象牙觚替代铜觚。殷墟各期墓葬中，虽然铜礼器种类逐渐增多，但是觚、爵仍是组合的核心。

商代后期比前期墓葬的器类搭配更加繁复，并逐渐形成了酒器加炊器、食器、盛器、水器和礼乐器的完善组合。考古学家邹衡最早注意到"商礼"以酒器觚、爵数目来区分墓主的身份。在考古研究中,他发现凡是酒器大都放置在棺椁内,而炊食器都放在棺椁外,两者与墓主人显然存在着亲疏不同的关系,所以说早商礼器已经是重酒器而轻炊食器了。这种重酒器的礼制,一直延续到晚商时期。在殷墟妇好墓中,共出土了210件青铜容器,其中单酒器的数量就约占74%。事实上这种以酒器数量表示墓主人的身份地位的习俗,正式建立是从商代前期开始,并一直延续到后期的重酒之风上的。

愈演愈盛的重酒之风最终使得青铜铸就的酒器深深渗入了"明贵贱,辨等列"的"礼"的时代内涵。酒器的质量和数量也最终成了"经国家,定社稷,序人民"的重要礼制象征。其发展到最后,必然会导致统治者的酒醉沉湎,荒于政务,社会和政治等各方面矛盾的降临,当然也就不可避免了。

器中藏礼

以青铜酒器觚、爵的拥有套数来辨别贵族身份尊卑的商代社会传统,在近年来发掘的商代墓葬中逐步显露出了清晰的等级规制。根据统计,自商王之下,各地商墓随葬青铜觚、爵的套数,从高到低大体可以分为50、10、6、5、4、3、2、1套等共计8个等级,呈现出一种金字塔式的结构特征。

第一等级可拥有50套以上以青铜觚、爵为中心的酒器组合,他们包括殷商王室中最上层的权贵,和受宠爱的王妃;

第二等级可拥有10套以青铜觚、爵为中心的酒器组合,它们的主人是殷商王朝的高级权贵或者军事统帅,同时也可能包括各地方国的君主;

第三等级是6套酒器的使用者,他们的身份很可能是各地方国的上层显贵;

第四等级是5套酒器的使用者,这一等级的人群基本上是各地方国的高级官员或属于在商王朝受有封地的贵戚;

第五等级的使用者可拥有4套以青铜觚、爵为中心的酒器组合,他们包括商王身边的侍卫、各地方国的一般军事将领和地方强族;

第六等级可享有3套酒器,其身份应该是中等权贵;

第七等级可拥有2套,这一等级的人数较多,具体可包括一般贵族子弟、有一定社会地位的中等武官,还有弱小土著族的酋长;

第八等级是1套酒器的使用者,这一等级的人群十分广泛。大致属于末流贵族和中上层自由平民。其中末流贵族可能具体包括支族之长、下级武官等。

在这8个等级中,前两个等级可谓是金字塔的最顶端;第二、第三、第四等级代表着金字塔结构的次顶层;第五、第六、第七等级基本上处于金字塔结构的中间层;第八等级则属于金字塔等级的庞大下层。

当然,在这一等级之下,是广大的下层平民和奴隶,精美而又代表身份地位的青铜酒器自然与他们无缘。尽管嗜酒之风深入社会的每一个角落,但对于他们来说,能拥有几件陶酒器就已经是非常幸运的事情了。

第四章　历史谜团

“甲骨文”之谜

甲骨文的发现对研究中国文字的起源和发展是有极其重要的作用。

19 世纪末，在中国河南安阳西北小屯村一带的耕田中，农民常捡到一些刻有奇异符号的骨片。当时这些骨片被认为是不祥之物而被丢弃在干枯的井中。精明之人则把它们当作“龙骨”而混入药铺中，换取钱财。面对这相继翻出的奇异骨片，一个研究中国古文字的学者不禁发问：这上面奇怪的符号是不是一种文字？这些奇怪的“龙骨”都集中在什么地方？为什么这个地方会出土这么多的“龙骨”？……他的这一串发问，竟引出了历史上一座繁华古城的显现，那就是商代的都城——殷。

甲骨文

大约公元前 16 世纪，商汤灭夏，立国中原，从此中国历史进入商代。由于受到北方少数民族的不断骚扰以及扩展势力、发展农业生产的需要，商王盘庚曾五次迁都于殷。直到商纣亡国，273 年间殷一直是商代晚期的统治中心。但商朝被灭之后，殷民迁走，殷都荒芜，渐成废墟。殷都的文明也只局限在文字记载上，甚至有人认为那些记载几近传奇，不可尽信。然而这种怀疑，因为一连串的偶然事件逐渐被否定了，殷都积淀的古文明在考古者的手下逐渐展现出来。

1899 年，北京国子监王懿荣老先生身体偶感不适。医师为他开了一剂药方，其中包含一种名为“龙骨”的药物。药买了回来，在准备研碎这些“龙骨”时，王懿荣发现这些坚硬的东西并不是什么骨头，而是变黄的龟甲，上面还有许多划痕。王懿荣是一位研究古文字的专家，好奇心驱使他拿起甲骨仔细地观察，竟然出乎意料地发现这些划痕像是一种文字。他于是买下药店的全部“龙骨”，细心揣摩研究，经他考证，确认这种非篆非籀的字形是商代的一种占卜文字。

而商代的文字为什么要刻在甲骨或兽骨上，而不是刻在竹简或树皮之类的东西上呢？为什么这些刻有文字的甲骨碎片总是有许多裂纹或切痕？这些问题现在已经找到了答案，原来所有这些碎片都是史书上所称的“卜骨”。骨上的裂纹也不是意外所致，而是人们有意用高温加热所造成的。这种现象与商代人的一种生活习俗有关，商代人自王公以至庶民，无论是战争、建造房屋，还是出门远行，都要用占卜来判断吉凶，占卜就是通过这种龟甲和牛胛骨来进行的，首先要把这些龟甲和牛胛骨经过特殊整治，除打磨光滑外，还要在甲骨的反面凿出一条槽，在槽帝钻出一个圆窠。占卜时，就用燃炽的木枝烧炙凿出的槽和钻出的圆窠，这时甲骨因厚薄不匀而出现“卜”字形裂纹，他们就是根据这些裂纹判断吉凶的“卜兆”。占卜以后，将所问事项刻记在甲骨之上，这就是卜辞。占卜的内容是以当朝国王为中心，就他所关心的问题，通过贞人向上帝、鬼神、先公先王等求疑问卜，以便预示吉凶，祈求得到护佑。有对祖先与自然神祇的祭祀与求告、有对风、雨、水及天象、农事、年成的关注，也有对同周围各国战争的关注和商王关于田游、疾病、生育以及旦、夕、祸、福的占问等。这样就为我们留下了许多商人历史事件或天气气象的文字记载。

王懿荣的发现，激起了其他学者和古董收藏家寻找商代甲骨的热情，连外国传教士也加入购藏甲骨的行列。眼看甲骨文售价日涨，一些古董商人想垄断甲骨交易从而大发横财，便故意隐瞒甲骨出土的真实地点，谎称出自河南汤阴、卫辉，直到 1908 年，经罗振玉先生多年留心探访，才得知甲骨实出自河南安阳小屯一带。伴随着甲骨文被确认、购藏和挖掘，古文字学家也开始了破译工作。经过众多专家的努力，可识文字逐渐增多，甲骨片上排列的文字成为可以通读的文句了，从而证实了出土甲骨文的小屯村正是古文献记载的殷墟。从此安阳殷墟考古进入了有计划的发掘，在考古工作者的工作铲下，一个湮没了三千多年的繁华故都呈现在世人面前。

自 1899 年发现殷墟甲骨至今，已出土商代甲骨 15 万片以上，现分藏在中国大陆和台、港、澳地区，此外还流散到日本、美国、英国、法国、德国、俄国、加拿大、比利时、瑞士、荷兰、瑞典等国。殷墟甲骨文被学术界称为尘封了的“地下档案库”，内容涉及商代的政治、经济、文化及天文等方面的内容，如中国历史博物馆收藏的一块刻有“癸酉贞日夕又食”文字的甲骨，记录了商王武乙某年某月癸酉日的一次日食。中国是世界上保存日食文献记录最早的国家，古书记录最早的一次日食，是在夏代，引起当时人们的惊恐。殷墟卜辞中给我们留下了大量的日食资料，经科学家推算验证，这些记载和实际现象是吻合的，说明商代对于日食的观测记录是比较科学的，对于研究古代的天文历法提供了宝贵资料。可以说甲骨文的发现和破译使历史上许多难解之谜迎刃而解，而发现的甲骨文共有4500多个单字，目前已辨认出的仅有2000多字，而其中得到公认的也只有1000多个，那三分之二的文字对我们来说还是一个解不开的谜。历史上的许多谜就像一环套一环的锁，只有甲骨文这把锁打开了，才有可能去解开其他更多的锁。

历史上的太监之谜

在中国漫长的封建统治时期，太监作为君主专制统治的标志性产物，对中国历史产生过很重要的影响。那么，太监是中国历史上所独有的吗？是何时产生的呢？太监又是如何影响中国的历史进程的呢？

太监，就是在宫廷中服务的阉人，而阉人是指割掉外生殖器的男人。太监们因没有了外生殖器，不仅丧失了性爱的能力及生育力，而且由于雄性激素不再分泌，“去势”的太监们会失去雄性的外貌特征，比如没有胡须、说话声音细尖、体态如女性般丰腴，从小“去势”的太监甚至会没有喉结等等。太监这种封建帝制的特殊产物，不仅仅是中国历史中才有的，据考证，在古代的波斯、印度等都曾有过太监。而在中国，太监的历史不但源远流长，而且许多太监官至一品，操持过国家大权，中国的太监在历史上曾扮演着如此重要的角色，倒是世界上所仅有的。

据考，在三千年前的殷商时期，阉割之风便兴起了。起初“去势”是作为一种刑法来制裁有罪人员的，后来这些没有了生殖器的人走进了宫廷，专门负责侍奉宫中的皇帝、皇后及嫔妃们。这些刑余之人进入宫廷的历史可以上溯到西周时期，但当时在宫中侍奉皇室的人不全是阉人，像汉朝时期的李延年，因他相貌俊美，不仅在后宫染指皇帝的嫔妃，还兼职男宠。到了东汉时期，汉光武帝为了让后宫不生淫乱之事，为了维护皇室的威严，下旨令为皇室服务的所有男性全部“去势”。这种方法自这时起，便被历代的君王沿用至清朝。这些“去势”的男人明朝以前被称为宦官，自明代以后便以太监的称谓正式出现在史书上了。

一个堂堂的男人被割去生殖器，被剥夺了生儿育女的权力，这在重视子嗣延续、家族血脉承传的封建时代是迫不得已的。而太监们多是苦寒人家的子弟，因为家贫无以生计，才不得已而入宫当太监的。作为一个太监，他需要承受的不仅是生理上的极大痛楚，而且还要饱尝世人的不齿及心灵上的巨大创伤。虽然有过一些权贵一时的太监，如魏忠贤、李莲英等，但绝大多数的太监的境遇是十分悲惨的。在宫里时要尽心侍奉，待老年力衰后，只能流浪街头，孤独地死去。可以说，太监是封建君主制度的最大受害者，是生活在社会最底层的可怜人。而君王制度为了维护其所谓的尊严，竟将一个个威风八面的男人变成了男不男、女不女的畸形人，封建社会的血腥与残忍昭然若揭。

太监作为封建帝制的牺牲品而言，本应得到世人的同情与理解，但在许多史书中，太监多被视为祸害。这其中的原因，除了太监有违“不教有三，无后为大”的封建礼教外，更是因为在中国历史上，出现了不少宦官擅权，为害国家的太监。从秦朝的赵高，到明朝的

彩塑太监像·明

刘瑾、魏忠贤，再到清朝的安德海、李莲英等均是祸国殃民、臭名昭著的擅权大太监。作为贴身侍奉皇室的太监们，不仅最接近权力的核心，而且与皇室天长日久在一起后，最容易博得皇帝的好感，也最容易成为皇帝庇护下的特殊势力。再加上太监们深处皇宫，与宫外不相往来，皇帝对他们最没有戒心。像明朝的大太监魏忠贤，便是一个典型的例子。

魏忠贤是个聪明人，最擅长的是察言观色及左右逢源，当他看到皇帝的乳母，客氏很得信赖时，便主动与客氏接近，跟客氏结成了"菜户"（即名义上的夫妻）关系。在进一步得到了皇帝宠信后，便开始利用皇帝的信任，卖官敛财，横行朝堂，攻伐异己，以至于凡是不给他送礼，不向他献媚的大臣，竟无法面君，可谓猖狂之极。当清军在关外频频进逼之际，魏忠贤因守疆的官员与他不睦，居然把急奏压而不发，蒙蔽圣听。

与魏忠贤的大胆妄为"相映生辉"的，还有秦朝的太监赵高，赵高在秦始皇病死在出游途中时，他秘不发丧，并且把秦始皇传位于扶苏的遗旨矫改，让与他关系亲密的秦始皇二子胡亥承继帝位。更有甚者，是赵高怂恿秦二世胡亥杀死了自己的胞兄及守边大将蒙恬，引诱胡亥纵情声色，令兴盛的大秦王朝仅传三世便早早覆灭，秦朝也成了中国历史上最短命的王朝。一个太监，居然能决定国家政权的归属，而且能断送一个强大的王朝，赵高的行径，恐怕在世界历史上，也是绝无仅有的。

台湾作家柏杨曾在《多妻制度》中说过："孔曰成仁，孟曰取义，我想活生生把男人的生殖器割掉，恐怕不算是仁也不算是义也。可是这种割掉生殖器的宫廷制度，五千年来，包括所谓圣人的朱熹先生和王阳明先生在内，却没有一个人觉得它不对劲，真是怪哉怪哉！"当然，太监这种"不仁不义"的产物之所以在中国历史上延续不绝，而且没人"觉得不对劲"，其根本是因为这种宫廷制度符合封建君主统治的需要，随着中国历史上最后一个封建帝王统治的覆灭，太监便也退出了历史的舞台。

最古老的"铜镜"之谜

铜镜的发明和制造，是劳动人民智慧的结晶。每面铜镜都反映了当地的文化和社会背景。

为探索中国古代铜镜的起源提供新材料的，首先是商代的铜镜。1934 年 12 月 23 日应该是一个值得铭记的日子，在河南安阳侯家庄西北冈 1005 号殷墓出土了一百有钮的圆形铜器。中国著名的考古学家梁思永先生立即在他的发掘日记中写下“重要的发现——铜镜”几个字。遗憾的是，这面铜镜只是一个孤证。为什么在其他商代墓葬中没有其他的镜子被发现呢？于是人们对这一重要发现有赞成的，有怀疑的，也有否定的。1976年河南安阳殷墟妇好墓被发掘出来。在众多的珍贵文物中，赫然出现了四面铜镜。其中一面铜镜，直径11.8厘米，边厚0.2厘米，桥形钮，镜面微凸，镜背面饰六圈凸弦纹，弦纹间填以密集的短直线，正、背两面均有绿锈。另外三件铜镜，两面为叶脉纹镜，一面为多圈凸弦纹镜。据研究，商代铜镜是用高温焙烧的陶范浇铸而成，铸镜时将正、背两片陶范合而为一，直立，由镜范外缘将铜溶液徐徐注入，待溶液冷却后，将两片陶范分开，就可取出铸出的铜镜。

伍子胥铜镜

自盘庚迁殷后，商代的经济和文化得到了空前的发展。特别是手工业中的青铜铸造业更为迅速，铸造的器物种类繁多，花纹细密、繁缛。当时铜器铸造的数量很大，据学者们估计，历来出土的商代青铜容器可达数千件之多，兵器、工具、车马器数以万计。但是，与庞大的青铜容器、工具、武器相比，铜镜出土的数量则相当少。除上述五面铜镜外，还在安阳大司空墓发现了一面铜镜，可以说在数千座商代墓葬中，只有在三个墓中发现了六面铜镜，出铜镜的墓还不到已发掘的墓葬总数的千分之一。可见当时铜镜的使用并不普遍，是一种相当稀罕的物品。而且与发达的商代表铜文化相比，这几面铜镜不仅少，其工艺水平也太简陋，似乎也与这一时代很不相称。

梁思永先生发现的铜镜曾被认为是中国最古老的铜镜，但是新的发现推翻了这个论断。1975年，当妇好墓四面铜镜还在地下沉睡的时候，甘肃广河齐家坪墓葬出土的铜镜宣告了齐家文化已有铜镜。接着，1976年青海贵南的齐家文化的墓葬中也出土了铜镜。以后被冠名为齐家文化的铜镜愈发多了起来。如果我们把这些极为破旧的铜镜扔在街衢上，不少人会把它当作破铜片看待。不过，这些破铜片却不是普通的铜片，它记录着中国古代铜镜发展的最初岁月。

那么，这些铜镜究竟是什么样子呢？我们还是从一件中国历史博物馆收藏的齐家文化铜镜说起吧。该铜镜相传出土于甘肃省，直径14.6厘米，边厚0.15厘米，钮高0.5厘米。桥形钮，镜背面饰弦纹与“勿”字纹。镜面中心略凸，形成凸面镜，照面时可将人形缩小，便于把整个形象映现在镜中。1989年，中国历史博物馆修改通史陈列，需要把展厅中所有的文物撤回库房。在撤文物时，人们发现这面铜镜竟然不翼而飞。负责这个时期陈列的专家百思不得其解，进而无所适从，痛不欲生。因为在工作中要是不小心损伤了某件文物，人们都会一下子大脑变得一片空白，更何况突然发现一件文物没了！正当人们

铜镜·唐代

议论纷纷时,科技部的一位专家知道了这一情况,表情严肃地说,那件东西不是拿到我们这里做复制品了吗?一个误会竟然引起了这么大的恐慌,由此也可以看出这个铜片的重要价值。

在中国古代,存在着一些被人们认为是不足置信的铸镜传说。传说在神农氏之后,中华民族的历史进入黄帝时期。黄帝又号轩辕氏,发明和创造了养蚕、舟车、文字、音律、医学、算数等,就连小小的铜镜的制造和使用也被说成是起始于黄帝。《轩辕内传》中说黄帝与西王母在王屋这个地方相会,铸了12面镜子,每个月使用一面。比黄帝稍晚的尧舜时代,还有尧的臣子尹寿制作镜子的传说。这些传说也并非纯属无稽之谈,因为齐家文化等铜镜的发现使人们对这些传说有了新的认识。齐家文化是指中国黄河上游地区新石器时代晚期至青铜时代早期的文化。因首先发现于甘肃广河齐家坪遗址而命名。根据放射性碳素年代测定并校正,齐家文化的早期年代为公元前2000年左右,即距今4000年左右,与距今5000年的黄帝铸镜传说的时代极为靠近。因此,这件并家文化铜镜尽管古朴简拙了一些。却开阔了人们的视野,唤醒了人们探索中国铜镜起源的希望。

四千年前的"青铜大树"之谜

四川广汉三星堆因1986年一次大的考古发掘,而名声大振。那沉睡了将近4000多年的青铜人像、那双目凸出的青铜面具、那高耸的青铜大树,都给人一种耳目一新的感觉,这些奇特的造型是前所未见的,是谁铸造了这些形状诡异的铜像?这样繁荣一时的文化为什么会昙花一现,突然在历史的长河中消失了呢?

如果您有机会站在三星堆青铜立人像的面前，相信您的惊讶程度绝不亚于一位专业知识十分丰富的考古学家。你看那立人像高1.72米，身着燕尾式的长袍，头戴花形高冠，上面有各种复杂的装饰纹样。人像浓眉大眼，宽嘴方脸，长颈大耳，双手持物端于胸前，赤脚，十分端正地站在兽头形方座上。你再看那些青铜面具，更是非常独特，最大的凸目面具，其柱状瞳孔外凸竟然达到了16.5厘米，其直径也有13.5厘米。无论是青铜人像，还是青铜面具，都突出地表现了人体器官中最为重要的器官——眼睛或者瞳孔。这可能有着十分特殊的意义。专家推测，4000多年以前的三星堆居民，可能十分崇拜眼睛，认为它是洞察万物和明辨是非忠奸的主要器官，它是征服自然的主要动力，也是人类智慧的象征。三星堆居民把他们最为崇拜的祖先拟人化为眼睛或瞳孔。

青铜大立人像

那高达4米的青铜大树，更是充满了神秘的色彩：那对对天长鸣的大鸟、那似可随风飘荡的仙果，那盘旋而下的巨龙……都寓意着什么呢？这么巨大的神树是用来干什么的？目前还是一个未解之谜。有人认为这是一个神树，是人们用来通天达地、实现人神交往的载体，参加三星堆祭祀活动的巫师和首领们，正是通过这种神树领会神灵的旨意的。神树上的飞鸟，可能是三星堆居民信奉的主要图腾，同时还是氏族部落的标志。还有人认为这是一个财树，汉代前后，四川居民迷信摇钱树，认为它是财富的来源，是财神。在汉代许多古墓葬和遗址中，经常出土象征财富的神树。三星堆神树就是通俗意义上的摇钱树。

手握权杖，一幅威严无比的样子，这是西方国家国王给我们留下的印象，而令人难以相信的是三星堆遗址中竟也出土了这样一件王仗：这个王杖通长142厘米，以木为骨，外用纯金皮卷制。金杖上刻有两个头戴高冠的人像和四组鱼鸟图案。每组鱼鸟图案各有一鱼二鸟；以一根带羽翎的箭杆串在一起。这可能是图腾或族徽的标志。而与三星堆文化同时代的商周文明和以后中国境内的各个朝代，帝王都是用身穿的衣服和头戴的冠帽来表示自己的身份，从来就没有形成权杖的意识。

对单个器物的争议还是一个小问题，更大的迷惑还在于这么奇特的文化，到底是谁创造的呢？目前概括起来有三种截然不同的观点，即蚕丛国家说、鱼凫国家说和外来文明说。

持“蚕丛国家说”的人认为，在中国古代，凡是创造文明的国家，在浩瀚的史书上多多少少都有文字记载。四川地区，由于自然环境的阻隔，战国以前很少与中原交往，但在中国古籍中，仍对这一地区的国家有相当篇幅的著录。根据这些文献记载，我们可以了解到川西平原地区古称为蜀。远古时期就建立了国家，国王称为蚕丛氏，他的面目特征是“纵目”。有的学者认为，纵目就是瞳孔外突，这恰与我们上面介绍的青铜立像和青铜面具的形象相吻合。因此,三星堆文化,即蚕丛氏国家所创造的文化,目前坚持这一说法的人居多。

“鱼凫国家说”同样也是根据文献的记载,即《华阳国志》。在这部书中称川西平原古代确实有个名为蜀的国家,而它的国王不是蚕丛,而是鱼凫,因而这个国家又被称为鱼凫氏王国。鱼凫氏王国以广汉国都城,疆域非常广大,国势强盛,商业贸易非常繁荣,曾经是中国西南地区政治经济文化的中心。而鱼凫氏王国的活动区域,正好是三星堆文化分布的地区,因而三星堆文化是鱼凫氏王国所创造的文化,这些遗物也是王国的巫师、各部落首领和一般祭祀者生活形象的反映。

甲骨文

最新颖的观点要属这个“外来文明说”,因为三星堆文化出土的各种青铜器和玉器,并非当地传统文化中的文物,也并非中国北方或南方古代民族中比较传统的文物,更非四周相邻的古代部族中传统的文物。因为中国的夏商周居民,从来没有形成偶像造像崇拜的习俗,而三星堆的这些青铜造像和大型面具等,都与中国的传统文化格格不入。更有学者认为,在与全世界范围内的古代遗物的比较中,也没有发现与三星堆文化相近似的文明,而且那复杂的铸造工艺,奇特的器物造型,根本不符合地球人的思维。所以,三星堆文化极有可能不是地球文化,而是外来文化,是由外星人根据自己的形象和思维创造的文化。

三星堆的创造者是未解之谜,而三星堆的消失更令人匪夷所思。

三星堆文化,在川西平原地区繁荣了大约 500 年,突然就莫名其妙地消失了。和中美洲地区的玛雅文明和复活节岛上的雕塑文明一样,他们的消失速度之快,规模之大,简直是神秘莫测。约自公元前 1000 年起,三星堆文化的典型因素——青铜造像的传统、纵目的习俗、青铜面具的习俗、象征权力的金杖习俗等等,不仅在三星堆一带消失得无影无踪,就连四川境内和四周相邻的地区稍晚的遗址中也没有任何遗留的痕迹。这种灿烂的文化为何突然消失?创造这些文化的居民为何匆匆离开?他们为何在新的地区不再保持自己民族特有的传统习俗?还是外星人把这种文明彻底地带走了?

众多的谜团始终困扰着一代又一代的学者,也激励着他们去努力、去探索。

商纣王并非暴君之谜

小说《封神演义》在武王伐纣的背景下,写了一系列正邪斗法、神妖混战的故事,在民间影响广泛。书中的主要人物商纣王,是人人恨之入骨的暴君。那么,历史上的商纣王是不是这样的呢？

商纣王，名叫帝辛，是商朝最后的一位君主。“纣”是“残义损善”之意，“纣王”是后人对他的贬损评价。史书记载的纣王的罪行有：

一、沉溺酒色，奢靡腐化。

据说，纣王喜欢饮酒，他凿地为池，池中注酒，酒上行船。纣王同姬妾亲众在池上一面划船，一面饮酒作乐。他在宫内竖起像树林一样的木桩，上面挂满烤熟的、煮熟的、烧熟的肉，叫一些陪伴他的俊男靓女光着身子在这“肉林”里疯打疯闹。饿了就吃，吃了就玩，没日没夜。他还大兴土木，花了七年时间，造一座鹿台。地基三里见方，高逾百丈。他把搜刮来的金银珠宝和美女们聚集在台上，宴饮狂欢，常达七日七夜，以至君臣姬妾都忘了日月时辰。

二、残忍暴虐，荼毒四海。

据说，他行炮烙之刑，就是用炭火把中空的铜柱子烧红，然后叫被残杀之人在上面爬行，烙得皮焦内糊而死。他为了观察正在成长的胎儿什么样。竟残忍地让人剖开孕妇的肚子，流尽鲜血，痛苦死去。他想知道冬天光脚过河的农夫为什么不怕冻，竟叫人砍掉他的双脚，砸骨验髓。

还有什么宠信奸臣，重用小人，不敬祖先，不信忠良等种种罪行，令人罄竹难书。

后来，纣王失去士气和民心，终于被武王打败。他一把火把自己烧死，他的妻子妲己也被武王送上了断头台。

商纣王真的如此残暴吗？

据说孔子的学生子贡就曾怀疑过。认为是有人故意把天下的罪恶都加在他的头上。近代一位著名的历史学家在考察了商纣王的七十多条罪恶发生的次序之后，发现他罪行是随着时间的推移，越加越多。也就是说，是后人编造的。真实性和可信度大打了折扣。那么，为什么要有意地丑化商纣王呢？

原因之一是他的政敌别有用心的宣传。

比如奢侈腐化，暴虐荒淫，镇压反叛，剪除异己，这是一切帝王的共性，并非商纣王独有。这些劣迹为什么表现在商纣王身上就那样骇人听闻，令人发指？应该说，是他的政敌在搞丑化和宣传。灭掉商纣王的帝王们，御用文人们怎样说他都不为过，那就根据政治需要随便说吧。

原因之二是把罪恶的根源引到女人身上。

妲己本来是纣王剿灭苏部落的战利品，也是纣王的玩物。可是，武王伐纣后的一千年的《列女传》把劣迹都归于妲己一人，这就是“女祸亡国论”。其实，在男尊女卑的封建社会里，本性凶残的帝王我行我素，独断专行，并不受女子所左右，怎么一旦亡国灭身，就把女人当成替罪羊了呢？于是，夏桀有妺喜，商纣有妲己，周幽有褒姒，唐明皇有杨贵妃，仿佛没有了这些女性，他们就会“天子圣明”了。因此，在商纣王的故事里掺和着妲己，既是小说家的调味品，也是封建文人为昏君开脱、愚弄人民的阴暗心理的表露。

原因之三是抹杀商纣王的历史功绩。

据《史记》记载,商纣王博闻广见,思维敏捷、身材高大、膂力过人。他的才智足以对复杂的事情迅速做出准确的判断,他的气力足以偷梁换柱、徒手杀虎。他一手抓九条牛的尾巴,往后一拉,九条牛就向后倒退。他曾经攻克东夷,把疆土开拓到我国东南一带,开发了长江流域。

当时的东夷常向商朝发动进攻,掳去大量百姓做奴隶,对商朝是个威胁。纣王的父亲帝乙就和东夷大战一场,但没有取得胜利。纣王登基之后,铸造大量兵器,亲率大军出征东夷。东夷各部联合起来进行抵抗,但挡不住纣王的攻势。

封王一方的箭镞是青铜制造的,精巧而锋利、射程远、杀伤力大。两军对阵时,东夷的军队一批批倒了下去,被纣王指挥的商军一阵冲杀,层层包围,大部分做了俘虏。据说,商军如秋风扫落叶一样,一直打到长江下游,降服了大多数东夷部落,俘虏了成千上万的东夷人,取得大胜。从此以后,中原和东南一带的交通得到开发,中部和东南部的关系密切了。中原地凭的文化逐渐传播到了东南地区,使当地人民利用优越的自然地理条件发展了生产。实事求是地说,这个历史贡献,应该记到纣王身上。

那么真实的商纣王到底什么样呢?也许在历史的演变进程中,我们已无法找到确切的答案。

附：商朝大事年表

时间	事件
约公元前 1640~前 1600 年	商汤名履。商族从始祖契至汤迁居八次，汤时定居于亳。当时夏桀暴虐无道，汤任用仲虺和伊尹为相，积蓄力量，鸣条一战，灭亡了夏朝，商王朝建立。
约公元前 1600~前 1580 年	商汤登位为王后不久，国内发生大旱，汤欲以自身作为牺牲祭祀求雨，正好大雨降下，缓解了旱情。
约公元前 1580~前 1530 年	太甲名至，汤的孙子。继位后暴虐、乱德、不遵法度。
约公元前 1580~前 1530 年	太甲三年，太甲被伊尹放逐，伊尹摄政。
约公元前 1580~前 1530 年	过三年以后，太甲改过自新，伊尹还政于太甲。
约公元前 1580~前 1530 年	太甲就此开始注重德行，关心国事，诸侯百姓都得到很好的治理。
约公元前 1500~前 1470 年	太戊继任后任用伊尹之子伊陟为相。
约公元前 1500~前 1470 年	宫院中一株桑树疯长，伊陟告诫太戊需要修德以灭妖魔。
约公元前 1500~前 1470 年	太戊十分惊恐，于是勤于王政，修德治国，不久桑树自己枯死。王朝复兴，诸侯归顺。
约公元前 1450~前 1440 年	河亶甲名整，太戊之子，继其兄外壬之位为王。将王都由嚣迁于相（今河南内黄东南）。
约公元前 1450~前 1440 年	河亶甲讨伐东南不臣服的诸侯国，重振商朝的国威。

时间	事件
约公元前 1440 ~前 1300 年左右	商朝经历了历次迁都,始终没有安定下来。
约公元前 1300~前 1250 年	商王盘庚名旬,祖丁之子,阳甲之弟。为发展农牧业、控制诸侯、摆脱王族间的派别之争而迁都至殷。
约公元前 1300~前 1250 年	盘庚为振兴王朝,迁都前后对臣民有三次训话,即《尚书》中的《盘庚》三篇。目前发现的殷墟甲骨,就是盘庚迁殷后商王朝的遗物。
约公元前 1250~前 1192 年	商王武丁名昭,小乙之子。早年在民间访查,得识贤者甘盘,后武丁守孝三年不问政事,以甘盘辅政。
约公元前 1250~前 1192 年	武丁借梦召见以前在民间相识的犯人傅说,任为相。政治大有起色。
约公元前 1250~前 1192 年	武丁关心农牧生产发展,商王朝迅速复兴。
约公元前 1250~前 1192 年	武丁四处用兵,征伐羌方、土方、西羌、东夷等诸侯国,扩大了商王朝的统治范围。
约公元前 1250~前 1192 年	武丁祭祀祖先时,有野鸡飞上鼎耳鸣叫,大臣祖已趁机劝诫武丁修德。
约公元前 1250~前 1192 年	武丁惑后妻言,流放与妇好之子孝已,郁郁而终。
约公元前 1147~前 1113 年	武乙是康丁之子。授周侯季历以征伐大权,征伐一些不服王命的方国。
约公元前 1147~前 1113 年	武乙迷信武力,用皮囊装血,仰天而射,称为“射天”,破神权,加强了王权。
约公元前 1147~前 1113 年	武乙最后在打猎时被雷电击死。
约公元前 1112~前 1102 年	文丁继位。周季历勤劳王事,助商征燕京戎、余吾戎,势力渐大。文丁恐慌,囚季历,季历忧愤而死。
约公元前 1101~前 1076 年	帝乙名羡,文丁之子。为缓解文丁害死季历造成的商周关系恶化状况,将其妹嫁周侯姬昌,封姬昌为西伯侯。

时间	事件
约公元前 1101~前 1076 年	帝乙在位约二十余年中曾亲征人方、盂方等诸侯国,均获大胜。
约公元前 1075~前 1046 年	帝辛名受,帝乙之子,史称纣王。继位后加重赋税,大修宫殿,压榨诸侯,十分暴虐。
约公元前 1075~前 1046 年	商纣攻伐有苏国,得到美女妲己,宠爱无比,开始纵情声色不理政事。
约公元前 1075~前 1046 年	姬昌被任命为殷商“三公”,因触犯商纣遭到囚禁。姬昌在狱中演绎八卦,成为后来《周易》蓝本。
约公元前 1075~前 1046 年	姬昌长子伯邑考被商纣烹死。
约公元前 1100~前 1060 年	姬昌在渭水边上寻得姜子牙,将他接入宫廷。
约公元前 1057 年	姬昌以虞、芮两小国之民来诉讼作为“受命”之年,正式称“王”,即周文王。
约公元前 1056~前 1055 年	周文王攻伐犬戎、密国等,取得大胜,连续向东攻伐,直至距离殷都只有二百余里。
约公元前 1052 年	周军攻克了殷朝南面最大的诸侯国崇国,擒杀了其国君崇侯虎。
约公元前 1051 年	周文王去世,太子姬发即位,是为周武王。
约公元前 1046 年	武王姬发率兵与商军大战于牧野,商军倒戈,商纣登鹿台自焚而死,商朝灭亡。

▪中国通史▪

西周

刘宇庚⊙主编

导读

西周（公元前1046年~公元前771年）是由周文王之子周武王灭商后所建立，至公元前771年周幽王被申侯和犬戎所杀为止，共经历11代12王，大约历经275年。定都于镐京（今陕西潼关）和丰京（今陕西西安市西南），成王五年营建东都成周洛邑（今河南省洛阳市）。历史上将东迁之前那一时期的周朝称为西周。周朝是中国远古社会的鼎盛时期。从西周开始，西周境内进行了各个民族与部落不断融合的过程，其中包括夷、蛮、越、戎狄、肃慎、东胡等诸多少数民族。在这期间，华夏族逐步形成，成为现代汉民族的前身。西周国野之制最为典型，到春秋时期国野之制开始瓦解，到战国则普遍为郡县。

西周后期社会矛盾，包括统治集团内部矛盾日趋激化，对土地以及政权的争夺，加速了西周的灭亡。国人暴动动摇了西周统治的基础，公元前771年，周幽王被犬戎杀死，西周灭亡了。

第一章 西周史话

周族崛起

周族是活动在中国黄土高原的一个古老部族，具有悠久的历史。相传它兴起于“陶唐、虞夏之际”，发迹于今晋东南或陕西泾渭流域之间，始祖为弃，在舜时被封为后稷一职，主管农事。其后人世袭后稷之职，直到不窋时才失官。夏商鼎革时，周族被迫西迁，与西部的戎狄杂处混居。公刘时期，周族得到较大发展，其社会形态也由氏族部落进入了国家阶段。古公亶父时，周族在亶父的带领下迁徙到今陕西岐山之下的周原，在那里修建宗庙、城邑，驱逐侵扰的夷狄，由此开创了翦商霸业。此后，周人仅经王季、文王、武王三代人的努力，便推翻商朝，建立了“赫赫宗周”。相较于夏、商而言，周是后起的僻远小国，故史书有“大国商”“小邦周”之称。然而正是这个蕞尔小国却代商而起，开创了八百年基业，奠定了华夏文化的主体，成就了后人传颂的惊世伟业。

被丢弃的后稷

周族的始祖是后稷，原来的名字叫“弃”，意思是“被丢弃的孩子”。

相传，弃的母亲姜嫄一天出去游玩，看到一个巨人的脚印，出于好奇，便把自己的脚踩了上去，回家后不久就发觉有了身孕，后来生下一个男孩。姜嫄并不想要这个孩子，于是把孩子丢弃到了一个狭窄的小巷里，想让过往的牛马把他踩死，可是当牛马通过小巷时，都小心地避开，没有一头牲畜踩到这个孩子。姜嫄于是又想把孩子扔到山里，可事有凑巧，偏偏这天有许多人在山里，姜嫄只好抱着孩子远远躲开。没办法，姜嫄索性把孩子丢在了河面的冰上，想让他冻死。哪里知道，一群鸟儿飞来落在孩子周围，用羽毛盖在孩子身上。

看到这里，姜嫄认为这孩子一定有神灵保佑，决定把他抚养成人。因为一生下来就想把这个孩子丢掉，因此姜嫄给孩子取名为“弃”。

弃还是小孩子的时候，就喜欢收集各类野生植物种子，自己钻研种庄稼的学问，因此他的庄稼总能获得好收成。随着年龄的增大，弃开始把自己的经验传授给氏族里的同伴，周氏族的庄稼因此都长得很好。

弃母姜嫄

尧听说弃的这个本事，任命他为管理农业的官——稷正，号曰后稷。弃把他种庄稼的一套办法向全国推广，果然获得了大丰收。由于弃管理农业有功，被舜封在邰，因封地靠近姬水，所以又称姬氏。由于弃对发展农业的巨大贡献，后人便尊崇他为农业之神或谷神，享受人间的祭祀。

不窋兴农耕

弃死后，夏王只顾打猎游玩，不但不重视农业生产，连农官都一并废除了。弃的儿子不窋丢了官，索性带着族人放牧去了。不窋率领周部族迁徙到今天的甘肃庆城一带，这一带古称北豳，当时主要是以狩猎游牧为生的戎狄部族的活动范围。

不窋在当地定居后，发现这里的土地更加适合耕种，而不是放牧，就决心发扬后稷重视农耕的好传统。不但如此，不窋还提倡饲养家畜、家禽，为周族早期的农业经济发展做出了贡献。

定居下来后，不窋带领大家开挖窑洞，有崖的就直接打洞，无崖就挖坑，上面覆盖厚土，他们把这叫作“陶复陶穴”。据说不窋就出生在窑洞里，因此父亲为他起了不窋这个名字。“不”通“丕”，是大的意思，“窋”是洞穴，通“窑”。至今，关中一带的人还喜欢住在窑洞里。这种建造简单、居住舒适实用的房屋，延续了数千年的历史。

为此，不窋为民众所拥戴，大家修不窋城而居，以纪念不窋的功绩。不窋城遗址在今甘肃庆城县城东南三里处。据《庆阳府志》载：“周祖遗踪，即府城东山周祖不窋所居也。高阜平衍，远眺俯览，城郭山川豁然在目，遣怀寄兴者可以发幽思而宣湮郁。”历经数千年风雨洗礼的故城，如今只剩下掩映在荒草与灌丛中的断垣残壁。然而，从这些仅存的物证中，依然不难想见当年不窋在此筑土修城时的艰辛与决断。

公刘迁豳

到了弃的曾孙公刘担任氏族首领后，一心将周氏族重视农业的好传统发扬光大。为了种出好庄稼，公刘一天到晚在田野上忙个不停。为了让农业得到更大的发展，公刘看中了比自己氏族所在地更加肥沃的、渭河另一边的豳地。

为了得到那片适宜农作物生长的土地，公刘将居住在豳地的氏族打跑，率领自己的周氏族在这里住了下来。虽然豳地土壤肥沃，但先前生活在这里的人过的是放牧生活，公刘于是率领大家伐树除草，开垦荒地。然后，公刘丈量规划了土地，将土地分给大家来耕种，还规定每个家庭根据分得土地的多少向部落交税和助耕。从此，豳地一天比一天繁荣起来。

豳地的劳动场景

公刘的丰功伟绩，在《诗经·大雅·公刘》中占据了重要的篇章，那是他的后人在歌颂他，堪称是周氏族的史诗之一，诗中唱道："好心的公刘，他不敢安居只顾忙。忙着修田界，忙着谷进仓。干粮忙备好，用各种袋子装。大家和睦扬美德。弓箭齐武装，盾牌、长矛、板斧手上扬，迈开脚步向前方。好心的公刘，察看了这块地方。选地要人丁兴旺，建房要民心归顺又舒畅，没有隐患来潜藏。他一会儿上山坡，一会儿走到平原上。腰里带着美玉和宝石，还有装饰的佩刀。好心的公刘，来到众多水泉边，观看宽广的平原。他登上南边山冈，发现了叫作京师的地方。京师之地多辽阔，于是定居建造住房，寄居的有了房，谈笑风生好热闹，到处闹嚷嚷。好心的公刘，在京邑安家停当。走路轻快好繁忙，叫群臣就座入席。待到宾主都坐定，命令开始祭神灵。把猪赶出宰杀，用瓢舀酒浆。有吃又有喝，公刘为君王。好心的公刘，开辟土地宽又长，观测日影上高冈，山南山北勘察忙，看看流泉去哪方。把军队分成三组来驻防，洼地平地都测量，开出田地种食粮。山的西面也丈量，豳人的土地真宽广。好心的公刘，在豳又把房屋建。横渡渭水河，去采磨石和砧石。房基墙脚都修筑，民众康宁欢歌笑语。住在皇涧岸，面向过涧边。定居大众人丁旺，一直住到芮水湾。"

公刘死后，被葬在豳地附近（今陕西彬县以东土陵村南），墓丘因地形庞厚，势如蟠龙，故有"周墓蟠龙"之称。传说公刘死后，他的两个女儿各用衣襟包土，携带酒壶，欲渡河封土祭奠，适逢泾河涨水不能渡，无奈之下，便把土就地倾倒，酒洒土上，第二天就变成土垄，并形成了泉泓。大家都说，这是公刘地下有知，仍在保佑周人。

建都周原

到了弃的第三十二代孙古公亶父成为首领时，周氏族已经非常兴盛了，其他氏族的人见到周氏族的富足，纷纷跑来归附。

这一来，临近的獯育戎狄落眼红了。他们高兴时明目张胆地来索要粮食，不高兴时索性就手拿长矛前来打劫。古公亶父不愿引起争端，每次都主动把粮食、牛羊等送给他们。獯育戎狄的首领一看，干脆提出要周氏族送给他们一块肥沃的土地作牧场，还要周氏族的一些壮劳力给他们放牧牛羊。

听到如此无礼的要求，周氏族的人一个个义愤填膺，表示要与戎狄决一死战。古公亶父面对前来请战的人群，大声说："你们大家让我当君主，为的是让我给你们多办些好事。现在戎狄发动战争，目的是夺取我管理下的这个部落的土地与人。你们大家想想，你们在我治理下生活，与在戎狄那里生活不是一样的吗？你们要与戎狄打仗，还不是为了我？战争一打起来，你们当中有人的父亲或儿子就要战死。他们是为我战死的啊，这和我把他们杀了有什么区别？我不忍心干这样的事！"

小铜马

尽管古公亶父劝了半天，怒火中烧的族人依然要求用武力解决问题。古公亶父无奈，带着一些愿意服从他的人悄悄离开了。经过一番长途跋涉后，古公亶父一行人最终在岐山（今陕西岐山东北）下的平原停下了脚步。这里土地肥美，据说即便是种下苦菜，长出来也是甜的。古公亶父和这里居住的姜姓羌族妇女结了婚，定居下来。

周氏族的人本就十分怀念古公亶父，听说他定居岐山后，都陆续赶来，依然和古公亶父生活在一起。见族人越来越多，古公亶父便营造城郭，建筑房舍，把大家分成邑落定居下来。

周氏族的人从此在岐山繁衍壮大，他们赞颂古公亶父道："拖拖拉拉，大瓜连小瓜，当初我们周族，杜水沮漆是老家。古公亶父，把山洞来挖，把地洞来打，那时候没把房子搭。古公亶父，早晨赶着他的马，顺着西水岸，来到岐山下。和他的姜氏夫人，来找地方重安家。周原土地真肥美，堇菜苦菜都像糖。大伙儿有了商量，神的主张刻在龟板上，说的是：'停下、立刻，就在这儿盖起房。'住下来，心安稳，或左或右把地分，经营田亩划疆界，挖沟泄水修田塍。从西到东南到北，人人干活都有份。叫来了司空，叫来了司徒，吩咐他们造房屋。拉紧绳子吊直线，帮上木板栽木桩。造起一座庄严的大庙宇。盛起土来满满装，填起土来轰轰响。登登登是捣土，冯冯冯是削墙。百堵墙同时筑起，擂大鼓听不见响。立起王都的郭门，那是多么雄伟。立起王宫的正门，又是多么壮美。大社坛也建立起来，开出抗敌的军队。对敌的愤怒不曾消除，民族的声望依然保住。拔去了柞树和棫树，打通了往来的道路。混夷望风奔逃，他们尝到了痛苦。虞芮的争吵要我们来评，文王感动了他们的天性。我们有臣僚宣政策团结百胜；我们有臣僚在前后保扶我君；我们有臣僚睦邻邦奔走四境；我们有臣僚保疆土抵抗侵凌。"

友爱的兄弟

古公亶父的妻子太姜虽然是羌族女子，但十分贤惠，他们生有三个儿子，长子太伯、次子虞仲和小儿子季历。

季历长大后娶了太妊为妻，这也是一位像太姜一样品德高尚的女子，婚后不久便生下了儿子姬昌。据说姬昌出生之际，一只红色的小鸟落在了太妊屋子的窗户上，嘴里还衔着写满祝贺文字的帛。古公亶父非常高兴，说道："我们家族有一代要兴旺起来，恐怕就在昌身上应验吧？"

太伯和虞仲知道父亲的心意，想让季历继位以便传给姬昌，兄弟俩不愿季历为难，就一块儿逃到了南方荆、蛮之地。古公亶父见他们兄弟友爱，心下安慰，可毕竟思念儿子，不久就病倒了。太伯和虞仲听说父亲病重，急忙赶回来探望，不想竟没有见到父亲最后一面。季历见两个哥哥回来了，再三让位于太伯。可太伯坚决不受，又和虞仲返回了南方。在遥远的蛮夷之地，他们断发文身，

孝敬周姜

改从当地人的风俗，表示永不回归周氏族。相传正月初九是太伯的生日，因为太伯三让王位，在南方创建吴国，开创了吴文化，人们为了纪念他造福江南的业绩，在无锡梅里建有太伯庙，每年太伯生日这天，设有梅里太伯庙会。这是无锡一年中的第一个庙会，城乡百姓到此朝拜，盛况空前，经年不衰。人们怀着虔敬的心情，祈望得到太伯的庇护，所以乡间流传有“正月初九拜太伯，稻谷多收一二百”的民谣。

季历因此成为周氏族的首领，招抚流亡的人来自己的氏族开垦荒地，土地越辟越大。他沿用古公亶父的政策，凡来开辟荒地的人民，只需每年交纳十分之一的收成，其余一概归农人自己享用。见季历努力施行仁义，许多诸侯都表示归顺他。

季历与戎狄

自从古公亶父南迁岐山定居以后，狄人獯育部族乘机侵占了周氏族的祖居之地，远在固原草原地带的羌戎也越过六盘山，侵占了陇东的西部地区，在陇东形成戎狄杂居的局面。

季历执政后，为了防御戎狄的侵略，也为了收复失地，开始积极制造兵器，实行男子皆兵的政策，逐渐壮大了军事力量。等他们做了充分准备后，首先就攻打了远在固原的义渠部落，把义渠的首领捉来，献给了商王武乙。

这一次胜利让季历信心大增，更加积极地修整武备，准备再一次征讨西方邻近的戎狄。很快，战争又爆发了，季历率大军征伐西方的鬼戎部落，俘虏十二翟王。这个鬼戎部落，就是狄人獯育，季历终于报了仇，夺回了祖居之地。这次战争，迫使一部分鬼戎远逃内蒙古草原，一部分投奔了义渠戎。随着征伐的足迹，西方的许多部落都臣服了周氏族。

季历因战功卓著，不久后便引起了商王文丁的猜忌，因此被杀。

姜尚遇姬昌

周族在周文王姬昌的时代空前兴盛。周人后来一直认为文王是唯一可以受命为灭商大业奠定基础的人，所以他们在诗篇和诰词里不厌其烦地颂扬文王的文治武功。

姬昌是季历的长子，即位时已经人到中年了。文王刚即位时，周的势力范围还比较小，据《孟子》的说法，文王是凭借方圆百里的小国开始创立丰功伟业的。周这时仍是商的属国，文王只得小心柔顺地与纣王周旋，包括忍受纣王的冤枉侮慢，以及在商王的祭祖活动中表现得毕恭毕敬。文王被商册命为西伯，即西方的诸侯之长。纣王的用意在于利用周来征服其他叛逆的国家，使他们重新归顺。周文王也抓住机会，打着为商征服叛国的旗号，有计划、有策略地为自己东征西讨。事实上，周的确在这个过程中不断增强力量，扩大势力范围。

他采取有力的举措，拓展周的势力。

首先是重视并大力发展农业，积蓄经济实力。《孟子·梁惠王》等篇都说周文王实行

仁政，先从划分田地开始。八家各分到私田百亩。大小官员都有分地，子孙可以继承作为俸禄。商贾往来，关市不收税，也不禁止在水泽里捕鱼，一人犯法，亲属不受牵连。

文王施行仁政，即是推行封建制度。在当时，周国的政治对邻国产生了巨大的影响，商及其他小国的民众和不得志的贵族，有不少逃入周国。一开始文王被商纣王封为西伯，晚年他受天命称王。

一天，姬昌出去打猎，按照惯例，在出行前进行了占卜。哪知这一卦和平时不一样，没有占出这天打猎的收获，而是显示姬昌会得到一个能成就他霸王之业的辅佐之人。

姬昌将信将疑地出发了，走到渭水南岸，看到一个满头白发的老人在钓鱼。这老人见到姬昌打猎的大队人马，连眼皮都没抬一下，依然静静地坐在那里垂钓。姬昌想到早上的卦辞，心中一动，便上前与老人搭话。一谈之下，两人都感相见恨晚，愈谈愈是投机。于是，姬昌当即把这位钓鱼的老人请上了自己的车子，立为管理军队的太师。

周文王发粟图轴

这位钓鱼的老者名叫姜尚，字子牙。据说，姜尚的祖先曾帮助大禹治水，因功被封在吕地，姜为其族姓。到了夏、商时代，姜姓的子孙逐渐分化，古时常常"以地名氏"，因此姜尚也被叫作吕尚。姜尚的家里很穷，为了维持生活，年轻时曾在繁华的朝歌城里宰牛卖肉，当过屠夫。虽然他满腹经纶、才华出众，但却一直怀才不遇，只得混迹于市井，在失意中耗去了宝贵的年华。

直到遇上姬昌，姜尚的满腹才华才得以崭露。姬昌事事与姜尚商量，一方面用各种计谋悄悄地动摇商王朝的统治基础；一方面加强实力，整训军事力量。没用几年，周的政治、经济、军事力量都大大超过了商王朝。

武王伐纣

周氏族在文王的治理下已经具备了向强大的商王朝发起挑战的实力。当商纣王因残暴荒淫而众叛亲离的时候，文王的儿子武王姬发向商朝发起了致命一击，最终建立了对中华文化产生了深远影响的王朝——周朝，史称“西周”。

姜太公辅佐文王

姜子牙的谋略

姜子牙帮助姬昌制定了一系列发展经济的政策，如实行“九一租税制”，即农人租用公田，只缴纳九分之一租税的低税制度；给大大小小的官吏“分地”，作为官吏的俸禄，而且子孙可以承袭等。这样，调动了农人在官田上努力生产、官吏们自觉地搞好本人分地生产的积极性，极大地促进了生产力的发展。

“文王访贤”金饰

周氏族还规定商人往来不收关税，有人犯罪妻子不连坐，对外招贤纳士，许多外部落的人才以及从商纣王朝来投奔的贤士，姬昌都以礼相待，予以任用。姬昌自己生活也十分勤俭，穿普通人的衣服，还亲自到田间劳动，兢兢业业治理自己的氏族。对外，姜子牙协助姬昌韬光养晦，一方面让商王解除对姬昌的戒心，另一方面则极力拉拢其他叛商的诸侯国。

据《尚书大传》记载，姬昌在姜尚的帮助下一共干了六件大事。头一年调解虞、芮两国纠纷。虞（今山西平陆）、芮（今山西芮城）都是商王朝西方属国，可是他们不找商王裁决，都慕姬昌的威名，求他审断。第二年出兵伐犬戎，战败西戎诸夷，灭了几个小国。第三年攻打密须（今甘肃灵台），解除了北边和西边后顾之忧。第四年“西伯戡黎（今山西黎城）”，第五年伐邘（今河南沁阳）。戡黎、伐邘实际上是构成了对商都朝歌的直接威胁。第六年灭崇国（今陕西鄠邑区境），将周的都城由岐山周原东迁渭水平原，建立沣京（今陕西长安沣河西岸），继而向南扩张势力到长江、汉江、汝水流域，形成了“三分天下有其二”的形势。

不难看出，此时周氏族实际已控制了大半个天下，而殷商已处于极端孤立的境地。可惜的是，姬昌未能实现灭商的愿望便撒手归西了。

姬昌死后，他的儿子姬发继位，这就是周武王。姬发加拜姜子牙为国师，并尊称他为尚父。

一次，姬发对姜子牙说：“我打算减轻刑罚，希望这样能树立我的权威；少施行一些赏赐，而又能使人们从善；少颁布一些政令法规，而民众又都能自觉按一定的规范行事。请问尚父，怎样做才能实现这一点呢？”

姜子牙说：“如果你杀了一个人就能使一千个人害怕而不再犯罪，杀两个就能使一万个人害怕而不再犯罪，杀三个人就能使三军军威大振，那么你就把他们杀了。如果你赏了一个而使一千个人高兴，赏两个人而使一万个人高兴，赏三个人而能使三军上下都高兴，那么你就赏他们。如果你能通过法律条令约束了一个人而使一千人遵照执行，那么你就用这法律法令去约束他；如果你能通过禁止两个人的错误行为而使一万个人不再去做，那么你就去禁止；如果你能通过教育三个人而使三军上下都受到教育，那么你就去教育。总之，能够杀一个而惩戒上万人，赏赐一个而激励更多的人，这才是有道明君的权威，幸福之所在啊！”

姬发听了，顿开茅塞，时时慎于刑赏，力求令行禁止，使周的政治更加清明。姜子牙审时度势，认为伐商的时机已到，亲任主帅，联合诸侯各国一同出兵，打响了讨伐商纣王的战役。

姜尚的《六韬》

姜尚被后世称作韬略鼻祖、武圣，他的谋略，据说都记载在《六韬》这部军事著作中。

《六韬》以姜尚答姬昌、姬发之间的形式写作，其书包括文韬、武韬、龙韬、虎韬、豹韬、犬韬六个部分，共六十篇。从哲人智慧的高度，以聪明的政治家眼光，将政治与军事、治国与理军紧密地结合起来，融为一体加以论述。这就使他的军事韬略、谋略颇具全面性、深刻性、精辟性，因而为历代的哲学家、政治家、军事家所推崇，并产生了巨大的影响。

《六韬》强调，国君要行仁修德，泽及百姓，不可暴民、虐民，为己而害民。只有这样，人民才能与国君同舟共济，拥戴国君。

爱民之道，就是以仁义之道，修德惠民，使民和服。因此，威服天下者，不必专任武力，不可横暴百姓，而要以仁义为本，修德禁暴。这就是姜尚和《六韬》重视文韬而不轻武略，把经国与治军作为整体而论的高明之处。姜尚深知“民为邦本，民固国兴”的道理，力倡以民为本、仁政顺民的思想。

《六韬·文韬》中有《上贤》《举贤》两篇，所谓“上贤”，就是尊重、崇尚有道德、有才能的人，这也是“国本”的主要内容之一。姜太公认为，君主治理国家，必须尊崇德才兼备的贤人，抑制无才无德的庸人；任用忠实诚信的人，除去奸诈虚伪的人；严禁暴乱的行为，禁止奢侈的风俗，因此，明君用人应当警惕六种坏事、七种坏人。六种坏事的危害是：“伤王之德”“伤王之化”“伤王之权”“伤王之威”“伤功劳之臣”“伤庶人之业”。对七种坏人，绝对不可信用，即“勿使为将”“勿与谋”“勿近”“勿宠”“勿使”“禁之”“上之”。这就堵死了坏人干坏事、危国家、害民众的路径。

除此之外，姜尚的理财富国、富民足民的发展经济的思想主张也是全面而周到、精辟而深刻的。总结起来就是“通商工之业，便鱼盐之利”，让农工商同时发展，重点又是发展商业。

吕尚

盟津观兵

在姜尚的建议下，姬发在盟津（今河南孟津）大会诸侯，史称盟津观兵，伐商的前奏拉开了。

自从姬发宣布在盟津屯兵，各地诸侯不期而至，总共有八百多个部族的首领。他们毕恭毕敬地拜会姬发，都表示愿意在姬发的领导下对商纣王作战。

姬发历数了商纣王的罪行，姜尚则指挥周军东进，兵临黄河渡口后，他左手举起铜钺，右手挥着旗帜，高喊誓词，命军渡河。一时间，诸侯们的人马也听从了姜尚的指挥，一同渡河。谁知周军刚渡到对岸，便马上返了回来，原来这只是一次军事演习，姜尚的意图，是要看看诸侯们能否听从姬发的号令。

做牧誓武王伐商

盟津观兵后，武王伐纣的决心大增。他整点兵车 300 辆，敢死队 3000 人，兵士 45000 人。许多友邦和八个南方小国都率兵来会。出发前，姬发进行了卜卦，不料结果竟是“大凶”。姬发和诸侯都大惊失色，太师姜尚却突然站起，他“摔袖拂蓍草，举脚踏龟壳”，高声喊道：“枯骨死草，知道什么凶吉！快出兵，莫误了大事！”于是，队伍沿上次“观兵”的路线，东渡黄河。

一路高歌猛进到达牧野，兵逼朝歌。武王站在牧野的旷野上，左手拿着铜制的大斧，右手拿着白色的旗子，高声说道：“辛苦了，远道而来的西方将士们！我们尊敬的友邦国君和执事大臣，各位司徒、司马、司空、亚旅、师氏、千夫长、百夫长，还有庸、蜀、羌、髳、微、卢、彭、濮诸邦的将士们，举起你们的戈，排列好你们的盾，竖起你们的矛，我要发布誓师令了。古人说过：‘母鸡在早晨不打鸣，如果谁家母鸡早晨打鸣，这个家就要衰落了。’现在商纣王只是听信妇人的话，轻蔑地抛弃了对祖先的祭祀而不闻不问，抛弃他的先王的

后裔，不任用同宗的长辈和兄弟，却对四方八面的罪人逃犯十分崇敬、信任、提拔、任用，让他们当上大夫、卿士，使他们残暴虐待老百姓，在商国都城胡作非为。现在我姬发要恭敬地按上天的意志来讨伐商纣。今天这场战斗，行进中不超过六步、七步，就要停下来整顿队伍。努力吧，将士们！作战中刺杀不超过四次、五次、六次、七次，然后停下来整顿。努力吧，将士们！你们要威武雄壮，像虎、豹、熊、罴一样勇猛，在商都郊外大战一场。不要迎击向我们投降的人，以便让他们为我们服务。努力吧，将士们！如果你们不努力，你们自身就会遭到杀戮！”

在将士们的齐声应答中，牧野一战展开，商纣王兵败而死，商朝自此灭亡。

处置商族遗民

姬发灭商以后，面临着一大问题，那就是如何处置商族遗民。

商王朝自商汤开国至纣王灭亡，共经历了十七代王，前后600年左右。大批的商族遗民虽然痛恨暴君商纣，但其国被灭，依然会点燃他们的氏族仇恨。因此在如何处置大批的商族遗民上，姬发着实用了一番心思。

最后，姬发的弟弟姬旦给出了一个建议，那就是不杀戮，只安抚。姬发采纳了这个建议，宣布封纣的儿子武庚为商侯，继续留在商都管理商族遗民。后来为了防止商族遗民反叛，姬发又封了自己的弟弟姬鲜于管（今河南郑州）地，姬度于蔡（今河南上蔡西南）地，姬处于霍（今山西霍县西南）地，命他们监视武庚，这就是“三监”。同时，释放纣囚禁的箕子和一些百姓，命人给比干修了坟墓，还立碑表彰，将纣搜刮来的钱财和粮食都散给老弱贫民。

看到商族遗民安定下来，姬发很是满意，于是将商都中保存的、象征国家政权的镇国之宝，夏禹时所铸的青铜九鼎迁到了周。

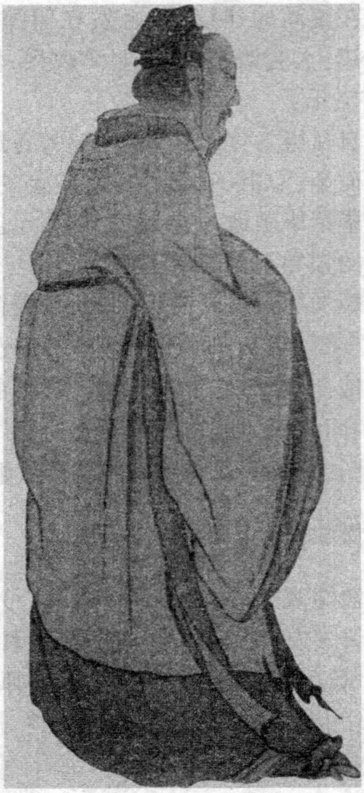

周武王

出走海外的箕子

在商族的遗民中，商纣王的叔父箕子算得上最有才能的。箕子生性耿直，有才能，曾在商朝任太师辅佐朝政。

那时，每见商纣王进餐用象牙制成的筷子，箕子都很反感，认为太奢侈了，劝诫道：

"你用象牙的筷子吃饭,就一定要玉杯饮酒与之相配,如此一来,不知不觉就会想要远方的珍奇之物。为了满足这种欲望,势必会不断营建豪华的宫室,乘坐华丽的马车,生活腐化了,怎么能有心力振兴国家呢?"

商纣王哪里听得进去这些,下令把箕子关进大牢。武王姬发灭商后,释放了箕子,向他询问治国之道。武王说道:"啊!箕子,上天庇护下民,帮助他们和睦地居住在一起,我不知道上天规定了哪些治国的常理。"

武王访箕子图

箕子回答说:"我听说从前鲧堵塞治理洪水,将水火木金土五行的排列扰乱了。天帝大怒,没有把九种治国大法给鲧。治国安邦的常理受到了破坏。鲧在流放中死去,禹起来继承父业,上天于是就把九种大法赐给了禹,治国安邦的常理因此确立起来。第一是五行,第二是慎重做好五件事,第三是努力办好八种政务,第四是合用五种计时方法,第五是建立最高法则,第六是用三种德行治理臣民,第七是明智地用卜筮来排除疑惑,第八是细致研究各种征兆,第九是用五福劝勉臣民,用六极惩戒罪恶。"

箕子所说的要做好的五件事;一是态度,二是言论,三是观察,四是听闻,五是思考。即态度要恭敬,言论要正当,观察要明白,听闻要聪敏,思考要通达。态度恭敬臣民就严肃,言论正当天下就大治,观察明白就不会受蒙蔽,听闻聪敏就能判断正确,思考通达就能成为圣明的人。

八种政务;一是管理粮食,二是管理财货,三是管理祭祀,四是管理民居,五是管理教育,六是管理治安,七是接待宾客,八是管理军事。

五种计时方法;一是年,二是月,三是日,四是观察星辰,五是推算周天度数。

所谓建立最高法则,最是要确立天子的威仪,让天子成为百姓的父母,不能让臣民结成私党,不能允许官员狼狈为奸。

三种德行;一是刚正直率,二是以刚取胜,三是以柔取胜。中正平和就是正直,强硬不可亲近就是以刚取胜,和蔼可亲就是以柔取胜。

需要细致研究的征兆是:下雨、天晴、温暖、寒冷、刮风。如果这五种征兆俱全,并各自按时序发生,那么草木庄稼就会茂盛生长。如果其中一种天气过多,年成就不好;如果其中一种天气过少，年成也不好。各种好的征兆是：君王严肃恭敬，就像雨水及时降下；天下治理得好，就像天气及时晴朗；君主如果明智，就像气候及时温暖；君王深谋远虑，就像寒冷及时到来；君王圣明达理，就像风及时吹来。各种不好的征兆是：君王狂妄傲慢，就像久雨不停；君王办事错乱，就像久旱不雨；君王贪图享乐，就像久热不退；君王严酷急躁，就像持久寒冷；君王昏庸愚昧，就像持久刮风。君王有了过失，就会影响一年；卿士有了过失，就会影响一月；一般官员有了过失，会影响一天。如果年月日的时序没有改变，那么各种庄稼都会丰收，政治就会清明，有才能的人会得到重用，国家因此太平安宁。如果年月日的时序改变了，那么各种庄稼就不能成熟，政治昏暗不明，有才能的人得不到重用，国家因此不得安宁。民众就像星辰，有的星辰喜欢风，有的星辰喜欢雨。太阳和月亮运行，就有了冬天和夏天。如果月亮顺从群星，那么就会风雨无常。

箕子

五种幸福；一是长寿，二是富贵，三是健康平安，四是修行美德，五是长寿善终。六种不幸也就是六极；一是短命夭折，二是疾病，三是忧愁，四是贫穷，五是丑恶，六是懦弱。

历史小常识：犯禁八条

犯禁八条已没有全面的记载了，《论语》中只记录了其中的三条：相杀，以当时偿杀；相伤。以谷偿；相盗者，男没入为其家奴。女子为婢；欲自赎者，人五十万，虽免为民，俗犹羞之。嫁取无所仇。

武王姬发听了很是高兴，希望箕子能留在朝中辅佐自己。可箕子不愿做周朝的顺民，带领遗老故旧一大批人，从今胶州湾东渡朝鲜，创立了箕子王朝。将中原先进的农耕、养蚕、织作技术带入朝鲜，还制定了“犯禁八条”这样的法律条文，以至于箕子朝鲜被中原誉为“君子之国”。

姬发本着厚待商族遗民的政策，封箕子为朝鲜侯，并不把他当臣下看待。这时的箕子已经五十多岁了，在朝鲜立国四年后，箕子从朝鲜前来朝见周王。经过昔日的都城朝歌时，只见一派荒凉景象，宫室全被毁坏，遍地都是野生的麦黍，不禁像失去孩子的妇人一般号啕大哭，几近疯狂。朝歌的殷商遗民听见，皆动容流涕。箕子的哭诉被后人编成《麦秀歌》，诗曰：“麦秀渐渐兮，禾黍油油，彼狡童兮，不与我好兮。”这里的“狡童”系指纣王，意为你那时不听我劝，如今才落得这般凄惨。

不食周粟的伯夷、叔齐

当然，也有对"遗民政策"不满意的，他们的代表就是伯夷和叔齐。

商朝诸侯之一的孤竹国君姓墨胎氏，有三个儿子，长子伯夷，幼子叔齐。孤竹君生前有意立叔齐为嗣子，可按照当时的常礼，应该由长子即位。孤竹国君死后，伯夷为了让小弟弟继位，逃跑了。可叔齐并不愿意舍弃兄弟的情谊，说什么也不继位，最后也跑了，和长兄一起过流亡生活。没办法，人们只好立了孤竹国君的二儿子继承君位。

伯夷和叔齐

伯夷、叔齐兄弟听说周文王姬昌治国有方，就决定投奔周氏族。半路上，他们遇到了周武王姬发伐纣的大军。原来，这时姬昌已死，姬发用车拉着父亲的神位，正要和商纣决战。伯夷、叔齐一见这阵势，大失所望，双双拉住姬发的马，哭道："父亲死了不埋葬，就动起武来，这能算作孝吗？以臣子身份来讨伐君主，这能算作仁吗？"姬发要为父报仇，哪里肯听他们啰唆。幸亏姜尚从旁劝解，说这兄弟是讲义气的人，杀之不祥，伯夷、叔齐才没命丧马蹄之下。

不久后商朝灭亡，虽然姬发下达了优待商族遗民的命令，但伯夷、叔齐还是认为姬发灭亡商朝是一种可耻的行径，发誓再也不吃周朝的粮食。但是当时各地都属于周朝了，兄弟两个便到山上采野菜充饥，边采边唱着哀伤的歌，最后双双饿死在首阳山上。

厚待同盟军

安抚了商族遗民，姬发对帮助自己灭商的同盟军——羌族，给予了王室最大的恩赐——世代通婚。

羌人本是一个强悍的民族，战斗力很强，在与商王朝的战斗中，羌人总是首当其冲。西周王朝建立后，随同武王东征的羌族首领被封在齐、许、申、吕等地，还有一部分留在西方的羌人，一直在甘、青一带过着畜牧和游猎的生活。

羌族与周族本就是姻亲关系，当初古公亶父娶的太姜，就是羌族人。姬发的妻子也是姜女，名叫邑姜。也有史料说邑姜就是姜尚之女。羌族人多姜姓，所以很多人因此认为姜尚也是羌族人。他垂钓渭水的传说，正说明他是居住在渭水上游一带的羌族部落。而姬昌与姜尚相遇于渭水，象征着羌族与周族为了反商的共同目的，联合起来了。

继武王姬发娶了邑姜为妻后，周朝王室的康王娶了王姜为妻，懿王娶了王伯姜为妻，厉王娶了中姜为妻，宣王娶了齐姜为妻，幽王娶了申姜为妻。据考证，西周十一代王中，几乎每隔一代就要娶一个姜姓女子为妻。

周公辅政

武王的弟弟周公旦是孔子最崇拜的古代圣贤之一，他不惜顶着“篡位”的恶名辅佐年幼的侄儿成王，又多次平定叛乱，使周朝得以稳步发展。周公制定的礼乐制度对儒家及后世历朝历代都影响深远。曹操曾写诗赞颂道：“周公吐哺，天下归心。”

敬天保民

在辅佐武王伐纣的过程中，周公看到了残暴统治对国家统治的巨大危害，所以他总结了殷商王朝兴亡的历史经验和教训，对制度进行了一系列的变革和创新。

周公认为天命与人的命运是相统一的，要从民情中知天命。他提倡明德慎罚，不主张以严刑酷法统治人民，只有感动了上天，上天才会转而降天命保佑周王朝。《尚书·大诰》记载，周公评论周代商得天下时说：“予惟小子，不敢替上帝命，天休于文王，兴我小邦周。”大意是说，我不敢违抗天意，上天护佑文王，致使周这个小国兴盛。既然周克殷是上天的意志，所以，周人也就不敢放弃天命的保佑。在周公看来，周灭商并不取决于自己，而是取决于天命。他这样说有两层含义，一是要求周王谨慎治理国家，以免失去上天护佑；另一方面是要告诫商朝遗民服从天命，接受周王的统治。

周公认为“敬天”的关键在于“保民”。周朝虽然推翻了商朝的统治，但并不能从此就一劳永逸，周朝一旦失德，也会遭到上天的惩罚。《尚书·君奭》还有一条周公的言论：“天降丧于殷，殷既坠厥命，我有周即受，我不敢知曰：厥基永孚于休，若天棐忱，我亦不敢知曰：其终出于不祥。”这段话的大意是，我们周人虽然继承了原来殷人所有的天命，但是我却不敢说我们的基业永远是这样地牢固美好。

周公还强调体察民情的重要性。《尚书·无逸》上记载周公的言论说：“自殷王中宗及高宗及祖甲，及我周文王，兹四人迪哲，厥或告之曰：小人怨汝詈汝，则皇自敬德。”大意是说，在周公看来，每一个君主都应该像商王高宗武丁和周文王那样，每当体察到民众有不满情绪的时候，都不迁怒于民众，反而求诸于自己，提高自己的道德修养，这样民众才能安居乐业，国家的政治秩序才能安定。

除了敬天保民，周公还主张明德慎罚。周公认为，刑罚是国家用来维持秩序的手段，如果使用不当，就会招致民怨。商朝后期滥用刑罚，导致覆亡，是应该总结的历史教训。国家动用刑罚的目的在于惩恶扬善，所以，在使用刑罚时应该以善为怀，要设法使民众心悦诚服，就像医治自己的疾病一样对待犯罪者的过错，从而使犯罪的臣民能够改过自新。

周公一方面主张敬从天命，另一方面又强调从民情知天命，开启了中国传统文化中民本思想的先河，对儒家思想的形成产生了决定性作用。

周公摄政

姬发在位六年就逝世了，留下儿子姬诵继位。姬诵当时只有十二岁，由他的叔父姬旦摄政。姬旦是一个非常有才能的政治家，后人尊称他为周公。

《史记》载，周公自谓："一沐三握发，一饭三吐哺，犹恐失天下之贤。"周公旦辅佐周成王时，日理万机。忙的时候，吃饭、洗澡都有人打搅，但周公从没因此耽误公事。以至于洗头的时候，只要听说有公事需要处理，周公就握着湿头发从浴室跑出来处理，完了再回去接着洗，如此反复多次。吃饭也是这样，刚吃进一口肉，不等嚼完又得吐出来，因为三教九流的客人来求见了，所以一饭三吐哺。封国的其他君主看到周公才能卓越，不免担心他会杀死姬诵，自己称王。于是，管国的姬鲜（史称管叔）、蔡国的姬度（史称蔡叔）、霍国的姬处（史称霍叔），联合原来商朝的遗民武庚，起兵征讨周公。他们先制造谣言，散布说周公要杀死姬诵，自立为王，闹得镐京沸沸扬扬，大家都对周公产生了怀疑。

周公旦

周公心里很难过，他找到召公奭，披肝沥胆地谈了一次话，表明自己绝没有野心。周公说："我所以不顾个人得失而承担摄政重任，是怕天下不稳。如果江山变乱，生灵涂炭，我怎么能对得起列祖列宗和武王对我的重托呢？"召公奭被他这番诚恳的话感动，决定和周公合作。

周公旦和召公奭调动大军，亲自东征。临行之前，周公旦又对将要袭其爵，到鲁国封地居住的儿子伯禽说："我是文王之子、武王之弟、成王之叔父，论身份地位，在国中是很高的了。但是我时刻注意勤奋俭朴，谦诚待士，唯恐失去天下的贤人。你到鲁国去，千万不要骄狂无忌。"嘱咐完儿子，周公旦便出征了。

周公东征

武庚一直不甘心商朝的灭亡，他看准时机，利用了武王新死、成王年幼，以及管叔、蔡叔、霍叔与周公的矛盾，纠合了东方的徐、奄、熊、盈、薄姑等过去商王朝的属国，发动了大规模的武装叛乱。

周公旦授权给太公望，各国诸侯，有不服周朝的，都由太公望征讨。这样，太公望控制了东方，周公则全力对付武庚。

这次东征前后用了三年时间，周公旦终于平定了叛乱，又有一大批商朝的贵族成了俘虏。因为他们反抗周朝，所以叫他们是“顽民”。周公旦觉得让这批人留在原来的地方不大放心，又觉得镐京在西边，要控制东部的广大中原地区很不方便，于是在东面新建了一座都城，叫作洛邑（今河南洛阳），把殷商的“顽民”迁到那里，派兵监视他们。

从此以后，周朝有了两座都城。西部是镐京，又叫宗周；东部是洛邑，又叫成周。周王朝也逐步实现了对东方广大地区的控制，势力一直延伸到海边。

周公三诰

当年消灭商朝后，武王姬发为了“屏藩周室”，进行了一次分封，被封的兄弟之国有15个，姬姓之国有40个，并向参加牧野之战的诸侯分发了商朝宗庙彝器和宝物。

周公东征后，又在武王分封的基础上，进行了第二次的大规模分封诸侯。据传周公分封的71国之中，姬姓子弟就占了53人之多。这些被封的大小姬姓诸侯，都是文王、武王和周公的后人。

分封之后，周公又制定了许多政策，其中最有名的是《康诰》《酒诰》《梓材》三篇诰文。

周公

《康诰》

《康诰》是写给康叔的，即武王和周公旦最小的弟弟姬封，目的是安定殷民。

康叔被封在黄河、淇水之间的殷墟，得到了大批的商人奴隶，建国号“卫”，“康”则是姬封的谥号。因为这里过去是商王朝活动的中心地带，因此周公旦很担心康叔年纪轻，没有经验，因此一再告诫他，定要向殷朝遗民中有威望的贤人请教，问问他们殷朝是怎样兴起，又是怎样灭亡的？要经常吸取这些教训，但最根本的一条是要爱惜民力。

在《康诰》中，周公旦殷切地对年轻的弟弟说道：“你要好好考虑！现在臣民都在看着你，是否恭敬地遵循你父亲文王的传统，依据他的遗训来治理国家。你到殷后，要广泛寻求殷商遗民的心态，懂得怎样使他们顺服。另外，你还要访求古时圣明帝王的治国之道，使臣民得到安宁。要比天还宽宏，使臣民体验到你的恩德，不停地完成王命！年轻人啊！

治理国家要经受痛苦的磨难，可要小心谨慎啊！威严的上天辅助诚心的人，这可以从民心表现出来，小人却难以治理。你去那里要尽心尽力，不要贪图安逸享乐，才能治理好臣民。我听说：‘民怨不在于大，也不在于小；要使不顺从的人顺从，使不努力的人努力。’年轻人，你的职责重大，我们君王受上天之命来保护殷民，你要协助君王实现上天之命，革新改造殷民，谨慎严明地施用刑罚。如果一个人犯了小罪，而不是过失，还经常干一些违法的事，这样，虽然他的罪过最小，却不能不杀。如果一个人犯了大罪，但不是一贯如此，而只是由过失造成的灾祸，这是偶然犯罪，可以按法律给予适当处罚，不应把他杀掉。如果你能照这样去做，就会使臣民顺服，臣民就会互相劝勉，和顺相处。要像医治病人一样，尽力让臣民抛弃自己的过错。要像护理孩子一样保护臣民，使他们健康安宁。除了你可以惩处人，任何人都无权惩罚人、杀人。除了你可以下令割罪人的鼻子和耳朵外，任何人都不能施行割鼻断耳的刑罚。你宣布了这些法律后，要依据它们来惩治罪犯。根据殷商的刑罚来判罪时，该用刑的就用刑，该杀的就杀掉，不要照你的意思来行事。如果完全按照你的意思行事才叫顺从，那么就没有顺从的事。唉！虽然你还是个年轻人，但我的心愿和德行，只有你才能了解。”

康叔到卫国后，果然小心谨慎地按照周公的办法行事，得到了不少殷朝旧贵族的支持。由于康叔治理卫国很出色，成王亲政后，康叔被提拔为周王朝的司寇，并得到了周王朝车、帛、旗、钟等许多礼、乐器和财宝的赏赐。

折觥

《酒诰》

《酒诰》是周公旦针对殷民饮酒成风而写的。酿酒要用去大量粮食，这种饮酒风习在以农业起家的周人看来，简直无法容忍。周公旦宣布，只有在祭祀庆典的时候可以喝一点酒，像纣王那样群饮烂醉是不被允许的，一旦发现要严惩。

周公旦在《酒诰》中这样说道：“现在，要在卫国公布一项重大命令。你那尊敬的先父文王，在西方创建了我们的国家。他从早到晚告诫诸侯国君和各级官员说：‘只有祭祀时才可以用酒。’上天降下旨意，劝勉我们的臣民，只在大祭时才能饮酒。上天降下惩罚，因为我们的臣民犯上作乱，丧失了道德，这都是因为酗酒造成的。那些大大小小的诸侯国的灭亡，也没有哪个不是由饮酒过度造成的祸患。文王还告诫担任大小官员的子孙们说：‘不要经常饮酒。’并告诫在诸侯国任职的子孙：‘只有祭祀时才可以饮酒，要用道德来约束自己，不要喝醉了。’文王还告诫我们的臣民，要教导子孙爱惜粮食，使他们的心地变善良。要好好听取祖先留下的这些训诫，发扬大大小小的美德。人们啊，你们要一心留在故土，用你们自己的手脚，专心致志地种好庄稼，勤勉地侍奉你们的父兄。努力牵牛赶车，到外地去从事贸易，孝敬和赡养你们的父母亲；父母亲一定很高兴，会自己动手准备丰盛的饭菜，这时你们可以饮酒。各级官员们，希望你们经常听从我的教导！只要你们能向老人和国君进献酒食，你们就可以酒足饭饱。只要你们能经常反省自己，使自己的言行举止合乎道德，你们还可以参与国君举行的祭祀。如果你们自己能限制饮酒作乐，就可以长期成为君王的治事官员。这也是上天赞美的大德，王室将永远不会忘记你们是臣属。”

从周公旦发布的这篇戒酒令中，我们仿佛读出了这样一个信息：人们对酒的偏好已到了难以收拾的地步，尤其是王公贵族和政府官员，酗酒误国，放纵得失去了控制，狂欢得忘乎所以，因此才要严令禁酒。

《梓材》

《梓材》是一篇提倡“明德”的诰文，要求人们彼此和睦相处，不要互相残害、虐待，无论君王还是百姓，都要勤勉从事自己的工作。

就这样，康叔控制了殷商遗民的七族，即陶氏、施氏、繁氏、祺氏、樊氏、饥氏、终葵氏，使他们都成为卫国的臣民。康叔建都朝歌（今河南淇县），从此努力发展生产，王国一度十分富足。不过，因为卫国处在周王朝的北方，与狄为邻，常遭到狄人的入侵，多次迁都，因此一直没能强大起来。

王室中兴

从周成王即位开始，西周王朝共传十世十一王，在这近三百年间，经历了由盛而衰的过程。在这期间，既有穆天子西征的传奇，也有孝王自立引发的争议；既有因不得民心引发“国人”暴动而导致的厉王被逐，也有回光返照般的“宣王中兴”。

成康之治

在姬诵满二十岁的时候，周公旦将政权交还了姬诵，并继续辅佐他，进一步巩固西周政权。随后，姬诵在周公治理的基础上，完善了畿服制、外服制、国野制、礼乐制等，使得社会繁荣，经济发达。姬诵因此被后人尊称为“成王”。

成王守信

周公旦摄政的时候，周成王姬诵除了学习，就是和弟弟姬虞（又称叔虞）一起玩耍。

一日，兄弟俩在宫中的一棵梧桐树下玩，秋风吹来，梧桐树上的叶子纷纷飘落。成王一时兴起，便从地上捡起一片梧桐叶，用小刀切成一个“圭”的形状，随手将它送给了弟弟，以玩笑的语气对他说：“我要封给你一块土地，这个就是信物。”

桐叶封虞

姬虞很高兴，拿着这片梧桐树叶做成的“圭”给周公旦看。周公旦听了姬虞的诉说，立刻换上礼服，到宫中去向成王道贺，而成王却一头雾水，不知所以。

周公旦说：“臣刚刚听说，您册封了虞。这是大事啊，我怎能不赶来道贺呢？”

“哦……”成王恍然，忍不住哈哈大笑道：“那只不过是我和虞闹着玩的！”

不料，周公旦立即收起笑容，正色道：“无论是谁，说话都要以‘信’为重；身为天子，说话更是不能随随便便！倘使天子也罔顾信义，又如何让百姓信服呢？”

这番话让成王羞愧难当，立即正式昭告，将弟弟姬虞册封在了唐地。

姬虞与成王姬诵是同父同母的亲兄弟，他们的母亲就是邑姜。据说当初邑姜怀孕的时候，梦见天帝对自己说，我给你的儿子命名为虞，将来在唐地兴国立业，那里是参宿的分野，叫他在那里繁育自己的子孙。及至胎儿出生，手上果然有一个虞字，因而就命名为虞。

神奇的出生当然是传说，但成王赐圭封唐地并不是子虚乌有。成王八年，周公旦刚计划把首都从镐京迁到成周，准备出兵东征淮夷各部落时，地处黄河东部地区的唐国发生叛乱，威胁着周朝在河东地区的统治。于是，周公旦率兵讨平唐国叛乱，迁其民于杜（今陕西西安东南），并徙周王室子孙于唐地。两年后，还是少年的姬虞即被周成王分封到唐做了诸侯。有学者考证说，剪桐封弟当为剪唐封弟，因为古代唐桐同音，周公剪灭古唐国，成王才把自己的弟弟封于唐。

据《左传·定公四年》记载，周成王在盛大的册封典礼上，曾封赠姬虞许多名贵的器物，“命以唐诰而封于夏墟，启以夏正，疆以戎索”。

所谓“启以夏正，疆以戎索”，就是用夏政去教导夏民，以戎法治理戎人。这是周天子给姬虞规定的施政方针。由于唐国地处夏人的故地，四周遍布戎狄部落，又由于唐地的叛乱刚刚平定，局势动荡不安，当然应该从实际出发，因地制宜，因势利导，以夏戎之政治夏戎之地，以夏戎之法理夏戎之民。其具体内容就是维护夏代以来传统的政治制度和风俗习惯，暂不实行周公所制定的那一套新的礼乐制度和井田制度。

姬虞受封后，执行了上述既定方针，一年之后即见成效，农业、牧业都得到发展，政绩斐然可观。于是“感召”上天，出现了禾稻“异亩同颖”的祥瑞，即稻谷丰收，长出特别高大丰硕的植株“嘉禾”，受到周成王的嘉奖和周公的赋诗歌颂。

历史小常识：晋侯苏钟

叔虞（即姬虞）的封地“唐”到底在哪里？为此史学界做了大量研究，但一直众说纷纭，没有一个公认的结论。其中有两种观点支持的人较多。一种观点是汉代史学家班固提出来的，认为“唐”是在今天太原附近。另一种观点是清代大儒顾炎武提出来的，认为应该在山西省的南都。

周公作《无逸》

据说，在周公摄行国政的时候，一次成王得了很重的病，周公旦十分着急，向上天为成王祈祷，表示愿意用自己的生命换取成王的健康。一番虔诚祈祷后，周公得到了吉祥的卦辞，便把自己的祷词悄悄收了起来。

成王继位后，身边总有人说周公旦的坏话，渐渐引起了成王对周公旦的怀疑。周公旦不愿辩解，偷偷离开了王都。一个偶然的机会，成王看到了周公旦在自己生病时向上苍祈祷的祷词，这才明白周公旦的赤诚之心，为自己误听谗言十分懊悔。成王急忙派人把周公旦请了回来，当面认罪，比以前更加尊重这位叔父。

周公旦为了告诫成王要先知“稼穑之艰难”，不要纵情于声色、安逸、游玩和田猎，特作《无逸》，希望成王以殷商的灭亡为前车之鉴，时时警诫自己不要放纵。

周公在《无逸》中这样说道：“啊！做官的人不要让自己的生活过得太舒服了！首先要知道农业生产的艰辛再追求舒适的生活，那么就会知道人民的痛苦。看那些民众，他们的父母很艰辛地干农活，而儿子们却不知道农业生产的艰辛，于是过着舒适的生活并变得俗野。时间长了，于是就看不起父母，并说：‘老年人没有一点见识！’

“我听说，从前在殷王中宗时，他庄重谨慎，用天命衡量自己，很小心地管理民众，不敢有所怠慢和安乐。所以中宗的在位年数有七十五年。高宗时，他长时间在外和民众一起劳动，于是和民众生活在一起。等到他执掌国家，要为帝王行丧礼，他三年不谈论政事。他只是不去谈论，但一说起来就非常好。不敢怠慢和过舒适生活，国家安定和睦。从民众到大臣，没有怨恨他的时候。所以高宗在位的年数有五十年。在祖甲时，他认为做帝王是对他哥哥不义的行为，长期以平民身份生活。等到他执掌国家时，知道了民众的悲苦，能够保护民众，对他们施加恩惠，不敢看不起、漠视死了妻子的男人和死了丈夫的女人。所以祖甲在位的年数有三十三年。从这以后的帝王都生下来就有舒适的生活条件。一生下来就过得很舒服，就不知道农业生产的艰辛，不关心民众的悲苦，只会活得过度舒适和放纵。从这以后，也就没有能够在位长久的国君了，有的在位十年，有的七八年，有的五六年，有的三四年。

“啊！看来也只有周朝的太王、王季能够使自己谦虚谨慎了。文王穿粗劣的衣服从事平整道路和农业生产。善良仁慈恭敬，爱护民众，施加恩惠，好好地对待丧妻与丧夫的人。从早上到太阳偏西，没有时间吃饭，这样使民众过得和睦开心。文王不敢用各个国家的赋税来游玩打猎。他受命做诸侯时已经是中年，在位年数有五十年。

“从今以后，成王你继承君位，不要用民众的赋税过度观赏、过度舒适、过度游玩、过度打猎。不要很随便地说：‘今天就让我玩玩吧。’这不是教训民众，顺从上天的做法，民众于是会有过错。不要像纣王那样放纵安乐，喝酒没有节制啊！

“我听说，古人还互相告诫，互相保护、施加恩惠、互相教诲，民众没有互相欺骗的。不是这样的话，民众虽顺从，改变先王的政治法度，从小法到大法，民众于是心中怨恨，嘴里诅咒。

“从殷王中宗到高宗到祖甲再到我们的周文王，这四个人十分明智。有人告诉他们说：‘民众怨恨你骂你。’那么他们就更加敬重道德；有人告诉他们有过错后，他们说：‘我的过错的确是这样啊。’不敢有怨气。如果不听，人们会互相欺骗，说：‘民众怨恨你骂你’，你就会相信，那么到那时，你不时常思考法度，气量不宽广，胡乱定罪，杀害无辜的人，怨恨会会合，于是聚集到你的身上。

“啊！成王，你继承君位要以这个为借鉴啊。”

三年后，周公旦病重离世，临死前说道：“我死之后一定葬在成周，让大家都知道，我是永远都臣服于成王的。”成王很是悲伤，将周公旦葬在了文王的墓地旁，说道：“我不敢以周公为臣。”

《康王之诰》

成王亲政后，对周公旦的教诲一直不敢忘记，远离骄奢淫逸，小心谨慎地治理国家。加上周王朝经过了周公旦的多年经营，被分封的各国诸侯也已成为周王朝的“藩屏”，因此成王时天下很是安定。不但农业生产有了很大发展，周边的一些少数民族部落也和周王朝保持着友好的往来。

成王在位三年多便得病死了，儿子姬钊继位，史称康王。康王继位后，因为要先给父亲守孝，所以把政事都交给了大臣。在移交政事前，他还对臣子们进行了一番训话，这就是有名的《康王之诰》：

王走出祖庙，来到应门内。太保召公率领西方的诸侯进入应门左侧，毕公率领东方的诸侯进入应门的右侧，他们都穿着绣有花纹的礼服和朱黄色的蔽膝。赞礼的官员传呼进献命圭和贡物，诸侯走上前，说：“王室的护卫向王奉献土产。”诸侯都再拜叩头。王依礼辞谢，然后升位答拜。

太保召公和芮伯同走向前来，互相作揖后，又一同向康王再拜叩头。他们说：“恭敬地禀告天子，伟大的天帝更改了大国殷的命运，我们周国的文王、武王大受福祥，能够安定西方。新逝世的成王，赏罚完全合宜，能够成就文、武的功业，因此把幸福普遍地留给我们后人。现在王要敬慎啊！要加强王朝的六军，不要败坏我们高祖的大命！”

召公奭

康王说道：“侯、甸、男、卫的各位诸侯！现在我姬钊答复你们的教导。先君文王、武王很公平，仁厚而不滥施刑罚，致力实行忠信，因而光辉普照天下。还有像熊罴一样的勇武的将士，忠贞不渝的大臣，安定治理我们的国家，因此，才被上帝加以任命。上天顺从先王的治理之道，把天下交给先王。先王于是命令分封诸侯，树立蕃卫，眷顾我们后代子孙。现在，我的几位伯父希望你们互相爱护顾念，继续如你们的祖先臣服于先王。虽然你们身在朝廷之外，你们的心不可不在王室，要辅助我得到吉祥，不要把羞辱留给我！”

众位大臣都听完了命令，互相作揖，快步走出。康王脱去吉服，返回居丧的侧室，穿上丧服，继续为父亲服丧。

三年后，康王开始亲自打理政务。他生活比较节俭，处理政事也很专心。据说当时晋侯修了个漂亮高大的宫殿，结果受到了康王严厉的斥责。据《史记》记载，“成康之际，天下安宁，刑错四十余年不用”。后世因此也把西周的这一段繁荣时期称为“成康之治”。

讨伐鬼方

周康王在位的第二十五年，北方的一个游牧民族鬼方再次强大起来，时常南下侵扰。周初，武王灭商后曾将鬼方部落放逐至泾、洛（今陕西泾河、洛河）以北，令其按时入贡。后来周公旦忙于平定三叔和武庚的叛乱，一度放松了对西北方的控制，鬼方部落乘机发展起来，经常对西周的西北边境进行侵扰，威胁周都镐京。经过二十余年的经营，周朝的经济有了很大发展，为了消除边患，周康王下令进攻鬼方，消灭这个多年的隐患。

经过两次大规模作战，周军斩杀鬼方部落四千多人，俘获了大批战俘，还缴获了很多车马和大量牛羊。鬼方的残余势力向西逃窜，周王朝的西北边境得以安宁。

康王时期的繁盛，从出土的大盂鼎上可见一斑。大盂鼎高 101 厘米，口径约 77 厘米，圆形，立耳，深腹，三柱足，颈及足上部饰兽面纹，是康王时贵族盂所做的祭器。造型雄浑，工艺精湛，内壁铸有铭文十九行，共 291 个字。

这件青铜礼器据说在清代道光初年于陕西岐山礼村出土，铭文记述了康王命盂管理兵戎，并赐给香酒、命服、车马及一千七百余名奴隶的事。大盂鼎出土之初，为岐山豪绅宋金鉴所有。后因其家道中落，此鼎被后人以七百两银子转让到西安。后来，又曾一度为左宗棠所有，数年后为答谢潘祖荫的厚恩，左宗棠以此鼎相赠。此后，大盂鼎便成为潘家的传世之宝，供于苏州潘家大堂。1952 年，潘氏后人将其献给国家，现藏于中国历史博物馆。

大盂鼎的铭文记述道：九月，王在宗周册命盂。王这样说：“伟大英明的文王承受了上天佑助的重大使命。到了武王，继承文王建立了周国。排除了那个奸恶，普遍地保有了四方土地，长久地治理着百姓。办事的人在举行饮酒礼的仪式上，没人敢喝醉，在举行柴、烝一类的祭祀上也不敢醉酒。所以天帝以慈爱之心给以庇护，大力保佑先王，广有天下。我听说殷朝丧失了上天所赐予的大命，是因为殷朝从远方诸侯到朝廷内的大小官员，都经常酗酒，所以丧失了天下。你年幼时就继承了先辈的显要职位，我曾让你就读于我的贵胄学堂，你不能背离我，而要辅佐我。现在我要效法文王的政令和德行，犹如文王一样任命两三个执政大臣来任命你，你要恭敬地协调纲纪，勤勉地早晚入谏，进行祭祀，奔走于王事，敬畏上天的威严。”王说：“盂，一定要效法你的先祖南公。”王说：“盂，你要辅助我主管军队，勤勉而及时地处理赏罚狱讼案件，从早到晚都应辅佐我治理四方，协助我遵行先王的制度治民治疆土。赏赐给你一卣香酒、头巾、蔽膝、木底鞋、车、马；赐给你先祖南公的旗帜，用以巡狩，赐给你邦国的官员四名，人众自驭手至庶人六百五十九人，赐给你异族的王臣十三名，夷众一千零五十人，要尽量让这些人在他们所耕作的土地上努力劳动。”王说：“盂，你要恭谨地对待你的职事，不得违抗我的命令。”盂颂扬王的美德，制作了纪念先祖南公的宝鼎。

大盂鼎

大盂鼎的书法体势严谨，字形、布局都十分质朴平实，用笔方圆兼备，具有端严凝重的艺术效果，是西周早期金文书法的代表作。由此可见，成康时期的西周王朝不但富庶，青铜铸造业也取得了长足进步。

昭王南征与穆王西行

昭王南征

康王死后，儿子姬瑕继位，史称周昭王。这位周王自幼生长在王宫中，哪里知道创业守成都非易事，他只见到父王在宫中一坐，就有文臣武将去听命办事；外邦诸侯年年纳贡，岁岁来朝，似乎并不费什么力，就觉得这天子当起来也很容易。于是，自幼养尊处优的昭王只喜欢奇花异草、飞禽走兽，只要有人献上这些玩物，便给予高官厚禄。

对于周王的搜刮，一些部落渐渐流露出不满。周昭王本就看不起蛮荒地带的小部落，因此连年用兵，获得了不少财富和奴隶。

牛尊

周昭王十六年，昭王率军对东夷各国（今山东、江苏、安徽一带）进行军事威慑。东夷对周王朝时服时叛，当年经周公、成王东征，周王朝的势力东扩了不少，但淮夷、徐夷仍倔强不服。这年，以楚国为首的方国部落进犯周朝疆土，昭王在成周集结大军，南征楚荆。为了稳定后方，先向东夷进兵。夷国见众寡悬殊，纷纷归顺。至昭王伐楚时，东夷、南夷有二十六个邦国前来臣服朝见，加强了周王朝对东夷诸国的控制，同时也孤立了楚国。

南方楚国的国王，在周成王时曾被封为子爵，但实际上，周王朝是很看不起楚国人的。据说有一次，成王与各国诸侯会盟，各国都要为祭祀做准备，供应一些必用品和特产。楚国为会盟准备的，不过是滤酒用的香草，以及祭祀山川时用的木杆。周成王很是不屑，因此取消了楚国正式参加会盟的资格。

也许是这件事刺激了楚国国君，在随后的日子里，楚国大力发展生产，开辟了许多蛮荒之地，国力一天天增大。周王朝却依然对楚国保持不变的蔑视态度。

看到这个蛮夷之国也练兵图强，还不断扩充领地，周昭王决定要给它些颜色看看。昭王十六年，周王朝的伐楚大军渡过了汉水，不但重创了楚国军队，还捕获到一头大野牛，被看作是非常吉祥的事。

三年后，昭王可能又想要一头大野牛了，决定再次南征。他亲自披挂上阵，率领大军，浩浩荡荡地前去伐楚。楚国人无缘无故遭到周王朝的蔑视和征伐，人人气愤。

在周昭王要南渡汉水的时候，不但河边一只船也没有，就连附近的村庄里也没有船。昭王断定是山野村民故意跟周军作对，就把他们抓来，命令他们在三天之内，造出三十条船来，交付周军使用。

第三天中午，村民不但送了一条大船给昭王，还送来三十多条新船。昭王很是得意，下令渡河。不料船刚划到河中心，竟都漏起水来，船上的一片片木板纷纷脱落，昭王和他的军队连同车马财物，都掉进了湍急的流水中。

原来，当地的百姓早就恨透了昭王的无端征伐，因此用树胶把一块块木板粘合到一起做成船，船行到水中间，粘船的胶便被水溶化，船自然就散架了。就这样，坐在船上的周昭王掉进水里，淹死了。他带去的大队人马也被楚人打得七零八落……

周王朝对这次伐楚的惨败讳莫如深，对昭王的惨死更是不愿提及，因此史书里关于这次军事行动的记载只有七个字："昭王南巡狩不返"。忌讳莫深的周人不但把南征说成巡狩，还煞有介事地说是因为楚国派来了一个使者，声称楚王得到了一只珍贵的白雉，有心到镐京朝见贡献，因路途遥远，白雉又极难饲养，万一死在途中，犯下欺君之罪，因此请天子屈驾前往，昭王因此才决定南巡的。

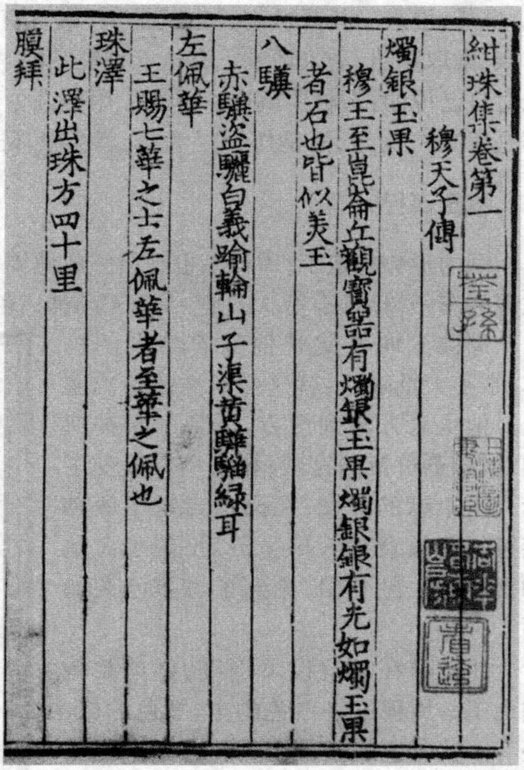
紺珠集卷第一　穆天子傳
燭銀玉果
穆王至崑崙丘觀寶器有燭銀玉果燭銀銀有光如燭玉果者石也皆似美玉
八驥
赤驥盜驪白義踰輪山子渠黄驊騮緑耳
左佩華
王賜七華之士左佩華者至華之佩也
珠澤
此澤出珠方四十里
腹拜

《穆天子传》书影

穆王制刑

昭王死后，他的儿子姬满继承了王位，这就是历史上著名的旅行家——周穆王。

因为昭王南征的失败，一些少数民族部落纷纷拒绝再向周王朝纳贡。在西方，刚刚强大起来的犬戎部落便是其中之一。就这样，周穆王不顾大臣们的反对，以犬戎不按时供应贡品为由，对他们进行了征伐。

这一次西征取得了胜利，得到了犬戎进贡的四只白狼和四只白鹿，还得到了一把锋利的宝刀。据说这把刀割玉如同切泥团一样容易。为了加强对犬戎的控制，周穆王把犬戎部落的五个王都抓回做了俘虏，还把他们的一部分人迁到了太原（今甘肃镇原一带）居住。周穆王东攻徐戎胜利后，在涂山（今安徽怀远东南）会合诸侯，巩固了周王朝在东南的统治。

消除了诸侯的反叛，穆王开始对内部进行训导。他亲自制定了墨、劓、膑、宫、大辟五刑，其细则竟达三千条之多，像额上刺字、割鼻、砍脚等等，都十分普遍。

应该说，周穆王做君王是很有“忧患”意识的，他在任命官员时，常说自己的心情为“若蹈虎尾，涉于春冰”，也就是他内心的忧虑危惧就像踩着虎尾和走在春天的冰上。对于朝廷官员，周穆王对他们都提出了三点建议。一是“尔身克正，罔敢弗正，民心罔中，惟尔之中”，这是对臣子自身的要求，即自身能正，人民不敢不正；民心没有标准，只考虑你的标准。其次，周穆王提醒大臣们，做官应该注意五种弊端：“五过之疵：惟官，惟反，惟内，惟货，惟来。其罪惟均。”也就是说，做官有五种弊端需要注意：畏权势，报恩怨，谄媚内亲，索取贿赂，受人请求。有这五种弊端的官员，其罪与罪犯相同。最后一点则是周穆王对自己说的：选材要慎重。不要任用巧言令色、阿谀不端的人，要任用贤良正士。如果不是任‘才’为亲，而是任‘财’为亲，就会败坏国家。

穆王西行

国内形势稳定了，周穆王也开始完成他周游天下的梦想。据说他乘坐着由八匹骏马拉着的车子，日行千里。于是，一个充满神话色彩的“穆王西行”的故事便从此流传开了。

周穆王叫造父替他驾着高大的马车，带了大批随从，就这样浩浩荡荡出发了。他从北方转到西方，见到了水神河伯；他游览黄帝的宫殿；在赤乌族接受了赤乌人奉献的美女；在黑水封赏了殷勤接待他的长臂国人……最后，到了大地的西极——昆仑山，见到了思慕已久的西王母。

周穆王八骏图

西王母在瑶池设下筵宴，盛情款待周穆王。周穆王将白色的圭、黑色的璧，还有一些彩色的丝带当作礼物献给西王母。西王母心中高兴，在酒席筵前，唱了一支不用乐器伴奏的歌，歌道：“白云高高悬在天上，山陵的面影自然显现出来。你我相去，道里悠远，更阻隔着重重的河山。愿你身体健康，长生不死，将来还有再来的一天。”

周穆王十分高兴，也唱歌附答道：“我回到东方的国土，定把诸夏好好地治理。等到万民都平均了，我又可以再来见你。要不了三年的时光，又将回到你的郊野。”

周穆王驾着车子，登上崦嵫山的山顶，叫人在山上竖立了一块大石碑，石碑上刻写了他见西王母的事迹，题额上还刻了几个大字，叫作“西王母之山”。石碑的两旁又种了几棵槐树，穆王也亲自执锸壅上种了一棵，作为和西王母友谊的纪念。临到分别之际，西王母忧伤地赋了一首诗，以表示她对周穆王的惜别之情和期望之意。诗云：“自从我来到西方，就住在西方的旷野；老虎豹子和我同群，乌鸦喜鹊与我共处。我守着这一方土地而不迁移，因为我是华夏古帝的女儿；只可怜我的那些善良的人民呀，他们又将和你分别，不能跟着你去。乐师吹奏起笙簧，心魂在音乐翱翔；万民的君主呀，只有你是上天的瞩望。”

与西王母相约要再次相聚后，周穆王才恋恋不舍地返回。

历史小常识：周穆王八骏

据《穆天子传》记载，周穆王的八匹骏马是“赤骥、盗骊、白义、逾轮、山子、渠黄、华骝、绿耳。”赤骥火红色；盗骊纯黑色；白义纯白色；逾轮青紫色；山子灰白色；渠黄鹅黄色；骅骝黑鬃黑尾而身红；绿耳青黄色。《拾遗记·周穆王》中说：“王驭八龙之骏：一个叫绝地，足不践土，脚不落地，可以腾空而飞；一个叫翻羽，可以跑得比飞鸟还快；一个叫奔菁，夜行万里；一个叫超影，可以追着太阳飞奔；一个叫逾辉，马毛的色彩灿烂无比，光芒四射；一个叫超光，一个马身十个影子；一个叫腾雾，驾着云雾而飞奔；一个叫挟翼，身上长有翅膀，像大鹏一样展翅翱翔九万里。”徐悲鸿的《八骏全图》即出于此。

至于周穆王为什么选择去西方游玩，据说是有一年，从西方的一个很远的国度，来了一个很会变戏法的人，人称“化人”。这化人本事很高，他跳进火里却不伤毛发，还能跃上高空站立云端，能将一座城市从东方搬到西方，会轻松自如地穿墙进壁等等。穆王简直将他看作是天神下凡，对他是言听计从。

一天，化人邀请穆王到他的家乡去玩，穆王便拉着他的衣袖，腾空而起，一直飞到了化人居住的地方。这一下，穆王真是大开眼界了。这里的宫殿金碧辉煌，庄严灿烂，到处镶嵌着珍珠和美玉。穆王在这里所受的款待，无论是眼睛里看的、耳中听的，嘴里尝的，绝非人间所有。后来，化人又请穆王另到一处，只见各种各样美丽的光影和绚丽夺目的色彩，把眼睛都炫耀花了；又听见各种各样悦耳动听的音乐，把心里都震荡得迷乱陶醉了。穆王被所见所闻弄得心神不定，便不敢久留，请求化人带他回去。化人用手将穆王轻轻一推，穆王便从半空中坠落下来，猛地醒了，发觉自己还好端端地坐在宫殿里，左右一切如故。穆王心中奇怪，便问左右的人：刚才自己到哪里去了？左右的人回说：“并没到哪里去，只不过睡了一觉。”这时，旁边坐着的化人开口道：“我和王只是去神游了一番。根本无须身体动弹哪！”这一下，穆王尝到了神游的甜头，不由游兴大发，心想神游都如此有趣，那真正的游玩更不知有趣多少倍呢！于是，穆王一心驾着他那八匹骏马拉的车子，真正去西方走一遭。

无论如何，周穆王遨游天下，眼界开阔，心胸舒畅，再加上各国进贡给他的宝物，使得他活了一百零五岁才寿终正寝。

造父学御

那位给周穆王驾车的造父，相传是伯益的九世孙。

遹簋

周穆王见到西王母后，乐而忘归。这时，徐国（今江苏宿迁东南）徐偃王趁机造反，穆王非常着急。在此关键时刻，造父驾车日驰千里，使周穆王迅速返回了镐京，及时发兵打败了徐偃王，平定了叛乱。由于造父立了大功，周穆王便把赵城（今山西赵城西南）赐给他，自此以后，造父族就称为赵氏，为赵国始祖。据说，造父一开始向泰豆氏学习驾车，对老师十分谦恭有礼貌。可一晃三年过去了，泰豆氏却什么技术也没教给他，造父仍然恭敬地对待老师，丝毫不怠。

这时，泰豆氏才对造父说："擅长造弓的巧匠，一定要先学会编织簸箕；擅长冶金炼铁的能人，一定要先学会缝制皮袄。你要学驾车的技术，首先要跟我学快步走。如果你走路能像我这样快了，你才可以手执六根缰绳，驾驭六匹马拉的大车。"造父赶紧说："我保证一切按老师的教导去做。"

于是，泰豆氏在地上竖起了一根根的木桩，铺成了一条窄窄的仅可立足的道路，然后踩在这些木桩上，来回疾走，快步如飞。造父照着老师的示范刻苦练习，仅用了三天时间，就掌握了快步走的全部技巧和要领。泰豆氏不禁赞叹道："你是多么机敏灵活啊，竟能这样快地掌握快行技巧！凡是想学习驾车的人都应当像你这样。从前你走路是得力于脚，同时受着心的支配；现在你要用这个原理去驾车，为了使六匹马走得整齐划一，就必须掌握好缰绳和嚼口，使马走得缓急适度，互相配合，恰到好处。你只有在内心真正领会和掌握了这个原理，同时通过调试适应了马的脾性，才能做到在驾车时进退合乎标准，转弯合乎规矩，即使跑很远的路也尚有余力。真正掌握了驾车技术的人，应当是双手熟练地握紧缰绳，全靠心的指挥，上路后既不用眼睛看，也不用鞭子赶；内心悠闲放松，身体端正坐直，缰绳不乱，马蹄落地不差分毫，进退旋转样样合于节拍，如果驾车达到了这样的境界，车道的宽窄只要能容下车轮和马蹄也就够了，无论道路险峻与平坦，对驾车人来说已经没有什么区别了。这些，就是我的全部驾车技术，你可要好好地记住它！"

泰豆氏重视基本功的训练方法，终于让造父成为西周驾车最好的人。他强调苦练基本功的极端重要性，也为后世人所称道。

史墙盘——昭王与穆王的见证

关于昭王和穆王的这一段历史，1976年冬天在陕西扶风县出土的青铜器中，得到了有力的印证。

在众多出土的器皿中，史墙盘的铭文是最多的，共有18行，284字。这件精美的器具是西周微氏家族中一位名叫墙的人，为纪念其先祖而作的铜盘，因作器者墙为史官而得此名。此盘造型规整，纹饰精美，敞口，浅腹，圈足，腹外附双耳；腹部饰凤鸟纹，圈足部饰两端上下卷曲的云纹，全器纹饰以云雷纹衬地，显得清丽流畅。

史墙盘的铭文分成两段，前一段铭文的大意是："古代的文王，初步做到了政事和谐，上天降给他各种美德，使他控制了各个方面，天下万国都服从了他的统治；武王神勇无比，征伐四方，殷朝一些有远见的大臣都与他发生了联系，影响是很深远的。武王不仅大大地巩固了远祖所开创的基业，而且奋起攻伐了纣王；聪明而有法度的成王，授予各方诸侯为政纲要，用以治理周国；深沉而明哲的康王，安定了广阔的疆土；伟大淳厚的昭王，大规模地打击了荆楚，为了巡狩而亲自到南方；恭敬而显赫的穆王，用自己为例现身说法，教诫并安顿现在的天子，在各方面都继承了文王、武王以来长时期建立起来的勋业……"这段铭文所记载的周朝各王的历史活动，与古文献记载基本相合。

瑶池献寿图

从铭文中不难看出。周人对昭王伐楚是十分重视的，并把这件事作为昭王的主要功绩，说他"大规模地打击荆楚，为了巡狩而亲自到南方"。虽然最后昭王死在汉水，但是他打通了通往南方的道路，让南方的金属特别是铜输入中原的通路变得畅通，这对周王朝的发展是有很大意义的。

与此相反，后世广为流传的穆王周游天下的故事，史墙盘的铭文却一字未提，这也许说明周朝人当时就可能对这件事持否定态度，毕竟穆王连年兴师动众，劳民伤财，给周朝人带来了沉重的负担。因此史墙盘里只说穆王“用自己为例现身说法，教诫并安顿现在的天子”，而没有把穆王“周行天下”的行动作为壮举来歌颂，说明穆王本人也可能认识到这些活动引起了国人的不满，因此才教诫恭王不要再干像他那样周游天下的荒唐事了。

中兴的王朝

恭王伐密

周穆王死后，他的儿子姬繄扈继承了王位，史称周恭王，又称周共王。

一次，恭王出外狩猎，随行的人中，有密国的诸侯密康公。一路之上，周恭王忙着射鹿捕鸟，密康公却四处搜罗美女。只要见到美貌的女子，密康公便命令手下悄悄把她们带走。

狩猎结束，密康公兴冲冲地带着三个绝色美人回了封国。密康公的母亲见儿子没带回猎物，只带回美女，便问儿子是怎么回事。密康公哪里敢说是自己强行掳来的，撒谎道：“这三个女子看上了我，偷偷跑到我的车上！这是我的福气呀。”

见是几个“私奔”的女孩儿，密康公的母亲稍稍安心，但觉得儿子收留她们不符合规矩，劝道：“你既然是陪同周王出游，路上得到了漂亮的女子，应献给周王才对！俗话说得好：‘三’是最大的数字。三只野兽就成了‘群’，三个人就成了‘众’，三个漂亮姑娘就‘粲’然无比了。周王打猎还不敢取‘群’呢！怕的是一下就打得三只野兽，被人们骂他贪心大、为害深。你想想，这次唯独你无端得到了三个美丽的女子，能有这么大的福气消受吗？这是连周王都受用不起的啊，何况是你。我看这不是你的福气，恐怕是凶兆！”

> **历史小常识：古密须国**
>
> 古密须国的遗址，在今甘肃灵台县治西五十华里之百里镇。密须国在商末时为周原西北部的一个强悍部族。后为周文王所灭。武王克商后，封同姓诸侯，建立密国，后又为周恭王所灭。今遗址处有一庞大的西周墓葬群。甘肃省最大的西周铜鼎就出生于此。

密康公不听母亲的劝说，坚持把这三个女子留下了。一年后，周恭王知道了这件事，便以密康公违犯周礼为借口，派兵把密国灭掉了，密康公也被杀死。

四通八达的交通

西周的建筑业也很进步，瓦已经出现，并开始在屋脊等处使用。到了西周晚期以后，房屋上面就大部分覆盖瓦了。1958 年，在湖北的一处西周遗址发现了一组大型木构建筑遗址，在一处房子附近，还发现了木质的楼梯形残痕。可见，当时的周人已经住进木结构的楼房了。

围绕着雄伟的都城，西周还有着通向各诸侯国的四通八达的交通网。大道的修建，为周天子巡视天下诸侯和地方诸侯到周京朝觐提供便利，加强了周王朝与全国各地的联系。另外，各国诸侯要定期向周王朝贡纳服物，这些物资都源源不断地通过宽广的大路输往都城。最重要的是，这些道路有利于西周王朝的军事调动，如有某方诸侯叛乱或他敌入侵，就可迅速调兵遣将，派兵前往。

师旂鼎

西周王朝对交通问题是很重视的，设立了专门的机构野庐氏来守护和管理，有时还派大臣检查道路的情况。在周人心目中，把保持道路的通畅作为巩固统治的一条重要经验。为了使后世子孙铭记这一点，他们甚至在庙堂祭祀祖先所唱的颂诗中也提到了这一点。

周人的颂词中唱道："高高岐山造化生，古公辟居善经营。割除杂草建宫室，祖先遗业文王承。慕义诸侯往来便。只因通岐大道平，子孙莫忘修路功。"

据考证，西周的西都镐京和东都洛邑之间有一条大道相连。这条大道西起陕西丰镐地区，经过郑国（现陕西华县）到达东都洛邑。从丰镐向西，可以一直到达在今天宝鸡、凤翔一带，然后从大散关向南可直通巴蜀。从丰镐向东，有直达齐国（现山东临淄以北）的大道。从丰镐向南，可直达江汉地区，是南北用兵的重要军事要道。从丰镐向北，能一直到达燕国（今北京一带）。

这一条条从周王都伸向全国四面八方的大道，平坦、笔直、宽阔。大路两旁，种着参天的大树，每隔一段路程，就会看见专供食宿用的亭、舍等设施，便利行旅的往来。

渐趋完善的律法

西周的律法秉承了《禹刑》的主要内容，在此基础上不断完善，且越来越系统化了。周穆王集夏、商、周三朝，制定了《吕刑》，完备了"大刑用甲兵，其次用斧钺；中刑用刀锯，其次用钻笮；薄刑用鞭扑，以威民也"的措施。

《吕刑》这部法典十分烦琐，据说墨刑有一千条，劓刑有一千条，剕刑有五百条，宫刑有三百条，大辟有二百条。墨刑是在人的额头上刺字；劓刑是把人的鼻子割下来；剕刑是把人的脚砍掉；宫刑就是毁掉男子的生殖器，女性则幽闭深宫；大辟则是把人的头颅砍下。除了这五刑，周代还有"五罚""五过"等各种名目的刑罚。如要逃避刑罚，就要缴纳一定数量的金（古代的金即铜）或丝。

1975 年，陕西省岐山县发现了一处青铜器窖藏，其中的一件"训匜"上，铸有长达 157 字的铭文，其内容就涉及了周代的刑罚，大意是这样的：

刖刑奴隶守门鬲及其局部

某年的三月底,周天子的重臣伯扬父处理了这样一个案子:一个名叫牧牛的小官,违背了忠于上司的誓言,诬告他的上司训。对此,伯扬父进行了严肃的判决,处理的结果是:一、责成牧牛必须履行前誓,并要他立即去啬地归还训的五名奴隶;二、牧牛的诬告行为已构成犯罪,应予惩处。伯扬父向牧牛宣布判决词说:"查牧牛违誓诬主,按律应处以千鞭之笞,脸上刺字并蒙黑布羞辱之重刑。念其初犯,姑且从轻惩处,可减刑为鞭打一千,黥面、免职。依据赎刑的有关条款,可按罚金(铜)三百锾、鞭打五百之最轻处罚执行。此判决下达后,犯罪人应立誓不再上诉纠缠。如不知悔改,继续伤害训,定严惩不贷!"

牧牛听罢判决,连忙发誓表示悔悟,当场签字画押认罪。

训虽然受了诬陷之害,但案子查清,并得到金(铜)的赔偿损失费。他铸造了一件铜器留作纪念,并将此案的经过铸在了铜器上。

由此我们得知,伯扬父对这场官司的判决,是依照一定的刑典处理的,处罚也是与牧牛的身份和地位的有关规定相适应的。就连这场官司的判决词,也有一定的格式。此外,从诉讼程序方面来说,也是比较完备的。最后还有结案书,具备了相当完整的法律手续。

逐步升级的矛盾

周懿王与日食

恭王以后,儿子姬艰成为国君,史称周懿王。这位周王生性懦弱,丝毫没有发愤图强的意思,继位后政治日趋腐败,国势更加衰落。西戎屡次进犯,周懿王连反击的念头都没有，他唯一的行动，就是将都城迁往槐里（今陕西举平东南）。

不过，后世对周懿王是非常感兴趣的，虽然他没什么政绩，可幸运的是，在他登基这年，发生了“天再旦”。

“天再旦”是一种奇异的天象，从字面看，意谓“天亮了两次”。在什么情况下才会“天亮两次”呢？只有在太阳出来前，天已放亮，或者太阳刚好在地平线上，忽然发生了日全食，这时，天黑下来，几分钟后日全食结束，天又一次放明，这就是“天再旦”。

有了这个记载，就能依靠天文学的知识推断出“周懿王元年”的具体时间，这将是夏商周断代工程的一项伟大进展，默默无闻的周懿王，正因此被历史学家们关注。

借助速率强大的计算机和专业软件，科学家们推算出周懿王元年天再旦，指的是公元前899年4月21日凌晨5时48分发生的日食，在今陕西一带可以看见。

众所周知，太阳出来后，天光随太阳的地平高度而变化。由于大气散射，太阳在地平线以下时，天空就开始亮了。这是一个复杂的过程，很难定量表达，却又必须定量表达。因此，夏商周断代工程组对二十二个日出过程作了四百多次测量，并通过天体力学方法进行计算，得出1997年3月9日日全食将再次发生的预测。

果不其然，日全食在这一天发生了，观测结果与结论是：日出前，天已大亮，这时日全食发生，天黑下来，星星重现；几分钟后，日全食结束，天又一次放明。这一过程证实了通过理论研究得出的天光视亮度变化曲线，与实际观测的感觉一致，印证“天再旦”为日全食记录是可信的。所以，可以初步确定公元前899年为懿王元年。

周孝王与秦非子

迷信的古人认为，“天再旦”不是什么好兆头，反正周懿王在位七年就病死了。他的叔叔，也就是恭王的弟弟姬辟方夺权自立，史称孝王。

青铜虎尊

周孝王一心试图复兴周王朝，他振兴军力，在汧水和渭水之间的草原上开辟了一个大牧场，用重金招募行家来养马。有个应募者名叫非子，孝王询问他养马的方法，非子对答如流，对于马匹的调养、训练、繁殖、疾病治疗等，都说出一套高超的办法。孝王听后十分高兴，就让他主管牧场。非子受命后尽职尽责，他养的马匹都是膘肥体壮。一年下来，马的匹数增加了一倍多。周孝王十分满意，将秦地（今甘肃一带）几十里的土地封给了他，赐嬴姓，号称秦嬴。非子就是秦的始祖，为周王朝争取西戎各部落做了很多工作。

可惜的是，没等到这些战马驰骋上战场，周孝王就病死了，没能等到实现振兴周室的理想。更不幸的是,在孝王执政的第七年冬天,一直气候温暖的北方突然变冷,大量牛、马都被冻死,连长江、汉水都结了厚厚的冰。此后,原本活动在北方热带和亚热带类型的动物,比如大象等,都迁徙到南部或更远的地方去了。

可贵的土地

孝王因为把注意力都放在了养马上,对农耕的注重有所不足。加之气候的变化,使土地变得更加珍贵。

在孝王时的一件青铜器"曶鼎"上,记载了懿王时发生的一件官司,我们由此得知,西周的奴隶是多么不值钱,而土地上的农作物又是何等珍贵。

曶鼎的铭文是这样说的:懿王时的某一年,国家发生了一场严重的灾荒。一个名叫匡季的贵族趁着荒乱之机,带领他手下的二十个奴隶,抢走了另一个贵族曶的十秭庄稼(一秭为二百秉庄稼,收获时,每割一把庄稼即为一秉)。

曶当然不肯罢休,把匡季的不法行为报告了他们的上司东宫。东宫听后大怒,把匡季找来训斥说:"必须把你手下那几个抢庄稼的人给我抓来,如果你抓不来,我就要重重地惩罚你!"匡季支吾着,推说自己并不知情,这些都是手下人所为,表示愿意用五块田和四个奴隶来赔偿曶的损失。

曶认为这个赔偿太少了,又去找东宫。东宫亲自查看了田地,给出了自己的判决意见:"匡季赔偿曶的庄稼,除了第一次的条件,还必须偿还十秭,馈送十秭。如果到明年不全部还清,就要加倍,付庄稼四十秭。"

在东宫进行了第二次判决后,匡季与曶又经过协商,终于达成了双方都可接受的条件,结束了这场官司。匡季在原来提出的五块田、四个人的基础上,又增加了两块田和一个人,共用七块田和五个奴隶来赔偿,至于补偿的庄稼,则赔给曶十秭。

曶鼎的记载如此详细,可见三十秭庄稼要比七块田、五个奴隶加在一起都贵。这也说明七块田每年所生产出的庄稼,一定是低于三十秭这个数量的。不难看出,西周的土地、劳力都没有土地上的生产品贵重。

因为土地转让和交换的日益发展,有不少贵族都失去了土地,加上天灾人祸,破产不再是天方夜谭。而一些善于经营的人,即使以前社会地位很低,但随着经济地位的提升,成了"暴发户"。面对这种情景,不平衡的落魄贵族禁不住伤心而歌,他们唱道:"过去我住的是宽敞的大房子,如今却连容身之地都没有,唉,真是今不如昔啊……过去我每顿饭菜四大件,如今却顿顿都吃不饱,唉,真是今不如昔啊……"

夷王烹哀公

靠政变夺取王位的周孝王不久后死了,他刚闭上眼睛,原来的太子,也就是周懿王的儿子姬燮,就被诸侯们推上了王位,史称夷王。

坐上失而复得的王位,周夷王对拥戴自己的诸侯感激万分,一改以前天子站在堂上受诸侯礼拜的惯例,变为朝见时走下堂来和诸侯相见。

无论做什么事，都是利弊并存。对于周夷王这谦逊的举动，有的诸侯表示赞许、满意，可也有的诸侯不买账，认为这样做有损天子的威仪，因此大有瞧不起周夷王的架势。

周夷王很是尴尬，再接见诸侯的时候，觉得起来迎接也不是，坐着不动也不是。天子懊恼到一定程度，就容易走极端。周夷王渐渐认为这是诸侯们有心刁难自己，决定来个杀一儆百，给大家看看。

周夷王三年，各国诸侯被召集到镐京，亲眼目睹了齐哀公被扔进沸腾的大锅活活煮死了，理由是齐哀公对天子不敬。

齐哀公名叫姜不辰，是姜尚的后代，因为一点儿小事得罪了纪侯。纪侯向周夷王说了许多齐哀公的坏话，因此招来杀身之祸。

哀公到了镐京后，不敢和纪侯理论，只是一味地向周夷王解释、悔过。为了预防不测，齐哀公也给他的同母弟弟姜山写信，说明了情况。齐哀公在信中写道："为兄此次遭人故意陷害，估计凶多吉少。不过，我没有什么过错，但周王昏庸，听信一面之词，更不容我辩解，估计我是回不来了。齐国从太公立国以来，历四代繁盛，可如今我是无能为力了，以后齐国的事情你还得费心。看来我们兄弟这辈子再也见不上面了，你好自为之！"

齐哀公的这封家书也是他的遗言，周夷王正要拿一个作法，怎肯听他的解释，很快就将齐哀公投入滚烫的油锅里烹杀了，警告诸侯们以此为戒。接着，周夷王任命了齐哀公的异母弟弟姜静当了齐国的国君，这就是齐胡公。

姜山在接到哥哥的来信后悲痛不已，尤其是知道齐哀公被处以如此暴虐的刑罚，更是悲愤。如今王位落入异母弟弟姜静的手中，姜山的肺都要气炸了，一腔怨恨都发泄在了姜静的头上。于是，姜山带领他的亲信和军队，向姜静发起攻击。因为姜静一上台就迁都、营建宫殿，所以很不得人心，没有人愿意为他卖命，很快就被姜山打败了。

姜山杀死姜静后，根本不理会周夷王，自封为齐君，史称齐献公。齐献公姜山首先给自己的哥哥齐哀公平反昭雪，恢复名誉，然后把姜静的儿子和家人全部驱逐出境。这些人没处容身，只好跑到首都镐京寻求避难。

这时，周夷王扔齐哀公进油锅的勇气不知哪里去了，他虽然收留了姜静的后人，可并没有去指责齐献公，而是听之任之，默认了齐献公的地位。

历史小常识：虢季子白盘

虢季子白盘与散氏盘、毛公鼎并称西周三大青铜器。盘内底部铭文讲述了虢国的子白奉命出战，荣立战功，周王为其设宴庆功，并赐弓马之物，虢季子白因而做盘以为纪念的事。据传虢季子白盘于清道光年间出土，朝廷收藏后不久就遗失了。清同治初年被淮军将领刘铭传发现，此后几十年，此盘一直藏在刘铭传的老家，并被深埋地下。北洋军阀时，曾被军阀刘镇华搜劫未遂。后美、法、日等国都有人前来重金收买此盘，均遭到刘铭传后裔刘肃曾的拒绝。1949年，刘肃曾将虢季子白盘献给国家。

强弩之末

原来，周夷王虽然在诸侯面前显示了他的威严，可惜西方的犬戎和猃狁却不给他面子，起兵造反，周夷王忙于平乱，自然就顾不上齐献公了。

周夷王派出平乱的，是大将虢公。虢公名叫季子白，他与猃狁在洛水北岸展开了一场恶战，大获全胜，掳获了上千匹好马。

周夷王很是高兴，赏赐了季子白许多财物，季子白为此铸了盘，记录了这件盛事。这个盘就是虢季子白盘，上面的铭文记述道："在夷王十二年正月初吉期间的丁亥日，虢季子白制作了宝盘。显赫的子白，在军事行动中勇武有为，经营着天下四方。进击征伐猃狁，到达洛水之北。斩了五百个敌人的首级，抓获俘虏五十人，成为全军的先驱。威武的子白，割下敌人的左耳献给了王，王非常赞赏子白的威仪。王来到成周太庙的宣榭，大宴群臣。王说：'白父，你的功劳显赫，无比荣耀。'王赐给子白配有四马的战车，以此来辅佐君王。赐给朱红色的弓箭，颜色非常鲜明。赐给大钺，用来征伐蛮夷。子白因此作器，以使子子孙孙万年永远地使用。"

不过，这次胜利并未带给周王朝起色，犬戎依旧时常骚扰，各地的小叛乱也时有发生。在王朝内外的一片告急声中，周夷王疲于奔命，甚至不得不亲自出征。连年的战争消耗了大量的人力和财力，周王朝元气大伤，已是强弩之末了。

厉王平淮夷

周夷王死后，儿子姬胡继位，史称周厉王。

西周自从懿王以后，国力日渐衰弱，四周方国部落交相发动对周的进攻和侵扰。到了厉王的时候，原来臣属于周的噩国，其国在今南阳东北一带，看到周王朝势力衰弱，就乘机反叛，企图侵占周王朝的疆土。以噩侯一个方国的力量当然不是周王朝的对手，于是，噩侯联络了南淮夷和东夷部落，一同出兵进攻周的东部疆域和南部国土，声势浩大，气势凶猛，一直打到东都成周（今河南洛阳东白马寺一带）附近，严重影响着京畿的安危。

周厉王为了保卫京都，从宗周调来了西六师的部队，又从北部调来殷八师的大军，从西、北两个方向同时向河洛地区聚集，企图形成夹击之势，一举歼灭噩国的军队。厉王依靠贵族大臣的亲兵来抵御噩国的进攻，周将禹率大臣武公的私家兵车百乘，斯御二百人，步兵千人参战。经过激烈的战斗，周厉王终于击败了噩侯，保卫了成周的安全。

宗周钟

周厉王攻噩之战后，居住在今安徽北部淮河流域的淮夷，又发兵向周王朝进攻。周厉王命虢仲率兵反击，未能取胜。淮夷的气势更为嚣张，又一次发动更加凶猛的进攻，一路浩浩荡荡，一直深入到周王朝的中心地带，打到伊水、洛河之间，并掠杀无辜平民，抢夺财物。厉王亲临成周，指挥反击战。周兵自洛水上游连续发动多次反攻，使得淮夷无法招架，只得败退。周军乘胜追击，最后彻底击败了淮夷。

由于周厉王攻噩和平定淮夷的胜利，大振军威，周王朝的军力也有所增强，西周王朝国威也有所振作。

荣夷公专利

战争永远是一把双刃剑，虽然周王朝的军威得到了诸侯们的颂扬，但也消耗了大量国力。加上周厉王上台后，一直沉湎于酒色之中，见国库日益空虚，便加紧敛财。

就这样，善于敛财的荣夷公就成了厉王最宠信的大臣，而荣夷公聚敛财富的手段就是实行"专利"，把人们赖以谋生的大大小小的各种行业，全部改由政府经营。

如此一来，不但损害了百姓的利益，一些贵族也表示不满。大臣芮良夫劝厉王说："荣夷公这样的人只看到眼前的一点小利，而不知道这点小利会给国家带来什么恶果。大王您如继续听他的话，国家可就要危险了！好利本是人的天性，财利是百物所生，百物是大自然赐予的，人人都可以利用，怎么能只许天子您独自享用呢？一旦独占，就会触怒很多人。荣夷公用财利来引诱您，君王您难道能长久吗？做人君的人，应该是开发各种财物分发给上下群臣百姓，使神、人、万物都能得到所应得的一份，即使这样，还要每日小心警惕，恐怕招来怨恨呢。所以《颂诗》说：'我祖后稷有文德，功高能比天与地。种植五谷养万民，无人不向你看齐。'《大雅》说：'广施恩泽开周业。'这不正是说要普施财利而且要警惕祸难来临吗？正是因为这样，先王才能建立起周朝的事业一直到现在。而如今，君王您却去学独占财利，这怎么行呢？普通人独占财利，尚且被人称为是强盗；您如果也这样做，那归服您的人就少啦。荣夷公如果被重用，周朝肯定要败亡了。"

后稷（虞司稷）

任凭芮良夫说得口干舌燥，周厉王的眼中看到了利益，根本无动于衷。没过几天，竟然还给荣夷公加官晋爵了，一些本想进言的臣子们见状，都知趣地闭上了嘴巴。

厉王止谤

专利政策实施后，人们的生活日益艰难。那时候，住在野外的农夫叫“野人”，住在都城里的平民叫“国人”。周都镐京的国人不满厉王的暴虐措施，怨声载道。

大臣召公虎听到国人的议论越来越多，进宫告诉厉王说：“百姓忍受不了啦，大王如果不趁早改变做法，出了乱子就不好收拾了。”厉王满不在乎地说：“你不用急，我自有办法对付。”于是，厉王下了一道命令，禁止国人批评朝政，还从卫国找来巫师，专门刺探批评朝政的人，说：“如果发现有人在背后诽谤我，你就立即报告。”

卫巫为了讨好厉王，派了一批人到处察听，敲诈勒索，随便诬告。厉王在听信了卫巫的报告后，杀了不少国人。在这样的压力下，国人真的不敢在公开场合里议论了。人们在路上碰到熟人，也不敢交谈、打招呼，只互相交换一个眼色，就匆匆走开。

见卫巫报告批评朝政的人渐渐少了下来，厉王十分满意，他洋洋得意地对召公虎说：“你看，这回不是已经没有人议论了吗？”召公虎叹了一口气，说：“唉，堵住人的嘴，不让人说话，比堵住河流还要危险哪！治水必须疏通河道，让水流到大海；治理国家也是一样，必须引导百姓说话。因此天子治理政事，命令公、卿以至列士献诗，乐官献曲，史官献书，少师献箴言，盲者朗诵诗歌，矇者背诵典籍，各类工匠在工作中规谏，百姓请人传话，近臣尽心规劝，亲戚弥补监察，太师、太史进行教诲，元老大臣整理阐明，然后君王考虑实行。所以政事得到推行而不违背事理。百姓有口，好像土地有高山河流一样，财富就从这里出来；好像土地有高原、洼地、平原和灌溉过的田野一样，衣食就从这里产生。口用来发表言论，政事的好坏就建立在这上面。实行好的而防止坏的，这是丰富财富衣食的基础。百姓心里考虑的，口里就公开讲出来，天子要成全他们，将他们的意见付诸实行，怎么能堵住呢？硬堵住河流，就要决口；硬堵住人的嘴，是要闯大祸的呀！”

历史小常识：纪年的确定

厉王流彘和周召共和发生在公元前841年，这个日期的准确推算，要归功于1992年在陕西西安市长安区申店出土的青铜器吴虎鼎，上面清晰的铭文记载，它是周宣王十六年的十三月（是个闰年）铸造的。因为这一年是闰年，经过推排，得到的结论就是西周共和元年是公元前841年。

厉王撇撇嘴，不去理他，召公虎只好退出。

周召共和

厉王和荣夷公的暴政越来越厉害，三年后，即公元前841年，国人忍无可忍，终于举行了一次大规模的暴动。起义的国人围攻王宫，要杀厉王。厉王慌慌忙忙逃出王宫，一直逃过黄河，到了彘（今山西霍县东北）这个地方。

国人打进王宫后没有搜到厉王，便一路追杀太子姬靖，来到了召公虎的家里。召公虎没办法，只好把自己的儿子冒充太子送出去，保住了太子的一条命。

厉王跑了，国王没有了，怎么办呢？经过大臣们商议，由召公虎和另一个大臣周公定期主持贵族会议，暂时代替周天子行使职权，历史上称为“共和行政”。这一年是公元前841年，是中国史籍记载有确切纪年的开始。

共和行政维持了14年后，周厉王在彘死去。大臣们立太子姬静即位，就是周宣王。

宣王料民

宣王继位后，因为目睹了父亲的流亡，十分小心谨慎地处理政事，在政治上也比较开明，召公和周公依然辅佐着宣王，努力革除厉王时的各种弊政。

在出土的毛公鼎上，记载了周宣王的一篇完整册命。其内容是周宣王为中兴周室，革除积弊，策命重臣毛公，要他忠心辅佐，以免遭丧国之祸，并赐给他大量物品。毛公为感谢周王，特铸鼎记其事。

但是，经过厉王的暴虐统治和这一场国人暴动，周朝已经是外强中干了。

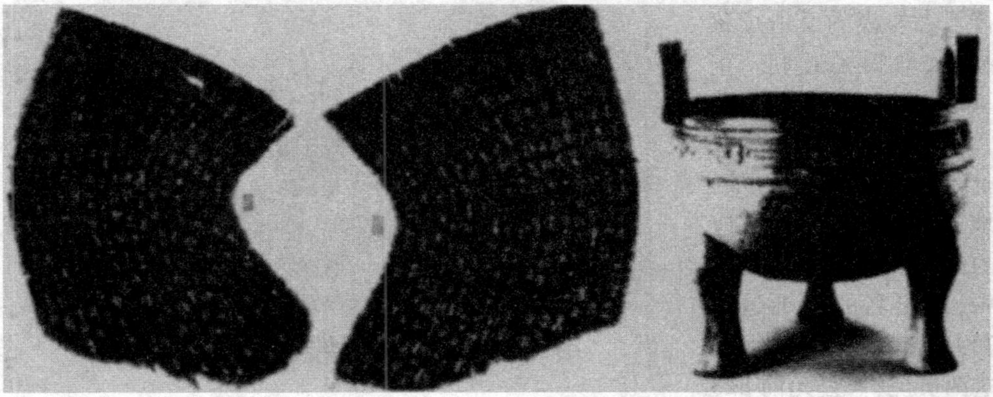

毛公鼎及其铭文

不久，宣王宣布废除每年春天举行的籍田典礼，这个举动立即引起了一场轩然大波。所谓“籍田”，就是周王每年一次向臣民们进行的耕作动员大会。在西周初年，土地基本都是周王朝国有，并划分为井田，由奴隶们集体耕种。到了宣王时期，井田制已经遭到严重破坏，不仅大小贵族利用奴隶的剩余劳动开垦出许多“私田”，就是原来的大片“公田”，也有不少被贵族化公为私了，给予奴隶一定的份额，自己靠收取大部分地租过活。每年春天，农师之类的农官也不再到田野里去监督生产，因此“籍田”早就沦为了一种形式。

面对公田减少、奴隶慢慢转化为隶农这种情况，宣王选择了面对现实，不再做无意义的空谈，但他身边的大臣却不这么看。尽管这些大臣也都拥有不少的私田，但他们依然要求宣王奉行祖制。大臣虢文公义愤填膺地劝谏宣王不能够“不籍千亩”，他认为这样做下去，将来是不堪设想的！到那时，祭祀用的供物将会短缺，老百姓的生路会被堵死，又怎么能求得上天的福佑呢？

周宣王不但没有理会虢文公的长篇大论，还要求全国统计人口，严惩隐瞒奴隶的贵族。这一来真是捅了马蜂窝，全国上下的贵族都如坐针毡，纷纷表示反对。

贵族们反对的理由很简单:奴隶是不计入国家人口的,虽然现在很多奴隶分得土地成为隶农,但这种情况一直是瞒上不瞒下。如此一来,贵族们想独占他们的剩余劳动成果就不那么容易了,因此千方百计隐瞒自己手下隶农的数量。

周宣王不顾大臣们的反对,坚持"料民",使周王朝所能控制的人口数目有所增加,兵源的问题也得到了暂时的解决。但是,这也成为大臣们的口实,一旦发生天灾或是战败,责任就归咎给宣王,说这是"不籍千亩"和"料民"遭到了老天爷的惩罚。

短暂的中兴

就在宣王努力整饬国政的时候,西北和南方的少数民族部落还在不断侵扰中原,他们可不想给周王朝任何喘息的机会。

征伐猃狁

公元前825年,宣王进行了大规模的反击戎狄的战争,取得了胜利。宣王又发动了对猃狁的战争,并再次取得了胜利。猃狁族被赶到了北部很远的地方,减轻了对北部边境的威胁。在与猃狁的战斗中,最出名的英雄是南仲和尹吉甫。宣王非常欣赏这两员虎将,公元前823年,周宣王派他们出征南方,经过多年艰苦激烈的战斗,终于征服东南的一些部落,江汉徐淮一带从此正式纳入西周王朝的版图。

周王朝的版图扩大了,边疆的一些少数民族部落恢复了同周王朝的联系,历史上因此把宣王对外战争的胜利称为"宣王中兴"。尽管如此,周王朝的政治和军事力量也受到了战争的打击,没过几年,周宣王在与外族的继续斗争中连吃败仗,灭亡前夜的黑幕,就要落下了。晚年的宣王渐渐固执己见,为了显示自己的威风,在鲁国选立继承人的时候,硬逼着废长立幼。鲁人不服,他就兴兵讨伐,使鲁国陷于混乱,这不仅破坏了周朝的嫡长子继承制度,也引起了同姓诸侯间的不和睦,使得诸侯们对宣王更加不满。

对诸侯尚且如此,对在朝为官的臣下,宣王就更加放肆。一次,为了一件小事,大夫杜伯触怒了宣王,被判处死刑。他的老朋友左儒上前劝阻,宣王不理,下令左右斩了杜伯,并羞辱了左儒。左儒又羞又气,回到府宅后就自刎而死,此事在大臣间引起一片惊恐。

宣王有时候可能也觉得后悔,但又不好意思明说,以致得了一种怔忡症。一次,他带着臣下外出游猎中,忽然在车上大叫一声,昏迷了过去,几天后就死去了。后来,就流传开一种说法,说宣王打猎时,忽然看见杜伯从路的左边钻出来,身穿红衣,头戴红冠,手持一张红弓，搭上一支红箭，射中了宣王的要害，夺去了他的性命。

西周灭亡

在经历了短暂的“中兴”之后，西周王朝再次加快了滑向深渊的速度，中兴毕竟只是回光返照。没落的西周早晚都要走向衰亡，而周幽王在选择继承人问题上的草率做法则成了关键性因素。被奉为“天子”的周王战败被杀，从此在诸侯心目中的地位一落千丈。平王东迁标志着一个新的历史时期的到来。

没落的西周

上天的警示

公元前781年，周宣王死后，儿子姬宫涅继位，史称周幽王。幽王一继位，周王朝就相继遇到了严重的自然灾害。

宣王末年发生了旱灾，旱情一直没有缓解，全国的河流、泉池都干得见了底，草木庄稼全都枯死，哀鸿遍野。幽王二年，首都镐京和泾水、渭水、洛水流域又发生了强烈的地震。

在《诗经·小雅·十月之交》中，一个小官因不满当时的朝政，写下这首讽刺诗，记述了这次毁灭性的地震，令山冢崩塌，高岸变深谷：“九月底来十月初，十月初一辛卯日。天上日食忽发生，这真是件大丑事。月亮昏暗无颜色，太阳惨淡光芒失。如今天下众黎民，非常哀痛难抑制。日食月食示凶兆，运行常规不遵照。全因天下没善政，空有贤才用不了。平时月食也曾有，习以为常心不扰。现在日食又出现，叹息此事为凶耗。雷电轰鸣又闪亮，天不安来地不宁。江河条条如沸腾，山峰座座尽坍崩。高岸竟然成深谷，深谷却又变高峰。可叹当世执政者，不修善政止灾凶。皇父显要为卿士，番氏官职是司徒。冢宰之职家伯掌，仲允御前做膳夫。内史棸子管人事，蹶氏身居趣马职。楀氏掌教官师氏，美妻惑王势正炽。叹息一声这皇父，难道真不识时务？为何调我去服役，事先一点不告诉？拆我墙来毁我屋，田被水淹终荒芜。还说‘不是我残暴，礼法如此不合乎’。皇父实在很圣明，远建向都避灾殃。选择亲信作三卿，真是富豪多珍藏。不愿留下一老臣，让他守卫我君王。有车马人被挑走，迁往新居地在向。尽心竭力做公事，辛苦劳烦不敢言。本来无错更无罪，众口喧嚣将我谗。黎民百姓受灾难，灾难并非降自天。当面聚欢背后恨，罪责应由小人担。绵绵愁思长又长，劳心伤神病恹恹。天下之人多欢欣，独我忧深心不安。众人全都享安逸，唯我劳苦不敢闲。只要周朝天命在，不敢效友苟偷安。”

史官伯阳甫分析了地震的原因，对周王说道：“大地有阴阳二气，平时各得其位，大地平静。但如果阳气在下面，阴气压着它，使它不能升起，就会发生地震。现在泾水、渭水、

玉鱼

洛水流域发生了地震，是阳气为阴气压挤所引起的。以前伊水、洛水也曾干枯过，那是夏王朝灭亡前的征兆。黄河的水也曾干枯过，是商王朝灭亡的征兆。现在发生这样的事情，和夏、商二代灭亡前的情况很相似，看来老天爷要抛弃我们了！”

周幽王对这样一番在当时看来是危言耸听的话，连眉头都没皱一下，依然该喝酒喝酒，该玩乐玩乐。

烽火戏诸侯

史官的建议对周幽王如同一阵风，赵国（今山西洪洞北）的国君姬带见状，亲自来提醒周幽王说：“山崩川竭，显示人的血液枯干，肌肤消失。岐山是周王朝创业之地，一旦塌陷，更是非同小可。大王如果求贤辅政，还可能消除天怒。如果仍然只一味找美女、觅艳妇，恐怕要生变乱。”可幽王根本听不进去，把姬带贬回了他的封国。

见此情形，褒国（今陕西汉中西北）国君褒珦又进谏说：“大王既不畏惧上天的警告，又舍弃忠良，国家如何能够治理？”幽王这次发火了，把褒珦囚入监狱。

褒珦在监狱里被关了三年。褒家的人在乡下买了一个美丽的女子，取名褒姒，把她献给幽王，替褒珦赎罪。幽王得了褒姒，异常高兴，马上就释放了褒珦。

褒姒入宫后，群臣都劝阻说：“自古以来，就有因为红颜祸水而导致国家灭亡的，夏朝的妹喜、商朝的妲己就是两个很好的例子。大王应该以前朝得失为借鉴，不接受这个美人。”这时虢石父站出来说：“庄稼人多收了几捆禾麦，还可以再娶小妾。大王贵为一国之君，接受一个美人，有什么大不了的？”幽王从此专宠褒姒，对虢石父也另眼相看了。

据说有一天，幽王与褒姒正在饮宴之时，幽王的王后申氏来了，可褒姒却没有起身迎接。面对褒姒这种不敬的行为，申后心中虽有怨愤，却不敢说出来。太子宜臼看见母亲郁郁寡欢，便暗地里将褒姒打了一顿。

幽王当然知道这是太子干的，下诏废除王后和太子。一日之内废掉王后和太子，于礼大谬，自然引起了朝中大臣的普遍不满。但很多人敢怒而不敢言，只有纷纷告老归田。

虽然周幽王十分宠爱褒姒，可褒姒自从进宫以后，从没笑过一次。幽王想尽办法，可就是无法让美人开颜。没办法，幽王传下话去：谁能让王妃娘娘笑一下，赏一千两金子。大臣虢石父站了出来，给幽王出了一个主意。

原来，周王朝为了防备犬戎部落的进攻，在骊山（在今陕西临潼东南）一带造了二十多座烽火台，每隔几里地就有一座。如果犬戎打过来，把守第一道关的兵士就把烽火烧起来，第二道关上的兵士见到烟火，也会立即点燃烽火。这样一个接一个，附近的诸侯见到了，就会发兵来救。虢石父对幽王说："现在天下太平，烽火台长久没有使用了。大王跟娘娘不如上骊山去玩。到了晚上把烽火点起来，让附近的诸侯见了赶来，上个大当。娘娘见了这许多兵马扑了个空，保管会笑起来。"

褒姒

幽王听到这个妙计，不禁拍手叫好，马上带褒姒上了骊山，当晚就在骊山上把烽火点了起来。临近的诸侯看到烽火骤起，以为犬戎打过来了，急忙带领兵马来救。没想到赶到一看，一个犬戎兵也没有，山上还有一阵阵奏乐和唱歌的声音。这时幽王派人告诉他们说："谢谢各位，没有外寇，我只不过用烽火解闷罢了。请你们原路回去，等候犒赏。"那些封国国君好不容易才相信自己的耳朵，纷纷偃旗息鼓，狼狈而去。

褒姒不知缘由，突然看见骊山脚下急匆匆来了好几路兵马，吵嚷一番后又乱哄哄地走了，就问是怎么回事。幽王一说原委，褒姒果然笑了一下。见褒姒开了笑脸，幽王大喜，赏给虢石父一千两金子。从此，幽王更加宠爱褒姒，立了褒姒为王后，立褒姒生的儿子伯服为太子。

无奈的周王

平王复位

幽王原来的王后，父亲是申国的诸侯，听到女儿和外孙被废的消息后，联合犬戎进攻镐京。幽王听到犬戎进攻的消息,惊慌失措,连忙下令把骊山的烽火点起来。烽火烧起来了,可是诸侯因为上次上了当,这回没有一支军马来救。犬戎兵像潮水一样涌进城来,杀了幽王、虢石父和伯服,抢走了褒姒,将王宫内的财物洗劫一空,临走时还放了一把大火。待各路诸侯得知犬戎真的进攻镐京,匆匆赶来时,镐京已成为一片废墟。

于是,原来的太子姬宜臼被立为周王,即周平王。

文侯之命

说到周平王的复位,就不得不提提晋文侯的功劳。

晋国的祖先是周成王的弟弟姬虞,姬虞的后人将封国"唐"改为了"晋"。周厉王的时候,晋穆侯率军随王出征,结果大败而归。这时,穆侯的夫人生下了长子,穆侯因为战败,心中一直闷闷不乐,孩子的出生也没让他打起精神来,因此取名为"仇"。次年,穆侯出兵与戎狄交战,取得了胜利,恰巧这年次子出生,于是穆侯给孩子取名为"成师",也就是能成其众之意。

面对长子和次子寓意完全相反的名字,晋国的大臣师服担心地对穆侯说:"您给儿子的命名真是太稀奇了!命名为的是制定义法,以义法来产生礼节,用礼节来完善政治,用政治来匡正人民。只有政治上取得了成效,人民才会服从您。相反,如果您更改了礼节和义法,那么国家将会发生祸乱。从古至今,相爱的配偶叫'妃',相怨的配偶才叫'仇',您给长子取名为'仇',这不是预示他将来会遭到废黜的命运吗?您给次子取名叫'成师',也就是成就事业之意,这不是要逆反嫡庶之分吗?"

历史小常识:毛公鼎传奇

毛公鼎于清道光末年出土,后由著名金石学家陈介祺购藏。陈氏死后20年,两江总督端方依仗权势强行买走。端方死后,有个美国商人欲把毛公鼎买走.国内舆论哗然。这时民国大收藏家叶恭绰变卖一些文物,买下毛公鼎。抗日战争爆发后,叶恭绰避之香港,却被日本人监视起来,三番五次搜查大鼎。叶氏叫侄子叶公超(西南联大教授)赴上海保护宝鼎。叶公超到上海遭到日寇的拘捕,他嘱家人仿造了一鼎交出去了事,真正的毛公鼎遂得以转移香港。不久,上海商人陈咏仁买下此鼎。于是,宝鼎又转到陈氏手中。抗战胜利后的1946年,陈氏将宝鼎捐献给当时的南京国民政府,归原中央博物院筹备处收藏,解放前夕被带去台湾,现存台湾故宫博物院。

师服的这番话在当时没有引起穆侯的重视,却不幸在未来应验了。穆侯死后,晋国发生了内乱,穆侯之弟殇叔和太子仇争夺王位,将太子仇赶出了晋国。四年后,太子仇积蓄力量卷土重来,杀死了叔叔,重新夺得王位,史称晋文侯。

晋文侯最痛恨的就是有人篡夺王位,因此在周太子姬宜臼落难时,果断地伸出了援助之手,帮助姬宜臼复位。姬宜臼虽然继承了王位,可镐京残破不堪,各地的诸侯又虎视眈眈,周王室已经没有力量在关中立国了,这时晋文侯率军前来,帮助姬宜臼稳定了局势。姬宜臼很感激晋文侯,不但赞扬他的功勋,还赏赐了车马和弓矢。而车马和弓矢,正是征伐不廷之臣的象征。

平王东迁

由于周朝四边大多土地都被犬戎占了去,戎人又散布在王畿各地,随时都有卷土重来的可能。再加上镐京残破不堪,因此公元前770年,周平王把国都迁到了洛邑。

周平王

平王东迁后,周王朝直接控制的土地还有不少。后来,这些土地越来越少,其中的大部分都赏给了有功的诸侯。还有一部分土地被诸侯侵夺,一部分被戎人占领,一部分分封给了王族或公卿大夫。如此等等,周天子自己所有的土地和民众,慢慢所剩无几了,各国诸侯也不再把天子看作神人。

因为平王的洛邑在镐京之东,从此遂被称为“东周”,追称镐京时代为“西周”。在周幽王的烽火中,西周结束了,东周时代来临。

第二章 社会万象

周公制礼作乐

孔子曾说："殷因于夏礼，所损益，可知也；周因于殷礼，所损益，可知也。其或继周者，虽百世，可知也。"在孔子看来，夏、商、周在礼仪制度上的变化是"损益"的关系，即有所减损或增益。殷承于夏，周又承于殷，在周代以后虽然经过百世也还能看出它们的承接关系。

孔子对夏、商、周三代文化因承关系的论断放在中国的历史长河来说，可谓公断，然而单就夏、商、周三代而言，其变化还是比较显著的。因此近代史学大家王国维在其名著《殷周制度论》中说："中国政治与文化之变革，莫剧于殷周之际。"周人的礼乐制度既因于殷礼，因为当时殷人的文化水平确实高于兴起于西方的小国周；但在周公、成王之后，周人的礼与殷人的礼差异很大，由此可断定周人在革殷商之命后，继而革殷商之礼，这个巨大的变革即为周公的"制礼作乐"。

关于周公制礼作乐的记录始见于《左传·文公十八年》，其中记载季文子的话说："先君周公制礼作乐曰：'则以观德，德以处事，事以度功，功以事民。'"鲁为周公之子伯禽所建的封国，奉周公为始祖。季文子是鲁国的世家子弟，所在的春秋时代距离西周并不久远，他的话应该是可信的。而且根据殷商周初的甲骨文和金文以及后世文献考证，武王之后的周礼与殷商有较大区别。而武王去世之后，成王幼弱，能即承大统并改制的只能是践天子之位而摄政的周公，所以说周公制礼作乐应该确有其事。那么，周公到底制了什么礼，作了什么乐呢？

周公测景台（今河南登封）

《尚书·召诰》记载周公总结夏、商灭亡的经验教训时说道："我虽然不知道夏、商的统治应该延续多少年，但是它们因为不敬阙德故而失去了天命，早早离开了历史舞台"。然后，他们又对殷人"先鬼而后礼"的天命思想进行了反思。周人已经认识到"天命无常”,即天命会发生转移,而这个转移的基点就是“德”,是民心所系。也就是说天命以人心向背为根据决定王权的兴衰,而民心的向背又取决于统治者的“德”。于是周公提出“敬德保民”的思想,将殷人的重神事转移到人事中来,同时用礼乐制度来表现和巩固周人之“德”。可见周公的制礼作乐,是基于“德”的观念。

至于西周的具体典章制度、礼仪规范、干戚乐舞,则见于反映周代礼仪的“三礼”——《周礼》《仪礼》和《礼记》。根据“三礼”的记载,西周礼仪是一套繁复而严谨的等级制度,如规范日常生活的冠礼、丧礼、聘礼、乡饮酒礼、士相见礼,规范祭祀的祭礼,饮食宴客的飨礼、燕礼,规范君臣上下之制的觐礼、朝礼以及军队的出征礼仪——军礼等。这些礼仪规范的目的在于使“衣服有制,宫室有度,人徒有数,丧祭械用皆有等宜”,可见西周贵族生活在严密的等级规范里。与礼同源于祭祀的乐——娱神的乐舞,与礼相须为用,不可分割。“乐由中出,礼由外作”,即礼从外在来规范人伦,而乐则是通过舞乐来使这种制度深入人心,使之从内心发出对礼的欣然认同。所以上古说:礼以范人,而乐以和民。在西周,乐舞与礼仪相配,有十分严格的制度,不同的等级配以不同的乐舞。

严格来说,周公制礼作乐并非是说在周公之前没有礼乐,而是周公对礼乐进行了新的定义和规范,使之更符合西周政权统治的需要。周公之前的礼乐在周公革新之后发生了转向,而中国文明也在周公之后发生了转向。所以周公制礼作乐对西周以及整个后世的中国文化都起了不可估量的作用。

西周教育“学在官府”

相传夏代的教育机构为庠、序。“庠”兼有奉养、教育和粮仓的作用。“序”是进行射箭训练的场所,可看作是武士学校。到了商朝,贵族教育有了很大发展,除了庠、序之外,还有兼教音乐的“瞽宗”和专门进行教学的“学”。商人的“学”有大学和小学之分,教育内容以礼乐和射技为主。周承接了夏、商两代的文明而又有了较大发展,是奴隶制的鼎盛时期,故西周一代,文化发达,礼乐昌明,贵族教育也有了更大发展。西周的学校以地域分为国学和乡学。国学是中央官学,乡学为地方官学。以学习阶段分为大学和小学,其教育内容以礼、乐、射、御、书、数“六艺”为主。

《大戴礼记 · 保傅》记载:上古时的贵族子弟 8 岁入小学,15 岁即束发“成童”后入大学。《礼记 · 内则》则把贵族子弟的教育分为 3 个阶段:6 至 9 岁在家中学习简单的数字、方名及干支纪日等方法;10 岁外出就学,即入小学,学习写字、音乐等;15 岁入大学,学习礼乐;20 岁举行成人仪式——冠礼,之后开始学习礼仪。这些记述具体数目虽有出入,但基本是幼年入小学,成童入大学。

那么小学和大学又是怎样设置的呢?小学建在都城的宫内,而大学建在都城郊外,辟雍和泮宫分别是天子和诸侯所读的大学场所。“辟雍”的形制特征是四周环绕着水池,中间为圆形的高地,上面建有厅堂式的草屋。四面环绕的水池称为“辟”,中间的高地称为"雍"。辟雍也叫"明堂",兼作天子祭祀和朝见诸侯、处理政事的地方。"泮官"的形制与辟雍相似,但是级别低于辟雍,西、南面为水,东、北面则为墙。

周公测景图

辟雍和泮宫不仅是贵族子弟学习的场所,还是贵族成员举行集体行礼、集会、聚餐以及练武的场所。西周的地方官学——庠、序,是乡饮酒礼和乡射礼举行的地方,所以大学的辟雍和泮宫也是天子和诸侯协同贵族举行乡饮酒礼和射礼的场所。在上古时候,乡饮酒礼和射礼一般是连在一起举行的,《仪礼·射义》说:"卿大夫士之射也,必先行乡饮酒礼。"乡饮酒礼目的在于"尚齿"和养老,射礼的目的在于"尚功"和练武,虽然不尽相同,但都同是为了尊尊、亲亲,加强贵族的团结力和战斗力。

西周的大学教育内容是学习礼、乐、射、御、书、数"六艺",而以礼、乐、射、御为主。"礼乐相须为用",所以大学学习礼也学习乐;射箭、驾车是用于战场的必要技能,所以也是学习的重要内容,并且在学校举行的射礼,并非单纯是学习和训练骑射技术,同时还是天子考察和选拔军事人才的有效方式。各地的诸侯国每年都要从地方挑选优秀的士贡给天子,而天子就在大学的射宫测试他们的技能,按照才能的高低授予他们爵位和官职。一般而言,大学的学习时间为 7 至 9 年,每 2 年考核 1 次。7 年考核合格后称之为"小成",9 年考核合格后称之为"大成",达到大成之后,就有资格获取官吏职位。

西周一代的教育,无论是国学还是乡学都是由国家负责的,所以有"学在官府"的说法。负责教育的教师由国家官吏担任,在大学,由大乐正掌管,下面有小乐正、大胥、小胥、太傅、少傅、师氏、师保等;在乡学,由大司徒主管,下面有乡师、乡大夫、党正等。大学教育以礼、乐、射、御为主,小学则以书、数为主。西周的贵族教育已相当完备,其教学形式和内容都对后世产生了较大影响,进而奠定了中国两千年封建正统教育的基础。

天命天常,以德配天

"德"是一个后起的文字,在西周之前没有这个字。文学家和史学家郭沫若认为,在殷墟卜辞及殷人的彝铭中没有"德"这个字,而在周代彝铭如成王时期的班簋和康王时期的大盂鼎却明白地写着"德"字。可见"德"字是在西周之时才出现的文字。德的古字为"悳",可作"直心"解,即德由心生。为什么在西周之前没有出现"德"字,而在周初的铭文和《尚书·周书》中却连篇累牍地谈到"德"呢?这应该源于商、周之际的巨大变动以及周人对殷人之所以失去天命的思考。

周初统治者在总结殷亡教训时，逐渐发现了德的重要性。《尚书·君奭》有一段告诫后世子孙的话，大意是说保住天命不转移很困难，要绍继先王圣祖的光辉，发扬他们的传统，并不是单靠占卜就能永保江山。周公也在《尚书·召诰》里谆谆告诫道：夏、商"不敬厥德"才丧失天命，早早离开了历史舞台。唯有"王其德之用"，才能"祈天永年"。

衮服示意图

那么，什么是"德"呢？在周人先王那里，"德"首先是帝王的"明德修身"。《尚书·无逸》记载了周公告诫子孙修德养性的话："呜呼！君子所其无逸，先知稼穑之艰难，……继自今嗣王，则其无淫于观，于逸，于游，于田。以万民唯正之供。"即作为君王要知道百姓生产的艰辛，不耽于享乐以及优游田猎，而是要勤于政务，作万民的表率。

其次要"明德慎罚"。《尚书·吕刑》是记载西周刑法的篇章，但是它却说"王曰：'呜呼！敬之哉，官伯族姓，朕言多惧。朕敬于刑，有德刑。'"即要谨慎地使用刑罚，刑只能作为德的辅助工具以教育为目的，而不是一味惩罚报复。

最后是"敬德保民"。《尚书·泰誓》说"唯天地万物父母，唯人万物之灵，亶聪明，作元后，元后作民父母"；《尚书·五逸》"怀保小民，惠鲜鳏寡"，即告诫天子要像天作为万物的父母那样，作民的父母，要像怀抱襁褓的婴孩那样保护你的人民，尤其要照顾那些鳏寡孤独的人，因为他们更需要你的保护。

周人在"天命无常"的基础上得出了"以德配天"的思想。因为天命不是固定在某一人身上，它会发生变异和转移，而这个转移变异的基点就是"德"，是民心所系。也就是说天命以人心向背为根据，决定王权的兴衰，而民心的向背又取决于统治者的"德"。如周公在《召诰》里所说："其唯王位在德元，小民乃唯刑用于天下。越王显。……欲王以小民，受天永命。"即只有以德配天，才能够"受天永命"。

哲学之书《周易》

《易经》又称《易》或《周易》，共12篇，主要分为"经"和"传"两部分。经的部分包括卦、爻两种符号和卦辞、爻辞两种说明性文字，相传为文王所作。经分上下两篇，上经30卦，下经34卦，共计64卦。每卦6爻，共计384爻。卦辞和爻辞中记录了对古代自然现象、社会历史、人事行为等占筮得失、吉凶的断语，所以有人认为《易经》是卜筮之书。传的部分由《彖辞》上下、《象辞》上下、《系辞》上下、《文言》《说卦》《序卦》《杂卦》等7部分10篇组成，就是所说的《十翼》。“传”是对“经”的注释和引申，据说是孔子所作。传使《易经》从占筮之书变成哲学之书。

《易经》中经的部分，大概成书于商周之际，所以也称为《周易》。《周易·系辞下》说：“《易》之兴也，其当殷之末世，周之盛德耶？当文王与纣之事耶？”《史记·周本纪》记载西伯文王被商纣王“囚羑里，盖益《易》之八卦为六十四卦”。《日者列传》也说：“自伏羲氏作八卦，周文王演为三百八十四爻而天下治”，《汉书·艺文志》记载：“至于殷周之际，纣在上位，逆天暴物，文王以诸侯顺命而行道，天人之占可得而效，于是重《易》六爻，作上下篇”。根据史书记载，皆认为《易经》为文王在伏羲所创八卦的基础上所作。同时在周原的甲骨卜辞中有一些异形符号，常见于卜辞或铜器、陶器上。根据史学家判断，这些符号很可能就是用来记录卦象的筮卦数字，足可证明在文王所处的西周早期，筮占的方法已相当成熟。故《易经》中经的部分始著于殷周之际，成书于西周的早、中时期的说法可以采信。

《易经》中的经可以说是周代时人筮占经验的集成——由文化水准较高的人收集周人的占筮记录加以订补，并将涉世经验、哲理思辨、史事休咎等内容列在卦爻之下，集合成书。至于这个“文化水准较高的人”就自然归于贤能圣德的文王名下。

西王母画像

筮法起源很早，据考古研究，在新石器时代的一些彩陶鬲、罐上就有八卦符号。汉代经学家认为，《连山》就是夏朝总结筮法的筮书；到了商朝，筮法与占卜并用，在殷墟和安阳四盘磨发现的甲骨以及周原的卜甲上，都发现了由数字组成的八卦符号，可知筮法是当时人们沟通神人之间的重要方法之一，《归藏》即为商朝总结筮法的筮书。“周承殷礼而损益之”，周人虽然继承了殷人筮卜两种方法，但更注重于筮法，所以筮法在西周一世逐渐完备和系统化。《汉书·艺文志》说：“及秦燔书，而《易》为卜筮之事，传者不绝，”正因为《易经》为卜筮所用的书，所以才与医药之书同列而未被焚毁，流传至今。

至于《易经》中传的部分为孔子所著的传统说法殆难成立。因为孔子几乎没有自己的著作，传也不是出自一时一人之手，应是从战国到汉初有关解释《易经》的著作选辑。在战国魏王墓里发现的“竹书”中，有一部《周易》。据杜预说，这部《周易》分上下篇，没有《彖》《象》《系辞》和《文言》。可见，战国时的《易经》本身只有上下篇。早期的《易经》,其经和《十翼》是分开的,直到东汉末年,郑玄才把《彖》《象》纂入经中。

象数与义理

《易经》内容有象数和义理之分。象数就是《易经》里的卦象、爻象及阴阳奇偶之数,即经的部分,义理就是64卦、384爻所蕴含的哲学道理,即传的部分。后来易学也分为象数和义理两派,前者强调《易》的符号或符号系统,后者侧重《易》的哲学内涵。其实,二者不能割裂开来分说。《易经》里的哲学原本为象数,然后从象数中阐发出义理,二者犹如树木的根干和枝叶,密切关联,不可分割。

虽然象和数经常连称,但二者还有区别。《系辞传》说:"《易》者,象也;象也者,像也","八卦成列,象在其中"。即是说《易》的符号和符号系统是世界万物的象征,也就是伏羲氏"近取诸身,远取诸物"的取像代表。在《易经》里,最初的是阴阳二画之象,伏羲画为八卦之象,文王演成64卦之象,在64卦中又各有6爻,共384爻之象;而"数"是指《易》中阴阳、奇偶之数及其交错变化之运的综合之数。

《易传》解释《易经》的64卦的结构为:"易有太极,太极生两仪,两仪生四象,四象生八卦","八卦成列,象在其中矣;因而重之,爻在其中矣"。具体而言,64卦由八卦演变而来,八卦源于阴阳两画,其中用"--"来表示阴,用"—"来表示阳,就像用"+"和"-"符号代表正负和阴阳电荷一样,代表阴阳的符号不在于符号本身而在于所代表的事物。而阴阳二物又是源于"太极"。"太极"就是"大一",这个"一"就是《老子》所说的、"道生一,一生二,二生三,三生万物"的"一",是一个抽象的概念,表示世界宇宙的原始。"太极"就是这个抽象而绝对的原始"一","两仪"就是太极派生出来的与"一"相匹配的两个对立体,即矛盾的对立面。"太极生两仪"可以说就是现今哲学辩证法中一分为二的观点,这里的"两仪"就是指阴阳两仪。"两仪生四象"中的"四象"就是阴阳两仪两两相叠而成的四个卦象:由两个阴叠起来的太阴,由上阳下阴叠起来的少阳,由下阳上阴叠起来的少阴和由双阳叠起来的太阳。"四象生八卦",就是在"四象"的符号上再叠阴仪或阳仪,形成乾、坤,艮、坎、震、巽、离、兑8个卦象。"八卦成列,象在其中矣",这

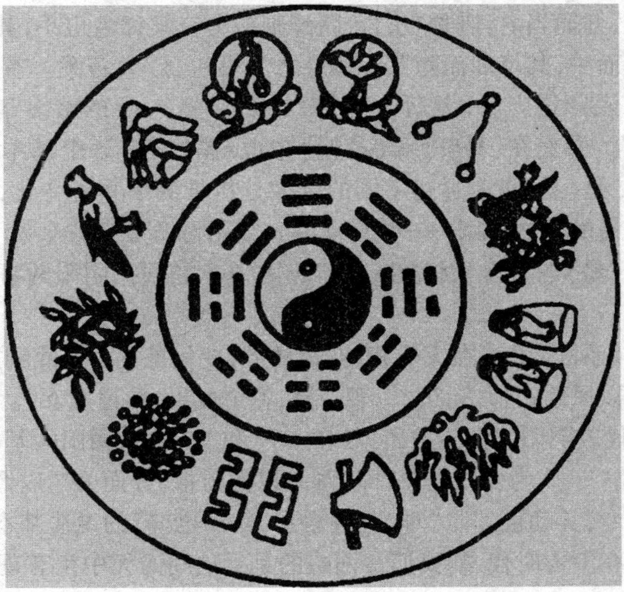

八卦图

八个卦象的名称是人为编订的，分别代表八种不同的性质，如《说卦》所说："乾，健也；坤顺也；震，动也；巽，入也；坎，陷也；离，丽也；艮，止也；兑，悦也。"

《易经》称八卜为"小成"，大概八卦有了名称之后，就成为一个公式，无论自然界或人类社会，一切事物皆可套用。例如《说卦》列举道："乾为马，坤为牛，震为龙，巽为鸡，坎为豕，离为雉，艮为狗，兑为羊；乾为首，坤为腹，震为足，巽为股，坎为耳，离为目，艮为手，兑为口……"，这样的例子不一而足。"因而重之，爻在其中矣"，说的是64卦的形成：以八卦为基础，在此基础上再重以8卦，遂变成64卦，而在这64卦象之中，又包含有6爻的爻象。

根据《易经·系辞》的记载，当时的占筮方法是用50根蓍草来排列组合进行演算，先拣出一根另放，其余的任意分成两份，再以4根为一组计数并排除其余额。这样3次演变后，所剩的蓍草必定为36、32、28、24四个数之一，然后除以4的结果为9、8、7、6，按照奇数象阳、偶数象阴的原则得出一个阴爻或阳爻。单卦由3爻组成，只要演算3次即可；重卦由6爻组成，需要演算6次。得出的卦象再按照卦辞来解释。《易经》经的部分为六十四卦，每卦先列卦象，次列卦名，再列卦辞。每一爻先列爻题，次列爻辞。每一爻均由两个字组成，前一个字为初、二、三、四、五、上，表示爻的次序；后一个字为九或六，表示爻的性质为阴爻还是阳爻。所以每卦六爻的爻题依次为初六、六二、六三、九四、九五、上九。《周易》的卦辞和爻辞共450条，4900多字，此外还有对《易经》进行阐释的10篇传。

义理就是《易经》中所包含的哲学道理。《系辞传》说："夫《易》，彰往而察来，而微显阐幽，开而当名，辨物、正言、断辞则备矣。其称名也小，其取类也大。其旨远，其辞文，其言曲而中，其事肆而隐"，"《易》之为书也，广大备悉。有天道焉，有地道焉，有人道焉"。可见《易》道广泛，无所不包，蕴含着宇宙人生的诸多道理。《易经》的核心思想即为"易"。郑玄在《易赞》和《易论》中说《易》含有3个基本的含义：一是使用简单，简而易懂，二是《易》就是通过不同的卦像分析推测事物的变化，三是宇宙万物永远有它自己不会变易的自然法则——规律。其实变易和不变都是《易》的真髓，通过变易来窥探不易，就是《易》的主旨，因此在《易经》中，基本是根据阴阳两事物的转变来考察事物的变化规律的。

《系辞》说："在天成相，在地成形，变化见矣。是故刚柔相摩，八卦相荡；鼓之以雷霆，润之以风雨；日月运行，一寒一暑；乾道成男，坤道成女"。在八卦的卦象之中，以"- -"和"-"代表阴阳二性。之所以以"- -"和"-"作为阴阳的基本符号，郭沫若认为"-"为男根之象，"- -"为女阴之象，即"画一以像男根，分而为二以像女阴"。这与《系辞传》"乾，其静也专，其动也直"，"坤，其静也翕，其动也辟"的说法基本吻合。

在上古时代，初民们最困惑的是天地间的无中生有现象，在他们的思维里，天地万物是相互交感而生的，而人类男女结合就是阴阳二性相互交感的典型代表。所以在先民社会的自然崇拜里，有很多崇拜物与生殖相关。当人们确信生生不息在于阴阳二性的交感之后，遂把男女生殖推广到天地万物，生殖崇拜也进而演化为宇宙的形成模式。源于男女两性器官形状的阴阳符号遂变成世间所有两两相对事物的代表，其阴阳的思想也就贯穿于《易经》之中。所以《庄子·天下篇》说:“《易》以道阴阳”,《系辞下》也说:“一阴一阳谓之道”。在《易经》中,也直接出现了4个“道”:“小蓄”初九的爻辞说:“复自道,何其咎”;“复”卦九四爻说:“反复其道,七日来复”,这两个“道”是道路的道;“随”卦九四爻辞说:“随有获,贞凶。有孚在道,以明,何咎!”《象传》说:“随有获,其义凶也。有孚在道,明功也。”这里的“道”指的是事物发展变化的规律,意思是说跟随事情而有收获,结果是凶兆;如果有诚信,依道行事,哪里会有咎呢?《易经》首次把作为事物发展变化的“道”提出来,对后世中国哲学思想的发挥起了重要作用。

另外,《易经》还主张采取“中行”。“泰”卦九二爻辞说:“包荒,用冯河,不遐遗;朋亡,得尚于中行。”“包荒”就是大度包容,“冯河”就是勇敢地涉水过河,远处不遗漏;不结朋党,得当而“中行”,就能发扬光大。“复”卦六四爻辞也说:“中行独复”,即是说采取中行的手段,就能独自回复到正道上来,另外“益”卦的几处爻辞也提到中行,可见中行之道在《周易》中非常重要。

先进的六艺教育

西周在继承商代教育体制的基础上,建立起典型的政教合一的古典教育官学体系,形成当时先进的六艺教育。

据文献记载,西周官学分为国学和乡学,国学专为贵族子弟设立,设在王城和诸侯国都,分小学和大学两级,小学在城内宫廷中,大学在南郊。乡学则按地方行政区域,州设序,党设庠,闾里设塾,乡设校。乡学教育对象是地方普通贵族子弟及致仕退居乡里的绅士乡官子弟,乡学的优秀生可升入国学。

西周旂觥

西周国学教育内容以礼乐为中心,附以射、御、书、数的六艺教育。礼教是有关政治、宗法、人伦道德规范礼仪等知识的教育,在六艺教育中占有核心地位。西周国学礼教包括吉、凶、军、宾、嘉五个方面,由师氏主掌,乡学有冠、婚、丧、祭、飨、相见等“六礼”,由大司徒主掌。乐教主要学习宗教祭祀乐舞知识,即乐德、乐语、乐舞的教育。乐教是国学主课,由大司乐总其责。乐德教育包括中和祗庸孝友六方面,核心是张扬等级观念。音乐之道与政相通,各种重要的国事活动和宗庙朝觐、祭祀、乡饮酒礼等都配以乐，以不同的乐舞表达现实世界的尊卑各分，“亲疏、贵贱、长幼、男女之理，皆形见于乐。”（《礼记·乐记》）乐语教育包括兴、导、讽、诵、言、语，乐舞主要有黄帝、唐尧、虞舜、禹、汤、文武六代史诗性配乐舞蹈，歌颂历史人物的丰功伟绩。礼教与乐教相结合，可缓和统治阶段内部矛盾，调和尊卑贵贱之间的冲突有利于巩固西周王权。

六艺中的射御是培养武士的军事技术训练，西周礼法中规定士子要习“五射”：白矢、参连、剡注、襄尺、井仪，学“五御”：鸣和鸾、逐水曲、过君表、舞交衢、逐禽左。射御是一种综合性的教育。包括道德情操、内心志向和技艺的培养。当时射最受重视，射艺的高下常作为士子奖励、提升的标准。贡士也要经过射礼考核才定优劣。书数是有关读写算的知识教育，主要在小学阶段讲授，称为小艺，而射御在大学阶段学习，称为大艺；礼乐之教，是最高境界的道德学问，是学为人君、治理天下必备的修养，故称为大道、大德。

西周建筑遗址瓦件，瓦分板瓦和筒瓦两种

西周六艺教育的特点是学在官府、官师合一，教师既行教又兼管国家事务。这与古希腊罗马教育截然不同，后者为私立学校，教师地位低，西周的学校均为官办，执教者也为现任官吏，这种官与私的两种类型，反映了东西方两种教育形态最初的历史渊源，中国古典教育在西周已初具规模。

西周晚期，奴隶制统治开始动摇，到了春秋战国，封建经济不断发展，周王室势力日渐衰微，出现了“礼崩乐坏”的局面，兴起学在四夷的私人自由讲学的风气，贵族官学从此走向衰落。

周人划分月相

西周铭文除初期尚有少量沿用商代记干支于铭首、记月祀于铭末之外，大量的则是按年、月、日的顺序纪于铭首，而且多有“初吉”“既生霸”“既望”“既死霸”这类一月四分计时法。

分一月为四分月相，是西周时代特有计时法，每一门相分配七、八日为一周，视大小月再定。即从月牙初露到月亮半圆叫“初吉”，从月亮半圆到满圆叫“既生霸（魄）”，从月亮满圆到半圆叫“既望”，从月亮半圆到无光叫“既死霸”。王国维还把这四段的第一天分别叫作“朏”（相当于初三），“哉生魄”（霸，相当于初八）。“望”（相当于十六），“战死魄”（霸，相当于二十三），称为月相四分法，比商代的历法更为精细。

有人认为初吉是与既生霸等月相称呼不同的另外一种日称，也不是“初干吉日”。“初吉干支日”是周人择出的“吉宜干支日”，初者是“大吉”的意思。但大多倾向月相四分法。

《保卣》铭末记：“才（在）二月既望（望）。”《庚嬴鼎》铭首记：“隹廿（二十）又二年四月既望己酉……”，《宧鼎》铭首记：“隹九月既生霸辛酉……”，《令簋》铭首记：“隹王于伐楚白（伯），才炎，隹九月既死霸丁丑……”，《召卣》铭首记：“隹十又二月初吉丁卯……”，是周人划分月相的例证。

还有一种月相定点说：以为古人把月球受光时叫生魄（霸），背光时叫死魄（霸），定每月初一为“朔”，“朔”的前一日叫“晦”。因此以日月交会为吉日，把朔又叫“初吉”或“既死魄”，朔后的一天则“旁死魄”，再后一天月亮始生，叫“哉生魄”，又叫“月出”，即初三日。十五月圆叫“望”，又叫“既生魄”。

周人划分月相的实况仍未考定，存在异说，有待进一步的研究，但仅从这么多月相的名称就知周人在历法上较之商代的初分一年十二月或十三月已是一大进步。从后一种月相定点说可知，最迟在西周晚期，人们根据长期经验的积累，已能较准确的测知晦（月末）朔（月初），于是月相分说又被更为精细的干日三分法所取代，即“朔”“望”“晦”。

刺绣工艺的产生

刺绣是中国古老的手工技艺。《尚书·益稷》记载虞舜时就用五彩絺绣作礼服。什么是绣，古人和今人在概念上有所不同。今人谓绣，是指以绣花线在纺织物上绣出花纹；而古人谓绣，也包括五彩的画缋在内。

西周方格彩毯。彩毯为深褐色地，上以红、蓝、白三色毛线织成方格纹。

在原始社会，人们用纹身、纹面、纹缋服装等方式来美化生活。但服装上纹缋的花纹，毕竟会在运动中摩擦时剥落毁损。后来人们乃渐知绣，用丝线将花样绣在衣服上既美观又牢固。周代《诗经·秦风·终南》中“黻衣绣裳”，《豳风·九罭》中《衮衣绣裳》等诗句，说明西周已出现了刺绣这种工艺。《考工记》记载周代官府“设色之土”中的画缋，也包括刺绣在内。

西周时，绣是“人君后妃”之服或“天子之服”，其他人是不能越级服用的。当时列国诸侯间也常以高贵的锦绣作为相互馈赠的礼物。春秋战国时期，随着列强兼并，政治斗争剧烈发展，诸侯间的政治交往日益频繁，生活享受日益奢侈，刺绣的产量也不断提高。

《史记·苏秦列传》记载苏秦说赵，赵壬“乃饰白乘，黄金千镒，白璧百双，锦绣千纯，以约诸侯。”当时贵族厚葬之风盛行，按礼制规定，诸侯之棺，如衣绨绣。甚至楚庄王有爱马，也以文绣为衣。可见刺绣数量较多，而且价格相当高。

原始瓷器的产生

瓷器是在制陶工艺水平不断提高、长期积累经验的基础上产生的。与陶器相比要求复杂的工艺，更美观也更耐用。我国是世界上最早发明瓷器的国家。我国的原始瓷器产生于周朝。

经过夏商时期的发展，中国古代制陶技术在周代发展到新的高度。在灰陶、白陶进一步发展基础上，又发明印纹硬陶和原始瓷器。灰陶是指采用易熔粘土为原料的泥质陶和夹砂陶，周代已被人们广泛使用。白陶在仰韶、大汶口、偃师二里头等遗址中有发现，殷商时白陶技术达到极盛阶段，西周后因印纹硬陶和原始瓷的发展而日渐少见。原始瓷始见于商代中期，尔后产量呈不断上长趋势。如吴越文化遗址一期所出釉陶占总数的3.84%，原始瓷仅占0.23%，二期釉陶占3.87%，原始瓷占1.21%，到了三期文化，釉陶便升至16.6%，原始瓷升到12.6%。

原始瓷器的原料在产生初期的周期主要是瓷石、高岭土，选择加工是就地取材。原始瓷在西周时多用泥条盘筑法，外表经过修理，很少留有痕迹，到春秋战国，南方不少地方彩陶车拉坯成形，胎质较薄，壁厚亦较均匀，河南郑州出土的原始瓷尊，高11.5厘米，口径18.5厘米，胎质为高岭土，器表涂有一层青釉，烧制火候达1200℃以上，质地致密坚硬，吸水性弱，已具备瓷器的基本特征。原始瓷器从选料、成形、施釉到烧制，都比较原始，故不管胎还是釉，质量与真瓷都存在一定的差距，但它毕竟是真瓷的前身，它的产生是个伟大的起点。

宗法社会

分封制

据《左传》记载，周公在平定三监之乱后，鉴于管叔、蔡叔的忤逆作乱而“封建亲戚以藩屏周”，开创了西周的分封制，而“封建亲戚”也就成为分封制的核心。

封土建国的封建制度实始于陶唐，虞夏之际，夏、商两朝亦有分封，但周代的分封与夏、商的分封有着显著的区别。周代的分封是建立在“亲亲”的原则之上，将宗亲贵戚按照血缘关系的远近而分封在离周朝王畿远近不同的地方上，这种分封以宗法制为保障，自上而下，层层分封：周王室的嫡长子即承王位为周天子，庶子分封出去为诸侯，诸侯的嫡长子即位为诸侯，庶子分封出去为大夫，大夫的嫡长子即位为大夫，庶子则分封出去为士。周朝的分封在融合了其特有的宗法精神之后，形成了一个完全不同于夏、商社会的“等级”社会。而夏、商两朝时期的分封不过是一种方国部落联盟的松散形式，并没有形成像周天子与诸侯那样严密的君臣关系。

周朝的这种分封制度在周公平定三监之乱后开始形成，经成康之际的大量分封得以确立，成为定制。在此之前，文王和武王也进行过分封，如武王克商之后，“追思先圣王，乃褒封神农之后于焦，黄帝之后于祝，帝尧之后于蓟，帝舜之后于陈，大禹之后于杞”，并封商纣王的儿子武庚于殷，以继殷祀。但是这些分封都不是周公之后真正意义的分封，仍属于传统的巩固部落联盟的分封。

据古书记载，西周分封的诸侯国很多，《吕氏春秋》说周天子分封的国家有400多个，臣服的方国部落有800之众。在这些封国之中，以周王室的宗亲为主，《荀子·儒效》说：“周公兼制天下，立七十一国，姬姓独居五十三人。”而这些姬姓的贵族，又集中在文王、武王和周公的后裔当中。据《左传》记载，先后受封的管、蔡、郕、霍、鲁、卫、毛、聃、郜、雍、曹、滕、毕、原、酆、郇等国是文王的后裔：邘、晋、应、韩等国是武王的后裔：蒋、邢、茅、胙、祭等国是周公的后裔。这些封国多在今关中地区和黄河中下游经济发达的地区，属于周王朝统治的核心区域。此外，姬姓之国还有芮、息、随、贾、沈、密、郑、虢、滑、樊等国。在这些姬姓诸侯国当中，周公之子伯禽所建的鲁国，武王同母弟康叔封所建的卫国，召公奭之子旨所建的北方大国燕国以及成王叔虞所建的唐（即后来的晋国），成为周宗室的主要屏障。

鲁国是周公之子伯禽所建的诸侯国，位于山东半岛。半岛南部的奄国，在三监之乱时参加东夷的叛乱，就是《尚书》大传所说的“三年践奄”的“奄”。武王克商之后，封周公于鲁。由于周公忙于辅佐成王，一直没有就封，直到东征结束之后，周公才派他的儿子伯禽代替他前往封国，成为鲁国的第一任国君。因鲁国尊奉周公为始祖，所以将鲁国位于文王后裔之列。

在伯禽就封前，周公曾告诫他要谨小慎微，千万不要因为自己身份尊贵而傲慢无礼。鉴于镇守东夷之地的重要性，鲁国初封时不仅受赐丰厚，还得到了不少特权。伯禽抵达封国之后，坐镇“商奄之民”，谨行周公教诲，成为辅佐周室的重要封国。孔子之所以能从周礼，是因为周公所建的鲁国完好地保存了周的礼仪制度。《淮南子·齐俗训》也记载：“昔太公望、周公旦受封而相见，太公问周公曰：‘何以治鲁？’周公曰：‘尊尊亲亲。’太公曰：‘鲁从此弱矣！’”这些话未必真的出自周公、太公之口，但是由此可见鲁确实是尊奉周公制定的宗法制度，完好地保存了西周的礼仪制度。正因如此，孔子才能根据周的文献，删《诗》《书》，定《礼》《乐》，编著儒家经典。

卫国的始祖为武王的同母少弟叔封，因初封于周室王畿内的康国，故称康叔封。周公在平定三监之乱后，封康叔封于卫，都城在今河南淇县。由于地处殷人旧地，封赐仪式颇为隆重，由司空聃季授土，司徒陶叔授民，得到殷民七族以及车、旌旗、钟等玉器仪仗。

在临行前，周公亲自向康叔封发布训诫，即为《尚书·康诰》。为了让年轻的康叔封谨记殷商亡国的教训，周公还特别作了一篇《酒诰》以告诫康叔封。在成王时期，康叔封还担任司寇一职，执掌刑罚大权。卫国在所有封国中封地最大，又地处中原，其地理位置十分重要，所以又执掌“成周八师”，成为当时屏藩周室的重要支柱。

燕国是西周北疆的一个大国，由召公奭的长子旨所建。燕国的军事位置十分重要，此地不仅可以震慑曾为殷商与国的孤竹国的殷顽，还是沟通中原和辽海地区的枢纽。

晋国是成王弟叔虞的封国。晋在今山西境内，历来是戎狄杂居的地方。武王死后，这里的唐国曾经参加叛乱，成王时封其弟叔虞于唐，以加强对唐的控制，叔虞之子燮父时改国号为晋。传说晋的建国始于成王的一次戏言，一天年幼的成王与叔虞一起玩耍，成王把一张桐叶剪成圭状，作为封土的宝玉赐给叔虞。后来成王不得不兑现儿时的戏言，把唐封给了叔虞，这就是有名的“桐叶封弟”传说。

西周·鬲

除了姬姓之国，西周还分封有功大臣及臣服的与国。在这些异姓诸侯当中，姜姓的齐国、子姓的宋国、芈姓的楚国等都是有很大影响的国家。子姓的宋国是周公为了稳定殷遗民而立的，芈姓的楚国在文王时始封为子男，后来成为与周天子分庭抗礼的强国；姜姓的齐国则是周初所立的诸侯国中最显赫的异姓国。齐国毗邻鲁国，其地东至海滨，西至黄河，南至穆陵，北至无棣，是抗周势力蒲姑的旧地。武王克商之后封吕尚即姜太公于此，周公东征之后又命姜太公征服这里的“五侯九伯”，使之成为夹辅周室的重要力量。

分封制度终西周之世而存在，以周公、成王和康王时期最为集中，故至西周中期的宣王时期，在西周的版图上形成了姬姓诸侯与异姓诸侯交错并列的格局，如《国语》所说：“当成周时，南有荆蛮、申、吕、应、邓、陈、蔡、随、唐；北有卫、燕、鲜虞、潞、洛、泉、徐蒲；西有虞、虢、晋、隗、霍、杨、魏、芮；东有齐、鲁、曹、宋、滕、薛、邹、莒，是非王之支子母弟甥舅也，则皆荆蛮戎狄之人也。”即姬姓国家以东、西两都为中心散布，似众星拱月般环绕在王畿四周，同时又与异姓诸侯以及地方土著居民相间，形成星罗棋布、犬牙交错之势。

周王室与诸侯之间通过分封与受封的形式形成主从关系。受封的诸侯对周天子承担捍卫王室，镇守疆土、定期朝觐纳贡以及奉命征伐等义务。除了周天子分封诸侯外，在诸侯内部，诸侯也可以将本封国内的土地和人民分封给卿大夫，卿大夫也可以继续分封给子弟和家臣。周通过分封，形成天子与诸侯的上下君臣关系，诸侯臣服于天子，而在诸侯内部又有自己的臣民和疆土，形成相对独立的地方政权。而这种分封制既有别于夏、商的部落联盟，又异于后来中央集权制兴起后的郡县制，是周在政治体制上的一种创举。

西周通过这种独特的分封建国制度，加强了周王朝对四方的控制力度，建立起一个幅员空前辽阔的奴隶制王朝，对各地区政治、经济、文化，尤其是边远地区的开发起到了重要作用。但是，随着周王室的衰微和诸侯的强大，形成了尾大不掉之势，最终导致了春秋战国之际诸侯争霸、列国纷争的局面。

宗法制

分封制和宗法制是西周社会的两大基石，两者相辅相成：分封借助宗法得以顺利实施，宗法则通过层层分封得以固定。宗法制度可上溯到原始社会末期的父系家庭公社以血缘关系为纽带的宗族组织系统。国家产生之后，奴隶主贵族将之改造为奴隶社会的上层建筑。商代末年宗法制基本形成，至西周时已趋完备，并与分封世袭制度相结合，成为西周一代的重要政治制度。西周的宗法制以嫡长子继承制和馀子的分封制为核心，通过“大宗”和“小宗”的区分层层分封，最后形成“大邦维屏，大宗维翰，怀德维宁，宗子维城”的局面，以及天子、诸侯、卿大夫、士以至庶民、工、商的金字塔式的宗法社会。

天子大宗，天下共主

按照宗法制的原则，西周的继承制是“立嫡以长不以贤，立子以贵不以长”，即立嫡夫人所生的长子，如果嫡夫人无嗣则立身份尊贵的夫人所生的儿子，这就是嫡长子继承制：嫡长子为大宗，其他旁系庶子为小宗。按照嫡长子继承制，周天子为天下大宗，由嫡长子继承，是姬姓贵族的最高族长，又是治理天下的共主，而其他诸子则为小宗，分封为诸侯。在诸侯国内，也要按照嫡长子世袭的原则，由嫡长子继承诸侯之位，其他诸子分封为卿大夫。相对而言，继承侯位的嫡长子是该诸侯国的大宗，而其他诸子则是小宗。在卿大夫的采邑内，继续执行嫡长子继承制．继承采邑的嫡长子为大宗，其他诸子成为士为小宗。至“士”这一阶层，嫡长子仍为“士”，其余诸子则为庶民。通过嫡长子继承制，从周王室到诸侯、卿大夫，形成“世卿世禄”的特权制度，他们是姬姓氏族中不同等级的大宗，而每一等级都是上一级的小宗。

在嫡长子继承制下，只有大宗才有祭祀宗庙的特权，所以宗庙都建在大宗的所在地。周天子是天下大宗，故天子祭祀的宗庙是最高一级的祭祀祖先的场所，称之为“太庙”。诸侯、卿大夫也在各自所在的地方设立祭祀始祖的宗庙，供奉牌位时，始祖放在中间，其后按照父在左为“昭”、子在右为“穆”的次序排列。在宗法制下，只有大宗才有主祭的权利，故在“国之大事，在祀与戎”的古代社会，只要掌握了祭祀大权就等于掌握了国家的军政大权。

金字塔式的社会阶层

在宗法制度之下，大宗与小宗的关系，是“本根”与“枝叶”的关系，即为一种等级从属关系，小宗必须服从大宗，各级小宗也都要受到同级大宗的支配和约束。周天子为天下大宗，故西周天子所居的都城镐京被尊为“宗周”，而各级大宗都要受到同族子弟的尊崇，故被奉为“宗子”。宗子通过对祭祀大权的掌握强化大小宗之间的等级从属关系。与嫡长子世袭制相适应，大宗永不迁祖，而小宗“五世则迁其宗”，即高祖以上的远祖神位要迁入祧庙，不再祭祀，大宗与小宗之间至五世之后就成为疏远的族属。

“周之宗盟，异姓为后”，即西周的宗法制同样适用于异姓诸侯。姬姓的贵族通过联姻的方式与异姓诸侯联系起来，故周天子称同姓诸侯为叔父、伯父，称异姓诸侯为叔舅、伯舅。

通过这种甥舅关系，周天子将异姓诸侯也纳入宗法制的范围中来。

西周武士复原图

最初，宗法制的原则只在周天子和诸侯之间实行，随着分封制的发展，波及中小贵族，以至士与庶民之间，在奴隶主贵族内部，形成了“王臣公，公臣大夫，大夫臣士”的等级名分制度。而这种等级之分又产生了“公、侯、伯、子、男”的五等爵位。西周墓葬中的列鼎数目：天子的墓葬为9鼎，卿大夫7鼎，下大夫5鼎，士则1~4鼎，也可反映这种等级制度。故在宗法、分封制度之下，西周成为“天有十日，人有十等”的等级社会。

植根于血缘关系的宗法制度，是西周贵族相互联系的黏合剂，周天子与诸侯之间关系的连接纽带，故宗法制对周代的社会秩序具有积极的稳固作用。而其宗法观念对后世的影响更为深远，成为几千年来中华民族维系与发展的核心纽带之一。

井田制

西周的井田制是在分封和宗法的过程中形成的，与分封制和宗法制密不可分：“普天之下，莫非王土，率土之滨，莫非王臣。”即周天子是西周土地及权利的最高所有者，他通过分封，把西周的土地在统治贵族的宗族范围内实行层层封赐，最后形成多层次宗族贵族占有的土地所有制。西周的井田制源于原始社会末期的氏族公社土地公有制，但又不等同于这种土地所有制，与战国以后的国家授田制也有区别，是介于二者之间的独特的土地所有制度。这种土地制度行于西周之世，直到战国商鞅变法时才有所改变。至秦得天下后，“用商鞅之法，改帝王之制，除井田，民得卖买”，井田制在经历 500 年之后退出了历史舞台。

对于井田制，先秦的许多文献都有所提及，如《国语·鲁语下》曾记述孔子论古时征军赋情况时谈到，古代以“井”作为田地及军赋的计量单位；《国语·郑语》也说：“故王者居九畡之田，收经入以食兆民”，即周王对百姓征收“什一”之税。《孟子·滕文公上》中则描述了井田制下“方里而井，井九百亩，其中为公田，八家皆私”的划分方法，“公事毕，然后敢治私田”的耕作秩序以及“野九一而助，国中什一使自赋”的田赋原则。但是按照孟子所描述的“方里而井”的井田区划，从后世田地的区划情况来看，这种繁复的区划方式是不可能形成的，所以很多学者认为“井田”只不过是存在于孟子的“乌托邦”中。然而后世的考古发现为西周的井田制提供了有力证据。1980 年，在四川青川县发掘了一批战国墓葬，其中一个墓葬出土了一件反映秦武王二年，丞相甘茂前往蜀地平定叛乱后更改田律情况的木牍。这一发现不仅佐证了西周井田制的存在，还证明了孟子关于井田制的说明符合西周的田制情况。

天亡簋

至于井田的具体划分办法，《周礼·大司徒》载：先按照所封之国都城的大小而制定都城的疆界；沟封之后，再按照土质的好坏划分土地的数量。在搭配好份地之后，还要定期进行重新分配。

通过分封制，“普天之下”的土地可以分为 3 个部分：一是属于周王室直接管辖的籍田；二是分封给诸侯建国的土地，这些土地可经过诸侯再次分封给各级宗族贵族；三是周天子直接赏赐给王朝卿士或有特殊身份的中、小贵族，成为其领地。

西周的社会基层单位为邑、里或社。《周礼·小司徒》说：1 邑有 4 井，共 36 户人家。邑也称里，由于在邑、里中都有“社神”，故邑、里又称之为“社”。西周时期，封赐贵族都以邑、里为计算单位，一个贵族往往拥有数十至数百邑人口，而邑、里的成员是耕作的庶民。西周庞大的上层建筑就是建立在以邑、里为单位的井田制的基础之上。

西周的井田制与夏、商时代的氏族田制一样，也分为“公田”和“私田”，其耕作方式如孟子所说的“公事毕，然后敢治私田”。

西周的井田制在“方里而井”的区划之后，形成了与夏、商不一样的赋税制度。周人是“百亩而彻”，与“殷人七十而助”有很大不同：殷商的农民完全为奴隶主服劳役；而西周的农夫则是为贵族服劳役并缴纳稷禾、秉刍、缶米等实物，故周人的“彻”是“贡”与“助”的结合，实行劳役地租与实物地租的并行制度。其征收的赋税大概是总收入的 1/10，即什一之税。

在井田制下，各级奴隶主由天子那里分得土地和依附农民。但他们只有土地占有权，没有所有权；只有使用权，没有买卖权。《礼记·王制》所说的“田里不鬻”即此意。因此，西周的井田制与分封制和宗法制紧密相连，适应了当时的生产力状况，在一定程度上推动了西周社会生产力的发展。

官制

周王室在推行分封制和宗法制的同时，也建立了一套比夏、商两代更为完善，对后世影响深远的统治机构。成书于战国的《周礼》系统地记述了西周的这种统治机构，它说周有六官之制，即“天官冢宰”“地官司徒”“春官宗伯”“夏官司马”“秋官司寇”“冬官司空”，可见周朝的官职整齐而严密。但是，《周礼》在编辑之时经过了儒家的改造，加进了大量的理想化和系统化成分，只能作为代表儒家思想的著作，所以关于西周一代政权机构的详情已难考查，仅可从《诗经》《尚书》等先秦资料以及铜器铭文的记载中略知一二。

在西周初期的政治机构中，周天子下面重要的辅弼之官为太师和太保，故有“召公为师保，周公为师”的说法。“师氏”与“保氏”的性质相同，只不过一个主内，一个主外，故太师和太保作为西周初期中央政权的首脑，掌握着朝廷和军政大权，并成为保育和监护年少君主的长者。

召公名奭，其采邑在召，后封于燕，由于辅佐成王未能就国，遂让其长子姬克就封，其次子一支则留在周室世代即承召公的职位。在周初的铜器中有不少“公大保”的铭文，可以佐证召公曾担任太保，并被尊称为“公大保”。在召公担任太保期间，曾奉命率兵出征，后来康王的即位大典，也由召公布置。

周公名旦，其采邑在周，武王克商之后封之于鲁，但因战事频繁一直未能就国，故在平定殷顽之后，让其子伯禽就封，次子一支相周，世代袭为周公。周公是武王的弟弟，成王的叔父，原为太宰，辅佐武王伐纣。武王死后，成王年幼，周公摄政称王 7 年，至东征胜利，营建成周之后还政成王。成王命周公留守成周，主持东都事务。

姜尚，姜姓，名望，因官至太师，又称尚父，又因被尊为齐国的始祖而称太公，民间则称其为姜子牙或姜太公。太公在武王时统率大军助武王伐纣，武王死后，与召公、周公一起作为辅政大臣辅佐成王。

“三公”是后起的称谓，在西周之时不是官职而是对周公、召公和太公的尊称。其中，召公居太保之职，而周公与太公都居太师之位。所以说太师和太保为周初的最高官职，而非“三公”。

根据西周金文资料，西周的中央政权可以分为卿事寮和太史寮两大官署。

金文的“卿事”即为文献的“卿士”，周将执政大臣称之为卿事或卿士，是卿事寮长官的简称，主要执掌军政大事。前文所述的“三公”即属于卿事寮，西周初期为太师和太保，而到了后期则为太师，他们是卿事寮的最高级官员。

按《周礼》所说，自“天子立三公”之后，又有“冢宰、司徒、宗伯、司马、司寇、司空”等为“六卿之属”。虽然《周礼》为后儒所编，但据史料及金文记载，周的卿事寮与《周礼》六卿大体相同，司徒、司马、司空确为西周的重要大臣，其位仅次于称“公”的太师或卿士。司徒又称司土，管理农田耕作及劳役征发；司空也称司工，负责管理百工职事和工程建设；司马则管理军赋征收及军旅事宜。司徒、司空、司马并称为“三司”，其管理的事务又被称为“三事”。除“三司”之外，诸尹、里君和百工也属于卿事寮系统，但职事不如“三司”重要。

与卿事寮相对的是太史寮。《诗经·小雅·节南山》说：尹氏和太师是周王室的砥柱，执掌着国家大权。这里的“尹氏”，就是内史尹或作册尹，是太史寮的长官，与卿事寮的长官太师一起执掌国政。太史寮的出现是周王权加强的结果，在西周初年就有很多史官活跃在政治舞台之上，在《周礼》中，“史”也是数量最多的官职之一，他们是周王的近臣，主要负责起草和宣布册命，传达周王的命令，整理和保存文化典籍并主持典礼和仪式等。在西周的中后期，史的地位上升，太史寮的长官太史的地位仅次于太保和太师。史官除了记录天子言行之外，还可以观谏周王的缺失，如商旧臣辛甲归周之后成为太史，行使“命百官、官箴王缺”的职责。

在周的卿事寮和太史寮之外，还有一个位列太保、太师和太史的“太宗”一职。太宗也称“宗伯”，是管理宗族内部事务的最高长官。

根据职位高低和职权轻重的不同，西周建立了相应的官爵制度。据文献考证，西周的官爵至少有公、卿两级。公一级的在西周早期为太保、太师，在后期则为太师、太史。而执掌军政大权的太师或卿事一职往往由两人担当，称为“二卿事”，如周初成王时周公旦和太公望同为太师，厉王时虢公长父和荣夷公同为执政大卿事，幽王时则有虢公鼓和祭公敦共秉国政，直到春秋时仍沿用这种左右二卿事执政的制度。卿一级的，在早期为司徒、司马、司空、司寇、大宰、公族六卿，到了中后期司寇职位下降，剩下 5 位大臣。至于中下级官吏的爵位，还有待继续考证。

随着分封制和宗法制的实施，周贵族阶级中的权利分配日益明朗化和固定化，因而到了西周中期以后，出现了如虢季氏世代为师、微氏世代为史的官职世袭情况。周天子对每一位世袭的官职要进行重新册命，在重新册命之时，可以对职位进行变更和调整。周王的这些册命之文在周的彝铭中有不少记载，足证在西周中后期已逐渐形成官爵世袭制度。在周王室外的诸侯国内，也仿造王室建立相应的官职，而且诸侯还可以兼任王室的官职，周天子也可以任命、调度诸侯国内的官员。

第三章　青铜艺术

青铜铭文的产生与发展

青铜铭文的产生、发展与文字和青铜铸造技术息息相关。故中国文字虽早在二里头文化时期已经产生，但由于青铜器铸造技术还处在原始时期，尚未发现有铭文出现。在属于商代早期的二里冈文化时期，有个别青铜器有铭文，此为迄今发现的最早铭文。盘庚迁殷之后，随着青铜器铸造技术的不断发展和甲骨卜辞书契的迅速进步，铜器铭文的铸造也逐渐兴盛起来。但直到殷末，商代的青铜器所铸的铭文字数不多，且内容简单，主要用于标识器物的主人，一般都铸在器物的不显著部位，如爵、斝的鋬阴，尊、觚的外底，鼎、觑的内壁以及簋、卣的腹底等隐蔽之处。

到了西周初年，随着分封建国的需要，作为礼器的青铜器得以大量铸造，如《礼记·祭统》所说："夫鼎有铭，铭者，自名也。自名以称扬先祖之美，而明著之后世者也"，青铜器大多铸以长篇铭文，用来颂扬祖德，刻记功烈或记述周王赐命，传遗子孙。这些长篇铭文，书有定格，布局讲究，记述了大量史事。平王东迁以后，周室衰微，霸权叠兴，随着诸侯势力的增强，诸侯国各自为政，青铜铭文也出现了随意性，多为婚姻联谊、夸耀祖先的内容。战国以后，随着奴隶制的瓦解和铁器的出现以及简册书帛的通行，青铜器铭文也随之衰落。

西周是青铜文明的鼎盛时期，也是铜器铭文大发展的时期。该期的铭文青铜器数量众多，内容丰富，且铭文较长，像《何尊铭》《大盂鼎铭》那样记述贵族接受周王的训诰和册命典礼的长篇巨著屡见不鲜。这些大量的铭文记载了诸如历代君王祭典训诰、宴飨田猎、征伐方国、赏赐册命、奴隶买卖、土地转让、刑法诉讼、盟誓契约、家史婚媾等事迹，反映了当时社会政治、军事、经济以及法制、礼仪等诸多方面的资料。晚清时期的学者大家如阮元、龚自珍等都曾谈及金文资料的重要性。龚自珍在《说彝器》中说："凡古文，可以补许慎书之阙；其韵可以补《雅》《颂》之隙；其礼，可以补逸礼；其官位可以补《世本》之隙；其言，可以补七十子大义之隙"，说的就是铜器铭文对经学的补遗作用。近代著名学者郭沫若在《两周金文辞大系考释》初序中也说："传世两周彝器，其有铭者已在三四千具以上。铭辞之长，有几及五百字者，说者每谓足抵《尚书》一篇，然其史料价值殆有过之而无不及"，直接指出了铜器铭文的史料价值——可以印证古史，补充史书缺佚。它与甲骨文一样是研究商周社会不可或缺的重要史料。

青铜器上的祭祀与征伐活动

“国之大事，在祀与戎”，祭祀在上古社会居于首要地位，尤其是西周初年，随着分封制和宗法制的确立，祭祀成为各级贵族在宗法制下维系自己特权的重要手段，成为奴隶主贵族的重要活动，故铜器铭文中反映最多的内容即为祭祀。在《两周金文辞大系》所收录的167篇铭文中，有85篇即超过半数的铭文涉及祭祀内容。朕簋，又名为天亡簋或大丰簋，是西周初期武王时的标准铜器之一。其上所刻铭文详细记述了武王伐纣之后大会诸侯并举行盛大祭祀典礼的内容，其辞为：“乙亥，王又大丰，王凡三方。王祀于天室，降，天亡又王。衣祀于王丕显考文王，事喜上帝……”这里的“王祀于天室”即为在天室或称为“辟雍”的大庙举行的祭天的典礼，“衣祀”即“殷祀”，上古“衣”“殷”音近通用。“衣祀”原本是殷商祭祀祖先的大合祭，西周之时则成为群臣大会后共同参与的大献祭，旨在团结方国诸侯。在周人的观念里，天是至上一元神，拥有最高的神意，周王是天之子，是上帝在人间的代表，所以祭天是周人的最高祭祀，为天子专享的权力。在祭天时，往往配以先王，如大盂鼎铭文所说：“丕显文王受天有大令（命），在武王嗣玟作邦；……故天翼灵子，法保先王”，即以文王与天同祭。在西周时期，祭天时常以文王和武王配天同祭。

谏 簋

除了祭天之外，铜器铭文还反映其他的祭祀情况。《作册令方彝铭》记述了周昭王任命周公子明保担任王室的重要职务，管理三事四方，受卿事寮。由于是重要事情，所以周公子明保在接受命令后，一方面发布政令，一方面到宗庙举行祭礼。先到周公宫祭告先祖周公，然后到京宫以及康宫祭告先王，典礼十分隆重。《作册麦方尊铭》则记述了周王在田猎前后举行祭祀的情况：先在丰京举行祭祀，次日在船上举行大礼祭，然后射猎，捕获大量飞禽，最后又举行了祭月仪式。可见周人的祭祀名目繁多，确实可补“三礼”的缺佚。

祭祀活动在周人的生活中十分频繁，故在青铜器铭文中除了追述祖先的功烈，颂扬他们的仁德以及标榜自己来自祖先的权利、承袭先王的至德外，还有大量的祈求上帝降福、祖先灵佑的祈辞。祈辞的内容基本有：

（1）保佑疆土永固。如《大克鼎铭》：“丕显天子，天子其万年无疆，保义周邦，俊尹四方”；《陈侯因咨錞铭》：“诸侯贡荐吉金，用作孝武起公祭器錞，以蒸以尝，保有齐邦。世万子孙，永为典尚。”

（2）祈求永福长寿。古人认为长寿之人必定豪眉秀出，所以称长寿为“眉寿”，在青铜器铭文中经常看到祈求眉寿的内容如《微鼎铭》：“桒用享孝于朕皇考，用赐康乐鲁休，纯佑眉寿，永命令终，其年无疆，子子孙孙，永宝用享”；《秦公簋铭》：“以受纯鲁多厘（福），眉寿无疆。”“眉寿无疆”或“眉寿无期”是当时的习惯用语，后来演变成为“万寿无疆”或“万岁”等颂词。

（3）保佑子孙永享其命。西周的嫡长子继承制是宗法制下的基础制度，嫡子有嗣是整个宗族的大事，所以青铜器铭文也经常提到子孙嫡嗣永保其命的内容，如《晋姜鼎铭》：“晋姜用祈绰绾眉寿，作建为亟，万年无疆，用享用德，俊保其孙子，叁寿是勒。”这些祈求万寿无疆、永保世享的祈辞，与《诗经·小雅·南山有台》中“万寿无期”“遐不眉寿”，“保艾尔后”的思想是一致的，可见西周贵族铸造青铜器并在其上铭刻的目的，不仅仅在于颂扬祖先美德，更在于祈求上帝和先祖保佑子孙永享其命。

除了祭祀之外，上古社会的重要事情即为兵戎，所以青铜器铭文很多内容都涉及君王用兵情况。伐纣克商是西周初年最大的戎事，1976 年在陕西临潼零口公社出土的利簋就是直接反映武王伐纣过程的文物遗存。《利簋铭》已载：“武王征商，唯甲子朝。岁鼎，克昏夙有商。”其记载的伐商日期与文献记载完全吻合：《尚书·牧誓》记载：“时甲子昧爽，王朝至于商郊牧野，乃誓。”《荀子·仪兵》说：“武王之诛纣也，非以甲子之朝而后胜也，皆前行素修也。”《淮南子·兵略训》也说：“武王伐纣，东面而迎岁。”这几种文献记载和铭文记载互相印证牧野之战的时间确实是在甲子日，正是岁星当前的时刻。所以利簋的发现证实了文献记载武王克商中牧野之战的真实性，其铭文可与《尚书·牧誓》结合起来研究武王克商的史实。

西周时期，周边少数民族侵犯边界的事情常有发生，尤其是西周中后期，王室衰微，犬戎的势力进入到周的京畿腹地，所以反映西周同少数民族的战事在青铜器铭文中亦屡见不鲜。《虢季子白盘铭》就是一篇记载虢季子白奉周王命令率兵抗击玁狁侵犯的韵文，铭文说：“丕显子白，壮武于戎功，经维四方，抟伐玁狁，于洛之阳；斩首五百，折讯五十，是以先行……”玁狁是西周时期西北的一个游牧民族，即后来的匈奴的祖先，他们经常骚扰周的边境，并进入内地扰民。这在《诗经》中也多有反映，如《诗经·小雅·采薇》说：“靡室靡家，玁狁之故”，“不遑启居，玁狁之故”，“岂不日戒，玁狁孔棘”。由于玁狁的侵扰给人民造成了很大灾难，所以周王室常派重兵抵御。《虢季子白盘铭》记载的这次抵御的战场是在陕西北部的洛水之东，生动地描写了子白的英姿和建立的战功，并记载了周王对子白的赏赐和期望：“王赐乘马，是用佐王。赐用弓彤矢，其央。赐用钺，征用蛮方。”

征伐淮夷和楚方也是西周时期的重要征伐。淮夷是居住在淮河流域的多个部族组成的方国，列于周王室的“夷蛮要服”。由于淮夷经常叛周，所以厉王和宣王时期的青铜器铭文经常有周师征伐淮夷的记载，师寰簋即为一例。该簋是厉王时铸的青铜器，其铭文记载了周王命令师寰征伐淮夷得胜立功的内容。

居于江汉流域的楚荆是西周南方的重要少数民族方国，也属于“要服”之列。南征楚国是昭王时期的重大戎事，根据《初学记》所引的《竹书记年》记载，周昭王“十六年伐。

楚荆，涉汉，遇大兕”；“十九年天大曀，雉免皆震，尚六师于汉”。《史记·周本纪》也说：“昭王南巡狩不返，卒于江（汉）上。其卒不赴告，讳之也。”即昭王时期至少有两次南征的记录，而最后一次南征楚荆，昭王没有返回，死于汉水之上。与文献相佐，青铜铭文也有昭王南征楚荆的记载，《小子生方鼎铭》和《启尊铭》分别记载了小子生和启跟随昭王南征的事情。《小子生方鼎铭》记载：“隹（唯）王南征，才（在）□，王令生办（遍）事□公宗”；《启尊铭》记载：“启从王南征迈山谷，在洀水。启作且（祖）丁旅宝彝。”另外《郭伯簋铭》和《史墙盘铭》也记载了昭王的南巡并获得大胜的情形：“孚（俘）金。用乍（作）宗室宝尊彝”；“广笞楚荆，唯狩南行”。这些铭文很可能就是反映昭王南征取得胜利的相关记载。关于军事征伐的铭文还有很多，除了武王、成王时期的伐商大事之外，主要是征伐周边民族反叛和入侵的事情。从铭文看，这些征伐战争结果多以周师为取胜方，从而巩固了西周王室的统治。

青铜器上的典章制度

青铜器铭文中反映的西周典制内容的也很多。分封制度是上古社会的重要统治制度，也是西周时期的重要政治内容。西周建国以后，周天子为了统治广大疆土，采取了分封同姓宗族子弟及有功大臣的措施，以藩屏周。周王除了分给这些宗亲和大臣土地和人民外，还要授予他们大量礼器作为赐予权力的象征。受封的贵族为了纪念周王的册封并以此作为凭证，于是大量铸造青铜器，传之后世。这些青铜器铭文反映了西周的分封情况。《康侯簋铭》反映了成王改封康侯于卫的情况；《宜侯夨簋铭》则记载了康王改封虞候夨于宜的事情。

西周分封，天子赏赐大量的财物给受封的诸侯、贵族，这是商朝难以望其项背的。晚商的青铜器铭文也有关于商王赏赐的记载，但所赐之物不仅数量少，品种也极少，不像西周那样繁多，这大概与商朝生产力水平低以及殷王对分封的不够重视有关。在西周的青铜器铭文中，记载赏赐最多的是《大盂鼎铭》：“赐汝鬯一卣，玄衣，赤舄，车马。赐乃且南宫旂，用狩。赐汝邦司四伯，人鬲自驭之于庶人六百又九十五夫。赐夷司王臣十又三伯，人鬲千又五十夫。”一般的赏赐除了祭祀所用的鬯酒，以及命服、命车外，还有弓、矢、戈、胄等兵器和大量土地和人民。

随着西周分封制度的推行，逐渐形成了固定的册命制度。该制度始创于西周初期，穆王以后则形成一套固定的典礼仪式，青铜器铭文正好完整反映了这一套仪式。在传世的青铜器铭文中有册命内容的达 70 多例，其铭文格式主要由时间、地点、受册命者、册命辞、称扬辞、作器和祝愿辞 7 部分组成。如《康鼎》铭文：“唯三月初吉甲戌，王在康宫，荣伯入右康，王命死司王家，命汝幽，黄、鋚革。康拜稽首，敢对扬天子，丕显休，用作朕文考宝尊鼎。子子孙孙其万年永宝用。”到了西周晚期，青铜器铭文记载册命的格式更为完备，如《颂鼎》铭文所记，除了上述的 7 个基本部分外，还记录有王位、授册、宣命、受册、返纳瑾章等内容。其记载的册命过程与《左传》所记周天子册命晋侯重耳为侯伯的过程几乎完全相同，可见册命典仪是西周以至春秋时期的重大政治典礼之一。

关于西周的官制，西周的青铜器铭文也有记载。《毛公鼎铭》清楚地记述了西周有卿事寮和太史寮两大官署。《作册令方彝铭》记述了周昭王任命周公子明保担任王室的重要职务，“保尹三事四方”，领导卿事寮，向卿事寮诸尹、里君、百工、诸侯等发布命令。一般研究西周官制多以《周礼》为参照，但是《周礼》成书较晚，所以最直接的还是西周时期的金文记载资料。西周后期形成了世卿世禄的制度，而继承祖考的官职也要由周王重新册命，所以西周的青铜器铭文有大量这种册命的记载。

此外，青铜器铭文中关于天子籍礼、射礼以及田猎等活动的记载，如《静簋铭》记载了周王在大学辟雍举行的射礼；《令鼎铭》记载“王大藉农于諆田”；《员卣铭》和《启卣铭》都记载了周王田猎的情况。

青铜铭文中的经济及法律诉讼

青铜器铭文中除以上内容外，还有关于西周经济以及法律诉讼的记载。周天子为天下共主，故“普天之下，莫非王土”，周王室有直接控制的山林牧场，作为王室的直接收入，《同簋铭》《免簋铭》等都有周王命人管理山林渔泽之利的记载。

战车是西周的战争用车，而马车是西周的重要交通工具，所以马在西周社会生活中和军事战争中非常重要。周王有自己的牧场，由专人养马，而这些马在成为服马之前举行一种马的“成人”仪式——执驹礼。《周礼·春官·司马·校人》记载：“春祭马祖，执驹。”“祭马祖”就是在春天举行祭祀马神的仪式。“执驹”就是把两岁的小马驹牵离母马身边。给它们套上络头和马具，使之成为王厩的服马。西周非常重视这种执驹之礼，往往由周王亲自参加。出土于陕西眉县李村西周窖穴的缘驹尊和出土于陕西西安张家坡井叔墓中的井叔鼎上都刻有铭文，记载了周王参加执驹礼的情况。缘驹尊铸成马的形状，其器铭文为：“唯十又三月才（在）甲申，王初执驹于岸，王呼师豦召缘，驹易（赐）两”，“执驹于岸”就是指周王在天子大学——辟雍的大池岸边举行执驹之礼。

西周青铜器铭文中有不少涉及法律诉讼方面的内容。这些铭文有的形同现代的契约、合同、地契之类，有的是关于田地、奴隶交换的内容，有的则是律令刑书。《散氏盘铭》《卫盉铭》《卫鼎铭》《琱生簋铭》都有记载西周的田地交换情况。《兮甲盘铭》记述了关市征收的律令。《子禾子釜铭》和《陈纯釜铭》则记述了有关量值的法令。这些铭文是研究西周社会经济生活以及古代法律的重要资料。

第四章　历史谜团

伯夷、叔齐饿死之谜

伯夷、叔齐是备受古代先贤盛赞、品格高尚的隐士高人。他们的高风亮节被《论语》《孟子》《庄子》《吕氏春秋》等典籍高度赞扬。太史公司马迁把他们放在列传之首，加以褒扬。那么，他们究竟是两个什么样的人呢？是否是耻食周粟，采薇饿死的呢？

《史记》记述：伯夷、叔齐是殷末周初孤竹国君的两个儿子。孤竹国王生前指定小儿子叔齐继位。他死后，叔齐却要把王位让给长兄伯夷。伯夷认为君命不可违，要尊重父亲的决定，因此拒绝就位，并出逃外国。叔齐则认为伯夷贤德，治理国家最合适，也符合长幼尊卑秩序，因此也出逃国外。把王位让给孤竹国君的二儿子。

伯夷、叔齐互相谦让，先后出走，后来相遇。他们听说西伯侯治理的西岐国富民丰，西伯侯礼贤下士，尊长爱幼，人民懂礼义廉耻，就商定投奔西岐。姬昌已死，武王不发丧，开始伐纣。大军供奉着姬昌（周文王）的神位，寓意此次主帅仍是文王，向孟津进发。伯夷、叔齐拽住马缰绳劝说道："父亲去世却不安葬，这是孝顺吗？当臣子的去讨伐自己的君王，这是仁义吗？商纣固然残暴，但你以暴力制服暴力也是不对的！"武王大军没理睬，继续进军。

周武王率军，杀进殷都朝歌，推翻商朝，建立周朝。伯夷、叔齐听说现在是周朝的天下，他们都变成了周的子民，兄弟俩无法接受这种历史的必然更替。他们认为做弑君夺位的武王之臣民是可耻的，对商纣王是不忠不义的，因此逃到首阳山上采薇菜为生，坚决不食周粟。伯夷、叔齐饿得面黄肌瘦，奄奄一息，他们就做《采薇歌》以明心志："登上西山去采薇，以暴易暴不知悔，神农、虞夏时代远，命运多舛勿怨谁。"伯夷、叔齐终于饿死在首阳山上。

后世人却对这个故事产生了疑问：他们的身份确实是孤竹国王子吗？《庄子·让王》仅说："昔周之兴，有士二人，处于孤竹。"解释他们的身份是孤竹国的贤士。《吕氏春秋·诚廉》中也说他们是"士"，而没有肯定他们是孤竹王子。

再有，伯夷、叔齐是否真的饿死？《孟子》说他们避居北海之滨，没提到有饿死的结局。《论语·季氏》说："齐景公有马千驷，死之日，民无德而称焉。伯夷、叔齐饿于首阳之下，民到于今称之。"虽然齐景公非常富有，伯夷、叔齐虽然饱受饥寒，一无所有，但他们拥有高尚气节，所以受到人们的赞颂而流芳百世。这显然是一种对比，富有与贫穷，无德与高尚的鲜明对比。《论语》也没有肯定二人是饿死的。

但《庄子》《韩非子·奸劫弑君》《史记》都坚决肯定二人饿死之说。这又是为什么呢？

有些学者认为，把伯夷、叔齐上升到“饿死不食周粟”的高度，使他们成为忠孝道德观的典范，更有利于教育臣民，恪守君臣父子之道，严格遵守社会统治秩序，保证统治者牢牢把握政权。春秋战国期间，各国王侯为争王位，争霸权而发生的子弑父、臣弑君的流血事件，层出不穷；如果都像伯夷、叔齐那样谦虚让位，与世无争，逃离尘世，社会也就平安无事了。因此，伯夷、叔齐的结局很可能是诸子百家为说教诸侯，减少纷争，而加以发挥利用的素材。但《史记》作者司马迁一向著书严谨，尊重史实，绝不会粉饰伯夷、叔齐的行为。

到底伯夷、叔齐是否是饿死的，仍旧是个谜。

穆天子与西王母相恋之谜

西周时期，有个穆王，姓姬名满。他和其他古代帝王一样，在位时都是定期到全国各地“巡狩”（视察）一番。他周游天下，极为浪漫，亦真亦幻，极富传奇色彩。

据说，他有 8 匹骏马，名字很古怪，叫作赤骥、盗骊、白义、逾轮、山子、渠黄、骅骝、绿耳。他还养了 6 条凶猛的狗，名字也很稀奇，有重工、彻山等。巡狩期间，他带着 4 个御者，整天驾着车，带着狗，一会儿射鸟，一会儿猎兽，一会儿钓鱼，过着逍遥自在的生活。

《穆天子传》记述了周穆王的一次有趣的西巡。那是穆王十三年，他亲率七萃之士，驾八骏之乘，以柏天为先导，造父为御者，长驱万里，开始了以开拓北方和西方为目的的西巡。

一路上，他经历了许多稀奇古怪、妙趣横生的人和事。

他喜好打猎，在渗泽地方，他不但猎到了许多獐狍野鹿，还捕获了纯白色的银狐和纯黑色毛的貉；在阳纡山下，为了祭奠水神河伯，他把珍贵的碧玉和猪、马、牛、羊沉入黄河，表示虔诚；上了昆仑山，他观赏了黄帝当年住过的宫殿，还给雷神丰隆的墓培了土；在春山，他观赏了许多珍禽怪兽：赤豹、白虎、熊罴，还有能用巨爪掀起犬羊的猛禽。

继续西行，他到了赤乌国，据说这里出美人，长得如花似玉，貌似天仙。赤乌国王献给他两个美女，穆王大为高兴，立即把她俩封为嬖人；

到了群玉山，真是目不暇接，遍地宝玉。他下令在这停留四天，叫大家都去采玉；

最后到了帕米尔——西王母之邦，会见了西王母。

西王母是天下少有的大美人。穆天子为了见她，特地选取了甲子吉日，并带上了奇珍异宝作为礼物：白色的圭、黑色的璧、100 匹锦缎、300 匹白绸。西王母愉快地接受了他的礼物，并把他当成最尊贵的客人。

第二天，穆天子大摆宴席，请西王母一道饮酒行乐。穆天子设宴的瑶池，如同仙境，亭台楼阁，雕梁画栋，假山喷泉，奇花异草，处处令人流连忘返。穆天子和西王母沉浸其中，欢愉无比，他们一忽儿刻石纪功，一忽儿植树留念，缠缠绵绵，卿卿我我，如同一对恋人。

不料，国内来人传报徐偃王叛乱，于是，周穆王不得不告别西王母，御驾亲征。在告别的宴会上，两位相见恨晚的国君，一唱一和，以诗来抒发依依惜别的情感。

西王母先赋一首：

白云在天，山陵自出，
道里悠远，山川间之。
将子无死，尚能复来？

意思就是：白云在天空中飘荡，哪一座山啊都不是它停留的地方！重重的山啊路途遥远，道道的水啊艰险漫长，它们把我们阻隔两地！啊，假如你平平安安渡过了难关，你还愿不愿意再回到我的身旁？表达了她对周穆王的惜别与期望。

穆天子马上答诗一首：

予归东土，和治诸夏。
万民平均，吾顾见汝。
比及三年，将复而野。

意思是说：我不得不回到我东方的国土，我一定能联合起各地诸侯（平定叛乱），我要尽快地解救百姓的苦难，为了见到你，我再旋风一般回头！我向你保证，最多三年，三年一到，我就会再跨进你的国都！

西王母听到穆王这样坚定、深情地回答，又高声吟道：

徂彼西土，爰居其野，
虎豹为群，乌鹊与处。
嘉命不迁，我惟帝女，
彼何世民，又将去子？
吹笙鼓簧，中心翱翔。
世民之子，惟天之望。

此诗翻译成现代诗则是：啊，不！你长途跋涉来到我这遥远的西方，可我这里是这样的简陋、荒凉！只有鹊儿鸟儿叽叽喳喳地同我住在一起，而凶猛的虎豹在我们四周游逛。只要你美好的誓言不再改变，我也永远是你贴心的娇娘。啊，那一些什么样的百姓啊，竟使你忍心离我去为他们奔忙？

……

周穆王和西王母相恋一说是否是事实，只能等待于后来者的研究和考察了。

附：西周大事年表

时间	事件
约公元前 1046 年	武王姬发灭商后，建立周王朝。
约公元前 1046 年	商遗民伯夷、叔齐不同意周朝的政策，拒食周粟而饿死。
约公元前 1046 年	武王开始分封诸侯。分封纣的儿子武庚为诸侯，然后又将自己的三个兄弟管叔、蔡叔、霍叔封在殷故国周边，以监视武庚，即“三监”。
约公元前 1046 年	纣兄箕子出奔朝鲜，周武王封其为朝鲜君主。
约公元前 1045 年	武王因为操劳过度而病逝。
约公元前 1044 年	周成王即位之时年龄尚幼。其叔父周公辅佐成王行政。
约公元前 1044～前 1040 年	纣的儿子武庚及“三监”趁机叛变。
约公元前 1044～前 1040 年	周公解除了成王和大臣们的怀疑以后，毅然率兵东征平叛。
约公元前 1044～前 1040 年	周公经过三年的征战终于平定了叛乱，杀武庚和管叔，继而第二次分封诸侯，制礼作乐，营建洛邑。成王亲政后，大会诸侯于岐山。
约公元前 1040 年	周政权用分化、教育的办法安置殷旧贵族，把他们迁徙到鲁、卫等国以及东都进行管理。
约公元前 1040 年	周公的弟弟康叔被分封到了今河南一带建立卫国，周公作文来告诫弟弟。
约公元前 1040 年	成王封其弟叔虞于唐地，后其子迁都后改国号为晋。
约公元前 1040 年	蔡叔之子蔡仲能吸取其父叛乱的教训，被重新分封到了蔡国为诸侯。
约公元前 1039 年	周公旦制礼仪规范，主持创作音乐歌舞，作为教育、感化人民的手段。
约公元前 1038 年	周公摄政七年后，还政于成王。
约公元前 1040～前 1030 年	召公治理西土，清正廉洁。人们作《甘棠》诗，表达对他的崇敬和怀念。
约公元前 1038～前 1030 年	周公还政成王以后，作诰词，教育成王应该如何治理国家。
约公元前 1030 年	周公临终前要求葬在成周附近，成王为了尊敬他，把他和文王葬在了一起。

时间	事件
约公元前 1020 年	周康王即位，征伐鬼方，使天下安宁，“刑错四十年而不用”。
约公元前 1020 年~前 995 年	由于周康王继承成王的治国政策，周朝出现了“成康之治”的繁盛局面。
约公元前 995 年	周康王死后周昭王即位。
约公元前 980 年	周昭王为了防止南方的楚国势力壮大，攻打楚国，大胜并获得很多战利品。
约公元前 977 年	周昭王贪心不足，再次南征。南方造船工匠怨恨昭王，用胶粘的木板造船。渡河时船只散毁，昭王溺死于水中。
约公元前 976 年	周穆王即位，即是后世所称的“穆天子”。
约公元前 976~前 922 年	淮夷侵伐内地，穆王命令将领成周师氏进行征伐。
约公元前 976~前 922 年	周穆王兴兵征讨东方作乱的徐偃王，大胜。
约公元前 976~前 922 年	西方的犬戎不遵循礼制向周朝朝贡，周穆王发兵征讨。
约公元前 976~前 922 年	周穆王命造父驾八骏巡游四方，留下许多传奇故事。据传他曾经出游西域，相传与西王母相见，并对淮夷等南方部落用兵，东及九江。
约公元前 922 年	周恭王即位。
约公元前 922~前 900 年	密国的密康公随恭王游泾水，得到三个美女却不献给恭王。恭王大怒，攻灭了密国。
约公元前 899 年	这一年出现“天再旦”现象，是一次日全食。
约公元前 899~前 892 年	周懿王在位。
约公元前 891 年	周懿王死后，其叔姬辟方自立为王，是为周孝王。
约公元前 9 世纪初	非子因负责为周孝王牧马有功而被封于秦，成为秦国始祖。
约公元前 891~前 886 年	孝王在位期间北方发生大灾，大雨冰雹致使牛马冻死，江水和汉水全部结冰。
约公元前 885 年	周夷王即位。

时间	事件
约公元前 885~前 878 年	夷王为立威严，听信纪侯谗言烹杀齐哀公，又立哀公的异母弟弟为齐君，造成齐国内乱。
约公元前 885~前 878 年	周夷王征伐戎狄取得胜利，远方的诸侯都来朝拜。
约公元前 877 年	周厉王姬胡即位。
约公元前 877~前 842 年	厉王实行“专利”与“弥谤”的高压政策，国内发生严重虫灾，人民十分怨恨厉王。
约公元前 842 年	国人发生暴动，冲进王官，厉王出逃。
公元前 841 年	周公与召公实行共和行政，这一年是前 841 年，中国历史确切纪年开始。
公元前 828 年	周厉王死。
公元前 827 年	周宣王姬静即位，宣布不籍千亩。
公元前 823 年	周宣王派尹吉甫讨伐猃狁，取得胜利。
公元前 822 年	召穆公伐淮夷。宣王帅尹吉甫、大师皇父、程伯休父讨伐徐戎。西戎杀秦仲。
公元前 827 年~820 年	周宣王统治时期，周朝疆域扩大，诸侯来朝，史称“中兴”。
约公元前 8 世纪上半叶	毛公鼎铸成。
公元前 788 年	周宣王丧“南国之师”。宣布料民，统计全国人口。
公元前 782 年	周宣王在打猎的途中猝死，据传是被杜伯的鬼魂射死。
公元前 781 年	周幽王姬官涅继位。
公元前 780 年	泾、渭、洛三川枯竭，岐山崩塌。
公元前 779 年	褒姒得宠。虢石父掌朝政。
公元前 777 年	幽王废王后申氏，立褒姒为后，太子宜臼逃至申国。
公元前 774 年	褒姒之子伯服立为太子。
公元前 771 年	申侯联合犬戎进攻镐京，杀幽王于骊山之下，姬宜臼被立为王，史称平王。
公元前 770 年	晋、卫、秦、郑四国诸侯护送平王东迁洛邑，西周结束。

·中国通史·

春秋

刘宇庚⊙主编

导读

春秋时期(公元前770年~公元前476年),简称春秋,东周的一个时期,春秋时代周王的势力减弱,群雄纷争,齐桓公、宋襄公、晋文公、秦穆公、楚庄王相继称霸,史称“春秋五霸”。(一说是齐桓公、晋文公、楚庄王、吴王阖闾、越王勾践)。春秋时期的得名,是因孔子修订《春秋》而得名。这部书记载了从鲁隐公元年(公元前722年)到鲁哀公十四年(公元前481年)的历史。现代的学者为了方便起见,一般从周平王元年(公元前770年)东周立国起,到周敬王四十三年(公元前477年)或四十四年(公元前476年)为止,也有学者认为应到三家灭晋(公元前453年)或三家分晋(公元前403年),称为“春秋时期”。

第一章　春秋史话

割据称雄

周平王东迁洛邑后，周天子控制诸侯的权力和军事力量日益丧失。虽然周天子仍有一定号召力，但在经济上和政治上都依赖于诸侯的支持，因此，一些逐渐强大的诸侯国，开始积极发展自己的势力。中国从一个统一的周王朝进入走向分裂的春秋时代。

诸侯纷起

春秋时期（前770~前476）是我国历史上第一次全国性大分裂形成的时期。公元前770年，周平王东迁，建立了东周。但此时的周王朝已经十分衰弱，其统治范围方圆还不足六百里，各诸侯国纷纷割据称雄，周统率诸侯的权力基本上名存实亡。在此期间，全国共分为一百四十多个大小诸侯国，其中楚国、齐国、晋国、吴国、越国、秦国为势力较大的诸侯国。

郑国

郑国（今陕西华县东）建国的时间并不长，它的第一位王是周厉王的小儿子、宣王的弟弟姬友，史称郑桓公。

周幽王时，郑桓公官居周王室的司徒一职，掌管全国的土地和户籍。这个有先见之明的人大概看出西周运数将至，决定搬家，远离是非之地。就这样，郑桓公将郑国的财产、部族、宗族连同商人、百姓一起，都迁移到东虢和郐之间（今河南嵩山以东），号称新郑（今河南新郑一带），这就是郑国历史上有名的大迁移。

历史小常识：烽火戏诸侯西周末年，周幽王十分宠爱褒姒。但是褒姒却从来都不肯笑，周幽王为此想尽了办法。一天，大臣虢石父说："我们把传递消息的烽火点着，让诸侯们上个大当，娘娘一定会笑的！"周幽王于是命人点着了烽火，诸侯们急忙赶来后，却发现上当了。褒姒看着那些乱成一团的大臣终于笑了。但是不久后犬戎进攻，周幽王点着烽火后，竟没有一个诸侯前来，周幽王就这样为博美人一笑而丢了江山。

不过，郑桓公还是没能逃脱厄运，犬戎部落杀入中原后，郑桓公正在王都陪伴

幽王，结果成了幽王的陪葬，死在犬戎人的刀下。于是，桓公之子郑武公继位，他攻灭郐和东虢后，定首都为新郑。

周宣王

卫国

卫国在周王室的东北部，据有今河南北部、河北南部的大片土地，国都在朝歌（今河南淇县），是周武王之弟康叔所受封的国家。

康叔名叫姬封，本来受封于康地（今河南禹县境），而卫国原来是商朝的都城所在，被武王封给了商纣王的儿子武庚，并派管叔、蔡叔监管。管叔和蔡叔因为对周公旦摄政不满，联合武庚发动叛乱。周公旦平定了武庚等人的叛乱后，周成王就把这个地方改封给了康叔。后周公又将原来商都周围地区和殷民士族封给康叔，建立了卫国。

西周末期，卫国的国君是卫武公姬和。犬戎杀死周幽王后，卫武公带着卫国的军队前来平乱，因此得到了周平王的嘉奖。

晋国

晋国在周王室的北边，受封建国的历史同卫国一样长，第一位封君是周成王的弟弟姬虞，国号为唐（今山西翼城县境），后来姬虞的儿子姬燮将国号改称为晋。晋国的国都自此开始频繁迁移，先后迁都于曲沃（今山西闻喜）、绛（即翼，今山西翼城）、新田（今山西侯马）等地。到了西周末年，晋文侯姬仇拥戴平王东迁洛邑，并杀死了在西周故地自立的携王，为东周的缔造立下大功，受到了周平王的奖赏，其赏赐品光是车就达千辆之多。

秦国

秦国的始封君名叫非子，本来是一个替周孝王养马的低级官吏，因养马成绩突出，被封在今甘肃天水的秦地，并赐嬴姓，故称嬴秦。不过这时的秦国还称不上是一个诸侯国，没有资格向周王室献贡。

后来，秦国的力量逐渐强大，成为阻挡犬戎向周王室进攻的一道主要力量。周宣王时，秦国的国君秦仲在一次讨伐犬戎的战斗中丧了命。秦仲死后，他的大儿子秦庄公率兄弟五人带兵继续同犬戎作战，取得一些小小的胜利，被封为“西垂大夫”。

周王室东迁时，秦襄公出兵护送，因此被封为诸侯。这时岐山以西的地区，周平王已是顾不上了，所以就做了个顺水人情，都送给了秦襄公。

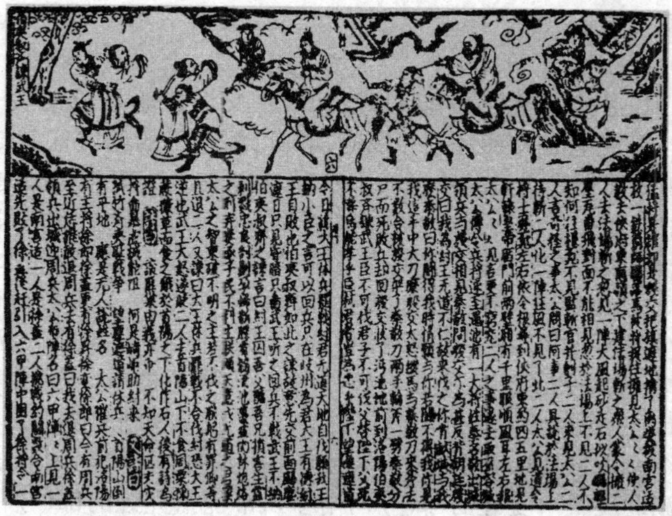

武王伐纣

虢国

虢国在周、秦、晋交界的地区，即今天河南三门峡一带，是周文王同胞兄弟建立的。

当初，周文王的两个弟弟分别被封为虢国国君，一个是东虢（今河南荥阳市东北），一个是西虢（今陕西宝鸡东），两个虢国起着周王室东西两面屏障的作用。西周晚期到周宣王初年，西虢东迁，东迁后的虢国建都上阳，地跨黄河两岸，形成了所谓的南、北二虢。不过一百年后，就都被晋国灭掉了。

目前，考古工作者已经对虢国墓地进行了大规模发掘，发现了包括两座国君墓、一座国君夫人墓、两座太子墓在内的两百多座贵族墓葬，出土各类珍贵文物两万多件。

陈国

陈国国君本为妫姓，舜后裔，都宛丘（今河南淮阳附近），辖地大致为现在的河南东部和安徽一部分。

陈国是春秋战国时期中原列国的重要国家之一。其统治区域主要在豫东周口一带，存国时间近千年。黄帝族起于姬水，即今陕甘之交的岐山一带，陈部落的起源也当在附近。陈部落跟随黄帝部落四处征战，最后统一了黄河流域。陈部落也随着黄帝族东迁于中原肥沃的平原，最后落脚于东夷族属的太昊部落旧地宛丘。陈部落东迁后，由游牧生活走向定居生活。夏商时期，陈部落一直在豫东一带活动，也曾建立小的国家，分别臣属于夏、商。商代晚期，周武王灭商前夕，派大军攻取商纣王的两个属国—靡、陈。周武王的军队集中于陈，打败商纣王的属国军队，夺取陈地，切断了商朝同淮河流域嬴、偃姓诸国的援军，为灭商创造了有利条件。

楚国

周王室的南边，也就是今河南南部丹江和淅水交汇的地方，便是楚国的国都丹阳。西周初年，楚国与周王室的关系好过一段时期。可周昭王的两次征楚打破了和平的曙光，以至于周昭王淹死在汉水里，“南征而不复”。周宣王为了阻止楚国向北扩张势力，不但倾全国之兵伐楚，还把自己的舅舅封在申地（今河南南阳），以牵制楚国。

为了防御楚人北上，在今天的河南、湖北两省交界地区，汉水和淮水之间，周王室星罗棋布地分封了一些诸侯国。在汉水以北有所谓的“汉阳诸姬”，可考的有随（又称曾，今湖北随州）、唐（今随州西北）、应（今河南鲁山）、蔡（今河南上蔡）、胡（今河南漯河东）等。这一带是古代一些民族杂居之地，不仅有姬姓国，还有姜姓的申（今河南南阳）、吕（又称甫，今南阳市境）、许（初在今河南许昌，后迁到叶县）、厉（今湖北随州北），妫姓的陈（今河南淮阳）、息（今河南息县），嬴姓的江（今河南正阳）、黄（今河南潢川），偃姓的贰（今湖北应山）、轸（今湖北应城），曼姓的邓（今河南邓州市境），允姓的鄀（今河南商密），熊姓的罗（今湖北宜城西），等等。这些国家除了随、蔡两国外，在春秋时多被楚国吞灭，并入楚国版图。

无言的息夫人

楚国因北上不成，就向南发展势力。到西周末年，它已经控制了长江沿岸，势力达到今武昌、江陵一带。春秋初年，楚武王熊通要周王提升他的爵位。周王室的势力虽然大不如前，可骄傲的脾气却没有减少，根本瞧不起这个蛮荒之地的楚武王，一口便回绝了。楚武王大怒，将国都南迁到郢（今湖北江陵），然后自称为王。

楚文王名叫熊赀，是一位非常强势的君主。《楚史》称他“强硬如挟雷带电，诡谲如翻云覆雨”。他做事既有迅捷、凌厉的一面，也有慎重、严谨的一面，不容易轻信和妄为，但信则不复疑，一发则不可收。据《韩非子·和氏篇》记载：楚人卞和采得一块璞，献给厉王，厉王命掌玉的官“玉人”去鉴定，玉人说是石头，和氏因欺君之罪被砍断了左脚。楚厉王死后，武王立，和氏再把那块璞献上去，玉人还说是石头，和氏又因此被砍断右脚。楚武王死后，和氏在山中抱着璞哭泣不止，最后眼泪哭干了，眼中流出的都是鲜血，向刚刚继位的楚文王哭诉道：“我不是为自己断足而悲伤，所悲伤的是美玉竟然被说成是石头，讲真话的人竟然被说成讲假话的人呀！”楚文王觉得需要考查落实，便命玉人雕琢那块璞，果然得到了一块美玉，做成璧，名曰“和氏璧”。

手持节符的使者

许国

西周灭掉商朝之后，周成王大封诸侯。其中，许国是被周朝分封的姜姓诸侯国之一。许国的管辖范围，从都城向四周辐射，方圆三十公里左右，包括今河南许昌及临颍北、鄢陵西南这一广大地域。许国作为“中原之中”，在地理位置上有着无与伦比的优势。春秋时期，王权衰落，天子已无力控制各个诸侯，一些逐渐强大的诸侯纷纷称王称霸，许国如同一叶扁舟在诸侯争霸中风雨飘摇，经常遭到强国侵略。因力量弱小，无法抵抗，只好委曲求全，小心周旋于强国之间，齐强时附齐，楚盛时附楚，晋来时归晋。即使这样，北方的郑国却始终怀有吞并许国的野心。据史书记载，在春秋五霸争战的一百二十多年间，许国先后遭受侵伐十一次，其中被郑国侵犯就有九次。

公元前654年，楚国攻打许，许侯大败，于是“肉袒谢罪”，楚国才心满意足，退兵而去。楚成王时，再次进攻许国，许侯没办法，第二次“肉袒谢罪”，请求和解。因此，许国只能迁徙，以躲避楚国的锋芒。公元前576年，许灵公被迫迁到了“叶”（今河南叶县西南）。公元前533年，又迁其国至城父（今安徽亳州东南）。公元前529年，迁回叶。公元前524年，迁到白羽（今河南西峡）。公元前506年，迁至容城（今河南鲁山东南）。许国迁“容”后，虽暂时有了一个长期的休整时间，但是，当时诸侯纷争，许国这样的小国仍是不能躲过被吞并的厄运。

经过这三番五次的折腾，许国已是国穷财尽，徒有虚名。而郑国却仍怕许国东山再起，公元前504年，郑国大将游速率军伐许，许国已经无力抵抗，十七世国君许斯被俘，许国遂遭灭国之祸。灭国后，许国人迁移到中原以及江南，以国为氏，所以叫作许氏。这是许姓的一个主要来源。

此后，在楚国的帮助下，许国后裔重新立国，又持续了一百余年，直至公元前375年，史料记载“许二十四世为楚所灭”。绵延七百余年的许国彻底退出了历史舞台。

姜太公

齐国

燕国的南边，即今山东省的北部和东北部，是姜姓的齐国，始封君是西周开国元勋之一的姜尚。齐国靠近渤海，渔盐业发达，因此西周时期便是一个大国。它的东边是纪国（在今山东寿光），再往东的胶东半岛上是莱夷国，西面以济水为界，南面以泰山与鲁国分界。

齐国最初的都城设在临淄（今山东临淄），周公旦摄政时，三监作乱，淮夷也趁机反叛。周公旦于是命令姜尚说：“东至海，西至河，南至穆陵，北至无棣，五侯九伯，实得征之。”齐国由此有了征伐权，没用多久，在齐国周围分布着的一些力量不强的小国都被齐国吞并了。

蔡国

蔡国国君为姬姓，周武王弟叔度（姬度）后裔，被楚国所灭。蔡国建都于蔡，辖地大致为现在的上蔡附近。

燕国

燕国是周王室的诸侯国中最北面的一个，都城在今天的北京地区，当时称为蓟。燕国的始封君是召公姬奭。周武王灭商后，封召公于燕地，史称燕召公，是周初王室三公之一，地位很高。

燕国据有今河北北半部的广大地区，东边是孤竹国，东北边是肃慎，东南与齐国接界，北边和西边则是戎狄的部族。

鲁国

在周王朝的众多邦国中，鲁国是姬姓“宗邦”，鲁国的第一代国君是周公旦的儿子姬伯禽，都城曲阜，在泰山以南，略有今山东省南部，兼涉河南、江苏、安徽三省之一隅。

曹僖氏妻

因为鲁国的殷商势力极重，姬伯禽立志把鲁国建成宗周模式的东方据点，因此极力推行周朝的礼乐制度。在鲁国，周礼成为所有人行为的准则，任何违背周礼的举动，无论大小都会遭到指责，甚至被视为是"不祥"的举动。作为西周时期重要诸侯国的鲁国，到春秋时，地位虽有些衰落，但仍有一定经济、军事力量。鲁国都城曲阜规模宏大，在东方侯国都城中。是仅次于临淄的第二大城。

在公元前 594 年，鲁国实行"初税亩"制度，即废除用奴隶劳动力耕种公田的"藉田制"，实行按亩收取谷物的税亩制。这一措施让人们在所分得的小块土地上耕种时，有了可自由支配的时间，人身依附关系松弛。为了扩大兵源，鲁国又于公元前 590 年"作丘甲"，让住在野鄙里的奴隶缴纳军赋，征收军事装备，同时允许他们当兵，由此物质与人力的基础都坚实起来。

曹国

曹国国君为姬姓。始封君为周文王子曹叔振铎（姬振铎），建都陶丘，辖地大致为现在的山东定陶附近。

后来，曹国成了晋楚争霸的受害者。公元前 637 年，晋国重耳落难时经过曹国，曾受到曹共公的无礼对待。晋楚城濮之战时，晋国伐曹、卫救宋，把曹共公也抓走了。楚国失利后，曹国亲近并听命于晋国。而宋国则不断对曹国侵犯。春秋晚期，不自量力的曹伯阳背弃晋国，又干预宋国政务，导致宋景公伐曹，而晋国见死不救。公元前 487 年，宋国虏杀曹伯阳，曹亡。

宋国

宋国在鲁国的西南方，它是商朝的后裔，始封君是商纣王的异母兄微子，国都在今河南商丘附近，其疆域最大时包括今河南东北部、江苏西北部、安徽北部和山东的西南部。宋国是中原各国通往东南吴越的交通要道，所以在春秋时期，成了各国争夺的对象。

吴国和越国

吴越两国地处中国东南部。吴国的领土大致相当于今江苏中部、南部和安徽东部一带，相传吴国是周文王的伯父太伯建立的，起初都于梅里（今江苏无锡），后来迁到姑苏（今江苏苏州）；越国据有今浙江北部，国都会稽（今浙江绍兴）。

在春秋时代的争霸斗争中，楚国据长江中游，吴国据下游。楚国北上与晋国争雄，晋国于是支持吴国从后方牵制楚国，楚国又把越国扶持起来对付吴国，以致春秋后期争霸战争从中原的晋楚转向了东南的吴越。

以上这些，是相对较大的诸侯国，它们或是西周得天下后分封的子弟功臣，或是周王朝对当地原住居民所建政权的承认。这些大诸侯国中间，还夹杂着许多小国和部落。而这些错杂在大国间的小国，在春秋这个历史进程中逐渐被吞并，成了大国的一个邑或县。

王室困顿

这些大大小小的诸侯国，如众星捧月般围绕在周王室的四周。西周初年，周王室控制的土地比任何一个诸侯国都大。但自从平王东迁后，将关中大片土地拱手送给了秦国，其后又把沁水南岸的温原、阳樊等地给了晋国，虎牢（今河南荥阳境）以东给了郑国。可怜的周王室，从地方千余里的最大领土，沦落为方圆不足六百余里的、和中等诸侯国差不多的面积了。

土地少了，收入自然也少了，但周天子的派头可没变小。一面要维持以往那般奢侈的生活，一面还要给前来朝拜的诸侯以赏赐，这种打肿脸充胖子的行径很快就让周王室出了丑。

周王室沦为附庸

东迁后的周王都洛邑，地处今河南省西部。虽然周王朝失去了政治上的威慑力，但洛邑作为一个商业都市，还是比较繁华的。而且，在洛邑的东、北、西三面，是周平王东迁时所依靠的四个主要诸侯国：郑、卫、晋和秦，它们像卫星似的环绕在王都周围，在东周初年，还在一定程度上起着护卫王室的作用。

但是随着周王室的逐渐衰败，许多诸侯国开始不纳贡，诸侯大会的主持者，也从王室变成了诸侯，而周王却只能待在一边。繻葛之战中，周桓王被郑庄公的部下射了一箭。这一箭，让周王室彻底沦为了诸侯的附庸。

王子变人质

周王室东迁时，主要依靠的是郑国和晋国的力量，随着郑国日益强盛，周平王担心朝政大权会被郑庄公姬寤生操纵，因此刻意削弱郑庄公的权力。郑庄公不免心生怨恨，便以国内事务繁多为借口,不去周王都述职。

这一来正合周平王的心意,他趁机撤掉了郑庄公卿士的职务。郑庄公大怒,马上赶到洛邑,对周平王施加压力。周平王再三赔礼,无奈郑庄公仍旧不依。最后,周平王只好提出让太子去郑国当人质。

当然,这个举动太有损天子的体面了,周平王答应了,周王室的臣子们可不同意。于是,郑庄公便让自己的儿子姬忽来洛邑当人质,而周太子去郑国则用学习的名义。郑庄公对此很是满意,虽然是互换人质,但实际上,周平王却是要看他这个诸侯的脸色行事。

求财的周王

将儿子送去当人质后,周平王一直郁郁寡欢,没过几年就死了。周太子奔丧回国,一路上哀伤过度,回朝后也病死,由儿子姬林继位,史称周桓王。

年轻的国王这时才意识到,自己的王都是何等贫穷,祖父竟然连一件像样的陪葬品都没有!无奈之下,周桓王只得派人到鲁国去乞讨,这才将周平王比较体面地下葬了。

以前,周王室是赐给诸侯们财物,没想到现在要向诸侯们伸手,周王颜面大跌。可这种情形一直没得到好转,到了周襄王(前 651 ~ 前 619 在位)的时候,甚至连出门乘坐的车子也没有了。至于王室的一切用器,都要靠诸侯的供给。

杀子颓惠王反正

宗法制的衰落

按西周时的制度,周天子每隔几年要到全国各地去巡视一番,以考察诸侯的政绩,叫作“巡狩”;而诸侯到一定时期也要前往王都朝见周王,叫作“述职”。诸侯有一次不到的,要贬降其爵位,两次不到的,要削减其封地,若连续三次不到,周王就要兴兵讨伐了。到了春秋时期,“述职”之事基本是没有了,即或有,也是为某种暂时的需要而进行的。

如果诸侯死了,他的儿子在即位前必须穿上低等贵族的服装去朝见天子,由天子按他原来的爵位赐给衣冠和圭、璧、璋等礼器,这在天子是“赐命”,在新即位的诸侯是“受命”。只有经过这一赐一受,诸侯的爵位才算合法。可如今,新即位的诸侯都不去王都“受命”了,只派人去向周王要。周王也只能忍住怒火,派人把册命送去。

不仅如此,为了得到诸侯们的支持,周王有时不但会主动派人送去“王命”,还要外带一块祭肉,以表示对诸侯地位的承认。

当然,这些继承了王位的诸侯们,并不一定就是嫡长子。在春秋时期,西周的宗法制遭到了彻底颠覆,这也是春秋时代各国内部频繁斗争的原因。整个春秋时代,见于记载的就有几十个国君被杀或逃亡他国,周王室也有三个天子逃难于外。

莲鹤方壶

王室内部的争斗

正因为周王室的力量被不断削弱,因此王室内部的争斗也时常发生。每发生一次,周王室就朝着衰败迈进一步。

公元前 693 年,王室大臣周公黑肩密谋杀死周庄王,立庄王之弟王子克,因辛伯的告发,黑肩被杀,王子克逃到燕国。

公元前 675 年,周惠王的异母弟王子颓,在五个不满惠王的大夫拥护下,向惠王发动武装攻击。王子颓在南燕(今河南延津东北)和卫国的支持下自立为王。这场乱子闹了三年,最后在虢、郑两国的帮助下才平定下去。

公元前 649 年,周襄王的弟弟王子带勾结戎人进攻王城,把东城门烧了。在秦、晋两国的援救下,戎人退兵,王子带逃到齐国避难。过了十年,王子带被周襄王召回,又与襄王的王后私通。襄王废掉王后,王后的母家狄人于是拥戴王子带,起兵攻打襄王,襄王逃到郑国,流落近一年,直到晋文公即位,派大军攻杀了王子带,才把周襄王接回王都。

公元前 520 年,周景王死后,王子朝为夺取王位,攻杀了长子猛,占领了王宫。猛的弟弟王子匄虽然被立为敬王,但不能回宫,只得迁居搬家到后来的"成周"。

诸侯征伐

东周王室的每次内乱,都要依靠诸侯的力量方能平息。靠诸侯力量坐上王位的周王,诸侯当然不会把他们放在眼里。地盘的缩小使周王室在经济上不能自立,多次的内乱又使王室在政治上丧失了尊严与地位。周王室大权的旁落引起了诸侯国之间的互相征伐,争霸战争拉开序幕。

郑国崛起

春秋时期,第一个向周王室发难的,当属郑国国君郑武公。

郑武公名叫姬掘突,郑桓公之子,是公元前 770 年继位的郑国第二代国君。郑武公一心图强,他定都新郑后,不但攻灭了郐和东虢,还相继把邬、蔽、补、丹、依、历、华等十邑地纳入了自己的版图。继而,郑武公提出了解放商人的口号。“商人”多是有技术、会经商的能人,周灭商后被定为世袭奴隶。郑武公东迁后,看到他们是建设国家不可忽视的力量,就依靠这批力量大力开发滩涂荒地,扩建包括虎牢城在内的城池,兴办乡校,教化民众,广集民意,郑国由此开始走向强盛。

在今河南新郑李家楼大墓中,曾出土大批郑国的青铜器,精美异常。其中一件莲鹤方壶,造型十分美观别致。在莲瓣形的壶盖中央,立着一只清新俊逸的白鹤,展翅欲飞,伸颈欲鸣,突破了旧时青铜器凝重呆滞的传统。能制造如此精美的艺术品,反映了郑国金属冶铸水平提高,有发达的手工业,这为后来郑庄公争雄诸侯提供了物质条件。

为了扩大疆域,郑武公可谓不择手段。公元前 763 年,郑武公召集会议,讨论应该向谁用兵。霉运当头的大臣关其思说:“胡国最近,是最好的目标。”武公立刻拍案而起,义愤填膺地大吼道:“郑、胡两国有长期的友谊,胡国国君又是我的女婿,你竟有这种不仁不义的想法,天理不容。”随即把关其思斩首。胡国国君大为感动,不再在边界设防。结果,郑武公发动奇袭,灭掉了胡国。

郑庄公克段于鄢

郑武公的儿子名叫姬寤生,他就是与周王室交换人质的郑庄公。郑庄公出生时是难产,吓坏了母亲武姜,因此武姜很不喜欢他,只宠爱幼子叔段。武姜多次让武公立幼子为王,可武公都没答应。

待姬寤生成为郑国的国君后,武姜便请求将制(今河南荥阳东)作为叔段的封邑。郑庄公说:“那里不行,因为制邑地势险要,是关系国家安危的军事要地。”武姜于是改而威逼庄公,把京(今河南荥阳东南)封给叔段。京乃郑国大邑,城垣高大,人口众多,且物产丰富,庄公心里不肯,但碍于母亲的请求,也只好答应。大夫祭仲进谏说:“京邑比都城还要大,不可作为庶弟的封邑。”庄公说:“这是母亲姜氏的要求,我不能不听啊!”

叔段到京邑后,号称京城太叔。他仗着母亲的支持,招募勇士,加固城垣,囤积粮草,训练甲兵,加紧扩张势力,与母亲武姜合谋,准备里应外合,袭郑篡权。

郑庄公其实非常清楚母亲不满意他继承王位,对她与叔段企图夺权的阴谋也清清楚楚,但他一直不动声色。叔段在京城的反常举动引起了人们议论,大夫祭仲又对庄公说:“凡属都邑,城垣的周围超过三百丈,就是国家的祸害。所以先王之制规定,封邑大的不超过国都三分之一,中等的不超过五分之一,小的不超过九分之一,现在京城不合法度,您怎么能容忍呢?”庄公很无奈地说:“母亲要这样,我哪里能避开这个灾祸呢?”祭仲说:“姜氏哪有满足的时候?不如及早给叔段安置个地方,不要让他再发展蔓延,一旦蔓延就难于对付了。蔓延的野草尚且难除,何况是您受宠的兄弟呢?”庄公说:“多行不义必自毙,先等等看吧。”

郑庄公的一次次退让,促使叔段篡国称君的野心日益增长。不久,叔段命令西部和北部的边境同时听命于自己,接着又把京邑附近两座小城也收入他的管辖范围。大夫公子吕对庄公说:“一个国家不能听命于两个国君,主公究竟打算怎么办?您如果要把君位让给太叔,下臣就去侍奉他;如果不让,那就请除掉他,不要让老百姓生二心。”庄公则不愠不火地说："用不着除他，没有正义就不能得民心，迟早他会自取其祸。"

不久后，在母亲武姜的怂恿下，叔段亲率甲兵万人准备袭击郑都，武姜说好给他开城门接应。庄公得到叔段起兵日期的密报，说道："该是动手的时候了！"即命令公子吕率两百辆战车讨伐叔段。京邑的百姓闻讯，纷纷背叛叔段。叔段大败溃逃，仓皇出奔鄢（今河南鄢陵西北）。庄公又攻打鄢，叔段外逃共国（今河南辉县）避难，所以历史上又称叔段为共叔段。郑庄公因为母亲姜氏与弟弟共叔段串通一气，大修城邑，起兵叛乱，于是在平定叛乱之后，将母亲置于城颍，并发誓"不及黄泉，无相见也"，但是不久之后又后悔了。颍考叔献计说："君何患焉！若阙地及泉，隧而相见，其谁曰不然？"庄公听了颍考叔的话后，采取了这一建议，于是与母亲和好。

郑庄公掘地见母

郑庄公"克段于鄢"，成功地处理了内政方面的问题，实现了国家的统一。

郑庄公小霸

此时的中原大地，秦国正在西面与戎人作战，无暇东顾；晋国发生了内乱；楚国专力向南发展，扫荡身边的小国；齐国则忙着对付鲁国的纠缠。逐步强大起来的郑国，碰到的主要对手就剩下卫国了。

郑庄公之所以对卫国发难，是因为弟弟叔段被打败后，叔段之子公孙滑逃到了卫国。卫国不但按纳了公孙滑，还派兵夺取了郑国的廪延（今河南延津东北），用以安置公孙滑。恰在此时，宋国大夫公子冯与国君不合，逃亡到郑国，被郑庄公收留。宋国国君本就对之前被郑国打败心中愤恨，如今更是对郑庄公不满，于是联合了陈、蔡、卫三个国家，组成"多国部队"前去攻打郑国。

四国军队在公元前719年的夏天，将郑国国都的东门团团围住，可强攻了五天，始终打不开一个缺口，只得撤兵。不久后，四国军队卷土重来，再次攻打郑国国都。郑国的军队出城迎敌，但是被四国军队击败，丰收的稻子也被四国军队抢走，史称"东门之役"。

为了洗雪"东门之役"的耻辱，第二年，郑庄公发动了讨伐卫国的战争。郑国军队所向披靡，一直攻打到卫国都城郊外。卫国赶紧向邻近的燕国搬兵求援。

这一切都在郑庄公的意料之中，他派出三路主力军，列阵于燕军的正面，形成进攻的态势，同时迅速征调军队，悄悄绕到燕军背后。乘卫国的主力部队还没有赶到，处于正面的郑国三路大军向燕军发动了攻击。燕军只顾在正面迎敌，没有在背后设防，突然间，又一支郑国军队从背后向燕军袭来，燕军腹背受敌，首尾难顾，大败而还。这次战争，在中国军事史上被称为是“首次迂回战”。

郑庄公乘胜追击，一直打到宋国国都城下，宋人忙派使者向鲁国求救。这时，郑庄公的使者也到了鲁国，主动提出把郑国在鲁国境内泰山脚下的一块祭田，同鲁国在许国的一块田相交换。面对利益，鲁国的天平向郑国倾斜了，索性派出军队和郑军汇合，一同打到了宋国境内。很快，宋、卫两国便举起了白旗。

在郑国与宋国的互相攻战中，齐国本想站出来发挥一下和平大使的作用。不想郑国把鲁国争取过来，处于了有利地位，根本不愿停战。后碍于齐国的面子，又怕同齐国搞坏关系，才不得不点头同意。公元前715年，齐、郑、宋、卫四国在瓦屋（今河南温县西北）结盟。郑国人露出了高姿态，表示不计较“东门之役”，让齐国十分满意。

尽管郑庄公参加了瓦屋之盟，但他一直没有放弃对宋国的斗争，找发动战争的借口总是有的。宋国由于内乱没有去朝见周王，郑国便以此为借口，在公元前713年，邀集齐、鲁两国，再一次讨伐宋国。鲁军首先败宋军于菅（今山东单县北），郑军接着占领了郜（今山东城武东南）和防（今山东金乡东南）两邑。宋、卫两军情急之下，派出一支军队准备袭击郑国的后方。郑庄公闻讯，只得放弃攻宋，紧急回师。这一战略本来很不错，但由于宋国军事人员的愚蠢行为却招致失败。宋、卫这支联军并未抓紧时机进攻郑国，而是在中途招来蔡国进攻戴国（在今河南民权）。蔡人本是宋、卫阵营的，但对在宋、卫联军伐郑途中召见远道伐戴，很是不满，这样一来，宋、卫、蔡三国内部起了矛盾。郑庄公抓住时机，指挥军队迅速包围了三国军队，把它们全部歼灭。

借着齐、鲁两国的支持，郑庄公打败了山戎，还打败了入侵齐国的北戎。此时的郑庄公实际上已处于霸主地位，但它称霸的时间短，规模小，影响也不大，故被称为“小霸”。

称霸一方，郑庄公也比较注意维护自己的声誉。公元前711年秋天，郑国联合齐国与鲁国，出兵讨伐许国（今河南许昌），许庄公不敌，逃到了卫国。

齐侯把许国让给鲁隐公，鲁隐公说：“您说许国不恭，所以我跟随您讨伐它。已经讨伐了许国的罪了，虽然您让我占有许国，但我是怎么也不敢的。”于是就把许国给了郑庄公。

历史小常识：鱼丽阵

鱼丽阵是将步卒队形环绕战车进行疏散配置的一种阵法。郑国的鱼丽阵是：军队一军五编，一编五队，一队五车，五编五方为一方阵，以偏师居前，让二十五人在后跟随，弥补空隙。这样的编队如鱼队，故名鱼丽之阵。鱼丽阵是先秦战争史上，最早在具体战役中使用阵法的记载。这种鱼丽阵法最突出的特点是在作战中尽量发挥步兵的作用，即先以战车冲阵，步兵环绕战车疏散队形，可以弥补战车的缝隙，有效地杀伤敌人。

郑庄公让许国的大夫百里侍奉许庄公的弟弟，住在许国的东部，并对百里说："上天降祸给许国，实在是鬼神不满意许国的国君，而借我的手惩罚他。我连自己这些个兄弟都不能相安，哪里还敢拿许国作为自己的功劳而占有呢？我有个弟弟，不能相安，还让他到处流浪，更别说会长久占有许国了。先生您侍奉许庄公的弟弟，安抚这里的民众，我就派公孙获辅佐您。如果我长眠于地下，上天因为许国遵守礼仪而后悔取消对许国的惩罚，就会让许庄公回来掌管他的国家，我郑国将会常来拜会请安，如同旧时有联姻的亲戚一样，愿你们能纡尊降贵和我们来往啊。不让别的人觊觎这里，来和我郑国争这地方。我的子孙他们连自己的存亡都照顾不来，更别说能否顾及许国的国家大事了。我让您在这里，不单是为许国着想，也借以巩同我的边境。"

于是，郑庄公派公孙获驻扎在许国西部，对他说："凡是你的器物钱财，不要放在许国。我死了，就马上离开这里！我先父最初是在这里得到的封地，如今周王室已经衰微了，周朝的子孙日渐失去了他们的地位。许国是神农氏的后代啊，上天已经厌倦周朝的德行了，我们能和许国争吗？"

有识之士评价郑庄公说："这是遵守礼制的。礼制，是可以治理国家，安定神灵，驯服百姓，利于后代的事啊。许国无法度而讨伐它，驯服了就赦免它，按照德操处置，衡量实力去做，看清天时然后行动，不连累后代，可以说是懂得礼制啊。"

祝聃射周王中肩

一箭射掉了周天子的威严

郑庄公看到国家日益欣欣向荣的景象，再看看周王室的落败，不屑一顾的表情总是带在脸上。周桓王姬林年轻气盛，很看不惯郑庄公的飞扬跋扈，加上自己的父亲曾在郑国当过人质，便免去了郑庄公在王室的职务。

郑庄公可不是好惹的，为了报复，公然派军队进入王畿，把刚成熟的小麦和稻米统统割去了。周桓王除了气得七窍生烟外，竟然无法制止。

不久之后，郑国与宋国发生了战争，一直不分胜负。郑庄公看到王畿丰收，于是来到洛邑朝觐。周桓王心惊胆战地问他："今年郑国的粮食收成如何？"郑庄公说："托大王洪福，五谷丰登。"周桓王顿时如释重负，说："那就好，王畿的粮食，我可以留下自己吃了。"

然后，周桓王送给郑庄公十车黍米，并说："请你收下，郑国如果再遇荒年，请不要来抢。"

郑庄公用绸缎把这十车黍米密密包住，招摇过市，说道："宋国久不朝贡，国王赐下十车绸缎，命我们讨伐宋国。"于是，鲁国、齐国都派出军队，与郑国联盟，一举击败了宋国。

取得胜利后，郑庄公便把周王忘在脑后了。周桓王想到自己被利用了，又见郑庄公久不进贡，决定亲自率军队讨伐郑国。

公元前707年，周桓王统率周军，加上陈国、蔡国、虢国、卫国的四国部队，联合讨伐郑国。郑庄公率大夫祭仲、高渠弥等在𦈡葛（今河南长葛北）列阵御敌。当时，周军分为三个军阵，周桓王率领左军和陈国军队力图征服郑庄公。郑庄公摆开了名为"鱼丽"的阵势，战车前冲，步卒后随，先打实力最弱的陈国军队，使蔡国和卫国军队畏惧而仓皇退出战场，然后集中兵力从两边合击周军，周师大败。周桓王被郑国大夫祝聃一箭射中肩膀，忍痛勉强指挥军队逃出了重围。祝聃本要追逐活捉周桓王，郑庄公制止他说："君子不希望逼人太甚，何况欺凌天子呢？我们是自卫，国家能免于危亡就足够了。"战后，郑庄公为了表示尊王，还特派大夫祭仲去慰问受伤的周桓王。

𦈡葛之战，周天子威信扫地，郑庄公则声威大振。各诸侯国见状，开始竞相扩大自己的势力。

四子争君

郑庄公英雄一世，却犯了两个重要的，而且是致命的错误。一个是生前没对太子姬忽（即郑昭公）之位做出妥善安排，以致自己一死，郑国立即陷入郑昭公和郑厉公（公子姬突）之争，使郑国形成两君并立的混乱局面。另一个重要失误是重用高渠弥，为郑国留下了严重的后患。

高渠弥乘间易君

公元前701年，郑庄公病重，召大臣祭仲嘱托后事，立了太子姬忽为国君，史称郑昭公。郑庄公的另一个儿子姬突，母亲是宋国之女雍氏。雍氏一族在宋国很有势力，深得宋庄公的宠信，于是他们把祭仲诱骗到宋国，逼着他立姬突为君。祭仲为求自保，只好同意。不久，祭仲带着姬突，也就是郑厉公回国，昭公被迫逃到卫国避难。

宋人立郑厉公的目的之一，无非是想多得到财物方面的报偿。厉公达到自己的目的后，就联合鲁国、纪国，同宋、齐、卫、燕打了一仗，获得大胜。第二年冬天，宋国又联合齐、卫、陈、蔡前来报仇，焚烧了郑都的城门，攻进城后，还把郑国祖庙屋顶上的大梁拆下来运走了。

对外军事失败的损失还没恢复，郑国内部又起了矛盾。祭仲仗着厉公的宠信，渐渐不把国君放在眼里。厉公是一位比较能干的人，不过是感激祭仲帮助自己夺得王位，因此也无法忍受祭仲在政事上的专断。

公元前697年，郑厉公秘密吩咐祭仲的女婿雍纠，利用一次宴会的机会杀死祭仲。这事被雍纠的妻子知道了，忙跑回家问母亲道："父亲和丈夫哪一个亲些？"她的母亲回答说："只要是个男人都可做你的丈夫，而父亲却只有一个，哪能相比呢！"雍纠的妻子听后，就把雍纠与郑厉公的密谋告诉了祭仲。祭仲立即将雍纠杀死，郑厉公见事情败露，就带着雍纠的尸体逃到蔡国去了。郑厉公出逃后，昭公趁机回国复位，厉公则据守在栎邑（今河南禹县），与郑昭公的政权相对立。

可惜郑昭公的命实在不好，做国君只有两年，即公元前695年，就被大臣高渠弥杀死。当初郑昭公还是太子时，庄公想起用高渠弥，可太子很厌恶高渠弥的为人，建议庄公不要用他，庄公不听。这回昭公再次即位，高渠弥怕昭公加害他，于是来了个先下手为强，在和昭公一起出猎时，把昭公杀死，改立昭公之弟子亹为国君。

不久后，齐襄公召集诸侯在首止（今河南睢县东南）会盟，子亹不顾祭仲的劝阻，也要前去参加。齐襄公没成为国王前，曾与子亹有过争斗。但子亹认为，厉公在栎地居住，如果自己不参加诸侯盟会，诸侯会以此为借口，扶持厉公讨伐郑国。再说，齐襄公未必还记着以往的仇恨，说不定人家早忘了呢。于是，子亹应约参加盟会，高渠弥陪同，祭仲则请了病假。事情不出祭仲所料，齐襄公看到子亹一副郑国国君的派头，想到以前的过节，恼怒之下，派人杀了子亹和高渠弥。祭仲迎回在陈国的子婴，立为国君。

经过十几年的君位之争，郑国的威风已不复存在。公元前679年，逃亡在栎地的郑厉公组织军队攻打国都，抓到了大夫傅瑕。傅瑕对厉公说："你若放我，我帮助你回国做国君。"厉公就把他放了。果然，傅瑕回去后就杀死了国君子婴和他的两个儿子，迎厉公回国。而厉公回国后的第一件事，就是把傅瑕这个不忠的臣子杀掉。

郑厉公最终夺得了王位，应该说，在郑庄公的几个继承者中，厉公是最有作为的。公元前714年，北戎南下伐郑，郑国用车战，北戎用步卒，郑庄公担心战车不及步兵灵活，很是烦恼。当时还是公子突的厉公根据戎人打仗"胜不相让，败不相救"的弱点，提出分三段埋伏，用轻卒诱戎兵，使其小胜而争夺战利品，郑军再出伏兵进击，果然大败了北戎。

郑厉公在复位的五六年内，平定了王室之乱。可正当他准备大干一番的时候，却猝然死去，郑国失去了强大的机会。

"五霸"之首齐桓公

齐桓公是春秋时期第一位公认的霸主，他执政期间任用管仲等人管理国家，对内加强武备，发展生产，对外助燕败狄，援救邢、卫，并联合中原各国攻楚，与楚在召陵会盟。

又安定周王室内乱，多次会盟诸侯，成为春秋历史上无可争议的“五霸”之首。

齐桓公继位

齐国是姜尚的后代子孙，齐桓公名叫小白，父亲齐釐公，兄弟齐襄公诸儿、公子纠、公子彭生，姐妹有文姜、宣姜。齐桓公的这几位家人，在历史上都是大名鼎鼎，声名远播，因此不得不一一介绍一番。

齐釐公的贡献

齐釐公是齐国进入春秋时代的第一个国君，也是一个非常有为的国君。齐釐公即位后，首先与郑国缔结盟约，然后又和邻近的鲁国结成了婚姻之国。当其他国家发生争斗的时候，齐国总是以调停者的姿态出现，从中斡旋，有效地协调了中原各国的关系。

当时，已经与齐国结成同盟的郑国，与宋、卫、陈、蔡等国不和睦。齐釐公认为，中原诸侯不团结，只能分散力量，给戎狄的侵犯造成可乘之机，遂努力争取使他们和好。公元前715年，郑国与宋、卫两国的国君在温地（今河南温县西南）会商，协调好之后，随即又在瓦屋（今河南省温县北）结盟。齐釐公主持了这次会盟，在诸侯国中引起很大反响，得到了列国的敬佩。鲁隐公特地派人到齐国表示祝贺，说齐国为民解除了战争之苦，是齐釐公之德。齐国在这些结盟中，没有参与战争而消耗实力，国力继续壮大。

齐国力主尊王，团结对外，取得了一定效果，戎狄对中原的侵扰减少，但他们对中原的土地，特别是财物的贪欲是压抑不住的。公元前706年，北戎发动了一场针对齐国的大规模战争，齐釐公为了有必胜的把握，首先向郑国求援，同时也向其他盟约国求援。郑国派太子姬忽率领军队支援齐国，齐、郑两军把北戎打得惨败，并抓获了戎军的两个将领太良和少良，活捉了甲首三百。齐釐公很是高兴，决定向来援的各国赠送部分牛、羊、猪及粮食等物资，以示礼谢。为了有次序地赠送，便请比较知礼的鲁国安排先后次序。谁知鲁国没有按救齐功劳大小排定，却按照周天子所封爵位的顺序安排，这样就把救齐功劳最大的郑国排在了后边。郑太子姬忽非常生气，觉得鲁国小看了郑国。公元前702年，郑国约齐国征伐鲁国，并请卫国也出兵协助。三国与鲁国交战，一直打到离鲁都曲阜只有几十里处，情形十分危急。鲁国请宋国出面调停，因鲁国与周王室

鲁桓公

关系较密切，齐、鲁两国又是姻亲之国，再说郑国教训鲁国的目的已经达到，所以宋国一出面，三国便借梯下台。次年，齐、郑、卫、宋举行会盟，齐国作为东方大国的身份出面，调停了矛盾，保持了齐国的地位和尊严。

终齐釐公一生，虽然征伐战争频繁，但均在齐国本土以外，故对于齐国国内相对稳定的局面，没有多少影响。因此，齐国仍然可以保持发展势头，经济日益繁荣，国家日益强盛。直到齐釐公去世，留给其子齐襄公的仍然是一个富强的、居于盟主地位的强国。

不过，齐釐公在教育子女方面大概存在着严重的缺陷，以至于女儿文姜和儿子诸儿（就是后来的襄公）发生恋情。有苦难言的齐釐公曾向郑国提婚，想把文姜嫁给郑昭公，郑昭公以齐大非偶为由拒绝了。也可能坏事传千里，郑昭公事先得知了这一隐情，所以才会拒绝。否则文姜又有才华又貌美如花，郑昭公为什么不要她呢？最后，齐釐公把文姜嫁给了鲁国国君桓公。

暴躁的齐襄公

齐釐公的儿子诸儿，在父亲死后继承了齐国王位，史称齐襄公。

齐襄公就是在诸侯大会上，为报私仇杀死了郑国国君子亹的人。不但如此，他还将高渠弥车裂而死，声称是为郑昭公报仇。齐襄公记仇，且喜怒无常，对身边近臣也极其残暴。一次齐襄公外出打猎，偶遇一只野猪，襄公举箭便射，哪知这只野猪竟像人一样站立起来，还发出哭泣声。齐襄公吓得摔下车来，连鞋都丢了。回到行宫后，齐襄公对管鞋的茀鞭打三百下，以发泄心中的怒气。

齐襄公出猎遇鬼

公元前695年，鲁、齐、纪三国会盟于黄（今山东淄博淄川区东北），约定友好，不互相攻伐。可没过几个月，齐国就侵占了鲁国边界，与鲁国战于奚（今山东滕县之奚公山下），鲁国大败，鲁桓公急忙指示守边官兵，加强战备。然而齐国的矛头并非指向鲁国，而是东邻纪国。很快，齐国兴兵伐纪，取得纪国三个邑，将纪国截为两段。危机之中，纪侯的弟弟纪季向齐国投降，换得“先祀不废、社稷有奉”的保证。然而，齐国在次年还是发兵吞并了纪国。纪侯无力抵抗，又不愿降齐，只好把政权交给已向齐国投降的弟弟纪季，自己出奔他国。至此，纪国灭亡，土地全部归于齐国。

公元前 694 年，齐襄公又召集诸侯到泺来会盟，鲁桓公也携夫人文姜来了。没想到，齐襄公与文姜一见面，禁不住旧情复燃，鲁桓公大为恼怒，斥责了文姜。齐襄公知道后，故意将鲁桓公灌醉，并让自己的弟弟公子彭生在送酒醉的鲁桓公回驿站的路上，将其杀死。从此后，齐国与鲁国交恶，也被其他诸侯国不齿。

公元前 687 年，襄公派连称与管至父二人驻守边境，承诺二人期满一年后，派人去代替他们。一年后，二人没看到来接班的人，当他们提出要回朝时，却被齐襄公拒绝了。二人气愤至极，与公孙无知勾结起来，准备发动叛乱。

玉冲牙

公孙无知是齐釐公的侄子，很得釐公的宠爱，他的车服、俸禄都和太子一样。齐襄公继位后，把公孙无知的待遇降低了等级，为此，公孙无知一直怀恨在心。公元前 686 年，叛乱终于爆发。连称、管至父勾结公孙无知，趁襄公打猎受伤之际，带人冲进襄公行宫。那个被鞭打三百、皮开肉绽的茀不计前仇，把襄公藏匿在门后，自己率领近卫军冲出去抵抗叛军，怎奈寡不敌众，全都被杀，襄公也被发现，身首异处。

姜小白诈死得王位

公孙无知杀了齐襄公后，自立为君，一年后，公孙无知被大夫雍廪杀死，一时间齐国无君，一片混乱。

齐国正卿高傒与齐釐公的次子姜小白从小相好，一听说公孙无知被杀了，就派人将逃亡在外的姜小白接回来。鲁国听说公孙无知被杀后，马上发兵，准备送小白的哥哥公子纠回国继承王位。同时，派管仲带兵堵截姜小白。

当姜小白的人马刚刚踏上齐国的土地时，管仲突然发难，一箭向姜小白射去，姜小白大愕，应声倒地。管仲一见，马上派人回鲁国报捷，鲁国国君庄公大喜，吩咐不必急行军了，慢慢走吧。于是，公子纠过了六天才到达齐国。

这时，齐国已经有了新的君主了，他就是姜小白，史称齐桓公。原来，管仲那一箭射中的是姜小白的铜带钩，姜小白知道情况危急，便装死不动迷惑管仲，然后躲在帐篷车里日夜兼程赶回了国都。

公子纠的母亲是鲁国王室之女，鲁庄公对公子纠没夺到君位当然不肯罢休，于是把军队驻扎在临淄以东的乾时（今山东桓台南），威逼齐国。鲁国认为齐桓公刚上台，齐国又刚经历了内乱，一定是不堪一击，没想到却被齐军打得大败，连鲁庄公乘坐的车子都成了齐人的战利品。鲁庄公化装突围，才免于被俘。

长勺之战

长勺战前，鲁军乾时的失败，使得庄公既能作复仇雪耻的战争准备，又能破例接待既无官职、又无名望的曹刿，并能开诚布公地和他讨论战胜敌人的战略，战斗中又按照曹刿的意见，掌握有利于反攻和追击的时机，从而获得了胜利。齐鲁长勺之战，既没有武王伐纣的气势，也没有宣王南征的规模，是一次诸侯之间规模不大的战争。但它却在攻略、战略和策略上体现了古代一些可贵的军事辩证法思想，给人们以有益的启迪。长勺之战是齐桓公争霸斗争史上一次少有的挫折，也是鲁齐长期斗争中鲁国的一次罕见的胜利。它对齐桓公调整完善自己的争霸战略方针具有一定的影响。

管仲

管仲拜相

齐国大败鲁军后，齐国的鲍叔牙给鲁庄公写了封信，说道："公子纠是齐君的兄弟，不忍杀他，请鲁国自己杀他。公子纠的老师召忽、管仲是我们的仇人，请鲁国把他们送来，剁成肉泥。如不从命，还要出兵讨伐鲁国。"鲁人害怕，杀了公子纠。召忽自知不保，也自杀了，管仲则被囚禁送到了齐国。

管仲名夷吾，又名敬仲，字仲，颍上（今安徽颍上）人。管仲的父亲是齐国的大夫，但很早就死了。管仲少年时生活十分贫苦，为了谋生，做过被当时人认为微贱的商人，与朋友鲍叔牙到各地去经商。经商时赚了钱，管仲总是多分给自己，少分给鲍叔牙，而鲍叔牙对此从不计较。对此人们背地议论说，管仲贪财，不讲友谊。鲍叔牙知道后就替管仲解释，说管仲不是不讲友谊，他这样做，是由于他家贫困。

管仲也曾三次从军参加战斗，但三次都从战场上逃了回来。因此人们讥笑他贪生怕死。鲍叔牙又为他向人们解释，说管仲不怕死，因为他家有年迈的母亲，全靠他一人供养，所以不得不那样做。

齐桓公即位后，急需找到有才干的人来辅佐，因此就准备请鲍叔牙出来任齐相，但鲍叔牙却推荐了管仲。管仲刺杀过齐桓公，桓公本来是要将管仲剁成肉泥的，可鲍叔牙劝道：“臣幸运地跟从了君上，君上现在成了国君。如果君上只想治理齐国，那么有叔牙和高傒就够了。如果君上想成就天下霸业，那么非管仲不可。管仲到哪个国家，哪个国家就能强盛，不可以失去他。”

齐桓公听从了鲍叔牙的建议，以杀仇人为借口，把管仲接到齐国，命人择定吉日良辰，用“郊迎”的大礼，亲自迎接管仲进城，拜为相国。

曹刿论战

齐桓公饶了管仲，可不想原谅鲁国。一想到鲁国支持公子纠同自己作对，齐桓公就怒火中烧。在即位的第二年，即公元前 684 年，齐国派大军进攻鲁国。

齐鲁两军在长勺（今山东曲阜北）摆开战场，齐国在以往对鲁国的作战中一直占据上风，此时仗着人多势众，首先向鲁军发起了冲击。鲁庄公亲临战场迎敌，正想擂鼓迎击，却被陪同参战的曹刿阻止了。一直等到齐军向鲁军发起第三次冲锋后，曹刿才让鲁庄公击鼓，下令向齐军发起反击。

鲁军的一个冲锋反击就把齐军打垮了，鲁庄公大喜，急着追击，却又被曹刿拦住。他下车仔细查看了齐军退走的路径，又登车瞭望败逃的齐军阵容，然后才让鲁庄公下令追击。鲁军一直把齐军赶出国境，这就是著名的以少胜多的“长勺之战”。

战争结束后，鲁庄公询问曹刿两次延缓出击、追击反而获胜的原因。曹刿回答说：“战争是要靠勇气，但鼓舞勇气要适时。击第一通鼓时，勇气最盛；击第二通鼓时，勇气就弱了些；等到击第三通鼓时，士兵的勇气也就用完了，这就叫“一鼓作气，再而衰，三而竭”。当齐军的勇气竭尽，我军士气正旺时出击便能取得胜利。齐国是个大国，军力情况我们并没有掌握，当他逃跑时，很难看出他们是真的败了还是佯装败退。我看到他们的车辙凌乱，军旗不整，兵士队列混乱，知道他们是真的败退了，所以才让您放心大胆地追击。

长勺之战吃了败仗，齐桓公自知力量还不足，于是把重点转入整顿内政上，同时征服周围弱小的国家。公元前 684 年，齐桓公借口谭国（今山东龙山镇附近）对他不礼貌，将其灭掉。公元前 681 年，齐桓公在北杏（今山东东阿县境）召集诸侯，商讨平定宋国内乱之事，遂国（在今山东肥城市境）不到，齐桓公以此为口实又把它灭掉了。自此，齐国的国土越过泰山，到达了汶水北岸。

管仲改革

齐国内部的整顿，就是在管仲领导下进行了一场全方面的改革。

改革之前，齐桓公问管仲：“我想使国家富强、社稷安定，要从什么地方做起呢？”管仲回答说：“必须先得民心。”“怎样才能得民心呢？”齐桓公接着问。管仲回答说：“要得民心，应当先从爱惜百姓做起；国君能够爱惜百姓，百姓就自然愿意为国家出力。而爱惜百姓就得先使百姓富足，百姓富足而后国家得到治理，那是不言而喻的道理。通常讲安定的国家常富，混乱的国家常贫，就是这个道理。”齐桓公又问：“百姓已经富足安乐，兵甲不足又该怎么办呢？”管仲说：“兵在精不在多，兵的战斗力要强，士气必须旺盛。士气旺盛，这样的军队还怕训练不好吗？”齐桓公又问：“士兵训练好了，如果财力不足，又怎么办呢？”管仲回答说：“要开发山林，开发盐业、铁业，发展渔业，以此增加财源。发展商业，取天下物产，互相交易，从中收税。这样财力自然就增多了。军队的开支不就可以解决了吗？”

经过这番讨论，齐桓公心情兴奋，就问管仲：“兵强、民足、国富，就可以争霸天下了吧？”但管仲严肃地回答说：“不要急，还不可以。争霸天下是件大事，切不可轻举妄动。当前迫切的任务是百姓休养生息，让国家富强，社会安定，不然很难实现称霸目的。”

规划行政

管仲对全国的行政区域进行了重新划分和整顿，把国都划分为六个工商乡和十五个士乡，共二十一个乡。

士农工商

十五个士乡是齐国的主要兵源。齐桓公自己管理五个乡，上卿国子和高子各管五个乡。把国政分为三个部门，制订了三官制度。官吏有三宰，工业立三族，商业立三乡，川泽业立三虞，山林业立三衡。

郊外三十家为一邑，每邑设一司官。十邑为一卒，每卒设一卒师。十卒为一乡，每乡设一乡师。三乡为一县，每县设一县师。十县为一属，每属设大夫。全国共有五属，设五位大夫。每年年初，由五属大夫把属内情况向齐桓公汇报，督察其功过。

军事改革

在军队方面，管仲强调寓兵于农，规定国都中五家为一轨，每轨设一轨长。十轨为一里，每里设里有司。四里为一连，每连设一连长。十连为一乡，每乡设一乡良人，主管乡的是军令。战时组成军队，每户出一人，一轨五人，五人为一伍，由轨长带领。一里五十人，五十人为一小戍，由里有司带领。一连二百人，二百人为一卒，由连长带领。一乡二千人，二千人为一旅，由乡良人带领。五乡一万人，立一元帅，一万人为一军，由五乡元帅率领。齐桓公、国子、高子三人就是元帅。

龙耳簋

这样一来，保甲制和军队组织紧密结合在一起，每年春秋以狩猎来训练军队，提高了军队的战斗力。管仲同时规定全国百姓不准随意迁徙，要做到夜间作战，只要听到声音就能辨别出敌我；白天作战，只要看见容貌，大家就都能认识。

为了解决军队的武器问题，规定犯罪可以用盔甲和武器来赎罪。犯重罪，可用甲与车戟来赎罪。犯小罪，可以用铜铁赎罪。这样有效地补充了军队装备的不足。

相地衰征

相地衰征包括“均地”和“分货”两部分。

“均地”就是把土地分给各农户，国家和贵族不再保留公田。农户分到土地后，由一家一户独立进行生产，不再集体大规模地耕种公田，这叫作“分民”。

“分货”就是征收租税。农户不再耕公田出劳役，变为向国家或采邑主纳租税。至于税率，则根据土地的好坏不同，征收多少不等的赋税。这样使赋税负担趋于合理。管仲还设“轻重九府”，观察年景丰歉，按照人民的需求来收散粮食和物品。他还把居民的组织和军队的编制统一起来；士农工商分居，职业世代相传，保证了社会生产，也避免人们因谋职业而使社会动荡不安。又规定国家铸造钱币，发展渔业、盐业，鼓励与境外的贸易，齐国经济开始繁荣起来。

官制改革

管仲着重治理“五属”的官吏，要他们随时向上级报告本辖区内的优秀人物和不良分子。若隐而不报，就要受到惩罚。

为了扩大政权基础，管仲在“国人”中创设了选拔人才的“三选”制。规定各乡长要把本乡有才学和武功的人推荐给政府，称为“乡长所进”，是为第一选。乡长推荐的人经过官府有关部门一段时间的试用考核，优秀者被推荐给国君，称为“官长所选”，是为第二选。国君亲自询问这些人，用一系列有关治理国家的难题使其解答，并交给一定事做，合格者任命为上卿的助手，称为“公所訾相”，是为第三选。

这“三选”制以才能为准则，初步排除了贵贱等级、社会地位和世袭的限制，是对西周以来“世官世禄”制度的一次冲击。

尊王攘夷

由于管仲推行改革，齐国出现了民足国富、社会安定的繁荣局面。齐桓公对管仲说：“现在咱们国富民强，可以会盟诸侯了吧？”管仲谏阻道：“当今诸侯还有比我们强的，比如南面的荆楚，西面的秦晋。不过他们自逞其雄，不知尊奉周王，所以不能称霸。周王室虽已衰微，但仍是天下共主。东迁以来，诸侯都不去朝拜了，如今您要是以尊王攘夷相号召，海内诸侯必然望风归附。”

“尊王”是指尊崇周王的权力，维护周王朝的宗法制度。公元前 655 年，周惠王有另立太子的意向。为了确定太子的正统地位，齐桓公会集诸侯国君于首止，与周天子结盟。次年，齐桓公因为郑文公首止逃会，率联军讨伐郑国。公元前 651 年，齐桓公召集鲁、宋、曹等国国君，周襄王派宰孔会于葵丘。宰孔代表周王正式封齐桓公为诸侯长。同年秋，齐桓公以霸主身份主持了葵丘之盟。此后遇到侵犯周王室权威的事，齐桓公都会以诸侯长的身份过问和制止。

“攘夷”是指对游牧于长城外的戎、狄和南方楚国对中原诸侯的侵扰进行抵御。公元前 664 年，山戎伐燕，齐桓公派大军救燕。公元前 661 年，狄人攻邢，齐桓公采纳管仲“请救邢”的建议，打退了毁邢都城的狄兵，并在夷仪为邢国建立了新的国都。次年，狄人大举攻卫，卫懿公被杀。齐桓公又率诸侯国替卫国在楚丘另建新都。经过多年的努力，齐桓公对楚国一再北侵也进行了有力的回击，到公元前 656 年，联军伐楚，迫使楚国同意进贡周王室。讨伐楚国的战役，抑制了楚

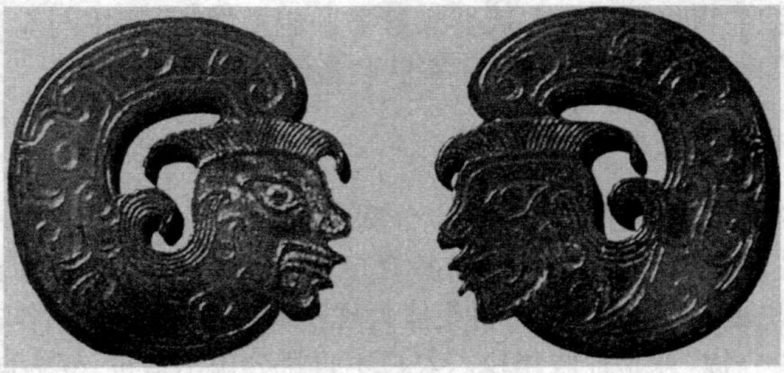

人首蛇身玉饰

国的北侵，保护了中原诸国。

管仲辅佐齐桓公实行的"尊王攘夷"政策，使其霸业更加合法合理，同时也保护了中原经济和文化的发展，为中华文明的存续做出了巨大贡献。

齐国富强

齐国本来就是一个富裕的国家，靠山带海，有着丰富的渔盐和铜铁资源，加上管仲、鲍叔牙等人重视工商业的改革，使得齐国的经济迅速发展起来。

齐国最重要的资源是盐，这正是他国所缺少的，所以管仲主张要"以负海之利而王其业"，就是利用盐这种每人每日生活所必需，而他国又缺乏的物资来发展齐国经济，以称霸诸侯。管仲的政策是让民众在农闲时都去煮盐，然后由官府收购，设官专卖。

齐桓公

齐国的商人贩卖盐不但有优惠，为了便于商人来往，齐国每隔三十里还设一个驿站，给予不同等级的商人以不同的优惠政策。于是，"天下之商贾归齐若流水"。除了渔盐，齐国的纺织、冶铸等业也很发达。管仲特别注意冶铁业和铁器的推广，还用以金属赎罪的办法，收集散在民间的铜和铁。据《管子》一书记载，铁器使用在当时的齐国已相当普遍：操纺织业的必有一针一刀是铁制品；种地的必有一锹一犁一铲是铁制品；手工业者必有一斧一锯一锥一凿是铁制品，否则就不能做工务农。对开采铁矿，管仲采用让百姓自由开采，政府征收百分之三十的实物的办法，这样便于民众打造工具，国家还可以出卖铁工具牟利。管仲经过计算得出，若一根针重量的铁加一钱出卖，三十根针，或五把刀，或三个铁铝头就可当一个人的人头税。

随着商业的发展，使得对货币的需求量增加。管仲采取国家铸币政策，"设轻重九府，则桓公以霸"。所谓"轻重"就是平抑物价的措施；"九府"就是"掌财币"的九种官员。齐国的金属货币形状如刀，称为刀币，之所以用刀做货币，是因为刀的使用很广，这又和纺织业的发达有关联。齐国的纺织业很发达，直到汉代，都称齐国"冠带衣履天下"。齐国的刀币一开始是用泥土做的，后来发展到用铜母范，再由母范翻成泥质子范，这样既快又好，保证了铸出的货币规范一致。

手工业和商业的发展，带来了城市的繁荣。据考古探察，齐国的国都临淄城是大小两个相连的城，总面积有三十多平方公里，城内的道路宽四至二十米，还有水沟作为排水系统。临淄城的人口，按管仲整顿内政的编制是二十一个乡，共计四万两千家，如果每家以五口计算，那么就有二十一万人口，堪称当时中国东方最大的经济中心。

九合诸侯

会合诸侯本来是周天子的权力，但春秋时周王室已无力举行，而诸侯国间一些事又需要共同商议解决，不能没有一个头，这个头就是所谓的霸主。周王不能封谁为霸主，诸侯也不能自封，而是靠经济、军事力量通过争夺产生。

齐桓公在执政的四十三年中，多次会合诸侯，主持盟会，史称“九合诸侯”。

庭燎求贤

宁戚饭牛

齐国的国力迅速增强了，齐桓公为了表现自己广集贤士的决心，在宫廷前燃起明亮的火炬，准备日夜接待各地前来晋见的人才。但是不知是什么原因，火炬整整烧了一年，都没有人上门求见。

这时，东野有一个地位低下的人前来求见。齐桓公很是高兴，满怀喜悦地询问来人有什么才能。来人回答说：“我会九九算术。”齐桓公一听，心凉了半截，九九算术并不是什么特殊的才能，很多人都会，于是调笑他说：“九九之术也能算是一技之长拿来见我吗？”东野之人回答说：“大山不拒绝细小的石头，江海不拒绝细小的溪流，所以才会成为大山、大江、大海。《诗经》中曾说：‘先民有言，询于刍荛。’教导人们施政要广泛征询意见，包括那些割草打柴的人。九九之术当然算不得什么高深的学问，但如果您也能以礼相待的话，还怕比我高明的人不来吗？”齐桓公频频点头，认为东野之人说得很有道理，就按照庭燎之礼接待了他。

一个月后，四面八方的贤士果然接踵而至了。

召陵之盟

后勤和人才有了保障后，齐桓公便开始了军事上的征讨。

公元前664年，山戎部落进攻燕国，燕国向齐国求救。齐桓公不仅帮助燕国击退山戎的进攻，还割地五十里给燕国，他的举措得到了其他诸侯国的赞许。

四年后，狄部落进攻卫国，杀死了卫国国君。当齐国军队赶到时，狄部落已经凯旋而归了。于是，齐桓公在楚丘筑了一个新城，安置卫国的遗民。

在收获了众多人心后，齐桓公于公元前656年，远征汉水，对不断向北推进的楚王国展示威力。两国在召陵（今河南郾城）会盟，楚王国的使节屈完质问齐国说："齐国在北海，楚国在南海，风马牛不相及。你们为什么来打仗?"齐桓公说："楚国是周朝的封国之一，为什么不进贡？周宣王南征时死因不明，请你们答复!"屈完回答说，"进贡这件事很抱歉，我们马上补上贡品。至于周宣王，他是死在汉水里的，与楚国无关。齐国一定要调查的话，就去问汉水吧。"

齐桓公对屈完的回答表示十分满意，随即班师回朝。这就是有名的"召陵之会"，虽然虎头蛇尾，却使楚国的北进受到了阻挠。

葵丘会盟

就在齐桓公和屈完扯皮的时候，周王朝的惠王去世了。

周惠王名叫姬阆，是东周的第五代国王。周惠王的父亲周庄王，生前曾嘱咐要立庶子姬颓为国君。姬颓见哥哥做了国王，便发动叛乱，失败后逃奔到了卫国。卫惠公由于怨恨周王收留自己的政敌公子黔牟，就联合燕，支持姬颓。卫和南燕的联军攻入周朝都城，逐走姬阆，立了姬颓为天子。郑厉公出面调解周王室之乱，没有成功，于是也来了个武装夺权，帮助姬阆重新登上天子宝座。这场内乱史称"子颓之乱"。为了感激郑厉公，姬阆割了一大块土地作为谢礼。这样，内乱平息了，周王朝的疆土又一次缩小了。

富子上官登

姬阆晚年重蹈父亲的覆辙，因为宠爱陈国的女子惠后，准备废去太子姬郑，改立惠后生的庶子姬带。齐桓公听说后，邀集了宋桓公、鲁釐公、陈宣公、卫文公、郑文公、许僖公、曹昭公，与太子郑相会于卫国的首止（今河南睢县东南），宣布支持太子姬郑为嗣君。

姬阆十分生气，指使郑文公背约去联络楚国，自己派人去联络晋国，试图组成周、郑、晋、楚联盟，以对抗齐国。齐国先发制人，连续兴兵攻郑，迫使郑国叛周亲齐，使姬阆的计划破产。

如今周惠王死了，姬郑为天子，史称周襄王。周襄王是在齐桓公的支持下当上的天子，史称"一匡天下"。

不久，齐桓公召集各路诸侯大会于葵丘（今河南兰考、民权县境），周襄王为了感激齐桓公，送去了祭祀祖先的祭肉，并说齐桓公年老德高，不必下拜受赐。齐桓公想听从王命，管仲从旁进言道："周王虽然谦让，臣子却不可不敬。"齐桓公于是答道："天威不违颜咫尺，小白敢贪王命，而废臣职吗?"说罢行了大礼，然后才恭敬地接受。诸侯见此，都叹服齐桓公有礼。

齐桓公又重申盟好，订立了新盟。盟约中声称：凡是参加我结盟的国家，以后要言归于好，不要再互相攻击。齐桓公又特地在会上宣布了周襄王的几条禁令：各国间不要阻塞河流，不要囤积粮食，不要废嫡立庶、以妾为妻，不要妇人参与国事。

这就是历史上有名的“葵丘之盟”，齐桓公从此成为公认的霸主。

曹沫劫盟

曹沫手剑劫齐侯

当然，盟主并不是那么好当的，不久，就发生了曹沫劫盟事件。

齐桓公与鲁庄公在柯地（今山东东阿西南）相会。当鲁庄公与卫士曹沫来到会场，将要升阶入坛时，会盟的宾相不准曹沫升坛。曹沫戴盔披甲，手提短剑紧跟鲁庄公身后，对宾相瞪大圆眼，怒目而视，眼角几乎都要瞪裂了，吓得宾相后退了好几步，只得让曹沫陪着鲁庄公一同入坛。

鲁庄公与齐桓公经过一番谈判，结成了盟约，正准备歃血为盟之时，曹沫突然拔剑而起，左手抓住齐桓公的衣袖，右手持短剑直逼齐桓公。齐桓公被吓得目瞪口呆，管仲急忙插进齐桓公与曹沫中间，用身体保护住齐桓公，问道：“将军要干什么？”曹沫凛然道：“齐强鲁弱，大国侵略鲁国，欺人太甚。现在鲁国都城的城墙倒下来，就会压到齐国的边境，你们考虑怎么办？”齐桓公见形势不妙，马上答应归还已占领的鲁国土地。曹沫这才收剑回位，平息如初，谈笑如故。

会盟结束后，鲁国君臣胜利回国。齐桓公君臣却愤愤不乐，许多人都想毁约，齐桓公也有这种想法。管仲不同意，劝道：“毁约不行，贪图眼前小利，求得一时痛快，后果是失信于诸侯，失信于天下。权衡利害，不如守约，归还占领的鲁国国土为好。”齐桓公听取了管仲的意见，将几次占领鲁国的土地都归还了。

齐国的征伐

此后不久，身为霸主的齐国开始不断东攻西伐，兼并小国，扩大自己的力量。

公元前670年，齐军攻灭郭国（今山东聊城东北）。齐桓公问当地父老：“郭为何灭亡？”父老回答说：“因为国君爱贤人而恨坏人。”齐桓公不理解，问道：“照各位所言，你们的国君是位贤明的君主，那怎么又会亡国的呢？”父老回答说：“国君爱贤人而不任用；恨坏人而不翦除，所以导致了亡国。”

公元前664年，北方的山戎攻打燕国，燕庄公抵挡不住，告急于齐桓公。齐桓公派兵救燕，杀得山戎兵落荒而逃。山戎首领带着残兵败将逃入了孤竹国（今河北西北部）。齐军一鼓作气兵围孤竹国，孤竹国派人诈降齐军，献上山戎首领首级，谎称孤竹国国君已弃国逃往沙漠，将齐军诱入荒漠。齐军迷失了道路，管仲见状，向齐桓公建议道："臣听说老马识途，燕马多从漠北而来，也许熟悉此地，不妨令人挑选数匹老马放行，或许可以寻见出路。"齐桓公忙命人取数匹老马放行，然后让军队紧随其后，果然走出了险地。齐桓公灭了孤竹国，辟地五百里，悉数赔给了燕庄公。

齐桓公兵定孤竹

在救援燕时，鲁国也表示出兵支援，但实际却按兵未动。对此齐桓公很气愤，想出兵惩罚鲁国。管仲不同意这样做，劝齐桓公说："鲁国是齐国的近邻，不能为了一点小事就出兵，影响不好。为了齐国的声誉，我们不妨把这次的战利品送给鲁国一些，陈列在周公庙里。"齐桓公听了觉得很有道理，这一来鲁国上下大为震动，其他诸侯国也都赞扬齐国。

当时卫国的国君卫懿公酷爱养鹤，平时竟然让他最喜爱的鹤乘坐华丽的轩车，享受大夫的待遇，国人怨声载道。公元前660年，戎兵攻卫，卫懿公被乱兵杀死。戎兵趁机攻打邢国，将邢国的国都洗劫一空后扬长而去。

齐桓公和管仲见状，帮助邢国把都城迁到了夷仪（今山东聊城西南）。这里靠近齐国，较为安全，使破乱的邢国得到安定，并给卫国送去了救援物品。当时人们都赞赏说："邢国人迁进新都城，好像回到了老家；恢复后的卫国，人们心情高兴，也忘记了亡国的悲痛。"

当时，居住在今淮水流域的少数民族被称为淮夷，经常侵犯中原的杞（今河南杞县）、缯（今山东苍山西北）等小国。齐桓公联合诸侯攻伐淮夷，把杞国内迁到缘陵（今山东昌乐东南），还召集诸侯为他们修筑城墙。

在豫西的伊、洛流域，分布着被称为杨、拒、泉、皋的伊洛之戎，他们经常袭击王都，齐桓公派诸侯轮流戍守，又为周王修复被戎人毁坏的城墙和城门。

从公元前685年~前643年的四十三年中，齐桓公逐渐把黄河中下游的诸侯国联合起来，援助弱小国家，抵御戎狄族的侵扰，使各国结盟修好，减少相互间的战争。一些国家的内乱也在齐桓公的出面干预下较快地平息下来，对安定人民的生活，进行正常的生产是有利的。齐桓公也比较重视商业的发展，重视各国间的交通贸易，在同诸侯的盟约中多次声言，不要堵塞河流，不要囤积粮食，以利列国间的通商贸易。这些都有利于各国经济的发展。

霸业终结

齐桓公对内重视经济发展，齐国日益繁荣；对外攻伐不断，疆域逐步扩大，终于成就了自己的霸主地位。但是随着齐桓公步入晚年，得力助手管仲的去世以及继承人在统治上的失策等方面的原因，齐国的霸业开始逐步走向衰微。

管仲之死

公元前645年，为齐桓公创立霸业呕心沥血的管仲患了重病。齐桓公去探望他，询问谁可以接受相位。

管仲说："国君应该是最了解臣下的。"齐桓公欲任鲍叔牙，管仲诚恳地说："鲍叔牙是君子，但他善恶过于分明，见人之一恶，终身不忘，这样是不可以为政的。"

管夷吾病榻论相

齐桓公问："易牙怎样？"管仲说："易牙为了满足国君的要求，不惜烹了自己的儿子以讨好国君，没有人性，不宜为相。"

齐桓公又问："开方如何？"管仲答道："卫公子开方舍弃了做千乘之国太子的机会，屈奉于国君十五年，父亲去世都不回去奔丧，如此无情无义，没有父子情谊的人，如何能真心忠于国君？况且千乘之封地是人梦寐以求的，他放弃千乘之封地，俯就于国君，他心中所求的必定过于千乘之封。国君应疏远这种人，更不能任其为相了。"

齐桓公又问："易牙、开方都不行，那么竖刁怎样？他宁愿自残身肢来侍奉寡人，这样的人难道还会对我不忠吗？"管仲摇摇头，说："不爱惜自己的身体，是违反人情的，这样的人又怎么能真心忠于您呢？请国君务必疏远这三个人，宠信他们，国家必乱。"

管仲说罢，见齐桓公面露难色，便向他推荐了为人忠厚、不耻下问、居家不忘公事的隰朋，说隰朋可以帮助国君管理国政。遗憾的是，齐桓公并没有听进管仲的话。易牙听说齐桓公与管仲的这段对话后，便去挑拨鲍叔牙，说管仲阻止齐桓公任命鲍叔牙。鲍叔牙笑道："管仲荐隰朋，说明他一心为社稷宗庙考虑，不存私心偏爱友人。现在我做司寇，驱逐佞臣，正合我意。如果让我当政，哪里还会有你们的容身之处？"易牙讨了个没趣，深觉管仲交友之密，知人之深，于是灰溜溜地走了。

不久管仲病逝。齐桓公不听管仲病榻前的忠言，还是重用了易牙等三人，结果酿成了一场大悲剧。

桓公惨死

管仲死后的第三年，齐桓公病重。易牙、竖刁见齐桓公不久于人世，就开始堵塞宫门，假传君命，不许任何人进去。有两个宫女乘人不备，越墙入宫探望齐桓公，桓公正饿得发慌，便让宫女去取食物。宫女忙把易牙、竖刁作乱，堵塞宫门，无法供应饮食的情况告诉了齐桓公。桓公仰天长叹，懊悔地说："如死者有知，我有什么面目去见仲父？"说罢，用衣袖遮住脸，活活饿死了。

桓公死后，宫中大乱，齐桓公的几个公子为争夺王位各自勾结其党羽，互相残杀，致使齐桓公的尸体停放在床上六七十天都无人收殓，尸体腐烂生蛆，惨不忍睹。最后，卫姬所生的儿子姜无亏抢到了君位，原来的太子姜昭逃往宋国。

宋国国君襄公曾受齐桓公的托付，要保护姜昭，于是就联合曹、卫等国，在公元前642年，以武力送姜昭回齐国即位，是为齐孝公。

经过这场内乱，齐国的霸业开始衰落，霸主的地位随之丧失。但靠着管仲建立下来的法治基础，虽然军事力量减弱了，却还是一个政治强国。

有恃无恐的孝公

公元前634年，鲁国发生了大饥荒，齐孝公趁机攻打鲁国。鲁国大夫展喜日夜兼程，在齐鲁边界上遇到了孝公。

展喜对齐孝公说："我们国君听说您亲劳大驾，将要屈尊光临敝国，特派臣下来犒劳您的侍从们。"齐孝公说："鲁国人害怕吗？"展喜回答说："平民百姓害怕，君子大人不害怕。"齐孝公说："百姓家中空空荡荡的像挂起来的磬，田野里光秃秃的连青草都没有，你们凭借什么不害怕？"展喜回答说："凭借先王的命令，从前周公和齐太公辅佐周王室，在左右协助成王。成王慰劳他们，还赐给他们盟约，盟约上说：'世世代代的子孙都不要互相残害！'这个盟约保存在盟府里，由太史掌管着。齐桓公因此集合诸侯，商讨解决他们的纠纷，弥补他们的过失，救助他们的灾难，这是为了发扬光大齐太公的旧职。等到您当上国君，诸侯们都盼望着说：'他会继承桓公的功业！'敝国因此不敢保城聚众，人们会说：'难道他继承桓公之位才九年，就丢弃使命、放弃职责吗？他怎么对先君交代呢？君王一定不会这样做的。'人们凭借这一点就不害怕。"

齐孝公无言以对，领兵回国了。

挖坟抢妻的齐懿公

齐懿公名商人，是齐桓公的第四个儿子。齐桓公死后，长子无亏与二儿子孝公接连病死。公元前613年，三子昭公又死了，传位给儿子舍。但是因为舍生性懦弱，因此毫无威信。而商人在桓公去世后争位没有成功，一直心存雄心，因此表面宽厚仁慈，实则暗藏

杀机。于是，昭公下葬时，商人在墓地杀死了舍并取而代之，即位为懿公。

商人还是公子的时候曾经与大夫邴原争夺采邑，没有成功，于是现在一即位就削夺了邴原的所有封邑，并掘开邴原的墓，叫人砍了邴原的脚。当时邴原的儿子邴歜正在伴驾，懿公就问他："你父罪该刖足，你不会怪我吧？"邴歜回答说："家父活着时躲过罪过已经是喜出望外，何况这把朽骨。"懿公觉得邴歜忠心，就把夺来的邴原的封邑又封回了邴歜。

齐懿公

齐懿公还十分好色，他听说大夫阎职的妻子美貌异常，就下令让所有大夫的妻子都到宫中拜见王后，看到阎妻果真漂亮，便不准她回家。并派人告诉阎职说王后想让他的妻子在宫中做伴，让他另当别娶。阎职自然是敢怒不敢言。

一年五月，天气十分炎热。懿公想到申池去避暑乘凉，就叫邴歜驾车，阎职陪乘，除内侍外再无他人。有人进谏说："您刖人父，夺人妻，怎么可以让这两个人陪王伴驾呢？"懿公并不理会，驾车直奔申池，喝得酩酊大醉之后，就到竹林深处睡觉去了。

邴歜和阎职早就对懿公恨得牙痒痒，于是悄悄摸至懿公休息的地方，见只有一个内侍在旁边，于是他们支走内侍，提剑就把懿公杀死了。齐懿公作恶多端，被人斩杀并弃尸竹林，真是罪有应得。

"仁义"有信的宋襄公

讲"仁义"的宋襄公

宋襄公的名字叫兹甫，是宋国国君桓公的嫡子，很早就被立为太子。公元前651年，宋桓公病得快死了。兹甫一再请求垂危的父亲把君位让给庶兄目夷。他说："目夷年长，而且仁义，请您改立他为太子吧。"目夷听到了，当然不敢担当，也向宋桓公说："兹甫连君位都要让出来，这是最大的仁义了，我哪里及得上他。况且，他本来就是太子，君位理应由他来继承。"第二年春天，宋桓公死了。兹甫又推让一番，然后当上了国君。他，就是宋襄公（公元前 650～前 637 年在位）。

在剥削阶级的社会里，统治者争权夺利，你欺我诈；尤其是为了争夺最高的权位，往往演出流血的惨剧。宋襄公居然一再推让君位，这在当时看来，是件“仁义”的事。因此，大家称他是个讲“仁义”的国君。宋襄公名利双收，尝到了讲“仁义”的甜头。

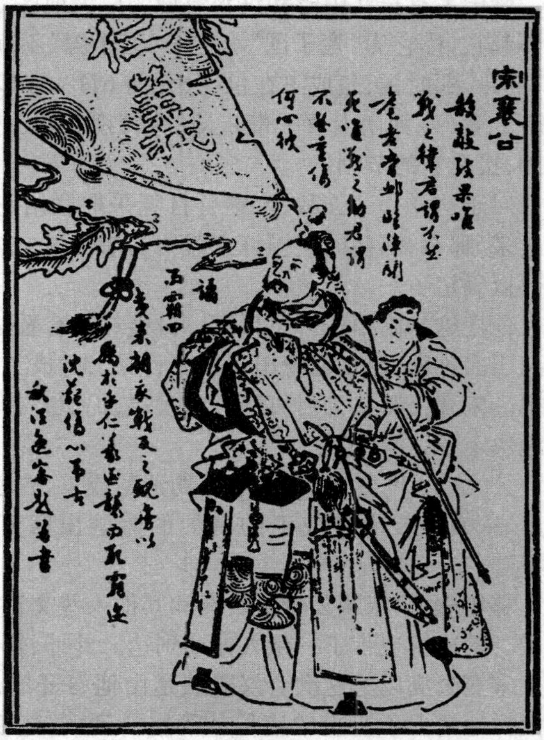

宋襄公

宋襄公认为目夷不肯接受君位，也很有“仁义”，就任用目夷做他的助手，帮助他治理国家。

宋襄公即位后的第八年（公元前 643 年），齐国国君齐桓公病死，他的五个儿子争夺君位，齐国发生内乱。太子昭逃到宋国，请求宋襄公做主。宋襄公觉得支持太子昭复国，是件“仁义”的事。他立刻会合了几国诸侯，共同出兵护送太子昭回齐国，帮他平定了内乱，立他为国君。太子昭就是齐孝公。

齐国是东方的大国。齐桓公的时候，他曾多次召集诸侯，主持盟会。黄河流域的许多诸侯都奉他为头儿，他成为春秋时期第一个霸主。那时候，齐国的威望高到极点，霸主的地位也特别惹人眼红。现在，宋襄公平定了齐国的内乱，代它立了国君。这样，在无形中，宋国的地位就在齐国之上了。宋襄公自然“当仁不让”，准备出场当霸主了。

但是，霸主的头衔是不能自封的，须要取得一些诸侯的拥护才行。于是，宋襄公仿效齐桓公的做法，准备召集一些诸侯举行会议，借以抬高自己的声望。他恐怕大国诸侯不听他的号令，就约请几个小国诸侯来开会。但是，就连那些小国诸侯也没有按时到齐。滕国（今山东滕县西南）诸侯迟到了，鄫国（今山东峄县东）诸侯干脆不到。会还没有开完，曹国（今山东定陶西北）诸侯又偷跑回国了。

这下子，宋襄公被激怒了。看来，“仁义”是不适用于对待小国诸侯的，还得诉诸武力。他把滕侯关押起来，把鄫侯杀了祭睢水神，又出兵压服了曹国。

接着，宋襄公准备同大国打交道，以便确定他的霸主地位。

宋楚争霸

当时的大诸侯国，有齐、秦（今甘肃天水一带）、晋（今山西太原一带）、楚等。齐国自从发生内乱以后，国力已经衰弱下去。秦和晋，一个在西边，一个在西北，离中原还远，它们暂时并不妨碍宋襄公去称霸。只有楚国,才是宋襄公称霸的唯一对手。

楚国占有长江中游和汉水流域的广大地区,疆域很辽阔。黄河流域的各诸侯国一向瞧不起它,称它为“蛮子国”。这个“蛮子国”不断向北方扩张势力,同那里的各国经常发生冲突。那时候,楚成王在位(公元前 671~前 626 年),国力很强大。鲁、陈(今河南开封一带)、蔡(今河南上蔡一带)、郑(今河南新郑一带)等中小诸侯国,都被迫同楚国订立了盟约,接受它的节制。

对于这样一个强敌,宋襄公打算采取联络它的办法。他的如意算盘是:只要把楚国拉过来,那么,那些同楚国订立盟约的诸侯国自然也会随着一起过来了,他的霸主地位也就可以确定了。

他把这步高招告诉了目夷。目夷却另有看法:第一,宋国称霸的条件还没有成熟,如果急于去称霸,恐怕会惹出祸事来;第二,楚成王野心很大,能力也很强,恐怕宋襄公斗不过他。宋襄公却认为目夷的顾虑太多,仍旧坚持自己的意见。拉拢楚国的方针就这样草草地决定了。

公元前 639 年春天,宋襄公约请楚成王、齐孝公在鹿上(今安徽阜南南)开了个小会。会上,宋襄公要求楚成王约请他的盟国出席下一次诸侯大会。高傲的楚成王居然答应了。

那年秋天,宋襄公带了目夷和其他一些文官兴高采烈地到盂(今河南睢县)地去大会诸侯。楚成王也带了一帮人如期到达。此外,郑、蔡等五国诸侯也都出席了会议。

宋襄公满以为这次会议既然是由他召开的,当然得由他来担任盟主。因此,他就大模大样地登上了盟主的座位。哪里料到,他还没有坐稳,楚成王一声号令,楚兵一拥而上,就把这位“盟主”从宝座上揪了下来。顷刻间,“盟主”变成囚犯,会场上秩序大乱。在混乱之中,目夷逃回本国,准备应付事变。

楚成王押着宋襄公,带领楚军一直打到宋国的都城商丘(今河南商丘)。幸亏目夷早做准备,楚军一时攻不破城。

楚军这次攻打宋国,本来是临时采取的措施。楚成王只是看到有机可乘,才用军事行动试探一下。现在,强攻的一手一时不易奏效,他就试用讹诈的一手。他向宋军说:“你们再不投降,我就要杀掉你们的国君了。”宋军回答说:“我们已另立国君。随你怎么办,我们决不投降。”

鲁侯鼎

楚成王觉得在宋襄公身上已经榨不出什么油水,与其把他杀了,还不如卖个人情把他放了。这样,宋襄公才获得了自由。楚成王带着军队凯旋而回。

宋襄公泓水大败

碰了钉子的宋襄公怀着满腹委屈被目夷等一帮大臣迎回宋国。他越想越生气，楚成王如此不讲信义，这个仇非报不可。

但是，对标榜“仁义”的宋襄公说来，要报仇，总得找一个冠冕堂皇的理由才行。凑巧，公元前638年，郑国的国君去朝见楚成王。这给宋襄公带来了兴师问罪的“理由”。在宋襄公看来，郑国国君祖祖辈辈都受到周王的信任，而那个没出息的后代竟然不去朝见周王，却拜倒在“蛮子”的脚下，这简直是忘恩负义，有失体统。单凭这一点，他就有责任去惩罚郑国。何况，宋襄公十分清楚，郑国的兵力不强，打起仗来，宋国赢得胜利是十拿九稳的。郑是楚的盟国，把郑国打败了，好歹可以出一出这口窝囊气。

提不同意见的，还是那个目夷。他认为攻打郑国可能引起楚国出兵干涉，会闯出乱子，劝宋襄公忍耐一下。但是，宋襄公仍旧不听。那年夏天，他就出兵去攻打郑国。

郑国打不赢宋国，果然向楚国求援。楚成王立刻发兵，矛头直接指向宋国。宋襄公得到消息，急忙带领军队往回赶。宋军赶到泓水（故道在今河南柘县北）北岸，楚军也已到达泓水南岸了。

两军隔河相对，大战一触即发。

目夷对宋襄公说：“算了吧！楚强我弱，乘现在还没有打起来，同楚军讲和吧。”宋襄公不答应。

宋军列好了阵，楚军正在乱哄哄地渡河。

目夷对宋襄公说：“敌军多，我军少。乘他们刚渡河的时机，给他们来个迎头痛击，或许能够打败他们。”宋襄公还是不同意。他说：“不行，讲仁义的人不能乘别人困难的时候去攻打人家。”

过了一会儿，楚军全部渡过了河，但是还没有摆开阵势。

目夷又建议道：“乘他们还没有站稳脚跟，我们即刻发动进攻，还可以打赢。”宋襄公仍旧不同意。他说：“不行，讲仁义的人不去攻击不成阵势的队伍。”

不一会儿，楚军摆好了阵势，千军万马冲杀过来了。到了这个时候，宋襄公才下令还击。但是，已经迟了。宋军抵挡不住，一个个地倒了下去。宋襄公的卫队全部被楚军歼灭，宋襄公的大腿上也挨了一箭，受了重伤。在目夷等的拼死保护下，宋襄公狼狈地逃了回去。

泓水之战以宋襄公的彻底失败而告终，宋襄公争霸的“理想”由此破灭。

回到宋国，大臣们都埋怨宋襄公丧失战机。宋襄公却理由十足地争辩说：“讲仁义的人不去伤害已经受伤的人，这叫作‘君子不重伤’；也不去捉拿头发已经花白的老人，这叫作‘不擒二毛’。我怎能忍心向没有摆好阵势的敌军发动进攻呢？”

宋襄公的伤势很重，泓水之战以后不到几个月，他就死去了。

秦穆公称霸西戎

秦国是华夏族西迁的一支，秦襄公时，因其护送周平王东迁有功而被封为诸侯，但是因为地处偏远，秦国一直没有受到其他国家的重视，秦国直到秦穆公时代方参与到中原争霸之中来。在晋国崛起的同时，秦国也日益强大起来，成为西戎霸主。

秦国初兴

秦公簋

秦国列为诸侯，第一代君主是秦襄公。幽王之乱时，犬戎进攻镐京，秦襄公以兵救周。平王东迁，秦襄公出兵护送，以功封诸侯。东迁以后，平王又把王室无力控制的岐山以西的土地赐予秦国，为日后秦国的强大打下了基础。

不过，这片土地上布满了戎、狄部落，周王是因为无力吞下才吐出来的。秦国要想生存下去，就必须与戎、狄进行长期的斗争，不断壮大自己，拓展疆土。在最初几年的斗争中，都是以秦国的失败而告终的。看着封赐给自己的土地却得不到手，秦国人很不甘心，便连年向戎、狄发动进攻。公元前766年，秦襄公也在一次与戎人的战争中阵亡了。

秦襄公之子秦文公即位后，大力发展农业生产，巩固了岐山以西的广大地区。秦宪公即位后，将秦国的都城迁往平阳（今陕西宝鸡），后来又陆续消灭了国都附近的一些割据势力，关中西部一带基本上都为秦国所控制。

到了秦武公时，他开始用武力向东、西两面扩张势力，并不断取得了对戎人作战的胜利。经过八十多年的斗争后，秦国终于建立起以关中为中心，西至今甘肃天水一带，东至今陕西华县附近的强大诸侯国。

先进的手工业

秦国的手工业比较发达，使用铁器的记载也比较早。1978年，在甘肃灵台县的春秋早期秦墓中，出土了一把铜柄铁身剑。在雍城西南的一座大墓中，还出土了一把铸铁铲。由此可见，铁器已经真正进入了秦人的生产领域。不难想象，铁器的使用在很大程度上促进了当时生产力的迅速发展。

秦国高超的冶铸技术还反映在青铜制造业上。著名的秦公钟就是这方面的代表作，钟上面有长篇铭文，造型浑厚，还满布云雷、龙、夔纹组成的纹饰，深沉庄重，是精美的艺术品。

从秦晋之好到兵戎相见

祖先的辛勤经营使秦国逐渐走上了富强之路，到了秦穆公的时候，称霸的序幕正式拉开。

秦穆公一直希望能够建立起一支强大的军队，并且想得到好的马匹来多多繁育，于是便问善于鉴别马的伯乐说："您的年纪大啦，您的子孙中有没有可以派去访求良马的人呢？"

伯乐相马

伯乐回答道："良马可以凭形体外貌和筋骨来鉴别，但天下稀有的骏马，其神气却在若有若无、似明似灭之间。像这样的马，奔驰起来足不沾尘土，车不留轮迹，极为迅速。我的子孙都是下等人才，可以教他们识别良马，但是却没有办法教他们识别天下稀有的骏马。有一个同我一起挑担子拾柴草的朋友，名字叫作九方皋，他相马的本领不在我之下，请让我引他来见您。"

穆公于是召见了九方皋，并派他外出找马。过了三个月，九方皋回来报告说："已经得到一匹好马啦，在沙丘那边。"穆公问："那是一匹什么样的马？"九方皋回答说："是一匹黄色的母马。"穆公赶忙派人去沙丘取马，结果拉回来的却是一匹黑色的公马。

秦穆公很不高兴，把伯乐招来，说："坏事啦！你介绍的那位相马人，他连马的黄黑、公母都分辨不清楚，怎么能够鉴别马的好坏呢？"

伯乐长叹了一口气，说："竟到了这种地步了啊！这正是他比我高明不止千万倍的地方啊！像九方皋所看到的，是马的内在神机，观察到它内在的精粹而忽略了它的表面现象，洞察它的实质而忘记了它的外表；只看到他所应看到的东西，而不看他所不必看的东西；只注意到他所应注意的内容，而忽略了他所不必注意的形式。像九方皋这样相马，有比鉴别马还要宝贵得多的意义。"后来的事实证明，那匹黑色的公马果然是一匹天下少有的骏马。

由余治国

由余，春秋时期天水人。他的祖先原来是晋国人，为了逃避战乱才逃到西戎。后来，由余归顺秦国，被秦穆公任为上卿（即宰相），为秦穆公出谋划策，使秦位列春秋五霸。由余的子孙遂以他的名字为姓氏，称为由氏和余氏。公元前623年，由余因病去世，秦穆公悲痛万分，辍朝一日表示哀悼，又为他建造了四座坟墓来记功。

由余对秦国的贡献之一是，他在一定程度上影响了秦国在春秋中期的文化形态的发展。春秋初期的秦国文化是比较落后的，穆公时代还是典型的农耕民族所崇奉的宫室。由余第一次出使秦国时，秦穆公还对西戎感到比较奇怪，诗书礼乐法度尚不能救世于混乱，戎夷想要治理好自己的国家岂不是更加困难？由余回答说，恰是因为有了诗书礼乐法度，所以秦国才不好治理。君主依仗法律制度的威严来要求和监督民众，民众如果感到疲惫了就会怨恨君主。上下互相怨恨，这都是由于礼乐法度啊。而在戎族，那些居于上位的人都是怀着仁德对待臣民的，因此臣民也满怀忠信地侍奉君上，这才是圣人治理国家的方法。由余的这一番谈论，使秦穆公认识到他是个人才，他认为如果让他回国，以后一定会成为秦国的祸患，于是设计让由余归顺了秦国。秦穆公三十七年（前623），秦国采纳了由余的策略，转变进攻方向，全力攻伐西戎，灭掉十二个西戎小国，史称穆公益国十二，此举开地千里，终于使秦国称霸西戎。因为西周亡于西戎，所以秦穆公的对戎战争虽然没有像齐桓公、晋文公一样取得中原霸主地位，但是周天子还是一样派遣召公携带金鼓向秦穆公祝贺，承认秦的西方霸主地位，这大大提高了秦国在诸侯中的影响和地位，也算是由余对秦国的功绩。最关键的是，穆公的向西扩张，给尚处在发展阶段的秦国以一个比较广阔的战略纵深和发展空间，为四百年后秦国一统天下奠定了坚实的基础。

蟠螭纹长方形建筑饰件

五羖换大夫

秦穆公记住了伯乐说的鉴马的诀窍，并将这一诀窍用在了选用人才上，当时秦穆公手下最有才能的人，就属百里奚了。

百里奚字井伯，非常有才学，然而因为家境贫寒，他三十岁的时候才娶上妻子。在妻子的劝说下，百里奚开始出外寻找机会。到齐国以后，百里奚生了病，只好以讨饭为生。等到流浪到宋国时，已经四十多岁的百里奚结识了蹇叔。正好蹇叔想到虞地去看望一下老朋友——虞国的上大夫宫之奇，于是二人便同路来到虞国。百里奚回到家乡了却没有找到妻子，于是只好和蹇叔一起，请宫之奇领他们去见虞君。蹇叔知道虞君是个贪图小利的人，不会有所作为，便回家去了。而百里奚不想再奔波，于是便留下来当了个中大夫，但是却没有受到重用。

不久之后，因为虞国被晋国所灭，虞君和百里奚都当了俘虏。恰巧这时秦穆公向晋国求婚，晋国用很多奴隶陪嫁，百里奚也是其中之一。不愿做奴隶的百里奚中途逃跑到了楚国，为人牧牛，很快就把牛喂肥。他的名气传到楚王那里后，楚王便问他养牛之道，他说："时其食，恤其力，心与牛而为一。"楚王听了很高兴，便叫他到南海去牧马。

秦穆公见晋国陪嫁的奴隶名单中有百里奚的名字，但是却没有看到他的人，于是追问起来。有的人说起了百里奚的才能，这让秦穆公非常重视，赶紧派人到处打听百里奚的下落，得知他在楚国后，便准备用重金向楚国去请。这时，有个大臣提醒秦穆公说："楚王不用百里奚，那是因为他不知道这个人的才能，如果我们用重金去请求楚王，那就等于我们把百里奚的才能告诉了楚王，楚王必然会留下百里奚自用，怎么可能会放他走。"于是，秦穆公派人按照奴隶的价格到楚国，用五张羊皮把百里奚换了回来。

百里奚以歌认妻

百里奚一来到秦国，秦穆公便兴冲冲地前去迎接，没想到看到的竟然是一个满头白发的老翁。秦穆公脱口便问："你多大岁数了？"百里奚回答："才七十岁而已！"秦穆公叹了一口气，说道："可惜有些老了！"百里奚不服气地说："你如果是要我去上山打老虎，那我确实是老了；你如果是要我坐下来商量朝廷大事，那我比姜太公还小了十岁呢！"秦穆公觉得这话有道理，就和他谈论起富国强兵的大事来，发觉他确实是个很了不起的人才，便请他当上卿，并委以国政。因为百里奚是秦穆公用五张羊皮换来的，所以他后来就被人们称为五羖大夫。

不久后，百里奚又介绍蹇叔来到秦国，并推荐他担任比自己还要高的职位。百里奚对秦穆公说："蹇叔很有才能，可是世上的人都不知道。我被困在齐国时一度以讨饭为生，是蹇叔收留了我。我想侍奉齐国国君，是蹇叔阻止了我，所以我才得以躲过了齐国发生政变的那场灾难，于是到了周朝。周王子喜爱牛，我又想凭着养牛的本领求取禄位，但是当周王想任用我时，又是蹇叔劝阻我，于是我离开了周，才没有跟周王一起被杀。侍奉虞君时，蹇叔也劝阻过我。我虽然也知道虞君不能重用我，但我实在是从心里喜欢利禄和爵位，所以就暂时留下了。我前两次听了蹇叔的话，都得以逃脱险境；但是只有一次没听，就遇上了这次因虞君亡国而遭擒做奴隶的灾难，因此我知道蹇叔有才能。”

秦穆公因此让蹇叔当了上大夫，秦人把蹇叔和百里奚称为“二相”。

联晋攻郑

靠着蹇叔和百里奚等臣子的辅助，秦穆公教化民众，实施变革，秦国在西方逐渐强盛起来，因此秦穆公便联合晋文公一同攻伐郑国。理由是郑国曾经对晋文公无礼，并且在与晋国结盟的情况下又与楚国结盟。

老烛武缒城说秦

秦晋两国的联军很快包围了郑国，佚之狐对郑伯说：“郑国现在正处于一种危险的情况中，如果能派烛之武去拜见秦君，他一定能说服秦国撤军。”郑伯同意了。但是烛之武却推辞说：“我年轻的时候，尚且不如别人；现在年老了，就更做不成什么了。”郑文公说：“我早先没有重用您，现在在危急之中求您出山，这是我的过错。然而如果郑国灭亡了，对您也没有什么好处啊！”于是，烛之武就答应了。

夜晚，郑军用绳子将烛之武从城上放下去。烛之武见了秦穆公，说道：“秦、晋两国围攻郑国，郑国已经知道要灭亡了。但是灭掉郑国对您有什么好处，怎么敢用这件事情来麻烦您呢？越过晋国把远方的郑国作为秦国的东部边境，这一困难您是知道的，所以您何必要灭掉郑国而去增加邻邦晋国的土地呢？邻邦的国力雄厚了，您的国力也就相对削弱了。假如放弃消灭郑国的打算，而让郑国作为您秦国东道上的主人，秦国使者的往来，郑国也可以随时供给他们所缺乏的东西，对您秦国来说，也没有什么害处。况且，您曾经对晋惠公有恩惠，他也曾答应把焦、瑕二邑割让给您。然而，他早上渡河归晋，晚上就筑城拒秦，这是您知道的。晋国有什么满足的呢？现在它已把郑国当作东部的疆界，又想扩张西部的疆界。如果不侵损秦国，晋国从哪里取得它所企求的土地呢？使秦国受损而让晋国受益，您自己还是好好掂量掂量吧！”

烛之武的这一席话说到了秦穆公的心坎里，于是他当即就与郑国签订了盟约，还派杞子、逢孙、杨孙等帮郑国守卫，自己则率领大军回国了。

晋国的大臣子犯知道后大为光火，便请求晋文公下令攻击秦军。晋文公说：“不行！

假如没有秦君的支持，就不会有我的今天。借助了别人的力量而又去损害他，这是不仁义的；失掉了自己的同盟国，这是不明智的；以混乱代替联合一致，这是不勇武的。我们还是回去吧！”就这样，晋军也撤离了郑国。

崤之战

秦国一直有向东争夺霸权的愿望，但时值晋文公执政，因此秦国始终没有机会东进。就在晋文公死后的第二年，秦穆公认为东进的时机已经到了，便任命孟明视、西乞术和白乙丙三位将领越过晋国进攻郑国。

当时郑国北门的守将是秦国派去的杞子、逢孙、杨孙三人。他们向秦穆公报告说，郑人让他们掌管北城门的钥匙，如果秦军悄悄地来进攻，他们便把北门打开接应，郑国就可以轻易地到手了。秦穆公于是和蹇叔商议，蹇叔坚决反对，他认为到这样远的地方去进攻一个国家，长途行军，又不能保密，因此无法偷袭，这样的“劳师远征”一定会失败的。

秦穆公执意不肯听从，依然命孟明视、西乞术、白乙丙三个将领率领兵车三百辆前去偷袭郑国。大军出发那天，蹇叔哭着去送行，说道：“孟明视啊，我能看到军队出发，可是却看不到你们回来了啊！”秦穆公怒道：“你知道什么？一大把年纪还在这里胡说八道，怎么还不去死！”因为蹇叔的儿子也在这次出征的队伍中，所以蹇叔又哭着说：“晋国人一定会在崤山抵御我军，那里有两座山陵，南边的是夏代帝王的陵墓；北面的是周文王当年躲避风雨的地方。你一定会死在这两座山之间，就让我来收拾你的尸骨吧。”

晋襄公墨缞败秦

当秦国的兵团到了距离郑国还有八十公里的滑国（今河南偃师东南）时，恰好遇到了郑国的商人弦高。弦高正赶着一批牛群去洛邑贩卖，于是，他伪装为郑国的使臣，把牛群赶到了秦兵团的军营里，宣称是奉了郑国国君的命令，前来犒劳秦军。

孟明视知道后大吃一惊，没想到自己的偷袭计划已然被郑国发觉，想来郑国已经有所准备，这仗不能再打了。于是他支支吾吾地告诉弦高说，他们进攻的目标并不是郑国，而是滑国。而且为了证明自己不是说谎，孟明视只得突袭倒霉的滑国，把它灭掉后迅速撤退。

秦军消灭滑国的时候经过了晋国的土地，但是却没有和晋国打招呼，这一来可惹恼了晋国的君臣，认为这是秦国对他们的藐视，十分气愤，所以决心给秦军一次打击。当秦军走到崤山峡谷，在一条仅可容纳一辆战车通行的狭长小道上，遭遇到了晋国大军的突袭。秦兵团三百辆战车和三千名骁勇的士兵，在这里全军覆没，孟明视等三员大将也被晋国擒获。

当时晋国的国君是晋襄公，其母亲是秦女怀嬴，秦国三将被捉后，怀嬴便让晋襄公将他们放掉，以免伤害了两国的和气。晋襄公年轻，因此没有多考虑，很快就把秦国的这三个大将给放了。中军元帅先轸闻讯后，立即赶来，气愤地对晋襄公说："将士们在战场上拼了性命奋起征战，才俘获了敌军的将领，而妇人待在家里只说了一句话就将人放走了，你这不是葬送战士们的胜利果实而帮助敌人吗？看来晋国的灭亡就在眼前了！"他一边说，还一边向地上吐唾沫。晋襄公直到此刻才明白过来不应该放虎归山，连忙派阳处父去追赶。当他追到黄河渡口的时候，孟明视等三人已船到中流了。阳处父急忙解下驾车的左马，假借是晋襄公送的，想诱骗他们回来。但是孟明视知道是计，因此就在船上向阳处父行礼，说道："贵君不用我们的血去祭你们的军鼓，而让我们回国请死，这是莫大的恩惠。如果我们回去被杀，我们即使死了也要在地下感谢贵君；假如我们因为受到了贵君的恩惠而免于一死，那么我们三年后将会再来拜谢贵君的厚意。"言下之意，就是三年后还是要来报仇的！

秦穆公听说自己的三将得以生还，大喜过望，身穿素服亲自到郊外去迎接他们，还自责没有听从蹇叔和百里奚的忠告，并恢复了三将的旧职。自此以后，秦晋两国结下了世仇。

历史小常识：秦穆公失马

据说秦穆公有一次丢失了一匹良马，被生活在岐山之下的三百多个乡里人捉得，并把马吃掉了。官吏抓住这些吃马人，准备严惩。穆公说："君子不因为牲畜而伤害人。我听说吃良马肉不喝酒会伤害人。"于是，穆公赐酒请他们喝，并赦免了这些人。后来，秦国与晋国之间发生战争，秦穆公亲自参战，被晋军所包围，穆公受伤了，面临生命危险。这时岐山之下偷吃良马肉的三百多人突然出现，飞驰冲向晋军，"皆推锋争死，以报食马之德"，使穆公得以逃脱。

秦晋之战

正是这次崤之战，使得秦穆公大胆任用百里奚和蹇叔，来为自己重新训练军队。三年后，即公元前625年，秦国准备向晋国报复，这时晋国是先轸之子先且为中军元帅，由于他早就作了充分的防御准备，因此两军在彭衙（今陕西白水东北）大战时，晋将狼瞫率领人马首先冲进秦阵，打乱对方的阵势，晋军随后掩杀过去，秦军大败而逃。

秦军败回后，穆公仍然信用孟明视。孟明视在失败两次后，也更加用心整顿内政，训练军队，发展生产。晋国的赵衰看到这一情况后，对将士们说："要是秦军再来，我们一定不能同他们硬打，秦军复仇心切，百战不殆，已经成了一股不可阻挡的力量。"

次年夏天，孟明视再次率军进攻晋国。当秦军渡过黄河以后，秦穆公下令把所有的船只烧掉，不取胜便不回国。秦军上下一心，士气大振，一举攻下了晋国的郊邑（今山西运城)和王官(今山西闻喜)两座城池。晋军避其锋锐,坚守不出。秦穆公见状,下令回到崤山,掩埋了崤山中五年前秦军败亡的尸骨,全军在此哭祭三天。看着山中的累累白骨,秦穆公再次自责道:“我们要牢记,古人行事常同年长的人商议,因此才不容易失败。而我因为不听蹇叔、百里奚的劝阻,才有了这样重大的损失,后人一定要记住我的这一罪过啊!”

经过多年的较量,秦国和晋国势均力敌,始终无法东进,因此就专力向西发展,称霸西戎。

可悲的殉葬

公元前 621 年,称霸西戎的秦穆公去世了,他的儿子嬴罃即位,是为秦康公,他用了一百七十七人为父亲殉葬,这是自西周以来用人殉葬最多的一次。这次殉葬的不光是奴隶,连秦国很有才干的子车氏的三个儿子奄息、仲行、鍼虎都在其中。秦国人对他们的死深为痛惜,并做了《黄鸟》诗,深切地哀悼他们。

秦穆公济河焚舟

诗中唱道:“黄雀叽叽,酸枣树上息。谁跟穆公去了?子车家的奄息。说起这位奄息,一人能把百人敌。走近了他的坟墓,忍不住浑身颤抖。苍天啊苍天!我们的好人一个不留!如果准我们赎他的命,拿我们一百换他一个。黄雀叽叽,飞来桑树上。谁跟穆公去了?子车家的仲行。说起这位仲行,一个抵得五十双。走近了他的坟墓,忍不住浑身颤抖。苍天啊苍天!我们的好人一个不留!如果准我们赎他的命,拿我们一百换他一个。黄雀叽叽,息在牡荆树上。谁跟穆公去了?子车家的鍼虎。说起这位鍼虎,一人当百不含糊。走近了他的坟墓,忍不住浑身颤抖。苍天啊苍天!我们的好人一个不留!如果准我们赎他的命,拿我们一百换他一个。”

在这次葬礼中,穆公时代的功臣几乎被全部殉葬,秦国又回到了蒙昧的时代。其后秦晋两国虽然长期兵戎相见,秦人却始终不能东进,就转而联楚抗晋。依靠了秦国的支援,楚国逐渐强大起来。

诸侯霸主晋文公

春秋初年,晋国内部曾出现公室与贵族争夺君位的长达六七十年的斗争,直到旁支取代大宗重新建国才充满活力。当东方齐桓公的霸业衰落、宋襄公争霸的美梦破灭之时,北方的晋国强大起来了。

晋国兴起

春秋初年,晋国内部出现了公室与贵族争夺君位的长期斗争。从晋昭侯封其叔成师于曲沃,到曲沃武公正式受命为晋侯,经过六七十年,才以旁支取代大宗,重新振兴了晋国。

公元前 745 年,晋昭侯把自己的叔叔姬成师封在了曲沃,称为曲沃桓叔,作为国君的辅佐。不曾想,桓叔是位不甘居下位的人,他在曲沃大肆聚集力量,积极收揽人心,不久就形成了一支能够同国君相对抗的势力。公元前 739 年,大夫潘父杀死晋昭侯,迎接桓叔为晋君。晋国人反对,又立了昭侯的儿子平为孝侯,晋国由此出现了两个国君掌权的局面。

历史小常识:太子城曲沃

曲沃之名,始于西周初期。古晋国以绛山为宗,绛水出绛山之南,奔涌而东,折向北经青玉峡,东流白石山,悬而为沃泉,九曲而北入于浍,萦回盘旋,西流入汾。取其曲,取其沃,得名曲沃。公元前 745 年,晋昭侯封成师(桓叔)于此,号“沃国”,历桓叔、庄伯、武公至世。公元前 678 年,武公灭晋自代,定都于此。公元前 661 年,晋献公为太子申生筑城,亦名太子城,即今曲沃城。

桓叔死后,其子鳟即位,是为曲沃庄伯,他直接出兵攻杀了孝侯,但是却仍然被晋国人抗拒。晋国人接着又拥立了孝侯的儿子郄为君,是为鄂侯。公元前 718 年,鄂侯去世,庄伯联合郑、邢等国兴兵伐晋,这次行动还得到了周王室的支持。不久后,周王室不知为什么又改变了支持庄公的立场,改立鄂侯的儿子光为晋君,就是晋哀侯。

公元前 716 年,庄伯死,其子称继位,是为曲沃武公,他在公元前 709 年攻杀了哀侯,继而灭了原来大宗的公室,控制了整个晋国。晋武公把晋公室的宝器都送给了周王室,接受了贿赂的周王室手软了,只能正式封武公为晋侯,允许他拥有一军的兵力,但仍是一个小国的规模,力量并不是很强大。

晋武公受封后两年就去世了,其子晋献公上台,他消除了一切可能与他争夺王位的势力,晋国的内部这才安定下来。

祖朝问政于献公

有一次,城东郊的村民祖朝上书给献公说:“我是东郊的村民祖朝,想听听关于国家政策的讨论。”献公派人去告诉他说：“高官大吏已经都考虑好了，老百姓还管什么国家政策！”

晋献公违卜立骊姬

祖朝回答说：“大王难道就没有听说过古代将领桓司马的故事吗？早晨朝见君主，起行迟了，驾车的催马赶路，骖乘也催马赶路，驾车的用肘碰了一下骖乘，说：‘你为什么越过本分？为什么从旁喝马催车？’骖乘说：‘该催的时候就得催，这是我分内的事，你应该只管掌好你的缰绳就是了。你如果掌不好缰绳，假使马突然受到惊吓，就会轧伤路上的行人。而如果遇上强大的敌人，下车奋战，到尸首堆中厮杀本来就是我的事，难道你能放开缰绳下车帮助我吗？迟到了灾祸也会降临到我的头上，对此我有深重的忧虑，我哪能不催马赶路呢？’现在大王说‘高官大吏已经都考虑好了，老百姓还管什么国家政策’，假如大官们在朝中决策一旦有失当的地方，像我这样的百姓，怎么能不惨死于中原的土地之上呢？这灾祸亦会降临到我身上，所以我对此亦有深重的忧虑，我哪能不关心国家的决策呢？”

晋献公认为这话很有道理，于是正式召见了他，和他谈了三天，使他再也没有可担忧的了。后来献公还决定以祖朝为老师。

对外势力的扩张

晋献公消除了威胁他君位的势力以后，便开始专力向外扩张势力。

公元前672年，晋献公灭掉骊戎（今山西晋城沁水东）。公元前661年，建立上下两军，扩大一倍军力，继而灭掉了耿国（今山西河津市境汾水南）、霍国（今山西霍县）和魏国（今山西芮城县）。次年，晋献公命太子申生进攻狄人东山皋落氏（今山西曲沃东）。公元前658年，又命大夫里克、荀息进攻虢国。

虢国的北面是虞国（今山西平陆），也是征伐虢国的必经之路。荀息知道虞国的国君贪财，就让晋献公用良马和上等碧玉向虞国国君借路。虞国国君见了晋献公送来的珍宝后，不但同意借道，还答应全力配合晋国的军事行动。在两国军队的强大攻势下，虢国的重镇下阳（今山西平陆东北）很快就被攻下来了。

过了三年，晋国再次向虞国借路讨伐虢国。虞国的大夫宫之奇站出来劝道：“虞、虢两国相依为命，就像嘴唇和牙齿一样，所谓‘唇亡则齿寒’，虢国一旦灭亡，我们就会像没有了嘴唇保护的牙齿一样，因此不能再借道给晋国了。”但是虞君却没有听从宫之奇的劝说，依然同意借路给晋国。

这一次，晋军攻下虢国的都城上阳（今河南陕县）后，在回师的路上，顺手牵羊地就把毫无防备的虞国也给灭了。虞国国君不但成了阶下囚，连原来收下的良马和碧玉也回到了晋献公的手里。

就这样，晋献公灭了周围一系列小国，其疆域西到黄河与秦国的边界，西南到今三门峡一带，南到今晋豫交界处，东达太行山，北与戎狄相接，成了当时北方最大的诸侯国。

公子流亡

春秋初年，晋国内部出现了公室与贵族夺位的长期斗争。从晋昭侯元年封其叔于曲沃，到晋湣侯二十八年（前679），曲沃武公正式受命为晋侯，经过六七十年，旁支才得以取代大宗，重新建国。新建后的晋国充满了活力，武公之子献公大力扩张，晋国实力与日俱增，其后因争夺君位，发生了短期的内乱。

骊姬之乱

晋国在当时本就可以顺利地踏上霸主的地位，但是由于晋献公的宠妾骊姬制造了一场争夺继承权的内乱，使得晋国一时无暇外顾，争霸的道路也变得曲折。

晋国的太子名叫姬申生，他的母亲是晋献公以前的夫人。此外，晋献公还有两位戎人妻子，分别生了姬重耳和姬夷吾。骊姬受到晋献公的宠爱以后，也生了个儿子，名叫姬奚齐。骊姬陪嫁同来的妹妹也为献公生了一个儿子，名叫姬卓子。骊姬为了能让自己的儿子继承君位，就设计把献公的其他几个儿子封到了外地，连太子也没能例外。所以，当时留在了献公身边的，就只有姬奚齐和姬卓子。骊姬诱惑献公将太子封到外地后，还想要让献公废掉太子，于是不断挑拨晋献公与太子的关系。有一天，她让晋献公召太子回宫，并与太子相谈甚欢。但是晚

骊姬巧计杀申生

上，她却向献公哭诉："我召太子回来并对他以礼相待，不料他竟然对我无礼。您要是不相信，我可以和太子一起去游玩，您一定看得到。"晋献公说："好。"第二天，骊姬在去游玩前，在头发上涂了蜂蜜，因此蜜蜂蝴蝶都聚在她旁边，她说："太子您帮我赶走它们吧。"于是太子用袖子赶走蜜蜂蝴蝶。晋献公看到后，非常生气，马上就想杀死太子。骊姬又恳求说："我让太子回来，他却被杀，在外人看来，是我害了他。"于是，晋献公就让太子回曲沃了，但是心里却已经准备要废掉他了。

公元前656年，骊姬让太子姬申生去祭祀其生母齐姜。姬申生祭祀完生母后，照例将祭肉送给了父亲献公，当时献公正在外打猎，因此祭肉就先被骊姬留下了。几天后献公回来了，骊姬在申生送来的祭肉中放进毒药后送去给献公。在献公即将吃肉的时候，骊姬连忙上前阻止他说："这些从外面送来的食物，还是先检查一下再吃比较放心。"于是她将肉先后给狗和一个奴隶吃了，结果当然是立即就都毒发身亡了。骊姬顿时呼天抢地地哭诉，说太子想要毒死父亲好夺取君位。

黄朱柢鬲

姬申生听到这件事情以后，知道父亲宠幸骊姬，自己没有办法分辩，于是就逃回封地自杀了。但是骊姬决心要斩草除根，于是又对献公说，这件事情姬重耳和姬夷吾也都知道，晋献公听了以后，马上又派人前去捉拿姬重耳和姬夷吾。姬重耳和姬夷吾听到消息后，连忙逃走了，这样一来，晋献公就更加相信骊姬的话了，不久他就立了姬奚齐为太子。

公元前651年，晋献公死了，太傅荀息拥立姬奚齐为君。而大臣里克和邳郑却想迎回姬重耳，于是他们率领申生、重耳和夷吾三人的旧部攻杀了姬奚齐。姬奚齐死后，荀息又立姬卓子为君。但是不久，里克又将卓子杀死了。见自己新立的两个国君先后被杀死，荀息认为自己辜负了先君晋献公的托付，于是惭愧地自杀了。看到国内互相残杀的境况，重耳表示自己不愿意回国。因此，周襄王会同齐桓公和秦穆公，在公元前650年，把逃亡在梁国的姬夷吾接回晋都立为国君，这就是晋惠公。

惠公背信失人心

公元前655年，姬夷吾为了躲避杀身之祸逃到梁国避难，梁伯把自己的女儿许配给他为妻。当姬夷吾要启程归国之时，跟随他流亡的人觉得此事可疑，因为国内还有献公的其他儿子可以立为国君，但是他们却来迎接流亡的公子，说不定其中有什么阴谋。于是派人到秦国，请求秦穆公发兵护送姬夷吾回国即位为君。姬夷吾许诺，事成之后，就将晋国黄河以西的土地割让给秦国。姬夷吾还派人给里克送信许愿，说只要能够回国做国君，就把汾阳封给里克作封邑。

有了姬夷吾的许诺，秦穆公于是发兵护送姬夷吾回国，使他顺利地当上了国君。但是晋惠公即位以后，却首先做了两件事。第一件即是背弃割地给秦国的许诺，他派人到秦国致歉，说："先头我是答应要给您黄河以西的五座城池作为报答的，但是如今我的大臣们反对，说：'这是先君之地，你一直流亡在外，怎么能擅自许诺割让土地给秦国呢？'我也曾和他们辩论，可最终还是反对的人多，所以只能跟您说抱歉了。"

晋惠公做的第二件事即是除掉里克等原来杀死奚齐另立国君的人。晋惠公本来只是夺了里克的权，但是过后还是不放心，恐怕里克再故伎重演，迎立依然流亡在外的姬重耳回国为君，于是就下令让里克自杀。他对里克说："如果没有你，我是当不了国君的；但是你杀过奚齐，如果让你继续做臣子，国君就没法当啊。"里克绝望地说："我不杀奚齐，您怎么当国君？你要杀我就杀好了，说这么多没用的话做什么！我认命。"说完，里克伏剑而死。

除掉里克以后，晋惠公又害怕里克的同党兴风作浪，于是寻机将那些当初与里克同谋的人一齐杀死。做完这两件事后，惠公自认为解除了内忧外患，但是他却不知道，国内的人心早已经离散了。

秦晋韩原大战

公元前 647 年，晋国发生了严重的饥荒，请求秦国卖一些粮食。秦穆公听从了百里奚的建议，暂不计较晋惠公悔约的前嫌，派了大量的船只运载粮食。由秦都雍（今陕西凤翔南）至晋都绛，沿渭河入黄河转汾河再转浍河，运粮的船只络绎不绝，史称"泛舟之役"。

第二年，秦国也发生了大灾荒，秦穆公请求晋国卖给一些粮食救援。晋惠公与大臣们商议此事，有人认为应该答允，因为秦国能不念前嫌给晋国运粮救灾，晋国理应有所回报。但又有人认为，晋国没有割地给秦国，两家已成仇敌，现在给秦国救灾，无疑是给敌人助长力量，此事不能答应。晋惠公想了想，采纳了后一种意见，没有给秦国运粮。

云纹牺尊

待到秦国度过灾荒之后，秦穆公做的第一件事情就是率兵大举讨伐晋国，两军在韩原（今山西河津与万荣之间）展开一场大战。

晋惠公亲自上战场挑战，还大言不惭地吹嘘说，要使秦国连逃命的地方都没有。秦穆公听了，使人代答说："你要当国君，我出兵帮助了你；你需要粮食，我卖给了你；如今你想要与我交战，我难道还会逃跑吗？”晋惠公在国内本来就不得人心，所以将士们并不愿意为他打仗。而秦军却被晋惠公的背信弃义所激怒，个个奋勇向前，结果三战而三胜晋军。第四次交锋前，晋惠公换乘了郑国送来的马驾车，不料这匹马不听调配，一开战就乱跑乱蹦，陷入泥潭里，晋惠公因此被秦军活捉，装入囚车运往了秦国。

秦穆公见活捉了晋惠公，满腔的怨恨都涌上心头，准备把他杀了祭天。但是秦穆公的夫人是晋惠公的姐姐，她哭着跑出来，以自焚要挟秦穆公，才劝阻了秦穆公。

晋惠公在位期间，在大国争霸中无所作为，为了能登上国君的宝座，取得和维护权力而不顾一切，不仅封官许愿，而且甘愿割让国土。但是在登上宝座之后，却又自食其言，一概反悔，造成背信弃义的声名。此后，在秦国遭灾时，又以怨报德，再一次在道义上失败。惠公一直使晋国处于“失道寡助”的地位，当然不能和其他大国争衡，较一日之短长了。

内乱后的新政

当晋惠公知道秦穆公会将他放回晋国后，就派人先回晋国，告诉大夫吕省准备接驾。吕省鉴于晋国连遭失败，国君被俘，军力消耗，民心涣散，国家处在危难之中，就假借惠公的名义，召集国人宣布了两件事。第一件事是把公田分给国人；第二件事是说惠公即便返国，也自觉对不起祖先和民众，不配再做国君，将改立太子为国君。国人听到惠公这番悔恨自责的言语，都感动得痛哭起来。

把公田分给国人，史称“作爰田”。以前民众耕公田份地时，将土地分为三等，分上田的一百亩，每年可种；分中田的二百亩，每年耕百亩，休耕百亩；分下田的三百亩，每年耕百亩，休耕二百亩。三年后再重新分配一次，这叫作“三年一换土易居”。

这种耕作方法由来已久，逐渐形成了耕好田者得益，耕下等贫瘠土地者受苦的局面，且土地很久都不会实行重分，所以人口增加却不能增田，无田的、丧失土地的人越来越多。吕省的“作爰田”，就是给无地者分地，不足者补足，使每户都有田，由自己实行轮换耕种。并且与从前不同的是，土地固定于耕者，不再行“三年一换土易居”制，因此又称“自爰其处”。把公田分给耕者自行管理经营，是一个巨大变化，大大激发了耕者对土地的加工，提高了生产的积极性，因而受到人们的欢迎。

历史小常识：吕省答穆公

吕省去秦国接晋惠公时，秦穆公问他：“晋国人近来团结吗？”吕省答道：“不团结。老百姓耻于国君被俘，哀悼死于战争的亲人，还怕征税练兵，他们要报仇。那些做官的爱戴国君，知道自己的罪过，不愿征税练兵，他们要报答秦国。因此，晋国人不团结。”秦穆公又问：“你们怎样看待自己的国君呢？”吕省说：“小人认为我们国君必定要被处死，君子认为您必然会归还我们国君。没有比秦国放还我们国君的恩德更深厚的，以此举动，秦国可以称霸天下。假如扣押不放，就会以德生怨，秦君肯定不会这么做。”秦穆公只得说道：“这正是我的本意呀。”

“作爰田”后，吕省接着改革军制，开始“作州兵”。“州”是野鄙中奴隶居住的地方，“作州兵”就是取消野鄙中的人不能服兵役的限制。这样一来，晋国无论城里、乡里的人都有权服兵役，这既提高了奴隶的社会地位，也扩大了国家的兵源，军队数量激增。后来晋国军队人数最多，常拥有五个军，最多时达到六个军，就是这次改革的结果。

晋文公的霸业

晋文公流亡国外十九年，在秦国的援助下才得以回国即位。晋文公执掌政权后，大力整顿内政，发展农业、手工业，加强军队建设，国力大增。城濮之战，晋国大败楚军，然后晋文公于践土（今河南原阳西南）会集诸侯，邀周天子参加，成为霸主。

重耳的逃亡之路

骊姬之乱时，姬重耳被迫离开晋国都城，逃到了蒲城。不久晋献公的追兵杀到，勃鞮一刀割断了姬重耳的袖子，姬重耳爬墙侥幸逃走。看到国内一直动荡不安，姬重耳拒绝了里克接自己回国即位为君的提议，让弟弟姬夷吾登上了君主宝座。

晋文公复国图卷

哪知晋惠公登基后，竟然派勃鞮第二次追杀重耳。重耳再一次逃脱后，决定去齐国给齐桓公效劳，以期得到齐国的帮助和保护。重耳在齐国过上了安逸的生活，因此放弃了恢复君位的愿望。齐桓公见状后，便许配了宗族之女齐姜给重耳为妻。

公元前639年，跟随姬重耳的臣子赵衰等人商议想要离开齐国，否则重耳日渐贪图安逸，复国将没有希望。不想他们的谈论却被一个宫女听到，偷偷告诉了重耳的妻子齐姜。齐姜害怕这个宫女泄露秘密，不但没有给她奖赏，反而把她杀了，然后便劝告重耳赶快离开齐国，但是重耳坚决不肯。赵衰等人见状，索性灌醉了重耳，把他抬到马车上连夜逃跑了。重耳醒来时，发现自己已经离开临淄城很远了，于是愤怒地拿了武器追杀臣子狐偃，幸亏没有成功。

不久重耳和他的臣子们来到了曹国，曹共公热情地款待他们。因为听说重耳的肋骨是连成一片的，曹共公很好奇，所以乘重耳洗澡的时候偷看了他的裸体。重耳又恨又窘，因此离开了曹国。

走到宋国时，宋襄公款待了姬重耳一行，还送给他们二十辆马车。不久后重耳又到了郑国，但是郑文公却拒绝接待他。因此，姬重耳只得继续他的逃亡之路，在楚国逗留一段时间后，又来到了秦国。

重耳复国

姬重耳到达秦国后，受到了秦穆公的热情接待。秦穆公把五个女子许配给姬重耳，其中还有穆公的亲生女儿怀嬴，穆公还许诺会帮助姬重耳复国。

此时的晋国国君是晋惠公之子晋怀公姬圉。姬圉曾在秦国做过人质，那时秦穆公非常喜欢他，就把自己最疼爱的女儿怀嬴嫁给了他。可是，当姬圉听说父亲病危后，恐怕其他兄弟乘他不在夺取宝座，心急如焚，便抛下怀嬴私自逃回了晋国。如此一来，秦穆公大为震怒，认为他们父子全是忘恩负义之徒。这时流亡到了楚国的姬重耳在楚王的劝说下来到了秦国，秦穆公决定帮助姬重耳。

晋文公复国图卷（局部）

晋怀公外失秦援，在国内也不得人心。他一上台就下令，命随姬重耳出走的大臣的家属们，限期召那些大臣回国，不然就要治罪。狐偃的父亲不愿召回儿子，结果被杀，这引起了国人的不满。

公元前636年，秦穆公派大军护送姬重耳回国，秦军夺取了晋国的令狐（今山西临猗西）、桑泉、臼衰三地，继而攻占了晋都，晋怀公被手下杀死，姬重耳即位为君，就是晋文公。

晋惠公的旧臣吕省不甘心，计划放火烧死晋文公。勃鞮听到了他们的阴谋后，想告诉晋文公，但是文公拒绝让他觐见，因为他曾经两次试图刺杀文公。勃鞮辩解道："我当时只是奉命行事，过去齐桓公也没有记恨管仲向他射箭的事情，如果你只记着过去的仇恨，那么逃走的人会很多。"晋文公认为他说得有道理，便接待了勃鞮，勃鞮于是揭露了吕省的阴谋。晋文公马上和秦穆公相会，吕省烧宫不见君王，便知道事情败露，他逃到黄河边上时，被秦穆公抓住杀死了，晋文公这才放心地接回怀嬴，带她一起回到晋国。

就在晋文公上台的这年冬天，周王室发生了内乱，王子姬带联合狄人进攻周襄王。周襄王仓皇出逃，派人到鲁、秦、晋国求援。晋文公马上认识到这是一个扬名的绝好机会，于是辞退秦国来相助的军队，以一军包围姬带，一军迎接周襄王回王都。晋军活捉了姬带，独得了安定王室的功劳。

蟠龙纹方壶

周襄王很是高兴,设宴款待晋文公。晋文公趁机向襄王请求,死后赐以天子之礼隧葬。周襄王不允许。说:“从前我们先王得到天下,划定国都内外方圆千里的地方,作为甸服,以这些地方的田赋供奉上帝山川诸神的祭祀,准备百姓万民的财用,防备有不来朝贡和其他意料不到的祸患。其余的土地用来平分给公、侯、伯、子、男五等诸侯,使他们各有安宁的居处,以顺应天地之道,不致遭遇到灾害。先王哪里得到什么利益呢?王室内官不过九嫔,外官不过九卿,只够用来供奉神灵而已,岂敢满足和放纵声色嗜欲,而扰乱各种法度?只有这死后和活着时的服饰器物上的色彩花纹,是用来监临统率百姓,而显示尊卑贵贱的差别的。此外,天子还有什么不同的呢?现在上天降灾祸于周室,我不过是替先王看守府库的人,如果因我不才,而将先王的隧葬大典颁赐给您来奖赏对我个人的恩德,您定会表面接受而实际憎恶,并且非难我,其实我怎敢有所吝惜呢?古人有句话说:‘改换身上的玉佩,就要改变走路的样子。’您如果能发扬光大自己伟大的德行,更换朝代姓氏,改变典章制度,创建统一天下的大业,显示自己的功劳,然后采用天子拥有的一切典章制度来安定百姓,那时,我将流放和躲藏到边远的地方,又有什么话可说呢?如果您还是姬姓,就仍将列为公侯,恢复先王定下的职分,隧葬制度恐怕是不能改变的。希望您努力显扬光明的德行,隧葬大典将会自行到来。我怎敢以个人之间的酬劳而改变前代的典章制度,来侮辱天下的人呢?我将怎样去面对先王与百姓?又怎样去施行政令呢?如果不这样,那么,您在自己的土地上行隧葬之礼,我又哪能知道?”

晋文公听周襄王这样说,不敢再强求隧葬。当然,周襄王也不敢得罪晋文公,就赐给他阳樊(今河南济原东南)、温(今河南温县境内)、原(河南济原北)和樊茅(今河南修武县境内)之田。从此,晋国的国境直接扩展到了黄河北岸。

子推之死

晋文公执掌晋国后,重重封赏了跟随他逃难的臣子们,可是他却唯独忘了一个人——介子推。

晋文公刚开始逃亡的那几年,经常食不果腹、衣不蔽体。在他一次饿晕过去后,大臣介子推割下自己大腿上的肉做成汤,才救了他一命。晋文公复国成功后,论功封赏,当时介子推已经带着老母隐居去了,因此晋文公在朝堂上挨个点名封赏的时候,因为没有看到介子推,也就把他忘记了。

介子推的邻居很为介子推不平,于是在夜里写了封书信挂到城门上,大概意思是:“龙失其所,周游天下,众蛇从之。龙饥乏食,一蛇割股。龙返于渊,安其壤土。数蛇入穴,一蛇于野。”晋文公看到书信后,一拍脑门:“啊,子推!我竟然忘记了子推!”于是便派人去请介子推。但是派去的人回来却告诉晋文公，介子推已经隐居到绵山去了。于是晋文公又亲自带人到绵山去找，可是找了很多天都没有找到。这时有个大臣出了个馊主意，说："介子推非常孝顺，不如用火烧山，这样，他一定会背着老母亲出来的。"

介子推守志焚绵山

晋文公觉得这个办法很不错，于是就命人在山前山后放火，周围绵延数十里。火势很大，三天后才息，可是介子推却始终没有出来。后来有人在一棵枯柳树下发现了两具尸骨，原来介子推将母亲藏在树洞里，自己则抱着大树，一起被烧死了。

晋文公大哭了一场，改绵山为介山，以警诫自己的过错。并下令全国的百姓都不生火，吃一个月冷食以祭奠介子推。后来，这一个月的期限渐渐减少到清明节的前一天，即为"寒食节"。过节的当天，家家门上插柳枝、烧纸钱、在野外祭祀、吃冷饭，以纪念介子推，借以纪念自己死去的亲人。

整顿内政

重耳返国的时候，正值晋国处于动荡不安的社会环境中。数十年来，晋国内讧不停，国乱民忧。经过"骊姬之乱"和晋惠公背信弃义发动不义战争之后，晋国已经元气大伤。

晋文公复位前游历诸国，备尝"险阻艰难"，因此在返国后，决心"励精图治"以求霸。在狐偃、赵衰等股肱之臣的帮助下，文公"蓄爱百姓，厉养戎士"，革新内政，迅速医治了动乱留下的创伤，奠定了与秦楚抗衡的物质基础。他的主要措施有：选拔优秀人才治理国家，多年来一直追随自己共度患难的一批老臣都被委以军国重任；提倡孝事父母，尊祖敬家，忠于国事，"以厚民性"；废除繁重的徭役，减免苛捐杂税，资助无力生活和生产者；鼓励农耕，劝有分无，省灭国用，足财备凶；"大搜于被庐"，改上下两军之制为上中下三军之制。这些措施对于稳定社会秩序，恢复社会生产，推动工商业繁荣，提高军队战斗力，都起了积极的作用，使晋国出现了"政平民阜，财用不匮"的昌盛景象。文公四年，晋军能在城濮大败楚军，一战而成霸业，无疑是这次改革所带来的必然结果。

公元前 633 年，晋文公进行了一场大规模的军事演习，要求全国服兵役的人都要参加。借着这个机会，晋文公把国人和野人都编入了正规军，把献公时的两个军扩大到三个军。同时,确立了军中元帅的建制。在上、中、下三军中规定统领中军者地位最高,既是中军之长,又是三军的统帅,故称为"元帅"。这是中国历史上元帅一词的最早使用。元帅是正卿,当然也是最高的行政长官。三军建立后,赵衰推举郤縠为元帅,得到晋文公的赞同。此后,晋文公又命郤溱为中军副帅,命狐偃为上军统帅。狐偃不愿居功,让位给狐毛,自己为副帅。赵衰也把下军统帅的位子让给了栾枝,并令先轸为下军副帅。

不久后,周襄王赐给晋国的原邑反叛,晋文公起兵围原。出兵时,晋文公命令军队只带三天的口粮,如果三天攻不下就撤兵。晋军围了三天,原邑人果然不投降,于是晋文公下令撤围退兵。晋国派入原邑的谍报人员报告说:原邑人已支持不了了,再坚持一下就会投降。一些将领也不愿退兵,请求再战。但是晋文公却坚决不同意,说道:"信用是一个国家的最大财富,我已宣布三天为期,不能失信,为得原邑而失掉信用,是得不偿失。"于是,晋军开始撤退,退了还不到三十里,原邑就派人前来请降了。

夫妇如宾

晋文公很是高兴,派臼季奉命出使,联络愿意与晋国盟好的国家。臼季走在郊外,看到大夫冀芮的儿子冀缺在田中锄草,恰好这时他的妻子给他送饭来,夫妻俩相敬如宾。臼季马上就带冀缺一起回了国都,对晋文公说:"我得到一个贤能的人,冒昧地向您报告。"文公说:"冀缺的父亲有罪,是否可以重用他呢?"臼季回答说:"作为国家的贤良之才,应该不计较他前辈的罪恶。因此以前舜惩治罪人,处死了鲧;后来举拔人才,却起用了鲧的儿子大禹。当今您所听到的,齐桓公亲自选拔了管仲,那是害过他的仇敌啊。"晋文公问道:"你凭什么知道冀缺的贤能呢?"臼季回答说:"我见到他们夫妇在田间都不忘恭敬。恭敬有礼是有品德的表现,严守德行而谨慎从事,那还有什么事情干不成的呢!"文公接见了冀缺后,任命他为下军大夫。

城濮之战

整顿了内政,晋文公准备争夺霸主的地位了。

在这个时候,东方的齐国已经衰落,南方的楚国控制了中原的一些小诸侯国,鲁、郑、宋、曹、卫等国都是它的盟国。在这些同楚国结盟的国家中,宋国是迫不得已的。因此当晋文公上台以后,它就背楚亲晋了。

宋国的这一态度显然为楚国所不容，因此在公元前633年，楚国便联合郑、许、陈、蔡四国围困了宋国的都城。宋国派人向晋国求救，晋文公很痛快地答应了。

按照狐偃的建议，晋国并没有直接与楚军交战，而是先攻打楚国的盟国曹、卫，等待楚国赶去救援曹、卫的时候，宋国的危险自然也就解除了，晋军以逸待劳，夺取胜利并不困难。于是，晋国向卫国借路，但是卫国不借，晋军只得渡河绕道攻打曹国，顺路夺取了卫国的五鹿（在今河南濮阳北）。

在攻打曹国的战争中，中军元帅郤縠病死，晋文公破格提拔了在战争中显露才华的下军副帅先轸为元帅，很快就打败了曹、卫两国。不料楚国并没有上当，而是让盟国鲁国派兵援救卫国，自己依然加紧攻打宋国。

当时楚国的势力很强，晋国也不敢贸然同它直接交锋，便建议宋国向齐、秦两国送礼，由齐、秦两国出面调解。若楚国退兵，晋国就把曹君扣留，并将曹、卫的土地分给宋。这样曹、卫势必不同意齐、秦的调解。如此一来，楚国必然保护曹、卫的利益而不给齐、秦面子，齐、秦两国失了面子，就会支持晋国与楚国作战。

果不其然，齐、秦两国见楚国傲慢，便与晋国联合起来。楚成王知道形势对他不利，就从前线回到申（今河南南阳），命令子玉从宋国撤军，避免同晋国交战。子玉是楚国的令尹，也是楚王之下的最高执政者，骄傲自负，他不肯听从楚成王退兵的意见，坚持要同晋国打仗。

很快，楚军北上，晋文公却下令晋军后退三舍之地（一舍三十里，古时日行三十里住宿，称为一舍），以实践他流亡到楚时，对楚成王许下的诺言。晋军后退九十里，在卫国的城濮驻扎下来。

> **历史小常识：晋文公攻原得卫**
>
> 晋文公攻打原国，约定三天之内攻下原国。三天后没能攻下，于是晋文公以信义为重，便下令撤退。原国的百姓听说这件事后，都说："有君王像文公这样讲信义的，怎么可以不归附他呢？"于是原国的百姓纷纷归顺了晋国。卫国的人听到这个消息，也说："有君王像文公这样讲信义的，怎可不跟随他呢？"于是也向文公投降。孔子听说后，就把这件事记载下来，并且评价说："晋文公攻打原国而获得了卫国，那是因为他能守信啊！"

说到晋文公的退避三舍，这是他当年在楚国避难时许下的承诺。楚成王当时认为晋文公日后必有大作为，就以国君之礼相迎，待他如上宾。有一天，楚成王设宴招待晋文公，问道："你若有一天回到晋国当上国君，应该怎么报答我呢？"晋文公略一思索，说："美女侍从、珍宝丝绸，大王您有的是，珍禽羽毛、象牙兽皮，更是楚地的盛产，晋国哪里有什么珍奇物品献给大王呢？"楚王说："公子过谦了，话虽然这么说，可是你总应该对我有所表示吧？"晋文公于是笑道："要是托您的福，果真能回国当政的话，我愿与贵国友好。假如有一天，晋楚之间发生了战争，我一定会命令军队先退避三舍。如果还是不能够得到您的原谅，我再与您交战。"对于晋文公的守诺，子玉却认为这是晋国害怕的表现，派大夫斗勃以十分轻蔑的口吻向晋文公挑战说："我请求同您的士兵在这里角力一番，您可倚在车前横木上与我一同观看。"

公元前632年，春秋时期最大的一场战争爆发了。晋君的下军副将胥臣，把驾车的

马蒙上虎皮，率先冲入了楚军的右军中。楚军的右军是陈、蔡两国联军，陈、蔡本来就是小国，战斗力不强，遭到胥臣怪兽般的突然袭击，立即大败。与此同时，晋国上军狐毛竖起中军大旗后撤，迷惑楚军，中军却隐藏起来。下军的栾枝则让士兵砍下树枝拖在车后，扬起满天尘土，伪装惧楚逃跑。楚国的左军求胜心切，孤军深入，最后几乎全军覆没，子玉也因此自杀了。

这一仗晋军大获全胜，缴获战车一百辆，活捉一千多人。楚军抛下大批物资仓皇逃走，晋军吃着楚军留下的粮食，在城濮休整了三天才班师回国。

城濮一战，是楚国北上的方针遭受到的第一次严重打击，此后只好转而经营南方。晋文公的霸主地位，就在这一仗后确立起来了。

践土之盟

声威大震的晋国自此开始以霸主自居，它还向各国发布了一道通令，要求各诸侯国“各复旧职”，即恢复原来各国对周王室所承担的义务和责任。当晋国的大军回国走到衡雍（郑地，今河南原阳西）时，周襄王还亲自前去表示了慰劳。于是，晋文公在践土（今河南原阳西南）为周襄王建造了一所离宫，并把从楚国得来的战利品奉献给了周襄王。其中有披着铠甲的四匹马拉的战车一百辆，徒兵一千人。

周襄王很久没受到这样的尊重了，于是大摆宴席款待晋文公，策命他为侯伯，即诸侯的领袖，并赐给他相应的车马、服饰、仪仗，红色的弓一把，箭一百支，黑色的弓十把，箭千支，香酒一壶，卫宫勇士三百人。周襄王还对晋文公说：“你要恭敬地服从天子的命令，以安抚四方诸侯，惩办那些不尊重王室的邪恶。”晋文公推辞了三次，然后才以谦虚、恭敬的态度接受。

公元前632年，晋文公在践土同齐、宋、蔡、郑、卫、莒、鲁等八国结盟，然后亲自护送周襄王返回王都。各国国君在周王室订立盟约，盟约规定各国都要辅助王室，不要互相伤害。谁违背了盟约，神灵就要惩罚他，使其军队溃败，子子孙孙都不能保有他的国家。

楚庄王一鸣惊人

公元前740年，熊通自立为楚武王，宣告了一个南方大国的崛起。楚文王建都于郢后，江汉一带的小国都畏惧楚国。楚成王时，已经“楚地千里”。周天子也不得不承认了楚国南方“首领”的地位。楚庄王即位后，改革内政，发展经济，陈兵问鼎于周郊，又破陈围郑，鲁、郑、陈、宋等中原国家先后归附，楚庄王称霸中原。

从看门的蛮夷到南方的大国

西周初年，荆人的残部主要是芈姓人，西迁至丹水与淅水之间。鬻熊为首领时，审时度势，率楚民背弃商纣王，西行投奔周文王，受到了周文王的器重。周武王即位后，有向南进攻的意思，楚人觉察之后，在鬻熊之子熊丽的率领下，举部南迁至睢山与荆山之间，暂时避栖于荒野之地。周成王时，封熊丽之孙熊绎为楚君。荆楚开始跻身于诸侯之列，楚国正式诞生了。

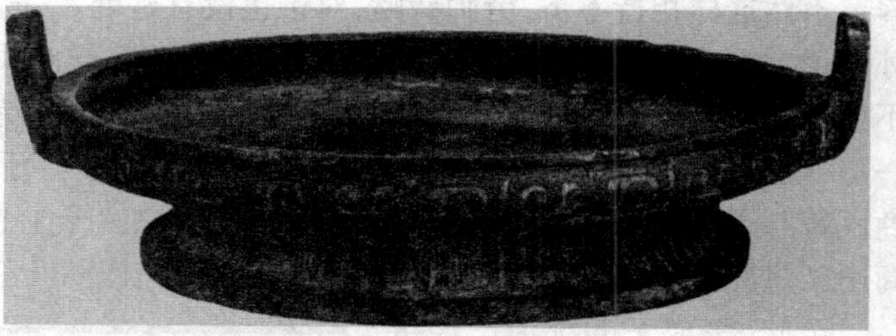
信父盘

熊绎及其后代是江汉流域最早的开发者，他们的创业历史是艰苦卓绝的。因为国小力弱，诸侯会盟时都不能入席，只被派做看守灯火的杂务。楚国的大臣子革就曾说："从前我们先王熊绎僻处在荆山，乘着柴车，穿着破衣服，开辟杂草丛生的山林，以桃木做的弓，枣木做的箭向周王室进贡。"由此可见当年的艰辛。直到春秋初年楚文王时，楚国也不过还是"土不过同"（方圆百里）的小国。

但是，进入春秋时期后，中国南方的经济发展很快，从考古发掘来看，其生产力水平并不比中原各国低，在某些方面甚至还取得了领先的地位。

楚成王的北进

春秋前期，楚国在楚成王统治时，国力发展到了一个高峰。

楚成王的名字叫作熊恽，他当政时，中原大地正是齐桓公称霸之时。于是，楚国采取了尊周亲诸侯的政策，这不仅使楚国取得了与华夏之国抗衡的合法地位，而且还得以以奉周天子之命为由，大力攻伐不臣之国，开拓疆域。

齐桓公为了遏制楚国的北进，曾亲自率领齐、鲁、宋、陈、卫、郑、许、曹等八国的军队南下攻楚。最后经过一番得失的权衡，齐桓公只得与屈完在召陵结盟。召陵之盟后，楚成王又大胆、果断地继续北上东进，与齐国展开霸主的争夺。至公元前646年，楚国的势力已经推进到了淮河中游一带。公元前643年，齐桓公死去，这时不自量力的宋襄公开始与楚成王较量，结果一败再败。此时的中原大地，能和楚国一较高下的就只有晋国了。公元前632年，在楚、晋城濮之战中，楚国战败，这是楚成王争霸道路上的严重挫折。

云纹禁

公元前627年，晋国的阳处父率军攻打蔡国，楚国大将子上率兵救援，两军隔泜水

（即今沙河）相持。后来因为晋军粮草将尽，阳处父意欲退兵，但他既怕退兵时楚军乘机进攻，又怕退兵后给人落下临阵退却的笑柄，便派人去对子上说："你若想和我决战，我就退后一舍，让你渡河列阵，咱们早晚决战；你若不想渡河，那就让我一舍之地，使我渡河列阵。不然这样相持不下，劳师费财，对谁也没有好处。"子上打算渡河列阵，但是随行的大孙伯说："晋人不讲信用，如果乘我们渡了一半的时候对我们进行攻击，那我们就吃亏了，不如让他们渡河列阵。"于是子上让楚军后退了一舍，等待晋军渡河。但是阳处父等楚军一退，就故意宣扬说："楚军不敢与晋军决战，逃跑了。"于是率军退归。他知道楚国太子商臣曾与子上结怨，在退军后就让人告诉商臣说："子上接受了晋国的贿赂，所以退兵。"商臣又将此事告于楚成王，楚成王于是杀掉了子上。

至此，楚成王的统治已经接近尾声。在他为君的四十六年中，楚国在诸侯国中的地位和影响空前提高。唯一遗憾的是，晚年的楚成王在选择继承人的问题上主意不坚定，终于导致了后来的宫廷政变。

楚商臣入宫弑父

宫廷政变与令尹的更迭

本来楚成王很早就立了长子商臣为太子，后来又想改立小儿子。商臣于是找师父潘崇谋划，发动了宫廷政变，逼迫楚成王自尽。楚成王要求吃一个熊掌后再死，想以此拖延时间，等待外援。但是商臣坚决不答应，楚成王被迫自缢。于是商臣即位，是为楚穆王。

对于这场政变，新上任的令尹斗般虽然知道内情，但却无可奈何。公元前617年，封在商地的斗宜申知道内情以后，便来到楚国的都城郢都，与大夫仲归联手，想谋杀弑父自立的穆王，但因行事不密，事情败露，两人被楚穆王派司马斗椒处死了。

斗椒与令尹斗般同为若敖氏家族的人，但他暗地里一直想当令尹，所以总视斗般为眼中钉，此时便乘机向穆王诬告说：斗宜申和仲归合谋的背后主谋是斗般，他们的目的是想扶持公子职为楚王。穆王一听，想试试斗般是否听话，就下令要斗般立即去将公子职杀掉。斗般并不知道大祸已经临头，以公子职并无过错而推辞。穆王于是大怒，挥起自己随身带着的大铜锤，一下就将斗般杀死在了议事的朝堂之上。

斗般死后，楚穆王并没有马上任命斗椒为令尹，而是任命了在城濮之战中自杀而亡的子玉的儿子成大心为令尹。可还没过两年，成大心就死在了任上，斗椒得以升任令尹。

楚穆王的开拓

楚穆王在公元前623年的秋天，挥师攻打晋国的附属国江国（今河南息县西南），晋国连忙派大将阳处父率军救援，但是却被楚国的公子息阻挡于方城之外。江国失去了外援以后，很快就被楚国吞并。

公元前621年，承继晋文公之位的晋襄公当政仅六年便死了，这让楚穆王看到了北上的机会。公元前618年，楚穆王亲率大军，直取郑国的一个叫狼渊（今河南许昌西）的地方，不但大败叛楚服晋的郑国，而且还囚禁了郑国的公子坚、公子龙和乐耳。郑国被迫与楚国订盟求和。

半年后，楚国又以迅雷不及掩耳之势攻占了陈国的壶丘（今河南新蔡），进而又讨伐陈国的国都。但这一次却是陈国以少胜多，打败了楚军。但陈国担心楚国强势报复，主动提出与楚国订立盟约。

虎形灶

威服了郑国和陈国，公元前617年，楚穆王大会诸侯于厥貉（今河南项城），想要树立自己在中原各国中的领导地位，然后组织联军去攻打宋国。宋昭公得到消息后，诚惶诚恐，打着慰问楚穆王的旗号，亲自请求归附，并以一国之尊亲自做向导，陪同楚穆王围猎。古时的诸侯们围猎犹如行军打仗，宋昭公不知是故意还是被楚穆王吓着了，竟忘了带取火用的工具，结果影响了打猎。楚穆王命人责打了替宋昭公驾车的人，并将其在军中示众，以此来代替宋昭公应受到的责罚。受此大辱，宋昭公心生怨恨，但却慑于楚国的兵威，唯有隐忍不发，任由楚穆王以霸主的姿态对待自己。

厥貉之会后，在公元前615年，群舒（偃姓，包括舒鸠、舒蓼、舒庸、舒鲍等部）叛楚，令尹成嘉率军镇压，打败了叛军，进而攻打巢国，楚国的势力进一步向江淮地区发展。

楚庄王的霸业

楚穆王当政十二年后死了，儿子熊侣继位，是为楚庄王。楚庄王在位期间非常重视选择人才，在内政方面做了一些改革，他赏罚分明，群臣和睦，百姓安居乐业，国力日益强盛，为以后取得霸业奠定了基础。

一鸣惊人的楚庄王

在楚庄王即位的最初三年中，从不曾发布过任何政令，他每天都只是玩乐，凡是为此而进谏的人都会被处死。

一鸣惊人

有一天，大夫伍举进见楚王。当时，楚庄王手中端着酒杯，口中嚼着鹿肉，正在醉醺醺地观赏歌舞。他看到伍举进来便说："你来这里，是要看歌舞呢，还是要喝酒呢？"伍举回答说："有人向我请教了一个问题，我始终也猜不出来是怎么一回事情，所以特地来此向您请教。"楚庄王于是说："你说来听听。"伍举说道："在楚国的都城有一只大鸟，这只大鸟栖息在朝堂之上已经有三年整了，但是从来都不动一动，而且也从来没有飞翔过，也没有鸣叫过，我实在是很难理解。您说这是怎么回事呢？"楚庄王听了以后，心中很是明白伍举的意思，便笑着说："这只大鸟三年不动是决定志向，三年不飞是在长翅膀，三年不鸣是在观察周围的情况。这只鸟不飞则已，一飞冲天；不鸣则已，一鸣惊人。你就等着瞧吧。”

但是过了几个月，楚庄王依然故我，每日不是打猎游玩就是喝酒欣赏歌舞。大夫苏从便来见庄王。他才进宫门，就大哭起来。楚庄王说：“你为什么哭啊？”苏从回答道：“我为自己就要死了而哭，也为楚国快要灭亡了而哭。”楚庄王吃惊地问：“你怎么会死呢？楚国又怎么能灭亡呢？”苏从回答说：“我如果劝告您而您不听，肯定会将我杀死。而您又整天不管朝政，楚国的灭亡不是就在眼前了吗？”楚庄王听完大怒，斥责道：“我早说过，谁来劝谏，就会杀谁，如今你却明知故犯！”苏从痛彻心扉地说：“您将我杀死了，我还能得到忠臣的美名，但是您如果使国家灭亡了，就只能当亡国之君了。现在，您要杀就杀吧。”楚庄王听完后，忽然站起来，动情地说：“大夫的话是忠言，我一定会照办的！”随即，他传令解散了乐队，打发了舞女，决心要大干一番事业。

从此以后，楚庄王开始认真从政，任用了伍举、苏从、孙叔敖等一些贤良有才能的人，大力发展农业和商业，国力日渐雄厚。

历史小常识：宋昭公穷途知过

宋昭公出外逃亡，到达邻国后，他感慨地说道：“我现在知道我亡国的原因了。宋国做官的有上千人，但是我处理政事的时候，他们没有一个人不说：‘我们君主圣明！’披甲站立的侍者卫士数百人，他们没有一个人不说：‘我们君王长得美！’无论朝中还是朝外，都没有人能够指出我的过错来，所以我才到了现在这种地步啊！”于是，宋昭公幡然醒悟，最后得以重振国家。

最初的征伐

楚庄王一边改革政治，一边扩充军队，训练军士，随时准备与晋国决战，一雪城濮之战的仇恨。

楚庄王首先征服的是庸国。庸国是一个古老的国家，周武王讨伐商的联军中就有它，庸国在今湖北竹山一带，是西北通秦、北上中原的战略要地。灭掉庸国不仅解除了楚国西部的威胁，同时也使楚国把地盘扩大到了今湖北西北，与秦国直接接壤。

接着，楚国向北用兵，进攻陈国。公元前 608 年，楚庄王亲自带兵进攻陈、宋两国。晋国派赵盾前来营救，结果被楚国打败，晋将解扬也被活捉。

次年春天，楚国指使倒向它的郑国进攻宋国，郑、宋两军战于大棘（今河南睢县南）。宋国主将华元在战前杀羊分赏给士兵，不想却漏掉了给他驾车的羊斟。两军开战后，羊斟就把华元一直拉到了郑军中，一国之主将就这样当了俘虏。宋军没有了主将，自然惨败。郑人缴获了战车四百多辆。不久后华元逃回国，居然还问羊斟是不是马不听使唤，羊斟大言不惭地回答说：“是人不是马。”说完就逃之夭夭了。

这年夏天，晋国联合宋、卫、陈三国准备攻打郑国，楚国将军队开到了郑国国都之外，等待晋军，但是由晋国的中军元帅赵盾率领的四国联军一看，竟然不敢交锋就退了回去。

楚庄王问鼎中原

两次同晋国的相遇，楚国都占了上风，于是楚庄王便更大胆地向北推进。公元前 606 年，楚国在今河南伊洛流域进攻陆浑之戎，楚庄王命令将军队开到周王室的国土上，以显示自己的力量。

看到楚国大军到来，周定王一时摸不清楚庄王的意图，忙派大夫王孙满前去慰劳。楚庄王于是向王孙满询问周王室九鼎的大小和轻重。九鼎是王权的象征，王孙满知道此问不怀好意，便说：“一个国家的兴亡，在于德义的有无，而不在于鼎的大小和轻重。”

楚庄王仁言动众

面对王孙满的软钉子，楚庄王开始夸耀起楚国的军事力量，说道：“鼎没有什么可稀罕的，我们士兵在战场上折断的敌人的戈尖、矛头，就足以铸成九鼎了！”王孙满很是气愤，反驳道：“你怎么忘记了这九个鼎的来历呢？它是夏代极盛的时期，远方各国诸侯来臣服，由九州的长官贡献的金（铜），把各州的山川物产画成图形，都铸在上面的，它象征着整个天下。后来夏桀失道，鼎就迁到了商人那里。过了六百年，商纣无道，鼎又迁到了我们周朝。可见只要有德义，鼎虽小也是搬不走的；没有德义，鼎即使再大也没有办法保得住。现在周朝的德义虽然衰微了，可是天命还没有完，鼎的轻重你怎么能够过问呢？”

这一来，轮到楚庄王哑口无言了。

若敖族的覆灭

生了一肚子闷气的楚庄王决定回国，不想此时后院起火，令尹斗椒发动了叛乱，企图阻止楚庄王回国。斗椒在楚穆王时就身居高位，一次，楚国派斗椒率兵征伐郑国，郑军不敢出战。楚军副将苏贾献出了一条诱敌之策，斗椒觉得很好，就传令军中：“粮食快要吃没了，诸军可以到附近的村落中掠取，以供食用。”然后他自己则饮酒作乐，每天都到半夜才结束。

郑军见楚军不来挑战，便派人打探。探子回来报告说，楚军战士四处掠夺粮食财物，斗元帅则天天在营中鼓乐饮酒，酒后就谩骂郑国人无用，根本不敢打仗。公子坚听到这个消息以后大喜，对公子庞和乐耳说：“楚国的士兵四处掠夺，他们的军营必然空虚；楚国的将军终日酗酒，心中必然懈怠。如果我们今天晚上前去劫营，一定能大获全胜。”于是，当夜郑军饱食一顿，前去劫营，结果却中了楚军的埋伏，损失惨重。

因此现在，斗椒凭着骄人的战功，加上显赫的地位，决定一举消灭楚庄王，取而代之。楚庄王见斗椒以逸待劳，而自己带的兵刚刚才打完仗，非常疲惫，知道硬拼于自己不利，便派大臣苏从前去讲和。斗椒认为楚庄王已经是自己的囊中之物，只等伸手擒拿了，哪里肯罢手。于是楚庄王假作退兵，到了深夜，却把军队埋伏于漳水东岸，然后再派一队士兵在河岸活动，引诱斗椒渡河，自己则率少数士兵躲在桥下。第二天早上，斗椒见河对岸有楚兵，果然追过河来。但是待他发现中了计，想向回撤退时，桥已经被拆毁了。斗椒惊惶失措，急忙命令士兵涉水过河。士兵们正待下水，对岸的楚军万箭齐发，斗椒死在了乱军之中。

斗椒是古老的若敖族，从此若敖族被灭，楚国王族中的其他大族见状，都不敢轻举妄动了。楚庄王消除了后顾之忧以后，又开始专力对外争雄。

循吏孙叔敖

接替斗椒担任令尹一职的，是孙叔敖。孙叔敖的祖父官拜楚成王的令尹，父亲任楚国司马。传说孙叔敖少年时，曾遇见过一条两头蛇。当时的人们都认为，见到这种怪蛇的人必死无疑。因而孙叔敖心想，要死就只死我一个人，不能再叫旁人看见。于是，他奋力斩杀了这条蛇，将它埋入了山丘中，孙叔敖的品德由此深为族人敬佩，那座山丘也因而得名“蛇入山”。

蚕桑纹尊

公元前599年，孙叔敖被拜为令尹，他主张“施教于民”“布政以道”。他极重视民生经济，制定、实施了有关的政策法令，尽力使农、工、商都各得其便。他不但大力兴修水利，还在江陵境内修筑了大型平原水库“海子”。此外，他还鼓励农民秋冬上山采矿，促进了青铜业的大力发展。当时，在他的政策引导下，楚国出现了一个“家富人喜，优赡乐业，式序在朝，行无螟蜮，丰年蕃庶”的全盛时期。

由于行政、治军都有很大的功劳，楚庄王多次重额封赏他，但是孙叔敖都坚辞不受。因此他虽然为官多年，家中却没有一点积蓄，到临终的时候，居然连棺椁都没有。司马迁在《史记》中，称孙叔敖为“循吏第一”。

优孟以演进谏

优孟是春秋时期楚国的宫廷艺人，他从小善辩，擅长表演，经常用谈笑的方式委婉地劝谏。楚国的宰相孙叔敖知道优孟是个贤人，因此很看重他。孙叔敖一生清廉，家无余财，他在病重快要去世的时候，嘱咐自己的儿子说：“我死以后，你没了依靠，如果很贫困的话，就去拜见优孟吧，你只要说是孙叔敖的儿子就可以了。”

过了没几年，孙叔敖的儿子果然穷困潦倒，不得不靠给人背柴度日。有一天，他遇到了优孟，就对他说：“我是孙叔敖的儿子，父亲要去世的时候，嘱咐我贫困的时候去拜见您。”

优孟打量了他一番，说：“你等我消息。”随即，优孟回家，命人缝制了类似孙叔敖的衣服帽子，给自己穿戴上，每天都模仿孙叔敖的言谈举止。一年多以后，优孟的语气和体态简直活像孙叔敖，连楚王和他左右的大臣们都分辨不出来。有一天，庄王举行酒宴，优孟穿戴一番，上前敬酒祝寿。庄王大吃一惊，以为孙叔敖复活了，要任命他为宰相。优孟说：“请允许我回去和妻子商量一下，三天以后给大王答复。”

三天以后，优孟来了。楚庄王问：“你妻子说了些什么？”

优孟答：“我妻子不同意，她说楚国宰相不值得做。孙叔敖身为宰相，忠诚廉洁，所以楚王才得以称霸。现在他死了，他儿子却连立锥之地都没有，穷得靠背柴维生。像孙叔敖那样，这官还有什么当头。”优孟一边歌唱一边表演，满朝文武大臣都低下了头。

表演完毕后，庄王感到惭愧，他站起来向优孟道歉，并马上召见了孙叔敖的儿子，把寝丘的四百户封给他，用来供奉孙叔敖的祭祀。楚庄王时武力强大，与他自身善于接受别人的意见有关系，当然，更主要的还是因为有了孙叔敖与优孟这样善于进谏的人才。

征伐小国

楚国在孙叔敖的治理下，国力很快得到恢复。楚庄王一直决心与晋国一争高下，但是在攻打晋国之前，楚国的目标则是地处两国之间的郑、宋、陈、蔡等小国，这些国家的所属，常常是霸业在手的一方。

在公元前608年~前596年期间，晋国曾五次征伐郑国，楚国也七次加兵，几乎年年都有战祸，有时一年甚至会遭到晋楚两国的交相攻击，于是郑国只得做墙头草，谁的军队来了就服从谁。

虎形太饰

陈国就没这么聪明了，斗椒之乱时，陈国也背楚向晋，楚庄王于是带着大军到陈国问罪。陈国不得不重新服从楚国，同楚国订立了盟约。可是楚庄王还是不放心，他趁陈国大夫夏征舒杀死国君陈灵公的机会，把军队开到了陈国外面，车裂了夏征舒，并宣布把陈国变为楚国的一个县。这一行动遭到了楚国大夫申叔时的反对，他劝庄王如果要当霸主，就应该以德服人，千万不要贪图别国的土地。楚庄王这才又恢复了陈国。

说到陈国的灭亡，周定王的大臣单襄公曾有一段非常精辟的论述：

单襄公有一次奉命到宋国访问，借陈国的路经过，然后再到楚国访问。在陈国的大路上，单襄公看见杂草丛生，边疆没有官员迎来送往，主管建设的官员也不察看道路，湖畔没有修整堤岸，河流上没有桥梁，野地里到处都是露天堆积的粮食，收拾农作物的劳动没有完工，道路两侧没有成列的树，耕种的田地如同被刈割的草地，管理住宅街道的官员也不设立宾馆，国中竟然没有供宾客暂住的房屋，而民众都在为陈国的国王建造宫殿。单襄公一行人到达陈国时，陈国的国王灵公和宠臣孔宁、仪行父，戴着楚国人的帽子前往夏征舒家玩乐，竟然丢下宾客不接见。

单襄公回国后对周定王说："陈国即使没有大灾祸，也快要灭亡了。清晨大角星显现，就是下雨的季节完结了，天根星显现就是枯水季节了，氐星显现就是草木的枯萎，房星显现就是下霜的季节，心星显现就是寒风告诉人们寒潮到了。所以先王教导说：'下雨的季节过了就要平整道路，河水干涸了就要修筑桥梁，草木枯萎了就要储备粮草，下霜了就要准备好冬天的裘皮，寒风到来就要修整城墙和宫殿房屋。'所以《夏令》说：'九月平整道路，十月修筑桥梁。'到了那时节就警示道：'收拾完农活，准备好担土的工具，定星位于中天时，用土建房屋的工作开始。'这就是先王之所以不用钱财，却广泛地施予了美德给天下大众的地方啊。现在的陈国，心星显现了，而道路还是堵塞的，野外场地的农活还被丢弃，湖畔没有堤岸，河流没有桥梁，这都是废弃了先王的教诲啊。"

孝经图

单襄公叹气道："周王朝有制度说：'成行的树用来标志道路所在，设立偏远的采邑用来守护道路。国有郊区牧场，边疆有寓所守望，湿地有草场，园地里有树林水池，这些地方是用来抵御灾患的。其余的地方无非是用来栽种谷物的土地，民众没有悬挂不用的农具，田野没有杂草，不错过农作时节，不漠视农民的劳动成果。有丰厚没有匮乏，有安逸没有疲困。都城有各级官员的事务，城郊有遵从秩序的良民。’现在的陈国道路无法辨认，田在杂草之间，农作物成熟了不收割，民众在为王公们提供享乐中劳顿，这都是废弃先王的法制啊。周王朝的《秩官》有这样的话：‘等级相当的国家的宾客来到，由关尹禀报国王，行理凭符节迎接他们，候人作引导，门尹打扫门庭，宗庙里的祝主持祭祀，司礼管理宾馆，司徒召集仆役，司空检查道路，司寇审问盗寇，虞人送上肉类，甸人准备柴火，火师看管灯烛，水师监督洗涤，膳宰送上食物，禀人献上谷物饲料，司马摆放好喂养牲畜的草料，工人打开车进行保养，各类官员分别提供相应事物，从而让宾至如归。所以宾客没有不满意的。等级高的国家的宾客来到，就用加一等级的官员，更加恭敬。是周王朝的使官，就全是官员亲力亲为，由上卿监督他们。如果是周王朝国王巡视，那就是诸侯国的国君亲自监督他们。’现在虽然我无德无能，也是周王朝的族系，承担着周王朝的命令在陈国作为过路的宾客，但所有应尽的事务没有到位的，这是蔑视先王的官啊。先王的条令中有这样的话：‘上天的条例奖赏善良惩罚淫邪，所以凡是我分封的诸侯国，不要学违背常规的行为，不要过度享乐，各自遵守你们的典章制度，来接受上天的赐福。’今天的陈侯不顾及传续后代的伦常，抛弃他的王后嫔妃，却率领他的上卿官员到夏大夫家享乐，不是亵渎同姓乱伦了吗？陈国是我周王朝的后代啊，如今丢弃正式的礼服礼帽，却戴着楚国人的帽子出行，不是轻视常规吗？这又冒犯先王的条令啊。从前先王的训条，以它作为样板勉励自己，唯恐自己堕落和超越规范。如果忘却先王的教诲从而废弃先王的制度，蔑视官职及职责从而冒犯条令，将如何保住其政权？处在大国之间，能长久吗？”

邲之战

郑襄公原来答应归附楚国，但是等到楚庄王收服了陈国，郑襄公却归附了晋国。这样一来，楚庄王恼火郑襄公言而无信，公元前 597 年，他亲自率领大军向郑国进发。

楚国的军队把郑国都城荥阳团团围住，日夜攻打。郑襄公一心指望晋国来救，命令将士死守，因此郑国将士死伤很多，仍不投降。后来，荥阳东北角的城墙被楚国人打坏了，崩陷了几十丈，全城的百姓害怕楚军掳掠烧杀，发疯一样号哭。楚庄王听到哭声，立即下令退兵。公子婴齐拦住说：“我们好不容易才打塌一段城

历史小常识：绝缨会

楚庄王围困郑国时，被郑国的伏兵包围，副将唐狡冲入重围救了楚庄王。事后楚庄王重赏唐狡，唐狡辞谢说：“绝缨会上，蒙大王不杀之恩，所以舍身相报。”原来，楚庄王平息了斗椒之乱后，在宫内举行庆功会，并让爱妃许姬给大家敬酒。许姬敬酒时，一阵风把厅里的烛火吹灭了。这时有人趁机扯了许姬的衣袖，想调戏她。许姬没有声张，却把那人的帽缨扯断了，并请求处置这个人。庄王听后，命令大臣们都摘下帽缨再点燃蜡烛，并解释道：如果因为酒后失礼诛杀功臣，会使将士感到心寒，也就不会再为国尽力了。

墙,为什么退兵?”楚庄王说:“现在郑国人已知道楚国的威力,退兵是要让郑国人知道楚国有德!”于是,楚国的军队后退了十多里。

但是楚庄王退兵,却使郑襄公以为是晋国的救兵到了。于是他们迅逗修好城墙,严加防守,等着晋国救兵替他们打胜仗。楚庄王看郑国没有归附的意思,就又把荥阳城包围起来。郑国人坚守了三个多月,已是精疲力竭。于是楚国的大将乐伯率领勇士先登上城墙,杀散了守兵。另一部分将士劈开城门,楚国大军严肃整齐地到了大街上。走到逵路,郑襄公“肉袒牵羊”跪在楚庄王面前谢罪。公子婴齐怕楚庄王心软,进谏说:“郑国并不是真心投降,明天晋国军队一来,他又会背叛楚国投靠晋国,不如干脆把郑国灭了。”但是楚庄王觉得郑襄公答应服从楚国,自己已经有了面子,便说:“我如果灭郑国,要是申叔时在这里,他又要说我是‘蹊田夺牛’了。”于是,他下令退军三十里,解除了对郑都的包围。郑襄公又带着几个大臣到楚国军营里请求归附。楚庄王答应了郑襄公的请求,同他们订了盟约以后,郑国让襄公的弟弟子良到楚国作了人质。

荀林父纵属亡师

直到这个时候,晋国的荀林父才率军前来。当晋国的军队走到黄河边上时,得知郑国已经和楚国讲和,荀林父松了一口气,准备回军。但是中军副帅先縠坚决不同意,他认为若不与楚国交战,晋国的霸业就会丢失。于是,先縠违抗军令,带着自己的一部人马渡过了黄河。晋军中的执法司马韩厥连忙对荀林父说:“先縠是先轸的儿子,他如果有什么闪失,你回到了晋国也没有办法交代,还不如全军过河,到时候如果失败了,人家还能分担责任。”于是晋军就这样全部过了黄河,但是军心已然涣散,军纪更是谈不上了。

此时的楚国并没有必胜的把握,而且楚庄王也不愿意与晋军交战,他两次派人到晋军中讲和,荀林父也同意了。但是,荀林父却不能约束先縠和赵括等人,这里荀林父在和楚军讲和,那一头,大将魏锜已经在公然骂阵了。楚庄王大怒,亲自率领兵马追击。魏锜手下的赵旃狼狈而逃,连他所乘的战车和身上所穿的甲胄都被楚人抢去了。

荀林父担心魏锜和赵旃,忙派了一支军队前去接应。楚将潘党见晋军中尘土飞扬,以为是晋军前来进攻,于是连忙报告给令尹孙叔敖。孙叔敖害怕正在追击赵旃的庄王被俘,于是命令楚军快速地向晋军逼近。两军突然在邲(今河南郑州西北)相遇,荀林父本来没有同楚军作战的思想准备，因此见楚国的大军突然压过来，大为惊慌，连忙击鼓下令道："赶快渡河，先过有赏。"

这一条逃跑的命令，让晋国的中军和下军士卒蜂拥奔向河边，纷纷争夺渡船逃命，先爬上船的，竟然挥起大刀，砍断了抓住船舷想继续上船的人的手指。大批的晋国士兵都被自己人砍断了手指头，然后被同伴推下河中淹死。还没交战的晋军马上就溃不成军，再加上楚军在后面的追杀，邲之战以晋国的惨败而告终。

晋军败退回国后，荀林父向晋景公请死。大夫士贞子劝谏晋景公说："城濮那一仗，晋军三天都吃着楚军留下的粮食，但是文公还面有忧色，左右问有了喜事为什么还忧愁？文公说是因为楚国的子玉还在。一直等到楚国杀了子玉，文公才喜形于色，说：'没有人能再来害我了。'这是晋国的再次胜利，也是楚国的再次失败；楚国由此两世不能强盛。现在上天惩戒晋国，如果要杀了荀林父来增加楚国的胜利，恐怕会使我们很久都不能再强盛吧！荀林父事奉国君，进，想着竭尽忠诚；退，想着弥补过错，是国家的长城，怎么能杀他呢？他的战败，如同日月之蚀，哪里会损害它的光明？"晋景公于是又恢复了荀林父的职位。但是，违反了军纪的先縠也并没有受到处分，而且继续执迷不悟的他还被派往清丘（今河南淮阳东南）去主持晋同宋、卫、曹三国的盟会。此次盟会本来是要扭转失败后诸侯对晋国产生的离心倾向的，可是先縠却在会上鼓动宋国去进攻陈国。这时卫、陈的关系友好，于是卫国前去救陈，与宋国展开激战，从而导致了晋国盟国之间的战争。

清丘会盟的第二年，也就是公元前596年，高喊着要为巩固晋国霸业而不惜献身的先縠，竟然勾结北方的赤狄部落来进攻自己的父母之邦。晋景公这才追究他的种种罪行，不但把他杀了，还灭了他的先氏宗族。

讬相献规

不久后，晋国人表示愿意归还邲之战中的俘虏，用楚国的公子谷臣来换取大将知罃。楚国人答应了。楚庄王送知罃时问道："您怨恨我吗？"知罃回答说："两国交战，我因为没有本事，不能胜任自己的任务，才成为被割去耳朵的俘虏。您的部下没有拿我去祭鼓，而是让我回去接受惩罚，这是您对我的恩惠。我实在没有什么本事，又敢怨恨谁呢？"

楚庄王又说："那么您是感激我了？"知罃回答说："两国为了各自的国家大事计，以求让民众舒缓，各自都放下仇恨互相原宥，两边释放拘禁的囚犯来达成彼此之间的和好。我正好碰上了，这要感激什么人吗？”

楚庄王说：“虽然是这样，但是你也应该把你的想法告诉我，否则我不会放你回去的。”知罃回答说：“因为您的福气，我得以将自己的骨头归葬在晋国，晋国国王如果因此杀我，那么我死得就有价值。如果我国的国王不杀我，而是将我交给我的父亲，而我的父亲会在宗庙杀死我，这样也死得值得。如果我能够得以不死，还可以继续领兵打仗，率领军队保卫国土，要是再遇上您的部下，我也不会避开，必定会竭尽全力到死，来尽臣子的职责，这就是我对您的回报。”

楚庄王没有说话，叫知罃下去了，继而庄王对大臣们说：“晋国不可再和它争斗。”

伐宋称霸

由于不再和晋国交战，楚庄王的霸业也得到了进一步的巩固和发展。此时，夹在晋、楚两国之间的中小国家大多属于楚国，只有宋国始终向着晋国，于是楚庄王决定进攻宋国。

公元前595年，楚庄王派申舟出使齐国，公子冯出使晋国。到齐国一定会经过宋国，到晋国则会路过郑国，可是楚庄王却下了一道指令：不准向所经过的国家借路。这样，其目的当然不言自明，这不过就是找个理由开仗罢了。

凡经过一国之地必须向该国借路，这是表示对其主权的尊重。宋国本来与楚国就是世仇，就算借路都有可能会被拒绝，何况不借呢。更让宋国生气的是，公元前617年，楚穆王在宋国孟诸（今河南商丘东北）打猎时，曾让郑穆公为他的左翼，宋昭公为其右翼，申舟就是那次打猎的执法司马。打猎那天宋国人迟到了，申舟就责打了宋昭公的随从，堪称辱国之恨。

因此，申舟很是害怕，他对庄王说：“郑国人是不会为难公子冯的，可是我却要被宋人杀死，怎么办？”楚庄王则说：“他们要是敢杀你，我就去替你报仇。”没奈何，申舟就这样到宋国送死去了，由此也给了楚国对宋开战的理由。

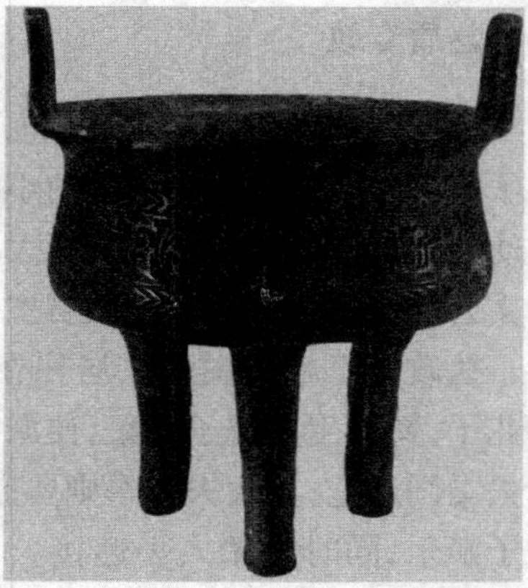

涡纹鼎

楚国大军把宋都团团围住后，宋人派大夫乐婴齐向晋国求救。晋景公想出兵相助，却遭到了大臣们的反对，大臣伯宗甚至还搬出天命来推托，说现在上天要使楚国强盛起来，晋国不可能与上天作对，楚国是攻打不得的，我们好比马鞭子，鞭子虽长，但是却只能打到马屁股而不能打到马肚子。

晋景公不能出兵，但是却不想失了面子，于是派解扬去告诉宋国人不要投降，晋国的大军随后就会到达。于是，宋国一心一意固守待援，坚决不肯投降，楚军从当年的九月一直包围到了次年的五月，长达九个月。宋城中断薪缺粮，“易子而食，析骸而炊”。

宋国不投降，楚人也不放弃，他们索性在城外盖房子，准备长期驻扎了。宋国无奈，只得派大将华元前往楚军，说出了城中缺粮饥饿的严重情况，要求楚军后退三十里，两国讲和。楚军元帅子反答应了华元的要求，两国结盟，华元则到楚国做人质，宋国的一场灾难才算结束。

楚国一举统一了长江、汉水、淮水流域，南下打到了现今的云南地区，统一了南方部落，让华夏文明得以向南传播，促进了民族的融合。公元前 589 年，楚国在蜀地（今山东泰安西）会盟诸侯，虽然此时楚庄王已经去世，但是还有十二个国家参加，西边的秦、东边的齐等大国都到会，规模超过了齐桓公的葵丘之盟和晋文公的践土之盟。

晋楚争霸

晋国和楚国的势力此消彼长，为了争夺中原霸主的地位，这两国都致力于兼并周边的国家，强迫那些小国成为自己的盟友，时而索取贡品，时而强占土地，搅得四边怨声载道。晋楚之间也进行了长期的战争，这成了春秋时期的一出宏大剧目。

晋国中兴

晋国之所以失去霸主之位，关键是权臣专政，王室的精力都放在了争权夺利之上。这种局面从晋襄公死后，历经灵公、成公时期，直到景公继位，王室才得以安定，晋国的目光方才再一次放到争霸上来。

赵盾专政

公元前 621 年，晋襄公去世了，当时他的儿子姬夷皋还是个抱在怀中的小孩，大臣们因年幼无知的孩子主持不了国家大事，就商议在晋文公的儿子中另选一个做君主。

执政大臣赵盾主张立居住在秦国的文公的儿子、文嬴生的公子姬雍，便派大夫先蔑、士会去秦国迎立；而大夫贾季则要立住在陈国的公子姬乐，同时也派人去迎接。不想，公子姬乐却被赵盾派人杀死在了回国的途中。贾季不肯示弱，也派族人续简伯杀死了赵盾的亲信大夫阳处父，然后自己逃离了晋国。

赵盾背秦立灵公

晋襄公的夫人眼见情势如此危急，便天天抱着太子在朝堂上哭哭啼啼，大骂赵盾违背了托孤之命。赵盾和大臣们无可奈何，只得决定立太子姬夷皋做君主，这就是晋灵公。因为晋灵公幼小，晋国的大权就由赵盾独揽一身。赵盾是个比较注重法制的人，他与他的父亲赵衰截然不同。人们都说："赵衰像冬天的太阳那样使人感到温和可爱，而赵盾则像夏天的烈日那样炽热得令人害怕。"

可是，此时公子姬雍已经从秦国出发了。没有办法，赵盾只得出尔反尔，自己统率三军，抵御护送姬雍回国的秦军，在令狐（今山西临猗西）大败了毫无准备的秦军。原先派去迎接姬雍的先蔑和士会看到晋国背信弃义，只得待在秦国不回来了。

士会是晋国的重臣，并且以善于教子为后世所称道。有一次，士会的儿子很晚才退朝回来，士会看见了，便问道："你为什么回来这么晚啊？"他儿子回答说："有位秦国来的客人在朝中讲隐语，大夫中没有一个能够回答出来，但是我晓得其中的三条。"士会大怒道："大夫们不是不能回答，而是出于对长辈父兄的谦让。而你只是个年轻的孩子，却在朝中三次抢先，掩盖他人。如果不是我，你早就遭殃了！"说着，士会就用手杖去打儿子，把他玄冠上的簪子都给打断了。而当初先蔑要出使秦国时，大夫荀林父也曾劝阻他说："夫人、太子还都在，你却到外面去寻求君主，这件事情是做不到的，你还是借口有病不去为妙，否则就会有祸事降到你的头上。"可是先蔑没有听进去，现在荀林父只得将他的家室财物送往秦国。

得贤弭盗

晋国虽然失信，但赵盾还是很想召回先蔑和士会，于是派魏寿余假装叛晋归秦。魏寿余逃到秦国后，声称要将自己的土地献上，并悄悄示意要士会过河接收降邑。到了办交涉的日子，秦晋军队隔河驻扎，魏寿余向秦君请求说："要是有一个原来就是晋国的人一同去接收魏地，他熟悉情况，办事会方便一些。"秦康公就让士会去，士会假意不去，说："晋人都像虎狼一样不讲信义，若是违背了诺言，我的妻子被杀不用说，对秦国也没有什么好处。"秦康公说："晋人如果果真说话不算数，我会送还你的妻室。"士会听了心中暗喜，便准备动身。其实魏寿余的计谋和士会的打算早就被秦国的大夫绕朝识破了，他赠给士会一条马鞭，说："你们不要以为我们秦国没有人才，无奈我的主张没有人听就是了！你赶快驾车走吧。"士会等人一过河，晋人便齐声欢呼，连对岸的秦人都听见了。不过秦康公还是信守了自己的诺言，送还了士会的家室。

董狐直笔

晋灵公亲政以后，根本不理政事，整天只知道吃喝玩乐，大量征收赋税以满足自己奢侈的生活。他还喜欢从高台上用弹弓射行人，观看他们躲避弹丸的样子。

有一次，厨师没有把熊掌炖烂，晋灵公就把厨师杀了，放在筐里，还让宫女们用头顶着经过朝廷。赵盾和士会看见筐中露出的死人的手，都吓了一跳，连忙问厨师被杀的原因，结果都是大摇其头。士会说道："如果您去进谏而国君都不听从，那就没有人能接着去进谏了。现在先让我去规劝，如果他不肯接受我的劝告，您就再接着进去劝。"

于是，士会去拜见晋灵公，晋灵公没有等到他开口，便说道："我已经知道我自己的过错了，我打算改正。"士会叩头回答说："哪个人能不犯点错误呢，犯了错误能够改正就行，世上没有比这更大的好事了。"

可是晋灵公并没有改正，于是，此后赵盾又进行了多次劝谏，终于晋灵公感到讨厌了，他竟然派钽麑去刺杀赵盾。钽麑一大早就去了赵盾的家，他看到卧室的门大开着，赵盾已经穿戴好礼服准备上朝，但是因为时间还早，便和衣坐在那里打盹儿。于是钽麑悄悄退了出来，他感叹道："这种时候还能不忘记恭敬国君，真是老百姓的靠山啊。杀害老百姓的靠山，这是不忠；背弃国君的命令，这是失信。这两条当中即使只占了一条，也还不如去死！"于是，钽麑一头撞在槐树上死掉了。

刺杀没有成功，晋灵公只得又想别的办法。有一天，他请赵盾喝酒，事先埋伏下武士，准备伺机杀掉赵盾。但是赵盾的武士提弥明发现了这个阴谋，他快步走上殿堂，说："臣下陪君王宴饮，酒过三巡还不告退，就不合礼仪了。"说罢拉起赵盾就走。同时，晋灵公唤出猛犬来咬赵盾，提弥明徒手上前搏斗，打死了猛犬。赵盾说："不用人而用狗，狗虽然凶猛，又有什么用呢！"他们两人于是和埋伏的武士边打边退，结果提弥明为赵盾而战死了。这时候，武士中突然出现了一个倒戈的，他奋起抵抗才使得赵盾全身而退。

原来，赵盾以前到首阳山打猎的时候，曾看见有个叫灵辄的人饿昏了，便拿了一些东西送给他吃。灵辄留下了一半食物，说道："我给别人当奴仆已经三年了，不知道家中的老母是不是还活着。现在离家近了，请让我把留下的食物送给她吧。"赵盾听了很感动，便让他把食物吃完，另外给他准备了一篮饭和肉。后来灵辄做了晋灵公的武士，在搏杀中把武器倒过来抵挡晋灵公手下的人，使赵盾得以脱险。

晋灵公处心积虑想要谋杀赵盾，因此赵盾觉得在国内已经没有容身之地，于是准备逃往国外。当他还没有逃出国境的时候，他的族弟赵穿将昏庸的灵公杀死在了桃园。听到灵公被杀的消息后，赵盾便回来了，结果晋国的太史董狐记载道："赵盾杀了他的国君。"赵盾为此大呼冤枉。董狐说："您身为正卿，逃亡而不出国境，回来后却又不讨伐叛贼，这不是您杀了国君又是谁呢？"赵盾摇头叹息道："唉！《诗》中说：'我心里怀念祖国，却反而给自己留下忧伤。'这话大概说的就是我吧。"

两强相碰

晋灵公在位时，晋国的国力还算强大，但是因为晋灵公的荒淫无度，许多小国纷纷背晋投楚，与晋国交恶。

一次，晋灵公在扈地（今河南原阳境内）会合各国，郑国国君没有来，晋灵公认为郑国肯定是暗地里依附了楚国，便想要征伐郑国。郑国的大夫子家送给赵盾一封书信，信中将晋国和楚国的矛盾罗列了一箩筐，逐年逐月的征伐都写上了，表明自己夹在中间已经非常艰难了，如今本没有二心，却还要遭到晋灵公的苛求，想想真是委屈，要是晋国总是这样咄咄逼人，干脆决裂算了！

好在赵盾是个明白人，劝阻了晋灵公，没有对郑国动刀兵。可是，晋国的征伐之路却没有因此而停下脚步，反而越走越快了。

齐鲁交兵

晋灵公被杀以后，赵盾从周王室迎回了文公的小儿子姬黑臀做君主，这就是晋成公。晋成公在位七年，为了增强公室，恢复公族制度，他将卿官的嫡子封为公族大夫，分给禄田；卿官的嫡子的同母弟封为“余子”，卿的妾所生的儿子做君主的卫队，封为“公行”。在恢复的公族中，赵盾的异母弟赵括也当了公族大夫，因为他的母亲赵姬是文公之女、成公的姐姐，所以特别加以优待，而赵盾自己只是做公行之官，管理君主兵车的“旄车”，被称为“旄车之族”。

赵衰妻

晋景公姬獳上台后，一直致力于与楚国争雄，东方诸国都与晋国交好，其中鲁国和晋国的关系最为稳定，因为鲁国经常受到齐国的欺负，所以需要凭借晋国的支持。

鲁国一面结援晋国，一面振兴自己的力量，进行了著名的"初税亩"和"作丘甲"的改革。鲁国本就是个适宜种植多种农作物的地区，农业生产素来比较发达。随着耕作技术的改进、铁制农具的使用，农业生产有了较大发展。公元前594年，鲁国实行"初税亩"制度，即废除用奴隶劳动力耕种公田的"藉田制"，实行按亩收取谷物的税亩制。公元前590年，鲁国宣布"作丘甲"，让住在野鄙里的奴隶缴纳军赋，征收军事装备，同时也允许他们当兵。

公元前589年，齐国攻打鲁国的龙邑（今山东泰安西南）。齐顷公的宠臣卢蒲魁在攻城时被擒，齐顷公要求鲁人不要杀他，以齐军不再进入鲁国边界为条件。可是鲁国人根本不理睬，不但把卢蒲魁杀了，还把其尸体挂在城头上。齐顷公气坏了，亲自击鼓指挥攻城，经过三天的战斗，终于攻下龙邑，接着向南进军，一直打到鲁国的巢丘（今山东泰安境内）。

与此同时，齐军也入侵卫国，卫国统帅孙良夫战败，跑到晋国请求支援。这时，鲁国也派臧宣叔到晋国乞师，两人同时找到了晋国的执政者郤克。于是，晋景公便派郤克出使齐国，为他们调节。

齐顷公的母亲萧夫人听说郤克是个跛子，就躲在帐幕内偷看，见郤克果然是一跛一跛地登上台阶，禁不住笑出声来。郤克听到女人的笑声，气极了，发誓要报仇。与郤克同到齐国的鲁国季孙行父是秃子，卫国使臣孙良夫是斜眼，曹使公子首是驼背。齐国为了奚落这些使臣，便找了一批生理有同种缺陷的齐人来接待他们，会谈不欢而散。郤克回国后便请求带兵伐齐，可晋景公不同意，只得作罢。

三年后，鲁、卫两国再次派人到晋请求共同伐齐。晋国见齐国接连侵犯与自己友好的诸侯国，便派郤克做中军元帅，带领兵车八百乘，攻打齐国。

齐晋鞌之战

公元前589年的夏天，一场齐晋两国之间的大战在鞌地（今山东济南西）展开了。

齐晋两军在鞌地摆开阵势，邴夏为齐侯驾车，逢丑父坐在车右做齐顷公的护卫。晋军中解张替郤克驾车，郑丘缓做郤克的护卫。齐顷公非常骄傲，对邴夏说："我先消灭了晋军再来吃早饭！"说罢，不给马披甲就驱车进击晋军。

素命镈

战争刚一打响，郤克就被箭射伤，血一直流到了鞋上，但是进军的鼓声仍然没有停息。郤克说："我受重伤了！不能指挥！"解张道："从一开始交战，箭就射穿了我的手和胳膊肘，但是我折断箭杆照样驾车，左边的车轮都被血染得殷红，哪里敢说受了重伤？您就先忍耐一下吧。"郑丘缓也说："从开始交战以来，如果遇到险峻难走的路，我就必定要下来推车，您是否知道这种情况呢？不过您的伤势确实是太严重了！"解张说："全军的人都在听着我们的鼓声，注视着我们的旗帜，或进或退都在跟随着我们。这辆车只要还有一人镇守，就可以凭它成事。怎么能因为受点小伤而败坏国君的大事呢？穿上铠甲，拿起武器，本来就抱定了必死的决心。虽然受了重伤但是还没有到死，您还是努力地干吧！"于是左手一并握住缰绳，右手取过鼓槌击鼓。马狂奔不止，全军跟着他们冲锋，大败齐军。晋军追击齐军，一直绕着华不注山追了三圈。

晋国大将韩厥一直尾随齐顷公的车不放，在危急中，卫士逢丑父与齐顷公交换了位置。可没跑多久，齐顷公的战车被树木绊住不能前进了。头天晚上，逢丑父在车里睡觉，一条蛇爬在他身子下边，他用手臂去打蛇，手臂被咬伤，所以今天不能推车。很快韩厥追上来，拿着拴马的绳子站在齐顷公的马前，拜了两拜，然后捧着酒杯和玉璧献上，说道："我国国君派群臣替鲁、卫两国请求，说'不要让军队深入齐国领土'。我不幸恰巧遇上你们兵车的行列，没有逃避隐藏的地方，而且怕因为逃跑躲避会给两国的国君带来耻辱。我不称职地当了个战士，冒昧地向您禀告，我迟钝不会办事，只是人才缺乏充当了这个官职。"

轺车骖驾画像砖

于是，冒充齐顷公的逢丑父叫齐顷公下车到华泉去取水，齐顷公乘机逃跑了，逢丑父则随韩厥来到了晋军中。郤克一见不是齐顷公，大怒，准备杀掉逢丑父。逢丑父大喊道："从今以后再没有替代国君受难的人了，有一个这样的人，还要被杀掉吗？"郤克说："一个人不把用死来使他的国君免于祸患看作难事，我杀掉他是不吉利的。赦免他，用来鼓励侍奉国君的人吧。"

就这样，齐顷公向晋国求和，送了许多贵重的礼物。可晋人还不同意，提出要把嘲笑郤克的齐君母亲萧夫人做人质，还要将齐国田垄一律改为东西向。田垄东西向，为的是方便晋国兵车来往。齐人驳回了晋人的苛刻条件，表示晋人要是坚持这些无理要求，只有再决一死战。在鲁、卫两国的劝说下，晋人方才同意与齐国讲和。齐国归还侵占的鲁、卫领土，晋国则得到齐国的大批财物。

晋楚矛盾的升级

鞌之战后，晋景公很是高兴，慰劳主帅郤克说："我们打了胜仗，这可是你的功劳啊！"

郤克却推辞说："是我执行君主命令的时候，三军将士都肯听从，我哪里有什么功劳。"晋景公又去慰劳其他将帅，大家都推托功劳，说这次战争之所以能够取得胜利，是因为将士都听从主帅指挥，军队内部团结一致的成果。

晋景公听后大感欣慰，在鞌之战后的第二年，晋国作六军，特别提升战争中立功的韩厥、赵括、巩朔、韩穿、荀骓、赵旃六人做卿官。

在晋、齐鞌之战中，楚国表面上保持中立，实际上是支持齐国的。见齐国战败，楚国便侵入卫国，继而攻占了鲁国的蜀邑（今山东泰安附近）。

对于楚国这样的气焰，晋国当然不甘心。公元前588年，晋国约集了鲁、宋、卫等国讨伐亲楚的郑国，结果战败了。于是，中原的诸侯国既害怕晋国，又不敢得罪楚国，开始两边朝聘、纳贡。就在晋楚两国势均力敌的时候，晋国接受了从楚国逃来的申公巫臣的建议，联合吴国打击楚国。

蟠螭纹贯耳壶

说到申公巫臣的叛楚，就不得不说说夏姬。夏姬是郑穆公之女，天字第一号美女，嫁到陈国后不久就守寡了。陈灵公与大夫孔宁、仪行父一起，与夏姬通奸，夏姬之子夏征舒愤恨，杀了陈灵公，孔宁和仪行父逃亡到楚国。楚庄王为了伸张正义，出兵杀夏征舒，夏姬被带到楚国。不想楚庄王见夏姬美貌，欲纳入后宫。申公巫臣说："不好。咱们讨伐陈国，是讨伐夏征舒杀君主的罪，您现在娶夏姬却没有道理，这不是告诉别人您好色吗？"楚庄王一想，当即就打消了这一念头。这时司马子反也想娶夏姬，申公巫臣对他说："夏姬是淫乱妖艳的女人，你还是不娶她为好。"于是子反也不再提这事了。楚庄王便将夏姬赐给了连尹襄老。后来襄老在邲之战中战死，于是申公巫臣对夏姬说："你先回到娘家郑国去吧，我将来娶你。"不久后，申公巫臣出使齐国，返国途中到郑国娶了夏姬，然后逃往晋国。

时值楚庄王刚刚去世，申公巫臣的行径遭到了楚国上下的一片唾骂。楚国令尹子重原来就和申公巫臣有旧恨，司马子反当然更恨申公巫臣。公元前584年，他俩合谋杀死了申公巫臣的族人。申公巫臣大恨，从晋国去信警告他们说："你们杀死无罪的人，我要使你们'疲于奔命'。"

于是，申公巫臣建议晋国联吴伐楚，并自荐做了联络吴国的使臣。这样，吴国就开始攻伐楚国。公元前584年，吴国伐楚国的属国巢（在今安徽巢县）、徐（今安徽泗县西北），后来竟攻入了楚国的州来（今安徽凤台），闹得子重、子反一年中在战场上奔波七次，所谓"一岁七奔命"。自此，一些属于楚国的小国都被吴国夺去，吴国开始强大起来。

鄢陵之战

因为吴国的频繁侵扰，楚国受到很大牵制，晋国趁机发动了对楚国的战斗。

公元前575年，晋厉公兴师伐郑，郑国向楚国求救，楚共王率军救援，晋军渡过黄河，与楚军在鄢陵（今河南鄢陵）相遇。

楚共王命令司马子反统领中军，令尹子重统率左军，右尹子辛率领右军。军队路过申地时，子反去见告老在申的申叔时，向申叔时探寻这次出兵的利弊。申叔时直截了当地说："楚国对内不给民众以好处，对外不讲信义，缺少援助者。现在又正是农耕季节，出兵打仗，谁愿意做殊死的战斗！你好自为之吧，恐怕不会和我再见面了！"

晋厉公的中军统帅是栾书，副将是士燮；郤锜统帅上军，荀偃为副将；韩厥统领下军。士燮本不想打仗，说："如果我们逃避和楚国的战争，不是可以缓解国家的忧患吗？"栾书却不同意，命令军队主动出击。晋军很有些畏惧，于是士燮的儿子士匄说道："有什么可怕的！我们把井填平，把饭灶撤掉，挪出地盘来，在军营中列好阵势，队伍的行列间留出一条道来，就可以出阵作战了！"士燮气得脸都绿了，拿着戈追赶儿子，骂道："战争是关系到国家存亡的大事，小孩子知道什么？"

话虽这么说，可晋军的士气却因此提升了不少。栾书看出楚军轻浮，认为要是固守营垒等待它，楚军三天就会退兵，趁它退兵的时候再打，定能获胜。

开战前，楚共王登上了巢车观察晋军的活动，令尹子重派太宰伯州犁站在楚王身后，向楚王提供情况。伯州犁是从晋国逃到楚国来的，对于晋军的布置十分熟悉。同样，晋军也采取了探看楚军虚实的办法，用由楚逃晋，知道楚军内情的苗贲皇站在晋厉公的身旁。

战争一开始，双方军队都往前进，晋厉公的车却陷在了泥沼里。栾书正要用自己的车去载晋厉公，他的儿子栾针一把拉住，说道："你赶快去指挥战事，主帅是不能离开的，我来救君主。"晋厉公的车被栾针举出泥沼，一抬眼，只见吕锜一箭射中了楚共王的眼睛。正欣喜间，却见吕锜摔下战车，原来已被楚国的神箭手养由基射死了。

晋军上下见楚王受伤，个个奋战，很快把楚军逼到危险的阵地。养由基连射晋军，箭无虚发；大力士叔山冉则抓起晋国的士兵去投击晋军的战车。这惨烈的大战从早晨直打到星光出现，双方都已疲惫不堪，才暂时休战。这时，楚共王听到从晋营放回来的楚国被俘士兵讲到晋军的部署，就立即叫子反来商议对策，不想子反已经喝得酩酊大醉了。楚共王长叹一声，说道："是天意要使楚国失败啊！"说完，下令撤军。

> **历史小常识：神箭手养由基**
>
> 养由基称号"养一箭"，据说自小就很会射箭，双手能接四方箭，两臂能开千斤弓，被称为神箭手。
>
> 楚庄王时，令尹斗椒造反，庄王出榜招贤，养由基揭下招贤榜。楚庄王见他年少英俊，便当面考他，叫他射一只蜻蜓，要活的，不得射中要害。养由基于是射掉一片翅翼，庄王满心欢喜，便派养由基去和斗椒决一死战，养由基一箭正中斗椒咽喉，从此楚国人称养由基为"养一箭"。

第二天子反酒醒，后悔不已。楚共王派子重去告诉子反说："过去打了败仗，因为君主都不在战场，所以要主将负责；这次有我

在,你不要认为是你的过错,是我的罪过。”不料子重和子反有矛盾,不但没传达共王的话,反而说了一些威胁的话,子反于是自杀身亡。

鄢陵一战后,楚国开始处于守势,加上晋国联合吴国对付楚国,楚国的处境更是越来越困难了。

湛阪之战

湛阪之战是春秋时期晋楚争霸的最后一战。春秋诸侯争霸战争中,晋与楚为争夺中原(两国之间宋、郑、曹、卫诸国)霸权,进行了一系列战争,著名的有城濮之战、鄢陵之战,双方各有胜负,旗鼓相当,都难以完全控制中原。鄢陵一役,使惯于见风使舵的诸侯国一起倒向晋国,即使是已经臣服了楚国多年的陈、蔡、郑、许等国也是时叛时服。为了安抚诸侯国,楚康王煞费苦心。楚国在东面与吴国争夺江淮流域的统治权方面得心应手,但在北上与中原各诸侯国的争霸战中,却似乎有点力不从心。

蔡侯朱缶

公元前557年,一直臣服于楚国的许国国君许灵公见晋势强盛,而且楚国被吴国打败,于是请求向晋国方向迁都,并得到了晋国的同意。但是楚康王马上通过扶持亲楚势力,有效阻止了许灵公投入晋国怀抱的行动。晋国为了教训许国的出尔反尔,联合已叛楚附己的郑国、陈国、卫国前往讨伐,并顺道讨伐楚国。楚康王令公子格带兵御晋,却在湛阪被晋军击败,晋兵乘胜向楚国纵深地带进攻,因受楚国方城所阻,只好后撤,复又伐许而还。湛阪之战是楚康王与晋平公之间发生的一次正面冲突,楚国虽然兵败,但却并没有出动主力,而且许国最后仍然留在了楚国的阵营内,所以楚国的势力并没有受到太大的影响。

但是晋胜楚后,又多次同吴国会盟,使楚腹背受敌,再无力与晋抗争。晋也因国内六卿专权,互相争斗,不得已对外罢兵。公元前546年,宋向戌与晋赵武、楚屈建友好协商后,倡议弭兵,晋、楚、齐、秦等十三国响应,并在宋会盟。此后五年,中原各国无战争,晋楚争霸就此结束。

晋悼公整饬内政

鄢陵一战后,晋厉公姬寿曼踌躇满志,想把国中的强宗大族去掉,安插自己宠幸的人。晋国的土地早已被原来的卿大夫分割完毕了,如今晋厉公想重新封赐,就得夺取原有卿大夫的土地。晋国卿族中最为强横的,要算郤氏一家,栾书本就和郤氏不合,便鼓动晋厉公对郤氏下手。

于是，晋厉公在一次田猎时，故意先同妃嫔们打猎喝酒，然后才与大夫们打猎。郤氏认为这是对大夫们的不尊重，很是生气。恰好郤氏中的郤至打到一头野猪，准备献给晋厉公，不想被晋厉公宠爱的孟张夺去了。郤至大怒，射杀了孟张。晋厉公认为机会到了，想以此为借口除掉郤氏一族。

那些和郤氏有仇的人早就盼着这一天了，马上组织甲士冲进郤氏家中，灭了郤氏一族。紧接着，厉公的党羽胥童把栾书、中行偃也抓了起来，劝厉公及时把他们除掉。但晋厉公犹豫不决，说道："一天之内杀掉三卿，我不忍这样做。"并派人去安慰这两人，恢复他们原来的职位。可是栾书、中行偃早已看出晋厉公的目的，知道早晚自己会被除掉，就先下手为强，趁晋厉公外出游乐时把他杀了。

因乐求贤

厉公被杀后，栾书立了十四岁的姬周为王，这就是晋悼公。年轻的晋悼公上台后，重用有才干的吕相、士鲂、魏颉、赵武等人，制定了诸如整顿内政，救济灾患，薄赋宽刑，用民以时及严格训练军队等一系列旨在富国强兵的法律、法令，并努力贯彻实施，颇见成效。

晋悼公用人时，总是先征求臣下的意见，任用有才能的人做官，坚持了晋国尚贤政策的传统。更可贵的是，一旦发现自己犯了错误，悼公也勇于改正。

当时晋国的司马魏绛是一个执法严明的好官，一次，晋悼公的弟弟杨干的座车扰乱了军阵，魏绛就把替杨干赶车的仆人斩首示众了。杨干跑去向晋悼公哭诉魏绛目中无人，侮辱王室。晋悼公听了很生气，命人去抓魏绛。

大臣羊舌赤听到后，马上对晋悼公说："大王，魏绛是个忠臣，如果是他做错了，他绝对不会逃避责任的。"话还没说完，魏绛就到了宫外，他呈给晋悼公一封奏书，然后就拔出佩剑准备自刎。卫兵看到了，立即劝魏绛："您先不要自杀呀！等大王看了奏书再说。"晋悼公看完了魏绛的奏书，这才了解事情的原委，叫道："原来是我弟弟不对，我错怪魏绛了。"说完，晋悼公连鞋子都来不及穿，急忙跑出宫外，把正准备自杀的魏绛扶起来。从此以后，晋悼公对魏绛更加地信任，委派他去训练新军。

不久后北方的戎族来向晋国献礼，请求晋国能和戎族和睦相处。晋悼公说："戎族没什么情义，又贪心，不如把它攻下来吧！”魏绛马上劝道：“戎狄既然来求和，就是我们晋国之福，何必去攻打它呢？”晋悼公听了魏绛的话，从此断了北方的外患，专心治理国事。

平阴之战

公元前560年，晋悼公在绵上（今山西翼城西）举行军事演习，选拔三军统帅。最后，荀偃做了中军元帅，士匄为副帅，赵武为上军帅，韩起为副帅。栾黡做下军帅，魏绛为副帅。

次年，晋国率领齐、鲁等十二国军队讨伐秦国。到达泾水旁后，秦军在上游放了毒药，晋军中很多士兵都中毒了。看到秦国不肯讲和，中军元帅荀偃下令填井平灶，次日一早决战。荀偃吩咐军将们“唯余马首是瞻”，即是让大家都看着他的马头行动。栾黡对这一命令很不服气，说道：“晋国从来没有这样的命令，我的马头定要向东。”于是带着他的军队回去了。这是晋国军将间不和的开端，结果全军只好回国，晋人称这次战争为“迁延之役”。

栾黡的弟弟栾针却不愿无功而返，约中军佐士鞅一同出战。结果栾针战死，士鞅安然回来。栾黡又气又悲，颠倒黑白，说弟弟是受了士鞅的怂恿才战死的，要杀士鞅，士鞅逃奔到了秦国。

公元前558年，晋悼公死，儿子姬彪继位，这就是晋平公。次年，晋平公大会诸侯于溴梁（今山西济源北），鲁襄公、宋平公、卫献公、郑简公等十个诸侯国君主都来了，只有齐国国君没来，只派来大夫高厚。宴会上，晋平公要各国大夫献乐舞，还要诵读一首与盟会精神相一致的诗篇。高厚在诗中表现出对晋国不满，没等会盟结束就走掉了。这次会盟，晋国本来是要把包括齐国在内的诸侯国都团结起来，可惜没有达到目的。此后，齐国开始不断地侵袭鲁国。

公元前555年，晋、鲁、宋、卫等十二国的军队联合伐齐，联军深入齐境，齐灵公率领齐军在平阴（今山东平阴东北）迎击，在平阴南面挖了一里宽的深沟作为防御工事，可寡不敌众，最终伤亡惨重。

为了吓唬齐灵公，晋军告诉齐国大夫析文子说，鲁人请求派战车从本国土地出发，与我们同时攻入齐国，我们已同意他们的请求，这样，齐国就要灭亡，你先替自己的后路做些打算吧！析文子将这一“秘密”转告了齐灵公，对于是否坚持作战，齐国内部出现了分歧。齐灵公于是登上山顶观望晋军。晋军早就在山林之中遍插旌旗，将大车摆在战车的前面，战车后拖着树枝扬起尘土。齐灵公见晋军如此之多，十分惊恐，悄悄下山，当天夜里就逃走了。

齐军的后卫指挥名叫夙沙卫，他把大车连接起来做路障，用以阻止晋军的追赶。齐军的勇士殖绰、郭最瞧不起夙沙卫，说道：“齐军由你这样的人断后，简直是国家的耻辱，你还是先走为妙。”就代替他任后卫。夙沙卫心怀怨恨，杀了马堵在隘口，堵住了二人的去路。不久晋兵追来，殖绰、郭最没了退路，只好投降。晋军深入齐地，从十月一直打到十二月中旬，将齐都临淄团团围住。

齐灵公眼看临淄有失守的危险，准备逃跑。太子和大夫郭荣拦住齐灵公的马说：“晋军进攻很快，是想掠夺财物，就要退兵了。国君是社稷之主，不要轻易逃离啊。”齐灵公还是害怕，赶马往前走，这时太子抽出宝剑斩断马鞅，灵公才不得不停下来。果然，晋军在一番劫掠后退兵了，这是齐国遭遇了鞌之战后的又一次重大损失。

德行忠信

鲁国为了表示对晋国的感谢，在晋军回国途中宴请晋国六卿，赐给他们“三命”的服饰，大夫们“一命”的服饰。当时有一种“命服”制度，分有等级，每一等有不同的形制颜色，卿大夫一般为三等，“命”多的为尊贵。各等级的贵族只能按照自己的地位行事，不得超过规定。对中军元帅荀偃，鲁国则给予了一批特殊的礼品：束锦、加璧、乘马、先吴寿梦之鼎。

也就在这一年，晋、卫两国再次征伐齐国，正遇齐灵公病死，齐国发生内乱，晋军不战回国，这是遵守当时不攻打有丧事国家的礼制规定。

晋楚共霸

弭兵大会是春秋后期在诸侯争霸过程中晋、楚协调霸权之争的会盟，盟约是：楚、晋两国不再交兵，好恶同之，国恤灾危，备救凶患。公元前 576 年，楚背弃盟约，侵略郑国，又伐卫国。郑国子罕率兵袭击楚国，夺取新石(今河南叶县)。公元前 546 年，宋国执政向戌约晋正卿赵武、楚令尹子木等人在宋国结盟，弭兵休和，规定除齐、秦外，各国须向晋、楚同样纳贡。此后数十年中原战事减少。

晋国“服狄和戎”

晋楚争霸斗争告一段落之时，晋国的战事并没完全停止，而是致力于对周围的少数民族戎、狄进行兼并。

戎狄等少数民族一直与华夏族杂错居住，主要活动在今陕西、山西、河北一带，经常进犯中原的郑、燕、齐等国，邢、卫几至亡国。狄人主要分为白狄、赤狄和长狄三支。白狄据说以爱穿白衣而得名，赤狄以爱穿红衣而得名，长狄则以身材高大而得名。

晋国对狄族的斗争，在晋献公时就已经开始。晋文公时，在三军之外还建立了三个步兵组织，称作"三行"。后来废"三行"，增设新上、下两军，就是专门用来对付狄人的。

公元前628年，白狄乘着晋文公死，攻打晋国。晋襄公大怒，亲自征讨，活捉了白狄君，白狄一支从此衰落。

赤狄的力量相对强大，经常发动对晋国的骚扰战事。公元前603年，赤狄围困晋国邢丘（今河南温县东）。荀林父采用"纵敌法"，先放纵狄人使其骄横，然后再进攻。赤狄中计，以为晋人害怕，掠夺得更加肆无忌惮。

公元前594年，赤狄潞氏（在今山西潞城东北）的执政大臣酆舒专权，打伤了国君潞子婴儿，又杀死婴儿的夫人——晋景公的姐姐。晋景公派荀林父率大军进攻赤狄潞氏，剿灭了潞国。晋国把赤狄人变为奴隶，一部分献给周王室，一部分赐给大臣将领，仅赏给这次征伐主将荀林父的，就达一千家。

晋国乘胜追击，进一步向其他赤狄部族进攻。公元前593年，士会率军灭了赤狄甲氏、留吁（均在今山西屯留县境）和铎辰（今山西潞城、屯留境）三支。士会在此战役后被任命为中军元帅，加太傅之号。士氏由此强大起来，后封于范，故又称为范氏。

晋文公

公元前588年，晋国联合卫国，发动了一场大规模进攻赤狄的战斗，赤狄各部陆续被灭。这样，晋国不但解除了后顾之忧，还把国土扩大到太行山以东，到达今河北的西部。后来楚国称霸，晋国无暇与楚国争雄，就将兵力用来对付白狄，也取得了巨大胜利。

狄人之外，戎人与华夏族的关系较深。周人本是戎族姬姓的一支，晋国也属于姬姓侯国，又在戎人聚居地区建国，因此晋国同自己周围的戎人有特殊关系。一是双方彼此通婚，二是晋、戎曾经组成联军共同对敌。崤之战中，晋军就是和戎人联合作战打败秦军的。后来的戎人首领戎子驹支说，他们采用的是像猎人捕鹿那样的方法，晋人抓住鹿角，戎人捉着鹿腿，一起将秦人打败的。

公元前569年，陈国归服晋国，戎族的无终部落见晋国强大，便派人向晋国贡献虎豹之皮以求和。晋悼公不想应允，大臣魏绛劝谏说："不要因为对付戎族而失掉诸侯，与戎族和好有五大好处：一、戎人看重的是货物，不是土地，土地可用货物去换取；二、能使边境安宁，人民安心生产；三、戎人臣服晋国，诸侯知道晋国有力量对外，就会畏服；四、用德政去安抚戎人，不动干戈，免得消耗军力；五、以德服人，能使远地的诸侯来朝贡，近处的诸侯安宁和睦。”悼公认为很有道理，便派人与戎人讲和，自此边境安定。

不过，晋国还是很瞧不起戎族的。一次晋国会盟诸侯，姜戎族的首领驹支也来参加。晋国的大夫很高傲地说：“那个姓姜的蛮子！你现在的态度很不恭顺啊！以前你们的祖先被秦国人驱赶，穿着茅草做的衣服来投靠我们，我们的国君虽然土地不多，但还是分出一片给你们，让你们能吃上饭。你们现在对我们国君却没什么感恩之心，走吧，以后不要来参加盟会，否则就逮捕你！”

驹支说道：“我们的祖先被秦国人驱赶，确实是晋国的先君给了我们生存的土地。但那土地本就是蛮荒之地，我们在那里铲除荆棘，辛勤劳作，成了你们忠诚的臣民，还帮你们抵御秦兵。每一次你们征战，凡是交给我们做的事情我们都听从指令，从没生过叛逆之心。如今确实有诸侯对晋国的国君不恭敬，但这是你们这些大夫失德造成的，与我们有什么相干？我们虽然吃的和你们不一样，穿的和你们不同，言语、礼仪也大相径庭，但从来不做没道德的事。就算不参加盟会，心里也不会不安。”说完，驹支还诵读了《青蝇》，诗中唱道：“营营青蝇，止于樊，岂弟君子，无信谗言。营营青蝇，止于棘，谗人罔极，交乱四国。营营青蝇，止于榛，谗人罔极，构我二人。”

老人结草抗杜回

这一番话说得晋国大夫们哑口无言，纷纷向驹支赔礼道歉，请驹支参加盟会，待若上宾。

宋之盟

晋国自文公称霸以来，战事不休，无论是邲之战还是鞌之战，都是劳民伤财，因此晋国也想休养一段时间，于是主动找楚国议和。

公元前588年的一天，晋景公视察军用仓库，见到钟仪，便问身边的大臣：“戴南方的帽子而被拘缚的人是谁？”大臣说：“是郑国所献的楚国俘虏。”晋景公就与钟仪交谈了一番，对他很是欣赏，便下令释放钟仪，让他做晋楚两国的和解工作。

晋国放回钟仪后，楚共王听了钟仪的话，也想与晋国讲和，就派使臣回聘晋国，晋国又派使者往聘，晋楚敌对的关系出现了转机。

宋国一直受到楚国的侵扰，听说晋楚之间有讲和的动向，忙加入进来。公元前579年，晋、楚两国在宋国西门外会盟，盟词说："从此以后，晋楚不要以兵戎相见；必须同心同德，互相怜恤灾患。若有别的国家危害楚国，晋国要起兵讨伐；楚国对晋国也是如此。两国应让聘使往来，使道路永不堵塞，并共同讨伐不朝周王的国家。谁背叛了这次盟誓，神灵就要诛杀，使它的军队覆灭，国家衰亡。"

但是，并不是所有的人都期望和平，秦国不愿意晋楚结盟，暗中支持狄人攻伐晋国，不给晋国喘息的机会。于是，晋国邀集齐、鲁、宋、卫、郑、曹等诸侯朝见周王，请周王派大臣监军，大张旗鼓地去征伐秦国。晋国的使臣吕相还宣读了一篇与秦国的绝交书。这篇绝交书洋洋洒洒，阐述断交的理由时，凡是晋国有过错的地方，都做了强词夺理的辩解，然后再攻击秦国是如何背信弃义，总之，真理都在晋国一边。这篇脍炙人口的奇文，被后人称为《吕相绝秦》。

晋、秦绝交，由栾书带领的晋军和诸侯国的军队到达秦地麻隧(今陕西泾阳)，双方开战，秦军大败。

但是，晋楚和议也是好景不长，仅隔了三年，楚国便违背盟约，征伐郑、卫两国。在商议北伐时，令尹子囊说："我们与晋国结了盟，现在违背盟约，似乎说不过去吧?"司马子反说："只要对本国有利的事就可以干，管什么盟约!"楚共王听从了子反的话。

历史小常识：钟仪弹乡音

钟仪在楚国时本是琴师，晋景公知道后，就命他到宫中演奏。钟仪轻调琴弦，一股思乡之情涌上心头，他眼中浸泪，操乡音，弹奏了一曲楚国乐曲。霎时，满朝文武皆惊，晋景公为钟仪的琴音所动，说道："乐操土风，不忘归也。"于是，命人把钟仪送回了楚国。

晋国见楚国背约，就准备联吴抗楚。楚国一见形势不对，马上收买了郑国，郑国不但与楚国结盟，还起兵替楚伐宋。卫国也起兵替晋伐郑。就这样，弭兵的盟约彻底被撕裂了，中原大地又成了厮杀的战场。

诸侯国的内争

不但宋之盟瓦解了，各诸侯国内部也陷入了混乱的争斗之中。

在晋国，有范氏和栾氏两大家族在斗法，最后范氏灭掉了栾氏。从此，范氏的力量大大增强。公元前549年，鲁国大夫穆叔出使晋国，接待他的范鞅说道："古人说功业不朽是什么意思?"穆叔还没来得及回答，范鞅便自夸说："过去我的祖先在虞舜时代是陶唐氏，在夏代是御龙氏，商代是豕韦氏，周代是唐杜氏，晋国称霸时是范氏，这能说得上是功业不朽吧!"穆叔回答道："这叫世代都有官职和土地，不能说不朽。我们鲁国死去的大夫臧文仲，人死了，正确的言论留传下来，这才算不朽。我听说，不朽的标准最高的是对民众有恩德；其次是对民众有功劳；再其次是言论对后人有教益。具备了这些条件才称得上有不朽的业绩。要是长期保持自己的族氏，又能另立宗族，世世代代祭祀自己的祖先，每个侯国都有这种人,算不上什么不朽的功德。”范鞅对穆叔这番话虽没提出辩白,但也不以为然。

范氏和栾氏都是大夫家族,而在齐国,内斗则上升到了大夫和国君之间。

公元前548年,齐庄公宠幸的大臣崔杼夺取了棠公的妻子棠姜为妾,庄公也看上了这个美人,总是找机会和棠姜幽会。时值晋国内乱,齐庄公决定伐晋,崔杼认为这会招来晋国的报复,便想杀掉庄公,向晋国请罪。

一次,崔杼借口生病不理政事,庄公假意去探望崔杼,却乘机又和棠姜相会。齐庄公的侍者贾举以前曾遭到过庄公的毒打,一直怀恨在心,这时便让齐庄公一人进去,然后关上屋门,把庄公的其他侍从挡在了门外。崔杼见状,便和早已埋伏好的甲士一拥而上,杀死了齐庄公。随后,崔杼立了齐灵公的儿子、齐庄公的异母弟弟姜杵臼为君主,这就是齐景公。

弑齐光崔庆专权

齐庄公的死,齐国上下表现各异。大夫晏婴在齐庄公被杀时正在现场,晏婴的手下见状问道:“我们也要死吗?”晏婴说:“难道他是我一个人的国君吗?他死了我为什么也要去死?”手下说:“那咱们赶快逃跑吧!”晏婴又道:“国君之死是我的罪过吗?我为什么要逃?”手下人无奈,又试探地问:“那咱们回去吧。”晏婴说:“国君都死了,我们回哪里去?做国君的人,不能凌驾于百姓之上,而是要管理国家;做臣子的人,不是为了拿俸禄,而是要尽力保护国家。所以,如果国君是为了国家而死,臣子就要跟着死;国君为国家而逃亡,臣子就该跟随他逃亡。如今国君是为了个人私事而死,我没必要为他而死,也没必要逃亡,也没有家可回了。”说罢,晏婴伏在庄公尸体上大哭一番后离去。崔杼等人听完晏婴的高论,都默不作声。直到晏婴离去,有人对崔杼说:“杀了晏婴吧!”崔杼叹了口气,说:“他是百姓所仰慕的人,放了他才能得到民心。”

然而齐国的太史可不领崔杼的情,真实地记录:“崔杼杀死了君主”,并且在朝廷上宣读。崔杼大怒,杀了太史。太史之弟接替哥哥的职务后,仍然坚持写道:“崔杼杀死了君主。”崔杼青筋暴跳,又杀了他。太史的三弟接替职务后,还是这样记载,崔杼心颤了,不敢再杀。

两年后,崔杼废掉长子崔成,改立庶出的小儿子崔明为自己的继承人。崔成无奈,就请求到崔邑养马。崔杼的家臣棠无咎和东郭偃反对，说崔邑是宗庙所在，一定要留在继承人的手里。崔成气急，和弟弟崔强找到了左相庆封，说："我父亲的情况，你是知道的，只听棠无咎和东郭偃的话，把我们撇在一边，请你支持我们兄弟吧。"

庆封本就不满崔杼专权，见崔家内乱，便高高兴兴地答应了。于是，崔成、崔强杀死了东郭偃和棠无咎，崔杼还傻乎乎地去见庆封，诉说两个儿子的忤逆。庆封说："崔、庆犹如一家，我替你讨伐他们。"于是马上命令手下进攻崔氏，杀了崔成、崔强。这时庆封的手下人向崔杼说出了内情，崔杼才悟到自己一家完了，也上吊自杀了。只有崔明躲在墓地里逃过一劫，后来逃往鲁国。从此，庆封在齐国专权。

除掉了眼中钉，庆封便整天打猎喝酒，政事由他的儿子庆舍处理。庆封把自己的财产和家室迁到宠臣卢蒲嫳家，在那里饮酒作乐，政务也在那里处理，史称"国迁朝焉"。庆封招纳被崔杼排挤的人，其中有个叫卢蒲癸的人得到庆舍的喜欢，庆舍就把自己的女儿嫁给了他。在卢蒲癸的推荐下，齐庄公宠幸的王何也加入进来，成了庆舍亲近的卫士。卢蒲癸与王何想为齐庄公报仇，故意破坏庆氏和大夫们的关系，克扣了大夫们的膳食。按照规定，大夫们在朝办事是一天给两只鸡吃，他们却让厨师们偷偷换上鸭肉，送食的人又在路上把鸭肉吃掉，只剩下骨头和汤端上来，因而引起大夫子雅、子尾的气愤。

卢蒲癸与王何认为进攻庆氏的时机已到，便着手进行铲除庆氏的计划。在庆舍主持祭祀太公庙之前，庆舍的女儿得知了王何、卢蒲癸要作乱的消息，决定舍弃父亲，支持丈夫卢蒲癸。庆舍的女儿知道父亲刚愎愚蠢，故意劝他不去主祭，庆舍果然生气，执意亲自前去。祭祀时，王何、卢蒲癸二人任警卫，庆舍的甲士守卫君主的宫殿。卢蒲癸见时机到来，拔刀从后面刺杀庆舍，王何则用戈砍掉了庆舍的左肩。庆舍在重伤之下抽动了房椽，将屋梁都拉得直晃动，并拿起祭器打人，坚持了好一阵才死。庆封打猎回来才知道儿子已死，率军攻打西门，没有攻下，又从北门攻入城中，再攻内宫，但都没有成功，只得出走鲁国。不久，齐国派人斥责鲁国收留庆封，庆封逃奔吴国。

齐国接二连三地闹乱子，卫国也不安宁，经历了一场国君被逐和复国的砍杀。

公元前559年，卫献公姬衎因与大夫孙氏、宁氏有矛盾，逃离卫国长达十二年。后来，卫献公派人与宁喜谈判，要求回国，宁喜答应了他。太叔仪说："宁先生对待国君，还不如下棋的棋子呢。下棋的人如果举棋不定，就不会胜利，何况你把国君当棋子，今天驱逐他，明天答应他回来，摇摆不定。看来宁先生的败亡是不可避免的了。"宁喜认为这是老年人的痴呆话，没有理睬。

在宁喜的支持下，卫献公杀死了卫殇公及其太子，得以复国。卫献公在返回卫国，走到城郊之时，想把一些采邑封赏给随他逃亡的人，然后再进城。大臣柳庄说道："如果大家都来保卫国家，那还有谁跟随您奔走效力呢？如果大家都跟随着您，那么谁来保卫国家呢？国君返回自己国家而有私心，恐怕这不可以吧？"于是卫献公没有封赏采邑。

也许是要表明自己没有私心，在复国的第二年，卫献公杀死了执政大夫宁喜，斗争可谓惊心动魄。

卢蒲癸计逐庆封

同一个时候，陈国出现“役人暴动”。公元前550年，楚国大夫屈建和陈侯一起包围陈国都城。陈人加固城墙，筑城的夹板脱落，监督筑城的人竟以杀人来惩罚“役人”，这激起了“役人”的反抗。

弭兵大会

就在各国内争不断的时候，饱受战乱迫害的宋国再一次站了出来，要求开展停战运动，即各诸侯国召开弭兵大会。

公元前546年，盟会在宋国举行，晋、郑、鲁、齐、陈、卫等十三个侯国的卿大夫和小国君主先后到会，秦国僻处西方，同意弭兵，但没有出席会议。

会上，楚国首先提出“晋、楚之从，交相见”的要求。就是说，原先分别从属晋、楚的中小国家，现在要同时向晋、楚两国朝贡。原来从属于晋国的侯国占多数，这样一来，晋国吃了亏。晋国的赵武说：“小国好办，可齐、秦和晋、楚是地位相同的国家，我们不能强求齐国去朝贡楚国，正像你们楚国也不能强求秦国来朝贡晋国一样。”最后，晋、楚两个商定，齐、秦两国除外，其他国家都要“交相见”。

这场弭兵大会直开了两个月，倒不是讨论怎样停止战争，而是晋、楚两国争当盟主，吵得不可开交。最后还是晋国让了一步，让楚国做了盟主，这才结束会议。

弭兵之会后，与会国之间停止了十几年的战争，尤其是晋、楚两大国，四十年内都没发生军事冲突。战争的中心，由中原转移到了东南地区，即吴、楚，吴、越之间的争雄。

战争虽然减少了，但小国的负担却更重了，因为他们原来只向晋或楚一个大国纳贡，现在却要向两个大国纳贡，负担成倍增加。